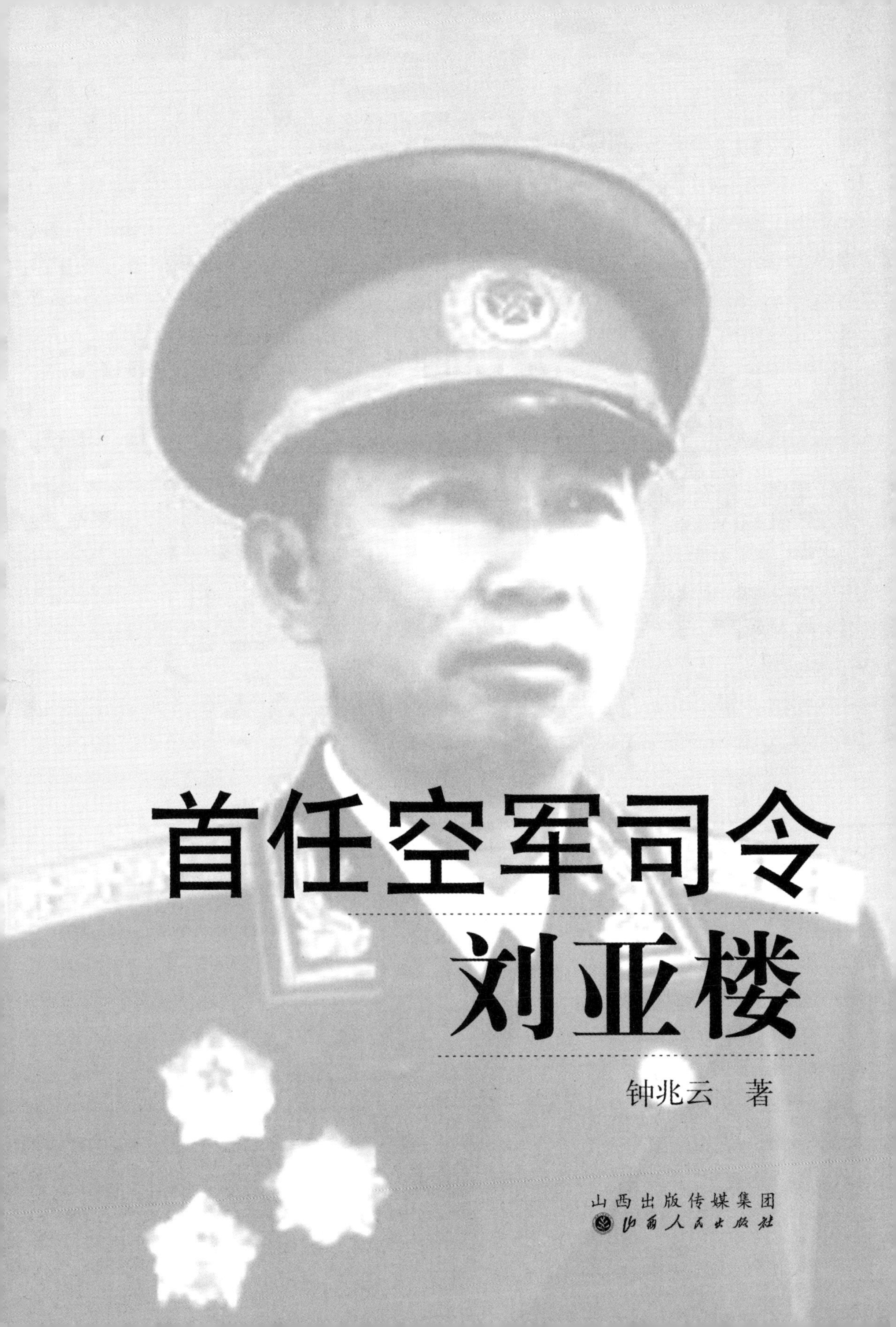

首任空军司令
刘亚楼

钟兆云　著

山西出版传媒集团
山西人民出版社

图书在版编目（CIP）数据

首任空军司令刘亚楼／钟兆云著．—太原：山西人民出版社，2014.6

ISBN 978-7-203-08576-8

Ⅰ．①首…　Ⅱ．①钟…　Ⅲ．①刘亚楼（1910~1965）–传记　Ⅳ．①K825.2

中国版本图书馆 CIP 数据核字（2014）第 110576 号

首任空军司令刘亚楼

著　　者：	钟兆云
责任编辑：	吕绘元
特约编辑：	吕新元　魏　华
装帧设计：	谢　成

出 版 者：	山西出版传媒集团·山西人民出版社
地　　址：	太原市建设南路 21 号
邮　　编：	030012
发行营销：	0351-4922220　4955996　4956039
	0351-4922127（传真）　4956038（邮购）
E - mail：	sxskcb@163.com　发行部
	sxskcb@126.com　总编室
网　　址：	www.sxskcb.com

经 销 者：	山西出版传媒集团·山西人民出版社
承 印 厂：	山西出版传媒集团·山西人民印刷有限责任公司

开　　本：	720mm×1010mm　1/16
印　　张：	33.25
字　　数：	540 千字
印　　数：	1—5000 册
版　　次：	2014 年 6 月　第 1 版
印　　次：	2014 年 6 月　第 1 次印刷
书　　号：	ISBN 978-7-203-08576-8
定　　价：	68.00 元

如有印装质量问题请与本社联系调换

目 录
MULU

第一章　好铁要打钉,好男要当兵

贫困中长大的幸运儿

闽粤赣三省交界的闽西武平县，这个被历史尘封已久的客家山区小县，不要说在全国，就是在福建，解放多年后仍不知其名者也大有人在。刘亚楼将军就出生在这重峦叠嶂、偏僻而贫瘠的武平县湘店乡大洋泉村月形下。

地僻人稀的湘店，是红色的土地。这里不仅出了两位共和国的开国将军，而且在革命战争年代，全乡六个行政村中，有四个属革命基点村,光有名有姓的烈士就有一百七十二人。

刘亚楼的人生,是从一座古老却还算结实的房子开始的。打开结满蜘蛛网的大板门，踏上嘎嘎作响的木梯，上面是一间阴暗且没有窗户的屋子，屋内没有床，楼板上散乱地铺着陈旧的稻草。

刘亚楼旧居

刘亚楼出生于 1910 年 4 月 8 日的雨夜。

刘亚楼的生父刘克芳,为人正直善良,由于祖上没有半分地,农忙时在租种的几亩山田里干活,农闲时扛起"担竿落脚"(客家话,指挑担工具)帮人挑担送

货,或是上山砍柴叫卖度日,长年过的是"辛苦挣钱辛苦花,一个铜钱两分家,一两猪肉擦半月,半合糙米拌菜瓜"的生活。三十七岁那年,他才同一个名叫曹秀孜的村姑结了婚。一年后,他们的女儿宝秀出生。曹秀孜产后落下一身病,根本没有奶水喂养小孩。夫妇俩抱头痛哭后,含泪将女儿送给人家当童养媳。几年后,刘亚楼在铺着干稻草的楼板上来到了这个贫苦人家。中年得子、盼望家业兴旺的刘克芳,为儿子取名兴昌。

"屋漏偏逢连夜雨,船破又遇当头风。"刘亚楼出生后不久,曹秀孜一病不起,半个月后撒手人寰。由于食不果腹,小兴昌整天饿得啼哭不止。

刘亚楼生下一个月后,同村族亲刘德香看到刘克芳处境艰难,为人宽厚的他便和妻子梁玉娣商量,想抱养刘亚楼。刘德香夫妇生有七个女儿,不满周岁的七妹是他们的命根子。

为了孩子能活命,一筹莫展的刘克芳只好把刘亚楼送人。刘德香给孩子更名振东,小名马长,意即希望马上长大。此后,"马长"一名伴随刘亚楼一生。即使刘亚楼1955年授衔上将,村里人还是以小名相唤。

刘德香是名出色的铁匠,靠手艺勉强维持一家人的生活。为了哺育养子,刘德香夫妇不得不将亲生骨肉卖给别人家做童养媳。两年后,刘德香的亲生儿子刘亚东来到了人间,日子过得更加紧巴了。

湘店地处三县交界,加上山林茂密,成了土匪啸聚之地。村民们外出常遭土匪抢劫,还动辄被杀。"出门不带刀,不如家里坐。"为保卫家园,村民们除结寨自卫外,纷纷造械买枪,成年男子为防不测,常常枪械不离身。武平人以"蛮勇"著称客家地区。

武北地区流传"上屋讲打,下屋讲写",刘亚楼正是上屋人。环境锻造了他粗犷豪放的性格。刘亚楼很小就做了养父的帮手,随养父辗转打铁棚,练就了健壮的体魄和坚强的性格。刘亚楼爱打抱不平,使得平时飞扬跋扈的地主豪绅家小再也不敢欺负穷人家的孩子。

客家人千里迁徙,从中原辗转定居于闽西、粤东、赣南等地,以其勤劳勇敢、热情好客、尊师重教而著称于世。尊师重教在武北地区尤为突出,土匪黑道白道通吃,唯独不抢教书先生。

乡里有所崇德学校,是由富绅刘克谟出钱创办的。刘克谟1914年留学日本时,加入过中华革命党。受组织派遣回国活动,后留家办学,定出"能文能武,培育英才"的开明办学宗旨,不但开国语、算术等主课,还设体育、美术等课程。同时规定:有钱子弟收全部学费,穷学生只交书本费和炊事费。

刘亚楼被学校琅琅的读书声吸引,不知有多少次,他趴在教室的墙根下一动不动地聆听讲课。刘德香寻着后,要拉他走,他还频频回头张望。祖辈为农、斗大的字不识一箩筐的刘德香,暗起了送养子上学的念头。

1916年,刘亚楼满六岁。一天夜晚,刘德香在松油灯下小声地和妻子梁玉娣商量送刘亚楼上学的事。梁玉娣虽是文盲,却和刘德香一样盼望家里能出个小秀才,即使不能光宗耀祖、改变面朝黄土背朝天的命运,日后起码多少可增些门面。此时刘亚东也将要到上学年龄,梁玉娣希望将来也能让他上学。

但刘德香说:"我们两公婆(客家话,指夫妇俩)累死累活,也赚不了那么多钱供他们两兄弟读书,依我看,送马长读书,让棕头(刘亚东小名)先做家里的帮手,跟我学打铁,以后有条件再看。"

梁玉娣一动不动地坐在板凳上,良久点了点头。就这样,这对憨厚淳朴的农家夫妇,在只能供一个娃儿念书的条件下,他们亏待了亲生儿子。

两年的私塾生活,不外乎是手拿戒尺活着的"孔夫子"和沉闷的环境、《三字经》一类的教学内容。刘亚楼向往的是崇德学校。两年后,经联系,他

刘亚楼的养父刘德香老人

转学来此,入初级班学习。此时的崇德学校,在刘克谟的经营下,办得相当开明。

在崇德学校,除主课外,刘亚楼最喜欢参加军事训练,不仅体育成绩在诸同学中最为出色,而且还练就了一手好枪法。

说起水性,刘亚楼的身手更靓了。那时汀江常有乌篷船出没,船上有赤脚的渔民和鱼鹰出没。随着渔民一声口哨,鱼鹰便会超低空沿河面飞翔,而后一个猛子扎入水中。如衔鱼而归,渔民便给它一尾小鱼作奖励;若没叼到鱼,渔民的竹

篙便不会让它降落,直到它找到鱼为止。刘亚楼最爱看这个情景,很快就成了一只"鱼鹰",常往汀江"搜鱼子"(客家话,指捕鱼)。刘亚楼一个猛子下去,屏息数分钟,跃出水面时,手中两条口中一条。家乡的溪流、江河,让刘亚楼谙熟了水性。游泳,成了刘亚楼一生的嗜好。

刘亚楼个性倔强,认定该做的事,就坚定去做,而且一定要做好。有一次,学校要选拔一名学生吹号。他自告奋勇,经测试气量不够,但他不肯罢休,回家后天天练,半个月后,刘亚楼如愿当上了司号员。

当地的老人们还记得一桩刘亚楼小时候的逸事。一次,刘克谟校长举办了一次规模较大的演讲会。他别出心裁地出了个上联:"到此来,静静心心倾听一遍。"要求学生们对下联。不一会儿,刘亚楼朗声答道:"回家去,诚诚实实领会一切。"刘克谟大为惊喜,认定刘亚楼日后必有前途,由此对他刮目相看,悉心培养。

1922 年,刘亚楼考入湘店高等小学。由于学习勤奋,两年后又以优异的成绩考进武平县立初级中学(今武平一中)。喜报传到大洋泉村,刘克谟兴冲冲地赶来祝贺,资助刘亚楼部分学费,叮嘱他好男儿志在救国,今后要好好学习,做个博学多能的有志之士,将来报效国家。

送刘亚楼赴武平县城上学途中,生父、养父一路少不了再三叮嘱,希望刘亚楼好好念书,穷人也有八斗高才。

武平县立初级中学(考棚)旧址

湘店距武平县城有上百里山路,来回要走两天,十分不便。大约读了一年后,刘亚楼便转入与湘店隔一条汀江的省立第七中学(今长汀一中)。

刘亚楼出身贫困,却有幸从私塾读到中学。为了支持刘亚楼上学,刘德香累弯了腰。解放后刘亚楼常以感恩的心谈起这段往事。

放下笔杆子，拿起枪杆子

省立第七中学学费昂贵，加上在号称"小上海"的汀州城里生活，开销就更大。虽然刘亚楼节衣缩食，但还是避免不了辍学的命运。

在省立第七中学苦挨了一学年后，刘亚楼满怀惆怅辍学回乡。在省立第七中学期间，刘亚楼结识了对他早期革命颇有影响的张赤男。

张赤男1920年进入省立第七中学，北伐军入汀州后毅然投军。先是在北伐军第十七军政治部担任宣传员，不久被选送到武汉中央军事政治学校学习，而后参加了广州起义。负伤后重回省立第七中学，以教员的合法身份作掩护，从事革命活动。刘亚楼和后来同授共和国上将的杨成武，在学校曾多次聆听他讲述北伐战争、广州起义。在张赤男的悉心培养下，他们成了长汀革命运动的中坚力量。

刘亚楼返乡后，即被刘克谟聘为崇德学校教员，并深得刘克谟赏识。刘亚楼一有空就往刘克谟楼上的小书屋钻，对《独秀文存》《向导》《新青年》《岩声报》着了迷，小书屋里的松油灯经常伴他到天明。他对国家、对民族命运的关注和对救国救民真理的追求，就是被这些进步书刊唤起的。

刘克谟从上海回来后，不时与小澜村的张涤心、亭头村的李长明等秘密往来。这些人在他的楼上一谈就是数小时，有时早上来，晚上才走。他们谈话时，刘克谟规定外人一律不得上楼。为了谈话安全，刘克谟有时还叫刘亚楼望风。如此举动让刘亚楼好生蹊跷，一天，他决定在无人时问刘克谟，想弄清情况。

刘克谟觉得刘亚楼成熟了，没有必要对他隐瞒实情，就说自己早已是共产党人。刘亚楼听了又惊又喜，原来恩师就是共产党人。刘克谟意味深长地看着刘亚楼："振东，你这几个月来做的工作，就是为共产党做事啊！"

随着谈话的深入，刘克谟的神情忽地变得严肃起来："我这次去上海，名为做生意，实是干另一件有意义的工作。此次回来就是奉组织之命，继续以办学为名，联络人员，扩大活动。你的老师张赤男同志是我们活动的负责人。"

得知自己敬重的两位老师都是共产党人，刘亚楼高兴之余，当即表示愿为党多做些事。

1927年5月，驻上杭城的国民党右派继四一二反革命政变之后，追随其主

子蒋介石叛变革命,大规模"清党",不少革命志士惨遭杀害,闽西大地一片白色恐怖。同年9月,周恩来、朱德等领导南昌起义军南下入闽西后,整个政治局势为之一振。一天傍晚,刘克谟把刘亚楼叫来,神情极为严肃地说:"振东,明天是你的最后一课了。"

见刘亚楼大惑不解,刘克谟压低声音说:"朱毛红军在井冈山闹得红火,上级指示在闽西各地条件成熟的地方,举行农民暴动,建立地方工农武装。为了连接武北汀南的红色势力,使暴动成功,组织决定在店下以经商为名,建立秘密联络站。"

刘亚楼痛快地接受了任务,神情激动地问:"刘先生,我这算是加入共产党了吧?"刘克谟微笑着说:"这还不是入党,入党是件严肃的事,组织上还要考察你的具体表现。"

店下地处水陆要冲,为汀江中游重要的物资中转站,商贾云集。水陆都可通汀州、上杭,交通便利,消息灵通,是建立秘密联络站的好地方。组织决定由刘亚楼总负责,刘永光、梁光天、刘克宾配合。为了便于隐蔽,联络站以货栈形式出现,对外称经营油盐杂货和布匹,名叫云商栈。

刘亚楼早期从事革命活动的店下云商栈旧址

云商栈设在店下石拱桥旁。店下原为长汀辖境,明代湘坑湖人刘隆在朝为官,告假返乡时多从长汀乘船而下,朝廷为照顾刘隆回乡方便,就令店下改归武平管辖。当地区乡当局和商旅发挥其地理优势,开辟集市,逐渐繁荣起来。据武平地方志载,民国时期,每逢农历初一、初六圩日,赶集者常有数千,每日过往船只达二三百条,有的停泊于店下,有的则漂江而去。当年群众中流传着"上河三千、下河八百"、"上河铁船纸艄公,下河纸船铁艄公"的顺口溜,说明来往船只之多和江河之险与夷。

商业繁盛的店下,无疑是鱼龙混杂之地。刘亚楼在党组织的指示下,以店老板身份周旋于"宾客"之间。他利用上汀州、下上杭"做生意"之机,秘密联络张赤男等人,把探听到的消息迅速传递给刘克谟、张涤心。充当这种类似地下性质、兼有双重身份的角色,需要随机应变。所幸的是,"刘老板"在他的位置上干得相当出色,后来连驻店下的国民党连长都被他拉拢过去做了"靠山"。

一位居住店下已近七十载的老人从岁月之河,打捞来可成档案的往事:"那年头,店下热闹呢。我是做豆腐生意的。那年隔壁开了云商栈,卖的一半是洋货,来头不小啊,是谁呢? 克谟先生、马长、光天、亚东、克宾,这一群人啊,日宿夜溜。我经常半夜起来磨豆腐,看到他们摇船回来,第二天又什么事也没有。马长人缘很好,闲来无事就坐在汀江边弹琴子,土匪也不敢动他哩! 枪法神啊。那年和细八子比枪法,两发三中,打下飞鸟,土匪过路大气也不敢出,我这豆腐店就沾光了。后来,听说他们绑了长汀白头寨的恶霸,还有江西土匪的票,得枪两打,光洋三千,小澜暴动去了,云商栈就不开了。生意人说,云商栈云商栈,是唔上点。1953年马长骑白马回来,路过店下,见到我问还认识老朋友吗? 一看,这不是马长嘛,后面跟有一溜武装警卫,成大官了,后头才知道当空军司令员了,但人没变,还是本质的农家子弟。"

老人所说的刘亚楼和土匪细八子比枪法的事,在当地民众嘴里颇有些添油加醋的味道。

细八子的真实姓名难以考证,据说原是北伐军的一名小军官,革命动摇从广州逃回后,拉杆子盘踞店下,打家劫舍。刘亚楼以买枪护店协助治安为由,向他购买驳壳枪。一次,赣匪偷袭细八子,细八子腹背受敌,渐渐不支,关键时刻,刘亚楼冷枪相助,击退赣匪。细八子向以一手好枪法自居,见刘亚楼枪法了得,心生疑窦,以为要踩他的盘子。他不思报恩,却约刘亚楼第二日正午在汀江湾尾角比枪法。

是时烈日当空,汀江江面上浮着一排小酒坛,远远望去只见六个小黑点。当地百姓闻讯,纷纷来看热闹。细八子在一群土匪民团簇拥下到达,刘亚楼则单枪赴会。

比武开始,按武北江湖规矩,该细八子先打。细八子有意想在围观的人群中露一手,也不谦让,掏出匣子枪向目标点射,砰砰砰三枪,三个酒坛应声而碎。轮到刘亚楼,他不慌不忙,举枪击发。砰的一声,远处江面上一个酒坛碎裂。又砰的一声,江面上只剩下一个酒坛了。围观的群众欢呼不已,细八子惊愕,旋又故作镇静,双眼冷冷地盯着刘亚楼手中的那杆枪。在众人的注目下,刘亚楼再次举枪,子弹嗖的一声擦江而过,可江上那最后的一个酒坛只是晃了几晃,完好无损,人群中一阵叹息。细八子心头窃喜,无比自负地狂笑:"虽不及我,但三发两中,也算不错了。"

刘亚楼"弹有虚发",维护了细八子的面子,也使得自己能在店下潜伏下来,从事地下工作。

随着武北革命条件逐渐成熟,中共闽西特别委员会(简称闽西特委)指示举行武北暴动,配合朱毛红军入闽,中共武平临时县委委员张涤心受命在小澜天后宫创办育英学校和农工夜校,以办学作掩护培训农运骨干,组建农会,同时以保卫地方为名,雇请师傅制造枪械,购买弹药。

刘德香带着儿子刘亚东淬火挥锤,大显身手,刘亚楼则受刘克谟指示密筹武器。

刘亚楼暗中刺探敌情。一日,他得知细八子率匪团绑票汀州土匪,得枪十余支,便瞅准时机,趁他不防,率人取枪而走。细八子闻讯,暴跳如雷,急率众匪拦截。双方遭遇,剑拔弩张,一触即发。

细八子恶声恶气地吆喝:"刘老板,老子待你不薄,可你就这么脚底抹油溜了,怎的一点良心都不讲了?"

刘亚楼一反往日从商时的谦恭,豪气冲天:"良心?你还谈良心,你欺行霸市,掳掠民众,浑身上下哪能找到'良心'二字?"

细八子一听,暴跳不已,骂道:"老子早就怀疑你跟共党做红道生意,你果然有种。人各有志,你要闯江湖打地盘,老子也不勉强,可总要称称自家斤两。否则,我手中的家伙可不答应。"

刘亚楼凛然道:"那就试试你的神枪,看看我的破枪吧!"

细八子一怔,随后便一阵狂笑:"好,按江湖规矩,以武论胜负。你小子败了,把枪留下;胜了,我放马!"

此时,落日渐趋西沉,一群飞鸟鼓噪归林。细八子狞笑一声,手起枪落,一连三个点射,三只飞鸟应声而落。俄顷,又一群鸟雀飞至上空,刘亚楼举枪疾射,砰砰两枪,三只飞鸟一头栽落。

细八子那张涨得像猪肝一样的脸,由红转青,由青转白,最终,他狠狠地咽了咽口水,拔腿率众就溜。

为了更好地组织农会,刘亚楼建议刘克谟在崇德学校增设农工夜校,让贫苦的农民免费入学,借机宣传革命道理,号召他们起来闹革命。刘亚楼还自编通俗易懂的教材,由浅入深地教育农民。他当年编的一些民歌至今仍在湘店流传,一位老人曾即兴念过一首:"天落雨,路边烂,脚穿木拖手提灯,夜来无事上学去,学习写字打算盘,专心一意不得闲。"

1928年,武北各地农民进步组织迅速发展,湘洋、尧山两地组织了大小青年会,各有四十余人。大青年会主要由刘亚楼负责。后刘亚楼与刘克谟商议,在大青年会的基础上,选出四十八名热血青年,在山背仓楼开会,成立更为严密的农民武装组织,定名为铁血团,并商议发展农会、举行暴动等事宜。为表示大家团结一心,会上举行了旧式但又使农民易于接受的结拜义盟。根据上级党组织的要求,湘洋、亭头两地公开成立农会。端午节这天,十六岁以上青年,有枪拿枪,无枪备刀,在大坪崇举行武装集会。

集会那天,到会的有三四百人,台上绑着两个土豪。刘克谟首先讲话,号召工农群众团结起来,成立自己的组织,并当众宣布对地主豪绅实行二五减租,提出从自家先实行减租减息。群众鼓掌欢迎,但有的地主豪绅在台下叫嚷反对。当刘克谟以反对外来侵略为名,宣布收拢各公堂枪支、组建武装部队时,反对的人就更多了。

台下一片叫嚷声,就在这时,刘亚楼出场了。他全副武装,威风凛凛,手上还拿着三发子弹,说一发子弹管一件事:第一,有枪不交的土豪,查出枪毙;第二,不实行二五减租的枪毙;第三,阻挠青年参加革命的枪毙。话音刚落,刚才还闹哄哄的会场一下子鸦雀无声。会后没收公堂分谷,那些地主不肯开仓门,大家又都怕得罪人,不敢上前。刘亚楼用斧头破仓三间,把谷子分给农民吃,于是全乡农民都说他的好话。

受刘亚楼的影响,弟弟刘亚东、刘协昌不久参加了模范少先队,养父刘德香提着铁锤也参加了革命,当选为湘湖区苏维埃主席。

1929年,刘亚楼在张涤心、李光介绍下,加入了自己向往已久的中国共产党。刘亚楼入党之日，将原名刘振东改名为刘亚楼，寓意为干革命更上一层楼。张赤男赞赏刘亚楼改名的动机，说："对，就是要坚定不移地跟党干革命，更上一层楼。"12月初，刘亚楼随铁血团参加张涤心任总指挥的小澜暴动。暴动取得了很大的胜利，铁血团声威大震。随后，遵闽西特委的指示，小澜暴动武装整编为闽西红军游击大队武北第四支队，直接受张赤男指挥。

俗话说："好铁不打钉，好男不当兵。"但在那个非常年代，跟随养父打过铁、又接受了革命道理的刘亚楼，有另一种理解：不能打钉的铁是废铁，不敢当兵的男人是孬种，要改变命运，要为贫苦百姓说话，从军是一种选择。

"厉害脚"是这样炼成的

由于刘亚楼作战勇敢，胆大心细，完成任务出色，被称为"厉害脚"（客家话，指厉害）。

刘亚楼并非天生出色，而是被历史筛选出来的杰出人物。虽说九死一生，但无论如何他都算得上运气不错的一位。他曾经非常诚挚地说："我打仗运气好，好运气是成千上万革命烈士用鲜血和生命换来的。"

在战斗打响的瞬间，初上战场的士兵，听到枪炮可能脚发软心发颤，想到死亡的威胁，思想难免动摇，刘亚楼也不能免俗。

虽然干地下工作前就动过刀枪，也曾面对面与土匪、民团比枪干仗，但相比参加红军后声势浩大的正规战，就显得有点小菜一碟。第一次打正规仗，敌人的子弹嗖嗖嗖地飞来，落到地上扬起尘土，直让他感到无处安身。恰在这时，身旁的班长脑袋迸裂开花，白色的脑浆和殷红的鲜血溅了他一身。就在他担惊受怕、一颗心突突猛跳时，上级却任命他当代班长。因为他读过书，有文化，接任班长几星期后，一次冲锋时排长牺牲了，他就成了排长。

几仗下来，他不仅把紧张心理丢到"爪哇国"去了，而且知道战场上如何利用地形地物，如何爬、滚、跳、跑，如何抓住每个空隙进行活动，以避免或减小伤亡。

1929年12月下旬，红四军在闽西上杭县古田召开第九次党代会（即古田会议）。此前红四军创办了一所随营学校，选调部队优秀战士和班排长受训。刘亚楼被选送到地址设在龙岩大池的红四军随营学校（简称红校，后迁龙岩城）学习。

红校开设军事课和政治课,军事课讲授步兵武器的构造,练习打靶、刺杀,研究攻防战术;政治课讲授什么是封建主义、资本主义、帝国主义、社会主义,也讨论地方苏维埃政权建设。关于学校的情况,开国中将、担任过中国人民解放军军政大学(中国人民解放军国防大学前身)副校长的刘忠如是说:"当时红校的许多教官出身旧军队,军阀主义严重,训练学员的方式与旧军队相差无几。如在操场上喊立正口令,即跑到你面前猛打你一拳,看你倒不倒;喊正步走,不喊立定的口令,前方纵是池塘、断崖也得往前迈腿;吃饭规定五分钟,时间到,哨音一响立即住嘴,班长喊一二三,所有学员必须将手中的饭碗举过头顶,再倒扣过来,吃不完者,稀粥菜汤就浇到头上,灌到脖颈;还偏偏要在雨中点名,解散后,谁有一句牢骚,全队立即二次点名,人人都得在雨中淋上十几二十分钟。至于拿大竹板抽打违规学员的屁股、手掌,更是屡见不鲜。"

刘忠介绍:"刘亚楼在三班当班长兼党小组长,我在七班当副班长,他在学员中最早反抗这种侮辱人格的体罚。"

刘亚楼所在班有位学员由于没文化底子,对一些课程学得吃力,招致教员的不满。一次上课他偏偏打瞌睡,教员气冲冲地过来揍他。刘亚楼挺身而出,接住了教员打人的手。教员怒不可遏,瞪着双眼指责刘亚楼干涉他执行教务。刘亚楼不甘示弱表示要纠正这种野蛮的军阀作风。事情闹到中队和校领导那里,刘亚楼已经做好了受处分的准备。出人意料,校领导却对他表示了赞赏。不过,那时刘亚楼打抱不平,似乎更多的是被一种豪侠义气所左右,但他的敢作敢为,给人留下了不错的口碑。

虽然学校教员教育态度恶劣,但是这次学习,对刘亚楼后来的发展产生了深远的影响,因为他的军政素质有了较大的提高。

古之成大事者,不唯有超世之才,亦必有坚韧不拔之志。刘亚楼从军之初称得上有坚韧不拔之志的,是学普通话和吃辣椒。俗话说:"天不怕地不怕,就怕福建人讲官话。"刘亚楼那口"官话"被北方籍学员笑话后,立即苦学普通话,终于在福建兵中率先克服了语言障碍。

福建人不吃辣椒,江西人、湖南人、四川人则无辣不下饭。由于生活习惯搞不到一起,常常闹不团结,不是你骂我"江西蛤蟆",就是我骂你"福建土狗"。为了协调彼此的生活习惯,刘亚楼强忍着鼻涕眼泪在福建学员中带头学吃辣椒,天天嚼，三餐不落。一段时间后，竟胜过了江西老兵！

残酷的军事训练和战争环境锻炼，刘亚楼迅速由一个毛头小伙子锻造成意志坚强的革命军人。

三个来月的红校学习结束了，考试课目由学员自选。根据自己的能力，有的考班长，有的考排长，有的考连长，一级比一级难。刘亚楼选择了最高的档次——考连长。经校领导鉴定，门门优秀，刘亚楼遂被分配到闽西红军任连长。闽西红军改编为红十二军后，他被任命为第三纵队第一营第二连连长。

新官上任，刘亚楼认真学习古田会议制定的正确建军纲领，对应当提倡什么、坚持什么、反对什么，心里很明确。1930年初春，闽粤赣敌军发动第二次"三省会剿"，刘亚楼率领他的连队随大部队出闽入赣。

有人说："福建兵不好带。""吃饭打冲锋，打仗发妖风。"刘亚楼回答："那要看能否联系群众，新兵没有作战经验，主要还是看干部带得如何。"

土地革命后，农民分到了田有饭吃了，而部队生活艰苦，作战凶险，又要离开热土。一些家乡观念严重的闽西籍新战士思想产生了波动，部分人甚至开小差回家了。针对这种情况，刘亚楼专门在连队作了一次思想动员。

"红四军主力是我们闽西人吗？"

"不是。"

"他们在家中有父母有媳妇吗？"

在战士们大都做了肯定回答后，刘亚楼马上借题发挥："是啊，他们都不是闽西人，但为了穷苦大众的事业，他们毅然离乡背井，抛妻别子。他们来了，我们闽西受苦受难的人民解放了。我们如今也是响当当的红军战士，为什么不把眼光放远点？我们跟着共产党红军，四海为家，所有拥护我们的，给我们衣食的穷苦大众，都是我们的父母！"

一席话说得几个想溜号的战士脸红起来。

刘亚楼拾起地上的一块小石片，用力甩向江中，朗声说："我们要有这样的决心，甩出去后，决不回到原来的环境里苟且偷生。男子汉大丈夫要有英雄气概，敢于顶天立地，从参加革命之日起，就应忘记自己的家庭；临阵打仗，就应忘记自己的生命！"

这富有鼓动性的政治动员，起到了意想不到的效果。一路行军，一路作战，刘亚楼遵照《古田会议决议》的建军原则来建设部队，连队的政治思想工作非常活跃，不仅战斗力强，减员也最少，为此引起上级的注意。

敢输敢赢的年轻指挥员

红军主力到达江西宁都后，刘亚楼即被任命为红十二军第一营营长兼政治委员。

刘亚楼带兵严格，在他的锤打下，第一营很快就成为一支劲旅。

一次，红四军军长林彪看见刘亚楼，瞅一阵子，摸着他的脑袋对红十二军军长罗炳辉说："十九岁当营长，这个小营长不错！"刘亚楼回敬了林彪一句："你说我是个小营长，你才多大呀，不就是个二十四岁的小军长嘛！"那时林彪还不是刘亚楼的顶头上司，却格外注意起这位与众不同的年轻指挥员来。

朱毛红军回师赣南后，闽西敌军嚣张起来，武平军阀钟绍葵、蓝玉田更是猖獗，涂炭生灵。刘亚楼生父、养父两家因及时逃离，幸免于难，但家宅悉数被焚毁。

1930年5月，朱毛红军趁蒋介石、冯玉祥、阎锡山中原大战，国民党军队无暇南顾之机，从江西寻乌出发经武夷山南端东折进武平县境，横扫钟绍葵、蓝玉田部，一举占领县城。随后，刘亚楼随大部队出武北，一鼓作气再占长汀。

1930年6月，红十二军第二、第三纵队合编为红四军第三纵队（纵队司令员萧克、党代表张赤男），刘亚楼即此到红四军，任第八支队党代表，并参加纵队的党委会。红军在战火中越打越强，刘亚楼在枪林弹雨中军事才干与日俱增。1930年10月，由红一、红三军团合编后成立的红一方面军总前委，决定将军属纵队改编为师，支队改编为团，原纵队司令员改叫师长，党代表改为政治委员。红四军第三纵队第八支队改称红十二师红三十五团，刘亚楼任该团政治委员，团长毕占云。

1930年底，中央革命根据地战云密布。蒋、冯、阎军阀大战结束后，蒋介石调兵十万，对中央苏区发动第一次"围剿"。大敌当前，苏区却继续在打击所谓的AB团。

开国少将、时在红十二师政委办公厅（党委办）当缮写员的黄炜华说，与他同时参加红军的六七位同学皆罹难，可见涉及面之大。不少人对冒出这么多AB

团深为疑惑,也深感行刑之残忍,但也只能闷在心里,人人自危。

刘亚楼所在的红三十五团,十四岁的小战士黄瑞文也莫名其妙地被当作AB团给抓了,列在枪毙名单中。刘亚楼对这一严重影响党和部队工作的肃反事件本来就有看法,这下终于忍无可忍,向肃反人员吼道:"这个小鬼年纪这么小,怎么会是AB团呢?你们把他给放了!"

这一吼,从刀下救出了黄瑞文。

大战开始后,红十二师奉命牵住敌中将师长、前线总指挥张辉瓒的鼻子。红三十五团作为师的第一梯队,任务是把敌军引到龙冈来。

刘亚楼领会了毛泽东"诱敌深入"的军事谋略。一路上,他和毕占云指示战士们沿途丢弃一些包袱、马灯,造成一副溃败退却的假象。有的战士对退却不太理解,刘亚楼就用肉包子喂狗的生动比喻来讲解:"要打狗,先要让狗来抓肉,这肉就是我们主动放弃的地盘,等狗吃得津津有味失去警惕时,再下一狠棍,一举歼灭它!"

1930年12月30日,红三十五团的"肉"把张辉瓒引到了永丰县龙冈。正是清晨时分,龙冈一带群峰雾锁,枫叶霜红,而"肉"不见了。正当敌人感到沮丧、疲倦时,冲锋号响了,从天而降的红军大部队猛虎下山般冲向敌群。激战三个小时,张辉瓒被擒,其部九千余人遭全歼。

随后,刘亚楼和毕占云率部参加追歼敌谭道源的战斗,取得东韶歼灭敌第五十师一半的胜利。祝捷会上,毛泽东说:"刘亚楼敢输敢赢,敢在阵地上活捉敌酋,非智不能诱敌,非勇不能擒敌,将才难得!"

张辉瓒是哪个部队抓获的,历来说法不一。

曾任中共中央纪律检查委员会常务书记的韩光曾撰文称:"1931年初,我和一些在哈尔滨从事地下工作的同志,从报上得知红军一举击溃十万国民党军队'围剿'的消息,群情振奋,奔走相告。后来才知,此战中立下活捉张辉瓒头功的部队是红三十五团,它的政治委员就是刘亚楼,这还是东北抗联(全称东北抗日联军)的同志告诉我的。"

与韩光说法相佐证的是,第一次反"围剿"胜利后,毛泽东特地把张辉瓒的手表作为战利品奖给刘亚楼。解放后,刘亚楼有一次向江西籍老搭档萧华亮出这块手表,幽默地说:"我这可是江西老'表'。"

毛泽东运筹帷幄，"谈笑间樯橹灰飞烟灭"的军事统帅气概，令刘亚楼由衷佩服。而年轻的刘亚楼，以其打仗讲究策略和出色的政治工作，以及刀下救人的胆魄，自此也在毛泽东心里留下了深刻的印象。

关于第二次反"围剿"，刘亚楼生前曾有专门回忆《横扫七百里》，雄文健笔，堪称华彩篇章。

是役，刘亚楼所率红三十五团配合友军攻下九层岭，全歼敌第二十八师及第四十七师第一旅。敌第二十八师师长公秉藩知道红军优待俘虏，混在被俘士兵中只领了一块银圆的路费跑了。红三十五团在缴获的文件里查获了他的私章，这枚私章成为他丢盔弃甲、化装逃跑、连官也不要了的凭证。当时有红军战士一时兴起，作打油诗一首：

> 万人出发一人回，"剿赤"收场悔不该。
>
> 提笔起呈心猛省，叫人快刻私章来。

两次与死神擦肩而过

1931 年 8 月，中央苏区第三次反"围剿"告捷后，红四军红十一师由于伤亡过大，和红十二师合并，番号仍是红十一师，王良任师长，张赤男任政治委员，刘亚楼改为红三十二团政治委员，团长向玉成。不久，红军主力转到宁都、石城地区，一面休整，一面扫清根据地内的"白点"（反动据点），以巩固中央苏区，准备粉碎敌人的再次"围剿"。

石城一带地主、民团占据的山寨（土围子），工事坚固，加上有粮食保障，有水源，易守难攻。在一次作战中，红军颇有伤亡，刘亚楼也中弹负重伤，昏迷不醒，被当作已经光荣的对象。

部队从地方搞到几副棺材装殓牺牲的指战员们。张赤男心情非常沉痛，他和师首长脱帽志哀。在装殓刘亚楼时，张赤男叫等一等，用手探了探刘亚楼的鼻孔，发现刘亚楼竟然还有微弱的气息。

这一惊非同小可，张赤男跳起来，高声喊叫军医。医生上前，为刘亚楼按了按脉，俄顷，露出了微笑，随后又给刘亚楼打了一针。

在众人焦急的等待中,刘亚楼终于"复活"过来。他缓缓睁开眼睛,被面前的这阵势吓了一跳,待明白过来,轻松一笑,说阎王爷嫌我太年轻,又没立什么战功,不收喽。

众人被他的幽默逗乐了。

"我这命是张政委给的。"刘亚楼从鬼门关回来,对张赤男没齿难忘。

"死过一回"的刘亚楼把生命视为额外获得的财富。就在他时刻准备着为革命事业"再死一次"时,张赤男牺牲了。

那是 1932 年 2 月,彭德怀的红三军团奉王明左倾盲动主义命令攻打赣州,广东军阀陈济棠部前来救援。为了牵制这股援军,红十一师奉命在南康县西南的新城镇一带打援阻敌。

那是一场恶战。

红军向敌人发起反冲锋,由于敌人火力甚猛,未能攻破,副排长、副连长、营参谋长及战士先后倒下有二十余人,红三十二团副团长也牺牲了。

张赤男亲自赶来指挥作战。敌人密集的子弹封锁住前面一片开阔地带和两个水塘之间唯一的一条通道,部队进攻受阻。战士们仍在向前运动,一连又倒下了几个,一个战士打红了眼,又爬起来跃进。

为了制止后面人员在敌火力封锁下强行通过,正和刘亚楼等人研究改变部队路线的张赤男,猛地从掩体里站起来,疾呼"停止前进"。战士听到他的呼喊卧倒脱险了,但就在一瞬间,一发子弹从敌阵飞来,击中张赤男的头部。刘亚楼一个箭步冲上前,抱住张赤男。张赤男只看了他一眼,就永远闭上了眼睛。

张赤男牺牲的消息传来,群情激愤,阵地上"为张政委报仇"的喊声此起彼伏。悲痛中的刘亚楼没有意气用事,他和前来督战的师长商量后,下令部队采取迂回包围战术,汇成一股不可阻挡的铁流,以气吞山河之势一举击溃敌军。

打援阻敌任务完成了,刘亚楼的脸上却看不到一丝笑容。张赤男是他敬重的师长和益友,他的牺牲令刘亚楼和全师上下无比悲痛。

夕阳如血,刘亚楼和杨成武、刘忠眼含热泪,掩埋好张赤男的尸体,在坟前脱帽志哀。

许久,刘亚楼从悲痛中回过神来,对王集成、黄炜华说:"在坟前做个记号,等革命胜利了,我们要把张政委的遗骨送回家乡去。"

为纪念张赤男,红十一师的小报改为《赤男报》。解放后,刘亚楼曾专门到战地寻找张赤男的坟墓,后来又委托黄炜华等人到新城寻觅。由于修公路导致地形大变化,张赤男的忠骨终未找到,成为刘亚楼的一大憾事。

张赤男牺牲后,上级任命刘亚楼为红十一师政治委员,杨成武接替刘亚楼任红三十二团政治委员。刘亚楼十九岁参加红军,不满二十二岁便成了师政治委员。纵观同时代的红军将士,在同一时期像他这样迅速提升的人并不多见。

1965年10月4日,中国和老挝两党正式会谈,邓小平同志在会见来到北京的老挝代表凯山·丰威汉时,介绍了中国革命战争的情况和一些高级干部,他特地提到刘亚楼,说:"我们的干部是从当兵,当班长、排长、连长这么上来的。有当兵三年就当师长的,如原空军司令员刘亚楼同志,1929年当兵,1932年就当师政委。"

刘亚楼是位走阶梯登高式成长的将帅,从班长到兵团司令员,除跳过军长这一级阶梯外,一步未落。军事学者刘庭华、阎霜月在《将帅的隐蔽世界——军事首脑人物面面观》中指出:"走阶梯登高式成长的将帅,大多都是从战争中打出来的,投军后,在战场角逐中屡显身手,靠战功累进,加上被上级赏识,且又有空缺,或者说高一级指挥职位需要,得到逐级提拔。由阶梯登高式走上来的将帅,个人品性比较优秀,发展比较全面,没有明显的、大的缺点,个人的本事、才干起了主导作用。"

这段论述,非常适用于刘亚楼。可以说,是毛泽东指挥的战争这所大学,把刘亚楼这样一个铁匠的儿子,逐步培养成统率千军万马的一代名将。

1932年4月,红一军团和红五军团组成东路军,打出外线,开辟闽南新苏区。毛泽东亲率东路军行动。

红军东征最关键的战役是打漳州。在东路军由赣入闽中,红十一师一直是前卫师,一路

1932年,不满二十二岁的刘亚楼当上了红十一师政治委员

上斩关夺隘,所向披靡。在部署攻漳州的会议上,毛泽东亲自选定红十一师为主攻部队。刘亚楼和师长周昆信心百倍地接受了这一艰巨的主攻任务。要攻占漳州城,必须先夺"闽南王"张贞苦心经营的险要天宝山。刘亚楼和周昆把攻夺天宝山的任务交给了红三十三团。

当年的红三十三团政治委员刘忠在所著《从闽西到京西》一书中,对天宝山之战有所介绍,书中说:"刘亚楼政委特别指出我三十三团的作战任务关系着全军进展问题,着重说:'你们要以最顽强的战斗精神攻下天宝山,一定要插进天宝断敌退路。这是攻占漳州关键的一仗。'"

漳州既克,上级确定红十一师入城。4月20日上午8时,红十一师指战员在刘亚楼和师长周昆率领下,高唱红军歌曲,步伐整齐入城。

红十一师的入城仪式,受到了毛泽东等领导人的夸奖。十七年后,刘亚楼又担任了一次入城仪式的总指挥,那是人民解放军进入古都北平,受到世界瞩目。

说到刘亚楼解放后出任空军司令员,当年在其麾下的邱子明将军如是说:"刘亚楼早在红军东征漳州时,就和飞机结下了不解之缘。"

1932年4月,红军攻克漳州,指战员们兴高采烈地参观缴获的飞机

原来,在攻打漳州的战斗中,红十一师缴获了两架国民党飞机,这可是件新鲜事。飞机停在草坪上,刘亚楼命部队严加看守。指战员对这个可以扇动翅膀上天的"铁鸟"十分好奇。刘亚楼对这个庞大的"空中怪物"也是看不够,摸来摸去爱不释手,还特别站在飞机旁留了影。

国民党被俘的飞行员受命为红军将士和漳州百姓表演飞行,在红十一师战士的监押下,驾驶飞机在漳州城绕了一大圈。

由于飞机燃油耗尽,红军只好把飞机大卸八块,挑到苏区,让苏区军民参观。后来的乐安战役中,被作为第一梯队的红十一师又首次击落敌机一架。红军长征后,飞机部件被掩埋在地下。缴获了飞机却无法供己使用,不能不使刘亚楼和红军将士们遗憾。

红军东征漳州两个月后,鉴于敌情变化,决定回师苏区。

路经被毛泽东誉为"中央苏区第一模范区"的才溪时,红十一师政治部驻在来自才溪的本师干部王奇才家。翌日突降大雨,王奇才家遭大水围困。刘亚楼不顾自己的安危,来回涉水,指挥机关人员上树。房子倒塌后,他又亲自探寻浅水路,把政治部带到安全的地方。

红军途经武北时,稍作休息,趁这间隙刘亚楼带着一排人骑马回家探望亲人。

老家的房子虽被土匪烧了,但家人幸免于难,刘亚楼略感欣慰。刘德香告诉刘亚楼:"有一次,你们部队来了位首长,好像叫什么罗政委,个头高高的,人很和气,见我们家的房子被烧了,硬是把三块大洋塞到我手里,叫我们重盖房子。"听完描述,刘亚楼断定那准是罗瑞卿。

在家乡,刘亚楼又带走了十几个年轻后生参加红军,其中就包括他的表弟、解放后担任过黑龙江省军区副司令员的梁思久。经刘亚楼和周昆研究,梁思久暂留到师部警卫班,其他同志被分到特务连。从此,梁思久随刘亚楼转战南北。

是年东征军回师赣南途经武平,红四军军长王良遭敌冷枪袭击牺牲。刘亚楼悲痛之余,浑然不觉一支黑洞洞的枪口,也曾伸出密密的丛林对准他的胸膛。一匪头目踌躇又踌躇,终于阻止了欲行开火的土匪:"放过马长,他是我们武平人。"

冷枪未发,刘亚楼大难不死。解放后公审土匪时,有人道出此番内情。刘亚楼闻讯,道一声:"又一次大难不死!"

困境中的冷思考

中央苏区反"围剿",规模一次比一次大,战略战术不断变化。战后,刘亚楼

总要认真总结经验教训,以提高指战员的作战水平,使部队打一仗进一步。

第四次反"围剿"胜利后,1933年6月初,军委下令对红一方面军进行大整编(即江西藤田整编),取消军的指挥领导机关,成立大师团制。原红一军团所辖红七、红九、红十一师与红二十二军合编为红一、红二师。每师三个团,刘亚楼被任命为红二师红五团政治委员。

命令宣布后,红一军团政治委员聂荣臻问刘亚楼由师政治委员改当团政治委员的感受。刘亚楼坦然相告:"共产党员只图革命发展,不计个人名分,何况五团基本上由十一师这支部队缩编而成,自己一定服从新的师首长领导,搞好团结,做好本职工作。"刘亚楼的高姿态受到聂荣臻的表扬。

红五团由于能征善战,各项工作都做得好,在1933年8月1日藤田大检阅时被树为标兵——中国工农红军模范红五团。红军总政治委员周恩来在授旗仪式上说:"模范红五团是全军的模范。但你们不能骄傲,要一直当模范,当到把国民党军队彻底消灭。到中国革命战争最后胜利了,你们还要当模范。这就是我对你们红五团的赠言。"

兵熊熊一个,将熊熊一窝。历经无数次大仗、硬仗、恶仗,在血与火的淬炼中,刘亚楼带出了一支钢铁部队。

作为一线指挥员,刘亚楼重视军事,重视战术、技术训练,重视后勤保障,但同时从不轻视政治工作。红五团能成为全军的模范,与刘亚楼展开的强有力的政治思想工作密不可分。

刘亚楼任红五团政治委员没多久,就改任师政治部主任(红五团政治委员由刘忠接任),他为红五团打下的良好作风却代代相传。

单说红五团的每一任政治委员。刘亚楼身先士卒,冲锋陷阵,他的继任者个个也都是好汉。朱麻寨战斗刘忠负伤,赖传珠黄泥河负伤,易荡平湘江之战重伤后自杀,谢有勋毛儿盖牺牲,林龙发东征山西中重伤后自刎,陈雄山城堡牺牲。可以说,没有一支部队像红五团那样,最高政治主官伤亡如此频繁!

1960年,步兵第十六军请刘伯承元帅讲红五团的光荣历史,刘伯承元帅则要红五团首任政治委员刘亚楼写。刘亚楼忙于空军建设大事,转叫当年在红五团工作过的黄炜华、邱子明合写。

黄炜华、邱子明两将军在合写的《回忆红五团光荣历程》中说:

红五团除作战方法灵活外,主要还依靠有力的政治工作。战时政治工作的特点,战斗动员非常深透,大大启发每个人的积极性,做到人人知道为谁打仗,因此在战斗中视死如归,任何战斗情况下,都具有钢铁般的战斗意志,英雄好汉的无畏气概,战斗士气一贯的旺盛⋯⋯

红五团是攻守双全的战斗队,当它担任进攻战斗时,它就像一把尖刀,勇往直前地向敌人的心脏插去,这是一种大无畏的战斗精神的具体表现。它还善于顽强的防御,防御较之进攻必须有更顽强、坚如磐石的战斗精神。当它担任防御时,则像一座钢铁般的堡垒打不垮拖不烂⋯⋯

刘亚楼由红五团政治委员履新红二师政治部主任,他的作风又影响到全师。但此时,由于第三国际派来的军事顾问李德瞎指挥,中央苏区乌云密布。1933年11月,第五次反"围剿"中的大雄关一战,红二师师长徐彦刚受伤,政治委员胡阿林牺牲,损失惨重。刘亚楼受命于危难之际,和陈光分别接任红二师政治委员、师长,旋于1934年1月底率红二师随红一军团开往福建建宁以北地区。

鉴于敌人连续对中央苏区进行"围剿",红军伤亡惨重,加之环境艰苦,物资短缺,文化生活贫乏,红军总政治部决定创造性地开展"红军青年冲锋季"竞赛活动,以鼓舞士气,激励斗志,巩固和提高部队战斗力。这个被后人界定为"具有深远历史意义和重大现实意义"的青年活动,当年整个活动的内容简缩为"四不五要三努力"(四不:不生病、不掉队、不怕苦、不犯纪律,五要:每人要识三百字、要团结友爱、要积极参加文体活动、要搞好军民关系、要讲究卫生,三努力:努力提高政治觉悟、努力提高军事本领、努力提高文化水平),其中明确提出一条"要积极参加文体活动"。这里的"文"系指文化活动,具体要求是大唱革命歌曲,冲锋季里一个月最少要举办两次晚会。红军总政治部青年部部长萧华专门找到刘亚楼,希望他和红二师带个好头,并且提出要借用红二师的一位文艺人才。

原来,在布置竞赛活动时,萧华担心指战员们记不住"四不五要三努力"的口号内容,想着将之谱成歌曲,指名要用《苏武牧羊》的古曲调。这支婉转动听的

曲子,萧华是在红十一师联欢会上首次听老战士徐保财用笛子独奏的。得知曲子系徐保财当吹鼓手的父亲相授,萧华便同刘亚楼商量,请徐保财回趟老家,把曲谱抄下来,为红军所用。

刘亚楼马上批准给徐保财半个月假,让其完成这项特殊的任务。徐保财在老家搜集了不少歌曲,除《苏武牧羊》外,还有《小放牛》以及许多当地民歌。这些曲子经过一番筛选,配上革命内容,大都成了颇具时代特色的红军歌曲。

刘亚楼任职军政首长,对部队的文艺工作一向重视。红二师的宣传队全军闻名,队长便是后来的开国中将梁必业。十七岁的江西籍新兵钟仁辉(新中国成立后曾任云南楚雄军分区司令员)参军到红二师后,分到宣传队,很快就学会了识简谱、打快板和吹口琴。不久,红二师演出一出反映红军战士正确对待家中妻子拖后腿的活报剧《拉尾巴》,长得细皮嫩肉的钟仁辉被选中扮演剧中女主角——"拉尾巴"的红军媳妇。他的表演生动逼真,赢得阵阵喝彩。首场演出结束后,刘亚楼就笑着喊他:"'拉尾巴',过来,让我瞧瞧你究竟是男还是女?"从此,钟仁辉一夜成名,他的别名——"拉尾巴"传遍了红二师。

这次开展"红军青年冲锋季"竞赛活动,刘亚楼积极拥护,并带头唱歌、演戏。在福建建宁开晚会时,他和师长陈光都上台演戏,随后,红一军团政治委员聂荣臻以及罗瑞卿等人也都先后上台演过戏。高层领导都上台了,下面也不好推辞,纷纷演出新节目,内容丰富多彩。

在"红军青年冲锋季"竞赛活动中,各部队对竞赛活动都做到有布置,有检查。布置和检查工作大都采用"飞行集会"的方式进行,具体做法是:首长下令,紧急集合,布置一两项工作,限期一到,再度集合,当众检查评比。谓之"飞行集会",是说竞赛活动连同思想工作不能停下来做,要在行军途中进行,边走边做,讲评优秀,提携落后。红二师在建宁就搞过一次这样的"飞行集会",目的是检查上次"飞行集会"布置的卫生和伪装工作。"飞行集会"把竞赛活动推向高潮。

红二师创造性地开展"红军青年冲锋季"竞赛活动,对提高部队文化素质,增强体质,激励士气,起到了很大作用。

1934年3月,刘亚楼和陈光率红二师南下三溪、三坑作战,指战员们个个骁勇善战,个别战斗也取得了胜利,但由于被迫实行李德"堡垒对堡垒"的战法,战略上的被动局面仍然无力挽回。

第四次反"围剿"开始后,在王明左倾机会主义者把持下,毛泽东离开了红军领导岗位。刘亚楼曾有过不安、不祥的感觉,但随着周恩来、朱德的正确指挥,这种感觉渐渐淡化。现在"上面"的指挥和红军的现实又使他产生了那种感觉。开始时,他小心翼翼地把它放在内心深处,但渐渐地按捺不住它的膨胀了。

红二师参谋长李棠萼捧来广昌保卫战中红二师《人员伤亡统计表》,刘亚楼看了一阵后发呆,之后,他愤怒地说:"这几年出生入死,大仗、小仗、硬仗、恶仗打过不少,从来没有像现在这么窝囊的! 我觉得在根据地采用'短促突击'这种做法,战役上不能解决问题,只能徒然消耗弹药和兵力。要战胜敌人,还是要用毛主席的做法,诱敌深入,积极防御。"

这是对李德瞎指挥的开火!

这段时间,看到部队伤亡和消耗与日俱增,刘亚楼常常无端发火。从那时起,他的脾气大起来了。他急盼上级想法子,早日摆脱困境!

第二章　长征中的开路先锋

湘江之战痛失良机

第五次反"围剿"失败，中央红军被迫实行战略大转移。红军要突破蒋介石大军的围追堵截，要在死地中求得生存，先锋部队打得怎样，就起着非同小可的作用。历史选择了红二师，选择了二十三岁的刘亚楼和同样年轻的师长陈光。

临出发前，红军总司令朱德摊开一张地图，指着地图上画好的箭头，告诉刘亚楼和陈光应从哪里前进："你们在前面开路，动作要快，不然，后面的部队就要被堵塞住。具体道路由你们在前头决定，不要等指示，以免耽误时间，我们后面跟着你们来。"

长征前，包括瞿秋白、陈毅等高级干部在内的许多伤病员都被勒令留下。反"围剿"中挂彩、行动困难的红二师红四团团长耿飚也在留下的名单中。但刘亚楼舍不得丢下手下这员爱将，说抬也要抬着耿飚走。耿飚后来说，这等于救了他一命，在那种情况下留在苏区凶多吉少。

黄炜华也是因为刘亚楼抗拒李德、博古（秦邦宪）们的命令，得以参加长征。

1934年10月16日，红二师从江西于都穿心店出发时，在师部任统计参谋的黄炜华高烧四十度，头昏眼花，浑身无力，更不用说走路了。但他不愿到后方医院养病，请求刘亚楼让他随部队行动。

刘亚楼似乎颇感为难，好长时间没有说话。但最后，他还是下了决心，叫来卫生队政治委员王奇才说："你派一副担架，把黄炜华抬着走！"

卫生队抬着黄炜华跋山涉水顶风冒雨三天后,他的病才慢慢好起来,可以正常行军作战了。

黄炜华将军谈及往事时,动情地说:"我能参加伟大的长征,能在长征中战胜病魔和困难,能为革命事业作些贡献,是党关心和爱护的结果,每当想起这段往事,我的心情就难以平静,总要想到和怀念刘亚楼司令员。"

战争中的任何高明的战略战术,只有充分利用时间才能实现。快速的行军,足以增加取胜的机会,甚至还"可以弥补军队的不足"(恩格斯语)。刘亚楼非常强调利用军队的快速机动来争取战斗的胜利。在多次实战中,他发现了一种新的战术:更好地利用部队的两条腿,而不是刺刀。

刘亚楼和陈光率领红二师,在枪林弹雨中硬是为全军蹚开一条血路。朱德赞曰:"红二师开路好快!"

红二师突破敌人第三道封锁线后,踏上湘江岸的碎石滩。在这道波涛滚滚的天然屏障前,蒋介石调集了十五个师近四十万大军,拼凑了五路"追剿军",企图前后夹击,把中央红军消灭在全州、兴县、灌阳那么一个袋形地域里。前有湘江阻挡,后面和左右两侧有数十万敌军围追堵截,情况万分危急!红军能否突破湘江,冲出敌人的重围,关键在此一仗!

林彪、聂荣臻给红二师下了死命令:不惜一切代价,突破湘江,为部队行进打开通道。

1934年11月27日,红二师疾如旋风渡过湘江,占领西岸,控制了界首至脚山铺间的渡河点。恰在这时,白崇禧从兴安把他的部队向南移动,佯作保卫桂林,实际上是开放走廊,让红军从兴安前往全州。此时,红军先头部队与中央纵队前后相距一百公里,白崇禧的及时撤退给红军提供了涉水过江的条件,湘江渡口一度向红军敞开。按理中央纵队在两天内就可以过江,而且可能不会有多大损失,可这良机被洋顾问李德错失了,笨重的、不适当的、多余的辎重队伍也丧失了有利形势。

11月28日,在蒋介石的严令下,何键派了四个师猛攻红军的北翼。最令人吃惊的是,白崇禧也卷进了这场厮杀。他们要靠空中飞机掩护,地面大炮开路,夺回渡河点,把红军拦腰斩断,击红军于半渡,消灭于湘江两岸。

红一军团奉令保卫渡口,阻击国民党部队,掩护中央纵队和军委纵队及红军大部队全部过江。红二师在全州附近的脚山铺打响了阻击战。

刘亚楼知道这是一场关系红军存亡的大战，因此战斗打响后，他亲自在脚山铺左侧一个叫黄帝岭的山坡上指挥战斗。此时红一师只有一个团过了江，红一军团掩护中央纵队的任务主要靠红二师。这个渡河地点能否守住，关系到整个战局。刘亚楼和红二师必须像一枚坚硬的钉子钉在这里！

红二师三个团，阻击敌人四个师十六个团，以单一兵种抵抗敌人步、骑、炮和空军的联合进攻，在火海中寸土必争。

那时红军子弹缺乏，只能等敌人靠近后，主要靠手榴弹和刺刀与敌人搏斗厮杀。

红五团团长张振山夜间派少数战士摸到横七竖八的敌尸旁，搜寻枪支弹药，放在堑壕里堆起来。待敌人进攻时，再用他们的枪弹回敬过去。

激战到30日凌晨，红一师全部渡过湘江，和红二师联手阻击敌人。

负责尖峰岭防线的红五团政治委员易荡平，身负重伤，行动困难，为了不当俘虏，不给部队增加负担，要求警卫员向他开枪。警卫员不忍，易荡平不由分说夺过警卫员的枪，自己饮弹身亡。

听完撤下火线的易荡平警卫员的哭诉后，刘亚楼沉痛地说："易荡平同志是好样的，红五团有优良传统啊，我们就是要发扬敢打敢拼的硬骨头精神！"

得悉红四团政治委员杨成武也挂了彩，刘亚楼指示，一定要保证杨成武的安全，绝不能再出意外。

12月1日是战斗最为激烈、至为残酷的一天。

凌晨3点多钟，中央和军委给红一军团联合发来电报，称"一日战斗，关系我野战军全部西进。……我们不为胜利者，即为战败者……"红一军团首长要求红二、红一师不惜牺牲，无论如何也要守住阵地，以保障中央纵队和军委纵队渡过湘江。军团政治委员聂荣臻亲自到黄帝岭阵地，把中央、军委的电报面示刘亚楼。

黄炜华将军陈述当时的情形："12月1日的战斗打得至为酷烈。敌人的飞机反复对我们的阵地狂轰滥炸，整营整连的敌人轮番向我们阵地发起集团冲锋，打垮了一批批，又一批批拥上来。面对数倍之敌的疯狂进攻，红军将士端着血淋淋的刺刀，喊着'一切为了苏维埃新中国'的口号，不屈不挠，前仆后继，拼力厮杀,向敌人进行集团反冲锋,在十里长的阵地上打得鬼哭神惊。"

敌人在飞机和大炮的掩护下,屡次进攻无功而返,乃转攻红一师和红二师的结合部,终于突进四五里地。红一师红三团两个营被迂回其后的敌军包围,红二师也面临被敌包围的危险。

刘亚楼命令部队,子弹打完了,用牙也要咬住敌人,守住阵地。从师长、政治委员到通信员、卫生员,红军将士个个把生死置之度外,人人都打红了眼,阵地前敌我两军尸横遍野。

正打得白热化,军团警卫排排长刘辉山连跑带喊赶来报告:"军团指挥部吃紧!"

刘亚楼大吃一惊,顾不得询问详情,带人向军团指挥部奔去。原来,敌人的迂回部队打到了军团指挥部门口,聂荣臻一面组织人员抗击这股偷袭之敌,一面命令刘辉山下山通知刘亚楼。刘亚楼带人赶到,将这股敌军压了下去。这是红一军团历史上从未有过的危险。五十年后,聂荣臻元帅还记得这件事,说:"这是我经历过的最奇特的场面。"

大约正午时分,中央纵队渡过湘江,并越过桂黄公路。接到通知后,红二师和红一师遂交替掩护,边打边撤。红二师经庙山、梅子岭、大渡,分别从两个山隘口退入通资源的越城岭山区。

连续几天几夜的恶战,红二师损失惨重。活着上路的指战员们,无不疲惫憔悴,不少人的伤口还流着血。警卫员发现刘亚楼的帽檐被打了一个洞,好不危险。

湘江之战,是红军离开中央根据地打得最激烈也是受损最大的一仗。红军由出发时的八万多人,减员到不足四万人。党的总书记博古深感责任重大,可又一筹莫展,痛心疾首,拿着一支手枪朝自己比画。

这场空前惨烈的血战之后,促使刘亚楼和广大指战员从根本上考虑党的路线问题和领导权问题。

湘江之战,除了上面所说有一个"缺口"可使红军避免重大损失外,还有一个"时机"。

刘忠原在红二师红五团当政治委员,长征前调红一军团司令部任侦察科科长。红二师攻下湖南道县后,红二师参谋长李棠萼奉命率红五团立即向湘江前

进，占领界首的各个渡口，相机占领全州。刘忠责无旁贷地率军团侦察队仍走在红五团前头，弄清全州、桂林的敌情。1934年11月20日，刘忠到达界首，横渡过湘江，直抵全州附近侦察。此时，国民党正规军尚未到达，全州城内只有民团驻扎。刘忠认为不可错失战机，建议红五团速过湘江，占领全州。但李棠萼犹豫不决，认为要报告军团指挥部，听候命令再行动作。刘忠再次建议机不可失，仍未得到李棠萼同意。事关重大，刘忠不得不越级电告军团。在这种极关键的时刻，军团首长也要被动地听候红军总部也就是李德的命令。过了一天，待军团首长"渡过湘江，进占全州"的命令下达时，良机已失。国民党中央军刘建绪的部队已进全州城，并在城外占领了阵地，布置了警戒。红五团只好抢占脚山铺。战后，刘忠向刘亚楼说了此事，指出李棠萼贻误战机失去控制全州机会的错误。刘亚楼也痛感失去良机，认为如果占领全州城，红军肯定不会在湘江之畔死那么多人！

谈及此事，年已耄耋的刘忠，狠狠地一拍大腿，他那种失良机之痛至死不泯！

突破乌江四渡赤水

电影《突破乌江》是20世纪五六十年代风靡一时的故事片。片中的师政治委员，几乎可与刘亚楼对号入座。因为当年率先强渡乌江的，正是刘亚楼任师政治委员的红二师。

乌江是贵州第一大川，是遵义、桐梓的天然屏障，号称天险。欲下遵义、桐梓，必先过乌江，踏过"一夫当关，万夫莫开"的娄山关。困难有多大，刘亚楼心里明白。因此，在听取前卫团团长耿飚侦察的情况报告后，刘亚楼还不放心，和师长陈光亲自到江边渡口察看地形。刘亚楼一向认为，作为一名军事指挥员，认真观察地形很重要。

此时已是1935年的元旦，刘亚楼在政治动员中，提出口号："记住我们是光荣的红二师，完成军委交给的战斗任务，突破乌江天险，拿下遵义、桐梓，用胜利来欢庆新年！"

乌江敌军在给上司的电报中，夸下海口："江防工事，重叠坚固，官兵勤劳不懈，扼险固守，可保无虞。"

敌人是无论如何要保住，有着钢铁般意志的红二师是无论如何要突破。

关于乌江之战，刘亚楼专门写过回忆文章，也曾多次发表，里面浓墨重彩介绍了勇士们在偷渡强渡接连失败后毫不灰心、前仆后继、克敌制胜的感人事迹。通篇文字里虽然看不到刘亚楼的影子，可正如参加这场战斗的杨成武所说，红二师"会像乌江的水那样，扬名在历史的长河中！"

乌江的突破，解决了红军进军遵义最大的障碍。美国记者哈里森·索尔兹伯里在其《长征——前所未闻的故事》一书中如是叙述："1月3日或4日早上，红军大部队开始跨过浮桥。最困难的问题已解决，其余的事都好办了。刘亚楼命令二师六团立即夺取遵义。"

刘亚楼特别交代红六团代政治委员王集成："夺取遵义事关全军的战略全局，你们既要勇敢，又要机智。"

王集成也是闽西客家人。他作战勇敢，多谋善断，深得刘亚楼赏识，从青年队长到连指导员、团代政治委员，刘亚楼多次亲自指导他，鼓励他以政工人员的模范行为去影响、团结和带动部队。王集成后来成为优秀的政工干部，曾多次说离不开刘亚楼当年的培养。

红二师攻占遵义后，又接连攻克娄山关，与红一师一起共同筑建起了北部防线，使决定党和红军命运的遵义会议得以顺利召开。

随着三十多万强敌从四面八方向遵义压来，军情异常紧急。为了摆脱强敌围歼，刘亚楼和陈光奉命率红二师抢先渡过赤水，挥师北上，然后利用敌军调动、黔北空虚之机再挥师东进，出其不意二渡赤水，重占娄山关，再取遵义城。

遵义战役，是红军长征以来空前的大捷。战斗曾一度危险，当薛岳、周浑元强敌猛扑遵义老城的插旗山时，红三军团控制的阵地岌岌可危。关键时刻，刘亚楼找到红一师师长李聚奎，分别指挥两师精干部队，冒险向正面之敌展开猛攻。

接着，整个战况发生了戏剧性的变化，敌人的战斗部署完全被打乱了，指挥体系陷入混乱状态，驻遵义近郊的中央机关转危为安。

紧接着，红二师在懒板凳、刀靶水一线与黔敌第五十二师遭遇。狭路相逢勇者胜，红二师又是一阵劈头盖脸的猛打，打得敌人丢盔弃甲，仓皇逃窜。刘亚楼号令全师："打他个漂亮的追歼战，把敌人赶到乌江去喝水！"

二进遵义后，中革军委(全称中华苏维共和国革命军事委员会)召集团以上干部传达遵义会议精神。刘亚楼和大伙儿带着满身的硝烟味陆续到来。一阵爽朗而极富感染力的笑声从门外传来，刘亚楼知道是毛泽东来了，那是他曾经非

常熟悉,但又一度不曾听到的笑声。当毛泽东手捏香烟走进会场时,全场响起了热烈的掌声,这是毛泽东近三年来第一次出现在有众人参加的军事会议上。在他的身后,周恩来、朱德、王稼祥等领导人也来了。

张闻天(洛甫)传达会议精神,当他讲到遵义会议选举毛泽东为中共中央政治局常委,并成立了由周恩来、毛泽东、王稼祥组成的中央三人军事指挥小组时,刘亚楼笑了,接着和大伙儿一样,情不自禁地振臂欢呼,喜泪纵横。

红军长征时,红二师有四千七百人,一路恶战一路减员,湘江之战受损尤重,到遵义时剩下二千五百人。为了保持红一军团的战斗力,中革军委决定取消红十五师(即少共国际师)番号,把其兵员分别补充到红一、红二师两个师里。

开国上将、长征前夕接替罗炳辉任红一师师长的李聚奎曾说:"刘亚楼能打恶仗、硬仗,还能打巧仗。"

刘亚楼善于在战争中学习战争,在几次反"围剿"战争实践中,军事才能和指挥艺术不断得以丰富,成为红军阵营的一员骁将。

长征路上,刘亚楼不负众望,率领红二师为全军开路,从江西一路打来,用连续突破敌人四道封锁线的一连串胜利,彰显了红军精锐之师的风采。

在遵义会议后毛泽东指挥的第一仗——土城战斗以及随后的大坝突围战中,红二师在劣境中又一次打出了威名。

刘亚楼和陈光率红二师前进到赤水附近,忽接命令,要一夜返回九十里增援,配合红军干部团歼击土城附近的川军。原来,川军刘湘部在长江北岸一线部署了重兵,严密防范红军入川,同时派出教导师、模范师南渡迎击红军。

红二师快马加鞭赶回猿猴场(今元厚)以东,神速展开动作:红四团向敌阵地攻击,红五团从右翼迂回敌后(习水)攻击。红四团以雷霆万钧之势,夺取了敌人一个又一个的阵地。最后在夺取敌占制高点时,与强敌反复争夺,由于地形险要,又无炮火支持,不能压制敌制高点的火力而停止攻击。红五团追到很远的敌侧后,歼灭敌一部后撤回。经一天激战,红二师虽未能解决战斗,但达到了解围目的,给敌教导师、模范师以沉重打击,掩护了中央机关迅速转移,胜利渡过了赤水。

刘亚楼、陈光认为再坚持没什么好处,乃率部退出战斗,迅速在猿猴场、土城渡过赤水,向扎西前进,以调动敌人。

参加土城战斗的黄炜华将军称:"敌人虽众,但被红军的英勇作战吓破了胆,有时追上了红军而不敢战斗,有时包围了红军而不敢攻击,怕红军与之拼杀,而观望等待红军离去。"

红二师在袭击叙永城后,经黄泥河到大坝,准备向盘山前进。行动中发现川敌两个师跟踪追击,刘亚楼和陈光遂令红五团在黄泥河阻敌,杀伤敌一部后,对其实行反尾追,弄得敌人被动不堪。

1935年2月3日傍晚,刘亚楼和陈光率师直部队、红四团和红六团到大坝宿营,川军一个师悄然尾随而至。翌日拂晓,红二师警戒部队发现敌人动向时,周围山头阵地悉被敌人占领,红二师被包围得水泄不通。

形势万分危急!

刘亚楼和陈光一边指挥部队与敌交火,一边紧急磋商,认为:依当前情况,西北山头敌人较少,只有选择西北方向敌人薄弱处,集中兵力打开缺口,突围出去,然后向盘山前进。于是命令王开湘、杨成武的红四团为突击队开路,师直部队为第二梯队在红四团后跟进,朱水秋、王集成的红六团在后掩护并随后跟进。

第二天晨7时,师长陈光率红四团突击队集中全部轻重机枪,在两侧猛烈射击压住敌人,突击连队以不怕牺牲的精神,以手榴弹、驳壳枪猛打,一波一波向敌人冲击。山头守敌一个连,被红军舍生忘死之势吓坏了,稍作抵抗,便向两边逃窜。

红四团一鼓作气夺取西北山头,并向两侧扩张,撕开缺口。刘亚楼指挥第二、第三梯队以排山倒海之势,踏着敌人的尸体向西北猛进。红二师突围出来后,一口气猛跑三十里路才停下休息。红二师整顿好队伍后,第二天南进鸡鸣三省,与总部胜利会合。红二师大坝突围,被总部首长称为一个很好的战例。

红军三渡赤水后,奔赴古蔺县,大有挥师北上之势。在敌人手忙脚乱、调兵遣将之时,红二师却在毛泽东的指挥下回师鲁班场,全歼遵义之西、鲁班场以东守敌。随后四渡赤水,迅速渡乌江,占息烽,逼贵阳,并大造声势,准备攻打贵阳。

红二师依计行事后,在贵阳近郊到处刷写"攻打贵阳城,活捉蒋介石"的标语。蒋介石急令云南省主席龙云、湖南省军阀季韫珩率军驰援息烽、贵阳,同时急调湘军刘建绪、徐源良在川黔湘边界布防堵击。

刘亚楼和陈光见目的达到,乃率红二师一改路线,乘虚直入黔南山区,随之长驱直下,挺进云南。

兵以诈立。在战役或战斗的指挥上,经常较多地表现为示形或用佯。示形是通过显露假象,造成对方的错觉,来掩盖自己的真实企图;用佯是以虚假的行动等吸引或转移对方的注意力来掩护自己的实际行动。古往今来,许多著名将帅的用兵原则和指挥艺术,最集中地表现在多诡奇诈上。善于研究借鉴前人经验的红军将领们,总是从自己面临敌人的实际情况出发,发挥自己的独创性,出奇制胜地打击和战胜敌人。刘亚楼和陈光堪称用佯高手。

为了在更大程度上给龙云造成红军攻昆明的假象,刘亚楼和陈光命令红四团接近昆明,喊响"解放昆明,活捉龙云"的口号。

这个锦囊妙计,又把蒋介石和龙云搅得蒙头转向,不知何去何从。

就在滇军手忙脚乱急匆匆赶往昆明救援时,红军主力突然兵分两路,乘虚北进,直渡金沙江。此时,红二师几乎变成了后卫。四渡赤水,行军疲倦,战斗频繁,但终于把蒋介石的追兵丢到几百里之外,跳出了敌人的重围。刘亚楼和陈光都松了一口气,说:"没有白走路,毛主席用兵有高招,连蒋介石都听他的指挥调度了。"

过了金沙江皎平渡,刘亚楼看见毛泽东熟悉的身影。他和陈光急忙跑步向前,毛泽东也大步迎上来,握着他们的手说:"军情忽变,你们由前卫几乎变成了后卫,我一直在这等候你们呢。你们过来了,我就放心了。过了江,你们还是前卫,中央信任二师。"

1935年5月上旬,中央政治局扩大会议在会理召开。就在这次会上,毛泽东对林彪所谓"走了弓背路"的论调进行驳斥,说:"你还是个娃娃,你懂得什么?"会后,毛泽东令红一军团主力向泸沽方向前进,刘亚楼和陈光率红二师先行北上。就在部队攻德昌、占永定营时,尾追红军的国民党中央军薛岳部已进至金沙江南岸,而前头截击的川军刘文辉、刘湘、杨森部,则向大渡河急进。这是长征途中重要的又一关,红军如果不能迅速渡过大渡河,势必不利。刘亚楼正等着中央的命令,忽报毛泽东召见,忙策马来到德昌。

毛泽东把刘亚楼和红一军团参谋长左权叫到作战地图前,相告了抢渡大渡河的决定后,说:"中央决定组成左、右两路纵队,右路纵队由你们俩带领,左权同志为纵队司令员,亚楼同志为政委,先行出发。任务是,经越西占领大渡河富林对岸的大树堡渡口。一方面掩护我军右侧翼,一方面在那里佯渡,以钳制、调动大渡河北岸上游防御之敌。"

中革军委副主席周恩来补充道:"左路纵队为我军大部队,军委已电示伯承、荣臻同志率先遣队直向安顺场前进,在那里抢渡。你们策应了他们的行动,就可转移敌人对安顺场方向的注意力。"

刘亚楼和左权率右路纵队一举占领大树堡渡口后,立即察看渡河点,并令积极收集木材造船,佯言北渡攻取雅安(当时西康省会)。川军刘文辉慌忙调兵到富林防御,这就使安顺场、泸定桥北岸守备之敌减少了注意力,既利于红一师红一团在安顺场抢渡成功,又利于红二师红四团迅速抢占泸定桥。

红军渡过大渡河后,刘亚楼率右路纵队一部人马归建。他和陈光率红二师打下山垭口,攻占天全、宝兴后,接到中革军委命令:作为前卫部队,首过夹金山,为全军踏开雪路。

在海拔四千九百多米、终年积雪不化、被当地百姓称为"神仙山"的夹金山下,刘亚楼开始了他独到的政治动员。他豪迈地将手上的木棍指向壮丽险峻的高山:"同志们,我们是光荣的红二师,我们最先强渡了湘江、乌江,夺下了泸定桥,突破了敌人的层层封锁。今天,我们要率先征服夹金山,当好先锋师!看谁是英雄,谁是狗熊!"

几千名指战员们被激得嗷嗷叫:"征服夹金山,当好先锋师!"

夹金山之后,是四座大雪山——梦笔山、长板山(又名亚克夏山)、打鼓山、仓德山。

在枪林弹雨中杀出一条血路,在神仙罕至的高原雪山勘踏出一条雪路,以模范红五团作底子的红二师,同样不负众望!

毛泽东和中央机关、后续部队,正是沿着红二师在三四千米的大雪山上踩出的艰难雪路,翻过一座座雪山,与红四方面军会师懋功(今小金)。

道是无情却有情

爬完雪山,横在眼前的是草海茫茫、方向莫辨的泽国。横跨草地,北出陕甘,这着棋下来,直令督率大军压境的胡宗南目瞪口呆。红军创造了人类奇迹。

过草地前夕,1935年7月30日,中革军委任命刘亚楼改任红一师师长,政治委员黄甦,政治部主任谭政。

刘亚楼虽然初来乍到,但红一师指战员哪个不闻他的名号?他听了红一师参谋长耿飚(原红二师红四团团长)简要介绍情况后,就拉着他来到杨得志的红一团,通过摆龙门阵熟悉指战员,了解部队作风。

看到三五成群的牦牛沿山而下,被浩浩荡荡的红军队伍吓得乱跑,刘亚楼不忘幽默一下:"这里人烟绝迹,牦牛说不定还真以为我们是神仙呢,没见过神仙,当然要跑哟。"

这般调侃,把大家给逗笑了,而红军将士确实是"神仙"。老乡们说夹金山是"神仙山",人上不去,鸟也飞不过来,只有神仙能过。真正的神仙,就是红军啊!古有八仙过海,今有红军"众仙"过雪山。

夜幕降临,草地露营时,指战员们搂来些枯草,开起篝火晚会,用欢声笑语驱赶潮湿和寒冷。

饥饿,是草地行军中对生命最大的威胁。经过的许多地方,找不到粮食,红军就吃青稞麦、豌豆菜、野草,凡是能见着的东西,如皮带、皮鞋、树皮都下肚了!几十年后,老红军王永贵、刘化文这般说起过草地挨饿的情景:"有些人并没有死,他们的眼睛还睁着,我们好不容易才把他们扶起,但他们又跌倒在沼泽地里,再怎么拉也拉不起来,饿的!"

他们当时是第三营的战士,饿得头昏眼花,实在走不动了,就一屁股跌坐下来,一个念头同时在心底升起:走不出草地,革命就到此为止吧。这时,刘亚楼来到他们面前,拿出自己节省下来的牛肉干,鼓励他们咬紧牙关坚定信念,战胜困难。

牛肉干是刘亚楼率红二师在毛儿盖筹粮时分得的。在川西北艰苦的环境里,红二师为了完成军委和军团筹粮过草地的指示,付出了不小的牺牲。

当地的国民党反动武装在逃跑前,指示反动土司埋藏粮食、隐蔽牛羊,恫吓藏民:凡为红军带路、给红军当通司(翻译)、卖粮给红军者,一律处死。这还不够,反动武装还不时袭击筹粮的红军。红二师参谋长李棠萼、红五团政治委员谢有勋、师部参谋汤宗盘等,便在筹粮时遇袭牺牲。

中央领导和红军友邻部队接过红二师送来的粮食和牛羊肉干时,备感珍惜,这是用生命和鲜血换来的粮食呀!

刘亚楼调离红二师时，和他结下了深情厚谊的陈光、杨成武等人又悄悄塞给他的警卫员不少干粮。可这些，几乎都被刘亚楼分给了红一师的缺粮户。

僧多粥少，这些干粮"共产"完，刘亚楼也开始和大伙儿一样吞吃野菜了，肚皮瘪得贴住脊梁。警卫班班长看在眼里，痛在心里，花了九牛二虎之力搞来小半桶青稞麦稀粥，想着为首长改善生活。

就在这时，部队被一条五六丈宽、七八尺深的河挡住了去路。得知连架桥用的连结材料也没有时，刘亚楼命令工兵连砍树架桥。由于饥饿、疲劳、缺乏工具，一斧斧下去，像是蚂蚁啃骨头，原计划两个小时完成的任务，干了三个半小时还没有把树砍倒，瘦得皮包骨的司务长没有砍上十几下，斧子就从手里滑落，人倒地不起。连长冯志湘怀着内疚而沉重的心情，到师部汇报了司务长牺牲的事情和作业进度的情况。

刘亚楼听罢，心情很沉重，指着警卫班班长送来的那小半桶青稞麦稀粥说："把它拿去，让战士们吃上点。"

冯志湘心里明白，大伙儿不吃点东西，砍树实在没力气。但他更明白，这是首长的饭，首长的身体很重要，不吃饭怎么行！于是他说："这饭还是首长吃，我们有办法。"

刘亚楼见他要走，一把拉住他，说："你给我拿去，这是任务！"

冯志湘再三推托，可怎么也说不过刘亚楼。他真后悔不该在这个时候来汇报情况。

饭提了出去，不一会儿，警卫班班长又把它提回来，说："师长，用不着这饭啦，工兵连已找着吃的了。"

刘亚楼正视着警卫班班长："真的？"

警卫班班长尽量装得不心虚："是。"

刘亚楼拉过警卫班班长的手："那好，你再把饭给我提着，我们一起去看。"

警卫班班长暗暗叫苦，忙说："师长，您去也没用，同志们不吃您的饭。"

"为什么？"

"同志们都说首长工作重要，粮食更宝贵。"

刘亚楼猛地打断他的话，怒气冲冲地说："我就知道是你在捣鬼！不关心同志，让他们都饿死，再大的首长还不是个光杆司令！"

警卫班班长还想说什么,刘亚楼手指他的鼻尖,喝道:"你不劝同志们分吃完,老子就毙了你!"

警卫班班长从未见首长发这么大的火,忙提着青稞麦稀粥,快步来到架桥地点劝吃。

人是铁饭是钢,吃点东西,力气又来了,手斧有节奏地呼呼响着,大树很快就横卧在河面上,一座独木桥终于架成了。

刘亚楼有一匹马,长征路上几乎都用来驮病号。进入草地后,病号越来越多,而牲口越来越少。他于是放弃了骑马,让体弱者轮着骑。马夫小王不高兴了,说:"师长,您的身体很重要,我要对首长负责呀!"

刘亚楼开导他:"我的小同志,打仗要靠每个战士,他们垮了,我一个人能消灭敌人吗?"

有的重病号,孱弱得连马都骑不住,刘亚楼便组织指战员背和抬。他亲自背过一位奄奄一息的病号,直到对方牺牲在背上。

经过七天七夜泥里水里、忍饥受冻的艰苦行军,魔鬼般的草地终于被抛在了身后。班佑,这个只有二十来间牛粪房的小村庄,以坚实土地上的房舍炊烟,向红军张开了双臂。

刘亚楼率红一师走出草地后,1935年9月初向俄界进发,为全军探明道路。他从前卫团侦察报告中得知,俄界也是个藏民聚集地,于是主动进城拜会杨姓土司,向他解释红军的性质,并赠送一些枪支弹药。杨土司对刘亚楼和红军深怀好感,主动打开城门相迎,回赠一批粮食。刘亚楼迅速把俄界一带情况向军委和军团首长汇报,红军右路军先后抵达俄界。

红一师稍作休整,正待继续北上,忽接在俄界待命的指示。大家都很纳闷,后来才知指挥左路军行动的张国焘在耍阴谋。部队谣言四起,在这以前,他们就风闻张国焘要没收中央纵队的驳壳枪,又听说张国焘攻击谩骂中央"逃跑",煽动部队"不要跟戴小帽子的人走"(红一方面军所戴军帽帽檐较小)等,早就憋了一肚子气。如今张国焘擅自率左路军南下,公开进行分裂活动,大家更是义愤填膺。

红一师指战员心中蔓延着许多不稳定的情绪,刘亚楼虽也气愤,但他嘱咐部队遵守纪律,不要随便议论,说:"我们是由中央根据地来的,要坚决跟着党中央、毛主席走!"

1935 年 9 月 12 日,毛泽东和党中央摆脱危险,到达俄界,立即召开紧急扩大会议,谴责张国焘的分裂行为。会后,党中央率领红军继续北上,刘亚楼挥师沿白龙江,经莫牙寺、腊子口,进占了甘肃省的小镇哈达铺。

在哈达铺,党中央在关帝庙前的院子里召集团以上干部开会。毛泽东在会上作政治报告,当时不少人情绪很不好,同乡同事交头接耳地说起这个在打什么地方负伤了,那个在什么时候牺牲了。从中央苏区出发时有八万多人,现在仅剩万把人,确有些悲观。

毛泽东是辩证唯物主义者,不回避红军队伍中的悲观情绪,他说:"现在我们只有一万多人,是少了点,但也用不着悲观嘛,比起 1929 年红四军下井冈山,还是多了好几倍。我们都是些什么样的人啊? 我们是经过锻炼的,不论是政治上、军事上,还是体力上,一可以当十,十可以当百。我相信,经过久经战斗考验和艰难险阻考验的红军指战员,一定能战胜危险,达到胜利的目的!"

这鼓舞人心的话引来阵阵雷鸣般的掌声,会场氛围一下子由沉闷而活跃。

为了适应新的形势,中央决定部队改编为中国工农红军陕甘支队,彭德怀任司令员,毛泽东兼政治委员。陕甘支队下编三个纵队。刘亚楼没想到毛泽东会宣布自己任第二纵队副司令员,一些老资格的领导人还在自己之下,心感不安,会后专门找到了毛泽东。毛泽东笑着说:"你刘亚楼一路敢打敢冲,战功卓著嘛!"

哈达铺是长征路上令人最感舒适的地方。这里是汉族地区,群众对秋毫无犯的红军非常热情。为了改善生活,恢复指战员极度疲乏的体力,供给部门破天荒地给每人发了一块光洋。这里物产充足,东西又便宜,大家大快朵颐。会餐时,空气中浮动着肉香,到处是过年似的欢乐气氛。

在享受这番前所未有的舒适后,刘亚楼特地花钱洗了个澡,之后又理了个发。有的战友笑道:"又不是找媳妇,你弄这么干净干吗? 明儿打起仗来,说不定就光荣了呢,还不如把钱用来吃好一些。"刘亚楼认真地说:"即使牺牲,也要死得干干净净。"

第二纵队组建伊始,就碰到一系列难题。一方面,这支由红三军团改编而成的纵队,主要领导除司令员彭雪枫外,政治委员李富春、副司令员刘亚楼、政治部主任罗瑞卿、参谋长萧劲光都来自红一军团,由此引起红三军团指战员的不满与轻慢；另一方面，纵队主要领导，都是才华横溢、独当一面且锋芒毕露、血气方刚、争强好胜的年轻将领，每人的工作作风不一样，强强相聚同吃一灶，难免出现分歧与矛盾。经反复做工作，思想问题刚行解决，新的问题又接踵而至。

部队在哈达铺只休息了两天，干部战士的体力尚未得到恢复，又得向陕北进军。掉队人员一路不断，个别领导认为掉队与情绪不振有关，有叛变投敌嫌疑，加上指战员中发生了偶尔违反群众纪律、偷吃群众东西的现象，遂被认为这是对革命丧失信心的表现，因而提出要在红三军团整顿纪律和加强审查，问题严重者要予以处死。担任第二纵队军事裁判所所长的黄克诚（红三军团原师政治委员，后任团政治委员），不肯执行死刑命令，该领导便撤销了他的职务，还组织批斗，并指责红三军团有"本位主义"、"山头主义"。如此这般，使矛盾进一步激化。

有人向中央反映，说第二纵队的问题是彭雪枫与刘亚楼、罗瑞卿矛盾的结果，而且还牵扯到中央领导人。彭雪枫和毛泽东争论时，双方都拍了桌子。毛泽东冷静下来后，找来刘亚楼、罗瑞卿谈话，指出上述关于第二纵队矛盾起因的说法不够准确，双方都有责任，但问题出现了，就不容忽视，因为它涉及红一、红三军团的团结问题。听毛泽东这么一说，刘亚楼感到肩上的担子更重了，和罗瑞卿表示一定妥善处理，从自身做起，与彭雪枫搞好关系，对红一军团去的干部严字当头。

随后，刘亚楼和罗瑞卿等人对第二纵队的情况做了全面摸排，对部队发生的杀人、批斗、处理干部及人员失踪等问题的原因及指战员的思想状态，有了较准确的了解。在中央苏区就反对肃反的刘亚楼说："我们英勇的红军战士，忍受着缺粮少药、饥饿寒冷和疾病的苦痛，爬雪山过草地下来，牺牲了很多同志，活着的也都被拖得精疲力尽，有人还想分裂红军，一些同志对此有种种情绪，发点牢骚，情有可原，我们做领导的要设法与他们沟通好。至于偶然有违反群众纪律的现象，这固然有错，但仍应以教育为主，不能作为敌我矛盾批斗处理，更不能杀人。眼下我们面临的情况还很困难，我认为不宜马上进行整顿纪律和审查干部。"

刘亚楼的话，得到了广大指战员的拥护，从红一军团来的那位领导也被说服了。于是，争论平息，部队重归团结和谐。

　　刘亚楼和第二纵队在毛泽东和中革军委的直接领导下,翻越六盘山,向北疾进到陕北保安县吴起镇后,宁夏二马(马鸿逵、马鸿宾)和毛炳文的骑兵紧追而至。毛泽东认为,让敌人的骑兵一直跟进陕北,对今后不利。他给刘亚楼等将领交代任务,必须砍掉这条尾巴!

　　过草地时,刘亚楼曾指挥部队打过敌人的骑兵,但第二纵队主要由红三军团部队组成,和六条腿的敌人(骑兵)作战有点不知所措,因为它和两条腿的敌人(步兵)完全不同。刘亚楼战前向指战员们讲解战术动作,鼓劲说:"别看敌人在马上气势汹汹,只要我们战术得法,打起仗来,他们就成软柿子任人捏了。"

　　1935年10月21日,根据毛泽东的指示,刘亚楼率第二纵队为左翼,林彪率第一纵队在正面,向正迂回吴起镇西北部的二千多敌骑兵出击。由于战术得法,指挥有方,不到两小时就取得了长征最后一仗的胜利。

　　刘亚楼骑上了从敌人手中夺过的高头大马,下令挑选一些好马,立刻送给中央首长:"让革命骑着马前进!"

　　漫漫长征路,进一步奠定了这位二十五岁年轻师长能征善战的威名。

第三章　不同战线的抗战

东征扬威晋中南

到陕北后,红一军团建制恢复(实为红一、红三军团合并而成),与红十五军团和陕北红军合编为红一方面军。刘亚楼重新回到红二师,接任师长职务,萧华任政治委员,李天佑任副师长,邓华任政治部主任。红二师的核心新班子,1955年均授衔上将。

此时,张学良的东北军在蒋介石胁迫下,组织五个师进犯,妄图趁红军立足未稳而将其聚歼于葫芦河与洛河之间。毛泽东定下破敌之策,集中兵力首先在直罗镇一带歼敌两个师。

是时天气奇冷,而红一军团尚缺二千多套棉衣,部队在陕北刺骨钻心的寒风中致病者达千余人。赫赫有名的突击团——红二师红四团的团长王开湘、政治委员杨成武也患了伤寒。刘亚楼到医院看望他们,叮嘱他们好好养病。谁知几天后一个噩耗传来:王开湘自杀了!

原来,王开湘在持续高烧四十度、神志昏迷的情况下,从枕下抓起手枪,将一发子弹射进自己的脑袋。得知详情后,刘亚楼怒不可遏,向医务人员大声吼道:"怎么可以叫他摸到手枪,你们简直是胡闹!"把医务人员吓得面如土色。

后来,还是王开湘的老搭档杨成武告诉刘亚楼:"手枪是王开湘最心爱的宝贝,长征途中不管再忙再累,他都要亲自擦拭那支六轮子。他枪不离身,住院也带身上,谁会料到他昏迷中把枪抓响呢!"

刘亚楼对王开湘的死深感难过,喃喃地说:"这是红军的一大损失,悲剧本可以避免。"

对即将到来的直罗镇战役,广大指战员士气旺盛,寄希望于打一个胜仗,解决棉衣等军需和给养问题。

直罗镇战役,是红一军团与红十五军团和陕北红军首次联合作战,由红二师担任主攻。战役发起的前两天,刘亚楼和红一军团及红十五军团团以上干部到张村驿会合,毛泽东亲自带他们到直罗镇西南面的小山头上看地形,研究具体部署。

这次战役,刘亚楼和萧华十分重视毛泽东的指示,在战斗过程中注意和兄弟部队协同作战,大破敌军,斩获"牛头"——击毙敌师长牛元峰。战后,刘亚楼分到了一件从东北军那里缴获的棉大衣,不再受冻了。

延安时期的刘亚楼

直罗镇大捷,给党中央把全国革命大本营放在西北举行了一个奠基礼。

直罗镇战役后,中央从红二师抽调了杨成武等部分骨干,重组红一师,陈赓任师长,杨成武任政治委员。

陕北根据地面积不小,但人烟稀少,物产不丰。即使陕北群众都踊跃交公粮,也养活不了一下子冒出来的这么多部队。再说,红军也不能老吃这块根据地,得设法向外发展,在外面筹款、扩红,才能解决根据地一穷二白的问题。红军要抗日、要革命,队伍总得有个前进的阵地和供给粮草的后方。此时的陕北,向北向西都是沙漠,没有地方可去;向南呢,那是西安,就要与张学良、杨虎城打仗,红军正做东北军和西北军的工作,不可采取军事行动;只有向东,找阎锡山要去!此时阎老西正与日本人勾勾搭搭,东征讨阎无论政治上还是军事上,都对红军有利。

当时内部对东征讨阎存有不同意见,但刘亚楼拥护中央决定,并向毛泽东请缨,要求把打前锋的任务交给红二师。红二师获准作为右路军(红一军团)的先遣队后,刘亚楼命令红五团打先锋。

1936年2月中旬，红二师抵达黄河西岸陕西绥德县沟口，紧张地进行临战训练和渡河准备。为保证红五团一举突破黄河天险，刘亚楼提议从全团选拔二十四名勇士组成渡河突击队，曾国华任突击队队长，下分四个突击组。

刘亚楼对曾国华说："曾国华，我知道你能跳高，打仗也很猛，我就盼着你带大家顺顺利利地跳过黄河去！"

刘亚楼说的跳高，是1933年8月1日红一方面军全军运动会上，红二师红五团排长曾国华在跳高中获得冠军。红五团首任政治委员、时任红二师政治部主任的刘亚楼当时就说："曾国华你能跳高，希望也能打仗！"曾国华听后，心里热乎乎的，决心一定不辜负老首长的期望。在随后的战斗岁月里，他以出色的战绩得到刘亚楼的青睐。

1936年，在陕北合影。左起：黄永胜、刘亚楼、赖际发、刘英、王稼祥、萧华、聂荣臻、贺诚

1936年2月19日，曾国华率突击队打扮成陕北农民模样，身背粪筐，肩扛镐头，跟随团长张振山前往黄河边熟悉地形，受领任务。来到河畔一座小土屋前，只见军团长林彪、师长刘亚楼等人正拿着望远镜观察对岸。曾国华一愣神，还未来得及喊报告，刘亚楼就向林彪介绍："这就是曾国华，突击队队长。"

林彪招呼："好，快进来坐。"

这阵势让曾国华有点紧张，军团长都亲自来了，可见这任务有多艰巨。

在确定突破口后，林彪开始给曾国华讲解突击队的任务和对策："对岸山腰和山的南北两脚一溜排着三个碉堡，是封锁渡口的主要火力点。先攻下山腰那个碉堡，这是敌人的接合部，兵力薄弱，河滩平坦，还有四十多米宽的冰排，船容易靠。然后再分头攻占其他两个，向南北发展，保证主力部队安全渡河。"

林彪讲完，叫曾国华把任务复述一遍，随后点点头："清楚就好，回去做准备。"

刘亚楼接过话："你们要有充分的思想准备，不论遇到什么困难也要突过河去,一旦被敌发现,就实行强渡,一定要把滩头阵地拿下来。全师全军的官兵都在看着你们。"

1936 年 2 月 20 日凌晨,毛泽东、彭德怀正式下达了渡河命令。刘亚楼以他那极富鼓动性的宣传,在全师作了一次战前动员。在主持师司令部会议布置任务时,他还特地和其他几位师领导对了一下手表,结果发现,时间五花八门。他由此及彼,马上找彭德怀反映:"总部和军团首长的表,如果走得也不一致,岂不影响战斗的统一时间,造成协调困难?"

彭德怀找林彪、聂荣臻一对表,发现果然也有误差。彭德怀遂下令:全军行动时间,以聂荣臻的表为准。如此这般后,"谁的官大谁的表准"成为中国式的经典之说。刘亚楼的细心,从中可见一斑。

是日迟暮时分,刘亚楼踏着皑皑白雪来到绥德县沟口,专程来给渡河突击队把酒送行。二十四名勇士几乎都是二十挂零,全都是经过长征锻炼的铮铮硬汉,另外还配备了一名信号员、八名水手、四名梯子手,也都是共产党员。勇士们精神抖擞地排成两排,刘亚楼第一句话就是:"你们怕不怕?"

"不怕!"

"不怕就好! 当兵的,活着干,死了算,挨了枪子不过一个疤!"

会餐时,刘亚楼和大家席地而坐。都是长征过来的战友,虽有职务高低的区别,但更有深厚的兄弟情谊。

刘亚楼举起酒杯,深情嘱托:"毛主席要我来为大家祝酒送行,记住你们是红五团挑出来的,大家都在看着你们,祝同志们渡河突击成功!"

勇士们都举起了酒杯。突击队队长曾国华代表突击队激昂地说:"请师长放心,并请转告毛主席、党中央放心,我们坚决完成任务,渡过黄河,拿下对岸滩头阵地,保证大部队顺利过河!"

刘亚楼点点头,说:"好,祝你们成功,干杯!"

手表时针指向 20 时整,刘亚楼一声令下:"开船!"

突击队队长曾国华乘坐第一条木船,突击组组长龙书金乘坐第二条木船,迎着汹涌的波涛,穿过漂浮的冰块,向对岸疾驰。送走突击队后,刘亚楼马上部署红二师第二梯队策应。

天黑得伸手不见五指,就在木船行将靠近岸边冰排时,敌工事里的探照灯

掠过河面，照射到第一条船上。随着敌兵一声惊叫，对岸碉堡枪声大作，子弹像暴雨似的打来，曾国华身边的信号员头部中弹当即牺牲，一个水手的胳膊也负伤。在曾国华的命令下，突击队队员也扣动了扳机，对准探照灯、手电的亮光和岸上的发射点猛烈射击。

战斗打响了，偷渡变成了强渡，木船也加快了速度。一靠上冰排，突击队队员就冒着敌人的弹雨冲上滩头，杀向敌群，一举拿下中心碉堡，接着兵分两路端掉南北两个碉堡。登岸的口子撕开后，按约定要打信号弹，可信号员已经牺牲，曾国华命令拾柴点火。

敌人纠集约一个连的兵力企图反扑。曾国华沉着指挥，待敌人快接近时，先是一排手榴弹，接着拿起刺刀横劈竖砍。这时，红二师第二梯队渡河登陆，一阵激烈交锋，阎锡山吹嘘的"固若金汤"的黄河防线，被一举突破。战后，突击队队员们被誉为"突破黄河天险防线的战斗英雄"，获授勇士奖。

渡河成功后，刘亚楼和萧华挥师登陆，把整个滩头阵地全都控制在手中，保证了大部队上岸。

"东进抗日及讨伐卖国贼阎锡山"的场面弄得很大。

2月24日，红一军团越过吕梁山，在关山村截住了敌独立第二旅。敌军旅部和该旅第三团被击溃后向汾阳逃去。敌第四团被包围在关山村。当日黄昏，红一、红四师在聂荣臻率领下由北而南，林彪则参与了红二师的指挥，实施由南而北发起进攻。

晋军独立第二旅素有"满天飞"称号，常常是哪里吃紧，便驰援哪里，武器装备好，战斗力强。被围的敌第四团因与旅部失去联系，已有几分恐慌。听到红军枪声，连忙组织突围，但几次突围均被红一、红二师打回去。激战大半夜，红军全歼这股敌军。

关山村战斗打掉了敌军的威风。连同红十五军团在石楼地区取得的胜利，使红军在黄河东岸站住了脚跟。

3月上旬，刘亚楼指挥红二师随红一军团进到兑九峪一带。毛泽东、彭德怀率领的红军总部机关也越过吕梁山，进驻大麦郊。

兑九峪一战至为激烈，红二师三个团全部投入，师长刘亚楼、政治委员萧华、参谋长钟学高、政治部主任邓华等，都在前沿阵地指挥作战。战斗开始不久，萧华左腿负伤,被抬下了火线。后进一步查明,敌军不是原先估计的四五个团,而是十四个团的兵力。毛泽东当机立断,命令红军撤出战斗。

3月12日,刘亚楼、萧华带红二师师团干部出席了红军总部在孝义县郭家掌召开的东征红军团以上干部会议。为了方便下一步的军事行动,彭德怀宣布,东征红军分左、中、右三路军,分别行动。

3月16日,刘亚楼、萧华带红二师随右路军挥师南下。右路军突破了汾河一带的敌军堡垒,沿同蒲路两侧南下。4月1日,刘亚楼、萧华带红二师攻克了襄陵县城,活捉了国民党县长康晓。接着红五团解放了侯马镇,进一步壮大了红军的声威。

刘亚楼、萧华率红二师正要进一步向太行山长治一带前进,以配合北方的学生运动。4月中旬,在阎锡山的连连呼救下,蒋介石已抽调十个师十五万人马入晋,从南北两个方向夹击过来,黄河以西的国民党部队也沿河北上,妄图卡住黄河渡口,包抄红军后路。毛泽东审时度势,认为东征的目的已经达到,遂决定回师陕北。

刘亚楼立即率部西移。就在红一军团主力经大宁地区向永和县沿河渡口挺进之际,蒋军关麟征和阎军杨澄源紧咬不放,企图截断红军回师之路。为了掩护渡口准备工作,毛泽东和彭德怀急令林彪主力一部掉头迎击尾追之敌。回师行动,红二师先行,红一师掩护。

1936年4月下旬的一天,北风怒吼,沙尘蔽日,红二师和蒋军关麟征师在苏家屯打响了第一枪。蒋军凭借兵多炮强,发起一次次攻击。刘亚楼指挥部队在太德、扶义、堡村三角地带沉着应战。在击退蒋军的数次进攻后,得知红军主力基本完成西渡,刘亚楼决定红二师辎重部队撤至大宁,只留下轻装部队阻敌。阻敌任务交给了刘亚楼引以为豪的红五团。红二师参谋长钟学高主动请缨,留下指挥。

在众寡悬殊的拼杀中,师参谋长钟学高、团政治委员林龙发先后牺牲,但数倍之敌就是没能越过防线。红五团完成任务突出重围时,突遇汤恩伯一个旅。一番激战后,红五团留下一个骑兵班阻敌,余者由刚提为副团长的曾国华率领,追赶西渡的大部队。

骑兵班看到路上尘土较厚,乃模仿三国名将张飞,集中十余匹战马,在路上

迅疾往来驰骋，扬起冲天尘土。敌人被这"迷魂阵"搞懵了，摸不着红军虚实，不敢贸然进迫。于是，骑兵班从容而退。刘亚楼听说此情，无比高兴："我军将士有勇有谋，真如张飞再世！"

5月3日，刘亚楼、萧华率领红二师从清水关渡过黄河，回到了陕北。毛泽东坚持在河东指挥全军渡河到最后。周恩来从瓦窑堡特地赶来迎接远道归来的红军。

当国民党二十万大军风风火火赶到黄河东岸时，哪里还有红军的影子，只有滔滔的水声和萧萧的风声。

另一个用武之地

在红军、八路军阵营，刘亚楼是为数不多读过两所大学、啃过洋面包的"高级知识分子"。

第一所大学特殊的让人不能小看，因为它当时在国内外都有不小的名气，就是现在，还有不少外国友人知道它的大名：中国人民抗日军事政治大学（简称抗大）。说它特殊，因为它培育出来的不是学者、教授，也不是科学家、工程师。但它的毕业生对当时的中华民族来说，是最宝贵的人才。他们是一群为了国家和民族的解放自愿抛妻别子，甚至献出生命的英雄好汉，他们是苦难深重的中华民族能崛起于世界民族之林的优秀子孙。

> 黄河之滨，集合着一群中华民族优秀的子孙。人类解放，救国的责任，全靠我们自己来担承。同学们，努力学习，团结紧张，严肃活泼，我们的作风。同学们，积极工作，艰苦奋斗，英勇牺牲，我们的传统。像黄河之水，汹涌澎湃，把日寇驱逐于国土之东，向着新社会，前进，前进，我们是劳动者的先锋！

这首《抗日军政大学校歌》鼓舞一代又一代的人奋勇向前，承担起振兴中华的责任。

1936年5月14日，毛泽东在陕北延川大相寺召开团以上干部会议，总结东征的收获，布置下一步的工作。会议提出红军西征的问题，并决定创办中国人民抗日红军大学(简称红大),利用全面抗战开始之前的有利时机,分期分批抽调干部到校学习,为即将来临的抗日民族革命战争高潮培养一批独当一面的优秀军政人才。刘亚楼没想到,红大一期名单上有他的名字。

他当时和许多高级干部一样,对红大的筹办并未引起足够的重视,而且他觉得自己已有一定的文化知识,完全可以把这个机会让给别人,何况他实在舍不得离开多年来带领和指挥的红二师,还有生死与共的战友。

1936年6月,刘亚楼(左)与杨成武在红大

毛泽东在开学典礼上说:"第一次大革命时有一个黄埔,它的学生成为当时革命的主导力量,领导了北伐成功,但到现在它的革命任务还未完成。我们的红大就要继承黄埔军校的精神,要完成黄埔未完成的任务,要在第二次大革命中成为主导的力量,即要争取中华民族的独立解放。"

1936年,刘亚楼(右二)与罗荣桓(右三)、谭政(右一)、莫文骅(左三)、傅钟(左二)、萧文玖(左一)在延安

这番话给刘亚楼很大启发,促使他从开学第一天起就端正了学习态度。刘亚楼和林彪、罗荣桓、罗瑞卿、彭雪枫、杨成武等三十八人编在一科。一科主要训练红军师以上高级干部,人数虽少,质量较高,平均年龄二十七岁,都有丰富的战斗经验,每人身上平均有三处伤疤。一科学员分六个组,刘亚楼是一组组长。

办校初期,只有三位专职教员,因此毛泽东等领导人常常亲自授课。毛泽东

实行革命的三民主义

红大时期的刘亚楼

的第一课《中国革命战争的战略问题》，引起刘亚楼的深深思考，他决心不做"鲁莽的军事家"。

像中共中央机关驻地一样，红大也时常飘来空中阴影。在敌机的一次轰炸中，红大二科一队队长张振山不幸牺牲。

张振山是刘亚楼的老部下、红二师五团团长。在湘江战役中，他率红五团在脚山阻敌五昼夜，打得英勇顽强，为掩护中央纵队和后续部队过湘江立下卓越功勋。长征胜利结束了，岂料手下两位得力团长王开湘、张振山竟先后遇难，刘亚楼如何不痛心？在张振山的遗体告别仪式上，他对张振山作了高度评价。

年底，红大一期学员面临毕业，时值西安事变发动不久，民族抗战面临可喜的局面。学员们每天都在议论毕业后的去向问题，议论前线的事。听说学校要继续办，不少学员怕留下当教员，纷纷给总政治部写报告，要求到前线去。刘亚楼也是其中的一个积极分子。

一天，毛泽东又来上课，先环视了一下教室，慢条斯理地说："听说有不少同志写报告，不想留在学校里，翅膀硬了，想去寻找更广阔的天空。鹰击长空，鱼翔浅底，好嘛！"

大家为之一振，特别是写了报告的人更是欣喜异常。

不过，毛泽东突然提高了语调："这里我郑重宣布，凡写报告的，统统留下。你们都想走，学校就办不起来了。为了适应新的形势，学校要继续办并且要扩大，教员就从你们中间出……"

这真是弄巧成拙。刘亚楼和几个写报告的人面面相觑。

后来，刘亚楼和不少写报告的学员真的被留下了。接到留校担任训练部部长的通知,刘亚楼颇有情绪:"我这个没理论的人,只能在战场上冲杀,怎么能办学校呢?"

和刘亚楼有类似情绪的大有人在,据说中央调林彪任红大校长,他所抱的态度是不吭声。

毛泽东关心红大的建设,亲自担任校务委员会主席,得知刘亚楼对留校有看法,便亲自找他谈话。

刘亚楼拘谨不安地来到毛泽东办公的窑洞。里头一盆炭火烧得正旺,毛泽东热情地招呼刘亚楼烤火,不绕弯子便问:"亚楼,听说你有个理论?"

刘亚楼一听,吃惊不小,忙说:"主席,我可没有什么理论。"

毛泽东道:"'有理论的办学校,没理论的上战场',这不是你发明的嘛,这就是一种理论。"

刘亚楼没想到自己在同学间说的话竟传到毛泽东耳朵里了,连忙解释说:"主席,我是说我到前线去可能更合适些,眼看着同学们一个个都整理行装重返部队,我的心不能不痒呀。"

毛泽东心平气和地对他说:"你留校负责领导新学员的训练工作,也是件大任务嘛。"

1937年4月,红大一期一科同学合影(前排左二为刘亚楼)

刘亚楼道:"主席,我看我还是回部队上前线好,留在后方没出息。"

毛泽东来气了:"你说没出息,那我、朱老总、周副主席、洛甫(张闻天)同志不也留在后方,不是还有很多同志留在后方,你说,我们就没出息?"

刘亚楼知道自己说漏了嘴。

毛泽东还在生气,吸着烟来回踱着:"你刘亚楼说留在后方没出息,那好,我就十年不许你上前线!"

刘亚楼像个做错了事的孩子:"主席,我刚才说错话了……"

"不仅是说错,你整个思想苗子就不对,你看不起在后方工作的同志。"

"主席,您多批评几句吧,这样有助于我提高。"

毛泽东却被刘亚楼那哭笑不得的窘相逗乐了,上前拍了拍刘亚楼的肩膀,口气变得委婉起来:"我知道你能打仗,又懂政治,还读过省立中学,正是这样,才叫你负责领导新学员的训练工作嘛。亚楼啊,办校是一项根本建设,培养干部的干部我们是认真挑选的,你是再合适不过的人选。红大也有广阔的天地,有你的用武之地。"

一剋一赞,使刘亚楼意识到自己工作的意义,他霍地站起来,向毛泽东表示:"请主席放心,我一定安心工作,完成自己的职责。"

毛泽东显然为刘亚楼的这一快速转变高兴,说:"痛痛快快,干脆利落,这才是刘亚楼啊!"

刘亚楼投身红大建设,对老部下杨成武被军委任命为红一师师长表示祝贺,并就如何当好师长做了指点,让过去一直做政治工作的杨成武受益匪浅。

西安事变和平解决后,1937年4月,红大随中央从保安迁回延安,并改为抗大。刘亚楼协助校长林彪、副校长刘伯承、教育长罗瑞卿,开始了紧张的二期学员开学准备。

国共合作后,新青年如潮水般拥进延安。为了接纳日益增多的知识青年,中共中央决定继抗大后另办一所陕北公学(简称陕公),要求抗大让出部分校舍。抗大校舍本来就相当拥挤,为了解决当务之急,刘亚楼和罗瑞卿、莫文骅等校领导遵照毛泽东的指示,本着自力更生、艰苦奋斗的精神,拜当地群众为师,自己动手在延安城外一带挖窑洞。中共中央对这场建校劳动甚为重视,毛泽东亲笔为此题写"我们的伟大事业"。全校师生齐上阵,经过半个月紧张的突击,沿山坡挖成一百七十五个新式窑洞,内部宽敞明亮,冬暖夏凉,还便于防空。

为便于上山下坡,大家紧接着又一鼓作气修筑了一条三千多米长的盘山公路——抗大路。从山下往上看,一排排一层层窑洞鳞次栉比。斯诺、马海德、史沫特莱等国际友人交口称赞这是古今中外未曾有过的"窑洞大学"。

抗大二期学员人数急增为一千三百六十二人,分十四个队。学员队长由学校任命。刘亚楼手中的干部名单上写着:一队队长陈赓,二队队长倪志亮,三队队长谭希林,四队队长韩振起,五队队长苏振华,六队队长曹里怀,七队队长贾若瑜(后黄春霆),八队队长方正平,九队队长聂鹤亭,十队队长边章武,十一队队长何长工,十二队队长刘忠,十三队队长谢翰文(后文年生),十四队队长李干辉。另有一女生区队,女学员五十九人,区队长金维映。

这些队长和学员,有些人的资格比刘亚楼还老,但刘亚楼严字当头,一视同仁,决不因此在教学上对他们网开一面,而是强调老干部须重新训练、带头训练。他经常给学员们上课,一段时间下来,他的身影已经深深地印在了学员们的脑海里,他们都称他为老师了。

红五团副团长曾国华也是抗大二期学员。刘亚楼告诉这位老部下:"光懂打仗还不行,政治、军事理论和历史知识都得懂一些,才能适应革命的需要。"

本来也不太愿意进校深造的曾国华,经老首长兼老师这番开导,豁然开朗,道:"我文化低,懂得少,有这个学习机会一定要多学点东西。"

1937年上半年,林彪向毛泽东汇报和请示工作时,毛泽东口头指示以"团结、紧张、严肃、活泼"作为校训。抗大就把这八个字用红布长幅挂起来,指示全校师生学习。卢沟桥事变爆发后,二期学员立即结束学业,分赴抗日前线。毛泽东在学员毕业证书上题词:"勇敢、坚定、沉着。向斗争中学习,为民族解放事业随时准备牺牲自己的一切!"

1937年,刘亚楼(左)与张爱萍(中)、莫文骅(右)在延安

三期学员开学不久,红军改编为国民革命军第八路军(简称八路军),抗大校长林彪被任命为第一一五师师长,副校长刘伯承为第一一九师师长,先后奔赴前线,抗大工作由教育长罗瑞卿主持。

内战基本停止后,延安地区相对平静下来,机关和抗大都实行星期天休息制,这使得年轻的红军将士们有机会在宝塔山下、延河水边散步谈天。他们谈现在,谈未来,偶尔也谈新发现的女性,谈各自的婚姻。

刘亚楼(右四)与战友们(右一为罗荣桓)合影

　　奔赴延安的年轻人络绎不绝,给古城延安增添了勃勃生机,一批未婚的知识女性被招进了抗大。那时的延安,缺钱,缺枪炮,还缺女人(当年延安男女比例是 18:1),特别是女知识青年,大受青睐。

　　就在这时,抗大发生了轰动一时的黄克功事件。黄克功是红军团政治委员,进抗大后担任六大队大队长,谈恋爱时因女方不从,一怒之下开枪将其打死。毛泽东挥泪"斩马谡"后,特地到抗大作了一次革命与恋爱问题的报告。

　　黄克功事件给刘亚楼留下了深刻的印象,更使他认真严肃对待恋爱婚姻问题。女学员员凌漪来抗大前是一名中学生。俗话说"米脂的婆姨绥德的汉",生于米脂的员凌漪漂亮自不待言,而且学习认真,每逢刘亚楼讲课,有意无意总要提些需要进一步解释的问题。时间一长,两人渐渐发展为男女朋友。

　　经组织批准,他们结婚了。

　　在抗大就读的老部下刘忠向刘亚楼道贺,刘亚楼问他为什么不找个老婆,刘忠说家里已有了。刘亚楼笑说:"你们分开五六年了,她是不是跟了别人你都不知道,还不快给家里写封信?"

　　刘忠心想有道理,回去后赶紧写信回家,才知,家里的发妻听说他被打死在湘江边,痛哭一番后,因生活所迫,不得不另嫁他人。刘亚楼听罢刘忠的诉苦,建议他给发妻再写一封信,表扬她做得对。年长刘亚楼的刘忠不无气恼地说:"老婆都跟了别人,你还拿我开心。"

刘亚楼耐心地说:"她不跑,倒让你分心,不安于革命工作,何况也不能怪她,你在湘江边'牺牲'了,总不至于要人家为你守终。天涯何处无芳草,你可以在延安找嘛。"

刘忠疑虑尽释,不久,果然也觅到了"芳草"。

兼任抗大校务委员会主席的毛泽东和中央领导继续到校讲课。刘亚楼除了负责大量教学训练的组织和实施工作外,还讲授中国近代史等课程。在此期间,他聆听了毛泽东所作的《实践论》和《矛盾论》的讲演,真有长翅膀的感觉,这对他以后从单纯地坚决执行和完成任务走向独立思考、总揽全局、开创战略战术新局面做了重要铺垫。

1938年1月28日,抗大举行一·二八淞沪抗战纪念活动大会。毛泽东亲作报告,并宣布罗瑞卿升任副校长,刘亚楼接替罗瑞卿升任教育长,许光达接替刘亚楼任训练部部长,张际春接替莫文骅任政治部主任。

刘亚楼分管全校的教育领导工作后,为贯彻毛泽东制定的抗大教育方针,培养优秀的军政人才,做出了卓有成效的努力。

任教育长期间,刘亚楼帮助筹办了抗大同学会和抗大同学劝募会。毛泽东为之题词时,重申了抗大的教育方针"坚定正确的政治方向,艰苦奋斗的工作作风,加上灵活机动的战略战术,便一定能够驱逐日本帝国主义,建立自由解放的新中国",强调"这三者是造就一个革命军人所不可缺少的"。

刘亚楼遵照毛泽东的题词精神,号召大家把抗大的优良传统作风带到各条战线,向广大群众宣传抗大,以期"抗大抗大,越抗越大"。这时的抗大,进入鼎盛时期,全国各地的有志青年在国恨家仇的激发下,纷纷投奔延安,投奔抗大。

一天,毛泽东突然要刘亚楼搬家,到凤凰山下他隔壁的窑洞里住,正常时间到抗大工作,早晚协助他整理战役理论,研究抗日战争等一系列战略战术问题。刘亚楼十分珍惜这个"美差"。除了完成任务,他还在毛泽东的指导下学习党的历史,学习辩证唯物主义和战略战术。

毛泽东为了写作《论持久战》,特地请刘亚楼和罗瑞卿、萧劲光、郭化若等高参开座谈会,听取他们的意见。1938年7月,由毛泽东、陈昌浩、刘亚楼、萧劲光、郭化若集体写作的《抗日游击战争的一般问题》,作为《抗日游击战争丛书》第一

种出版。

刘亚楼还是延安抗日战争史学会的领导成员,参加八路军《军政杂志》的编辑工作。《军政杂志》的出版发行,对成千上万投身抗日战争的中华儿女来说,无疑是茫茫大海中的一座灯塔。

抗大四期开学典礼上,刘亚楼借用毛泽东的一次谈话,鼓励学员:"你们到抗大来学习,毛主席说有三个阶段,要上三课。从西安到延安八百里,这是第一课;在党校里住窑洞、吃小米、出操上课,这是第二课;最重要的还是第三课,这便是在斗争中去学习。现在第一课上完了,为了上好第二、第三课,同学们要以讲堂为战场,来一个学习竞赛!"

开学典礼不久,毛泽东忽然约见刘亚楼,开门见山地说:"今天叫你来,要分配你出去,怎么样?"

刘亚楼抑制不住这突然降临的兴奋:"真的?去哪个部队?"

"怎么样,你还是身在曹营心在汉嘛!"毛泽东说罢,笑了笑,望着刘亚楼说,"到苏联去,进伏龙芝军事学院深造。"

伏龙芝军事学院是苏联武装力量培养诸兵种合成军队军官的最高军事学府,学院在列宁手中创办以来,培养造就了成千上万名思想成熟、具有最新科学知识的高级军事干部,苏军元帅和高级将领几乎皆出于此,故学院有"红军大脑"的美誉。刘伯承、左权此前曾就学伏龙芝军事学院。伏龙芝军事学院的大名于刘亚楼可谓如雷贯耳,能进伏龙芝军事学院深造,令他惊喜不已。

在抗战形势日趋紧张时,毛泽东和中共中央却选派刘亚楼等一批高级将领赴苏学习,足见高瞻远瞩。但刘亚楼赴苏,除了学军事外还负有另一使命,毛泽东嘱他到苏后设法和共产国际沟通,汇报中国共产党的历史情况和现实状况,还让他带上《矛盾论》等一些反映中国共产党把马列主义理论与中国革命实践相结合的文章著作,当面交给苏共总书记斯大林和共产国际总书记季米特洛夫。刘亚楼的这个使命,有的党史专家称之为"沟通共产国际的第三条途径"。

1938年5月下旬,刘亚楼离开抗大,和卢冬生、杨至成、谭家述等经新疆出境,踏上了负笈求学的行程。

1939年初,中国共产党这群朝气蓬勃的年轻将领,正式成为伏龙芝军事学院的学生。

第四章　受重托赴苏大有成

炮轰洋顾问李德

伏龙芝军事学院坐落在莫斯科市郊，是世界著名的军事院校。它创建于1918年，是十月革命后第一所高等军事学院，最初称为工农红军总参谋部军事学院，1921年改名为工农红军军事学院。1924年4月，苏联革命军事委员会副主席和工农红军总参谋长伏龙芝兼任军事学院院长，为院校教学、部队训练、军事科研乃至整个武装力量的建设打下了坚实的基础。1925年10月，年仅四十岁的伏龙芝不幸逝世，苏联最高当局批准以他的名字为学院命名。世界出现诸兵种联合作战的新样式后，该院从1931年起，主要培养团至军级具有广泛知识的合成军队指挥员。毕业于这所军事名校的著名将领很多，有苏联元帅朱可夫、崔可夫、格列奇科、沃罗诺夫等。刘伯承、左权和刘亚楼，并称为伏龙芝军事学院毕业的中国三大将帅。

刘亚楼和卢冬生、杨至成等红军将领受派赴苏后，于1938年5月下旬离开延安，因交通不便，又是秘密出国，沿途要躲过国民党的层层盘查，所以途中耽搁了数月。

他们从延安坐汽车经西安到兰州，在八路军驻兰州办事处负责人伍修权的安排下，弄到了去迪化（今乌鲁木齐）的飞机票。因新疆出境非常麻烦，只好等苏联给新疆送货的汽车返回时，偷偷藏在车厢里，趁夜开出边界。他们就这样历尽千辛万苦，辗转来到了莫斯科。

在苏联学习时期的刘亚楼

在莫斯科,刘亚楼见到了中共驻共产国际的代表王稼祥和在那里养病的贺子珍等人。当年长征途中,贺子珍等女红军跟随红二师行动。异地逢故知,大家都十分高兴。

一行人先被安排住在莫斯科郊区孔策沃一幢别墅式建筑里,这里曾是共产国际的附属党校,现在用来专门接待从中国来的同志。时隔不久,刘亚楼他们又搬到一个叫库契诺的庄园式建筑里。这里有一幢米黄色的两层楼房,另外还有两幢小楼,四周是高墙,墙外是大片森林,环境优美。伏龙芝军事学院为中国同志开设了特别班,分政治班、军事班。军事班学习的内容有战略学、战役学、战术学,有进攻战、防御战指挥的原则与艺术,有大兵团联合作战的组织与指挥等。刘亚楼参加了军事班的学习。

身在异国他乡,最困难的莫过于语言关。苏联和中共驻共产国际代表为了解决中国学生的难题,特地派来了一些辅导人员。辅导刘亚楼的是中国工人运动领袖、中国共产党早期领导人苏兆征的女儿苏丽娃,她的俄语说得既流利又地道。

1939 年 1 月正式开学不久,刘亚楼因急性阑尾炎住院做手术。他见病床上只有一个小枕头,看书不方便,便指着枕头对年轻护士说了句俄语,说完还举起了两根手指头,意思是要两个枕头。可女护士听后面红耳赤,二话不说扭头就跑。正当刘亚楼被弄得莫名其妙时,护士长带着翻译来了,态度异常严肃,斥责刘亚楼不该欺负女护士。刘亚楼如坠云雾之中,通过翻译才知,她们以为他说的是一个人睡觉太孤单,要找那个护士陪伴。

这场由语言带来的误会对刘亚楼触动极大。他愈加感觉到清除语言障碍的紧迫性。回到特别班,他更加刻苦学习,不分昼夜地背单词,练发音。他给自己定下标准,每天必须背出多少个单词,否则就不休息。所幸他中学时学过英语,对学俄语大有帮助。

有关组织和领导对特别班的学习抓得紧,要求也严,连作息制度也用正规军事学院的架势来安排:早晨要出操跑步,上午上课,下午讨论、复习或操练,晚上集体读报;过一段时间要搞测验或考试;平时外出要请假,只有星期天才可以休息。

此时伏龙芝军事学院的院长是大名鼎鼎的霍津将军,调来学院前是列宁格勒(今圣彼得堡)军区司令员。他是苏联红军最有经验的指挥员之一,到任后在教学中聘用了一大批高级将领和军事专家,给学院带来了一股清新的风。刘亚楼潜心学习,日有所进。

1939年9月,周恩来到莫斯科治疗骑马摔伤的右臂,特地看望中国学员。他听了刘亚楼的汇报,又检查了他的学习情况,夸赞之余,鼓励他继续狠下功夫,把战术理论学到手,在今后发挥作用。

周恩来由苏联政府安排到克里姆林宫医院住了两个多月,受伤的手臂最终落下残疾。

1940年,在伏龙芝军事学院学习时的刘亚楼

他于1940年元旦前几天出院后,立即开始紧张工作,其中一项是参加共产国际监察委员会(简称共产国际监委)处理李德的问题,这是根据中共的意见进行审查的。

德国人李德原名奥托·布劳恩,又名华夫,还曾用名李特罗夫。毕业于伏龙芝军事学院的他,1932年被共产国际派来中国担任军事顾问前并没有什么指挥大兵团作战的经验,有一些军事知识也主要来自军事课堂和教材中,却被戴上了政治家、战略家的帽子。在中国,李德名为红军顾问,却因特殊身份,被其忠

1940年初，在莫斯科合影。前排左起：任弼时、陈琮英、周恩来，后排左起：蔡畅、陈郁、杨之华、刘亚楼、孙维世、邓颖超

实的合作者博古等人供为最高权力者，大事小事几乎他一人说了算。囿于本身水平，又在人地生疏的异国指挥一支兵力有限的部队同另一支强大的军队作战，加之他过于盲目自信，两三年间就给中国革命造成了无法挽回的巨大损失。要不是1935年1月的遵义会议将其赶下台，中国革命的危险将无以复加。李德被解除领导权，以局外人的身份随红军长征到陕北后，从事了一段军事教育和研究工作，于1939年夏奉命返回苏联，由此结束了他长达七年的中国生活。

带着沉重的失落感、被抛弃感和被驱逐感离开中国的李德，回到莫斯科后，在恐慌中迎来了共产国际监委会对他审查的通知。他认为，中国共产党人一定会在共产国际那里狠狠奏自己一本，自己弄不好有性命之虞。实际情况却恰恰相反，大度的中共根本没有为难他，而负责审查他的机构——共产国际监委会内，自主席佛罗林以下，有不少是德国人，情形对他很有利。根据共产国际监委会的程序，决定先开会让李德作一次全面的检查交代，再组织对他的批判质询，然后讨论如何处理。共产国际监委会还邀请在莫斯科了解情况的中国同志参加会议,并希望他们在会上发言,展开对李德的批评。

在此前,刘亚楼和杨至成等留苏的中国红军将领曾被专车接到莫斯科市内的共产国际总部开会。共产国际总书记季米特洛夫向他们了解了中国工农红军发展壮大的历程,并询问了李德在中国的有关情况。在共产国际监委会召开的专题讨论李德在华错误问题的这次会上,刘亚楼受到邀请,随同周恩来、任弼时(中共驻共产国际代表)参加会议,与会的还有同在莫斯科的原中华苏维埃银行行长、毛泽东胞弟毛泽民及周恩来带来的翻译师哲等人。

会议开始后,李德先作了检查,语气甚为沉重,承认自己在中国犯了大错误,内容与他在延安所写的检讨报告大致一样,与在遵义会议上的抵触情绪迥然不同。不知是他在思想上确已转过弯来,还是因为害怕抵触会罪加一等。

李德发言后,中国同志相继发言,头一个放炮的是刘亚楼。在担任红二师政治委员期间,刘亚楼对李德到中央苏区后至长征前半段的瞎指挥有着切肤之痛,尤其是湘江之战,红二师几遭灭门之灾。由于恨之深,刘亚楼的言辞极为激烈,一字一句皆如芒刺在背,李德听后大汗淋漓,狼狈万分。

但令人蹊跷的事发生了。共产国际监委会的一位德籍委员大摇其头,说刘亚楼的发言带有个人情绪。此话一出,会场上的苏联人和德国人开始交头接耳,明显流露出一种暧昧的表情。

睿智的周恩来看到这个情形,和任弼时稍作商量,起身婉转地说:"刘亚楼同志可能比较激动,因为他带的一个师在李德指挥下伤亡太大,说起来有气,希望大家谅解。"

气氛渐趋缓和后,周恩来按照遵义会议决议精神,指出了李德的主要错误,如对第十九路军反蒋抗日"闽变"不正确的处理方式、第五次反"围剿"的错误战略方针等,同时也表示自己当时执行了李德的错误方针,没能及时批评抵制,也负有一定的责任。

接着,毛泽民等中国同志对李德作了严肃批评,痛心地指出他给中国革命造成的重大损失,建议共产国际监委会务必从严处理李德。身在现场的李德,如坐针毡,脸色由红到白。

回到库契诺,刘亚楼向中国学员绘声绘色地报告了李德的窘况,并说:"今天总算出了一口恶气!"

但共产国际监委会对李德的处理避重就轻,明确他有错误,但免予处分,理由是:李德仅是顾问,无权对中国共产党的事务作出决定,他所提意见中共既可采纳,也可以不采纳;李德是好心人办坏事,其错误在于不谙中国国情,出了一些不正确的主意,是故可以免予处分。

中国同志对此结论虽有意见,但考虑李德的错误已是过去时,即使枪毙他也无济于挽回损失,何况这又是共产国际的意见,也就顺其自然了。但从此共产国际没有再重用李德,只是分配他做出版工作。

得到锤炼的苏军少校

刘亚楼在苏联学习期间,一天,一位到莫斯科来的中国同志给刘亚楼带来了一则消息:员凌漪听说刘亚楼在苏联牺牲了,悲痛不已,后来另组家庭。

这对刘亚楼不啻是个打击,但他很快就冷静下来,想着当年安慰老战友刘忠的话,不管怎么样,自己也得设身处地为女方考虑,她毕竟那么年轻。

刘亚楼从这痛苦的情感折磨中解脱出来后,丘比特之箭使他和俄语辅导老师苏丽娃走到了一起。但是这段婚姻维持时间不长,两人因动荡的生活又分手了。

1940年5月,苏联国防人民委员会根据联共(布)中央全会决议发布命令,要求伏龙芝军事学院教会学员掌握未来战争中所需的一切知识,按照战争的要求,使每个人都深刻懂得自己对祖国和人民所担负的军人职责。为此,中国学员增加了野外战术作业、战争的后方勤务学等课程,刘亚楼对诸兵种作战兴趣尤浓。

课余时间,刘亚楼频频光顾学院图书馆。在广泛的阅读中,他提高了军政理论水平。

1941年春,德军继征服北欧、西欧诸国后,再占巴尔干半岛,开始在东欧集结重兵,加紧完成入侵苏联的巴巴罗萨计划。刘亚楼和学院教职员工同全体苏联军民一道,过着虽然和平但已是"山雨欲来风满楼"的生活。通过观察,他敏锐地感觉到战争即将来临。

这期间,他和林彪以及各国将领一起参加了共产国际总书记季米特洛夫组织的第三国际军事人员的有关活动,讨论德军届时进攻莫斯科的主攻方向问题。

很多国家的将军赞同苏军最高统帅部的看法,认为希特勒进攻莫斯科的路线,必定沿着南部乌克兰和顿涅茨河流域东进,以占领经济作物地区,掠夺乌克兰的粮食、顿涅茨河流域的煤矿、高加索的石油,借此切断苏联的经济命脉。德军占有这些最重要的资源,就可进行长期的大规模战争。这条路线正是1812年6月拿破仑远征莫斯科的路线。

刘亚楼对苏联最高统帅部的分析和判断表示怀疑。他认真研究了拿破仑的军事生涯,查阅了拿破仑进攻莫斯科时的背景和条件后认为,以骑兵为主的拿破仑远征军,当年选择这条路线,不仅隐蔽,而且可以较好地解决马匹所需的粮草;但乌克兰、顿涅茨河流域这样一个农田、水网遍布、土质松软的经济作物地区,不可能是以机械化部队为主的德军选择的主要进军路线,希特勒将选择白俄罗斯作为进攻莫斯科的最佳路线。因为此条路线土壤坚硬,距莫斯科距离最短,适合希特勒装备最好的摩托化部队的展开,这也符合希特勒一贯的闪电战作风。

刘亚楼的分析和看法,得到林彪的认同,通过第三国际转达给苏军最高统帅部,但被束之高阁。后来,林彪在参加斯大林主持的军事会议时,又向斯大林进言:希特勒的作战思想是速战速决,避免打持久战,根据这一特点,他虽有可能多路并进,但主突方向将选择西部——莫斯科方向,一旦占领苏联首都,他就会宣布苏联灭亡,战争结束,因此苏联红军不宜平均分兵把口,而应集中于莫斯科一线防守,但林彪的意见也没被采纳。苏军按照战前修订的作战计划,以西南方向(也就是乌克兰、顿涅茨河一带)为主要防御方向,其他方向则以边防部队进行抗击。

1941年6月22日拂晓,希特勒撕毁《苏德互不侵犯条约》,在苏联边境西部一千多公里的宽大正面发起了蓄谋已久的苏德战争,以北方、中央、南方三个集团军群分别向列宁格勒(今圣彼得堡)、莫斯科、基辅方向实施闪电式攻击。其中莫斯科一路,实力配置最强,集中了五十多个师和最精锐、数量最众的坦克摩托化部队,循白俄罗斯方向杀将过来。

苏军因判断失误等原因猝不及防,前线吃紧。十一天后,醒悟过来的斯大林才通过广播向全国军民发表了一次迟到的抗德演说,采取紧急措施,并自己兼任国防人民委员(国防部部长)和苏联武装力量最高统帅。但此时,局势已岌岌可危。德军于1941年7月15日攻占莫斯科的门户斯摩棱斯克(距莫斯科约三

百公里)后,要不是匪夷所思地犯了个事关全局的大错(花两个半月时间休整,并转而分兵围攻基辅,从而给了苏联最高统帅部喘息机会,为莫斯科保卫战赢得了时间),那历史可能要重写。

敢于对斯大林军事观点说不的中国将军刘亚楼,从此在苏军上层挂上了号。在苏联的这段接触,更加深了林彪对刘亚楼的了解,认为刘亚楼不仅可作沙场军政主官,还可做一名出色的参谋长。

1941年9月底,德军中央集团军群向莫斯科发起代号为台风的攻势。正当刘亚楼和伏龙芝军事学院的学员们摩拳擦掌,随时准备奔赴前线时,传来命令:由共产国际召集中国同志集中莫斯科,暂住消息报社对面的莫斯科旅馆,着手安排回国。

离开莫斯科前,林彪带领刘亚楼、卢冬生等人拜会了季米特洛夫,听取了他关于苏德战争和中日战争的关系以及共产国际当前的任务和路线的讲话。随后,十多名中国军队干部由苏军少校乔尔诺夫护送,从莫斯科坐火车,然后倒汽车,一路向东奔驰。1941年10月到达蒙古人民共和国首都乌兰巴托,准备从这里通过边界,到达内蒙古的大青山游击区,然后通过党的交通站转回延安。

不料,这条交通线已遭破坏,日伪军对边界封锁甚严,难以通过。

十几个人被困了一个多月后,经紧急联系,中国国民政府发给林彪一张边境通行证,允许他乘飞机返回中国。他是国民革命军第一一五师师长,可以公开回去。

滞留在乌兰巴托的中国同志,先是住在苏联大使馆安排的馆舍。时间一长,供应发生困难,乔尔诺夫少校也无能为力了,要他们在不暴露身份的前提下,自谋生路,解决吃饭问题。为了革命利益,他们只得委屈自己,忍辱负重:李天佑帮人养兔子,杨至成去一家农场干苦力,长征途中失去一条腿的钟赤兵到剧院当卖票人,贺诚在一家医院做医护。刘亚楼和卢冬生因为俄语好,参加苏联红军当了参谋。刘亚楼和苏联人民一道,经受住了严峻考验。

1942年夏天开始的斯大林格勒会战,是苏德战争和第二次世界大战的转折点。刘亚楼参加了这次残酷的交战,他的苏联名字叫撒莎,少校军衔。

严寒很快降临,斯大林格勒战役也进入关键时期。刘亚楼向苏军指挥部建议:德军未达战争目的,他们没有过冬准备,冻死冻伤不少,战斗力正日渐减弱,为利用冬季大规模聚歼德军装甲机械化部队，苏军的运输方式应别于德国，所以必须发挥适应严寒作战、具有快速机动作战能力的各兵种优势。首先出动战机掌握制空权，打击德军空中力量，掩护轰炸机扫平地面进攻的障碍，而后以装甲部队为先导，以西伯利亚骑兵和高加索滑雪部队快速跟进，实施陆、空协同作战。

刘亚楼的建议引起苏军最高统帅部的关注。

在苏军服役时期的刘亚楼

接下来的几次战斗，证明了这种战法的切实可行。结合刘亚楼上年的建议，苏军高层对他刮目相看，多次动员他加入苏联国籍，但都被刘亚楼谢绝了。

1943年2月，持续六个多月的斯大林格勒大会战胜利结束，敲响了法西斯德国的丧钟。不久，经中共中央同意，苏军领导机关安排刘亚楼和卢冬生到苏联远东军区。1943年春，刘亚楼来到伯力（哈巴罗夫斯克），在军区机关工作，不久受命指导驻在伯力郊区的苏联远东方面军独立第八十八步兵旅的工作。

苏联远东方面军独立第八十八步兵旅即东北抗联教导旅。1940年以后，东北抗联在日军残酷的军事包围和经济封锁下，进入最艰苦的斗争阶段，部队锐减到千把人。为了保存力量，并根据共产国际的决定，1942年8月，东北抗联主力移到苏联远东边疆，受编为野营教导旅，周保中任旅长，李兆麟任副旅长，朝鲜人崔庸健（后曾任朝鲜国家副主席、委员长）任政治委员。这支部队被列入苏联红军的编制之内，排以上指挥官都有军衔，在旅里工作的苏联军官都会些汉语。

刘亚楼和周保中虽从未谋面，但双方大名如雷贯耳。周保中十年前也曾受派赴苏学习军事，能讲一口流利的俄语。刘亚楼很快就和他熟悉了。

东北抗联教导旅又称国际旅，源于该部由多国武装组成。中国人占大部分，此外还有朝鲜人(占 10%)、波兰人、捷克人,分别编为朝鲜营、波兰营、捷克营。

1910 年日本吞并朝鲜后,不少朝鲜爱国志士把中国作为抗日和民族复兴的基地,后来成为朝鲜领袖的金日成(时名金成柱)便是其中之一。金日成的父亲、叔叔都是爱国志士,他十二岁就到了中国,成年后拉队伍抗日,曾任杨靖宇领导的东北抗联第一路军的支队长,该支队差不多都是清一色的朝鲜人。杨靖宇牺牲后,东北抗联处境艰难。1940 年,根据共产国际指示,金日成率三百余人的支队退入苏联,被编入苏军远东方面军独立第八十八步兵旅,任第一营(独立步兵营)大尉营长(后升少校)。

金日成不仅能讲流利的汉语,俄语也说得不错,加上矢志抗日,作风稳健,刘亚楼和他自是惺惺相惜。

刘亚楼曾任抗大训练部部长、教育长,因此分管教导旅的军政训练。为了提高部队的训练效率,在刘亚楼等人的建议下,苏联远东军区还为该部队装备了新式武器,开设了军事翻译训练班。刘亚楼还组织东北抗联的老战士学俄语。

1945 年 8 月 8 日,苏联对日宣战。刘亚楼和周保中、李兆麟等中国东北抗联教导旅将士无比激奋,一片欢腾。

正当他们欢欣鼓舞之际,很快就又传来了消息:国民党行政院院长宋子文和外交部部长王世杰到莫斯科谈判并签订中苏条约,规定苏军解放东北后,把东北主权交给国民党政府。

苏军进入东北打败日本关东军后,东北的形势将如何发展呢?由于这个条约的出现,肯定会有几种可能。为了适应各种形势的需要,在周保中、李兆麟主持下,担任参谋长的刘亚楼参与了东北抗联教导旅回国作战行动计划的制订。

命悬一线的误会

最激动人心的时刻终于来到了!

1945 年 8 月 9 日零时,苏联红军十一个合成集团军、一个坦克集团军、一个骑兵机械化集群、三个空军集团军、三个防空军集团军,总兵力一百五十万、火炮二万六千多门、坦克五千五百辆、飞机三千八百架、舰艇五百艘,在长达四千公里的战线上,以迅雷不及掩耳之势,陆、海、空从东、西、北三个方向呈扇形同时攻入中国东北。盘踞在中国东北的日本关东军已是穷途末路,在苏联红军的毁灭性打击下迅速崩溃。

在苏军进驻东北的百万大军里,孕育着一名即将在东北战场叱咤风云的战将——刘亚楼。

看着欢笑的人群,刘亚楼的眼睛不禁濡湿了:深受日本侵略者多年欺压的东三省人民,终于可以打碎身上的枷锁重获自由和尊严,自己也可重新回到祖国和党的怀抱了。

刘亚楼随苏军行动时,险些身首异处,死于不白之冤。

苏联红军向日本关东军盘踞的满洲进攻,其中一路经虎林—佳木斯奔向哈尔滨、长春。苏军指挥所里,身着苏军制服、佩戴少校军衔的刘亚楼,正紧张有序地工作着。

这时,司令部参谋长维曼诺夫少将打来电话:"我空军部队轰炸佳木斯外围日军控制的 407 高地的时间定为 6 时 50 分,地面部队据此相机进入,正式命令随即送到地面值班室,依命令通知各有关部队。"

放下电话没多久,作战命令正式送到了。刘亚楼看看手表,时针指向凌晨 2 时。他拿起电话,要通了空军及地面有关部队司令部,传达了维曼诺夫少将命令的内容并记下了对方接听电话的值班参谋姓名。

7 时,刘亚楼下岗,回到住处不一会儿,几名苏军士兵突然闯将进来,强行将他扭送到禁闭室关押。刘亚楼急问为什么,军务参谋马卡维奇上尉恼火地说:"王松(刘亚楼在苏军的化名),你贻误军令,造成我军重大损失!"

刘亚楼对此指责十分诧异。

原来,进攻佳木斯外围据点的苏军地面部队进展顺利,先头分队于 6 时 40 分便占领了 407 高地。空军轰炸机 6 时 50 分准时将一发发炮弹倾泻在高地上。前线指挥员目睹了部队在自己飞机轰炸下血肉横飞的惨剧,恼怒万分,向上级指挥官告了状。上峰严令追查这起严重的失职事故。一查,当天值班参谋正好是王松。

得知事因,刘亚楼连声说:"怎么会有这等差错?怎么会呢?"

"情况属实,上级已令将你就地枪决!"

听完这话,刘亚楼一屁股跌坐在地上。在苏军生活了这么些年,他深知下级对上级只能服从,上级认准了的东西,又不容你解释,再说军务人员也是执行命

令。他心中异常难过，在苏联好不容易熬过了八个年头，如今已踏上祖国大地，正思为国效力，却要死于不白之冤。他思前想后，横下一条心，对马卡维奇说："我是中共中央和毛泽东主席派赴贵国的，请转告上级，容我在死前给家里写一封信，说一说我这些年在贵国的体会、见闻和经验，这样也对党组织有个交代。"

苏军同意了刘亚楼的请求，死刑得以延缓一天。

刘亚楼花了足足一天的时间，写完这封给中共中央和毛泽东的长信，末尾工工整整地写上："忠于党的刘亚楼。"他请马卡维奇在自己死后转交中共党的组织代为上呈。

上断头台的时间眼看就要到了，就在这时，一道"刀下留人"的免死金牌从天而降：王松少校无罪释放，恢复原职。

原来，一位对王松少校颇为欣赏的苏军军官经过核实，在报务员记录上找到了王松传达口令的内容和时间，白纸黑字，并无差错，王松对这场"失误"可以不负责任。这位苏军军官将实情向上禀报后，上峰同意不加罪于王松，而将对方那位接听电话的值班参谋执行枪毙。

就这宝贵的一天，救了刘亚楼的命。

在苏军与我党之间斡旋

刘亚楼所在苏军进驻佳木斯后不久，挥师南下，进逼哈尔滨。

1945 年 8 月下旬，大连宣告解放。成群结队的市民拥上大街小巷，欢迎苏联红军的到来。

驻大连后，刘亚楼留在旅大苏军司令部工作，负责民政与联络工作，实际上是苏方联系中共的联络官。

当时的旅大，管辖着大连市、旅顺市、大连县和金州县。这块地方，中国习惯叫旅大，苏联和日本叫关东。苏军所以能在旅大驻军，是因为他们同国民党政府签订了一个《中苏友好同盟条约》。这个条约含有许多不平等的条款。旅大所有的中国官员和机构，都必须俯首听命于苏军司令部及其派出机构——苏军司令部民政局。

东北是中国最大的重工业基地，钢都鞍山的钢铁产量占全国的 90%，煤都抚顺的煤炭产量占全国的 60%，电都小丰满的发电量占全国的 40%，而且东北拥有全国最大的粮产区和兵工厂。东北的战略地位,注定了它必将成为国共两党争夺的焦点,东北的局势必将复杂。

由于旅顺、大连的特殊地位,两市在苏军管辖之内,国民党军和八路军本来都不能进入,但共产党在苏军的默许下,还是派进去了一些干部。

1945年10月初,为交涉中共山东部队进驻东北乘船途经大连请予方便事宜,中共中央东北局(简称东北局)派韩光到驻旅大苏军司令部疏通,并就在旅大建立中共机构等问题进行磋商。驻旅大苏军卫戍司令员高兹洛夫中将会见了韩光,并告诉他司令部的王松少校是位中国同志。

要在情况特殊的旅大站稳脚跟,开展工作,首先必须打通与苏军的关系,得到他们的同意和支持,否则寸步难行。大连市委即将成立,该如何与苏军协调关系呢? 这是个新课题。有自己的同志在苏军,那是意想不到的好事,韩光立即提出见面。

王松穿一身苏军制服,韩光见他看上去也就是三十多岁,中等个头,那双炯炯有神的眼睛格外引人注目。得知他的真实姓名,韩光大为高兴,连说久仰大名。见刘亚楼一脸诧异,韩光便说:"那年你们经迪化去苏联时,我刚好去延安送药品、皮衣等物资。回来后,过往办事处的东北抗联同志告诉我,说前几天来过一个延安的红军干部,很能打仗,名叫六万六。我听了很纳闷,怎么有这样的怪名字呢? 就去问中央驻新疆的代表邓发同志,邓发同志笑着说:'他不叫六万六,叫刘亚楼。因他是福建人,东北同志听不准南方口音,就把刘亚楼听成了六万六。'我听了,差一点笑掉大牙。邓发同志还介绍了你的光辉历史,从此,你刘亚楼——六万六的名字就印在我脑海里了。"

刘亚楼听了,大笑起来。

韩光手指刘亚楼的肩章问:"当年赫赫有名的红军师长、抗大教育长,他们怎么才授你个少校军衔? 1938年我还是个上校呢! "

刘亚楼笑了,见苏方人员都在一旁忙碌,便低声说:"他们要我加入苏籍,我没同意,惹得他们不高兴了……这还是他们为安慰我的情绪授的。反正,我不在乎,我想离开这里。"

他郑重其事地请韩光帮助联系中央,告诉中央,他迫切希望投身祖国的解放战场,为党和人民贡献力量。

　　苏军为了加强旅大的社会治安,提出成立一个警察总局,局长拟由中共方面出人。东北局认为这是件大好事,遂于 1945 年 10 月底派八路军山东军区滨海三分区司令员赵杰(即赵东斌,新中国成立后曾任装甲兵副司令员等职),赴大连任职。

　　赵杰在拜会高兹洛夫中将时,惊喜地发现,在高兹洛夫及其政治部主任巴森身边的那位苏军翻译官王松少校,竟是久别的刘亚楼!1937 年,赵杰在抗大学习时,刘亚楼是训练部部长。

　　高兹洛夫见赵杰和刘亚楼谈得亲热,感到有点奇怪。刘亚楼告诉他:"我们俩在延安时就认识。"

　　高兹洛夫笑着点点头:"哦,原来是老朋友了。"

　　刘亚楼译述了东北局派赵杰到大连工作的决定和赵杰的简历介绍后,高兹洛夫朝苏军政治部主任巴森点了点头,说一声"哈拉哨"(好)就表示认可了。随后,双方就赵杰的任职及有关事宜进行协商。

　　刘亚楼向赵杰转达高兹洛夫的意见,其中一条是:按苏军要求,也为便于工作,赵杰不能公开暴露原来的身份。

　　这个问题韩光已事先同赵杰谈及,赵杰有所准备,表示改名叫赵东斌。

　　有刘亚楼作介绍,高兹洛夫对赵杰很放心,当场签发了苏军司令部的委任状,当面交给赵杰,说:"警察总局局长同志,现在赶快把警察搞好,维持好大连的秩序。"

　　大连警察总局(旋改称大连市公安总局)正式成立几天后,1945 年 11 月中旬,在苏军当局的支持下,旅大统一的中共领导机关——中共大连市委成立(翌年改为旅大地委),韩光任书记。鉴于当时的复杂形势,市委没有公开挂牌。苏军司令部需要和市委联系,或者市委有什么事情需要和苏军交涉,少不了通过刘亚楼从中联络。

　　刘亚楼在苏军的任务就是与地方党政民联系。他的身份对工作非常有利,是苏军的人,又是中共的人,既熟悉中共政策,又了解苏军情况,自然是个最合适不过的桥梁。

　　在大连市市长人选上,苏方早就拟定为迟子祥,并已获莫斯科点头。迟为当地大商人,日本统治时,虽无汉奸类劣迹,也非国民党人,可也不靠拢中共。因此,对迟任市长,大连市委一直不赞成,曾希望从地方找个政治上居中偏左的高级知识分子。市委为此几次向苏军当局提出。苏方的解释是,这个人选经斯大林认可了,苏方有需要,希望得到中共的理解。

韩光向刘亚楼说明了这一情况和市委的意见。刘亚楼从苏军指挥部了解情况后,回来说:"苏方确实需要这样的人,以对付美蒋和联合国,用他们的话来说,用作顶门砖;而市府副市长和秘书长等实权职务,都由我党派人担任,一点也不影响我党工作。"

后来的事实证明了这一点,市委也就不再提这个问题了。

中共方面曾担心苏联把旅大政权交给国民党,刘亚楼分析认为,苏联不会把当地政权轻易交给国民党,因为从其利益角度来说,苏方认为旅大掌握在中共手中对他们更为有利,同时也需要中共在一些问题上,如政权人选、政策措施和对外宣传等方面配合、支持,这样双方才可以建立良好的合作关系。刘亚楼以他出色的工作,很快就在市委声名大振。

在旅大,所有的行政、防务、金融、海关,直到报纸和广播,全由苏军控制和监督。谁稍有不满或有所抵制,动辄被戴上反苏的帽子,加以追究、驱逐,甚至由克格勃予以秘密逮捕(苏军后来曾以蛮横干涉内政的手段,赶走了中共旅大地委五个常委中的三个)。

苏军进驻旅大初期,曾发生个别官兵拦路抢劫、骚扰民众以及强奸妇女等一连串不良事件。一天,刘亚楼着便装和大连

1945 年,刘亚楼在东北作报告

市委负责人坐着马车上街时,被两个持枪的大胡子苏军士兵拦住。

那两个士兵端着长枪走过来,喷着满嘴酒气,血红的眼珠子瞪得老大,吆喝着:"快,快把钱交出来,还有手表,不然,老子可就开枪了。"

刘亚楼气愤地跳下车,严加斥责:"你们这样做是犯罪,知道吗? 你们是哪部分的,叫什么名字?"

两个苏军大兵愣住了,没想到这个中国人俄语讲得这么熟练,他们面面相觑片刻,硬撑着劲儿反问:"中国人,你没有权力管我们,你是干什么的?"

"我是司令部少校!"

苏军士兵没料到会碰上这么个上级军官,啪的一声敬礼。

刘亚楼狠狠地说:"下次再让我碰到,非毙了你们不可!"

进入东北后,苏军一些官兵就表现出严重的放纵行为,不仅对战败的日本人进行抢掠施暴,对当地的中国老百姓也常加骚扰。当了十四年亡国奴的东北群众,见到的"解放者"却是这样一副形象:苏军的散兵游勇白天在街上乱窜,有的到处找酒喝;有的偷仓库的东西,成袋成袋地在大街上拍卖;有的喝得醉醺醺,闯街钻巷大呼小叫找"玛达姆"(俄语太太之意)。害群之马的种种违纪行为,尤其是抢劫、强奸两项,给苏军造成了恶劣影响。

不久,刘亚楼得知一个令人痛心的消息:他在伏龙芝军事学院的同学,原红二军团师长、八路军第三五八旅旅长卢冬生,随苏军回哈尔滨就任东北人民自治军松江军区副司令员不久,在 1945 年 12 月 14 日晚乘马车外出时,惨死在一名拦路抢劫的苏军士兵枪下。

就苏军士兵违纪的事情,刘亚楼和韩光向苏军驻旅大当局交涉后,他们表现得似乎十分通情达理,说:"我们是友好的两个国家,今后一定要在部队里严肃军纪。"

在高兹洛夫中将的授意下,驻大连苏军果然也像模像样地做了一番整顿,还派出纠察队上街维持治安。对严重违纪的就地枪决,最多的一天枪毙了十来个人。

但苏军的违纪现象已带有相当的普遍性,即使真正枪毙几个人,也无济于事。连苏军不少将军也为难地说:"有些奸污过中国妇女的士兵,胸前挂了好几枚勋章,攻克柏林他是有功的,难道还能为强奸妇女就地枪毙他吗?"

不出几日,韩光又急匆匆找到了刘亚楼,告诉他:"我们的同志差点和苏军士兵打起来!"

原来,苏军对群众性斗争地主恶霸的大会不以为然,尤其是对罚跪、戴高帽、游街示众等做法颇有意见,要求市委制止,还自己派出武装干涉,驱散群众斗争大会。市委对此很不理解,认为苏方不支持我们搞土地改革,双方时有冲突。如何在大连这个苏军军管地区组织和发动农民进行土改,成为市委的一个棘手问题。

刘亚楼与苏方沟通回来,兴冲冲地告诉韩光:"苏方还是支持我们搞土改的,他们主要是顾忌美蒋抓住把柄加以攻击,从而给苏联在外交上造成被动。斗争大会如果不让美蒋特务拍照登报,苏方表示绝不干涉。"

是时,国民党屡屡派员进入大连,组织东北海军陆战队,派中统、军统特务潜入大连窃取情报。美国间谍机关海外观测队也多次派特务到大连收集政治、经济、军事情报。如果斗争大会让美蒋特务拍照登报,甚至捅到联合国去,确实会给苏方带来外交上的麻烦。

韩光感到为难,因为斗争大会要开,又不能让美蒋特务混进来,这可就难了。刘亚楼建议,把斗争大会关在屋子里开,严查入场人员的证件,不准携带相机,更不许登报,这样就解决问题了。

按照刘亚楼的建议,市委与苏军当局在土改问题上取得了谅解,土改工作得以顺利进行。

1945 年岁末,市委又接到东北局要求为前线解决一部分汽油的通知。韩光便请刘亚楼帮忙。刘亚楼知道向苏军要油的事越来越难了,他答应先摸摸底,再想办法。

苏军在大连的汽油储备集中在金县机场周围日军修建的半地下式洞库里。刘亚楼了解了储备情况后,建议由大连市副市长陈云涛出面要汽油,他从中周旋。

第二天,陈云涛早早来到苏军司令部要油,大诉其苦,再不解决一部分汽油,街上的汽车、海上的轮船都不能动弹了……

苏军为了帮助大连人民恢复生产,稳定生活,曾把缴获的日军轮船交给市政府从事水上运输。市政府用它们开往烟台、青岛等地,运出了大连生产的水产品、食盐,运回了人民急需的生活物资。市委以维持这几艘轮船为由,不断地向

苏军索取汽油。要来的汽油一部分用于轮船,大部分转移出去,支持东北前线。

苏军司令员高兹洛夫对市政府屡屡要汽油的事已感到有点难以招架,他以拒绝的口吻说:"我这里也不多了,总得先满足军需吧……不信,你问问王松少校。"

这时,刘亚楼正把一份文件放在司令长官的案前,只要他说声"是啊,库存的确不多了",这事就结束了。如果他硬要揭底,说"我刚查明,库存量还不小",以后的事也就难办了。刘亚楼却机灵地说:"将军同志,汽油的事不归我管,所以不知底细。我去把皮尔维奇上尉叫来问问。"

皮尔维奇上尉是军需助理,在领他到司令长官办公室的路上,刘亚楼告诉他:"司令长官要查明金县洞库汽油的储存量,你要如实汇报。"

果然,皮尔维奇如实向司令长官做了回答:"金县洞库七个,每个洞库储备汽油一百四十桶,实存汽油七百五十桶……"

高兹洛夫狠狠地用俄语骂了皮尔维奇一句"笨蛋",在实情面前,他不好再拒绝,于是又批出一百桶汽油供大连市政府"使用"。

大连是工业城市,日军窃占后,苦心经营,把这里当作侵略中国的桥头堡之一,到1945年8月15日无条件投降时,已在大连蓄积了大量的军需物资。1945年冬以来,东北、华北、华东各解放区后勤部门,纷纷派员来大连筹集军需物资。苏军当局为此几次向大连市委提出:不要把物资都拿去了,影响本地恢复生产。

在这个问题上,市委也请刘亚楼出面帮助沟通。

刘亚楼找到苏方领导申述:中国共产党坚决执行恢复生产的经济政策,各解放区来采办物资,虽拿走了一些东西,但同时也带来了大量资金,不会把大连拿垮。何况,中国同志只是把这里作为后方基地来支援前线,没有要把东西都拿走的意图。

刘亚楼还进一步解释说:"中国同志对苏联是友好的,完全可以信赖。我们中国有句古话,'跑了和尚跑不了庙',东西拿垮了,人不是还在这里?"

苏方领导一时语塞,只好笑了笑。

市委根据刘亚楼的摸底,认清了政治形势,消除了疑虑,更好地发挥了旅大这一后方基地作用,有力地支援了华东、华北、东北等解放战场。

在复杂的形势下,刘亚楼巧妙地利用自己的特殊身份,一次又一次地帮助市委解决了困难,并"涮"了国民党的接收大员。

大连微妙的一台戏,直叫刘亚楼和韩光他们唱得有声有色。

1946年五六月间,中苏两方的联络官王松少校卷铺盖走人了,任中国共产党在东北的统一武装——东北民主联军的参谋长去了。

刘亚楼登上飞机北上哈尔滨。

喀秋莎

正当梨花开遍了天涯,

河上飘着柔曼的轻纱,

喀秋莎站在峻峭的岸上,

歌声好像明媚的春光。

……

在浓云密雾间,他的耳际萦绕着这首优美动听的俄罗斯歌曲。

刘亚楼向北而去,却没有忘记大连,大连有他心爱的"喀秋莎"。

1945年12月底,刘亚楼应韩光邀请,参加由市委发起的一个群众大会。妇女代表、香炉礁小学女教师翟云英声泪俱下地控诉日军、汉奸的滔天罪行,呼吁人民警惕日伪残余势力的破坏,为恢复和发展生产、教育事业而奋斗。翟云英发言后,会场上欢呼声、掌声经久不息。刘亚楼随手在一张纸上写下了"言之有理,言之有情"几个字,递给韩光。

韩光告诉刘亚楼:"她是大连的妇女代表、先进工作者啊。"

"小小年纪,倒也不易。"刘亚楼向台上望去,目光在姑娘的脸庞上停留片刻,回头问韩光,"她是苏联人?"

"半个苏联人。"

韩光说完,看了看刘亚楼,悄声问:"怎么,你不是对她感兴趣了吧?"

一句戏言,说得刘亚楼脸红起来……

看到刘亚楼孑然一身,大连县委书记王西萍热情地向刘亚楼介绍翟云英。

"谢谢你的好意。朋友易找,知音难觅。我不是不考虑结婚,但我不愿再经受婚姻裂变的折磨了。何况,我今年三十五岁,而那位姑娘,我看不过二十岁。"刘亚楼说。

韩光插话说:"你们两个人的年龄构不成婚姻的阻碍。翟云英出身贫苦,饱受磨难,有理想,是位好姑娘。你们认识一下,谈成更好,谈不成也没什么。"

几天后,王西萍把翟云英请到家中。得知王书记要给自己当红娘,一向落落大方的翟云英显得紧张局促。

房门开处,韩光和刘亚楼跨了进来。王西萍迎上去,翟云英不由得站起来。

初次见面,刘亚楼给翟云英留下了很好的印象:精力充沛,谈吐不凡,威武潇洒,一副大将风度。

刘亚楼与翟云英相识已经两个月了,双方都觉得谈得来,相互的了解也不断加深。

翟云英的父亲翟凤岐出身于天津的贫苦人家,1911 年到俄国谋生,过着颠沛流离的生活。后参加了列宁领导的十月革命,成为中国红军团的一名战士。在同高尔察克匪帮的战斗中负伤后,被安置在依万诺沃纺织厂工作,后同苏联女工安娜·卡兹洛芙娜结婚。四年后,育有一儿一女,幼女塔玛拉即为翟云英。

1930 年,翟凤岐偕全家回大连省亲。1931 年,九一八事变爆发,无法再回苏联,便在香炉礁安顿下来。1942 年,翟凤岐因参加抗日宣传活动,被日本宪兵逮捕,受尽折磨而惨死。翟凤岐惨死后,安娜含辛茹苦把孩子们拉扯大。穷人的孩子早当家,翟云英兄妹和母亲一起挑起了生活的重担。

在刘亚楼与翟云英交往的日子里,只要一谈到两人的关系问题,翟云英不是吞吞吐吐,就是转移话题,似有难言之隐。其实,翟云英的内心是很矛盾的。她看准了刘亚楼是个胸怀大志的男子汉,但是一想到刘亚楼比自己大十八岁,心里就又犹豫起来了。她的母亲也认为"年岁不合适"。

又是两个月过去了,翟云英慢慢定下决心,但是她母亲仍不太同意。刘亚楼决定见见翟云英的母亲安娜·卡兹米洛夫娜,并告诉翟云英,如果她母亲仍不答应,那就是他没有这个福气了。

在一所简陋的民房里,刘亚楼见到了翟云英的母亲,并按苏联对女性长辈的尊称,亲切地叫了声"妈妈莎",然后用俄语同翟云英的母亲攀谈起来。

刘亚楼举止大方、性情坦率、学识渊博,赢得了安娜妈妈的欢心。后来,她终于同意了女儿的婚事,接受了这个未来的女婿。

1946 年 5 月，刘亚楼受命离开大连，就任东北民主联军参谋长。

1947 年 4 月底，刘亚楼和东北民主联军总部（简称东总）副参谋长伍修权、东总后勤部副部长朱理治、东总机要处处长黄友凤从哈尔滨坐飞机到大连，下榻在旅大地委招待所。刘亚楼这次率

1947 年，刘亚楼与翟云英在哈尔滨

众到大连，除了了解大连情况、筹集军需物资外，还有一件要事，那就是成婚，这是经东北局审查、批准的。

1947 年 5 月 1 日，刘亚楼和翟云英举行了简朴而热烈的婚礼。婚后不久，翟云英就跟随刘亚楼飞往炮火连天的东北战场。那里，国共两党将展开一场决定中国命运的大厮杀。

第五章　东北战场小试牛刀

山雨欲来风满楼

从大连飞抵哈尔滨,竟要绕道朝鲜平壤中转。因朝鲜天气等原因,小飞机硬是等了好几天才得以续航。堂堂的东北民主联军参谋长,上任竟上到了国外。这可谓是前所未闻的事,也是没法子的事,毕竟东三省的领空大部分还是蒋家的。

刘亚楼就任东北民主联军参谋长,是罗荣桓推荐,林彪首肯,中共中央和毛泽东批准的。

1946年2月,在苏军工作的刘亚楼,去看望了因肾病发作转到大连休养的罗荣桓,向自己的老领导罗荣桓汇报了自己这些年的学习工作情况,并郑重地提出了想回到我军工作的愿望。罗荣桓时任东北局副书记、东北民主联军副政治委员,他对这位老部下的军事才能相当了解,认为现在开辟东北战场急需能人,刘亚楼既有国内革命战争的经验,又喝过洋墨水,是个难得的将才,应回到我军工作。

当时,韩光等旅大地委领导还不愿意刘亚楼离开呢!因为旅大的战略地位十分重要,旅顺是军港,大连是很好的商港,中国共产党管理这样的城市还是大姑娘上花轿——头一回。管好这样的大城市,搞好经济工作,并总结经验,对全国解放后开展大城市工作大有好处。有刘亚楼这种具有双重身份的能人相助,自是左右逢源,如虎添翼。

经东北局与远东苏军当局交涉,苏方同意刘亚楼回我军工作。

1946 年初,刘亚楼(右)与罗荣桓在大连合影

　　几乎与罗荣桓独具慧眼、病中力举刘亚楼的同时,在北平医院里,国民党东北保安长官司令部长官杜聿明也在鼎力向蒋介石保荐大将。这位黄埔军校毕业、因昆仑关大捷而闻名中外的抗日名将,号称国民党的"常胜将军",在被派往最重要的内战前线,指挥两个军从山海关一直打到锦州时,也病倒了。经医生检查,也是肾出了毛病,于是住进北平医院。他所放心不下的是东北的战事,为了抑制蒋介石的心腹大将陈诚等瞄准东北这个肥缺,他想到了郑洞国。

　　郑洞国也是位战功卓著的抗战骁将,与杜聿明两度同学,算是老搭档。有郑洞国这样的名将替自己顶着,杜聿明才会安心养病,蒋介石也才会放心让他去治病。

　　很快,东北战场新来了一位国民党副司令长官——郑洞国。

　　继之,共产党方面的战将刘亚楼也走马上任。

　　在刘亚楼受命时,国共两党闯关东后的第一次大会战——四平战役已经结束。四平血战,从 1946 年 4 月中旬开始,历时一个月,所谓"杀敌一万,自损八千",在给国民党军以重大打击时,东北民主联军亦伤亡惨重,其中大部分是抗战幸存的老骨干。东北民主联军主动撤出四平后,又遭敌机械化部队追击,沿途不断有逃亡、叛变现象,部队大量减员,根据地仅剩北满和南满临江等少数几块。

《东北三年解放战争军事资料》载:"四平保卫战中我军伤亡总数达八千人以上,部队元气损伤甚大。黄克诚之三师七旅,原为井冈山老部队,四平撤退后只剩下三千余人,失去战斗力;万毅之三师原有一万三千人,经四平战斗伤亡及撤退被击散,只剩四五千人,失去战斗力;一师梁兴初部,剩五千人,还保持有战斗力;二师罗华生部还保持有战斗力;邓华保一旅损失相当严重,其次是二师、八旅、十旅;杨国夫部都弄得疲惫不堪和损失不小。"

战后,林彪病了,空前绝后地拿部下出气——在舒兰掀了参谋处处长李作鹏的酒席,还随手抓过炕上的东西摔向李作鹏等人。

四平战役未打响前,东北局将之定格为"决定我党在东北地位最后一战",因此,四平的失守,在东北民主联军中引起的震动是空前的,不少人因此动摇了意志。鉴于东北严峻的形势,1946 年 6 月 16 日,中共中央决定林彪任东北局书记、东北民主联军总司令员兼政治委员,在东北实行党政军一元化领导。此时,林彪只是中央委员,而彭真、高岗、陈云三人却都是中央政治局委员,林彪党政军一肩挑,对强调党指挥枪原则的中国共产党来说,实在是个不同寻常的重大组织措施。从某种意义上说,毛泽东将共产党在东北的前途和命运托付给了林彪。

带着疲惫之师一路退却在哈尔滨安营扎寨的林彪,此时非常需要有一个得力的参谋长。从运动战转向阵地战、大兵团作战后的东北战场,也需要一位绝对内行的参谋长。参谋长既是部队的参谋长,又是军事主官最得力的助手。从某种意义上说,军事首长可以挑选合适的参谋长,就像安托万·亨利·约米尼在《战争艺术》中说过的:"主将有权选择他自己的参谋长。"

自中央苏区共事以来,刘亚楼一直是林彪欣赏的一员战将。在罗荣桓远赴苏联治病的情况下,刘亚楼的到任,可谓"受命于危难之际"。

千军易得,一将难求。刘亚楼的到来,为林彪,也为这支准备在历史上建奇功的英雄部队,解决了许多难题。

在军事上,连中央候补委员都不是的刘亚楼,很快就成为第三号人物,和林彪、罗荣桓并称林、罗、刘。

这个参谋长有点冷

1946年5月下旬后的东北,暂时的风平浪静中酝酿着惊涛骇浪。国共两党在经历为期一个月、死伤枕藉的四平大血战后,都在喘息、休整,以图再战,一决雌雄。

刘亚楼协助林彪利用这段宝贵的停战时间养精蓄锐,扩军备战,以期早见成效。

游击战和正规战的司令部工作区别很大,甚至迥然不同。即使是游击战,土八路的一些土参谋也不能说是称职的。有的不经请示就擅自调动部队。一些堪称游击战专家的师长、团长和纵队司令员,也不习惯于司令部的参谋工作。打游击打惯了,有的打仗扔了司令部,独往独来。"我就是司令部",把这句话套在当时包括东北民主联军在内的共产党部队司令部工作上,甚为贴切。一位研究过军史的军旅作家,曾形象地用小米加步枪来形容内战初期共产党部队司令部的工作水平。

作为统率战局的军事机构,当时司令部缺乏基本建设,参谋人员不仅奇缺,而且在职者大多缺乏参谋业务的基本常识,部队就连一张完整的作战地图也找不到,因而没能发挥司令部机关应有的效能。调往东北战区的八路军、新四军各部队,不熟悉东北的道路地形,贻误战机的事情时有发生。因为没有地图,曾发生过两个纵队同走一条路、两个师同宿一个村以及行军作战中兵找不到官、官找不到兵等现象。1945年底,林彪给中央的电报就这般诉苦:"……自总部起各级缺乏地图,对地理形势常不了解;通讯联络至今混乱,未能畅通……"林彪发急后,司令部好不容易招来几名初中生,刻蜡版印制道路村庄图救急。

司令部的各项建设跟不上,仗自然难打,接连的失利让林彪无比郁闷。刘亚楼走马上任后,决心从整顿司令部入手,把司令部建设成高效率的领导机关和首长的得力助手。

刘亚楼召来东北民主联军参谋处地图科科长蒲锡文,严肃指出:"军用地图是十万火急的事,一天也不能耽误,一定要千方百计,想尽办法解决,以供行军作战之急需。"

蒲锡文汇报了印制地图迫切需要解决的几个困难:第一,需要三五百名初

中以上文化程度的人学习绘图;第二,印制地图器材有钱无市,需要大量印制地图用纸、制版的化学药品,就连制版用的玻璃也无处可买;第三,难以找到懂测绘的干部。

刘亚楼掌握情况后,立即着手成立一所测绘学校,训练绘制军用地图的专门人才,并起草电报,从军政大学、部队和地方选调三百多名有初中以上文化程度的指战员和地方初高中生来测绘学校培训。测绘学校开学时,他亲临讲话,指出军用地图的重要性。

为解决器材困难,刘亚楼指示由后勤部拨三百两黄金,派蒲锡文带人去大连采购。遵照刘亚楼的要求,测绘学校学员二十四小时轮班,开足马力绘制地图。他每月都要听取地图出版的进展情况汇报,并作出重要指示,特别要求地图科在 1948 年前必须完成全部东北地区军用地图的绘制。

红军时期曾给刘亚楼当参谋、到东北后任第十纵队参谋长的黄炜华曾说:"我在红二师给刘亚楼当参谋,他要我每到一地,首要任务就是安排师首长办公的地方,把文件、用具摆好,尤其要把地图描绘好,贴在墙上或展开在桌上,尽快让首长办公。在刘亚楼的严要求下,我学会了在紧急情况下迅速绘制地图的本领。刘亚楼当东北民主联军参谋长后,对我们这些纵队、师团一级的参谋长,要求就更严了。"

刘亚楼到职仅三四个月,东北民主联军司令部及下属各级司令部就从他那雷厉风行且卓有成效的作风中得到了实惠:由于加强了地图科,办起了印刷厂,印出了第一批军用地图,解了他们的燃眉之急,逐步满足了部队的急需。

为了加强参谋队伍的组织建设,提高参谋人员的业务修养,刘亚楼从各部队抽调数百名文化程度较高的干部,开办参谋训练队(国民党东北"剿总"在广播中诬称是特务训练班)。他亲自授课,重点强调司令部与首长的关系,指出:"司令部是首长指挥部队的机关,必须对敌、我、友各方的各种情况了如指掌,提供情报,供首长下定部队行动的决心,而且要做好上情下达、下情上报的工作,保证情报的畅通。"鉴于东北战场面临的局势,都是大兵团行动,沿用抗日游击战司令部的工作方法,远远不能适应作战要求,刘亚楼决定翻译出版《苏军司令部工作条例》,并结合部队实际亲自讲解。

参谋训练队既学军事又学政治,为期六个月,考试合格后,充实到各级司令部机关。实践证明,经过培训的参谋人员在机关建设中发挥了较好的作用。一期结业后,又连续办了两期,三个月一期,共培训学员三百多人,为东北民主联军各级司令部机关参谋队伍的建设,打下了坚实的基础。

刘亚楼忙里偷闲,还亲自翻译俄文版的《红军参谋业务条令》。当年跟在他身边的参谋郭瑞乐说:"刘参谋长处理完一天的工作后,晚上便翻译俄文版的《红军参谋业务条令》。他一边阅读原文,一边口述中文,要我和总部另一位参谋叶云龙轮流记录,记完后稍加整理,作为译文初稿送他审订。花了二十来个晚上译完后,很快就出书了。发到全东北团以上各级司令部,参谋人员人手一册,作为参谋业务学习的教材。"

刘亚楼通过摸底发现,参谋人员中存在"四多四少"的现象,即使用多培养少、批评多表扬少、碰钉子多撑腰少、任务多职权少。许多参谋人员因此不安心工作,感到做参谋工作没出息等。刘亚楼从思想教育入手,切实解决问题,特别明确了参谋人员的行政级别。他还向东北民主联军司令部建议,颁布改善参谋人员待遇的命令,批准参谋人员与指挥人员交流使用。

适应紧张的战争环境,提高各级司令部的工作水平,是刘亚楼就职参谋长后面临的大事。他为此亲自召集各纵、师参谋长和各级司令部科以上干部,召开参谋工作会议。

会场设在一个大操场上,刘亚楼在台上站着讲,桌子上除了话筒,没有其他诸如茶、瓜果一类的东西。刘亚楼主持会议向来如此。

刘亚楼在表明参谋长是首长的重要助手和代理人的观点后,指出:"各级参谋长均为部队参谋长,也是司令部的直接首长,过去把参谋长仅仅作为司令部的一个部门领导,把参谋长的职权局限在司令部的业务工作范围内的做法,大大降低了参谋长和司令部的作用,对组织指挥部队训练和作战极为不利。"

在说明参谋长的主要职责后,刘亚楼辩证地指出:"就参谋长来说,还没有正式成为直接组织和主持司令部工作的中心人物,参谋长与首长间的关系还很不正常;就首长来说,有的首长对参谋工作的一些不正确的看法,也直接影响了参谋工作。从游击战转为正规战之后,有些首长的思想认识并没有随之转变,仍然习惯于传统小手工业的工作方式,不善于使用参谋工作,认为参谋工作可有可无,把工作好的干部拿去当参谋,太可惜了。个别人甚至觉得没有参谋干得更痛快,免得多余。因而既不去健全本级司令部组织,又不给参谋工作撑腰,有时还泼冷水。他们不把司令部当作自己的指挥机关来看待……"

刘亚楼说话、作报告,向来不绕弯子,丁是丁,卯是卯。

"我提醒各级主官首长,必须正确地了解到今天的形势和任务与过去大不相同了,驳壳枪一举跟我来的做法已经不行了。还用过去的老一套来对待参谋工作,就会落后于形势,变领导者为追随者,就要被动挨打。我军在当前发展阶段上,没有一定规模的参谋队伍来组织和保证军队的指挥是不行的。而且随着我军继续向前发展,参谋工作的必要性、重要性也必然随之提高。"刘亚楼讲完后,全场掌声雷动。

在东北,刘亚楼先后两次主持召开参谋工作会议,不仅解决了过去司令部参谋工作中的问题,而且根据形势发展,大胆提出司令部工作的建设方向,并从政治上、组织上、制度上解决了存在的诸多重大问题。他还主张师以上司令部建立直属政治机关(目前仍为我军沿用),以加强对参谋人员的思想领导。这可以说是解放军有史以来第一次全面系统研讨参谋工作的会议,使解放军的参谋工作建设走上了一个新的历史阶段。

经刘亚楼整顿,司令部工作呈现出一派新气象。林彪对此颇为满意,称:"我们有了一个得力的司令部。"

林彪还说,司令部工作很重要,苏联卫国战争时期,斯大林就是靠了朱可夫、安东诺夫等一批参谋集团,没有这样一个得力的、高效率的参谋集团,难以取得战争的胜利。

第二次世界大战中,英国军队之所以能从阿拉曼一直打到柏林,与蒙哥马利元帅选择并善于发挥德·甘岗参谋长这位最得力助手的作用密不可分。为能使自己从大量的琐事细节中解脱,专心致志考虑作战指挥方面的重大问题,蒙哥马利给德·甘岗参谋长规定了很宽的工作范围,并赋予其相当的权力。德·甘岗可以独立领导司令部、协调各部队间的行动、直接处理作战中的一般情况,只在遇到重大问题时,才报由蒙哥马利亲自出面解决。战后,蒙哥马利在系统总结自己作战指挥的经验时,耐人寻味地说:"我奉献给各位高级指挥官的第一个忠告,是必须要有一位优秀的参谋长。"

在选择自己的参谋长方面,林彪和蒙哥马利有异曲同工之妙。刘亚楼到东北后的每一场大战,都充分发挥了自己的聪明才智,成为林彪指挥作战中不可或缺的助手。

但在当年,刘亚楼所表明的参谋长是首长的重要助手,各级参谋长不仅是司令部的直接首长,也是部队参谋长等观点,并未在东北之外的其他野战军部队"开花",直至新中国成立三十多年,干部任职上仍冠以"司令部参谋长"。

据中央军委原副主席张震回忆,1982年底他以副总参谋长之职主持召开全军参谋长会议后,翌年中央军委正式颁布《中国人民解放军司令部工作条例》(简称《司令部工作条例》),才把参谋长的地位和作用以法规的形式确定下来,此后任免参谋长,均改为"××部队参谋长",不再冠以"司令部"字样。1996年颁发的《司令部工作条例》规定:"参谋长是部队首长之一,是协助主官领导军事建设、指挥军事行动的主要组织者和协调者,直接组织领导司令部的建设和工作。"

可以说,在解放军参谋业务建设上,刘亚楼远远地走在了前面。

三年东北民主联军参谋长的历练,刘亚楼对司令部和参谋工作从理论和实践上都作出了重要贡献。

按常规,新官上任,尤其是一个"外来户"初来乍到,总得和气生财,对上级恭敬些,对同级客气些,对下级担待些,对看不顺眼的固有积习睁一只眼闭一只眼,内敛悠着点,待人际关系打通、在这个地盘站稳之后,再行整顿,岂不左右逢源?这传统的官场模式,在刘亚楼这边却触礁了。

司令部的整顿为刘亚楼的亮相登场加了分。根据地建设以及后方整顿,也很快彰显了刘亚楼的过人胆略。

四平失利后,东北局势急剧恶化,中共中央根据东北敌我现状的变化,敏锐提出"让开大路,占领两厢"的方针。

东北局撤往哈尔滨后,于1946年7月上旬召开扩大会议,总结十个月来对敌斗争的经验教训,确定今后的工作方针,以统一东北全党全军的思想。刘亚楼参加了这个具有历史意义的扩大会议。1946年7月7日,会议正式通过了政治局委员、东北局副书记陈云起草的《东北的形势与任务》,即著名的《七七决议》。

这次会议是东北全党工作的一次重要转折,给以后东北战场的局势发展奠定了基础。第二次世界大战时,英国首相丘吉尔曾说:"在阿拉曼之前,我们没有

1946年，东北局、东北民主联军在哈尔滨召开高级干部会议。左起：林彪、彭真、刘亚楼、谭政。

取得过一次胜利；在阿拉曼之后，我们没有遭受过一次失败。"把"阿拉曼"三个字换成"七七会议"，这句话就变成黑土地是共产党人的了。因为共产党人把建设根据地摆上了"工作的第一位"，有了一个可以遮风避雨的家。

刘亚楼的到任和罗荣桓从大连回来（1946年7月下旬又赴苏联手术），给建"家"工作增添了力量。《七七决议》公布后，刘亚楼协助林彪，利用停战之机，组织主力部队实行剿匪，以图建立和巩固松花江以北的后方根据地。同时组织大批干部深入农村，发动群众进行土地改革。

停战时间是有限而短暂的，四平血战喘息过后的国民党，很快就集中精锐卷土重来，妄图一举荡除共产党在东北的主力。

战云渐紧，东北局决定前后方分开，把部分党政军领导机关由哈尔滨向佳木斯疏散转移，其中包括年迈体弱的同志和干部家属。为了让更多的指战员们懂得"撤是为了进"这个道理，林彪还请刘亚楼等人介绍1812年俄法战争中的俄军莫斯科大撤退。

此时的林彪，还没有"常胜将军"的声威，倒是戴着"撤退将军"、"长跑将军"的帽子。不少指战员们对他的战略战术不理解，贯彻得拖泥带水，这也是林彪的苦恼。

对撤退，东北局高层就有不同认识。

从退出沈阳到企图再进沈阳、保卫四平和退出长春，东北局一些领导一直没有放弃原定全部控制东北的想法。但罗荣桓坚决支持林彪撤退，他苦口婆心地做工作,说山海关、锦州一线被杜聿明突破后,我们全部控制东北的条件已不复存在,如不收缩兵力撤至北满,敌人以两师之众从梅河口顺吉奉线插吉林,就会把我们的全部后方打个稀巴烂,届时非退到西满蒙古沙漠不可。高岗被说服撤退了,但又走向另一个极端,想调南满所有主力到北满,林彪、罗荣桓坚决不同意,认为不坚持南满,北满也保不住。

还在大连会面时,罗荣桓就向刘亚楼扼要介绍了东北的敌我走势,让刘亚楼对如何下活东北这盘棋早有思考。

是守是撤这个问题,直到东北局在哈尔滨召开高层会议后才算解决,但中下级干部和指战员的思想还是不统一。如今刚享受几天安稳日子,又说要有从哈尔滨撤出的准备,他们哪能没有牢骚?

林彪把解惑的难题交给了刘亚楼。

刘亚楼通过苏联驻哈尔滨领事馆,搞到了一部介绍打败拿破仑的俄国名将库图佐夫的纪录片,给机关和部队放映。放完影片,他有针对性地解释林彪的撤退意图:从山海关、锦州到四平、长春,林总之所以一退再退,主要是苦于手头无兵。杜聿明苦战拿下四平、长春,饮马松花江边后,需防守城市和交通线,机动兵力必定锐减,将失去大规模进攻的能力。我们以空间(城市)换兵力,下来就是敌守我攻,我军可以从容地集中兵力一个一个地把城市打下来。

他还借题发挥:"我们的同志到现在还不了解、不认识我们的林总是什么人,不要说杜聿明不在话下,蒋介石不在话下,希特勒也不在话下。"

他接着就说起了苏德战争期间,林彪参加苏联最高统帅部会议,研究希特勒主攻方向的往事,指出实践证明林总的意见是正确的。后来斯大林都称赞过林总,你们说,希特勒、蒋介石是不是不在话下?

刘亚楼说这话,倒不是为林彪贴金,而是认为四平大撤退之后,需要高涨的士气,需要部属对主帅的服从和理解。

在渐趋消散的埋怨责骂声中,大撤退的命令终于发出。哈尔滨,这座全国解放区中最大的城市,每天都有好几趟列车开往佳木斯后方地区。

刘亚楼受东北局的委托,负责组织车运。

东北局规定,迁往后方的人员只准携带自己的随身物品。可刘亚楼到车站检查时,发现有人还搬走了公家的桌椅板凳等物品。他皱起了眉头。

跟他同去的东总的一位科长发现一节闷罐车厢里装着立柜、梳妆台、沙发，以致挤占了人们的空间。刘亚楼接报后，问："为什么不搬下来？"

科长诉苦："那是×领导的，他不让我们搬，还要打人……"

刘亚楼一听，二话不说，就让科长带他去，手一挥，叫来几个战士，把这些公物一个不剩地全搬下来。

检查过程中，多数人比较自觉，经过说服，能主动把违禁携带的东西搬到车厢外去，交还原单位。但也有个别人，装作没听见的样子，无动于衷，有的心存侥幸，以为像往常那样磨蹭几下也就过去了。但是，他们很快发现，这次与以往不同了。

刘亚楼站在闷罐车厢前面，高声表扬一批顾大局、守纪律搬迁的人员。在念完一串名字后，他接着说："还有一些同志，携带物品不符合规定，我们正在登记他们的名字。我在这里可以告诉大家，有两条不会变：一条是不准把公物带走，一条是火车发车的时间不会变。现在必须改变的，是一些同志不按规定办理的错误思想和做法。不按规定办理，我们等几分钟，然后公布他的大名。再不按规定办理，开车前我们的战士会毫不客气地把东西统统搬下，只好叫他当场出丑。对这些人，我们还要通报到佳木斯，让后方的机关和部队也了解了解他们这段光彩的历史！"

闷罐车厢里，人们将信将疑。

到规定时间了，车站喇叭骤响，广播了还没将家具搬下来的人员名单。

站台上的人们为之鼓掌，很快，那些公物统统从车厢里卸下。

前方发出一排绿色信号。汽笛长鸣之后，火车准时驶出了哈尔滨车站。

站台上和闷罐车厢里，人们议论纷纷：

"他是谁呀，这么厉害。"

"听说是新来的参谋长刘亚楼！"

刘亚楼的名字很快在机关干部和家属中传开了。

当年跟随刘亚楼检查工作的东总参谋郭瑞乐满怀深情地忆旧："刘亚楼当参谋长，我们既佩服又敬畏。他坚持原则，办起事来一是一，二是二。无论是谁，多高的职务，还是谁的家属，只要违反规定，他都敢管敢碰，决不迁就照顾。"

刘亚楼除了参与战事筹划、组织和指挥外，大凡整顿后方机关一类跟战事有关又似乎无关的事，东北局和东北民主联军司令部也经常请他负责。整顿后方是件颇为棘手的事,因为要触及许多首长的利益,那时在东北的中央委员和候补中央委员就有二十来位。刘亚楼却不管这些,只要是和东北局指示相违背的,他就敢管,有时骂起来,连天王老子都敢骂。久而久之,那些党内政府内级别比他高的人,也让他三分。

刘亚楼的锋芒和才干,也深深印在东北指战员们的心海里。1965年刘亚楼病逝后,原东北野战军(简称东野)政治部副主任、时任中共中央政治局常委的陶铸悲痛万分,写下情深意切的悼亡诗,诗中"相逢松花江畔日,豪情才气两干云"、"君当慷慨愧庸人",正是刘亚楼的写照。

据说,刘亚楼曾说过:"多得罪几个有什么了不起,顶多不选我当中央委员。"

随着西伯利亚寒流的袭来,松花江开始封冻。宽阔的江面上,马匹、车辆通行无阻。扼守江桥已然失去意义,敌人随时都可以越江进攻。早在1946年8月29日,中共中央就电示东北局:"国民党可能于十月向东北解放区大举进攻,望利用九月加紧做好作战准备。"

罗荣桓已于1946年7月下旬赴苏治病,刘亚楼全力协助林彪安排主力兵团自9月初集中备战。

此时,北满第二、第六纵队先后建立。东北民主联军司令部在不断收到部队整军备战喜讯的同时,也不时有各地军民遭受土匪袭扰的报告送来:就在前半个月时间里,土匪接连洗劫了萝北和依兰两座县城,把大小店铺抢劫一空,县委、县政府包括萝北县长在内的二十多名干部,被拉到郊区集体枪杀;依兰县委书记的妻子,被土匪轮奸后上吊自杀。

林彪说:"胡子是东北的一大特产,名目多,数量大,实在令人头痛。"

关东人称土匪为胡子,国民党在东北收编了不下十万人的中央胡子。东北一百五十四个县(旗)中,有三分之二被胡子盘踞着,共产党占据的三分之一有的也不巩固,经常处于胡子的威胁中,他们今天叫嚣攻打这座县城,明天叫嚷血洗那座县城。胡子问题已经发展为共产党在黑土地上生存的重大威胁。

刘亚楼很快就掌握了土匪的情况,南满土匪五万,北满不下十万,七七会议后实行三分之一的主力部队参加剿匪作战,重点剿灭了大股土匪,以后将进入进剿小股土匪和捣匪巢、捉匪首的阶段。他建议林彪:"主力部队集中备战,剿匪任务交由地方部队完成。"

林彪点点头："可以发一个文件，明确各自工作的重点，并希望各地及时上报有关经验，司令部适时总结通报，推动剿匪活动的开展。"

1946年10月中旬，蒋介石对东北确定"先南后北，南攻北守"的战略，东北局和东北民主联军司令部据此提出"坚持南满，巩固北满，南打北拉，北打南拉，南北满密切策应，集中优势兵力，主动打击敌人"的作战方针。1946年10月27日，刘亚楼等人到哈尔滨火车站送别前往南满开展工作的陈云、萧劲光等人，大家相互鼓励，表示要在一南一北共擎一片天。陈云、萧劲光从哈尔滨坐火车起程，途经牡丹江、图们，取道朝鲜，走了整整一个月，才抵达辽东军区所在地临江。接到临江电报后，刘亚楼和林彪等人这才放下心来。

东北局在哈尔滨虽有撤退准备，但根据战争形势的发展，仍需做坚守的打算，可当时部队一线干部缺额很大。在此情况下，东北局决定派刘亚楼到佳木斯地区清理东北党政军各单位的留守人员，精简后方机关，以便能抽出大批人员充实到第一线。这也是件得罪人的工作，但刘亚楼二话不说，带上东总队列科科长王怀琛、参谋郭瑞乐和叶云龙出发了。

独立×师在勃利后方留了不少人开工厂，收皮子，做豆腐和粉条，一片热闹景象。刘亚楼到来时，他们忙用后方的美酒佳肴款待。刘亚楼一看，脸上晴转多云，说："把你们的点名册拿来。"

对方一听就犯傻了，他们知道参谋长要点名册的意思。

果然，刘亚楼看完点名册，大光其火："部队在前方打仗，你们却不管前方死活，在后方留这么多人吃闲饭！"

刘亚楼一声令下："把工厂全部无条件移交给当地政府，办厂人马给我组织上前方去。三天内不移交清楚，撤你们师长、政委的职！"

清理完佳木斯、勃利、鸡西、牡丹江的后方工作，完成留守人员的精简后，刘亚楼又深入合江地区，代表东总指导并慰问剿匪第一线的部队。

东北土匪为全国之冠，合江为冠中之冠，这与其崇山峻岭、大片沼泽地和草甸子的地形地貌有关，自古就适宜胡子生存。东北沦陷被日本人收买的日本胡子，在日本投降后经蒋介石招安，摇身变为中央胡子，其中光合江就盘踞着谢文东、李华堂、张黑子和孙荣久四股势力极大的胡子，戴着国民党颁赐的中将、上将封号，号称合江地区的"四大旗杆"。

因此，合江地区虽为后方，但较之前线，危险不减。东总队列科科长王怀琛建议刘亚楼多带些警卫部队随行，以防不测。刘亚楼笑一笑，拍拍腰间的撸子说："我在闽西也打过土匪呢，谁撞到我的枪口上，不会有好果子吃！"

刘亚楼轻车简从到合江军区后，受到司令员贺晋年、政治委员张闻天的热烈欢迎。刘亚楼和张闻天早在中央苏区就熟，和贺晋年却是初次见面。

得知贺晋年在零下二三十摄氏度的严寒季节，亲率部队进深山野林，身先士卒爬山越岭，同战士们一把炒面就一把雪，与土匪周旋，日夜穷追猛打时，刘亚楼动容地说："中国历史上任何一个朝代变更，都要出几个名将，我们的人民军队在长期的革命战争中也出了不少出色将领，你老兄就是其中的一位。"

随后，刘亚楼以司令部的名义，通报表扬合江军区不畏艰险、奋力剿匪的事迹，推广他们的剿匪经验。

新中国成立后曾任装甲兵副司令员的贺晋年将军回忆说："我与刘亚楼同志以前虽未见过面，但对他是由衷的敬佩。我知道他为人正直、性格直爽，同志相处披肝沥胆。他对工作中取得的一般成绩，并不轻易表态，但和我初次见面，就给予肯定的评价，对我和合江军区都是一种鼓舞。"

刘亚楼完成精简后方人员、指导剿匪工作等任务回到东北民主联军司令部，林彪听完汇报，赞曰："干净利落，有大将风度。"

地方部队全力剿匪，捷报频传。最感人的是孤胆英雄杨子荣独闯虎穴，智取惯匪座山雕（张东山）的故事。几个月内，东北民主联军歼灭大小土匪数百股、数万人，巩固了大后方。合江地区的所谓"四大旗杆"，也被尽行拔除。

东北局根据七七会议，一面建立农村根据地，进行剿匪斗争；一面着力整顿部队，补充兵员和武器，以应对国民党随时可能发动的大规模进攻。

此时，东北民主联军的武器弹药极度匮乏，亟须得到补充。东北局曾向苏方提出援助，但苏方考虑到与国民党政府的既有条约，两次拒绝了中共的要求。

武器补给成了军中的头等大事。林彪向毛泽东委屈地报告部队缺乏武器弹药，而杜聿明的火力与机械化程度如何了得，有的中央领导提议向斯大林求援，既然美国人已经出面武装了国民党，那么共产国际没有理由不帮助共产党人。崇尚自力更生的毛泽东，坚决反对向苏联人低声下气地要这要那，说："决定战争的关键因素是人，而不是武器。"

　　后来国民党方面和美国情报人员有个说法，说苏联人给东北共军的枪支弹药、坦克大炮，可以武装五六十万大军，斯大林甚至把在苏联红军里任职的中国将军刘亚楼，也一并送还林彪当参谋长。

　　1962年12月13日，东野战史讨论会在北京召开，刘亚楼在谈及东北解放战争中的中苏关系时说："一般人总认为苏军留给东野不少武器，这是误解。这个战史既然是存档用的，可以把这个问题写清楚。当时不仅不给我们武器，还吃掉了我们不少部队。也可以写一下当时斯大林为了照顾与国民党的关系问题。还有个重要问题，当时我们曾向中央建议，以中央的名义向苏军要些武器。毛主席当即电示，中国革命主要靠中国自己的力量，禁止用中央的名义向他们要东西。这个电报我亲眼看过，要查一下。后来以东野的名义，用粮食和他们换了一些武器。用红军票子到大连买黄金，购买了一些武器。朝鲜同志不错，卖给我们一些武器。当时我曾两次去朝鲜谈判，朱瑞同志曾同我去过一次。"

　　为了促进东北根据地的经济建设，战胜各种困难，东北行政委员会成立之初，即积极开展同苏联的对外贸易。但1946年8月、10月两次向苏联外贸机构——远东公司驻哈尔滨代表波依克提出进行贸易建议，并主动表示愿意向苏联出口粮食（当时苏联因春旱秋涝谷物歉收），但均遭拒绝。在此情况下，刘亚楼受东北局委派，于1946年11月赴苏与苏联政府外贸部门负责人面洽，依靠他过去在苏联多年的经验和关系，苏方始同意开展外贸谈判，双方还达成了以粮食换武器的协定。

　　当时，日本遗留在朝鲜的军用物资数量不少。因为刘亚楼在国际旅工作期间和金日成熟悉，遂受派前往朝鲜商谈。金日成在国际旅时为刘亚楼下属，对刘执礼甚恭，爽快地同意把二十四节车皮的武器及军用物资经吉林图们运往东北。

　　在南满重要城市和交通线沦为敌手后，为了解决东北境内南北交通问题，东北局认为只有经过朝鲜才可解决这个问题。经与朝鲜协商，决定在平壤建立东北局驻朝鲜办事处，在图们建立东北民主联军办事处，解决管理口岸、江桥和人员物资的入境。刘亚楼很重视加强和发挥图们这个办事处的作用，经常到图们办事和布置工作，还曾亲自管理大宗物资过境问题。东北局和东北民主联军司令部派往南满的干部以及支援南满的军用物资，也是经图们出去的。

　　为了感谢金日成的大力相助,刘亚楼遵照东北局指示,和吉林省长兼司令员周保中一起商量将金日成父母的灵柩送回朝鲜事宜,由周保中送至图们江对岸的朝鲜南阳,金日成亲自接回,甚为感激。

　　在接受朝鲜第二批物资前,刘亚楼特地吩咐东北民主联军办事处处长饶斌,准备质量好的纯酒精一大桶,送给押送军火的一位苏联校级军官。此人与刘亚楼在苏联卫国战争时期同在苏军一个部队服役。他还指示办事处与苏军搞好关系,逢年过节常送些酒菜给苏军慰劳。

　　刘亚楼与苏方、朝方谈判解决军火的详情,已难查考,历史能肯定的是,他的苏联、朝鲜之行,解决了东北民主联军的燃眉之急,使遭到重挫的东北民主联军在短时间内恢复了元气。后来,东北局根据中央指示,自力更生,自己组织军工生产,担负起解放战场部队弹药供应的需要。

见好就收走为上

　　"晓侵台座香烟湿,夜草军书蜡炬干。"刘亚楼在东北期间,主要是以其卓越的军事才能为主帅出谋划策,"运筹帷幄之中,决胜千里之外"。

　　1946年12月中旬开始,刘亚楼协助林彪部署和指挥了历时三个月的三下江南四保临江战役。

　　提起作战,刘亚楼有一种兴奋感。他已有十年没有领兵上战场了,他渴望自己能够重返第一线,可他也清楚地知道,身为指挥机关的首长,主要的任务不是亲自带兵冲锋抓俘虏了,而是要掌握敌情我情、上情下情,为主官下指挥决心提供科学依据。

　　东北战场地域辽阔,交通便利,敌我变动十分迅速,刘亚楼非常重视这一特点。为及时准确掌握部队情况,他要求各级司令部要把部队的行动情况及时上报。

　　林彪作出决断后,刘亚楼立即组织战斗实施。

　　一是组织战役开进。指挥部队行动的电报发出后,他就不断地检查落实。尤其对时间、地点、到达情况(是全部还是一部)、途中有什么问题、怎样处置意外等方面,他都抓得严、紧、细。

　　二是越级指挥。他强调部队行动敏捷,严守时间,密切协同。他不拘套路,总部常常直接指挥到师,常常是师先出发,纵队紧随其后。

三是纵深战斗。他强调既要查清敌人的工事、兵力、火力配置,又要了解我攻击部队的编组、任务区分、战术运用、器材准备等情况,做到知己知彼,并努力使各部队的攻击行动协调一致。

四是通报。他常常抓住一个突出性问题做典型解剖,迅速通报到各部队。这个做法效果很好,对部队有很大的促进作用。

五是及时总结经验。战役一结束,他对此战便有一个总的轮廓认识,常常亲自写出总结提纲,在同司令部有关部门研究整理后,迅速形成完整的总结材料。

似乎可以这样说,林彪有刘亚楼当参谋长,不独司令部的棋活了,东北战场也亮色起来。

对刘亚楼的才干,罗荣桓也是称道的。1961年11月28日,罗荣桓听取副总参谋长杨成武汇报全军作战计划草案时提及,司令部的作风很重要,主要靠首长亲自抓。司令部搞不好,部队就行动不起来,战斗时就不能把力量组织在一起。在东北作战时,就有一条经验,打起仗来,一要抓指挥机关,二要抓后勤,指挥机关组织不好,后方东西跟不上,打仗就成问题。

作为一个大战略区的参谋长,刘亚楼在军队中的影响是深远的。

1947年1月2日,为了牵制郑洞国对南满根据地的"进剿",林彪和刘亚楼指挥北满主力第一、第二、第六纵队及三个独立师,浩浩荡荡南渡松花江,主动向北满敌军进攻。

松花江铺着厚冰,大部队过江像赶集一样热闹。

林彪在马上还在揣摩杜聿明的意图:杜聿明的战略,还是"先南后北"。四平保卫战期间,他首先攻占本溪,然后分兵北上,一鼓作气拿下四平。现在,他又故技重演。他要犯临江,我们就下江南,又拉又打,叫他首尾不能相顾。

刘亚楼认为,这个"剜猪割耳朵战术"好,南满不支,北满出援。

林彪望着这位老部下,考试般的询问:"你说说看,号称国军'五大金刚'的蒋介石新一、新六军的战斗力究竟怎么样?"

刘亚楼分析:"比起十三军和五十二军来,新一军和新六军要强。这两个军,除火力强、装备好外,战术上也较灵活,而且部队有一股进攻锐气。但也有明显弱点,一是狂妄冒进,二是与其他部队协同差,好大喜功。抓住这两点,我们完全可以揍扁他！"

林彪点点头："对嘛！总讲国民党的王牌如何了不得,我就不信。它火力强是事实,可他们官兵矛盾大,凝聚力不如我们。半年前拉法战斗的经验证明,只要我们利用其孤军深入和分散的机会,集中优势兵力,战术上搞好一点,打败他们不成问题。"

到东北后第一次参与实战指挥,刘亚楼顺利地通过了林彪的"考试关"。

部队过松花江后,上万人的队伍忽然神不知鬼不觉地消失了。当这支士气高昂的队伍出现在张麻子沟时,号称"天下第一军"的孙立人新一军被歼一个团;出现在焦家岭时,新一军又被歼一个团。

在不到一个星期内,新一军被吃掉了两个团,气得"只打胜仗"的孙立人暴跳如雷。在他的压力下,杜聿明不得不抽调兵力北上增援。这样一来,进犯南满根据地临江地区的敌军只剩两个师的兵力。国民党军队首尾难顾,不得不放弃进攻临江的计划。

一下江南的胜利,不仅使东北民主联军士气大振,也给了远在陕北窑洞里的毛泽东和中共中央一份欣喜。

北满主力见好就收撤回江北后,杜聿明又腾出手来再犯临江。可不到两个星期,东北民主联军南满主力在萧劲光、陈云指挥下,歼敌三千多人,成功地粉碎了国民党第二次对临江的进犯。

1947年2月16日,杜聿明指挥五个师的兵力三犯临江。林彪和刘亚楼在松花江北一座简陋的农家小院里研究二下江南方案。

林彪和刘亚楼对此战极为重视。20日这天,他们先后六次向第六纵队司令员洪学智、炮兵司令员朱瑞发出电令,指示极为具体,望部署部队22日中午12时以前到达吉林九台县以北的城子街附近,以便使炮兵和步兵有充分的时间侦察地形,能于黄昏前完成对城子街的包围。

此战是炮兵首次参战,林彪和刘亚楼的电令特别提及:城子街之敌设防已半个月,工事必完成,应根据此点配属炮兵力量。

1947年2月22日,北满东北民主联军主力十五万人,第二次南渡松花江。根据既定方案,第六纵队主力当晚将城子街团团围住,翌日早晨6时攻城。

城子街守将、新一军第八十九团团长连续向师部发了七八封电报,要求

派兵增援,空投弹药。其中一封电报被东北民主联军司令部截获后,刘亚楼对洪学智说:"你们不要有后顾之忧,国民党被围城打援搞怕了,不会轻易前来增援。"

事实证明刘亚楼判断的正确:国民党没有一兵一卒驰援,只派了两架飞机空投弹药,而绝大部分又飘出了城外。

下午4时,守敌见大势已去,只好投降。第六纵队主力围攻城子街时,九台和农安之敌闻风丧胆,弃城而逃。第一纵队主力跟踪追击,在卡伦抓住两个美军军官。这是美国帮助蒋介石打内战的铁证。后来,这两个分别叫哥林士、芮克的美国少校和上尉,被毛泽东写进了著名的政论雄文《别了,司徒雷登》。

1947年2月28日,根据林彪、刘亚楼的电令,第六纵队及独立第二师包围德惠,第一、第二纵队及独立第一、第三师摆在德惠至长春间,准备打援。德惠是中长铁路(全称中国长春铁路)线上敌人在北满的前进基地,此战是东北民主联军第一次向国民党主力据守的城市进行正规攻城作战,由于部队缺乏攻城经验,主攻方向选择不当,炮兵也使用不当,加之守敌凭借"城寒堡垒"顽强抗击,德惠久攻不下。此时,孙立人率新一军主力逼近,另一名国军名将陈明仁的十万援军也北上驰援。

林彪闻报,认为陈明仁的十万援军不过是虚张声势。刘亚楼同意林彪的推断,但提醒林彪:"杜聿明下令打开小丰满水库,结冰的松花江就会灌满水,这样我军退路将堵。"

林彪听后点点头:"德惠守敌一个师,只差这么一口就会被我吃掉,可是一旦杜聿明、孙立人、陈明仁联手出击,我十五万大军将陷于被动。参谋长的意见呢?"

刘亚楼似乎早就考虑过这个问题,说:"我看不能因小失大,何况现在已解临江之危,还是撤为上策。"

部队撤至松花江南岸,小丰满水库放下的洪水已把两里宽的江面漫平了。浅处没膝,深处齐腰,棉衣泡水像铅砣似的重,滑倒了很难爬起来。好歹上岸了,指战员们都冻得不行。

刘亚楼和林彪是骑马过江的,上岸后眉毛全是霜,两个鼻孔喷雾,直庆幸"撤为上策"。

得悉东北民主联军北满主力回撤，杜聿明马上在报纸和电台上宣传"战果"：德惠大捷，歼灭共军十万！好久没听到好消息的蒋介石欣喜若狂，把手伸向东北，越过杜聿明，电令孙立人和陈明仁："率所部乘胜追歼江北共军。"

蒋介石的越级指挥，使杜聿明大为吃惊，心想共军在德惠损失不过千把人，而且又是主动撤回江北，派出"乘胜追歼"之师只会有去无回。他忙令孙、陈两将立即回撤。可孙立人和陈明仁并不理睬杜聿明的忠告。

杜聿明知道自己宣传的"战果"打了自己的嘴巴，他哑巴吃黄连——有苦说不出，没办法，只好亲自火速赶去劝阻。经再三陈述利害，孙、陈两人才同意撤军，"迅速回防"。

杜聿明连夜赶回长春。刘亚楼获知情报，急令就近的独立第一师，迅速前往截击杜聿明。

独立第一师接令后，行动迟缓，结果错过了时间，只截住了杜聿明随后的大卡车，而他乘坐的小汽车已冲过了封锁线。

事前，刘亚楼曾在林彪面前夸下海口，要让林彪的黄埔同学杜聿明或横或竖见他。接到杜聿明侥幸逃脱的电报后，刘亚楼气得脸色发白，骂道："非毙了这个师长不可！"

独立第一师是当年延安大生产运动中著名的某旅老底子（主力南下了，未到东北），存在骄傲自满情绪，从延安来东北后到处搞东西，因此包袱重，每次转移都是大小车辆，像个辎重队。四平保卫战期间，东北局常委林枫让他们撤出梅河口，可对方不干。林枫对此毫无办法。这下，他们的把柄被刘亚楼抓住了。

战后，刘亚楼毫不客气地在全军对独立第一师作了严厉的通报批评，并经林彪同意，将该师师长撤职。他板着面孔对由副师长提为师长的贺庆积说："打仗不积极，只会搞东西，东北丢了，你们的东西能保住？再打不好仗，就要你的脑袋！"

刘亚楼不留情面的猛批，给了贺庆积和全师当头棒喝。此后，独立第一师励精图治，终成东野名师（夏季攻势后编入梁兴初任司令员的第十纵队），贺庆积也成为东北战场的一员猛将。

杜聿明一场虚惊逃回长春，虽然暂避了难关，但还是难逃被生俘的命运，不过那是在两年后的淮海战场。

孙立人、陈明仁率军从松花江畔慌忙回撤时，稍作休整的北满主力已开始三下江南，迅猛追杀。

1947年3月9日，刘亚楼向第一纵队传达林彪命令：敌八十八师在靠山屯附近，正向农安撤退，迅速奔袭围歼。

1947年3月12日拂晓，东北民主联军主力准时到达指定位置，将行动缓慢的敌第八十八师及第八十七师一部包围在郭家屯西南的姜家屯附近。战斗随即展开。黄昏时，除敌第八十八师师长韩增栋强行夺得一辆装甲车逃走，敌第八十八师和第八十七师一部灰飞烟灭。

林彪坐在一把木椅上，吃着炒黄豆听汇报。各纵负责人争先恐后地汇报战果。

刘亚楼示意大家安静，指着作战地图说："松花江即将解冻，新六军和十三军被调出了南满，四保临江已不成问题，林总的意思，见好就收，立即撤退。"

众将不解，议论纷起。

林彪站起身，屋内顿时又安静下来。他声音低低地说："现在还不到与杜聿明决战的时机。不过，快啦。现在撤吧。"

大军北撤，文艺兵沿路打快板，唱顺口溜《筛豆子》：

> 国民党，兵力少，
> 南北满，来回跑。
> 北满打了他的头，
> 南满打了他的腰。
> 让他来回跑几趟，
> 一筐豆子筛完了。
> ……

出神入化的三下江南四保临江，歼敌四万五千人。刘亚楼深感林彪、罗荣桓等人当初反对南满所有主力调往北满是着高棋，如把南满主力全撤到北满，就不能在南满拖住敌人，北满的压力自是无以复加。而三下江南四保临江之战后，南北满协同作战，统一行动。两条溪流汇在一起，东北形势骤变，东北民主联军由战略防御转入战略进攻。

校长是个多面手

人生的足迹好似时空坐标系上的一条曲线，这条曲线上的一些机遇点，常常是个人始料不及的。刘亚楼后来成为共和国空军的主要创建人，与他在东北指导过航校工作，并兼任过航校校长一职有关。

中国共产党创建之初，就关注航空事业，着手培养航空人才。1925 年至 1936 年的十一年间，中共先后派出五批共二十多人，分别到孙中山创办的黄埔军校航空班和苏联的航空学校学习航空技术，先后学成的有常乾坤、王弼、唐铎等人。1937 年秋，中共中央利用与新疆军阀盛世才的抗日民族统一战线关系及其新疆边防督办公署航空队的教学条件，抽调四十三名红军干部学航空。这支没有正式番号的第一支红色航空队，党内称之为新疆航空队。寒暑四年间，有三十八名学员学成，其中二十一名飞行员、十七名机械员。

1946 年 3 月 1 日，鉴于日军战败后在东北地区遗留有较多的航空训练器材和基地设施，且已收降、缴获一个完整的日本航空队的人员和飞机，中央军委决定成立东北民主联军航空学校。共产党创办的这唯一一所培养飞行、地面各专业人员的航空学校，后来成为新中国航空事业的摇篮，人们亲切地称它东北老航校。

航校开学后面临的困难，还不仅仅是飞机少而陈旧、航空器材奇缺，更要紧的是缺少燃油。请求苏联支援，苏联怕引来国民党政府交涉和国际舆论，不肯援手。从春季开飞以来，航校已有二十多架飞机投入训练，耗油量很大，原先收集的航空汽油库存日益减少。眼看燃油告罄在即，航校开办不久就面临停飞的危机，航校副教育长蒋天然受命奔走解决燃油的问题。在哈尔滨清理日军投降的仓库时，意外发现一份日军绝密文件和十几大桶试验用的酒精，从中可知日军当年因汽油短缺，曾有过用酒精代替汽油的研究试验，飞行当中飞机空中停车，摔死三十一人。航校从日军这个失败的试验中受到启发，为解决"飞行粮食"问题，决心进行研究试验。

蒋天然受命负责组织有关技术人员从事这项研究试验，利用被苏军炸毁的原日本北满飞机制造厂，从废墟中找到损坏的航空器材，加以修理后投入使用。首次用酒精试飞，飞机发生空中停车。研究小组接着使用汽油和酒精的混合燃

油,逐渐减少汽油的比例。经多次试验,试用九十六度的高纯度酒精,终于在1946年6月1日获得成功。为纪念这个日子,东北民主联军司令部批准以六一部队为航校代号。

刘亚楼就任东北民主联军司令部参谋长后,对航校厚爱有加。为了解决航校急需,他在1946年下半年曾特地到旅顺口,找到苏军驻旅顺口当局的熟人,请求帮助解决苏军转交的日本飞机发动机所用活塞环。和对方碰了几杯烈酒后,苏军当局马上安排其海军基地修理所生产了一批新活塞环,交他带走。

刘亚楼嘱示常乾坤等航校领导:"培训飞行人才的计划,无论如何都不能耽搁。现有飞机和汽油都很缺乏,应珍惜这批器材,用它来培养我们自己经过考验、今后在创业中能当骨干的干部,每一滴汽油都要用在这样的同志身上,这是不能含糊的建军方针、原则问题。另外,有关高纯度酒精的生产试验工作,我会请东北局和东总设法帮助你们。"

在东北局和东北民主联军司令部的交涉下,苏军移交了马家沟、太平桥两个酒精厂和二千多工人。要恢复这两个厂的生产投资,需三千六百万元。陈云表态:"为了我党第一所航校不停办,准备拿出一百万东北币来试产高纯度酒精,其余资金另想办法。"

东北局决定巨额投资后,刘亚楼找蒋天然谈话。他说:"我们的钱来之不易,是硬挤出来的,你们要掂量着用。从1946年7月1日起,两个半月要生产出一千大桶酒精,你有绝对把握就干,没有绝对把握就不干,不要花了大钱又落了空。"

蒋天然表示有绝对把握可以完成任务。刘亚楼说:"口说无凭,蒋天然你敢立军令状吗?"蒋天然说:"立就立!"

刘亚楼也不是开玩笑,马上叫人拿来纸笔。蒋天然也是立马就写:

军令状

一九四六年七月一日开始,至九月十五日为止,我负责创制一千大桶九十六度高纯度酒精,如不能完成计划,甘愿接受总部军法制裁。

蒋天然手书

刘亚楼接过，看一眼，神色凝重地说："蒋天然你听好了，军中无戏言！"

蒋天然也无多话："参谋长您就等我们的好消息吧！"

生产资金马上到位，徐昌裕、郦少安分别担任两个酒精厂的厂长。酒精厂1946 年 7 月 29 日正式投入生产后，发动群众，突破了一个又一个难关，奋战一个半月，生产出完全达标的九十六度高纯度酒精，日产量达一百大桶，超额完成了军令状规定的数量。

看到"飞行粮食"问题得以解决，刘亚楼十分高兴，找来蒋天然说："当时我要你立军令状，那是激将法。"蒋天然说："参谋长您好一个激将法！弄得我决心破釜沉舟。要酒精不要性命，死都不怕，还怕军令状！"

共产党部队有古时戏曲里才见的军令状，大概并不多见。1986 年巴西宣布："使用酒精作飞机的燃油，巴西是世界上第一个。"殊不知，用酒精代替汽油，让战鹰"喝"着酒精升空，中国比巴西早了整整四十年。

1947 年 2 月，二下江南之前，东北局派刘亚楼到航校本部检查工作。这天，他戴着黄呢军帽，身穿黑色皮衣，腰束武装带，别着精巧的小手枪，皮靴锃亮，骑一匹黄色的东洋马。在一排

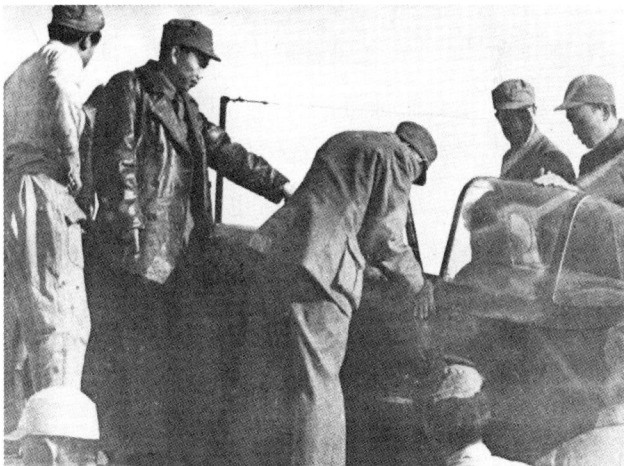

1947 年 2 月，刘亚楼（左二）在东安视察东北老航校

警卫战士的簇拥下，刘亚楼风风火火地朝离黑龙江牡丹江东北部东安（今密山县）的一座日军兵营而来。这里是航校校部。

一群年轻后生早已在校部门前列队相迎。看到刘亚楼这行头，一个个直在心底喝彩："总部参谋长真他妈年轻，真他妈帅气！"

没想到，首长官大脾气也大，下得马来，没有惯常的问候，而是一脸怒气，连喊集合、立正、向右看齐、向前看！接下来的话是："你们自己看看，你们算什么八路军，简直是一群胡子嘛！"

大家先是吓了一跳,接着你瞧我我瞅你,全乐开了。身穿八路军服装的有,身穿满洲国军服的有,还有捂着百姓服的——黑棉袄加宽裆裤,不是胡子又是啥?

笑声未息,一位年轻人大步出列:"报告首长,后勤不发新军装,您叫我们怎么办?"

刘亚楼望着这个天不怕地不怕的年轻人,问:"你叫什么名字?"

"林虎!"

众人为林虎暗捏一把汗:这小子,吃了熊心豹子胆啦!

就在众人担心林虎挨尅时,岂料,刘亚楼并没有再发火,反而朗声大笑:"好,我立即安排后勤给你们发新装,共产党空军的'黄埔一期生',就得有个新气象!"

到了航校,刘亚楼吃惊地发现,航校的全部家当,不过是几栋残垣断壁的房子、几架残破的飞机和几条布满弹坑的跑道,而且营房设施缺损严重,八个人挤住一间房,睡双层木床,屋内没有火墙,而且还没有棉衣,夜里需团身睡觉(戏称此举为"团长")。"长夜风雪吼欲狂,衣单被薄镀银光。冰窖里边论蓝天,当个团长入梦乡。"这首打油诗,生动地反映了航校的艰苦生活条件。

他着实心疼了,这些堪称宝贝的航空人员,怎是这般境地?刘亚楼马上设法解决航校的一些实际困难,同时也号召全校人员埋头苦干。他说:"航校的生活条件,看来很困难,但与长征在雪山草地经历的断粮缺衣、饥寒交迫的艰苦困境相比,则又是小菜一碟。共产党没别的,就是有战胜困难的本事!"

刘亚楼检查工作,并不是走马观花,听表面汇报,他是一竿子插到底。从航校校长、政治委员,到普通学员,他都分别谈话。航校的问题渐渐浮出水面。

航校人员来自四面八方,在前期组织飞行训练中,对如何充分利用现有器材、加速培养飞行人员以及统筹安排方面,存有分歧意见。一位掌管飞行训练的干部,由于违反飞行规则和操纵错误,导致机毁人亡。许多来自解放区的学员,因迟迟不能上天,思想急躁,还发生了一起自寻短见的政治事件。加上国民党空军的飞机不断袭扰,使航校不得不一再搬家,先是由通化搬到牡丹江,后又搬到东安,环境很不安全。有人对航校现状和前景表示焦虑和不满,有的不是要回原单位,就是提出要到前线去打仗。

面对航校复杂的情况,刘亚楼耐心地做工作:"航校一定要形成一个团结的核心,学飞行的同志,思想认识不一致,情绪不安定,怎么上天?"他要求学飞行也好,学机械也好,一定要协调好,国民党空军那种重空勤轻地勤的坏风气,绝不允许在航校滋生蔓延。

条分缕析下来,刘亚楼有了一个指导性意见:对解放区来的同志,应当作航校的骨干力量,是培养的对象,要广为接触,诚恳地听取他们有益的见解;对起义过来的同志,应注意虚心学习他们的航空理论知识功底深厚的长处,同时有意识地启发他们改掉旧军队的不良习惯;对日方人员,应主动接近他们,关照其家属,尊重其民族习俗,说服教育他们毫无保留地献出技术,为我军服务。

针对航校不少干部存在急于参战和等待外援等不切实际的思想,刘亚楼提出了"短小精干,持久延长"的办校思想。后经东北局批准,这一思想正式规定为航校的办校方针。

检查工作期间,刘亚楼在常乾坤、王弼等校领导陪同下,乘坐一架日制飞机,由航校学员飞行队队长方子翼驾驶,在机场附近地区上空做盘旋飞行,察看地形地貌。

第一次到航校,刘亚楼就记住了解放军第一批飞行员的姓名:林虎、王海、孟进、张积慧、刘玉堤……当然,这些年轻的飞行员也折服于刘亚楼那高瞻远瞩的见解和对革命形势的分析判断,从而打消疑虑,坚定了为航空事业奋斗到底的决心。

刘亚楼回到哈尔滨后,马上找来酒精厂的负责人,了解到从1946年10月开始,两个酒精厂还清了办厂时的一切投资,到年底就赢利一千多万元。他指出:"你们不仅要继续生产高纯度酒精,还要为航校解决经济困难出力。"两个酒精厂赢利后对航校已有所表示,如今被刘亚楼一说,更是积极拿出钱来为航校购置飞行员装备,还主动购买了散落民间的飞行器材送给航校。刘亚楼听取汇报后,赞赏地说:"你们做的这些,倒是当初办厂时没想到的。"

航校自五道岗训练以来,遇到两个重要问题:一是飞行结束后谁去当教员和飞战斗机;二是挑选飞行员是以政治条件为主还是以文化程度为主。校领导的意见是:新疆回来的同志当飞行教员,没有飞行经验的同志去学飞隼式战斗机。还准备到哈尔滨招考一批文化程度高、接受能力强的中学毕业生当飞行员。

刘亚楼在哈尔滨听取航校机务处处长严振刚的汇报后,指出:"仅有的五架能升空作战的隼式战斗机,应由新疆回来的飞行员掌握,这些同志都是共产党员,受过战争考验,政治上可靠,过去又飞过苏式战斗机,必要时还可用于参战。到哈尔滨招考中学生当飞行员,条件还不成熟,应从各解放区挑选出身成分好和政治上保险、有一定文化程度的青年当飞行员。"

谭政接着说:"航校一定要贯彻刘参谋长2月初的指示和经东北局确定的办校方针,这不是简单的问题,是关系到航校枪杆子(飞机)掌握在什么人手里的原则方针。"

刘亚楼点点头,继续说:"航校应该依靠谁、培养谁,对此你们一定要有足够的认识,决不能含糊!"

在刘亚楼和谭政直接、具体指示下,航校确定了正确的做法,迈出了坚实而可喜的发展步伐。

1947年4月,林虎、刘玉堤、韩明阳等一批政治成熟的学员,分别被编为飞行一期甲乙班,来到黑龙江勃利附近的千振机场,在日制九九式高教机上开始自己的飞行生涯。随后,又在黑龙江汤原机场完成改装日制九九式冲击机和零式驱逐机训练。

刘亚楼第三次代表东北局和东北民主联军司令部来航校检查工作,是金秋十月。这次,东北局要他具体了解航校的情况,"物色适当人选,建立党的坚强领导核心"。

他来航校时,适逢航校第一支战斗班圆满完成训练计划回来。在这次训练中,班长吕黎平碰到八架敌机,沉着机智地摆脱敌机群安全返回。刘亚楼很为这一壮举感动,幽默地说:"吕班长,你的造化不小哟,从敌机的炮口下捡回了一条命,你应该感谢敌机笨拙的攻击术。"

吕黎平笑着说:"首长,我不领情啊!要不是我这次飞机上有炮无弹,我非把它们揍下来不可!"

刘亚楼连夸吕黎平有志气,说:"敌人在陆地上是纸老虎,在空中也不可怕嘛。"

"是啊,我们有马克思的保佑!"

不知谁讲了句俏皮话,把大家都逗乐了。

在全校干部会上,刘亚楼代表东北局讲话:"目前航校的任务是培养和准备航空干部，东北局和东总要求你们，实事求是，不要理想过高做空洞计划，而应下定决心做长远打算，不争地位，任劳任怨，埋头苦干，做好工作。"他还就加强党的领导和改进作风等问题提出了一系列方针。

东北局和东北民主联军司令部听取了刘亚楼的汇报后，为了贯彻落实办校方针，加强航校领导，于1947年9月对航校领导班子做了一次重大调整：任命刘亚楼兼任航校校长，东北军政大学副政治委员吴溉之兼任政治委员，常乾坤任副校长，王弼任副政治委员，薛少卿任副政治委员兼政治部主任，并成立以吴溉之为书

1947年9月，兼任航校校长的东北民主联军参谋长刘亚楼

记的中共航校党委临时委员会。同时组建了两个飞行大队，对航校处、大队一级的组织机构亦做了调整。

由于有了一个强有力的领导班子，航校精神面貌焕然一新，走上了一个新的发展阶段。

在此期间，刘亚楼曾两次调派飞机为战事服务。其中一次是前方急需长春敌军兵力工事配备图，刘亚楼命令地图科务必在一天内赶印出来并送达前方，为保证完成任务，他果断派出飞机接送有关人员。

1947年12月5日，中央军委电询东北局："建立空军已经成了我党的迫切任务，你们对此有何计划？"

12月12日，刘亚楼代东北局复电："航校的方针是利用一切可能条件培养一批将来建立空军的骨干。根据现有全部器材及干部，计划到一九四九年底完成训练单独飞行的飞行员一百二十人，领航员三十五人，机械员二百四十到三百人，如不发生意外，此计划定能完成。"

酒精代替汽油，麻绳代替保险带，用自行车气筒给飞机轮胎充气，螺旋桨不

够,就几架飞机合用一个,甚至用马拉着飞机走向跑道。"艰难困苦,玉汝于成",航校正是从这种旁人无法想象的一系列困难中闯过来的,锻造出了中国空军和航空事业的一批栋梁之材。

随着解放战争的节节胜利,航校条件有所改善,环境也日趋安全(校部从东安先后迁牡丹江市、长春市),训练规模和开设的期班也随之扩大。继飞行教员培训班、飞行一期甲乙班和一、二期机械班毕业后,又开设了二、三期飞行班和三、四期机械班,还办了场站班、通信班、气象班、仪表班,在校学员达三百二十余名。

在刘亚楼"领航"下,到1949年冬,比照刘亚楼原定计划,东北航校因条件所限,只训练出二十四名领航员,其余计划都超额完成。中国空军的创业者们,创造了世界航空史上的奇迹,实现了艰难的起飞。

有大气魄也有战略眼光的刘亚楼,很早就为将来胜利获取苏援做了相应准备。他特地从航校机械班学员和技术人员中,抽调二十余人到哈尔滨工业大学(简称哈工大)学习俄语和工程。这批干部既懂俄语又谙航空技术,后来成为空军建军初期翻译队伍的骨干,各航校和部队的第一任翻译室主任,几乎都出自他们中间。

在回顾航校不同寻常的岁月时,航校第一任校长、开国中将、曾任空军副司令员的常乾坤撰文说:"在老航校创办的初期,对办校的方针、指导思想、阶级路线、作风建设等,亚楼同志一开始就有明确、具体的指示……对老航校的工作起了极其重要的指导作用。"

东北航校飞行学员、后来的空军司令员王海亦说,刘亚楼"为航校的建设作出过重要决策,为克服办校过程中遇到的重重困难作过宝贵的指示"。

除了航校,刘亚楼还同时筹建了测绘学校、参谋训练队,经常亲自上课。此外,他还兼任哈尔滨外国语专门学校(简称哈外专)校长等职。

抗战胜利后,延安外国语学校(在抗大三分校俄文队基础上建立)的部分学员,随中央派驻东北的干部队伍前往东北,分别派到各部队担任俄文翻译。刘亚楼就职参谋长后,深感今后不管打仗还是建设新政权,都要和苏联打交道。为了培养更多的俄语人才,他建议以延安外国语学校的俄文系为班底,在东北建立一所规模更大的外国语学校。

中共中央采纳了这项建议,并指令刘亚楼负责筹建。1946年11月7日,东北民主联军司令部附属外国语学校在哈尔滨成立，由东总直接领导，刘亚楼兼任校长，东北局外事处处长卢竟如任副校长，一批懂俄语的干部相继来校担任领导和教学工作。学校属军事干校性质，专门培养军政翻译。

翻译这个行业，当时在东北老百姓心目中名声很臭。因为日伪统治时期，日本人的翻译官到处欺压百姓，老百姓苦不堪言，怒称翻译官为"翻译狗"。东总的参谋训练队，此时也在外国语学校里开办，他们中有个别学员也受影响，骂外国语学校的学员是"翻译狗子"，讥笑学员在校园说俄语诵俄文是"放洋屁"。

刘亚楼经常给参谋训练队讲课，很快就知道了这事。他严肃地批评了参谋训练队学员，并不失幽默地指出："你们学的教材，都是我从苏联军事书刊上译过来的，你们说'放洋屁'，不放这'洋屁'，你们什么也没有！马克思列宁主义也是翻译过来的，谁能说这是'放洋屁'？"

如此一席话，直让参谋训练队的学员们噤若寒蝉，再不敢造次。

刘亚楼还安抚受辱的外国语学校学员说："你们是未来新中国的军政翻译，肩负建设新中国和建设新式军队的任务。苏联的先进经验，也要通过你们介绍过来，应该认识到这个专业的重要性。我已批评参谋训练队学员了，他们今后不会再嘲弄你们了。我是你们的校长，我会给你们撑腰。"

刘亚楼的一番话，让外国语学校的学员们如释重负。

1946年底，国民党疯狂向北满进攻，战事吃紧。外国语学校随同东总迁往松江省佳木斯市后，东北局和东总根据刘亚楼的建议，任命东北大学副校长张如心兼任外国语学校政治委员，相应提高了学校规格。为了加强学校的师资力量，又请来李立三的苏联夫人李莎来校当俄语老师，并在当地聘请了同情中国革命的苏联侨民舍列波娃、库兹尼佐夫和帕涅文等人任教。

办学条件艰苦，刘亚楼设法解决。刘亚楼要求外国语学校，不仅要在政治和业务上对学员严格，还要在较短时间内出人才。根据他"不要死板正规办学"的指示，学校一年四季招生，一年四季都有学生毕业。

1947年7月，随着北满局势日趋稳定，学校迁回哈尔滨，年底迁往市郊马家沟新址，校舍在日伪时期日本女子高等学校的红楼内。学校环境优美，红楼在层层绿树环抱之中，可谓"万绿丛中一点红"。不久，随着形势的发展和社会的需要，学校又迁到市内南岗大直街一栋白楼内，改成高等学府（后改称哈外专，

1958年改为黑龙江大学）。

刘亚楼把新婚妻子翟云英也送到哈外专校就读。别看她生在苏联，有着苏联血统，从小又在母亲安娜身边长大，但俄语讲得并不好。

战事紧张，学校几经来回搬迁，但东总和刘亚楼不仅没有以此为累赘，而且还抓住有利时机谋求学校发展。在兼任校长的两年多时间里，刘亚楼军政事务繁杂，却仍不忘解决学校的困难，在办校经费和设备供应上大力支持。1948年11月东野提前出关时，刘亚楼还找来学校政治处主任王季愚，说："我要进关了，给学校四辆汽车！"

到解放前夕，哈外专在校生达一千五百余人，中国教师五六十人，外籍教师有百余人。哈外专在学校体制、教学经验、师资队伍等方面，为新中国的教育尤其是外语教育事业积累了宝贵的经验。

从延安调到满洲里担任对苏贸易办事处主任的郑拓彬（新中国成立后曾任国家对外贸易部部长）等人，曾进入哈外专深造。

后来担任过中共中央统战部部长、全国政协副主席的阎明复，也是这所学校的学生，而且和翟云英是同班同学。1947年8月15日，从蒋管区一所大学结业的他跟随时任辽北省主席的父亲阎宝航入哈外专报到，1949年12月调北京从事外事工作。

阎明复到哈外专上学时只有十六岁，是全校年纪最小的学生，加上聪明伶俐，深得校长刘亚楼的厚爱。

毕业后在空军担任俄语翻译的赵中，清楚地记得1948年八一建军节时刘亚楼到校作报告的情景："大礼堂座无虚席，刘校长讲得形象生动，为我们指明了今后的首要任务和努力方向。这次报告会，对我们是一次非常重要的政治思想教育。"

别看哈外专没有震天价响的名气，其培养的弟子却一个个好生了得。阎明复、郑拓彬就不说了，叶正大、叶正明（叶挺之子）、叶楚梅（叶剑英之女）……也都在这儿学习过。可以说，新中国成立后凡与"外"有关的部委办，其人员的履历表上很多都是填的这所学校。

从昔日家乡的崇德学校，到延安的抗大，再到东北航校、测绘学校、哈外专，刘亚楼几执教鞭，可称得上是桃李满天下。

第六章　黄金搭档林、罗、刘

为四平支付昂贵的学费

著名的三下江南四保临江后,东北民主联军主力部队已有五个纵队、八个独立师、两个保安旅,共二十余万人,加上东总直属部队和军区地方武装,兵力达三十八万人。中央军委又将冀热辽军区划入东北民主联军建制,总兵力达四十六万人。东北敌我兵力基本相当,但就机动兵力而言,东北民主联军超过敌军而占优势。

这个变化刘亚楼自然心中有数。在1947年4月东北民主联军高级作战会议上,他据此向林彪建议:"为执行军委打通南北满联系的指示,从根本上改变东北战场的形势,应于适宜时机发起一次攻势。"

林彪同意刘亚楼的意见,旋以个人名义向中央报告作战计划,即获同意。从1947年夏季攻势开始,共产党人在黑土地上的每一次胜利,都有刘亚楼的智慧闪光。

1947年5月13日夏季攻势开始后,大黑林子一战,东北民主联军用"口袋战术",大破敌军,击毙敌第七十一军参谋长冯宗毅、第八十八师师长韩增栋等将官。乘胜收复公主岭时,又炸坏了第七十一军军长陈明仁的小汽车轮胎,陈明仁急急跳上吉普车,仓皇逃往四平,坚守不出。

1947年5月22日,东北民主联军的铁拳砸向四平。去年的四平战役,不是林彪想打的仗,但既然打了,而且输了,他这个司令员就得认账。林彪要力雪去

年的四平之耻,亦盼借此给夏季攻势画上一个圆满的句号。

没有什么比战场上的枪炮声更能刺激和紧绷军人的神经。刘亚楼和东北民主联军司令部在黑龙江双城小城,林彪住东院,他住西院。在这个青堂瓦舍、古色古香的大宅院,听不到枪炮声,但只要面对地图,刘亚楼的神经就处于高度紧张、兴奋的状态中。作为参谋长,他不比战场上的军人轻松,因为他要辅佐主官指挥千军万马鏖战。

打四平前,发生了一件意想不到的事情。前线司令部居然没有四平城市地图,向东总求助。刘亚楼闻讯,给东总地图科科长蒲锡文下了道死命令:必须在二十四小时内赶印出四平城市地图。时间紧急,乘火车已无法按时完成任务。刘亚楼果断决定,派蒲锡文乘坐航校的教练机飞赴勃利机场,组织测绘员和工人绘图印制,次日再乘飞机返回哈尔滨。这样,总算按时圆满完成了地图的印制任务。

1947 年 5 月下旬,在苏联治病的罗荣桓回到哈尔滨,随即到达东北民主联军司令部所在地双城,大大加强了东北民主联军首脑机关的领导。得知威胁老首长生命的左肾肿瘤已切除,刘亚楼由衷地高兴。

刘亚楼除了代林彪发布命令,还要细看各部队送来的战报战况和请示建议电文,边看边在地图上用红蓝铅笔做上标志。

辽吉纵队司令员邓华的建议报告引起了他的注意。邓华认为:我军以两个纵队攻四平,与敌兵力对比优势不大,因而把握不大;如果用三个纵队,兵力优势较大,拿下四平较有把握。

手捧邓华的建议电,刘亚楼细细咀嚼。

长征后期以及到陕北后的东渡黄河作战,刘亚楼曾与邓华共过事,那时他是师长,邓华是师政治部主任。他了解邓华,有军事经验,又常亲临前线深入调查研究。正因为邓华参加过一打四平,他的建议更有分量。在这份建议中,邓华还详细分析了四平守军兵力、火力、工事构筑等情况和四平之战的重要性,并说"从侦察部队侦察到的最新情况得知:敌七十一军八十八师已得到补充,四十五师已退集四平,并有保安部队共约三万余人"。

这个最新情况很有价值,因为东总根据各部搜集敌兵力的情报判断,四平守敌主要是第八十七师等部,共约一万八千人。在 1947 年 6 月 11 日已发电攻城各部："敌虽多，但系统不同，能有战斗力之团只有四个，指挥难求统一，便于歼灭。"

刘亚楼迅速把邓华的报告送交林彪。林彪在昏黄的灯光下埋头弯腰看完后，默不作声。

刘亚楼说："我认为邓华的建议有理，我们手上还有部队，增调一个纵队攻打四平，不成问题。集中优势兵力打歼灭战，符合毛主席的作战原则。"

林彪阴郁的脸上没有表情，又沉默了一会儿，声音低沉地说："我看没有必要再增加一个纵队。"

作为参谋长，刘亚楼深知，在军事主官进行决策的过程中，参谋长有责任出谋划策，提出各种建议，但无论主官在多大程度上采纳或否定了参谋长的建议，一旦最后下定决心，参谋长都应服从。一向重视刘亚楼建议的林彪，这次自信自己原有的判断。后来的事实证明，这是个极大的失误。

1947 年 6 月 14 日，东北民主联军终于彻底扫清了四平外围的据点。

总攻发起前，刘亚楼与身边的几位参谋对表。某参谋说，参谋长的表慢了。刘亚楼不信，说我这是苏联明斯克名表，怎会慢？又问另一参谋，也说慢了。刘亚楼怒而脱表砸于地。一参谋急捡视之，表面四分五裂，时针、分针、秒针却依然滴答作响。刘亚楼转怒为喜，说："你们的表都快了，以我的表为准，8 时 20 分发起进攻！"

晚 8 时 20 分，随着刘亚楼一声令下，四平攻坚战骤然展开，其惨烈、激烈、壮烈程度，在全国战场实属罕见。

6 月 16 日，国民党驻沈阳、长春部队，分别从南北两个方向推进，向四平增援。为阻滞敌两路援军，刘亚楼协助林彪、罗荣桓及时调整部署。

6 月 19 日，林彪、罗荣桓致电各纵队："四平之战意义重大，决付一万人伤亡，再以一个星期时间打到底。"

6 月 21 日，林彪、罗荣桓致电参战各纵并报中央军委：为达到完全消灭敌人和打垮敌守城的信心，"准备苦战，以不惜付出一万五千人的伤亡，血战数昼夜……"

话说到不惜重大牺牲的分上，可见当时攻克四平之决心。

经苦苦鏖战，大半个四平城已然掌握在东北民主联军手里，守将陈明仁的胞弟也做了俘虏。新华社 26 日下午发自四平前线的消息，任谁都不会怀疑胜利

者是谁了。两天后,陈毅的华东野战军(简称华野)连贺电都拍发到了东北民主联军司令部。

但就在四平守将陈明仁确实顶不住、做好以身殉国的打算时,国民党两路援军采取稳扎稳打、齐头并进的战法,南北对进,逐渐逼近四平。

面对这个变化,6月28日,林彪决定佯攻四平,腾出手来歼灭增援之敌后,再行解决四平这个快煮熟的鸭子。罗荣桓、刘亚楼同意这个决定。9时,三人联名致电有关部队:"目前主要歼敌有生力量,四平改为佯攻。"

围城打援进行了三天,由新六、新一军等王牌组成的国民党总计十个师的增援之敌,难以围歼,林彪不禁吃惊起来:"怎会打成这个结局?"

刘亚楼试探着说:"再坚持一两天,战局就会朝我方有利的方向转化,陈明仁就完了。"

林彪反问:"如果一两天再拿不下四平呢?"

刘亚楼认为:"郑洞国和孙立人的援军虽到,但他们都被我们的围城打援搞怕了,行动谨慎,走一步看三步。我军完全有足够的时间给四平最后一击。"

林彪一番沉吟,说:"拿不下四平,全军将陷于被动,不能重演上次的四平之战。四平这个包袱,还是让他们去背吧,趁敌未实现合围,快撤。"

兵不行险,比郑洞国还要谨慎小心的林彪,像当年的四平保卫战一样,在节骨眼上以撤为上策。

这一撤,再次救了守将陈明仁的命。

五十天的夏季攻势成绩斐然:东北民主联军收复城镇四十二座,歼敌八万三千人,把东、西、南、北满和冀察热辽解放军区完全连成一片,显示了日益发展的军事实力和大规模作战能力。但后期的四平之战中,东北民主联军俘毙伤敌一万八千余人,自己也付出了伤亡一万三千人的代价,基本上又是一场消耗战。

战后总结会上,刘亚楼认为四平未打好有四个原因:一是敌情没有完全摸清;二是部队缺乏城市攻坚经验,尤其是缺乏纵深战斗经验;三是指挥上轻敌急躁,攻城兵力没有高度集中使用;四是总部指挥员没有亲临前线,虽然在战斗发起前,总部首长发出了《四平战斗应注意事项》,但实际上也存在轻敌思想。他建议总部首长发一通报接受教训。

7月2日,林、罗、刘致电各纵并报中央军委:"四平战斗及此次威远堡以北以东的作战均未打好……除总部应进行检讨与吸取教训外，我前线的战场指挥机关，也应深刻接受此次教训。"

同日，毛泽东回电安慰林、罗、刘，称"四平战役虽未全部解决敌人，但已取得经验，给了敌人很大打击"。

这是中央最高层并提林、罗、刘的最早文件。此后，中央高层和东北战场的来往电报，署名和称呼就林、罗、刘下去了，有时还加上一个老资格的谭政，为林、罗、刘、谭。

毛泽东和刘亚楼虽已暌违九载，隔山隔水，但对这位从苏联喝洋墨水回来的麾下大将不减信任和倚重。

气可鼓不可泄，林、罗、刘同意开会庆祝夏季攻势的胜利，同时不忘电示各部，"须防止因胜利而失去冷静与稳重老练精神"，还提出各部在庆祝会后要进行普遍的军事教育，特别提到进行"一点两面"战术教育。

"一点两面"是林彪总结沙岭战斗、秀水河子战斗的经验时提出来的。所谓"一点两面"，是指集中兵力于主要攻击方向突击敌人，同时以部分兵力从另一面或多面钳制并协同歼灭敌人。

如此这般后，东总还专门召集主力纵队主官首长、参谋长开座谈会，探讨四平攻坚战的经验教训。

刘亚楼在会上开门见山指出："夏季攻势形势很好，连续歼敌，节节胜利，最后进攻四平，敌情就不甚了解，甚至连一张四平城市地图也没有，还是我叫地图科紧急赶制出来的。工事怎么样？到底有多少敌人？七十一军的主力到底被歼灭了多少？各说不一。老实说，我们当时心里也没有底，就发动了进攻，结果碰了大钉子，打了大莽撞仗。这是一个深刻的教训。宋江三打祝家庄，前两次损兵折将，第三次把敌情、道路都弄清楚了，并有了内应，很快就打下来了，这个故事很值得我们借鉴。"

第一纵队司令员兼四平攻城前线指挥李天佑、辽吉纵队司令员邓华等前线指挥员认为：四平攻坚从战术方面来说，当时我们大家只求快求猛，工作做得不够细致深入，决心定得过快，因此打了大莽撞仗。在血的教训面前，我们感到刘参谋长以前讲的"敌情、地形不够明朗，打早了"的分析是对的。

刘亚楼指出："除了对敌人实力估计不足外，更严重的是我们忽视了自己的先天不足。这次战斗是我们在东北第一次实打实地进行攻坚战,我们还缺乏这方面的经验,一些部队以大部队投入,整营、整团地发起攻击,部队密集展不开,火力不易支援,在敌人密集火网中伤亡惨重,在战场上既不知彼,又不知己,当然要用鲜血付学费了!"

部队进行城市攻坚,还是用野战、运动战一套战术,缺乏经验。这是东北民主联军司令部和前线指挥员深为头痛的事。刘亚楼殚精竭虑想着尽快为部队指战员治好这个"头痛病"。1947年8月6日,经他提议,林、罗、刘就攻坚战问题致电参加四平攻坚战的师及纵队,提出四点要求:向总部详呈战斗报告;做好这次作战的总结报总部;将所部典型营、连、排、小组战斗动作写成文章,包含当时当地敌情、地形、气候状况,我方任务、部队侦察和判断、战斗采取的决心、敌我双方的战斗动作、战斗结果、经验教训等典型;写典型战例,优缺点都要写。

这四点要求,体现了刘亚楼一丝不苟、严格要求、扎实具体的风格。每点要求,除不厌其烦申明对象为"一切参加攻坚战的师及纵队"外,还特别加了一个"都"字,就是说不允许有漏网之鱼,而且明确规定应于9月5日以前送哈尔滨总部。

刘亚楼强调要注意总结研究战术运用问题,及时发现部队创造的新战术,再给予总结提高。他发现,整个四平攻坚中,第六纵队第十七师进展快,战果大(曾打掉敌第七十一军的核心工事,活捉陈明仁的胞弟团长),而伤亡最小,就专门要第十七师写个专题性的总结上报总部。对他们以连为单位,分编突击组、爆破组、火力组、支援组四个组,互相掩护、互相配合的具体做法很感兴趣。他在群众创造的基础上,加以总结提高,把连队的四种战斗编组形成一个整体,加了一个"队"字,即战斗队(后改称预备队),起名叫"四组一队"。

打仗讲战术的林彪,对刘亚楼总结出来的"四组一队"战术非常欣赏。后来,"四组一队"和"一点两面"一样,成为林彪的"六个战术原则"之一,部队在攻坚战中广泛使用。毛泽东对这些战术是肯定的,国民党军界高层认为,在解放战争中,东北解放军的战术水平最高。东北解放军在黑土地上由弱变强,越打越精明,与这些战术原则分不开。

树欲静而风不止

"聚三军之众,投之于险,此谓将军之事也。"《孙子兵法》的"聚三军之众",说的其实就是一个建军、练兵的问题,也就是如何组织起一支强大、装备精良、斗志旺盛的武装力量,以便指挥他们克敌制胜的问题。

但仗是人打出来的,天时地利人和,人的因素往往又占了第一位。

国共在东北决战的规模越打越大,如何提高各级指挥员的素质和战术水平,也日益受到重视。刘亚楼上任伊始,便提出要在作战实践中,尽快摸索出一套适合东北战场的战术。

经验是从血的教训中总结出来的,总结搞得好,战术改进得法,仗自然越打越好,部队越打越精,士气愈打愈旺。

在筹划秋季攻势前,林彪专门请刘亚楼谈二线兵团编组问题。

二线兵团是在部队伤亡大、兵员补充紧的情况下,根据罗荣桓的建议组建的,主要来自翻身后的农民。成立二线兵团,可使今后兵员有充足的来源和可靠的基础,以适应战争规模越打越大的形势。夏季攻势结束不久,第一批二线兵团就组建起来了,但问题也来了,这么多人员怎样编组,是充实、扩编主力部队,还是归属地方,或是编成独立师? 在这个问题上,当时有各种不同看法,林彪要听参谋长的意见。

刘亚楼认为:"应该根据实际情况重点加强主力纵队建设,把经过训练的二线兵团补入到纵队和师,充实野战力量,同时相应发展独立师。"

他如是陈述这个计划:东北战场地形开阔,交通发达,敌方美机械化装备机动性很强,同这样优势的敌人作战,不仅要用有力的拳头来对待,同时还必须以相当的力量来牵制和分解它,才能有效地歼灭敌之有生力量。

刘亚楼对这一问题显然有过深思熟虑。他知道,林彪把未经深思熟虑就拿出来的意见,称之为"瘟疫",容易影响决心。

林彪静静听完,看了看罗荣桓:"那么,政委和参谋长是英雄所见略同喽。"

罗荣桓笑了笑,他对刘亚楼理解并成立二线兵团的意图十分满意。

林彪像是对罗、刘说,又像是自言自语:"兵员有了,随之而来可是武器装备缺乏的问题……"

刘亚楼接过话头："林总,各纵、各独立师为我们解决了这个难题,他们在战场上缴获的武器,都藏到后方仓库里了。"

罗荣桓说："我也略有所闻,这样吧,由总部下个通知,要求各野战部队把后方军械库里缴获的武器限期送到后勤部,装备给各二线兵团。"

林彪点点头："好,这事就这样定了,参谋长抓紧办。"

刘亚楼立刻行动起来。根据东总通知,大多数野战部队照章执行,可有一个独立师却阳奉阴违,打着本位主义的算盘。刘亚楼检查到他们头上时,师长只下令上交一些破枪烂炮,还说:"就这么些破玩意儿,值得参座亲自来要吗?"

该独立师颇有野性,能打仗,还擅抢战利品。每次临战,官兵衣兜里都揣上条子,攻进城里就贴,于是到处可见"独×师缴获"的条子,成为一道风景。兄弟部队抢先缴获的武器和仓库,独立第×师也敢贴条子,哪怕动粗也不归位,还振振有词地说以条子为证。官司几次打到刘亚楼那里,因为忙于战事,刘亚楼也顾不上处理,却牢牢地记住了独立第×师的这副德行。现在富得流油的独立第×师竟说没有武器,这不是睁眼说瞎话吗? 缺乏证据,刘亚楼也不好随便发脾气,只是问:"果真没有了?"

独立第×师师长脸不红心不跳:"报告参谋长,没有了。"

刘亚楼含威不怒:"好,总部要作进一步查核的,你注意好了!"

刘亚楼回去后,命令司令部密切注意独立第×师的动向。他判断独立第×师肯定会把后方库存的枪支弹药向别处转运,准有好戏看。

两天后,刘亚楼接到报告:"参谋长,有一列从牡丹江来的火车,经哈尔滨车站往拉林方向开,我们怀疑车上装有私货,要求停运检查,可他们不听,说首长交代,路途不能停车。"

刘亚楼一声令下:"立即带上我的命令,乘车追赶,查个底朝天! 我就不信他们能把武器吃下去!"

经检查,列车上果然装满了枪支弹药。根据刘亚楼的命令,列车调转车头,被"押解"回哈尔滨。

独立第×师所秘藏的军械装备悉被没收还不够,有关责任者还作出检讨,总部将之通报给所有部队。刘亚楼少不得对独立第×师师长一顿嘲讽:"和我捉迷藏,骗我,想瞒天过海,你还嫩着点!"

1947年9月初，二线兵团武装完毕。刘亚楼马上协同林、罗首长部署秋季攻势。此前，他组织领导了为适应战争形势发展需要而进行的又一次较大规模的部队整编工作，野战部队除原有五个纵队外，又组建了第七、第八、第九、第十纵队，成立了后勤、炮兵、护路军司令部，组成了两个前线指挥所，总兵力已达五十一万人。

夏季攻势以围城打援为主要战法，秋季攻势以远距离渗透奔袭贯穿始终，这都是东北民主联军的拿手戏。

金秋时节，入关后难得独自指挥作战的刘亚楼，开始指挥其中的许多战斗。

秋季攻势的开篇重戏——杨杖子之战，他令程子华、黄克诚率第八、第九纵队和独立第一师等，交替以"集中兵力各个击破"和"口袋围歼"战术，先后吃掉国民党暂第二十二师，继之歼灭国民党一个军部、两个师部及所属四个团计一万二千人。随即，东北民主联军在北宁线上展开大破袭，一举截断了山海关至锦州间的铁路，给了时刻想露一手给蒋介石看的陈诚当头一记闷棍。

闻捷报，林彪难得一笑的脸漾开了。

1947年9月下旬，林、罗、刘命令刚结束诉苦和土改教育的第三纵队，以远程奔袭的手段，同时包围国民党第一一六师师部驻地威远堡及其三个团分据的西丰、头营子和孤榆树。命令规定了此次作战的总方针：远距离轻装奔袭，同时包围各处分散之敌，围点打援，如果敌人不增援，就各个击破，消灭被围之敌。

第三纵队接令后，出现激烈争论。一方认为，如果包围了敌第一一六师师部，敌人肯定会派兵增援，而第三纵队同时包围敌人四个点，打援兵力明显不足，因此先以主力将西丰等地敌人消灭，最后再以优势兵力攻威远堡。一方认为，应按东总命令，同时包围四点，以两师攻威远堡，一个师包围其他三个点，确保通吃这个师。双方僵持不下，最后把两个方案都上报东总定夺。

刘亚楼在午夜接到电报后，马上报告林彪，林彪让他急电第三纵队，以主力包围威远堡，对另外三处敌人各应以一部包围与监视，然后再视情况逐一消灭。还说，第一步重在抓住分散的敌人，以免其集中。

电报发出后，刘亚楼犹感不足，觉得第三纵队争论的焦点在打援。他在地图前一站就是半天。第三纵队欲行包围的敌人四个据点中，西丰、头营子和威远堡在东西一条线上，距离约四十公里；孤榆树、莲花街和威远堡在南北一条线上，距离二十多公里。从威远堡再往西南二十多公里就是开原,往西二十来公里是中长铁路上的昌图县城,都有国民党的重兵把守。而东总的方案是,以第一、第六纵队策应各方,万一各方都需要,派不出为第三纵队打援的兵力怎么办?第三纵队会不会也因此担忧,而只好自己考虑安排打援兵力呢?对如何打援,林彪没有明说,看来林彪对第三纵队能否抓住敌人信心不足,担心万一抓不住,让打援的部队白跑一趟。看样子他是想把打援部队抓在手上,担任奔袭的部队哪个真正抓住了敌人,他再根据情况把打援的部队派过去。

林彪这样考虑自有道理,敌人在东北战场交通条件优越,兵力转运灵便,随时可以集中兵力于主要作战方向或增援被攻击的点。东野过去就因此吃过亏,这也是林彪为什么要用远程奔袭的办法抓住分散之敌的原因。但刘亚楼却从另一层面考虑,如果等第三纵队真的把敌人抓住了,再派出增援部队打敌援军,敌人有优越交通可凭借,而我们的部队只有两条腿,时间上怕是来不及。

听罢刘亚楼的分析,林彪一时陷入沉思,在地图旁一坐就是大半天。大约过了两个来小时,他叫来刘亚楼,研究调整了既定部署:莲花街、孤榆树那一团之敌,划归第一纵队就近包围与消灭;第三纵队只负责包围与消灭西丰、头营子、威远堡之敌。

这样一来,第三纵队不仅应变能力加强,而且在兵力对比上取得一定优势。

电报发出后,林彪和刘亚楼虑及威远堡西边的昌图,是第三纵队担心敌人可能增援的一个方向。为确保第三纵队马到成功,他们再次调整部署:命令第一纵队以一个师留在四平外围,两个师过至孤榆树,另以一个师出昌图,包围、监视或单独歼灭昌图守敌(第一纵队当时配属独立第二师,因此有四个师)。电令同时告知第三纵队,以让他们解除后顾之忧。

接到第三纵队决定以一个师奔袭包围威远堡、一个师奔袭包围西丰和头营子,另以一个师插到开原、威远堡之间担任警戒的方案后,刘亚楼发现了问题。他知道林彪最担心的就是把敌人吓跑,无功而返。他对照地图一看,觉得第三纵队第八师的集结出发地离敌据点西丰过近,极易走漏消息。林彪听后,也深有同感,就又一次发电报给第三纵队司令员韩先楚、政治委员罗舜初,提醒他们注意。结果他们的担心真的变成了现实,第三纵队第八师因进入时间过早、停留时间过长,暴露了意图,于是敌人如惊弓之鸟相继逃跑收缩。接到报告后,为免功亏一篑,林彪、刘亚楼果断决定,作战时间提前一天,全线开展奔袭和追击。

刚刚进行完忆苦和土改教育的第三纵队,觉悟提高,士气旺盛。路程最远的第九师,一夜竟赶了一百四十多里路。第七师边走边打,终于把敌人分割包围在威远堡。行动不密的第八师也决心将功补过,抢在敌人前面,袭占头营子,把从西丰一团西逃之敌围堵在拐磨子。

当第三纵队对威远堡展开奇袭时,四平之敌急急乘坐七八十辆汽车南下增援,却在昌图以北遭到第一纵队顽强阻击。直到威远堡之敌灰飞烟灭,这股援军也没能突破第一纵队的防线。

第三纵队歼敌一个师,第七纵队也不甘落后,把全歼法库守敌的捷电送到东北民主联军司令部。

如此这番,慌得蒋介石飞抵沈阳,调整被东北民主联军打乱的防御计划。

1947 年 11 月 5 日,歼敌七万余的秋季攻势结束后,东北国民党军被迫龟缩到仅占东北总面积 15% 的四平、沈阳、长春、吉林、锦州、营口等城市及周围地区。1947 年 12 月 3 日,林、罗、刘下达冬季攻势作战部署,集中九个纵队,冒着零下三十摄氏度的严寒,于沈阳外围作战。

彰武、鞍山、法库等战,歼敌都是一个师。毛泽东和中共中央的贺电频仍。毛泽东在为解放军总部发言人起草的评论中,称东北解放军"威震全国"。

整个 1947 年,林、罗、刘指挥部队歼敌二十八万余,东北之敌愈打愈少。林、罗、刘这个黄金搭档誉满全国战场。

1948 年元旦,是在奇寒中降临的。这一天,国共双方均有政治动作。鉴于当时其他党派也组织民主联军,中央军委发布命令:东北民主联军改称东北人民解放军,区分为东北军区和东野,原东北民主联军总部改为东北军区兼东野领导机关。扬言要在上任六个月后恢复东北局势的国民党东北党政军一把手陈诚,为了安定民心,给部下打气,在这一天特地发表《告东北军民书》,称"目下国军已经完成作战准备,危险期已过"。而在此前后,国民党东北军队及其主帅也数易其名,先是东北保安司令长官司令部长官,再就是东北行辕主任,尔后是东北"剿总"总司令。

两年下来,共产党在东北的最高指挥官依旧是林、罗、刘,而国民党却接连易帅,杜聿明换陈诚,陈诚发表《告东北军民书》半个月后又换成了卫立煌。其作

战方针也改变了三次,杜聿明是重点防御,陈诚批评为消极防御,其实他不过是依托重点向外围作战,而卫立煌的方针是固点—连线—扩面。

1948年3月12日,东野对四平发起总攻,经二十三小时激战,于翌日终于牢牢掌控了这个"烫手的山芋",歼敌一万八千多人,切断了长春和沈阳国民党军的联系。冬季攻势画上了一个漂亮的句号。

从冬季攻势结束到辽沈战役发起,整整六个月,东北已没有大仗可打。

在冰雪化冻时期,林、罗、刘也没闲着,开展了以"五整一查"(整思想、整作风、整关系、整纪律、整编制、查成分)为内容,以普遍提高部队政治觉悟为目的的新式整军运动和轰轰烈烈的大练兵运动。

早在1948年3月4日,罗荣桓在东北军区政治工作会议上就讲到了建军问题,特别提到:要加强纵队和师的参谋工作,建设正规军有三件工作少不了,第一是参谋工作,第二是训练干部,第三是建设兵工;要提高参谋的业务水平,建立健全参谋工作制度。

在这个问题上,刘亚楼已有充分考虑。1948年3月25日,从冬季攻势组织、指挥和总结中腾出手来的他,在哈尔滨主持东北军区参谋工作会议,与会和列席者有二百五十八人。由于西线无战事,时间较充裕,东北军区第二次全军参谋会议一直开到1948年4月17日,整整开了二十三天,对问题的认识和解决比较透彻、圆满。

让林彪满意的是,在刘亚楼的亲自领导下,东野地图科已完成了印制东北全部地区军用地图的任务,一度困扰他的军用地图问题烟消云散。值得提及的是,东野地图科后来还领受中央军委命令,制作了全国解放战争各战场所需各种军用地图的任务,1950年又接受抗美援朝战争志愿军所需军用地图的制作任务。1949年,东野地图科被中央军委升格为中国人民解放军测绘学校(后改为中国人民解放军测绘学院,总参谋部测绘局也是在此基础上组建的)。东野地图科被誉为"新中国人民解放军测绘事业的奠基者",直接领导地图科的刘亚楼,自是奠基者之一。

这次参谋会议前夕,刘亚楼同林彪、罗荣桓等进行过酝酿,根据东北战场的形势发展,把"大兵团、正规化、攻坚战"作为当时的工作方针。会上,林彪作了形势报告,罗荣桓作了《今后建军及正规化问题的报告》。

　　刘亚楼根据军政主官的报告精神，正式提出把"大兵团、正规化、攻坚战"作为参谋工作的总方针和总任务，以此为主题，从三个方面（情况、任务、几个具体的问题的回答）分二十一个专题作了报告，指出要从思想上、组织上、作风上进行全面转变。

　　后来的军史专家认为，研究城市攻坚问题，确实抓住了解放军在东北战场战略转变时期克敌制胜的要害。1947 年 5 月的四平攻坚战是战略反攻的第一仗，暴露了解放军缺乏攻坚尤其是大城市攻坚能力的弱点。共产党领导的武装，从红军、八路军、新四军到解放军，一直是在"你打你的我打我的"、"打得赢就打打不赢就走"之类的运动战中与敌较量，而现在，共产党军队发展了、壮大了，不仅可以凭实力和对手争斗，还要开始战略反攻了，因此攻坚方面的问题就显得日益迫切。

　　曾任东野第三纵队政治委员的开国中将罗舜初回忆："林彪指挥过的战役战斗中，伏击、打援的成功战例比较多，攻坚的战例比较少，他对攻坚这种作战样式一般比较谨慎，轻易不下决心。"

　　1947 年夏季攻势中的四平攻坚战受挫后，部队指战员普遍存有害怕打大型攻坚战的情绪，林彪本人对此也有些发怵。为此，刘亚楼在协助林彪制定战略反攻方针的同时，没有忽略战术手段的变化问题。他要把城市攻坚战从战术上攻下来。

　　不打无准备、无把握之仗的林彪，一直琢磨城市攻坚问题。他在刘亚楼的辅佐下，集思广益，最终推出了"四快一慢"战法。"四快"指的是向敌前进要快，抓住敌人后进行准备工作要快，突破后扩张战果要快，敌人溃退后追击时要快；"一慢"是指确定总攻的时间要慢。

　　刘亚楼向部队讲解："'四快一慢'是四平攻坚教训的总结，当时由于事先侦察不力，以为守军不足二万，一打，才知达三万。进攻兵力不足，以后虽然逐次'添油'，终未能打下。四平攻坚发动得过于匆忙，没有做到'一慢'"。

　　攻坚突破后进行的城市巷战战术，便是刘亚楼总结提出的"四组一队"。

　　作战、练兵、指挥，是司令部的三大任务，司令部各部门的工作必须围绕这三点展开，才能充分发挥效能。这是刘亚楼的"版权"。

　　拿破仑曾说，如果把未经训练的部队投入战争，"只有引起麻烦"。刘亚楼赴

东北前的沙岭战斗,就是一个典型的个案。东北民主联军七个旅打敌人一个团,兵力占尽优势,却仍落败。这倒不是什么打莽撞仗,而是战斗力不如敌人,思想上、战术上不成熟,组织、装备不行,内部既不团结,指挥也不统一,对敌我情况都没有正确估计。刘亚楼到任后,经常拿此战来"解剖麻雀"。

对练兵,刘亚楼强调,要符合战争实际和战场需要,部队平时要结合实战和利用两个战役的间隙练兵,要把毛泽东"十大军事原则"同东北战场的特点结合起来,并贯穿到攻防战术上去。在以练为战的思想指导下进行严格训练,对提高部队的战斗力具有头等重要意义。

他刚来东北不久,东总一位主管军事训练的负责人,从其正规训练的思想出发,按照国民党中央军校标准要求,搞了一套军事训练大纲。刘亚楼不同意这项计划,认为按照大纲要求,新兵训练一两年才能参加打仗,这显然是脱离战争实际的做法。

他和这位负责人谈了两次,对方坚持正规化的观点。刘亚楼见他固执己见,火了:"如何训练部队,是军队建设的大问题,这是个原则问题,我决不姑息。"他向林、罗首长汇报,及时调换了对方的工作。

刘亚楼看重军事训练的地位,尤为重视模拟实战中军队所面临的临战状况,搞适应性训练。针对今后面对的将是敌人有坚固设防且有重兵把守的大城市这一特点,他建议把大城市攻坚战作为这次空前规模的军事大练兵运动的主要内容,为林彪、罗荣桓所采纳。

训练中的攻坚"阵地"和"工事",都按长春布防情况设置。那阵儿,会上讲着"练好兵,打长春",墙上刷着"练好兵,打长春",指战员们雪花般飘来的请战书和决心书上也写着"练好兵,打长春"。长春是国民党军在东北的战略据点之一,敌人在此布置下重兵,以牵制东野的作战力量,因此东总下决心拔掉这枚钉子。

部队按"四组一队"编配。白天,练射击、刺杀、投弹、冲锋、翻院墙、爬城;晚上,练夜行军和村落、街道攻防战斗。村头村屋那些破庙烂房,都成了"地堡",爆炸声昼夜不息。

林彪只考虑战争决策,平日关在房里,骑坐在太师椅上,面对地图静静思考,练兵这些具体事都交由刘亚楼负责。

刘亚楼曾给部队讲过一个故事:苏联卫国战争时期,一个苏军士兵趴在雪地上修理汽车。天寒地冻，他的手冻僵了，脚冻麻了。有人问他："天这么冷，你怎么还这样干？"他自豪地说："斯大林知道我！"

简单一句话蕴涵了多么深刻的道理，凝聚着多么巨大的力量！刘亚楼说，如果我们每个指战员刻苦练兵、勇猛冲杀、舍身奋斗时都懂得"毛泽东知道我"，那会产生多么神奇的威力！

刘亚楼一向认为，强有力的政治工作是战斗胜利所依靠的两个基本条件之一，另一个基本条件便是正确的战术。作为参谋长，他更关注的自然是战术。

战术离不开练兵。对练兵，刘亚楼说："过去我们净打野战，野战变攻坚，是门新功课，不练不行，为了战时少流血，平时就该多流汗。"为了督促部队按东总的要求练兵，他特地组织了几个检查组，深入各部检查。

第九纵队在上年冬季攻势中的沟帮子战斗中，由于有的部队行动迟缓，致使漏歼敌人一部，受到东野司令部的批评。罗荣桓还批评第九纵队群众纪律不好，"像蝗虫一般"。这次练兵开始后，第九纵队司令员詹才芳、政治委员李中权向刘亚楼表示："为了削掉沟帮子战斗的耻辱，去掉'像蝗虫一般'的臭名，我们九纵一定要练好兵，打好翻身仗！"刘亚楼说："光提口号没用，拿出实际行动来！"

东野检查组对第九纵队的练兵感到满意，刘亚楼的脸上也挂上了笑意。后来在辽沈战役中，他大胆使用第九纵队，第九纵队连战皆捷，受到东总的嘉奖。

夏季攻势后，刘亚楼根据罗荣桓的意图，在充实野战纵队力量的同时，也重视协同配合力量的独立师建设，使得二者相辅相成地发展。在这次大练兵中，野战纵队由秋季攻势前的九个纵队二十七个师发展到十三个纵队三十六个师，独立师则由十一个发展到十八个。

历史为独立师的巨大作用唱响了颂歌：辽沈战役时，几个主力纵队攻夺锦州后，旋又展开辽西会战。沈阳守敌惊慌失措，倾巢向辽南营口方向逃窜。就在这时，东野十多个独立师像潮水般迅速拥向沈阳以南地区，协同主力部队相继夺取辽阳、鞍山、海城、大石桥，截断了铁路干线，阻止并粉碎了敌军南逃的美梦。

当年的东总参谋郭瑞乐说："在东北战场上，我军主力部队大量歼灭敌之有生力量，是与我各独立师的密切配合、协同作战分不开的，也与刘亚楼参谋长认真贯彻中央军委的建军思想，根据实际情况重点加强主力纵队建设，同时相应发展独立师的建军策略分不开的。"

辽沈战役前这段为期半年、空前规模的整军运动和大练兵,使东野近百万大军不论技术还是战术都得到空前提高,战斗力大大加强。也就有了毛泽东后来的赞语:"部队精神好,战斗作风好,指挥得当。"

炮兵的使用问题

解放军过去火炮稀少,基本是单一步兵作战,指挥上也比较单纯简便。踏上关东这片黑土地后,东野搜集到日军留下的一些火炮,建立了炮兵旅。当时人不过千,炮不过百,且都是中小口径的山炮、野炮。炮兵属技术兵种,没有一定的文化水准和专业技术根本玩不转。所以出关后的最初几场战斗,这个新组建的炮兵部队基本上成了聋子的耳朵——摆设。

朱瑞率延安炮兵学校一千多学员闯关东前,别说炮,连手枪也没带几支。按原先计划,延安炮兵学校开赴东北,任务是接收日军装备,招兵买马,建立一支新式人民炮兵。朱瑞到沈阳后,揣着朱德给苏军马林诺夫斯基元帅的亲笔信相拜访,希望在重武器方面能给予支持,但结果是,乘兴而来扫兴而归。

朱瑞毕竟是莫斯科中山大学、莫斯科克拉辛炮兵军官学校的学员,通过苏军老同学的关系,总算从苏军一些部队中弄回了十几门大炮。接着,他又亲率延安炮兵学校师生冒着严寒,在白山黑水、林海雪原"拾破烂",还分头到苏蒙边界苏日作战地区捡洋落。至1946年5月,共搜集到各种火炮七百余门、炮弹五十多万发、坦克十二辆、汽车二十三辆,以及一批火炮零配件和其他器材。

刘亚楼就任参谋长一个半月后,1946年7月9日,从整个东北战场形势和我军炮兵的实际情况出发,以东总名义颁发了由林彪、高岗、彭真、刘亚楼、朱瑞等署名的《炮字第一号命令》,强调炮兵建设的重要性,要求各级指挥员深刻领会毛泽东关于"没有炮兵,便没有胜利"以及朱德"炮兵为建军骨干"的建军思想,确定了"普遍的分散发展与适当的集中使用相结合"的炮兵建设方针,并提出要把炮兵建设成为一个重要兵种。

1946年10月19日,东北民主联军司令部下达《炮字第二号命令》,决定成立炮兵司令部,任命朱瑞为炮兵司令员,邱创成为政治委员,还具体规定了炮兵司令部的任务和职责。从此,分散、庞杂的炮兵部队有了自己的领导机构和指挥系统,对解放军炮兵的发展壮大有着重要意义。

炮兵由此成为解放军的一个独立兵种。为了加速发展炮兵,刘亚楼和朱瑞等人还亲往苏联,用大米和大豆从苏方换来了一些他们缴获的德军和日军的火炮、汽车及炮弹。

炮兵司令部成立后,朱瑞重点抓了直属部队——四个基干炮团的训练。三个月后,他请东总首长前来检阅。刘亚楼在朱瑞的陪同下,兴致勃勃地巡视了四个炮团,观看了他们的野外演习和实弹射击,结论是"还好",提出一些改进提高意见。这些少量从日军手中夺得,大部分靠"捡破烂"从山野、民间搜寻拼凑起来的炮,不少已经老得掉牙了,弹药也不多,但刘亚楼对朱瑞和炮兵寄予厚望:"没牙的大炮,也要啃碎敌人的铜墙铁壁!"

1947 年 2 月,东北民主联军主力二下江南时,炮兵首次亮相,刘亚楼和林彪极为重视,做了详细的部署。在城子街战斗中,炮兵显示了威力,将一个工事的敌人打光,过去在敌人炮火下饱尝被打压滋味的步兵轻松占领阵地,高喊"炮兵万岁"。但此战中,炮兵也暴露出一些弱点,尤其是集中兵力和步炮协同作战方面,表现出经验不足的问题。

接下来攻打德惠,林彪和刘亚楼把三十个炮连配属第六纵队及独立第二师作战,围歼德惠守敌两个团。炮兵第一次大规模地配属步兵作战,兵力、火力占绝对优势,步兵振奋不已,炮兵更是自豪,都觉得这回能把德惠打平了。纵队指挥员对指挥步炮协同作战缺乏经验,设下四个突破口,四个步兵师东南西北各一个,把三十个炮连的八十门大炮平均分配,每个突破口配置二十门左右大炮,不偏不倚地分到师,再团营下分到连。前线报喜:此役火力足,差不多一人一发炮弹,必胜无疑。刘亚楼闻之却忧:这是发衣服呀? 发衣服也不能乱穿一气呀!

对德惠攻坚战,第六纵队首长给炮兵的命令是:2 月 28 日 15 时开始试射,16 时压制射击,"待炮兵射击奏效后,步兵开始猛烈总攻"。但压制哪些地区,摧毁敌人哪些火力点,打多少炮弹,打到什么程度才算奏效,都没有具体说明。炮兵打了个情况不清、任务不明的糊涂仗,步兵则普遍有等待的心理,甚至为了等待炮兵把一切打平、打光,再无阻拦地冲进去,将步兵可能运用于协助接敌冲锋及占领工事的一切机枪、步枪、小口径炮与炸药均置之不用。开始射击时,四个师突破口的八十门大炮四面开火,看起来非常猛,实际上非常松。在外围作战中,炮兵轰了一个钟头,打了十二个村落,消耗了六七千发炮弹,步兵却没有及时跟上。炮兵把敌工事摧毁得差不多时,停止炮击,步兵始才冲锋,敌人一部复返工事开火,给冲锋的步兵造成极大伤亡。到攻击城里主阵地的关键时刻,炮兵那有限的几发"宝贝"却放完了。敌军的炮弹却不断打过来,迫使攻进城里的部队又退出来。

由于缺乏城市攻坚经验,加上炮兵使用不当,德惠战役失败。

战后,经林彪、刘亚楼批准,炮兵司令员朱瑞在双城主持召开了第一次炮兵会议,研讨炮兵战术问题。

随后参加三下江南战斗,又闹出一系列问题。初学乍练的炮兵只会直接瞄准,不能间接射击,也就不能在远距离上支援步兵作战。因为不会打远战,炮弹落在自家阵地上的事时有发生,惹得一些纵队司令员、师长破口大骂:"娘卖×的,不打敌人打老子,炮兵有特务!"

幸亏那时东北不搞肃反,不然炮兵的"特务"恐怕一抓一大串。

有了炮兵,虽然意味着战场上再也不是只有我们冒着敌人的炮火前进了,但却将一个昭示作战方式变化的新课题摆在共产党人的面前。炮兵在黑土地上发展、膨胀起来后,如何指挥炮兵作战,愈来愈成为突出的新问题。为解决炮兵初建中的一系列问题,东北民主联军先后下达了五道命令。这些命令深刻阐述了炮兵建设的军事思想、指导方针、战术原则等,推动了东北炮兵的迅速发展和提高。

1947 年 7 月 28 日,夏季攻势结束不久,林、罗、刘致电各兵团、各军区军分区首长:

> 经过冬季渡江及夏季攻势作战后,山炮炮弹已消耗殆尽。补充炮弹除力争制造(需时甚长)外,唯一办法为利用现有弹头及药筒自行装置。炮兵司令部正在办理,但甚缺弹头、药筒、底火、信管及发射药,必须集中使用,才能大量装配。为此,再次规定:(一)各单位迅速派专人检查自己仓库,凡有上述东西立即无条件集中,直接车运牡丹江炮兵司令部接收。(二)作战中应收一切炮弹药筒(不限于山炮),集中运交炮司。(三)立即停止销毁炮弹药筒牟利现象。

在红军岁月,奉命"夺取一省或数省的首先胜利"的指战员们扛着冷兵器时代的云梯攀城登墙,前面倒下,后面跟上,再倒再上。那时不少指战员就想,要是有几门火炮,可是比增加几个连的兵力都更有效。可有了炮,开头几仗因为炮兵技术差,效果不甚理想,一些部队首长就又不大重视炮兵了,觉得一个炮团,近二十门火炮,二百多匹骡马,行动笨重,是个累赘。

1948年3月,东野下令进行大练兵运动后,朱瑞特地请刘亚楼作一场炮兵使用问题的专题报告。刘亚楼笑着说:"哎呀,朱司令,你才有发言权,谁不知道老兄是莫斯科克拉辛炮兵军官学校的高才生。"

朱瑞说:"我在摸索,也要向你请教呢!步炮怎样协同?火力怎样集中?怎样压制敌炮?怎样伴随步兵冲锋?要熟练掌握一支步枪,对我们那些来自农村的战士们,也不是件容易事呀!我们靠捡洋落赤手空拳搞炮兵,困难就更大了。你也知道,几乎每仗下来,人人都对炮兵有意见,连你刘参谋长都骂过炮兵!"

远的不说,单说1948年二三月间的冬季攻势打文家台那仗,第三纵队第七师第二十团第三营伤亡三分之二,不少伤亡是被自己炮火打的。事后,他们奚落炮兵:"没被敌人打死,却死伤在自己的炮弹下,这他妈的是啥滋味!你们炮兵一边待着去吧,别帮倒忙了!"

大水冲了龙王庙,炮兵能说什么呢?灰溜溜的只有道歉的份。

1948年4月20日至5月20日,东北军区召开由纵队、师两级军事主官参加的高级干部军事会议。会上,刘亚楼作了炮兵使用问题的专题报告,与会者听了,都觉得解渴。

林彪也参加了旁听,深感满意,指示会后将刘亚楼的报告印成名为《炮兵的使用问题》的小册子,分发到部队,作为炮兵运用的准则和炮兵建设的依据。

辽沈战役以及后来的入关作战中,这个小册子发挥了巨大的作用。多年来,不少指挥员,特别是炮兵指挥员,仍然把《炮兵的使用问题》作为炮兵运用的基本文件来阅读。

斯大林称炮兵是战争之神。当一些指挥员仍然习惯于把血肉之躯的步兵投入战斗时,刘亚楼已经把"战争之神"抓在手里,给对手以毁灭性的打击。

在林、罗、刘重视和朱瑞卓有成效的主持下,东野的炮兵建设发展迅速,在几大野战军中拥有炮兵建制和火炮数量最多,攻坚能力最强。

辽沈战役第一仗,攻打义县,炮火显示出强大威力。总攻锦州时,万炮齐发,地动山摇。国民党守将范汉杰被俘后沮丧地对林、罗、刘说:"你们攻锦,炮火猛烈,出乎意料,我们的炮火全被压住了,我们的指挥所到哪里,你们的炮火就跟到哪里,真神了!"

后来的天津战役中,刘亚楼亲自设计指挥的炮战,更是打出了水平。

除了关心炮兵建设,刘亚楼还狠抓工兵和骑兵部队的建设。为确保解放区铁路交通安全,支援前方作战,促进解放区生产发展,他还协调各方面成立了护路军司令部,将各地的护路部队集中编组为七个团,是为解放军第一支铁道部队。

如此精明强干,难怪东总老参谋郭瑞乐后来作诗称:"诸葛英才古稀有,参座深谋兵家赞。"

黄金搭档林、罗、刘

辽沈战役期间,来往于黑土地和西柏坡之间的几十封电报,篇末和篇首大都是林、罗、刘,有时是林、罗、刘、谭。

那本轰动一时名曰《雪白血红》的书中说:"电文署名,开头曾把老资格的政治部主任,后来被授予大将军衔的谭政写在前面,当时的参谋长,后来被授予上将军衔的刘亚楼毫不谦让:'什么林、罗、谭?应为林、罗、刘、谭!'换个人,可能就这么林、罗、谭、刘下去了,直到刘以外的某个人,觉得不合适再更正过来。可那就不是刘亚楼了,一个才华横溢的、与中国传统风格不大协调的东野参谋长。"

对这种据说,当年东野的许多老人都持异议。不过,野史的背后,除了颇能说明刘亚楼"与中国传统风格不大协调"的一面,也表现了毛泽东对麾下这员大将的器重和厚爱,把参谋长时时处处与司令员、政治委员并提,而且叫得顺溜,成为黄金搭档的范例,这在其他野战军中别无分店。

新中国成立后曾担任大军区和省部级以上领导的一些东野老人,都说自己当年在林、罗、刘身上,学到了许多东西,在战斗作风、工作方法上彼此共同的烙印很多。而林、罗、刘在一般军官和士兵中口碑更好:战争年代摊上个能打仗的指挥员,那是福气,打胜仗,少流血,还能学本事,否则,窝囊不说,死都不知是咋死的。

兵有强弱,将有巧拙,千军易得,一将难求。一支军队能不能打,首先还是取决于为将者的意志和水平。将领能力之间的差之毫厘,完全可以谬以千里。从这点上说,林、罗、刘堪称百里挑一。一经磨合,原来的强兵更强,弱兵也会打造成一把尖刃。

拿第二纵队第五师(原新四军第十旅)来说吧,当初在华中抗日战场,同样的指挥员,但战绩不突出,跟粟裕麾下响彻大江南北的叶(飞)王(必成)陶(勇)部(即新四军第一、第二、第三旅)的名气根本无法相比,抗战胜利前一个月攻打伪军据守的淮阴,伤亡惨重,更是抬不起头来。可到东北后,这支部队的进步却令人刮目相看,师长钟伟在林、罗、刘"庙下"转了几圈,言传身教、耳濡目染和自行研发相结合,渐渐打出了名堂。三下江南在靠山屯打国民党陈明仁第七十一军,钟伟居然调动、指挥起东总来,而且还一举歼灭敌第八十八师。

北满主力前后三下江南,第二纵队第五师不下三次违抗东总命令,刘亚楼甚为恼火,战后唤师长钟伟来问:"是总部指挥你,还是你指挥总部?"

钟伟陈述了违抗东总命令的缘由。刘亚楼静静地听着,不时点点头,最后说:"算你有理,真是个好战分子!"

虽然不少人对钟伟颇有看法,但刘亚楼还是挺欣赏他,觉得他的反驳有理,敢于打违抗命令的胜仗,因此还是重用他,放手让他去干。

1947年底,第二纵队第五师攻打号称辽西走廊的彰武,仅五分钟就突破城防,并连续打退守军反扑,为后续部队顺利向纵深发展铺平了道路,歼敌万余,创造了"迅速突破,大胆分割"的模范战例,受到东总和中共中央的通电嘉奖。

辽沈战役前,东野拟提拔钟伟到一个纵队当副司令员。钟伟给刘亚楼打来电话:"要是瞧得起我,就让我当司令员,我是宁当鸡头,不作牛后。"

刘亚楼几经斟酌,觉得钟伟爱打仗,气魄大,决心硬,确是个将才,便建议林、罗首长破格调他到新成立的第十二纵队当司令员。钟伟成了黑土地唯一一位由师长直接提拔为纵队司令员的人。

第六纵队第十七师原系渤海几支地方武装组建的山东第七师,在山东怎么排也是人前马后打杂的角色。到东北后担纲守山海关,那也是"廖化作先锋",算是逢上了天降大任之机,本可造就一番抱负,打出一片江山,结果却连连失手,影响了整个战局。失关后不久,与新四军第三师第七旅合编为第六纵队,改番号为第十七师。第七旅是能攻善战的红军师,自然为东野倚重,因此战斗中都是第七旅打头阵,第十七师不过敲敲边鼓、当当预备队而已。战争年代,一个部队捞不到仗打,或者打起仗来孔夫子搬家——净是输,怎能抬起头来?

第十七师师长龙书金是刘亚楼的老部下。长征到陕北后东渡黄河讨阎抗日,龙书金在鼎鼎大名的模范红五团,被红二师师长刘亚楼挑为渡河先锋队的突击组组长,舍生忘死,为红军东征立下第一功。刘亚楼对这位在战火中打残一只手臂的老部下不失信任:"要说窝囊,当年就不会让你当东征抗日的突击组组长了!兵是将带出来的,部队打得不好,责任在将!知己知彼,百战不殆,你琢磨着去吧!争口气!"

龙书金记下了老师长刘亚楼对自己火样的期待。

知耻近乎勇,连做梦都想着争气的龙书金,在"知己"中居然琢磨出自个儿的特点来:"老子带的地方武装和新兵蛋子多是淄博那工矿企业来的,几乎人人会用炸药,赶明儿就发挥自己的优势去!"

说干就干,稍后参加兴城一带的夜攻,第十七师摩拳擦掌,装上几马车炸药,毫不吝啬地给守敌送去,唬得敌第十三军将弁失色:"这是什么炮?比咱的火焰喷射器厉害多了!"

在寻敌试验中尝到甜头的第十七师指战员,方知打胜仗原来是这么回事!于是积极性和创造性都前所未有地得以发挥,发展起自个儿的爆破技术,连同四平战役时的"四组一队"那样,成为东野普遍推广的城市攻坚术。第十七师在黑土地上越打越靓,突飞猛进,"攻坚老虎"跃然而出,名头大大超越了其他主力师,喜得林彪往哪攻城略地,每每都要点名这只"老虎"相随。

九一三事件后,虽然不少文章都把罗荣桓和林彪工作上属于正常的意见分歧,动辄上升到路线斗争的高度,然而公正客观地说,在东北期间,林、罗还有刘共事都配合得很好。林、罗性格内向,爱思考,罗荣桓襟怀大度,林彪也不是小肚鸡肠。在司令部,林、罗、刘按照各自的独特方式运转着。通常是,林彪静坐,面对满墙的地图反复思考、计算,罗、刘悄然忙碌。司令员对政治委员是平起平坐,对参谋长却有上下之分,但林彪似乎不大计较这些。别的野战军都非常重视集体领导,每次战役前都要集体开会研究分析敌情,作出判断,决定战役总体原则,然后再由司令部作战部门根据总体作战原则作出具体方案,东野却有所不同。

林、罗、刘三人中,林彪定作战决心,其他事基本撒手不管。他的作战决心一下,罗荣桓在政治工作上保证促使完成,而把林彪定下的作战决心变成计划和命令,并组织部队实施等一套,就几乎由年轻力壮的刘亚楼"承包"了。机要通信员每天都有雪片似的电报送来,看到部队进展顺利或歼灭敌人的电报,刘亚楼总是高兴地大声叫喊:"好,好,打得好!"如果部队打得不好或进展受阻,他指示立即查找原因,一定要查个水落石出。每逢大事,林、罗、刘便在司令部一块讨论。可以说,共产党在东北能取得这么快、这么大的胜利,和领导班子的搭配密不可分。

林彪性格孤僻,不善寒暄,对部下不苟言笑,常阴沉着脸,可以一天不说话。即便是多日不见的纵队首长到东总来接受任务、汇报工作,林彪也常常是点点头,少有握手、问候之类的事情。布置任务也大都由参谋长负责,政治委员作些补充和指示,最后问林总有什么意见,多数情况下,他摇摇头不吭一声。这导致林彪给人一种错觉:一个冷峻、永远也激动不起来的人。

稳重宽厚,平时说话也不太多,但论起事理来滔滔不绝,头头是道;原则性强,立场坚定,大公无私,高瞻远瞩,遵守纪律,关心同志,保证思想政治工作能成为战胜敌人的法宝。这是罗荣桓给人的印象。

雷厉风行,不知疲倦,责任心强,对人严,对己严,说干就干,干就得干出个样儿来;悟性高,作风扎实具体,向下级交代工作、布置任务,精细严谨,讲清必须达到的目的和时间要求,完了询问执行者有何困难和要求。从不说"研究研究"这种空话托词。这些是刘亚楼不同凡响的性格和作风,也是林彪信任、罗荣桓欣赏他的原因之一。

刘亚楼的脾气大,在东北是出了名的,有"肝火王"、"雷公爷"之称。据称,当年东野一些将领,在林、罗、刘中最怕刘亚楼,打不好仗,今天要枪毙这个,明天要处罚那个。

东野的许多老人都说:"刘参谋长有水平,人也随和,没架子,可他发起火来,批评是轻的,动辄还拍桌子骂娘。没挨他骂过的纵队级领导,真找不出几个。"

冬季攻势时,第二纵队第四师在法库东南之娘娘庙、沙后所一带进击援敌新六军第二十二师时,由于轻敌,不仅未将敌歼灭,反而自己伤亡九百余人。刘亚楼毫不留情地狠批了一通责任人。

不管有没有遭批挨骂,东野上下对刘亚楼还是由衷钦佩的。原第二纵队司令员、新中国成立后官拜上将的刘震将军回忆说:"解放战争时期,亚楼同志担任东野参谋长。那时我在纵队工作,深深感到他对毛泽东军事思想和林彪的作战指示、战术原则,有精心的研究和深刻的理解。在他参与策划和指挥的战役战斗中,充分表现了他领会林彪意图最深刻,贯彻执行最坚决,处理问题最得当……不论作战指示、情报保证、通信联络、协同配合、后勤供应方面都搞得非常细致周到。我们不会或不熟悉的,他耐心教给。比如对炮兵的使用,就是他亲自教给我们的。我们有了缺点,他诚恳地帮助纠正……在他领导下的东野参谋工作,在部队中有很高的威信,对保证作战胜利发挥了重大作用。"

刘震说这话时,刘亚楼已去世。俗话说"人走茶凉",何况此时还有许多在世的位高权重的原东野将领,刘震却依照他的固有认识,在祭文中给刘亚楼戴上了"领会林彪意图最深刻,贯彻执行最坚决,处理问题最得当"三顶帽子。

刘亚楼的骂往往事出有因。

一位老资格的纵队领导领受任务干砸后,刘亚楼毫不客气地大会点名,小会批评。纵队领导强调有实际困难。刘亚楼听了他列举的那些困难后,更火了:"你有困难找我呀!我这个参谋长是吃干饭的吗?不就是给你们解决难题的吗?有问题,你提出来嘛,解决不了算我的责任,现在哭爹叫娘算什么?你以为这是小孩子过家家呀,这是打仗,要死人的,人死了还能活?"

一顿猛烈的火力,直压得纵队领导面红耳赤,低头不语。

刘亚楼却不喜欢这样的沉默:"你讲话呀,有理可以反驳我嘛!"

他向来就是这样一个人,批评你,还让你讲话、反驳。讲得在理,能驳倒他,他欣赏你,重视你;讲不出理,那就算是犯到他手里了,非撸你个茄子皮色不可,有时撸完了再出点子拿主意,还让你去干。

都说刘亚楼霸道,东野副司令员也有犯在刘亚楼手里的,他照样敢骂,敢发火。哪个纵队好坏,哪个部队领导好坏,刘亚楼指名道姓,该赞就赞,该批该通报的也绝不含糊。东北部队组成复杂,来自好多地方,指挥不畅也是刚出关那个阶段屡屡失利的主要原因。林彪曾为此气恼,刘亚楼到任后,抓住症结大刀阔斧地整训队伍,严加管理,使几十万大军迅速转变成训练有素的部队,给林彪解了难题。

刘亚楼讲话是连说带比画。同样一句话,从他嘴里说出来,或是骂出来,味道就和别人不一样。他讲话讲得很有煽动性,有时林彪听了,随后补充一两句,说参谋长或一○三(刘亚楼在东北时的代号)讲得不错。有的领导背地里有意见,罗荣桓就给刘亚楼撑腰:"参谋长脾气是大了点,但他说得对,你们应该做好。"

要叙述关东这场战争,避不开林彪,也很难避开林彪的"六个战术原则"(即"一点两面"、"四组一队"、"三三制"、"三种情况三种打法"、"四快一慢"、"三猛战术")。以军事家而言,可以说,东北战场是林彪武略最成熟的时期,许多战术原则形成于此时,为中国兵法注入了新内容。客观地说,"六个战术原则"不能完全算到林彪头上,应是集体智慧的结晶,其中有的原则便是刘亚楼总结出的,林彪从中借鉴提炼出各种战术。刘亚楼欣赏"沙漠之狐"隆美尔元帅的名言:"攻击,攻击,再攻击!""六个战术原则"全部着眼于进攻,运用之妙,存乎一心,英雄所见略同。

一个不争的事实,刘亚楼是林彪当年修正、推广"六个战术原则"最得力的助手。

在秋季、冬季攻势渐次展开时,林彪的"六个战术原则"通过一系列的试战和修正,已显成熟,从试点的几个主力纵队(也就是通常说的林彪所谓"五只虎"),大面积推广到各个纵队得到贯彻。这些战术原则比较抽象,至多初小文化占多数的土八路,乍听都觉得新鲜,却是似懂非懂。比如说"一点两面",那"三面"、"四面"行不行? 毛泽东不是说过"四面包围,力求全歼"嘛,"一点两面"岂不是唱反调了? 开始时连毛泽东都致电林彪:你们所说"一点两面"的战法是什么意思? 东野那些将领可是谁也不敢去问林彪,因为谁都知道,在林彪手下带兵,你非得学会一个"悟"字,不明白的,你一问再问,保准没好果子吃。所以,对林彪的命令和战术有不懂的地方,只好会后去请教刘亚楼。

比如,对"三种情况三种打法",他如是用通俗易懂的语言讲解:"这是根据不同敌人的不同情况采取不同战法的原则。一种是敌人守,一种是敌人要退不退,一种是敌退,这是三种基本不同的情况。如果敌人守,就应经过正式的准备,完成一切准备工作后再攻击;如果敌人要退不退,而我方准备充足再打敌人则会跑掉、不准备就打又没把握时,则应将敌人围起来,等准备好了再打;如遇敌人撤退,则要猛追,不要等待命令,不要怕部队少,也不要怕情况不清,追上了便是胜利。"末了还加以评点:"这个原则重在纠正指挥员打莽撞仗的陋习,使情况的判断、处理和指挥决策更具科学性。"

他把抽象的战术原则讲得形象、具体。这些"功课"和"作业"效果惊人,农民档次的将士们学用结合,土八路渐成正规兵团,把个洋规范、洋战术的国军整治得寝食不安,噩梦连连。

在作战指挥方式上,不同的指挥员有不同的特点和要求。林、罗、刘指挥作战,特别是打运动战,大多数场合是直接指挥到师。重要战斗,有时还越级直接指挥到团。打仗时,有的师在哪儿,纵队不知道,但林、罗、刘知道。有的兵团和纵队在执行第一封电报指示,师里已经按照变更命令的第二封电报行动了。有的纵队司令员和兵团司令员为此还风趣地说:"东北战场的许多仗,林、罗、刘基本都给安排停当了,各部队吃透精神照打就是,我们这些司令成了'空'军司令,可以睡大觉。"

辽沈战役前,林、罗、刘就越级指挥问题致电中央军委,称:"因为兵团与纵队的电台经常变动,不能及时收到部队的一切报告。只有军区的电台才日日夜夜地工作,能及时收到各部发来的电报,能较迅速地发出指示的电报,又因为我们所得到的敌情较兵团与纵队更全面,故在变动的情况下只有我们才能较了解情况和及时地指挥。故这种临时超越兵团或纵队直接指挥的办法,有很多时候是必需的。"实践证明,这种指挥方法卓有成效。它没有按部就班一级一级往下传令,而是根据兵贵神速、瞬息万变的特点在作战中争取时间,捕捉战机。

东野的越级指挥之所以能成特色和经典,一个重要的因素是离不开林、罗、刘的作战艺术。这一着非一般军事首脑能适用,蒋介石的越级指挥就弄巧成拙。

为了使东总在整个战役过程中掌握到师、指挥到师成为可能,刘亚楼要求部队必须严格执行报告请示制度,养成以最快速度逐级上报的习惯。

一次,第×纵队领导又犯事了,刘亚楼马上严厉而不失礼貌地追问:"司令员同志,部队一到宿营地,第一件事是做什么?"

司令员被问得有点不好意思:"向总部报告当时敌情。"

刘亚楼明知故问:"为什么?"

司令员边说边难为情地搔了搔头:"使总部准确及时掌握部队动向,调动、指挥部队容易。"

刘亚楼点点头,道:"叫所属各部队填一张报告表,附一张配置图,不算复杂吧？"

司令员小声回答："是件很简单的小事。"

"回答得不错嘛，就这么一件小事，可你们为什么屡犯规定？四平攻坚中你们七十二小时没向总部报告情况；冬季攻势中，你们又三十六个小时没向总部报告战况，造成总部在指挥上的极大困难，以致失去全歼敌军主力的战机。这点已批评过你们了，为什么还不引起重视，又出现这个问题？"

司令员嘟哝着说："不习惯嘛。"

刘亚楼语气渐大："一次不习惯情有可原，两次、三次还不习惯吗？这是认识上的问题！你说，你为什么不报告？"

"长征过来，部队以前就少有这个习惯嘛！"

"你××摆什么老资格，少啰嗦，我问你为什么不报告？"

司令员不敢再强辩了，低头认错。

刘亚楼直言不讳地说："这次批评之后还不重视，不及时纠正，我将建议总部换人！"

一次，第七纵队连续三天没向东总作宿营报告，刘亚楼严肃地给第七纵队参谋长发去电报：

高体乾同志注意：

　　你们三天没报告宿营位置了！

　　　　　　　　　　刘

这一电报同时通报给东野各纵，以期引起大家的警惕。

其实，报告请示制度刚施行时，不独纵、师一级难以做到，就连林彪也不例外，当然，他是对中央的。辽沈战役前的8月15日，毛泽东曾以中共中央名义致电林彪和东北局，对林彪收到1月7日关于报告制度的规定六个月以来，经几次催促仍不向中央作报告提出批评，表示"完全不了解你们在这件事上何以采取这样的敷衍态度"，电报认为这是由于心中"存在着一种无纪律思想"。林彪马上致电中央，就未作报告作了检讨，并马上送去了综合报告。

中共中央制定的《关于建立报告制度》，内有"书记在前线指挥作战时，除自

己报告外,指定代理书记或副书记作后方活动的报告"。彼时,设东北局(书记林彪)、华北局(书记董必武)、西北局(书记习仲勋)、华东局(书记饶漱石)、中原局(书记邓小平),其中只有东北局书记兼军事首长,负战役指挥的重要责任。

中央给书记规定的职责,刘亚楼不能越俎代庖。所幸的是,为了达到上行下效,不致对人马列对己自由,林彪经中央批评后,马上作了纠正。

在林彪、罗荣桓的支持和刘亚楼的严厉督促下,各部队终于养成了及时请示与报告的战斗作风。辽沈战役时,东总对部队的掌握指挥,得心应手,运用自如。

刘亚楼在长期的革命斗争实践中,养成了许多优良的作风。其中严格、正规、高速,是他工作中最突出的品格和作风。1947年冬季攻势中,开原敌第一三〇师向西出扰。东总机要处把特级电报错发成A级,结果耽误了部队的行动。刘亚楼发觉后,批评得很厉害。

"在司令部特别是高级司令部工作,一定要细心谨慎。讲错一句话,写错或者漏掉一个字,错发一个文件、一封电报,都会影响到很多部队的行动,甚至会影响作战的进程。"这是刘亚楼挂在嘴边跟司令部人员常说的话。

无论是电报、报告、通令、通报、总结,他不但要求结构严密,还要求书写工整,绝不能马虎潦草。看到好的电报、文件,他说一声"发"就走了;不好的,提笔打个大×,就算毙了。司令部的不少文件,他连标点符号都口授,参谋人员记录后再由他稍作修改即成。

在紧急情况下,他通常亲自动手起草作战计划。林彪口述作战命令和指示,他能边记录边拟制。待林彪口述完毕,相应的作战文书也就拟好了。

刘亚楼的工作作风和超常能力,让司令部工作人员敬佩之余,又有畏难情绪,感觉自己水平低,不合参座要求,当不了"理想的参谋",因此心里难过。刘亚楼听到这些反映后,马上找大家座谈。

刘亚楼交心似的说:"大家嫌我对工作要求太快、太急了,是吗?战争年代,打仗嘛!我总希望大家把各项工作做得快些。讲速度,讲效率,要适应战争环境,要走在敌人前面,拖拖拉拉落后了,就要挨打。时间就是生命,就是胜利嘛!不过,我有时确实过急、过快了点,让大家无所适从,当然也不好,希望大家谅解,并多提宝贵意见。"

听完刘亚楼这番亲切的谈话,大家心情舒畅,也理解了他的做法。

刘亚楼利用侃大山的时机,趁势利导,说起了工作中常见的三种人:

第一种人,不会工作,也不做工作,但耍嘴皮子,能说会道,八面玲珑,对上对下都能搞好关系。工作来了,他不沾手,远远躲开。即使看到别人出了毛病、犯了错误,他也不说,装老好人,是好人主义。遇到整风和政治运动,别人对他也提不出啥意见,他总是能舒舒服服地过日子。

第二种人,工作积极,认真负责,不怕苦不叫累,发现别人工作出了毛病或有缺点,该讲的他就讲,该批评的他就批评,从严要求,一心对党、对革命、对人民负责,绝不姑息。整风和运动一来,别人对他常常是一堆意见,他不好过关。这种情况不少。

第三种人,工作好,方法也好,群众意见也少,整风和政治运动也好过。这种人,也是有的,但不多,这是一种大境界。

说完这三种人现象,刘亚楼自道:"本人修养不深,只能属于第二种人。对第一种人我持反对态度,对第三种人我要学习,但现在还学得不好,希望同志们向第三种人看齐。"

数十年来,东总的老人们总是念念不忘刘亚楼,听他们讲刘亚楼,血肉丰满的参座形象呼之欲出:

"刘参谋长在东北穿着一件皮大衣,经常冒着漫天风雪视察部队。战斗紧张时,他几天几夜不脱衣服,把电话机放在耳旁,打个瞌睡,醒来接着再干,不分白天黑夜,二十四小时连轴转,有时胡子长长了也没有时间修饰。"

"刘参谋长对人严格,管人也有一套。谁在他手下偷懒,睡得早了点,他也不说话,进屋把灯打开,再翻一阵抽屉什么的,把对方折腾醒;谁起得晚了,他进屋把窗户打开。他也不对你嚷嚷,但此时无声胜有声啊!"

"刘参谋长不是对别人马列对自己自由,他可真是严于律己、以身作则呀!每次战役,从准备到结束,他常常是紧张工作十几二十几个昼夜。那时我们常在一起议论,说刘参谋长耐磨能抗,精力充沛,真像是用特殊材料铸成的人。他严于律己的品质,以身作则的作风,给我们这些在他身边工作的同志留下了难以忘怀的印象。也正是他的这种作风,对司令部机关战斗作风的养成起了巨大的推动作用。在那紧张的战斗岁月里,司令部的各个部门在刘参谋长的组织下,如同一部机器,每天都在高速、协调、不知疲倦地运转着。"

"解放战争时期,在东北战场那样混乱的局面、那样不利的敌我形势下,我们能很快地发展到百万大军,同装备有美机械化和训练有素的敌人连续作战,并不断取得胜利,如果没有一个坚强果断、雷厉风行的参谋长及其领导的有力的司令部机关协助军政主官组织指挥作战,是难以做到的。在这方面,应该说刘亚楼是有重大贡献的。"

在论述理想的参谋本部军官时,第二次世界大战中德军总参谋长古德里安列举了必备的美德:"忠于自己的信仰、机智、有节制、有牺牲自我的精神,具有强烈的个人信念,并且有才能将各种信念告诉他的指挥官。"借用此说,刘亚楼兼具这些美德。

九一三事件后,很多人都怕被说成是林彪喜爱的将军,仿佛这样就有许多问题说不清。

刘亚楼说不清的还远不止这些。"文化大革命"中,有人揭发说,当年在东北,林彪有事找刘亚楼,刘亚楼经常是小跑着去的,有讨好、溜须拍马之嫌。对林彪和罗荣桓,刘亚楼确实一向尊重而恭敬。其实这种感情,就像当年东野官兵对他和林、罗的敬重一样,没有人会对此产生什么诸如讨好、溜须拍马等不舒服的联想。同样,刘亚楼有事要找司令部的处长和参谋们,他们也常是小跑着去的。

刘亚楼除了能干、会干,还能玩、会玩。有条件时,他忙里偷闲,跳舞、打猎,样样精通,玩起来像干工作一样精力过人。他神聊特别在行,往哪儿一坐,古今中外,海阔天空,一会儿就聚一堆人。有时,林彪也踱过来当听众。刘亚楼就站起来,叫声林总或是一〇一(林彪在东北时的代号),林彪却说:"讲,讲下去。"

林彪不爱玩,也不会玩,几乎没有嗜好。刘亚楼曾鼓动他去玩。林彪也曾"响应"过,在黑龙江双城曾和刘亚楼一道出去打过几次猎,在哈尔滨也和刘亚楼一道去跳过舞。那时,敢叫林彪去玩,能叫得动林彪去玩的,大概只有刘亚楼了。

刘亚楼敬重林彪,但并非无原则地事事迁就。打锦州时的争议姑且不说,辽沈战役结束后也有一场争议。1948年11月8日,刘亚楼支持罗荣桓坚持在上报中央军委《关于九、十两月份作战情况综合报告》的电文中写进了"在攻打锦州问题上,我们曾一度犹豫,后来又纠正了"的话。

另一场潜伏

横扫千军如卷席的冬季战役结束后,国民党军队被分割包围在长春、沈阳、锦州三大块。沈阳有卫立煌亲率的三十万兵力驻守,长春有郑洞国的十万兵力,锦州则是范汉杰的十二万兵力防守。

冬季攻势尚未结束,战争思路走在前头的毛泽东,就给林、罗、刘电示:"要预见敌人撤出东北的可能性。对我军战略利益来说,是以封闭国民党军在东北加以各个歼灭为有利。"毛泽东总的意图很清楚,问题是怎么个封闭法,该采取什么方法打呢? 林彪骑坐在靠背椅上,久久凝视着军用地图,迟迟下不了决心。

见林彪近两个月按兵不动,罗荣桓急了,拉着刘亚楼一起来到林彪住处:"一〇一,主席又来电了! "

刘亚楼简明扼要地汇报电示内容:"主席的想法是要我们长驱南下,先切断北宁线,堵塞卫立煌陆上交通的退路,造成'关门打狗'的态势,将敌人封锁在东北予以全歼,主席的倾向显然是要先打锦州。"

这段时间,在林彪耳边不时响起的是毛泽东的电报,还有罗荣桓和刘亚楼的建议。

林彪还是一副"将在外,君命有所不受"的神态,在大地图上指画着说:"锦州城防工事坚固,又有十五万重兵把守,如果像夏季攻势打四平那样,久攻不下,关内敌人增援上来,我将造成被动。"

林彪往嘴里连扔几粒黄豆后,又说:"四平撤退之所以安然无恙,是因为部队基本上是轻装,要打十五万人设防的锦州,必须有大规模的重武器和六十多万人的后勤供应。这样庞大的供给需要大量汽车和燃油,如果燃油耗尽或遭空袭,大批机械化装备将要丢给敌人,部队就难以安全撤离战场,而陷于危险境地啊! "

言下之意,攻锦州是一步险棋,他不愿冒这个险。

苏军元帅比留佐夫说过:"定下决心的过程是高度紧张的过程,也可以说是痛苦的过程。"刘亚楼从林彪浓眉紧蹙的神情,窥出了他的这份痛苦。林彪的这份因定不下决心产生的痛苦,容易使人想起《圣经》里的一句话:"头脑简单的人是多么幸福。"

一向办事稳重的罗荣桓见林彪还是这般不紧不慢地拨弄战争的算盘珠子，没有理由不急。他往鼻梁上推了推那厚厚的眼镜，问："那司令员的意见如何？"

在罗荣桓和刘亚楼的催促下，林彪终于十月怀胎似的"分娩"出了令他痛苦的决心："我反复考虑过，三个固点中，长春之敌最弱，又离我们后勤基地最近。如果我们抓住长春郑洞国这一大坨子敌人，卫立煌不会不管，同样可以达到军委要我们拖住敌人的目的。"

刘亚楼对此设想没有积极响应，而是认为："军委要我们南下打锦州至山海关一线，是卡脖子的办法，打下锦州，一下就控制了北宁线，封住了东北大门；而先打长春，是揪尾巴的办法，不在要害上。"

林彪踱着步，面无表情地说："过江南下，这样大的行动，需要仔细掂量掂量，要把各方面的问题都考虑进去。我的决心不变，还是先打长春，搞攻城打援。"

最高军事主官决心已下，罗荣桓和刘亚楼知道再劝徒劳，只好作了"提交东北局讨论，然后再报中央"的建议。

1948年4月18日，东北局召开高级军事会议，林彪、罗荣桓、高岗、陈云、李富春、刘亚楼、谭政等讨论了打长春的问题，决定集结九个纵队担任攻长春和打援的任务，计划在十天或半月左右解决战斗。

方案报到西柏坡，据说毛泽东大动肝火，甚至产生了"让林彪到中央来，我到东北去"的念头。但一向尊重前线指挥员的毛泽东终于克制了情绪，在1948年4月22日复电同意先打长春之余，不忘指出：你们自己，特别在干部中，只应当说在目前情况下先打长春比较有利，不应当强调南下作战之困难，以免你们自己及干部在精神上处于被动地位。

刘亚楼读罢毛泽东的电报，颇为感慨："蒋介石有飞机，因此，他与部属的争论基本上是面对面的，而毛主席只能在电报里与我们讨论。"

1948年5月下旬，东野集中两个纵队试攻长春，虽然在外围战斗中歼敌五千人，占领了西郊机场，但也付出二千余人的伤亡，最后不得不暂停攻击。

1948年6月13日，刘亚楼与罗荣桓、李富春、谭政赴吉林，召开对长春实行"久困长围"方针的高干会议。十天前，中共中央同意在东北局常委领导下实行党政军三种分工组织。刘亚楼被任命为东北局委员、中央军委东北分会七委员（林彪、罗荣桓、高岗、谭政、刘亚楼、萧劲光、程子华）之一。他在东北党、军中的位置愈发突出了。

罗荣桓、刘亚楼等听取长春前线领导萧劲光、萧华的汇报后，指示部队在围城中加紧攻城训练。刘亚楼还提出要发布"断绝敌人粮柴，禁止行人出入"的命令。

针对"禁止行人出入"的问题，有人问："如果老百姓出城怎么办？"

刘亚楼不假思索地说："那就睁一只眼闭一只眼吧！"

此话一出，萧劲光、萧华等将领不约而同地把目光转向了李作鹏和周纯全，顿时哄堂大笑。原来，他俩在战争中都失去了一只眼，成为名副其实的睁一只眼闭一只眼。

用兵作战本来没有固定的方式方法，就像水流没有固定的形状一样，在战场上能"因敌制胜"，就称得上用兵如神了。

为帅者首先应有战略眼光，立足眼前，心系全局。心无全局者，不可为帅，为将也不可能是上将，只能为猛将，即古人云："不能谋全局者，不能谋一域。"拿起来，放下去；放下去，拿起来。1948年7月下旬，长于战略性思考的林、罗、刘重新讨论作战方针后，认为不宜勉强和被动地攻长春，以最大主力南下作战为上策。这样算是与毛泽东的战略合拍了，中央军委马上复电赞成。

东野由准备打长春，转变为南下北宁打锦州，中间经过了相当曲折的过程，毛泽东和中央军委给林彪反反复复做了不少工作。通常情况下，只要战役的决心定了，总的作战意图和作战部署明确了，随之而来就是兵力调动、调整。可在此之前，东野的决心是打长春的部署，当时野战纵队绝大部分在沈阳以北和四平、长春附近。由此南调攻锦州，北、东满数十万大军千里迢迢，浩浩荡荡，能否隐蔽决战企图，出其不意，攻其不备，达到战役的突然性，以形成关闭东北大门的作战态势，是关系到整个决战命运的重大问题。

突然性是战争的一个特点。深谙此道的刘亚楼在研究作战部署时指出："为了在一定程度上保持战役发起的突然性，需要迅速隐蔽完成兵力部署的大调动，这至关重要。敌发觉我攻锦意图晚一天就增加一分突然性，我也就可多争取一天主动，也就多增加一分取胜的可能性。"

即将发起的辽沈战役，无疑是一场"关门打狗"的空前规模的大歼灭战，这样大的战役行动，完全做到神不知鬼不觉，不被敌人发觉，当然难以企及。但刘

1948年，辽沈战役中的刘亚楼

亚楼认为，战役初期，对全战役有一定影响和最容易引起敌人警觉的几个行动，争取出其不意，使其措手不及，则是可以做到的。

林彪对此设想颇有兴趣，认真倾听"鬼点子"。

刘亚楼指出："我军前段由于对长春采取了积极行动，并公开扬言'练好兵，打长春'，客观上起到了示形于敌的作用，使敌认为我将首先攻打长春的可能性最大。这样我军南下北宁线，保持一定程度的秘密，以取得战役发起的突然性，应是有可能的。"

罗荣桓的担忧是："要保持一定程度的秘密，势必影响部队兵力部署的调动，如果慢了，敌人发觉了，就可能跑掉，或者想法靠拢。"

这种担忧不是多余的。当时，锦州的屏障义县，有敌暂第二十师驻防，属锦州第九十三军建制，可能增援，也可能撤回锦州；锦西距锦州仅三十公里，且敌兵力较多，如向锦州收缩，则对东野攻锦不利；另外，东野攻打锦州，华北傅作义以及沈阳、长春之敌会不会增援？增援可能有多少兵力？

所有这些，作为参谋长的刘亚楼都加以考虑过了，才有把握提出：一方面，在组织部队南下时保持一定程度的秘密；另一方面，从具体敌情出发，快速调整部队。

他的高招是：首先展开大规模的战役佯动，摆出攻打长春、沈阳的态势，迷惑敌人，隐蔽东野主力南下作战的行动企图。具体做法是临时抽调几个独立师，白天编成大部队，由四平附近向长春方向开进，并开放各级电台，收发电报，下达作战任务，夜间则乘火车返回原地。连续数日，在长春、沈阳间浩浩荡荡地大调动，作出要攻打长春、沈阳的假象，吸引敌人的注意力，致长春、沈阳守敌不敢轻举妄动，而我主力则声东击西，金蝉脱壳，沿四平、郑家屯、阜新西线暗度陈仓，迅速南下锦州。

其次,隐蔽下达部队的行动命令。所有行动命令,由司令部派参谋人员到有关部队口头传达,秘密组织实施;攻锦部队路过的村庄,要严格控制,不准村民离村,以防走漏消息。

再次,无线电台全面佯动。师以上的无线电台,在部队开始行动后一周内,仍留原驻地,照常和东野司令部电台保持联络。在部队开进过程中,除原在锦州、沈阳附近活动的部队外,一段时间内实行静默,暂不和东野司令部联络。

第四,为迷惑敌机白天的空中侦察,部队夜行晓宿,一旦遇有空情,立即原地向后转,以示北进,兵不厌诈。

站在作战地图前,刘亚楼最后说:"为了实现快速机动,北线部队南下采取火车运输的方式,粮草运输亦主要靠铁路。"

当时,东野已控制了郑家屯、彰武、西阜新等铁路干线,依靠铁路输送当然既迅速安全,又严格保密。但首次组织这种输送,部队、铁路双方都缺乏经验,组织准备工作能不能做好又是一个问题。而且,是年这一带雨水之大,为三十年所未见,铁路、公路、桥梁冲毁甚多。1948年8月11日,林、罗、刘在致中央的电报中称:"原估计八月十五日左右可修好铁路、汽路、桥梁,以现在雨势来看,能否如期完成仍无把握。"为此,刘亚楼亲自和护路军司令员苏进等人研究了修路及车运计划、保障措施,向部队和铁路双方提出了详尽而具体的要求。

听完刘亚楼的汇报,边听边陷入沉思的林彪脸上露出一丝笑意,点点头,说:"好,洋面包还真没让你白吃。"

罗荣桓和谭政也表示赞同,大家一起制订了翔实可行的北宁线作战计划。

林、罗、谭的赞同,并没有使刘亚楼心头轻松,相反更感觉这场战役的重要性和艰巨性。这次作战,非比寻常,方案不能有一丝一毫的差错,否则将是不可饶恕的大罪。

晚上,他近似挑剔地重新审视了一下初定的作战方案,觉得应是可行的。只不过,除此之外,还能不能再开辟一条渠道,既能避免蒋军阻我南下,又可更有力地保障计划的顺利进行呢?如果在我大军声东击西的动作中,能派出一部电台编造假情报,隐真示假,造成敌人判断和指挥上的失误,以此来配合我攻锦州行动,那就更好了!他一夜苦思。

第二天晚上,大雨滂沱,一辆美制吉普车在雨雾里驶出了东总指挥部,风驰

电掣地朝哈尔滨大直街驶去。在一处房子前,车门开启,首先跳下几位斜背驳壳枪的警卫战士,接着下车的正是刘亚楼。

这里是东北局社会部办公场所。东北局社会部部长汪金祥、副部长陈龙对一〇三首长的到来表示欢迎。

刘亚楼紧握着两人的手,没有寒暄,就说明了东野南下北宁线的作战部署,边说边拿起桌上的笔,只几笔就勾画出了东北的战略图。他目光炯炯地望着两人,说:"野司(东野司令部)决定这次战役动用十三个纵队、五十三个地方师,计七十万人,加上支前的民工起码要超过百万。"

汪金祥、陈龙没料到东北大决战是这么个高明的打法,两人的语气显得有些急切:"中央的决策是一着高棋,总部需要我们做什么?"

刘亚楼热情洋溢地说:"我首先代表总部表扬你们和邹大鹏同志。你们的情报准确极了,很不简单,一〇一、一〇二(罗荣桓在东北时的代号)也多次表扬你们。"

刘亚楼对社会部的情报工作确实满意,他称之为一把隐藏利剑。林彪也说这把利剑的作用不亚于一个纵队。社会部在极其困难和复杂的形势下,开辟了情报工作的阵地,并组建了一支精干的情报队伍。这支队伍虽然人数不多,工作却十分出色。他们有的打进了国民党党务办事处,有的则潜伏在国民党军统组织内部,基本上掌握着几方面敌人的活动情况。

汪金祥汇报说:"我们正安排邹大鹏同志在长春做六十一军曾泽生的工作,在沈阳做五十三军周福成、赵国屏的工作,如果能争取他们火线起义就最好。"

陈龙也表态说:"为打好这场大战役,我们一定全力配合。"他还是哈尔滨市委常委、社会部部长,担负着整个北满的锄奸保卫工作,是位出色的情报人员,新中国成立后曾任公安部副部长。

刘亚楼说声好,打开草图,指画着说:"你们看,目前在辽西一带我们只有一部兵力,要打这一仗,就得从北、东、西满向辽西调兵。近百万大军调到辽西走廊,可不是件简单的事情,而且还不能让敌人摸清我们的攻锦意图。一旦敌人识破我们的这步棋,就会在铁岭、新民、彰武、阜新一带横加阻止。战线在此地一拉开,我们就无法靠近锦州。这样一来,辽西会战的设想就难以实现,也就无法完成中央的部署。"

没料到,打好这一仗,还有一个天大的问题横在面前。汪金祥、陈龙一齐望着刘亚楼。

刘亚楼继续说:"野司虽然做好了一切准备,但敌人空中有飞机,地面有情报网,我百万大军在北宁线调动,要想让敌人摸不清目的,着实不易。如果被敌阻止在辽中一带,不要说整个攻锦计划要落空,而且将给我们造成巨大损失。"

说完,他摊了一下双手,皱了皱眉头,道:"这真好比是三国周瑜赤壁破曹缺东风那样,周瑜最终是找到诸葛亮,我今天找你们也是来借东风的!"

见两人一时不知所以然,刘亚楼笑道:"听说你们不久前破获逆用了敌人的电台?"

陈龙说:"对,我们手中掌握了一部编号为二五七组的特务电台,是蒋军国防部二厅长春站派来哈尔滨刺探我军情报的独立台。它的情报,敌人一直深信不疑,被我们破获逆用后,敌人还未察觉,是否可以在我们严密控制下利用这部电台发假情报以迷惑敌人?"

刘亚楼当即点头,严肃而充满期盼地说:"我找你们,正是想在这上面做文章。你们多想想法子,好好研究一下具体内容,明早提出方案,总的是要让假情报能在敌人心中产生可信度。"

翌日上午,汪金祥、陈龙来到东总那座欧式小楼,向刘亚楼汇报了方案:让被我掌握的逆用电台发报向蒋军国防部长春站请示,就说东野司令部有个作战参谋,离心倾向很大,是否可以拉过来为我所用,以便及时准确地掌握共军的军事机密。

刘亚楼眼睛一亮,大声说:"你们这个戏唱得可不小! 如果这封电文能蒙骗敌人,那我们就可以牵着他们的鼻子走!"

略作思忖,他又提出质疑:"万一敌人不上钩呢?"

陈龙答:"基于敌人派入哈尔滨的特务组织被我们破坏殆尽,急需得力的军事情报人员,而二五七组电台在敌人心目中占有重要分量,它提出可以拉出我军一个作战参谋的情报,肯定会引起敌人的兴趣。我看敌人十有八九会上钩。"

刘亚楼知道,汪金祥、陈龙他们和国民党情报机关打交道已有数年时间,积累了很好的经验,因此说:"我相信你们,只要一〇一、一〇二没意见,马上照此进行,需要怎么配合,野司全力提供。"

林彪、罗荣桓听完汇报，表示此方案可以一试。

如此这般后，很快就接到敌长春站的回电，说了一通褒奖和赞许的话，要求速报林彪司令部作战参谋的姓名、年龄和军阶，以便加官晋爵。

陈龙看到译出的电文后，千斤重担放下了一半。在他的严密组织下，二五七组电台复电，说这位根本不存在的作战参谋叫王展玉，三十一岁，并说王参谋最近就有一份重要军事情报准备拍发，作为他参加组织、弃暗投明的晋见礼。

长春站对此深信不疑，立即回电加封他们梦想拉拢到的东野核心参谋王展玉为少校谍报员，并表示只要提供的军事情报作用重大，随时都可晋升。

听完汪金祥、陈龙的汇报，刘亚楼赞许说："你们的戏唱得有声有色，很好！看来，这场情报战已经成功拉开战幕，压轴戏很快就要来了！总的招式是，对西边的锦州，要打而装作不打；对长春和东边的沈阳，不打而装作要打。这就叫声东击西。"随后，他一挥手臂，朗声道："我野战部队现在可以向辽西一带调动了，我向长春、沈阳附近的佯动也可以立即开始，这几个师的具体行军路线、宿营地点，就要由你们来指，出卖给敌人喽！"

汪金祥、陈龙听出了刘亚楼的弦外之音，会心一笑："对，通过二五七组随时向敌人贩卖！"

大战前的准备紧张而有序，刘亚楼全力以赴地投入繁重的调兵遣将和军运工作之中。林、罗首长身体都不甚好，他年轻，又是壮劳力，尽可能多挑些担子。

除围困长春之敌外，东野另以四个师的部队，并多用了不少番号，大张旗鼓地向东线沈阳方向进军，东总的番号也赫然出现在向沈阳进军的路上。

东野佯动开始后，二五七组电台立即发出情报，称共军大部队正在四平、吉林至沈阳间运动。随后又发电报告了东野的出发时间、行军路线和宿营地点。

国民党东北"剿总"闻讯，慌忙布置空中侦察，密令地面特务核查，一天几次向有关部门催问，要求马上弄清共军大规模调动的目的和意图。军统（全称国民政府军事委员会调查统计局）、中统（全称中国国民党中央执行委员会调查统计局）的情报首脑，也急得像热锅上的蚂蚁，他们在哈尔滨、齐齐哈尔、四平的情报组织，先后都被红色力量破坏了，现在就是有三头六臂也难以向上峰复命！此时，只有国防部二厅的长春站还可吹牛，他们不仅在共军大规模调动前就获得了"准确"的情报，"弄清"了共军攻打长春、围困沈阳的意图，而且由于拉了一个

"弃暗投明"的林彪司令部作战参谋,情报还在源源不断地通过电波传来。

敌人经过空中侦察、地面特务报告以及其他方面的查证,果然证实吉林、沈阳间有共军大部队运动。二五七组电台所供情报"属实",无疑是出自共军内部接触上层机密的人员之手,其电台台长马上被擢升为上校,提供情报有功的王展玉也因此受到嘉奖。

堪称名将的国民党东北"剿总"总司令卫立煌并非等闲人物,对长春站提供的情报并未完全相信,心有疑虑:共军会不会声东击西,瞒天过海,在锦州做文章? 锦州系北宁线上联结东北与华北两大战场的战略要地,万一锦州有失,后果将不堪设想。

在卫立煌的急令下,空军又几经反复侦察,但确实找不到共军打锦州的迹象。加之二五七组电台的情报作用,东北"剿总"最终作出了共军打长春、沈阳的错误判断,因而抓紧布置长春、沈阳的防务。

1948 年 9 月 8 日黄昏,四平车站及以东铁路线上,静悄悄地陆续开出一列列火车。利用铁路向前线大规模、远距离地输送部队和装备、粮食,不仅在东北,在解放军的战史上也是第一次。

毛泽东和中央军委早就翘首以盼的这次行动,本来 8 月底就要开始的,因为异乎往年的大暴雨,铁路到 8 月 25 日才修复到阜新段,不得已推迟。但林、罗、刘电文中"尽力争取早日出动"的态度,仍让毛泽东"甚好,甚慰"。

南下作战的宏伟决心,是毛泽东塞进林、罗、刘胸中的。1948 年 9 月 7 日,毛泽东对林、罗、刘定下的战役决心表示"甚好,甚慰",并鼓励他们"确立打你们前所未有的大歼灭战的决心"。

除了北线的一些部队和机关、弹药物资由铁路输送外,南线先期出动南下的几个纵队,都是徒步行军分路开进的,均采取昼伏夜行,并以无线电伴动相配合。步兵、炮兵、骑兵、坦克兵,一支支大军像奔腾的激流,在金秋的夜色中涌动。

开始南下时,为了保守行动秘密,不走漏任何消息,莫说一般战士,就连纵队司令员、政治委员也不知道。震惊世界的辽沈战役,在开战前竟未大张旗鼓地开会布置,对纵队司令员、政治委员都守口如瓶,也算是人民解放军的一大创举。

直到 9 月 7 日毛泽东和中央军委首肯攻锦计划后,林、罗、刘、谭才致电各纵、师,下达新的作战行动(即辽沈战役)政治动员令,并强调保密:兹将我们八月二十七日关于行动的政治动员电报发给你们,望你们在行动前或行动后找机会传达,但须注意勿过早暴露秘密,对于距敌位置甚近的部队,可暂勿传达,以免部队中机关中发生投敌现象。

知道战斗在即的东野将士,每个人身上都像打了一针兴奋剂,他们就要向南攻击了!

金蝉脱壳、瞒天过海的东野大军,在南下途中虽然偃旗息鼓,但国民党方面也还是有所察觉。飞机侦察和各地情报部门,都向东北"剿总"报告了共军动向,却遭"剿总"侦听机构的一顿奚落:"共军电台都在原地未动,你们为什么不相信科学?"国民党东北"剿总"的通信处与情报处为此发生激烈争执。

大难临头,可不管是沈阳"剿总"还是锦州指挥所,都处于一种麻木和混乱中。东北"剿总"副总司令兼锦州指挥所主任范汉杰不知大战行将爆发,还把夫人接来锦州欢聚。当东北"剿总"探知共军在郑家屯、彰武、西阜新等铁路线上有活动时,即令长春站查明情况。

长春站回答时以二五七组电台的情报相告:东北部分共军运动意向已探明,系奉命进关配合华北共军进攻承德、赤峰。

在电波的往来周旋和敌方的分析辨别中,东野主力正争分夺秒地通过千里运输线向南挺进。当范汉杰发现苗头不对,频向卫立煌告急时,东野几路主力均按时箭一般逼近锦州。紧接着,在黑土地上咣当了几夜的火车,载着后续大军源源开到。

1948年9月12日,震惊中外的战略大决战的枪声,划破了北宁线山海关至唐山段天空的沉寂。

接到锦州急电,蒋介石和卫立煌顿时惊得目瞪口呆,他们一直担心的事情终于发生了!锦州这个通往关内的大门一旦被共军关住,他们只有一口一口地被吃掉,国民党朝野一片惊慌。

难产的攻锦计划

前线电报雪片似的飘来,看到部队作战如此神速,锦州至唐山段各据点全被分割包围,敌人在东北与华北的陆上交通完全被切断,东野指挥所里洋溢着喜气。

1948 年 9 月 25 日，刘亚楼得知敌人每日用七八十架飞机从沈阳空运第四十九军增援锦州，乃电令第八纵队以一个师迅速用炮火封锁，监视锦州机场。

一切都布置得井井有条，司令部在等待着预想中的捷报。然而，第二天，机要员送来的却是第八纵队司令员段苏权、政治委员邱会作的请示电："锦州有两个机场，东郊机场已几年未用，西郊机场正在使用，请示应控制哪一个机场？"

刘亚楼气得差点没晕过去：两个机场，一个能用，一个不能用，封锁哪个，还用请示吗？他狠狠地骂道："这两个饭桶，难道不知道吃饭是用鼻子还是嘴吃吗？没用的机场要你们封锁干吗？"

林彪也大发脾气："耽误了两天时间，贻误战机，应通报批评！"

刘亚楼虽然为前方的不灵活而火冒三丈，但他很快就采取了补救措施，紧急电令第九纵队和炮纵某部火速赶到锦州西面的小岭子机场。此时，敌人的大肚子运输机已经空运了几乎两个师，正紧张地搬卸武器装备。抵近机场周围的东野部队忙组织十门火炮猛轰，五架飞机顿时中弹起火。机场里像炸了的马蜂窝，到处是尖叫乱窜的士兵和汽车。还没降落的飞机，在空中盘旋了一阵，悻悻而返。若再耽误两天，待敌第四十九军全部空运完毕，那整个攻锦计划或许就得改变了。

1948 年 9 月 30 日，毛泽东致电林、罗、刘，表扬完全控制了机场："歼敌两万，毁机五架，甚慰。望传令嘉奖。"同时对第八纵队贻误战机，使敌人得以空运两个师提出了措辞严厉的批评："大军作战，军令应加严。"在这天的复电中，毛泽东认为林、罗、刘攻打锦州的决心及部署"均好"，"即照此贯彻实施，争取大胜"。

在此前一天，林、罗、刘又发了一次火。

第十二师在东拉山作战中，仅毙伤敌一百零九人、俘敌三十三人，却炮击了好几个小时，耗弹一千四百三十三发。林彪接报后气得脸色发红："这打的什么仗？这叫崽破爷财不心疼，这是败家子作风！"

一向冷静的罗荣桓也很生气："西北野战军（简称西野）保卫延安一连打了三仗，才用了一千五百多发炮弹，消灭敌人一万四千余人。可我们的指战员却认识不到爱惜一枪一弹的重要，这样大手大脚的老爷作风怎么要得！”

刘亚楼说：“我看要下一个通知，要求各纵、师认真检查一下，看还有没有这种现象，下一步作战要特别强调节约炮弹。”

林彪点头同意，又接着说：“大炮小炮都要算，一〇三，你马上起草一个指示，以总部的名义下发，一定要抓好这个问题。”

为了配合东北战场的锦州之役，中央军委指示华北、华东战场同时发动晋绥战役、济南战役。1948年9月底，山东兵团攻克济南，从而有力地阻止了关内国民党军增援东北。此时，东野锦州前线指挥所（简称东野前指）尚在黑龙江双城，刘亚楼建议：“前线情况瞬息万变，指挥机关不应远离战场。”谭政也说：“司令部对前线情况了解不够，如果得知锦州有两个机场，并明令封锁西机场，就不会发生八纵贻误战机的问题了。”对打锦州还有顾虑的林彪，这时才下决心起程南下，将指挥机关迁往前线。

1948年9月30日这天，林彪、刘亚楼、谭政及东野司令部、东野政治部组成的东野前指，乘列车开往前线。为了迷惑敌人耳目，列车先北开哈尔滨。10月1日以林、罗、刘名义发出《准备夺取锦州，全歼东北敌人》的战斗动员令。同日夜间，先到哈尔滨的罗荣桓从南站一个货运站台上了车。由于在道里江桥发现国民党特务的潜伏电台，列车又朝东南方向驶去，表示要去长春前线。列车抵拉林站，天将拂晓，突然掉头北返，过松花江三棵树铁桥，经江北联络线转向滨州线经昂溪南下。

1948年10月1日，东野第三纵队和第二纵队第五师，在炮纵配合下，攻克义县，全歼守军万余。不幸的是，炮兵司令员朱瑞视察义县县城突破口时踩中地雷，壮烈牺牲，为解放军在东北战场上牺牲的最高级干部。

得知朱瑞牺牲的消息，罗荣桓连连叹息：“可惜啊！大战在即折了一员大将！”

刘亚楼和朱瑞交情不浅，对他的牺牲悲痛不已：“真是壮志未酬身先……”他说不下去了。

林、罗、刘、谭致电中央军委：“朱瑞同志来东北后工作甚为积极，对炮兵建设起了重大作用。此次不幸牺牲，实为一重大沉痛的损失。为纪念朱瑞同志，我们建议将东北炮兵学校命名为朱瑞炮兵学校，请中央军委批示。”中央军委接到东总关于朱瑞牺牲的报告后，于10月3日即复电指出：“朱瑞同志牺牲，实深悼念。同意将东北炮兵学校命名为朱瑞炮兵学校,以作纪念。"

1948年10月2日,还在南下途中,东总接到一份紧急情报:敌抽调华北"剿总"部队,还有烟台的第三十九军增援葫芦岛。林彪早就顾虑,怕攻打锦州时有被沈阳、锦西、葫芦岛之敌两面夹击的危险。得知其中四个师之敌已经海运到达葫芦岛,林彪攻锦决心更是发生了动摇。

林彪的机要秘书谭云鹤(新中国成立后曾任国家卫生部副部长)后来回忆说,就在那天晚上,林彪向他口述了给中央军委的电报内容:由于傅作义部增援锦西、葫芦岛,在这种情况下,是继续打锦州,还是回师打长春,"以下两个方案,我们正在考虑中,并请中央军委同时考虑并指示"。他将林彪的口授内容记录整理后,由林彪阅过认可,他再加上封页,并代林彪写上"请罗、刘核后发"的字样,然后派警卫员送给罗荣桓、刘亚楼。经罗荣桓、刘亚楼圈阅后,以AAAA特级绝密电报发出了。

当时,由于时间紧急,刘亚楼对送来的这封电报未仔细考虑,同时也出于对林彪军事指挥的尊重,而在电文稿上画了圈。但事后一想,"正在考虑中",其实不是对已付诸实施的方案在动摇吗?而现在敌情变化并不大,不足以影响攻打锦州。这天夜里,他反复思考,辗转反侧。第二天清晨,便匆匆赶到罗荣桓住处,把自己的想法作了汇报。罗荣桓刚刚起床,一听正与自己的想法一样,便和刘亚楼一道直奔林彪的住处。

罗荣桓力劝林彪:"打锦州的计划是军委批准的,主席要我们敢打没有打过的大歼灭战。现在几十万大部队拉到辽西,锦州外围已经肃清,部队战斗情绪高涨,我们的决心不能动摇!"

林彪踱着步,长时间沉默后,转身问刘亚楼:"一〇三的意见呢?"

刘亚楼说:"我同意罗政委的意见。我觉得敌情变化并不大,仅仅是因为敌人增援了四个师,再增援四个师又怎样?主席指出要使用主力于锦(州)榆(关)唐(山)一头,置长(春)沈(阳)两敌于不顾。打下长春是不难的,但打下长春,锦州还是得打,那时,敌人无须东顾长春,拥到辽西的兵力会更多,我反处于被动。而且,如果敌人从北宁线,从海上狂逃,我们又怎样去'关门打狗'?我看还是打锦州。"

林彪又想了一会儿,喊来谭云鹤,让他向机要处追回电报。谭云鹤面露难色,说电报已经发走了。

罗荣桓果断提出:"不要等军委回电,我们重新表个态,收回前面的请示电,仍然要打锦州。"

林彪看了看刘亚楼,刘亚楼点了点头,林彪做了同意的手势。

1948年,任东野参谋长的刘亚楼(右)与林彪(中)、罗荣桓(左)在东北某地指挥所指挥作战

经过紧急商讨,由罗荣桓起草,经林、刘修改,以林、罗、刘名义,向中央军委发出了一封重申攻打锦州的电报。

这封电报是1948年10月3日9时签发的,军委电台收到的时间是20时15分。在这之前,军委于3日17时和19时接连发来两封由毛泽东拟稿的十万火急电报,严厉批评了回师打长春的错误想法。4日凌晨1时30分,毛泽东收到了林、罗、刘重新表态的电报后,一颗提到嗓子眼儿的心总算放下了,当即回电:"你们决心攻锦州,甚好,甚慰……在此以前我们和你们之间的一切不同意见,现在都没有了。"至此,辽沈战役"学术大研讨",在高潮处圆满地画上了句号。

4日晨,东野前指列车到达阜新。火车向南尚未通车,林、罗、刘这三位东野最高首长只好下车。5日15时,东野前指改乘汽车赴锦州前线。在义县,他们听取在义县前线的司令部作战处处长苏静汇报战况及朱瑞牺牲的情况,随后继续向锦州前线前进。5日晚,林、罗、刘到达锦州以北三十多里的牤牛屯。

1948年10月6日凌晨,林、罗、刘收到毛泽东为中央军委起草的复电:"你们到锦州附近指挥甚好。但你们不应距城太近,应在距城较远之处,以电话能联络各攻城兵团即妥,务求保障安全。另设攻城直接指挥所,委托适当人员,秉承你们意旨,迫近城垣指挥(亦不要太近)。"

朱瑞阵前牺牲后,毛泽东更是牵挂林、罗、刘的安危。这份叮嘱和关怀,使远在锦州的刘亚楼,在北方微寒时节感到了丝丝温暖。

为安全计,东野前指也就不再往前走了。

牤牛屯一户抹着白灰墙皮的地主大宅院,被征用作了指挥所。五间上房,林彪住东屋,刘亚楼在西屋办公。罗荣桓、谭政则在指挥所道南的一个农家小院里办公。这也是出于安全考虑,大敌当前,最高指挥人员不能时时聚拢一起。就在牤牛屯,林、罗、刘运筹帷幄,谈笑净敌,指挥了整个辽沈战役,直到沈阳解放。

血战锦州

地处城北的帽儿山,是锦州的制高点,极目远望,锦州全城和周围主要高地一目了然。

1948年10月8日,林、罗、刘在第二纵队司令员刘震、第三纵队司令员韩先楚、第九纵队政治委员李中权等陪同下,到帽儿山察看地形,部队已在那里修好了掩体。

敌人向帽儿山上打炮,飞机也飞来头上盘旋。林、罗、刘熟视无睹,一面听各纵首长和参谋人员对各纵攻城具体部署的汇报,一面对照地图用望远镜仔细观察。经商议,他们认为原来部署可以不变,即以锦州北面为攻击重点,同时以南面和东面配合进攻,攻入锦州后,先消灭锦州东半部之敌,再向西发展。

攻击锦州最重要的保证,是挡住锦西、葫芦岛方面的敌人。此时,东野前指已接到确切报告,国民党军在葫芦岛又增了五个师。

林彪喃喃地说:"我

1948年10月,辽沈战役中,刘亚楼(左二)与罗荣桓(左一)、林彪(右一)共同研究攻打锦州

们准备的饭菜，只够请一桌客，现在突然来了两桌客人。两锦相距不到百里，敌军阵地相距更短，万一堵不住锦西、葫芦岛方面的援军，我攻锦部队就要受到很大威胁。"

言谈中，林彪对国民党从华北、山东新调来的这一桌"新客"深为忧心。

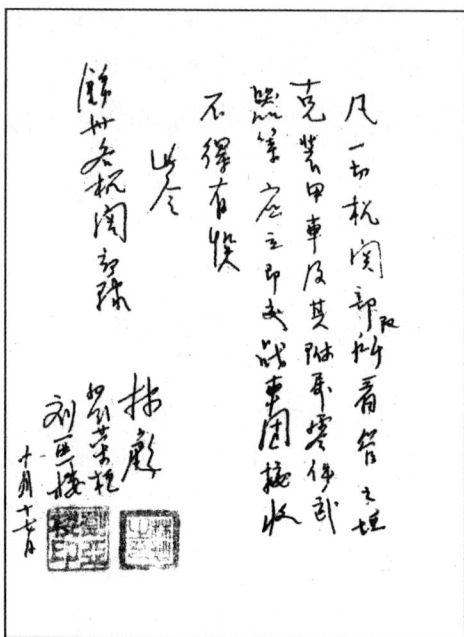

1948 年 10 月 17 日，林彪、罗荣桓、刘亚楼发布关于坦克装甲车处理办法的命令

视察帽儿山回来，东野前指召开攻锦州部队军事工作会议，确定作战方案。刘亚楼根据林彪授意，对各纵的任务作了具体划分："攻锦州以城北为突击重点，由二纵、三纵全部，炮纵主力、六纵十七师及坦克营组成突击集团，归三纵司令员韩先楚统一指挥。七纵、九纵由城南向北攻，八纵由东向西突击。攻入城区后，先将敌人分割包围，再逐个歼灭。由四纵、十一纵及热河两个独立师位于打渔山、塔山、虹螺山一线，阻击葫芦岛和锦西方向的援敌。由五纵、十纵、六纵（欠十七师）、一纵三师、内蒙古军区骑一师等部位于

新民以西以北地区，阻击可能由沈阳出动的援敌。由一纵（欠三师）位于锦州和塔山之间的高桥，作为全军总预备队，既可北攻锦州，又可南援塔山。"

为了迅速解决攻城突击重点，刘亚楼特地把他看重的第六纵队第十七师调来。第六纵队第十七师被誉为东野的"攻坚老虎"。他告诉师长龙书金："敌锦州指挥所和第六兵团之间的铁路局，是锦州的心脏，这次调你们来，就是要你们搞掉范汉杰的指挥所和第六兵团指挥机关。"

划分任务后，刘亚楼还就战术和步炮协同作了说明，特别提出攻城部队要充分运用攻义县挖交通沟的经验。

刘亚楼深知，林彪这次磨磨蹭蹭不想南下，好不容易车到山前，却又要打退堂鼓，原因之一是担心塔山守不住。在敌情起了变化的情况下，为本部队的利益

反复思考、权衡,这是将帅人物常有的事情,更是符合林彪不打无准备之仗的性格。司令员思考和担心的自然也是参谋长思考和担心的。刘亚楼知道,"街亭虽小,干系重大",塔山实在非同小可,一旦被突破,国民党侯镜如的东进兵团半天就可长驱直抵锦州。若侯镜如东进成功,廖耀湘西进可能就不再犹豫,那时可不是现在"剃头挑子一头热"的情形了。侯、廖两面夹攻,并和范汉杰锦州内外夹攻,弄不好东野只有拼命突围了。

正如林、罗、刘充分估计到的那样,辽沈战役中,打得最激烈也最惨烈的是塔山。塔山位于锦州、锦西之间,是北宁线上的一个小村落。以塔山为中心,东起海滨,西到虹螺山约三十公里,是敌人由锦西增援锦州的必经之路。如果说锦州是关东门户,距锦州二十公里的塔山则是锦州的门户,一星期内能否攻克锦州,关键在于一星期内能否守住塔山。这注定在塔山将有一场空前绝后的恶战。

林、罗、刘关注塔山,战前特地点了能攻善守的第四纵队守塔山。1948 年 10 月 5 日,他们给第四纵队的电报充满了火药味:"你们必须利用东自海边西至虹螺山下一线二十余里的地区,作英勇顽强的攻势防御,利用工事大量杀伤敌人,使敌人在我阵地前横尸遍野……而使我军创造震动全国的光荣的防御战。"

这次划分任务,考虑到协助第四纵队的第十一纵队战斗力较弱,为了预防万一,林、罗、刘将攻锦兵力由原定的六个纵队减为五个纵队,将第一纵队(欠三师)放到锦州和塔山之间的高桥,作为战役总预备队。这还不够,他们还派东总作战处处长苏静去第四纵队协助指挥作战。

刘亚楼对苏静说:"四纵那里将有一场恶战,你一定要协助吴克华司令员、莫文骅政委指挥部队死守塔山,哪怕血流成河,也不能叫敌人前进一步。你告诉他们,塔山丢了,提着脑袋来见!"

林彪不紧不慢地说:"对,就这样告诉四纵,塔山必须守住!拿不下锦州,军委要我的脑袋;守不住塔山,我要他们的脑袋!"

大兵团作战,军令须从严,这是林彪、刘亚楼的话,也得到了毛泽东的首肯,因此要指挥员的脑袋可不是说着玩的。

打锦州前,出了两个令刘亚楼几难宽恕的问题:一是没有及时封锁锦州机场,要不是罗荣桓制止,林彪和刘亚楼是真要执行毛泽东"军令应加严"的处置了;另一个问题还是出在这个纵队上。

刚在牤牛屯设下指挥所,情报参谋就向刘亚楼报告:截获敌台情报,敌人攻占了我们的紫荆山阵地。

刘亚楼难以置信,要知道,锦州以东这个阵地若丢了,部队将不好运动,进入不了攻击地域,影响攻锦部署;而且,即使紫荆山阵地丢了,纵队也应有报告。

听完参谋报告,刘亚楼马上要通该纵队指挥所电话,得知情况属实,他盛怒至极:"阵地丢了,你们为什么不及时报告?"

纵队司令员难过地说:"我们想等夺回了阵地再报告总部。"

"你也打了这么多年的仗了,游击习气怎么还那么重!丢失阵地已经不对,不及时报告更是错误,战争中情况瞬息万变,拖延了时间不仅贻误战机,还将影响整个战局,这点都不知道,还要你这个纵队司令员干什么?"刘亚楼训斥纵队司令员的语气大得惊人。林彪得报,也气恼地一拍桌子,大声对刘亚楼说:"大兵团作战军纪要严,你去处理,不管是'两条腿',还是'四条腿'(指骑马的指挥员),下边的责任要追究,首先是他们司令员跑不了!"

刘亚楼欲去执行战场纪律,罗荣桓拦住了,说:"你这个急性子,还是我去一趟吧。"

罗荣桓乘汽车赴该部队,就延误封锁机场问题和丢失紫荆山阵地未报告事了解具体情况,并针对这些情况进行加强组织纪律性的批评教育。

这个纵队完全是"大意失荆州"。紫荆山打下后,团长、营长下山去了,敌人突然反击,担任警戒防御的连长畏缩,放弃阵地。随即,南京《中央日报》大张旗鼓地发文《锦州国军反击克紫荆山》。该纵感到压力很大,准备夺回了阵地再报告。

后来该纵队经公审枪决了这位连长,撤了团长和副团长的职,并重又夺回了阵地。

塔山"街亭"未失,固然离不开解放军高涨的士气,也离不开林、罗、刘的知人善任,尤其是对各部作战特点、各将指挥风格的充分掌握。

毛泽东对林、罗、刘的攻锦部署大加称赞:"部署甚好,望坚决执行之!"

在此前后,葫芦岛那边的蒋介石,也给部属下了死命令:攻不下塔山,军法从事。他的军法从事可不是挂在嘴边说着玩的,从抗战至今,被他"从事"的集团军总司令、军长、师长少说也有十多个。

1948年10月10日拂晓,侯镜如统率的东进兵团,凭着海空掩护的优势,向无险可守的弹丸之地塔山发起了猛攻。塔山阻击战拉开序幕。

毛泽东接到林、罗、刘的报告后，于是日复电："这一时期的战局，很有可能如你们曾经说过的那样，发展成为极有利的形势，即不但能歼灭锦州守敌，而且能歼灭葫、锦援敌之一部，而且能歼灭长春逃敌之一部或大部。"

塔山恶战，刘亚楼要求第四纵队每天必须主动报告，担任主要防御方向的第十一师和第十二师，每天则要向东总报告四次。

东野前指内空气十分紧张，电报不停地传来，通信参谋不断地呼叫："塔山——塔山。"塔山多次易手，又多次被夺回。当第四纵队司令员吴克华报告塔山守军损失过半时，刘亚楼在作战室里吼道："一〇一说了，不要你们的伤亡数字，只要塔山！"

13日黄昏，国民党中将、总统府华北战地督察组组长罗奇使出了撒手锏，指挥其在华北从未吃过败仗的"赵子龙师"，采取波浪式的冲击战术猛烈冲锋；还组织了赤身裸体、头缠红布、手持机枪的敢死队，蜂拥而上。

在敌人自杀式攻击下，许多阵地被突破，眼看整个塔山防线有崩溃的危险，第四纵队司令员、政治委员当众宣誓："我们的位置就在同志们身边，人在阵地在！"

关键时刻，第四纵队预备队用上了，一通舍生忘死的反击后，终于使塔山防线化险为夷。

是夜，刘亚楼电话通知塔山："锦州外围据点已经全部扫清，攻城准备已完成，14日上午实施总攻，你们伤亡太大，要不要让第一纵队接替你们？"

吴克华说："一纵上来了，功劳算谁的？"

"谁有本事，谁是英雄好汉，谁就拿功劳嘛！"

刘亚楼的激将法一出，吴克华马上回应："一纵是老大哥，是'东北第一虎'，好钢要用在刀刃上，还不到关键时刻，怎好叫他们帮忙？还是让他们在后边蹲着吧！"

刘亚楼道："好，吴司令员、莫政委，你们有种！只要你们管好了自己那一亩三分地，等打下了锦州，我给你们庆功！"

危城中的范汉杰急电蒋介石，蒋连夜给侯镜如下了死命令：拂晓攻下塔山，12时进占高桥，黄昏到达锦州。

14日凌晨,密如蝗群的炮弹带着骇人的啸音,向塔山阵地呼啸而来。从重庆号巡洋舰上发射的一发就可打掉一个排的大口径炮弹,在阵地上穿织碰撞。敌人步兵在飞机掩护下,潮水般的一波又一波冲来。

整整六昼夜,东野在塔山演就了威武雄壮的历史剧,把塔山打成了中国战争史上的一座名山。

锦州外围敌据点肃清后,1948年10月14日,林、罗、刘进入帽儿山指挥所。是日大风骤起,但正因为风大,烟散得也快,颇便于观察。

时针走向晚10时。林彪从地图前转过身,朝刘亚楼点点头。刘亚楼对着话筒,大声喊:"总攻开始!"

在解放军前所未有的猛烈炮火中,守军阵地顿成一片火海,城墙、碉堡纷纷倒塌崩陷,铁丝网、梅花桩四散飞扬,护城壕刹那间被夷为平地。接着集中火力猛射师、军、兵团指挥所,范汉杰的指挥所转移到哪里,解放军的炮火就跟到哪里,像是长了眼睛。

是役,东野新组建的坦克团的两个坦克营参战,这在解放军历史上也是第一次。

炮火轰击一小时,待攻城部队打开突破口,刘亚楼马上命令第十七师行动。"攻坚老虎"猛扑进去,大胆穿插,一顿剖腹掏心,于晚上11时啃下了铁路局大楼——范汉杰的指挥所和炮兵观察所,使敌最高指挥所与部队间的联络完全中断。

得知第十七师这么快就捣毁了敌首脑机关,林、罗、刘嘉奖:望部队发扬"攻坚老虎"的威力,争取锦州战役全部胜利。

经三十一个小时的激战,东野全歼锦州守敌十二万人,其中生俘东北"剿总"副总司令范汉杰、第六兵团司令卢浚泉以下九万余人。

中共中央电贺锦州大捷

战后,林、罗、刘将锦州战斗的情况向中央军委报告:"此次集中部队之多,交通线之长,运输之繁重,为空前第一次,但尚称顺利。"

东野攻克锦州,把国民党这条一头挑东北一头挑华北的扁担给打断后,"不战而屈人之兵"的佳讯接踵而至：1948年10月17日，国民党第六十军军长曾泽生在长春率部起义，东野独立第六、第八师进入长春第六十军阵地接防；眼看大势已去，1948年10月19日，郑洞国率新编第七军等部与东野围城部队达成放下武器投诚的协议。于是，"练好兵，打长春"成了东野光叫不打的口号，长春在1948年秋天和平解放。

辽西战役"乱中取胜"

共产党发动的堪称神来之笔的锦州战役结束后，蒋介石急命廖耀湘十万精兵火速西进，与侯镜如东进兵团配合，想重新夺回锦州，而东北"剿总"总司令卫立煌则命廖耀湘兵团立即回师退守沈阳。蒋、卫争执不下，不乏精明的廖耀湘认为他们的方案都是于己不利的纸上谈兵，于是秘密拟定了一个利己方案——攻占营口，夺取港口从海上逃跑。

蒋、卫、廖的三种方案中，实施任何一个，都必须拿下黑山。

锦州拿下了，东野下一个作战目标，要么南下攻击锦西、葫芦岛侯镜如的东进兵团，要么东进围歼廖耀湘西进兵团。牤牛屯东野指挥所里，林彪来回踱步，好一番深思默想。此前，毛泽东已来电报，指示东野休整半月左右，先夺取锦西、葫芦岛。林、罗、刘综合敌情通报后，判断廖耀湘兵团在秘密实施总退却，通过打黑山，伺机攻占营口，以便随时可以上船逃跑。

毛泽东已要求东野南进先打掉锦西、葫芦岛，可一旦廖耀湘兵团从营口走掉，"封闭国民党军在东北加以各个歼灭"的战略目的就达不到了。因此，攻锦州之后，是立即执

辽沈战役中，刘亚楼（左）与林彪（中）、罗荣桓（右）在阵地前观察

行"两锦方案"歼灭锦西之敌，还是挥戈北上转歼廖耀湘兵团，成为关系到战局发展的重大问题。

林、罗、刘权衡再三，为了实现最理想的情况，驰电西柏坡，向毛泽东和中央军委申明北上的意图和决心。在驾驭战争中善于随机应变的毛泽东，于19日17时回电："……在这种情况下，你们采取诱敌深入，打大歼灭的方针，甚为正确。"

刘亚楼曾不止一次由衷地对身边的工作人员说："毛主席的伟大、高明，就在于提倡灵活机动的战略战术，注重实际，一切从实际出发，因而能接受部下的正确意见，并迅速修正己案，而蒋介石却恰恰相反，思想僵化，一条道走到黑。"

在东北战场，林、罗、刘深受毛泽东的倚重和信任，但也受过不止一次的批评。作为东北军区兼东野参谋长，刘亚楼身经此事。比如，在辽沈战役发起前，林、罗、刘把东野主力早日出动南下的日期，有段时间放在敌情上面，并且因此又放在华北野战军杨成武部配合行动上面。毛泽东认为将南面敌情看得

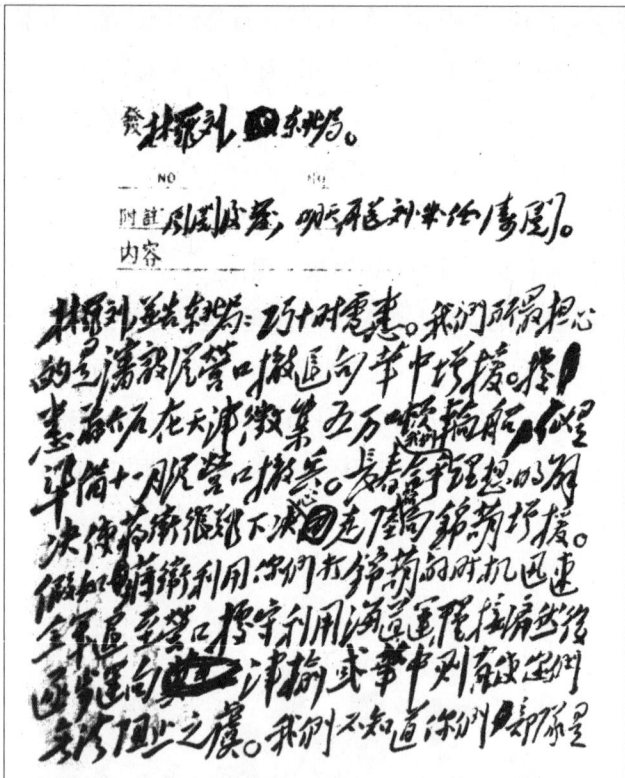

1948年10月18日，毛泽东给林彪、罗荣桓、刘亚楼等关于抢占营口的命令

过分严重，尤其以杨成武部的行动作为东野主力迟早南下的前提，"是很不对的"。但毛泽东没有居高临下地"独裁"，在1948年8月12日的电报中还说："你们如果不同意这些指示，则望你们提出反驳。"正因为毛泽东有这样的胸怀，才使得麾下将领人尽其才，敢提不同意见，并力求上下合拍。

北上方案通过后,刘亚楼遵照林、罗首长的决心和要求,起草相关电令,协助林、罗调兵布阵,决胜千里。

1948年10月20日黄昏,东野攻锦西路大军取消了毛泽东电示"休整十五天即行作战"的计划,提前十天出动。他们"明修栈道,暗度陈仓",公开宣称南进扫荡北宁线,却在夜幕掩护下,像一股股钢铁巨流,以排山倒海之势,向辽西战场开进,协同黑山阻击部队及隐蔽的机动纵队,与号称东北蒋军实力最强、最精锐的廖耀湘兵团展开大会战。

如果说,锦州之战是辽沈战役的关键性初战,那么辽西歼灭战就是辽沈战役的最后决战。

直到此时,刘亚楼战前布置、遥控指挥的电子情报战还在有声有色地进行。

辽西作战决心既下,为歼灭廖耀湘兵团,防止其与葫芦岛之敌南北会合,刘亚楼适时指示二五七组电台向敌人发出共军有两个纵队向山海关开去的假情报。电报发出不久,廖耀湘兵团恰与在辽南地区行动的东野独立第二师迎头相遇。廖耀湘误以为是东野主力,于是转向营口逃窜。廖耀湘的这个出海逃窜计划,早在林、罗、刘的预料中。因此,为了加重廖耀湘兵团的顾虑,阻止其从海上逃跑,刘亚楼又指示二五七组电台迅速发出假情报,称共军有大量轻骑兵向营口疾进,由此麻痹廖耀湘。

以汪金祥、陈龙为首的东北局社会部,成功利用敌人的电台,吹起了一阵强劲的"东风",向敌人发出了一封封亦真亦假、以假乱真的情报,造成了敌人高级指挥官决策上的顾虑,有效地迟滞、牵制了敌人,为辽沈战役的巨大胜利作出了贡献。

对情报战线上的无名英雄们,刘亚楼是赞颂的。他曾说:"人们都知道某某统帅盖世英明,用兵如神;称赞某某将军运筹帷幄,指挥若定,可惜人们往往忽略了,这些统帅和将军之所以能如此'如神'和'若定',那正是因为有无数无名英雄在为他们提供准确的敌情和我情。在决战的关键时刻,一个精确的情报能决定一次战役的胜负,但是为了弄到一份准确的情报,不知有多少侦察人员付出了宝贵的生命!不知有多少破译人员度过不眠之夜,付出多少心血和艰辛的劳动!即或由于他们的功绩取得了胜利,但又有谁记得或知道他们的姓名呢!这些无名英雄都在默默地为革命献身!"

这是"情报大王"李克农上将逝世时,刘亚楼由衷说的一段话。说这话时,他是不是又想到了辽沈战役时他亲历的情报工作,想到了许多像汪金祥、陈龙那样的无名英雄?!

1948年10月21日,廖耀湘兵团开始猛攻黑山,攻了一天毫无进展。当他加强兵力再攻时,林、罗、刘已命梁兴初率第十纵队和一个独立师进入黑山、大虎山,协同黑山守军严阵以待。

23日,黑山阻击战打得正激烈,林、罗、刘电告梁兴初:"务须使敌在我阵地前尸横遍野而毫无进展。只要守住黑山三天,西逃之敌必遭全歼!"

24日,见黑山、大虎山仍未得手,廖耀湘信心动摇,又获悉攻锦西共军已回师辽西,遂放弃蒋介石的夺占锦州计划,决心跳出黑山和大虎山,向台安前进,向营口出逃。但此时已晚,东野第八纵队等主力已赶至堵截!

被痛揍一顿后,廖耀湘感到向南撤营口已没希望,无奈中只好又改变计划,转而往东,向沈阳撤退,但退路也没有了!还在23日,林、罗、刘就十万火急电令第六纵队:你部立即掉头,务必堵死敌沈阳退路。

由于廖耀湘犹豫、大意和轻敌,造成了难以挽回的灾难性后果。

一切布置就绪后,林彪最担心的就是第六纵队能否堵住廖耀湘兵团东逃沈阳之路了。因为这支十几万人的国民党最精锐部队,一旦逃到沈阳,要再想聚歼,可就难打多了。所以东总给第六纵队的电令中指出:"全局的关键,在于能否彻底切断敌人的退路。"偏偏第六纵队司令员黄永胜、政治委员赖传珠率部向指定位置行动后,再没有报告给东总。这使林彪、刘亚楼又添了一层忧虑。

林彪的秘书谭云鹤的回忆颇能反映他们的心情:

能否抓住廖兵团,关键是在六纵。他们经过一天一夜,一个消息也没有,不仅堵住了廖兵团没有不知道,(而且)连他们进到什么地方也不知道。林彪、刘亚楼不停地问我:"有消息没有?"他们两个说着说着就火了起来。林彪说:"要让廖耀湘跑了,要严肃处理黄永胜。"刘亚楼更火:"要叫敌人跑了,非枪毙黄永胜不可!"

这天晚上(指10月24日)林彪估计廖耀湘已经跑掉了,所以他很生气,早早就上床休息去了。但我很紧张,不敢上床,生怕耽误了大事。

快午夜时,机要处突然送来一封电报。我一看,是卫立煌发给廖耀湘兵团的,规定在当天晚上各军各师的宿营地,被我机要处截获并破译出来了。我兴奋极了,一面看电报,一面查看地图。一看,廖耀湘确实还没有跑。我赶快多带了几张发电稿纸,拿着这封电报,就往林彪房里去。

……我满以为他听了这个消息,一定也很兴奋,并且要口授一系列电报,把部队指挥上去。谁知,他听了无动于衷,一声不吭地躺在行军床上。……我虽然焦急万分,但也无计可施,只好回到自己房间里。

刚走到我房门口,就听见电话铃响。我赶快三步并作两步,跑过去把话机抓了起来。我一听口音,就知道是刘亚楼参谋长打来的。他非常急促地问道:“刚才卫立煌那封电报你给一○一送去了没有?一○一怎么说的……”我就把刚才的情况向他汇报了。刘亚楼说:“你再去给他念一下。这可是军机大事,耽误不得呀!”我说:“我一个当秘书的实在不好办,我已尽了最大的努力了。是否请参谋长亲自来一下。”刘亚楼说:“参谋长去更不好,你是当秘书的,没有什么关系。你还是再去一趟吧。”我想,他讲的也有道理,要是刘亚楼一来,可能有损林彪的自尊心……

我一路走,一路想,已经给他念了两遍,这次去了以后怎么向他说呢?更不能说这一次是刘亚楼让我来的。……(又把电报念一遍后)但林彪听了,仍不说话。这时我真急坏了,因为有刘亚楼刚才的电话,我就大着胆子对林彪说:“看来廖耀湘还没有跑,是否得赶快发几封电报?”

……这回倒好,林彪思索了一下,就说:“你记一下吧。”……当刘亚楼看到这几封电报稿以后,也是极为兴奋的。

1948年10月25日凌晨,东总终于收到了黄永胜的电报,报告第六纵队先头部队第十六师已先期占领了新民以西的厉家窝铺车站。防御工事尚未构筑完毕,廖耀湘兵团的先头部队已蜂拥而至,拼命向沈阳方向逃窜。战斗打得异常惨烈,第十六师伤亡颇大,幸好后续部队第十八师火速赶到,加入防御。第六纵队将士不惜一切代价和牺牲,乃至坚守到最后一人也要堵住廖耀湘兵团退路,以保证兄弟部队到达后全歼廖耀湘兵团。电报还说,第六纵队之所以未同总部联络,主要是为了赶在廖耀湘兵团前面,于是一天一夜中全部强行军,根本没有时间架电台与总部联络。

直到这时,林彪和刘亚楼心里才算落下了一块石头,廖耀湘兵团确实是被抓住了,无论如何也跑不掉了。

上午,刘亚楼来到林彪屋里,两人说说笑笑,兴奋之情,溢于言表。第六纵队为聚歼东北国民党主力廖耀湘兵团立了大功,林彪和刘亚楼便再也不提要枪毙黄永胜的事了,转而讨论起廖耀湘兵团歼灭后,何时进入沈阳的问题。

至26日,廖耀湘兵团被东野大军牢牢包围在一百二十平方公里的地区内。当一场举足轻重的决战刚刚打响就已稳操胜券时,刘亚楼显得很激动。他在作战室里查对着电报,指示参谋人员在地图上拔掉或插上红旗、蓝旗。

对部队特点了如指掌的刘亚楼,指挥起部队来也驾轻就熟。他协助林彪指挥部队全线出击,把敌人围困于辽西的几十个"窝棚"内,廖耀湘兵团乱套了!

在作战室,刘亚楼指示各部队:"廖耀湘搞的是立体滚筒式撤退,我们也来个立体滚筒式追击围堵,都滚到一块去,不要怕乱,大胆渗透、穿插,以乱对乱,乱而取之!"

林彪将指挥权适时下放到各纵和独立师:"哪里有枪声就往哪里打,哪里枪声密集就往哪里冲。我不管什么纵队找不到师,师找不到团,找得到廖耀湘就行!"

"乱打仗",黑土地上绝妙的幽默!

一时间,辽西平原尤其是新立屯、黑山、沟帮子一带,枪炮声分不出个数,天地间的一切都被各种爆炸、火光、烟尘充塞了。这是一场空前规模的鏖战,双方都倾其全力,枪管赤热,刺刀滴血,战线纵横交错。

当东野攻锦大军向东返回,向廖耀湘兵团展开攻击时,廖耀湘还自负地说:"共产党的胃口真有那么大,敢吃我远征军兵团吗?"就在他吹牛之际,素有"旋风纵队"之称的韩先楚第三纵队,在黄永胜第六纵队和梁兴初第十纵队配合下,从他指挥所的中间冲进,第一棒就打碎了廖兵团的"脑袋"——兵团指挥所。

东野"乱中取胜",几乎同时铲除了蒋介石五大主力中的新一、新六军和新三军三个军的首脑机关,打得敌第四十九、第七十一军亦失去联系。

指挥所瘫痪了,群龙无首的廖耀湘兵团,阵脚彻底乱了,成了兵败如山倒的局面。廖耀湘这才慌了神,于26日下午窜逃到他发家的"老本"——新二十二师师部。见战场指挥全部中断，无法与各军各师联络，紧迫时刻他以仅有的一线希望，拿起无线报话机，半明半暗地呼叫所属部队，妄图恢复指挥。

刘亚楼在前线指挥所无线电信号中多次听到廖耀湘反复呼叫"二道岗子"，认定这是个十分有价值的情报。这个二道岗子肯定是个地名，可在哪里呢？刘亚楼和参谋人员在上千平方公里的战场范围内依次查找，终于找到了三个二道岗子，可哪个才是敌人企图恢复指挥之地呢？

刘亚楼根据战场形势分析，判断肯定是锦（州）沈（阳）公路附近的那个，随即命令部队猛扑这个二道岗子。敌人大部集结还没来得及恢复指挥，就又再次被东野打乱，溃不成军。

廖耀湘虽然已经不惜一切代价要和共军拼了，但突围还是无望，而且包围圈越来越小，直惊得他目瞪口呆。这位当年在缅甸同日军打过仗，日本投降后受到过南京人民万人空巷热烈欢迎的国军名将，在这场内战中走投无路，不过几天就输光了手上的十万精兵，他失魂落魄地仰天长叹！

廖耀湘在仰天长叹，刘亚楼却在哈哈大笑，因为几个纵队司令员都问他："新二十二师究竟是谁消灭的？"

新二十二师是蒋介石五大主力之一新六军的主力，廖耀湘就是从新二十二师师长的位置上提拔上来的。公正地说，这是个有点令人谈虎色变的"虎师"。打了三年，东野各纵队大都和它交过手，都没占多少便宜。林彪曾几次准备集中十个主力师，消灭中央军这个王牌中的王牌，可由于该师能打又善溜，让林彪这"黑土地之狐"始终未能如愿。新二十二师这次向新民撤逃时，被东野几个纵队分头咬住，被猛打之后，才稀里哗啦"散花"了。

几位纵队司令员为争功提的这个有趣问题，引得刘亚楼一阵大笑："我也说不清是哪个纵队消灭的，反正是解放军消灭的！新二十二师不是自称'虎师'嘛，我看他们犯了忌，在打（大）虎山被消灭了！"

纵队司令员们也就不争了，反正人人有份。见参谋长豪情万丈，一些人的狂妄劲儿也跟着言语蹦了出来："我道新二十二师有多神气，就那一堆、一疙瘩的国民党残兵败将，不够哥们儿几个喝一壶消夜的！"

1948年10月28日，辽西会战结束。两昼夜消灭敌五个军，这在解放军的征战史上又创造了一项新纪录。

辽西战役中，东野各部大胆穿插、分割、渗透，各自为战，部队的建制也就乱了，有的纵队不知道师的位置，师找不到团，有的团甚至找不到营连。围歼战结束时，各纵队已无法迅速集结。刘亚楼没法标出各纵队和各师的位置图。罗荣桓焦急地说："部队建制太乱，不利于统一行动，沈阳之敌眼看就要往营口跑了。"

林彪抓着一把炒黄豆，不动声色地说："乱就乱吧，一〇三，下一道总命令，部队不必集结，从原地同时出发，全军向沈阳前进。"

刘亚楼考虑了一下，说："这样也好，兵贵神速嘛，让各纵和各师在进军沈阳中掌握部队，调整行军时间和路线，能在运动中归还建制最好，实在不行，就让他们乱去吧，到了沈阳再说。"

于是，辽西战场硝烟还未散尽，辽阔的平原上成千上万的部队一路烟尘冲向新的目标。

在指挥部队奔袭国民党军东北"剿总"的老巢沈阳时，林、罗、刘还命令第七、第八、第九纵队和辽南独立第二师东渡辽河，奔袭营口。此前，东野一心打辽西，忽视了营口的控制，致使敌第五十二军一部于 24 日占领营口，毛泽东电报说这是"一个不小的失着"，腾出手来的林、罗、刘为此采取了紧急补救措施。

1948 年 11 月 2 日，东北最大的工业城市沈阳全城解放。同日，营口易帜，林、罗、刘算是弥补了毛泽东在电报中所批评的"失着"。东北残敌在杜聿明指挥下，撤往关内。至此，历时五十二天的辽沈战役宣告结束。东野共歼灭国民党军一个"剿匪"总部、四个兵团部、十一个军部，歼俘三十个师共四十七万二千人，自己伤亡六万九千余人。

拿下沈阳后，刘亚楼命令忙着在辽西收拢车辆的汽车团团长蒋泽民："我们要去沈阳，赶快给我找车拉机关人员，再有一个连就行了。"

蒋泽民立即截了三十多辆回空车辆，交刘亚楼带去。他正要告别，刘亚楼一把拉住他："沈阳是大城市，国民党的汽车有的是，你干脆跟我一起走，到沈阳收拾车去。"

1948 年 11 月 3 日拂晓，林、罗、刘到达沈阳附近之新民，向中央军委、东北局报告沈阳作战情况。同日，中共中央给东北局、东北军区、东野发来贺电，热烈祝贺"完成解放东北全境的伟大胜利"。

东北之敌是蒋介石最精锐的部队，尤其是新一、新六军及以后编成的新三、新七军,全系美械装备。这些嫡系精锐在黑土地上灰飞烟灭,害得蒋介石吐了两次血。此后,蒋家王朝的军队士气更趋低落。

东北有全国最大的工业和铁路运输,可以支援全国解放战场。东北全境的解放,不仅使战争双方的力量对比发生了根本变化,还使敌我之间的经济地位发生了巨变。1948 年 11 月 6 日,就在辽沈战役结束三天后,华野和中原野战军(简称中野)联合发起了淮海战役。

看到自己的爱将林、罗、刘在黑土地上连将杜聿明及其继任者陈诚、卫立煌三员国民党大将挑落马下,站在西柏坡岭上穿一套肥大衣服的毛泽东,按捺不住内心的喜悦,激荡着"问苍茫大地,谁主沉浮"的诗情画意。辽沈战役结束一旬后,1948 年 11 月 14 日,新华社发表了毛泽东撰写的《中国军事形势的重大变化》,宣告:"原来预计,从一九四六年七月起,大约需要五年左右时间,便可能从根本上打倒国民党反动政府。现在看来,只需从现时起,再有一年左右的时间,就可能将国民党反动政府从根本上打倒了。"

在这篇著名评论中,毛泽东提到"北线的锦州、长春、辽西、沈阳诸战役",后来的注释称这几个战役"统称辽沈战役"。可见,辽沈战役并不是一开始就有的,是打出来后命名的。

第七章　逐鹿华北

战前上书攻天津

辽沈战役甫一结束，中央军委指示东野除第四、第十一纵队即行南下进关外，其余部队应休整一个月左右，约于 12 月上旬或中旬开始出动，攻击平津一带，协同华野歼灭国民党华北"剿总"傅作义主力，实现东北与华北的统一。

辽沈战役结束后，东野司令部忙着统计上报战果，补充兵员，调整武器装备。这些事本来就很复杂，加之时间要求又紧，就显得更不简单了。但刘亚楼领导司令部在很短的时间内完成了任务。那些天，刘亚楼忙于战后的各种烦琐事务。

东北局副书记陈云领导下的沈阳军管会工作，也有刘亚楼的参与。

沈阳解放后，发现许多仓库储存有大量弹药、武器及其他军用物资，估计可装六百节火车皮，另有几十节车皮的弹药在车站未及运走。失去沈阳的敌人，要让沈阳变成废墟，屡屡出动

1949 年，平津战役期间，在通县孟家楼合影。左起：黄克诚、谭政、聂荣臻、萧华、罗荣桓、刘亚楼、高岗、林彪

飞机轰炸这些地方。一旦命中目标,势必引起连环爆炸,无数军民都有性命之虞。在敌机轰炸的情况下,军管会组织人员紧急抢运军火弹药,并迅速运往各地,由此避免了一场大灾难。但如何预防这些军火弹药流落民间或落入坏人手里,也是让军管会棘手的事,陈云为此找来刘亚楼商量,共同听取有关方面的汇报。刘亚楼一面调来高射炮抑制国民党飞机的轰炸,一面组织部队接用。后来,这些弹药在平津战役中发挥了重大作用。

1948 年 11 月 17 日,中央军委根据华北敌情,改变既定计划,提出东野停止休整,提前于 1948 年 11 月 25 日左右入关的行动方案。翌日又正式下达东野尽速入关,包围唐山、塘沽、天津三处之敌的指示,并专门指出:"林、罗、刘你们几位……先行出发到冀东指挥。"

解放战争中,中央军委对各大野战军的指示,并不是命令式的,一般都是商量,出现像林彪在辽沈战役前期优柔寡断那样的情况,才迫不得已下死命令。

这几乎又是一道死命令! 林、罗、刘仔细商议了中央提前入关的电报,虽然在回电中列举了一大堆实实在在的困难,但还是表态想办法尽快入关。提前入关,对东野来说绝不是件轻而易举的事。此时,东野才进入休整的第十三天,经过连续作战,部队元气尚未恢复,干部也未配齐,东北籍的基层干部和战士们有不愿入关作战的思想。

林、罗、刘立即把正在沈阳举行的有各纵队、师首长及司令部政治部(简称司政)机关领导参加的各种专业会议,变成入关作战的紧急动员大会。刘亚楼继林、罗之后讲了话,说:"我们的部队基本上是'南方的头,华北的腰,东北的腿'(意指纵队、师级干部南方人多,团营级干部华北人多,基层干部和士兵东北人多)。东北人安土重迁,对进关有顾虑。有的战士说山海关进不了,又高又大,老鹰都飞不过去,人一进关里,大铁门咣啷一下,就回不来了。因此这次进关,一定要注意巩固部队,政治思想工作要根据这些特点展开。"

原第一纵队第一师政治部主任李欣说:"刘亚楼注重士兵工作,做政治工作很有一套,既马列又生动活泼。讲话时一双眼睛炯炯有神,像火炬。遵照他的指示,我们师重视了巩固工作,保证了部队从东北一路打到云南,沿途只有极个别逃亡,且多属新解放战士。"

一番紧急动员后,刘亚楼投入到更为紧张的筹划东野多路并进、神速入关的工作中。

1948 年 11 月 23 日，漫长的长城线上，出现了汹涌西进的三路大军，还有数不清的山炮、野炮、榴弹炮和汽车牵引车、骡马车、坦克、装甲车，烟尘滚滚，遮天蔽日。从数量到质量都为解放军之冠的东野，把九个纵队和特种兵、铁道纵队八十万大军，还有十五万随军民工，全线摆在了进关的路途上。

东野提前入关，这是战争史上的奇迹。中央军委给东野一个月的休整，按理已经很短了。军人出身的傅作义认为东野经辽沈战役后伤亡惨重，至少要休整三个月，这是军队的常情。如果傅作义知道东野连气也不喘一口，就闯到他华北的地盘上来的话，那他恐怕不敢继续安稳地以逸待劳，等待三个月后的华北大会战吧？

大军进关，为了运送大量军需民用物资，每天使用几百甚至上千节火车皮。部队没有仓库，且驻地常变，有的便暂把车皮作仓库，故进关车多，返回东北少，使运输难以为继。留在沈阳的陈云和东北局为此多次致电林、罗、刘，列举每天进关与返回车皮的数字，写明差额，吁请及时将车辆放回。为了不影响部队的供给和支前工作，刘亚楼一度亲自敦促与检查卸车。

1948 年 11 月 30 日，林、罗、刘率轻便指挥机构从长城要隘喜峰口进关。一向不喜开玩笑的林彪忽谓刘亚楼："我不入关还是无敌之将，一入关便成了汉相曹操。"

刘亚楼一时不解，林彪便问："三国赤壁之战，曹操大军南下，带了多少兵？"

刘亚楼脱口而答："号称百万，其实纠集沿途降卒，只有八

解放战争时期的刘亚楼

十来万人马。"

林彪一语道破:"我们入关,带了多少部队?"

刘亚楼明白了,东野号称百万,实际兵力也在八十万左右。这一历史巧合,林彪没有忽视,以出关时的数万之众,逐鹿白山黑水数年,猛然翻了十倍,的确是兵强马壮了。林彪不忌讳曹操的赤壁之败,刘亚楼更是胸有成竹,以此金戈铁马,入关后当气吞万里如虎。

"兵者,诡道也。"林、罗、刘离开黑土地一周后,根据中央军委指示,《东北日报》登出一条林彪还在沈阳的新闻,经新华社广播,以迷惑敌人。傅作义天不怕地不怕,就怕东野突然入关。他几乎天天派侦察机在东野可能入关的线路上来回巡逻,当他终于发现蛛丝马迹时,东野很快就来到了他的眼皮子底下。

从遵化到蓟县途中,东野是白天行军,数不清的狗皮帽子。敌机发现了目标,几次在上空盘旋扫射。林彪乘坐的美式吉普车险被命中,车队停下,他和大家一起疏散卧倒。

敌机没日没夜无休止地轰炸,惹怒了林、罗、刘,既然这场行动至此已无秘密可言,他们干脆于1948年12月5日命令最后的三个纵队,经山海关大摇大摆入关。

1948年12月7日,林、罗、刘乘汽车来到河北省蓟县孟家楼村。此地距北平、天津、唐山各约九十公里,平津战役前线指挥部(简称平津前指)乃于此驻营。从这天起,刘亚楼就组织指挥着东野大军的行军、接敌、展开、战斗等各项任务的完成;中央军委的部署及林、罗首长的决心,也都通过他去付诸实施。

1948年12月11日9时,毛泽东给林、罗、刘发去一封长长的"详告",详细地对平津战役的重心和兵力的部署及歼敌先后顺序作了明确具体的指示,这就是后来收入《毛泽东选集》第四卷中的《关于平津战役的作战方针》。刘亚楼认真地逐字逐句读着,越看越激动,忍不住开怀大笑,连声叫道:"毛主席用兵真如神!"

司令部的参谋们见刘亚楼今天的兴致很高,纷纷围上来,说:"参谋长,好久没有听您给我们摆龙门阵了。"

刘亚楼哈哈一笑:"你们见我今天高兴,又来纠缠我了。我高兴,是想到毛主席用兵真如神啊!你们看,我们向关内进军的时候,毛主席担心傅作义跑了,在西边把张家口一围，想叫傅作义上钩。傅作义果真中了计，陷进笼子里了。毛主席真是了解敌人，他要敌人怎样行动，敌人就怎样行动。他要傅作义的三十五军出来，三十五军就出来了。现在好啦，傅作义集团已是欲战不能，欲守不能，欲逃无路，完全成了瓮中之鳖。从现在开始，我们就要准备伸手捉鳖喽！"

参谋们都放声大笑起来。

还是1948年12月11日，23时，毛泽东又给华北局聂荣臻、薄一波等人及林、罗、刘、谭电报，指出："这是一个巨大的战役，不但两区野战军应归林、罗、刘、谭统一指挥，冀中七纵及地方兵团，亦应统一指挥。望华北军区即令七纵及冀中军区与林、罗、刘、谭接通电台联系，向林、罗、刘、谭报告情况，接受任务。"

1948年12月16日，聂荣臻、薄一波、滕代远、赵尔陆指示冀中军区和华北野战军第七纵队："应绝对听从林、罗、刘指挥，坚决执行命令，完成任务。"

在解放军阵营，刘亚楼是绝无仅有、统一指挥过两大野战军作战的战区参谋长。他此时的身份已经不止是东野参谋长，而是兼管东野、华北野战军的平津战役前线司令部参谋长。东野、华北野战军合起来超过百万，能够成为百万大军的核心人物，既是殊荣，更是责任。

林、罗、刘、谭做了军事部署，命令各部神速地穿插于敌人占领的城镇、据点之间。1948年12月17日，东野包围了北平，紧接着隔断了北平与天津之间的联系。

东野提前杀到，傅作义深知，河山姓共，金陵王气黯然收，只是个时间问题了。惶恐之中，他急派代表崔载之、李炳泉携带电台和报务人员出城谈判。19日，刘亚楼以平津战役前线司令部参谋长身份接见了他们，北平第一次和谈正式开始。

傅作义的谈判条件是：一、参加联合政府，军队由联合政府指挥；二、商定起义时间，并必须保密；三、要求解放军停止战斗，双方谈判解决。

刘亚楼根据中央军委电报交代的谈判原则、重点等指示精神，谈了全国的军事形势以及平津战局后，针对傅作义提出的三条，也谈了三点意见：第一，平津张绥战事，通过谈判一起解决的方案，我们同意。但傅先生必须丢掉幻想，解除华北"剿总"所辖部队的全部武装，这是和谈的前提，企图以任何形式保存武装的做法，我们绝不能接受。第二，发通电，成立华北联合政府，目的在于傅先生及其军队参加联合政府，我们不能接受。第三，可以给傅先生留下两个军，把蒋系中央军的军、师长统统逮捕起来,然后宣布起义。和平解决后,我们保障傅先生本人及其部属的生命财产安全。

由于双方条件相差甚远,而傅作义抱着自己设计的方案不放,谈判陷入僵局。

谈不成,只有以打促谈。

华北野战军司令员聂荣臻奉军委命令赶赴蓟县平津战役前线司令部。林、罗、刘热情相迎,老战友久别重逢,十分激动。

随后,东野、华北野战军继完成战役第一阶段的任务——即将傅作义集团分割包围在张家口、新保安、北平、天津、塘沽互不连接的五个军事孤岛后,又根据中央军委的指示,开始了战役的第二阶段——即各个歼敌阶段。

1948 年 12 月 22 日,傅作义赖以起家的王牌、被人捧得神乎其神的第三十五军在新保安被歼灭,"骁将"军长郭景云自杀身亡。24 日发起的张家口战役,除敌第十一兵团司令孙兰峰化装成伙夫带几个随从逃窜外,六万余人遭全歼。片刻之间,傅作义在华北的嫡系主力丧失殆尽。

当刘亚楼和总部首长收到中央贺电,把胜利的美酒举到唇边时,他们也十分清醒地看到了这样一个现实:平绥全线的解放,虽使北平之敌西逃的希望变成了泡影,却增大了敌人从海上南逃的漏斗口。

中央军委提出的平津战役总战略是"先打两头,后打中间",即西(北)面打新保安、绥远、大同,东(南)面打塘沽、大沽、芦台,然后再对北平、天津之敌包围歼灭,"攻击次序大约是:第一塘沽区,第二新保安,第三唐山区,第四天津、张家口两区,最后北平"。按此部署,东面先歼灭塘沽之敌,控制海口,西面拿下新保安,是关系全局的两着棋,"只要塘沽(最重要)、新保安两点攻克了,就全局皆活了"。现在新保安攻克了,塘沽这个"最重要"之点,却连如何打的方案还没踪影。真叫人着急哪!

平津前指授命邓华指挥第七、第八、第十二纵队三个纵队夺取塘沽、大沽,切断敌人东逃之路,可几次试探性攻击下来,虽然占领了几个村镇和一些盐滩地,但伤亡过大,尤其是塘沽西北新河镇一战中,歼敌一百四十余人,自己伤亡四百余人。中央军委接到报告后,于 1948 年 12 月 26 日电示林彪、刘亚楼(此时罗荣桓已去西柏坡):"攻击塘沽似以推迟至下月上旬为适宜。"

平津前指,那张几乎占去了整面墙的地图上,两只鲜红的箭头拖着扇形的尾巴戳向塘沽、天津。刘亚楼仔细看着地图琢磨,眼光在天津、塘沽之间缓缓移动。善于在瞬息万变的战场上捕捉战机的他,读出了地图以外的战事:塘沽东靠大海,南面和西北面都是临海的宽阔滩地、盐田,沟渠连绵纵横,冬季不结冰,烂泥地也有膝盖深,难以徒涉。这就不便大兵团运动与接敌,更不能对敌形成四面包围,真是有劲使不上。并且,蒋军兵舰摆在海上,守敌五个师随时准备登舰;敌第十七兵团侯镜如的司令部及防守司令部统统设在军舰上;真是一块难啃的骨头,一条滑溜的泥鳅,搞不好,没等你近前,它就溜进大海……

这个仗不能打!可这又是军委的部署,既然中央军委把它列为关系全局的"最重要"之点,必有其战略意义。刘亚楼觉得中央军委的部署是有道理的,军委大局在胸,通观全盘,洞悉形势,他平津战役前线司令部的参谋长,站在一个方面军位置上的执行者,只能对一个方面的情况熟悉,对全国这个大局至多了解个大概,而且有许多重要的情况还不能及时知道。

刘亚楼琢磨着,在否定与肯定之中,他决心亲往塘沽实地勘察,听取前线指战员的意见。

1948 年 12 月 26 日,刘亚楼乘坐军用吉普,率特种兵司令员萧华、作战处处长及两个参谋,向塘沽前线进发。吉普车时常陷入泥坑,一路跋涉颇为艰难。到达攻击塘沽部队指挥部——北塘后,刘亚楼马上召集会议,听取各纵司令员对塘沽敌情、地形和攻打塘沽得失利弊的分析。

第七纵队司令员邓华、第一纵队司令员李天佑、第二纵队司令员刘震均认为:在目前情况和条件下打塘沽,部队伤亡太大,不利于全局。

通过实地审议,刘亚楼又冒着凛冽的寒风,踏着积雪察看地形,更坚定了"不打塘沽转而夺取天津"的决心。

在战斗就要打响的时候,却要求改变作战计划,何况这还是出自中央军委的计划,确非寻常之事。首先,这种建议很可能招来"不好打而不打"、"不执行命令"之嫌。塘沽、天津两地之敌,中央军委都要求在短时间内彻底歼灭,这是含糊不得,也绝不允许含糊的。但是第一枪打向哪里?中央军委的电令是"先打塘沽,后取天津",几乎没有给前方指挥员留有任何商量的余地。

刘亚楼却没有这么多小九九,他回司令部后,以对党对军队对上级高度负责的精神,向林彪报告:"塘沽是敌南逃的唯一道路,我们必与性命同等视之。问题是,先打塘沽确实难以行得通,困难很多,打起来不但守敌死守,北平、天津的敌人重兵也可能增援,或趁我中间兵力相对薄弱而倾巢突围,那时将是一场恶战。万一平津之敌侥幸突围,那平津战役打成怎样的结果就很难说了。退一步讲,塘沽敌人不死守,我们又能得到什么呢?塘沽守敌连司令部都搬到了舰上,能老老实实地待着挨打吗?他们就像一群落在树上的飞鸟,即使你是神枪手,也不可能将其全歼,你的枪一响,顶多打死三两只,其余的必然全部惊飞。不能全歼,却要我们付出偌大代价,打它又有何用?塘沽解放,控制出海口,这固然起到堵死北平之敌退路的作用,但如果转而拿下天津,不是同样能封北平之敌的海上逃路吗?要把傅作义打痛,伤其元气,塘沽不堪,必须攻打平津两处。北平是文化古都,打不得,因此天津最合适。"

刘亚楼如竹筒倒豆般一口气说出自己的想法,作为参谋长,他也许比别人更明白突破口选在那里的重要性。

林彪对刘亚楼的性格、才智和指挥能力了如指掌,乐于听参谋长的意见:"那你说打天津较之打塘沽有哪些益处呢?"

刘亚楼滔滔不绝地讲开了:"我从中央要我们抑留华北之敌的指示精神考虑。天津是华北最大的工商业城市,由傅作义心腹陈长捷防守。这里有坚固的工事,有十三万人。我们拿下天津,就打到傅作义痛处了:第一,他从海上逃走几乎不可能了;第二,他在北平的二十多万部队,不接受我和谈条件,就只有被围困而死,这就叫逼和。"

林彪静坐在藤椅上,一双眼睛似幽深的井,仿佛埋伏着百万雄兵,却又悄然无声。

刘亚楼见林彪不语,又说:"'言之易,行之难',形成决议的东西也是可以改变的,封建时代都有那么一句'将在外,君命有所不受',只要我们能根据实际情况拿出自己的意见和办法。"

一阵短暂的沉默后,林彪开口说话了:"打塘沽还是打天津,这个先后顺序不弄好,势必影响整个平津大战。我看可以把想法提出来,把实际情况报告给军委。"

得到林彪首肯后,刘亚楼连夜起草了一封紧急电报,以林彪和他的名义发给中央军委和毛泽东,建议先不打塘沽而打中间,"拟以五个纵队的兵力包围天津,进行攻天津的准备"。

电报发出后,刘亚楼的心一直悬着。

毛泽东看了这封对中央所定计划做了重大调整的建议电后, 一点即通,马上改变"先打塘沽"的主意,当时就对周恩来说:"我不知道塘沽的作战条件会那么恶劣,部队的试攻吃了亏,真是'知之非难,行之维艰'哪!"周恩来也很有感触地说:"前线指挥员很聪明,对塘沽先试攻一下,没打莽撞仗,不然损失就更大了。林彪、刘亚楼提出先打天津,我看是着妙棋,一步就将死了傅作义,弄得傅作义打又打不过,逃又逃不了。"

1948 年 12 月 29 日 23 时,也就是电报发出十二小时后,毛泽东为中央军委起草致林彪、刘亚楼电:"放弃攻击两沽计划,集中五个纵队准备夺取天津是完全正确的。"

受命挂帅津门

但天津仍然不好打。天津城外沟多水多,地形复杂,很不利于作战。另外,城里面住着不少外国人,又有大量的工商企业、文化设施,还不能随意打。林彪考虑再三,想派个人到前线,秉承他的旨意,代他具体指挥。一天,刘亚楼到林彪处谈事,谈到打天津,林彪就说,亚楼,天津情况比较复杂,不像打锦州,我考虑是不是亲自去天津前线指挥?

刘亚楼想了一下说,如果你认为需要,我愿意去。林彪一听这话,笑了一下,说,那就这么定了!

津西二十里路有个杨柳青镇,因诗句"杨柳青青河水黄,河流两岸苇篱长"而得名。这座千年古镇方圆数十里的村子,几乎家家会点染,户户善丹青。自明朝末年起,各家各户就以剪纸和绘制杨柳青年画代代相传。

1948 年 12 月 29 日,三十八岁的刘亚楼在一群军人的簇拥下,飞快地走进这个年画之乡,在杨柳青药王庙东大街 4 号一个逃亡资本家阔绰的四合院里建立起天津前线指挥部。

司令部像一部高速运转的机器,电话和报话机响个不停,指挥员、参谋人员进进出出。

以"不当鲁莽的军事家"为信念、准则的刘亚楼,在离开林、罗独挑重担后,把参谋长的周密灵活与司令员的当机立断巧妙地集于一身。

正如林彪所说,天津这一仗非同小可。如果拖延战事,无益于北平作战,也不便大军挥师南下。5月入夏后,长江水位暴涨,不利于渡江作战,而蒋介石的江南防线则有了巩固的时间。因此挂帅津门后,刘亚楼在制订作战计划时,特别注意突出一个"快"字。打天津,要起到解决华北战争的关键作用。傅作义在多次谈判中不着边际,一个重要原因就是自恃有守城经验(抗战时傅以一个师守涿州城,与日军相持三个月,创下奇迹)。两军对垒,没有刺刀尖上的威风,谈判桌上是取不到所需要的东西的。对攻坚战有高见、有理论的刘亚楼,有信心通过实战,让守城名将傅作义领教他攻城的厉害。

天津市区南北长十二点五公里,东西宽则不足五公里,地势低洼,郊区多为开阔的水洼地。海河从西北向东南贯穿,将它切成两大块。抗战一结束,蒋介石就派亲信、军事上造诣颇深的杜建时到天津当市长,那时就开始构筑城防工事。傅作义1947年就任华北"剿总"总司令后,更是重视天津的防御,特调兰州第八补给区司令陈长捷到天津任警备司令。陈长捷表示:"华北非常重要,天津是华北的门户,更为重要。傅先生信得过我,让我来把这个大门,绝不能在我这里出错。"他上任后,首要的一件事,就是改建并增强天津的城防,天津老百姓的钱,都被他堆到工事上去了。按兵力对比说,以十三万人守这样一个大城市很不容易,但由于天津地形特殊,市内有高大坚固的建筑物,又有永久性的防御工事,易守难攻。陈长捷视天津的防御为固若金汤,妄图"创造战史"奇迹,说当年傅总司令依靠一个师守涿州三个月,我们粮食和武器弹药充足,守半年绝对没问题。辽沈战役期间,蒋介石亲去沈阳、葫芦岛指挥时,两度"御驾"天津,对天津工事大加赞赏。

林、罗、刘挥师入关后,陈长捷采取了各种所谓的应急措施:第一,为了扫清射界,日夜清除天津外围防御阵地前一千米以内的树木、房屋,形成天津城外十公里宽的真空地带,并在这一带布下四万枚地雷;第二,在市区各主要马路中心、胡同巷口,赶筑三百八十多座巨大碉堡,在一些高大坚固建筑物上修建强火力据点;第三,特别险恶的是,为有效阻滞解放军攻城,不惜动用十多万民工环城开挖了一道宽十米、深三米的护城河。暗引河水,横溢漫流,(天)津保(定)公路十余平方公里的地区一片冰溜。

令人兴奋的是，华北党组织和天津地下党及时送来了详尽的天津敌情资料，尤其是那个《天津市城防工事布置总图》，几乎对每座碉堡的位置、形状、守备兵力都有具体交代，为刘亚楼掌握敌情、制订作战计划、部署兵力，提供了准确的情报。

刘亚楼在听取冀东区天津工委书记于文、工委西部大组负责人石国珍的汇报有关天津的军事情报时，提出具体要求，并希望地方党为部队做好三件事，即部队进城后需要的向导、粮食和担架。他说："关于粮食，冀东区党委和军区已答应，按部队的需要给予解决，但这方面还需天津工委给予大力支持。"于文、石国珍表示完全可以做到，还说配合军队解放天津，早已是广大人民的心愿。刘亚楼风趣地对在座的参谋们说："你们看，这不就是军队和地方党结合起来了吗？"

刘亚楼是个闲不住的人，他曾说："人的脑子没个开关，不像电灯那样说开就开说停就停，人脑遇事是要考虑的，无法关住。"打天津的准备工作，他方方面面想到了。比如对据守在外国人房子里的敌人，是否一律进攻的问题，他提了三条意见，请示中央军委。毛泽东立即电复："刘亚楼所提三条是正确的……"

刘亚楼接到毛泽东的电示后，面壁而立，对着墙上巨大的作战地图专心致志地思考。他身边的人都很了解他，他思考问题时，不能被轻易打搅。因为他的许多点子多半是在这种肃静的气氛中酝酿出的。刘亚楼终于读完了地图，一个重大战役的部署在他心中逐渐完善起来。

天津前线指挥部成立后，第一位光临的纵队领导是和刘亚楼同时留苏、后来同授上将的李天佑。中等个头、精干利落的李天佑，是来"走后门"的，他开口就恳求把天津的攻坚任务交给他，还陈述了一堆理由："我们一纵在打锦州时，老被当作预备队，最后只预备上了一个尾巴，跑去沈阳放了几枪，弄得部队指战员怨声纷起……"

第一纵队也就是后来闻名朝鲜战场的第三十八军，刘亚楼很看重这支部队。听李天佑这么一说，他笑了笑："没这么严重嘛，谁不知道你们一纵是'小老虎'，你李天佑是平型关战斗的主攻团团长。"

其实，早在入关前，刘亚楼就有"放虎出山"的意思。林、罗、刘在接见第一纵队营以上干部时，刘亚楼说："一纵是东野的一只'小老虎'，锦州战役你们是总预备队，没用上。辽西会战、攻克沈阳，又没有机会展示力量。到华北去，那里有几十万敌军要你们去消灭,有北平、天津等大城市要你们去解放,英雄有用武之地,你们可以在那里大显身手!"

刘亚楼激情盈怀的讲话,极大地鼓舞了部队,第一纵队上下无比自豪,士气大振。

天津战役是东野入关第一大战,好钢要用在刀刃上,刘亚楼决定将第一纵队摆在第一主攻方向。

1949 年 1 月 4 日,刘亚楼在天津杨柳青召开攻津部队高级将领会议。东野六个步兵纵队及特种兵纵队的司令员、政治委员都出席了会议。以战区参谋长兼任天津前线指挥部司令员,刘亚楼对各纵队、各师领导的带兵方法和指挥艺术,可谓了如指掌。

就在这次会上,刘亚楼拿出了蓄谋多时、闪耀智慧的作战方针:东西对进,拦腰斩断,先南后北,先分割后围歼,先吃肉后啃骨头。

他如是讲解这个作战方针:"天津市区南北长,东西窄,守敌北部兵力强,南部工事强,中间皆平常。根据这一特点,我们部署:东西两面是主攻,西面是重点,南面助攻,北面佯攻。为什么要先南后北先消灭南城敌人?因为南面敌人距塘沽近,我们怕他跑掉,而往北跑我们不怕。突破后,大胆分割穿插,把敌人主要据点包围起来。因为毛主席指示要少打坏一些建筑物,特别是不要把纱厂打坏,这有困难。既要消灭敌人,又不能打坏建筑物,而敌人是利用坚固的建筑物据守,所以我们先把敌人包围起来,再慢慢消灭,力争其投降,这就叫先吃肉后啃骨头。这个方针的要点,是首先求得东西贯通,以打乱敌人的防御体系,拦腰斩断。"

刘亚楼离开会议桌,走到北墙拿起指图杆,指着墙上的作战地图说:"西面,也就是主要突击方向,由李天佑同志指挥一纵、二纵共九个师,在津西和平门南北地区突破,在不到三公里的正面上展开攻击,这叫尖刀战术,成几个梯队向后摆开。

"东面,由邓华同志指挥七纵、八纵共八个师,由津东王串场、民族门一线突破,向西攻击,和西南主攻部队在金汤桥会师。

"南面五个师,集中在一个地段上突击,另以三个师警戒塘沽方向⋯⋯"

此时,根据中央军委命令,部队的番号已改,纵队改为军,但尚未正式使用。因此,刘亚楼还是照老番号调兵遣将。归他指挥的还有五百三十八门山炮、野炮、榴弹炮、加农炮等大口径火炮，以及三十辆坦克、十六辆装甲车。他如是使用：以二百七十门火炮集中在西面，东面一百九十门、南面七十门，另以部分火炮助攻，战车主要用于东西两面……

东野炮兵部队在平津战役时已发展成东野特种兵纵队，当之无愧地成为五大野战军中最为强大的特种兵纵队。后来，这些部队为共和国的炮兵、工兵、铁道兵创建奠定了坚实的基础。

天津战役原拟动用主力五个纵队，即第一、第二、第七、第八、第九纵队，外加特种兵纵队。但素有"好战分子"之称的钟伟却主动为第十二纵队请缨，说该纵队第三十四师正式组建后未打过攻坚战，希望借打天津之机得到锻炼。后第十二纵队加派了第三十五师到津西南的大南河村，刘亚楼临时决定，只准许未打过攻坚战的第三十四师参战，第三十五师由津南调至津塘间作预备队。

他考虑，攻津时，如北平之敌趁机突围，则塘沽之敌必然向西增援天津；北平之敌如不突围，则塘沽之敌一是固守不动，一是西移，如敌以三四个师向西出击，原计划的我一个师难以堵住，则天津作战将受影响。为确保天津攻城战更加稳当，遂将第三十五师调至津塘间。

除了允诺第十二纵队派两个师参战，刘亚楼还特意让第六纵队第十七师参战，也就是那个长于巷战攻坚的"老虎师"。

如是，在刘亚楼帐前听令的，有五个主力纵队和一个特种兵纵队，另加第六、第十二纵队的三个师，总计三十四万大军。

刘亚楼攻津计划的亮点之一，是在第一主攻方向放了两只"老虎"，让第一纵队和第二纵队并肩突破。这是刘亚楼的一个创举。第一纵队和第二纵队都是敢打硬仗不服输的英雄部队。刘亚楼认为，一支部队正因为有这种不服输的劲头，才有生龙活虎的作风和性格，用两只"老虎"并肩突破，可以调动部队间争强好胜的心理，这就像两个人赛跑一样，彼此都想超过对方，始终是在竞争中前进。

攻津计划的亮点之二，是这次作战解放军参战的炮兵和坦克，比过去任何一次都要多，工兵则是首次参加攻坚作战。各兵种的协同动作，是解放军有史以来攻坚作战规模最大、内容最丰富的一次。

搞好特种兵与步兵的协同动作，成为能否充分发挥特种兵作用实施突破的关键。这也是刘亚楼最放心不下的问题。于是他短短几天跑遍了所有参战纵队，检查战前准备和战前练兵情况。鉴于很多部队缺乏协同作战的经验，刘亚楼在周密调查研究的基础上，写就《关于天津攻坚战的协同计划》，下发给连以上指挥员。这个计划，在解放军协同作战史上占有重要地位。

1949年1月8日，刘亚楼向各参战部队下达该协同作战计划，随即又在杨柳青专门召开有主攻步兵师师长和特种兵团以上干部参加的协同会议，亲自讲解突破前沿阶段兵种协同动作的重要性和具体办法，强调特种兵要把为步兵服务作为最高职责。

遵照刘亚楼的部署，参战部队抓紧时间，按计划组织为期一周的协同演练。

战例证明，协同作战在天津战役中意义重大，在突破敌人前沿阵地的战斗中，炮兵与坦克的协同掩护起到了决定性作用。

战争让女人走开

战争是男人的世界。

但1949年1月上旬的一个黄昏，随着吉普车的刹车声和老槐树下战马的嘶鸣，翟云英突然出现在天津战役前线司令部门前。

刘亚楼把妻子请进屋内，说声你休息吧，就又忙开了。屋里的一切都与战争有关，只有一张小小的行军床支在角落里。不一会儿，警卫员又支起一张行军床，请她休息。翟云英坐在行军床上，看戏一般的看丈夫忙个不停，脑海里像电影一般映现婚后的酸甜苦辣。

1947年5月，婚后的翟云英跟随丈夫来到哈尔滨，刘亚楼就抛下她去了部队，先是在喇嘛台，后又在双城，有时半月整月地看不到他的影子。刚离开母亲和家人的翟云英，不习惯这样聚少离多的"蜜月"生活，尤其看到别的夫妇出双入对，更觉凄清孤单。

在党内素有长者风范的罗荣桓和夫人林月琴，常把翟云英请到自己家中，一起吃饭，一起说笑："云英啊，你孤身从大连来，在哈尔滨也没有几个朋友，就把我们这儿当作你的娘家吧。"让孤独中的翟云英感到很温暖。

1948年6月，翟云英初为人母，为了纪念这段在哈尔滨生活战斗的不凡历程，刘亚楼为儿子起名刘煜滨。翟云英生完小孩后，身体虚弱，一心扑在工作上的刘亚楼，便把安娜一家从大连接到哈尔滨与妻子团聚，便于互相关照。

前方战事频仍,熟人牺牲的消息不断传到后方。虽然刘亚楼不向妻子讲这些事,但翟云英从工作人员那里听到一些,心里总不免忐忑。战场上枪炮不长眼!记得有次刘亚楼回家来,正赶上敌机轰炸,他高喊大家快进防空洞隐蔽,自己却像个炸不烂的铁人,当院挺立,毫不在乎。翟云英在洞口连喊刘亚楼几声也不见理睬,气得哭了起来。

想到丈夫前要顾几十万部队,后要惦念自己和孩子,翟云英除了理解,还不禁对他产生了一种深深的怜惜之情。

因为这份理解和怜惜,有年她得了怪病,也不想让丈夫分心,硬是不让别人转告,不料病情急剧恶化。当刘亚楼接到林月琴的告急,急忙赶回哈尔滨时,翟云英已经奄奄一息,血色素仅有三四克。

刘亚楼四处寻医问药,幸亏一位经验丰富的外籍医生妙手回春,才把翟云英从阎王殿门口拖了回来。

辽沈战役结束后,翟云英带着娘家人来到刚解放的沈阳与丈夫团聚。但不久,刘亚楼就又接到东野提前入关的命令。她想随部队南下。不料,刘亚楼的警卫员在擦枪时不慎走火,把在一旁观看的翟云英的小弟打中。好在这一枪只打中腿部,未伤及要害。这样一来,翟云英不得不留在沈阳陪小弟疗伤。

小弟枪伤好转后,翟云英那颗关心丈夫安危的心重又强烈地悬了起来。全家走不了,她就自己走,她要在枪林弹雨中陪伴丈夫。

从千里之遥来到丈夫身边,翟云英所能做的,就是用她的体贴和理解给丈夫增添力量。

有天黄昏,翟云英眼皮打架正待休息,刘亚楼拉着她的手着急地说:"马上转移!"刚出去不久,就听得几声巨响,几发炸弹从天而降,正好落在那个小院附近。

她知道丈夫忙。在这些忙碌的日子里,丈夫为了这场最终为了和平的大战,已经几天几夜没合眼了,累了就趴在桌子上睡一会儿,还得有值班的作战参谋守着电话,有事须及时叫醒他。他不仅要精密部署,还要拿出相当的精力与敌谈判。每当丈夫起身踱步或和参谋人员小憩时,翟云英便不失时机地为他们倒水添水。

她感觉得出丈夫肩头承担着常人难以想象的压力,指挥三十四万人的首次多兵种作战,又是空前的大城市攻坚战,牵一发而动全身,丝毫不能麻痹懈怠啊!

两条腿走路

解放天津,首要任务是清除外围国民党守军据点。随着刘亚楼令旗所指,天津东南大门的灰堆据点易手,国民党守军的津南城防完全暴露。紧接着,号称"津东屏障"的东局子也插上了红旗。1949 年 1 月 8 日、9 日,东野大军以迅雷不及掩耳之势发动攻击,全部扫清天津外围据点,给陈长捷的嚣张气焰猛力一击。

一天夜里,刘亚楼带了几位参谋和警卫人员,由熟悉情况的华北军区冀中军分区司令部侦察科科长乔兴北引导,对天津城防外围进行战地观察和复查。深入到准备作突破口的地点观察时,突然在一个真空地带遭遇敌人的小股搜索队。敌人远远地用手电筒盲目扫射,大声吆喝"什么人",随即就听到了拉枪栓的声音。

刘亚楼急中生智,以恼怒的口气骂道:"混蛋,嚷什么,别让共军听见了!"

就在对方被骂得晕头转向时,刘亚楼立刻和警卫、参谋们迅速给敌人一梭子,随即趁夜幕溜之大吉。

回到指挥部,警卫员头上直冒冷汗,要是总指挥真有个三长两短,可怎么交代?刘亚楼却像没事似的,边洗脸边说:"好兆头,好兆头!他们抓不住我们,我们可就要抓住他们的主帅了!"

一场虚惊,却不是没有意义。刘亚楼身先士卒,亲临最前沿阵地。纵队以下的各级指挥员,纷纷深入下去,了解敌情,察看地形,群策群力。

刘亚楼认为,攻取天津最大的困难,不是密集遍布的数万枚地雷,而是堡垒和水患,这是攻城前必须解决的两大障碍。

对堡垒,他主张先吃肉后啃骨头,不要因为强攻堡垒破坏重大建筑而迟滞部队的行动。于是,一个集中优势兵力,运用分割战术聚歼敌军的作战方案酝酿成熟。这种分割穿插战术在东北曾普遍采用,被生俘的范汉杰曾说:"我们最怕的就是这种分割战术。"

相比于堡垒,水患更为危险。护城河水有进无出,天天都在上涨。尤其是天津外围被困后,它一下子就像猛兽似的向西南地区大洼倾泻,陈长捷试图以大

面积水患来抑制解放军攻城。

没办法，得先和国民党打一场"水仗"。

敌人放水，解放军就设法排水。两边"水仗"打得不亦乐乎，但优劣一望便知。

如何才能有效地打破敌人的放水计划呢？刘亚楼亲自到当地群众中了解情况，冒着刺骨的寒风在野外反复察看水流的来源和走向。他几乎走遍了天津城周围的河沟水汊，寻访了数十位群众，但始终找不到彻底解决问题的办法。一天，他忽然想及：如果溯流而上，寻根问源，或许能柳暗花明。他立即同第一纵第二师师长贺东生驱车数十里，来到津南的独流镇。从当地一位熟悉水系的放羊老汉口中得知，马厂附近有一道水闸，去年国民党军队关死了闸门，使减河水经南运河流入护城河，再由护城河流入海河东泄入海。了解了这个情况后，刘亚楼马上命令贺东生："调派二师打开减河水闸，引南运河水倒流入减河。"

南运河乖乖流入减河后，切断了水源的天津护城河，便开始结冰。陈长捷苦心经营的一道屏障就此突破。刘亚楼风趣地说："陈长官扬言护城河可抵十万精兵，现在被我们断水结冰，不过是一道堑壕了，就让他望河兴叹吧！"

水患问题才下眉头，如何突破津门护城河又上心头。虽然断了水，但这道流动的深长"堑壕"照样不能小觑，而且陈长捷非常重视护城河的作用，每天派数百人穿河砸冰，千方百计防止河水结冰。而河外还设有铁丝网、电网和雷场，每隔三十米有一个大碉堡，沿河有三百八十多个。在护城河和各大碉堡之间，有散兵坑、掩蔽部、交通壕，汽车、人员都可行走。而挡住解放军去路的护城河岸，污泥稀烂，泥浆没膝，难以运动。

刘亚楼认为，最困难的还是护城河问题，不想办法抢渡护城河，就休想进得天津！他在观看揣摩了地下党送来的天津城防图后说："炮击后，部队能不能快速抢渡过河很关键，多在河上停一分钟，就要多付出重大伤亡，这个仗打到最后，就划不来了！"

刘亚楼下令各参战部队开展军事民主，大家开动脑筋集思广益，想出了多种适用的渡河器具，有的提出造大板桥，有的说用苇秸，还有的提出用汽油桶搭桥。苇子桥就是群众智慧的结晶。这种桥轻便、结实、浮力大，而且不怕枪弹，在敌人火力下运动方便，又可就地取材，当地群众一晚就可送来数百捆芦苇。

刘亚楼亲自下到连队，看演练架苇子桥。那由芦苇制作的浮桥，简直是个庞然大物,长十三米、宽六米、厚五米,少了二十个小伙子无法搬动它。

随着连长一声令下,那沉重无比的苇子桥,就被左右两溜膀大腰圆的战士们抬将起来,在一二三的呼号中架到了肩膀上。战士们步伐整齐划一向前冲击,一口气跑出三四百米,到了壕沟(预想中的护城河)边,前边的战士便毫不犹豫地跳下,很快就把苇子桥的前端抵达"河"的对岸。一座浮桥就这样熟练而顺利地架好了。

刘亚楼紧随架桥的战士们跑到河边。他感到这是个力气活,战士们干得很苦,呼呼地直喘粗气,大冷天还满脸汗气蒸腾。

刘亚楼似乎看出了一点门道,不甚满意地摇一摇头,把连长叫到一边问:"前边的战士,都必须跳到河里吗?数九严寒,受得了吗?不跳进河里行不行?"

连长连连摇头,说他们在河里也演示过,河水的水平线低于河岸,跟河岸还差着一大截子,要是没有人在水里擎着,那苇子桥往前一推,就扎进水里了。

刘亚楼显得有些担忧:"只是苦了战士们,得想个办法。"

陪同的师长说:"师里已给架桥的部队作了规定,要他们每天用冷水洗澡,一天洗两次,晚上还要扒光膀子在外边冻上一会儿。"

刘亚楼琢磨了一会儿,说:"这也是没办法的法子了。我看还可这样,预先让后边的战士给前边下河的战士准备棉衣,等前边的战士出水后,马上让他们换上,以免冻坏了。"

师长说:"总指挥想得真周到,爱兵如子啊!"

刘亚楼却瞪了他一眼:"你为什么就想不到?战士们容易吗?没有他们,我们还不是光杆司令!"

经刘亚楼批准,苇子桥成为突破护城河障碍的主要器具。此外,指战员们根据当时当地的具体工事情况,还制作出活叶桥、翻梯、船桥、云梯等,在抢渡护城河时都派上了用场。

为了省力省事架桥,并在渡过护城河后快速攻击城防,刘亚楼想到了苏联卫国战争期间,目睹苏军用坦克架桥的一幕,决定用这个办法试试。他指示部队最好能先找到容易结冰的河段,以备坦克装甲车抢先过河,冲击城防,实在不行,就河架桥。他对坦克、装甲车填到河里倒不心痛,舍不得的就是坦克装甲兵。为此也指示部队试练,看坦克装甲兵能否在水中爬出来。

　　后来攻津战役打响后,第一纵队副司令员兼参谋长曹里怀亲自坐着装甲车为冲锋的步兵开路,竟一跃而过护城河。如此这般,成为解放战争的绝唱。

　　中央军委同意改打天津,战略上棋高一着,具体战术却要指挥员拿主意。自担任天津战役前线总指挥那天起,刘亚楼就一直苦思冥想攻城方案。

　　在军事学上,战略、战术是两个不同的范畴和概念,而在的战争中,二者却是息息相关紧密关联:没有一个正确的战略原则,再好的战术也等于零;战略意图完善了,若无切实可行的战术,枪炮一响,搞不好也会到处撞墙碰壁,直至头破血流,使看似"三个手指捏田螺"的胜局归于流产。

　　腹有良谋、长于战术的刘亚楼设计:如果能将敌军主力调到城北,造成中心地带兵力空虚,然后从东西方向攻打城中心,把天津拦腰斩断,就可避免部队的重大伤亡。可是,怎样才能将敌军主力调往城北呢? 陈长捷也非等闲之辈,会听从解放军的调遣吗?

　　他思来想去,先设一个迷魂阵,将大口径火炮、坦克和装甲车北调佯攻,做出一个将从城北强攻的姿态,故意将这个"重要情报"泄露给天津守军。

　　陈长捷不肯轻易上当, 于 10 日组成一个以天津市参议员丁作韶为首的工商联合代表团,以谈判为名前往杨柳青,刺探解放军的攻城准备和主攻方向。刘亚楼正担心陈长捷不会上当,听说天津城里来人,拍案叫好。你陈长捷想来摸底,跟我玩谈判阴谋,我就来个将计就计,也给自己已摆好的"迷魂阵"加加温。

　　明知敌方谈判毫无诚意,刘亚楼却装出积极响应的样子,并且故意将谈判地点选在离杨柳青不远的大南河村,那里是攻津部队第三十四师的师部。

　　设在杨柳青的天津战役前线指挥部到谈判地点只需三十分钟。刘亚楼让联络参谋通知对方说:"刘司令员正在路上,大约二十五分钟赶到。"事实上刘亚楼是过了三十分钟,才穿好大衣出发的。他让司机开车绕天津发电厂转悠一圈,然后"风尘仆仆"赶到大南河村,进院后连声向敌方代表道歉:"对不起,让诸位久等了! 我紧赶慢赶,车过宜兴埠,老百姓拦路告状,一个上千户人家的大村子,被陈长捷的一把火烧得精光。车到杨柳青,又耽搁了好久。杨柳青有名无实,街道坑坑洼洼,又那么窄,我的汽车差点出不来。"

　　敌方代表一计算:刘亚楼坐吉普车走了近一个小时,车轮沾满了泥浆,他的大衣也落了一层土,证明是从北面杨村来的,刘亚楼的攻城指挥部设在城北,主攻方向也肯定在城北。

谈判中,陈长捷的代表团拖延搪塞,刘亚楼对敌人的企图看得一清二楚,却不动声色,指明天津守敌投降的四个条件,并说:"陈长捷应当识大体,北平已经在和我们进行和谈,天津何妨不先走一步? 我们可以从 11 日 9 时起先停战二十四小时,宽限陈长捷于 13 日午时前放下武器。如果陈长捷毫无和平解决天津问题的诚意,决心与人民、与解放军为敌,那我不得不对天津施以武力攻击。"

代表团返回天津后,天津市市长杜建时给华北"剿总"秘书长焦实斋致电:

> 天津人民团体发动和平运动,参议员丁作韶等先行探询对方意旨,拟再由工商士绅代表进行折冲。今日(按 11 日)上午丁等回津。据称在杨柳青(应为津西南的大南河)已晤林军参谋长刘亚楼……窥测共方谈话,似亦愿和平,并了解我方放下武器事不可能。但适当条件,在彼方亦苦于寻求。拟再由工商、文化有力人士,再行前往……

11 日下午,陈长捷的代表团再次出城,虚与委蛇地告知刘亚楼:"陈长官同意放下武器,但六十二军和八十六军均系中央军,说武器是军人的第二生命,只愿放下重武器,让他们带步枪回江南。"

刘亚楼冷笑一声,义正词严地说:"武器对军人来讲是第二生命,但对刽子手和反动军队来说,是肆虐人民、为所欲为的工具,不放下武器,算什么和谈! 诚意在哪里? 不仅人民解放军不会答应,二百万天津人民也绝不会答应! 如果这两个中央军不愿放下武器,陈长捷可以把他的阵地让给我们,由我们进去,直接让这两个军缴械! "

至 13 日,天津方面再没派代表出来。

天津之战已势在必行,刘亚楼告诉麾下三十四万将士:"我们素来先礼后兵,现在敌人既然拒绝向人民低头,决心顽抗到底,我们就只有把他们三年来苦心经营的防御体系粉碎! "

陈长捷借谈判拖延时间和侦探解放军的企图不仅未能得逞,反而中了弥天大计。事前,虽然敌方已通过侦察,怀疑刘亚楼指挥部在杨柳青,解放军主攻方向在西南面,杨柳青也曾多次遭敌机轰炸,遭敌炮火扰乱;但"蒋干盗书"发现共军"内幕"后,陈长捷思维混乱,认为从天津地形看,解放军的主攻方向,确应在天津北面宜兴埠、丁字沽方向,因为那里没有河流,大兵团容易接近,而且共军又一向以贴近指挥著称,因此赶忙调整守城部署,将摆在市区中心最精锐的第一五一师全部调往城北防御,对城北又是加固工事,又是重点布防,而金汤桥核心地区就显得空虚了。这样也就有了他被俘前的跌足长叹:"我上了刘亚楼的圈套,上了刘亚楼的圈套!"

"将失一令而军破身死",普通士兵也许难以体会将军下错一个决心,会怎样使战场态势急转直下,而一个正确的决策,又可改变战局,使许多血肉之躯免于涂炭。交战双方亦然,将之优劣由此可分。

天津方式开启北平和谈大门

1949年1月14日上午10时,是天津战役确定的总攻时间。

之所以定在10时,是因为这段时间,天津上空总是浓雾紧锁,根据十几天来摸索到的气象规律和当地老乡的说法,大雾通常在上午9时后消散。

这天,是中国南战场淮海战役胜利结束的第五天。虽然零下十五摄氏度,而且像前几天一样大雾笼罩,城头白茫茫一片,地面几米外看不见人,但是可以掩护攻津大军的行动。

刘亚楼这个总指挥管得了三十四万大军,却管不了老天爷。今天这场大雾能在9时后消散吗?到时还是茫茫雾海可怎么得了?炮兵找不着弹着点,怎么打炮、破坏敌前沿呢?步兵辨不清目标,又如何冲锋陷阵?那样,势必要把总攻的时间后推了,这就打乱了整个作战计划。通常情况下,指挥员在组织一个大战役时,不到万不得已,是不会轻易改变总攻时间。当然,战争有它多变的一面,难免有种种意想不到的事情发生,预定的总攻时间实在要推迟也是没法子的事,但严阵以待的部队肯定会因此少了一些锐气。

刘亚楼为此好不忧虑。9时许,他走出作战室,伫立台阶,举目四望。望着望着,他的脸上忽地绽开大朵笑容。他慨然相赞:"群众的经验是可靠的!"

刘亚楼精神抖擞回到屋来,几乎所有电话机都在响个不停,各部队在向指挥部报告云散雾消的消息。

当密密麻麻的炮队卸下伪装,徐徐昂头向上时,刘亚楼正镇定地端坐在指挥部的太师椅上,目光看着腕上的手表。拂晓前,各纵司令员、各师师长以刘亚楼的表为准对表,自上而下对表以利于协同动作。

10时整,天空一片蔚蓝,红日白雪相映。一根在天津城四周冰冻的大地上连接着解放军十个攻城地段的电线,传出了刘亚楼响亮的命令:"总攻开始!"

随着信号弹腾空,于昨晚按纵深梯次、各自用途和射程,在天津外围布满四层的上千门各式火炮吼叫开来,从各个方向对预定目标进行轰击。天津大地刹那间一片震颤。这四层火炮密度之大,在中国战史上堪称空前,于是有人说,天津城是用大炮轰开的。

1949年1月,刘亚楼(右)任天津前指总指挥,下达攻打天津的命令

天津战役是东野入关第一仗,林、罗、刘要打出个样子来看看,刘亚楼决心以炮扬威,把各纵队火炮全都集中上来。林彪同意此方案,说:"在关外我们说要省些弹药,就是要用到时候,打天津也是给北平看,让傅作义心里有个数。"

关于炮兵的打法,刘亚楼给炮兵的任务很明确:压制敌炮及观察所,打乱敌指挥系统,打开突破口,支援步兵冲击,摧毁与破坏钢筋水泥工事及纵深坚固目标;在敌人反扑时,还要有足够的火力拦阻射击。他特别交代要做好步炮协同,弄清信号,不要打了自己人。

天津炮战,按照刘亚楼的协同计划,分"破坏射击时"、"压制射击时"、"克服护城河时"、"向纵深发展时"等四个步骤。有的亲历者把炮轰天津分出了节奏和层次,还说那是一曲悦耳的四重奏。西南主攻方向不到半小时发射炮弹近二万发,重约三百吨,整个和平门城楼陷入一片火海。开始还能听到几声城内还击的炮声,过不了多久便偃旗息鼓。两小时的炮轰下来,天津城防工事已是千疮百孔,城上守军不少被震晕过去。攻城步兵享受着"战争之神"带来的快感,欢呼

"炮兵兄弟打得好！"

有人说当时的策略是"打烂天津，吓死北平"，其实东野虽有"打烂天津"的决心和能力，但根据刘亚楼事先制定并经毛泽东批准的方案，打得相当有分寸，能不破坏的建筑物尽可能不破坏。

在炮火的四重奏中，工兵部队迅速排除地雷和铁丝网，爆破组、架桥队、突击队飞快地冲入阵地。

步兵接到冲击的命令后，当先开道的是五辆准备架桥的坦克。敌人的炮弹对准坦克打来，坦克毫不畏缩，冒着炮矢越开越快，直向护城河冲去，把后面的步兵落下一大截。第一辆坦克冲上了护城河，随着油门加大，轰的一声上了冰面。按照敌我双方预定想象，坦克势将掉入河里，连敌人的大炮也不开火了。

可情形出人意料，坦克竟轰响着冲过河去了！跟在后面的步兵，一看坦克都过去了，纷纷扔掉手里的渡河器具，吼叫着从冰面上直冲过河，如虎入羊群，势不可当。事后才弄明白，在严寒时节，由于敌我双方在护城河上一边加水一边放水，结果导致冰层越冻越厚，最后连坦克也掉不下去了。

刘亚楼在指挥部得知坦克神话般直接从冰面上冲上了敌人城头，大为兴奋，连呼："真是天助我也，连老天爷也和敌人作对！"

国民党两架 P-51 野马式战斗机（简称 P-51）突然钻出来参战，地面炮声震耳欲聋，根本听不到飞机的轰响。刘亚楼给高炮营打去电话："你们高炮是干什么吃的？没看到敌人的飞机？"

对方报告："首长，我们没有接到开火的命令。"

刘亚楼笑了："地面上都打开了，你们还等什么命令，见敌机就打！别让他给我跑了！"

高炮一阵齐射，火球围绕着这两个"不速之客"的周围闪耀不停。两架 P-51 在火网中左冲右撞，终于拖着长长的黑烟划落长空。

刘亚楼的攻城方案，把主攻方向选在西城和平门。战斗打响后，他的注意力虽然高度集中在负责突破西城和平门的西集群上，但也没有放松南边的助攻方向。助攻方向必须积极推进，否则东西对进就配合不了，所以，他给第九纵队司令员詹才芳、政治委员李中权发电报，催促他们赶快进攻。

在刘亚楼的期待中，胜利的消息不断传到指挥部。继第一纵队第二师首先突破后,到下午 2 时许,十个突破口有九个是一举成功的。那个未奏效的突破口,缘于指挥人员急躁,没有弄清步、炮、工兵的动作次序,结果两次冲锋都未成功。

突破口打开后,部队像汹涌的潮水般向市区拥进,严格实施刘亚楼部署的分割战术,猛烈穿插,先打乱敌人的防御。城里抢占两个点,第一目标是金汤桥,再就是警备司令部,活捉陈长捷,然后再一个一个地攻占坚固据点。

15 日凌晨时分,接到西集群部队和东集群部队会师金汤桥的捷报,一夜未眠的刘亚楼显得特别兴奋,对陪在身边、以备随时咨询天津敌情的冀中军区司令部侦察科科长乔兴北说:"这是个关键,标志着已打通了天津市区的东西走廊,把敌人拦腰斩为南北两部分,他们再无法做有效的战术联系了,接下来,就要啃骨头了!"

为了避免纵深作战的过大伤亡,他把攻坚重任交给经验丰富的第十七师,亲自向师长龙书金、政治委员徐斌洲下命令:"下面就看你们开膛破肚了。"

继锦州战役后,刘亚楼再调第六纵队第十七师这只"攻坚老虎"打天津。当时第六纵队司令员洪学智、政治委员赖传珠还有点舍不得,给刘亚楼打电话说攻击北平时还想着用第十七师。刘亚楼说:"这只铁拳头我先用,打完了天津再说。"

在东北战场,像这样打乱一个军的建制,单独抽出一个师参加某个战役,还是不多见的,这对部队也是一份殊荣。起初,第十七师归李天佑的第一纵队指挥。总攻发起前,刘亚楼把龙书金叫去,说:"十七师归我指挥。"龙书金说:"命令不是归一纵指挥吗?"刘亚楼笑说:"我这个前线总指挥就不能指挥你啦!"于是,"攻坚老虎"又上升一格,成为攻打天津二十多个师中唯一一支由总指挥刘亚楼直接指挥的部队。

接刘亚楼将令后,龙书金率全师三千多名"攻坚老虎"疾驰而出,人人抱着炸药包或爆破筒,沿着第一纵队打开的突破口进入市区,直逼守军的核心区海光寺。一个个碉堡、地堡上天,一座座负隅顽抗的高楼倒地,敌人经营多年的工事,弹指间化为一片废墟。

天津战役发起前,毛泽东和中央军委考虑用三天时间解决天津。傅作义的谈判代表、华北"剿总"副总司令邓宝珊在谈判桌上得知后,略带嘲讽地对林彪、聂荣臻说:"恕我直言,这只能是神话,莫说三天,三十天也未必! 天津嘛,你们最好不要打。"林彪说:"我看也许用不了三天,你在这里休息休息就可和陈长捷见面。"

如果陈长捷在天津守上三十天,天津要死多少人,解放战争又要受多大影响!毛泽东和中央军委命令平津战役总前委书记林彪三天内攻下天津,林彪限定刘亚楼四十八个小时拿下,刘亚楼表示:"要我说,三十个小时就够了。"

如此把话说死,举座皆惊,连了解刘亚楼的聂荣臻也心存疑虑,道:"三十个小时,是不是有点太急了?"

是啊,深沟高垒、层层设防的大天津,光是浏览一遍全城,也得需要一些时日,更何况面临的是一场你死我活前所未有的攻坚战。那一扇扇充满杀气的城门,那一条条碉堡林立、密如蛛网的街道,是不会拿着鲜花敲着锣鼓相迎的。铺天盖地的枪弹,每前进一步都是血战,要在一天多一点的时间里攻下这座号称"固若金汤"的大城市,可不是闹着玩儿的!

刘亚楼如是解释:"辽沈战役攻打锦州,我们只用了三十一个小时。现在我有千门大炮,有坦克装甲部队,有三十四万钢铁战士,再加上我还有秘密武器,三十个小时就可探囊取物!"

林彪显出极其兴奋的神情,浓眉下一双眼睛闪烁出光芒:"那好噢,军中无戏言,立下军令状,我们就按三十个小时上报军委!"

信心十足的刘亚楼却说:"还是按三天上报,我满打满算,按三十个小时使用就是!"

除了速战速决,他还要减少部队的伤亡。"一将功成万骨枯",爱兵如子的刘亚楼从来不愿拿自己士兵的性命赌博。为了有效地拦住敌人的炮口吞噬勇敢的士兵,只能以智取胜。这正是他的秘密武器之一。

掌握了敌情,打好了"水仗",设计好了让陈长捷钻的圈套,还有闪烁着智慧的攻城方案和协同计划为证!"东西对进"能迅速求得可靠的贯通,并使敌人的堡垒威力大打折扣;"拦腰斩断"可以打乱敌人的防御体系,又可将兵力自由地向两翼扩展,并有利于实行分割围歼……这个精湛的战术,是解放军能这么短时间攻下天津的主要原因。

15日下午3时,天津战役结束,歼俘敌将级军官以下十三万人。活捉陈长捷时,他正手拿话筒向北平的傅作义汇报最后的军情:"我上刘亚楼的当了,他们来了……"耐人寻味的是,陈长捷的指挥室挂有《民国三十八年(1949)天津国军战况一览表》，这是以逐日标载天津守军战况的巨幅图，列具的时间是民国38年全年，谁曾料到只记载了不到半个月，他的末日就降临了！

1949年1月15日，人民解放军参战部队在金汤桥上胜利会师

整场战役实际连三十个小时都没用，二十九个小时就使天津沐浴在红旗的海洋里。参战双方观刘亚楼指挥打仗，如看高手写草书，行云流水，酣畅淋漓，于平凡中见奇峰，大手笔中见胸怀。

整个战役中，除中纺七厂因守敌负隅顽抗而不得不予以摧毁外，全市大多数工厂、学校等城市建筑和诸项设施，都在刘亚楼预定的作战计划下保持完好，创造了城市攻坚战的奇迹。

战事甫一结束，刘亚楼即令第十二纵队迅速逼近塘沽。翌日下午发起攻击，突破后即向纵深发展。攻至新港，侯镜如慑于被歼，率主力五万人登船南逃（至福建后率部起义），其后尾三千人被全歼。17日，原本难啃的塘沽一战而得。

上报天津战役战果时，在金汤桥上打通会师的队伍竟有好几个纵队好几个师的番号，叽叽喳喳争得总指挥刘亚楼骤发火："争什么'金汤桥师'？解放军打下的呗！"

发完火，刘亚楼却又笑了。可也是，谁让你这总指挥不多准备几面锦旗？你该知道，这些属下争"虎"争"彪"（在东野，虎是纵队，彪是师）当主力的荣誉都快成一窝狼了。谁也不让谁，当王牌的不敢掉以轻心，实力在后的也不甘示弱，各纵都有狠招，各师都在争强，大家各显神通，又都在显摆。而部队这个嗷嗷叫、谁也不服输的英雄气，恰恰是他这个参谋长、总指挥所乐见的！

他还高兴地看到，辽沈战役前以"六个战术原则"为主要内容的大练兵运动，在战火中贯彻实施下来，已渐趋拉平了东野各军尤其是各师的战斗力差别。打锦州时他就有些奇怪：守塔山的第四纵队，正宗的塔山英雄团怎么不在主力第十师，而在实力排行老二的第十二师，而且第十二师一战竟打出了两个英雄团（另一个为白台山英雄团）？而早就是东野一"彪"的第四纵队第十师怎么只得了个塔山守备英雄团？各师之间的战术素质差别时时在变，你追我赶，在天津战役中更是各领风骚！

战后，刘亚楼在天津一家上好的饭店请参战各纵队首长吃饭，席间说到，战斗打响后，我对东西两边倒不担心，就是担心南边。负责南边战事的第九纵队司令员詹才芳忙问："参谋长您担心什么？"刘亚楼说："天津突破后，十多万敌人往你们南边跑，你们能吃得消？我的意图是只要你们能够顶住，不让他溜掉，就算完成任务了，没想到你们也突破了南边那样坚固的工事，打进市区来了，这就太好了！"第九纵队政治委员李中权说："参谋长，您为什么不早告诉我们呢，害得我纵参加了纵深战斗，伤亡不小。"刘亚楼哈哈一笑，说："我要是早告诉你们，你们就没那股子劲了！"

东野给天津人民留下了极好的印象，这美好印象来源于军容严整、作风过硬、纪律严明、秋毫无犯。这是林、罗、刘、谭规定的入城纪律守则，刘亚楼在战前召开政治工作会议，作了深入动员，仁义之师焉能不得民心？16日这天，在杨柳青指挥部，前来慰问的代表络绎不绝。

毛泽东接到攻克天津的电报后，高兴地说："华北的问题解决了一大半。"他电令刘亚楼用汽车送陈长捷到宋庄平津战役前线司令部，和傅作义的谈判代表、华北"剿总"副总司令邓宝珊见面。陈长捷对他的上级邓宝珊说："快回北平告诉傅总司令，天津的滋味儿不好受，北平守不住，无论如何不要守了！"

当东野总攻天津时，傅作义和陈长捷的通话就没有中断过。傅作义关注天津，有两层用意：一是看天津部队能不能突围出去，二是看天津到底能支撑多久，好在谈判中和中共谈价码。天津被神速攻克，给傅作义致命一击，粉碎了他最后的一点侥幸心理。

天津攻克翌日，也就是 1 月 16 日，毛泽东电令林、罗、刘：如傅作义拒不和谈而致攻城，"必须做出精密计划，力求避免破坏故宫、大学及其他著名而有重大价值的文化古迹。……要使每一部队的首长完全明了，哪些地方可以攻击，哪些地方不能攻击，绘图立说，人手一份，当作一项纪律去执行"。

同日，林彪、罗荣桓具名给傅作义发函，声明傅作义到 21 日下午 2 时如拒绝起义，解放军将全面实行攻城。傅作义别无选择，只能如期交出军队。国之大幸，古城北平不染战火，和平归来。随后，傅作义在绥远的部队（董其武部）也宣布起义。

天津战役对中国的战局发展产生了举足轻重的影响，毛泽东对此大为嘉勉，称："在整个平津战役中，天津战役对傅作义集团的最后解决具有决定性作用。"平津战役结束不久，在 3 月 5 日召开的中共七届二中全会上，毛泽东在报告中，把刘亚楼和麾下将士们在津门浴血奋战的经验命名为天津方式——在短时间内彻底消灭拒不投降的反动军队，从而又促成和产生了另两种有名的方式，使傅作义、董其武不得不分别以北平方式、绥远方式作出历史的交代。

1965 年，参加天津战役的第二纵队司令员刘震忆述当年战事："天津战役，亚楼同志具体指挥。他表现了超群的英勇果断、多谋善断和卓越的组织指挥才能。战役之前，他除去运用各种侦察手段广泛收集敌方情况外，还亲临第一线各个主攻方向进行现场观察。在充分掌握各种情况的基础上，依据林、罗首长的意图，经过周密的思考，提出了'东西对打，拦腰斩断，先南后北，各个击破'的作战计划，把毛主席'集中兵力打歼灭战'的思想，出色地运用到天津战役中来。当时，我们也提出过不少作战意见，对比之下，都没有他考虑的全面、缜密、深邃。在战役进行过程中，由于亚楼同志对毛泽东军事思想有真知灼见，对敌我情况真正做到了知己知彼，因此，他能一方面根据客观情况的发展，实施灵活的指挥；另一方面，坚决果断地贯彻正确的决心和部署，丝毫不受各种不正确意见的干扰。从而，缩短了战斗时间，迅速地取得了胜利。事实证明，亚楼同志的指挥和各种处置非常正确，我们参加了天津战役的同志，都感到受到了一次深刻的教育。"

这段原话，客观地评述了刘亚楼在这场战役中所起的不可替代的作用。然而,让刘亚楼自己讲述天津战役时,却少了自己的影子。

1959年1月,天津解放十周年之际,刘亚楼接见中国科学院河北省分院历史研究所六同志时,称天津是解放军和华北地下党一起打下来的。1961年,两位作家为写一部反映天津战役的电影剧本而专访刘亚楼。他在谈话中鲜有涉及自己这位总指挥,说革命的胜利,非哪几人之功,只能归功于人民。民心向背,是胜败之根本;人民的支持,是我军胜利的根本原因。他强调"战士是真正的英雄",并举例说:"为了突破敌人制造的护城河天险,我们充分发动战士讨论渡河办法。真是人多智慧多,三个臭皮匠顶一个诸葛亮啊!他们将长席捆起来当作舟桥工具,效果很好,解决了大难题。"

其实这样的事例在刘亚楼身上屡见不鲜。1948年哈外专纪念八一建军节,刘亚楼亲自向全校师生作报告。讲到长征,这位开路先锋都是歌颂广大红军战士,只字未提本人的功绩和作用,谈到过草地时还说:"我是骑了马的,跟广大红军战士比,我没什么了不起的。"

《战争艺术》一书中说:"身为统帅的人,就应该认清楚这一点,凡是部下的光荣,实际都是他个人的光荣,愈是能够有容忍的大度,那么成功也就愈大。"刘亚楼从广大指战员和人民群众的"光荣"中分享着"光荣"。20世纪50年代,中国人民解放军总政治部组织编撰《星火燎原》丛书时,指名刘亚楼写回忆天津战役的文章。1964年3月,柬埔寨王国政府副首相、国防大臣、柬埔寨王家武装部队总司令兼总参谋长朗诺将军来华访问,提出想了解和学习平津战役,毛泽东亲自指定刘亚楼负责介绍。

朗诺将军问道:"请问将军,您认为从这个战役中我们应该学习哪些经验呢?"

刘亚楼谈了几点看法:

一、人民的条件,这是最根本的。我们在解放战争时期,开始军队很少,我们也不能打这样的仗。而国民党反动派在抗战时,用假抗战取得了人民的信任,他认为在抗战胜利后,把共产党搞掉完全可能。但他没有想到抗战时老百姓拥护他,而打共产党老百姓就要反对他。在开头不明显,仗越打到后来越明显,国民党军队开小差的很多,而我们的军队一天天壮大；天津战役时，城里人民给我们送情报。离开了人民再聪明的统帅都要失败。同人民站在一起，小的力量也可以发展、壮大，取得胜利。

二、依靠外国人是不行的，外国人是靠不住的。国民党敢跟我们打，就是美国人援助他。毛主席检阅的这些炮（指中国人民革命军事博物馆里的照片）统统都是美国给蒋介石的。但老百姓起来后，外国人是站不住的，所以，要依靠自己。

三、要有好的领导。我们的毛主席非常英明，他非常重视研究敌情，他善于在战争中总结经验；他非常了解士兵，从不提出达不到的任务，他绝对相信群众。毛主席有两个重要特点：第一个，他的脑子是特殊的，特别聪明，不是普通人所比得上的。但是有这点还不行，他非常肯用脑，非常勤劳。他现在七十一岁了，还天天想问题，学习。这里陈列的很多命令、布告都是他自己写的。他是一个好统帅。

四、要有好的士兵，是穷苦的、革命的、爱国的士兵。军官要同情爱护士兵，要启发他们在士兵中进行政治工作……

朗诺祖籍福建，当时思想亲美。刘亚楼答其提问的指导思想，是有意识地点出：要依靠人民，而且要依靠穷苦的爱国的人民群众，外国人是靠不住的（实际上指的是不要依靠美帝国主义）。

虽然在国际友人面前没有显摆，但知道实情的朗诺将军仍尊敬地称刘亚楼为中国人民革命战争史剧舞台上的主要演员。

如果说，辽沈战役在指挥上的神来之笔是打锦州，那么，平津战役的精彩处则在于揪住傅作义，没让他东逃西窜。没西窜，是按毛泽东部署展开的，打新保安，围张家口；没东逃，是按刘亚楼的主张，不打塘沽而攻天津。

打天津是刘亚楼的得意之作，名声都传到国外去了。

作为野战参谋型杰出将领的代表，刘亚楼的才能在于将大兵团作战技能完美无缺地用在了辽沈、平津战役。他参与指挥影响中国革命进程的两大战役这份光荣，不会人走茶凉，在逝世多年后仍在史册上流芳。

天津战役是平津战役的重要组成部分，也是克敌制胜的最关键一仗。它还是解放战争中最重要、规模最大、打得最漂亮的城市攻坚战，是解放军炮兵、工兵、坦克兵等特种兵参战最多的一次战役，以铁杵捣卵般的威猛展示了解放军的成长和强大。从战役的决心部署到战役的准备和实施，都取得了新的作战经验。这些经验，对后来愈来愈大的城市攻坚战具有重要的借鉴意义。

此仗是刘亚楼回国后指挥的巅峰之作，给他在陆地纵横驰骋的军事生涯画上了一个圆满的句号。此后，他的战场便直上万里长空而去。

进京就任空军司令员

1949 年 2 月 1 日，刚过完旧历年，林彪、罗荣桓、聂荣臻、刘亚楼等乘车进入和平解放的北平。

选择这个时间进城，是有考虑的。本来傅作义部队一出城改编，解放军就可以进入北平，但考虑到年关将近，为了让二百万老百姓过好年，平津战役总前委决定推迟进城时间，作为执行城市政策的良好开端。为了扩大解放军的影响，平津战役总前委决定组织一次声势浩大的入城仪式。

刘亚楼受命担任入城仪式总指挥，忙得连轴转。

入城仪式定在 2 月 3 日，也就是 1949 年春节后的第三天。入城的每位官兵，都得经过合格考试。刘亚楼专门看望了被评上入城资格的第四十一军（原第四纵队）指战员，动员说："'大炮一响，黄金万两'，北平城里有那么多好东西，你们保证不手痒？资产阶级预言家曾说：'共产党的军队也会像李自成的队伍一样，经不起花花世界的诱惑，进得了北平，出不了北平。'你们说是不是？"

话音一落，大伙都嗷嗷叫起来。

刘亚楼叉着腰说："本来是让另一个军进北平警备的，可他们偏偏出了违反纪律的事，就换成你们四十一军了。你们在锦州战役中饿了也不摘群众的苹果，这很好，连毛主席都表扬了你们。但北平是举世关注的大城市，你们一定要搞好群众纪律，这不是哪一个人的问题，而是关系到人民解放军的声誉问题，一个人代表千千万哪！"

心细如发的刘亚楼忽然发现了一个问题，他指着眼前的英雄部队，以奚落的口吻说："看看，你们的个人卫生，不彻底来个大扫除，怎么去见大城市的人民？"

经他这么一指点，大大咧咧的战士们才感到自己确实太脏了。那些军长、师

1949 年 2 月 1 日,进入北平的解放军宣传队的军车经过西四牌楼

长、政治委员知道自己犯了一个错误,参谋长可不是个不修边幅的角儿,他对军容风纪的注重全军闻名,从前线回来,第一件事往往就是擦皮鞋,这是他在伏龙芝军事学院养成的习惯。

刘亚楼大声说:"我们是人民子弟兵,是胜利之师,要有军人风度,要给北平人民以一个雄壮威严、神气十足的印象,而不是蓬头垢面、邋邋遢遢。大家要彻底收拾好个人卫生,衣冠整洁得体,谁不合格,就取消谁的参加入城仪式资格。"

1949 年 2 月 3 日上午 10 时整,四发红色信号弹飞上碧空如洗的蓝天。作为入城仪式先导的三辆装甲车插着指挥旗,之后是四辆载着毛泽东和朱德巨幅画像的大卡车。前门大街到永定门大街人声鼎沸,各式各样纸糊的小旗帜充满视野,给早春二月的北平增添了无限暖意。打着北京大学、清华大学等横幅的学生队伍有组织地唱《解放区的天是明朗的天》等歌曲,庞大的军乐队则不停地演奏着那支北平人民还很陌生的《中国人民解放军进行曲》。这支歌曲后来被定为解放军军歌。

先导部队过后,装甲车队、炮车队、骑兵、步兵铁流般涌来。这些威武之师、胜利之师,人人身着新棉衣,头戴大皮帽,手握锃亮的武器,步伐整齐划一,幻化成那滚滚的春潮,激荡着古城焕发青春。

东交民巷的外国使馆区,"华人与狗"过去被拒之门外。刘亚楼在研究入城问题时,专门安排坦克队绕行东交民巷。当卷着淡青色烟雾的崭新美式坦克威武地从这里开过时,所有外国使馆的大门都紧闭着。也许,厚厚的布帘后面有几只仇视的眼睛,那就请便吧!

一家外国通讯社由北平发出的消息称:"中国人民解放军入城,规模空前,士气高涨,装备异常精良,实为一支强大的有战斗力的部队。"1949年2月4日的《人民日报》(北平版),以《二百万人民狂欢中解放雄师昨举行入城式》为题,对入城仪式作了详尽报道。

整个入城仪式整整进行了八小时。当刘亚楼和林彪、罗荣桓、聂荣臻及北平市市长叶剑英等登上前门箭楼时,这些南征北战的将军们脸上全都挂着胜利的微笑,因为这是他们向往的神圣时刻。

一个月后,毛泽东在西柏坡召开的中共七届二中全会上称:"北平入城式是两年半战争的总结,北平解放是全国打出来的,入城式是全部解放军的入城式。"

具有历史意义的北平入城仪式,在中外关注的目光中刚刚结束,刘亚楼又忙着投身傅作义部队的改编问题。

《人民日报》2月1日以《北平解放经过》为题,全文登载了1月16日以林彪、罗荣桓的名义给傅作义的书面通牒。此信函当时由傅作义的谈判代表邓宝珊带回,可傅作义之女傅冬菊(中共地下党员)读后感到措辞生硬,怕傅作义接受不了,反把事情弄僵,当时就压了下来。直到《人民日报》公开发表,傅作义才看到这个通牒。他误认为共产党视他为"被迫投降"而不是"起义",自己还将是战犯一个,因此心情极差。接着,又连续发生了两起对傅作义刺激很大的事情:一是地方公安部门通知他去登记,二是他于2月2日邀请原华北"剿总"副总司令邓宝珊中午就餐,邓在复兴门被解放军扣起来……因此傅作义闹起了情绪。

为了消除芥蒂,1949年2月8日,林彪、聂荣臻、刘亚楼奉中央指示,同傅作义敞开思想畅谈。这是一次真诚、热烈、融洽的谈话,消除了傅作义的误会、不满和对前途的忧虑。谈话中,刘亚楼对傅作义当年制服日军的"掏心战术"给予高度评价,并说:"过去傅将军率部打日本,每战皆捷,基本上保持了不败的纪录。

今天却着着失算,处处败北,并不是傅将军不会用兵,不会打仗,其根本原因是违背了人民的意愿,遭到人民的反对。"

1949 年 2 月 14 日,林、罗、刘致电中央军委,就傅作义出城部队改编问题提出意见:"拟大量争取将傅全部军队一概分散合编,如傅要求保留他的军队之一部,则亦可保留他一个步兵师、一个骑兵师或一个军,中央军则一概编散。我们觉得保留敌方的建制部队愈少愈好。从全国影响说,似亦不宜树立保存敌兵力的范例。"

最后,傅作义感动于共产党的胸怀和政策,把部队完全交出,任凭处理。

1949 年 2 月 16 日上午,林、罗、刘在北平饭店野战军总部召集第三纵队司令员韩先楚、政治委员罗舜初,第六纵队司令员洪学智、政治委员赖传珠开会,命令两个纵队立即结束两个月的休整,于 19 日南下,钳制汉口桂系的敌人,策应第三野战军行动。翌日上午,罗荣桓和刘亚楼又召集第三、第六纵队领导,及野后的李聚奎,第十二兵团的唐天际、解方及特司等领导开会,研究行军路线和后勤供应问题。刘亚楼特别强调,现有仓库中的装备,要尽量优先补充这两个纵队。他还要两个纵队的首长每天都须向总部报告部队的行军情况,以便为大军从平津一带随后南下提供可靠的经验和资料。

2 月 21 日,北平饭店热闹非凡,林、罗、刘在此召集傅作义所属各受编部队师级以上军官开会。刘亚楼颁布了把原国民党二十五个师改编为解放军二十五个独立师的命令和番号,并宣布了改编部队的指挥关系与供给关系。

完成傅作义部队与解放军的合编,仅仅是改编的开始。为了实现政治改编,使傅部达到从政治性质和思想作风上的彻底改变,实现解放军化,平津战役前线司令部和政治部采取了很多措施和有效方法,刘亚楼为此做了大量工作。

1949 年 3 月 11 日始,东野正式改称第四野战军(简称四野)。早在 1 月 15 日(即解放天津那天),中央军委就已下了东野改称四野的命令,虽然在两个月后才宣布,但自这一天起,内部有的已开始使用这一序列称呼了。

解放战争打到第四年,北中国大地已是"风展红旗如画"。排山倒海的四野大军雄踞平津,虎视湖广。1949 年 3 月 17 日,中央军委致电林、罗、刘:"四野所负攻击武汉及湘鄂赣三省国民党军之任务。"此时,林彪尚在西柏坡,刘亚楼协助罗荣桓研究制订了野战军先遣兵团南下作战的计划,思想动员及物资准备的

担子可想而知。

七届二中全会后,中共中央和中央军委决定从西柏坡"搬家"到北平,并为此成立了以叶剑英、聂荣臻、程子华、刘亚楼、李克农组成的中央迁北平组织委员会。中央领导机关进北平(代号为劳动大学)是天大的事,每个细节都要考虑周详。本来设想搞个场面隆重的入城仪式,让北平人民夹道欢迎党中央和毛泽东进城,但中央不同意兴师动众,决定悄悄进城,不搞一切庆祝活动,只同意在北平西苑机场举行一场阅兵仪式,检阅驻北平部队,并会见各民主党派领导人和无党派爱国人士。经研究决定,阅兵仪式由刘亚楼担任总指挥。

3月初,刘亚楼打电话给正在天津的第一三三师师长吴烈,要他马上来京受命,改任第一六〇师师长,担任中央警卫工作。在接见吴烈时,刘亚楼说:"你长期担任警卫工作,对警卫有经验,对毛主席和党中央都比较熟悉,你们师现改番号为二〇七师,隶属于华北军区和平津卫戍区司令部。你们进北平的目的,主要是清剿京郊地区的散兵游勇,肃清敌特分子,打击流氓,稳定社会秩序。保卫党中央、毛主席的安全是压倒一切的政治任务,其他工作允许有错,但警卫工作不能有丝毫的差错。"

这支中央警卫部队开进北平南苑不久,中央进北平的日子也已选定。1949年3月20日,罗荣桓和刘亚楼迅速派第四保卫部部长钱益民、参谋处副处长尹健率汽车团(有三百多辆各型汽车),分头从北平和天津驶往西柏坡。为了确保万无一失,3月21日一大早,罗荣桓和刘亚楼又在下榻的北平饭店紧急召集有关人员,布置中央领导机关从涿县到北平的沿途警卫任务(从西柏坡至高碑店由华北军区负责警卫),规定:从高碑店至长辛店由第四十二军负责,从长辛店到西直门由第四十一军负责,从西直门到香山由李克农领导的中央社会部负责。刘亚楼还亲自负责北平周围的对空警戒。

细心交代完各种注意事项后,刘亚楼语气严肃地说:"这次任务的性质,罗政委都讲清楚了,一定要杜绝一切不安全的因素,每个指战员都要怀着对党中央、毛主席的深厚感情,保证党中央、毛主席的绝对安全!"

3月的华北,冰河尚未解冻。为了中央领导机关"搬家"的行路安全,第四十二军六万多名指战员便在冰上铺上沙子;公路上的尘土较多,硬是把浮土一铲一铲地刮掉,再浇上水把路面填平夯实。就这样两天两夜没合眼,不少人手上起了血泡。在涿县听完第四十二军军长吴瑞林汇报后,刘亚楼动容地说:"就是要以高度的责任感和认真负责的精神来完成这个天大的政治任务,党中央进北平是党和军队历史上最有意义的事情,一点也不亚于打赢平津战役!"

中央机关这么多人,要在涿县过一夜,生活咋安排呢?军党委讨论了很久,最后决定做一顿清淡的豌豆苗煮鸡蛋面。刘亚楼和负责打前站的中央办公厅主任杨尚昆同意这个安排。

3月24日一大早,刘亚楼专程从北平赶到涿县,迎接党中央、毛泽东进北平。

在阔别多年之后,刘亚楼再见到毛泽东、周恩来、朱德这些中央首长,一时激动万分,不知说些什么好。毛泽东哈哈大笑地握着自己爱将的手,大声说:"刘亚楼,你打得好哇!十年未见,你来接我们'进京赶考'喽!"

毛泽东及主要随员来到第四十二军军部时,新任北平市市长兼军管会主任叶剑英和滕代远乘坐给毛泽东准备的专列也由北平到了涿县,汇报了进北平的具体安排。

3月25日凌晨2时许,刘亚楼陪同毛泽东等中央首长,在涿县换乘火车,直抵清华园火车站,中央机关和解放军总部机关则仍乘汽车向北平进发。毛泽东和中央领导人在颐和园休息时,刘亚楼又马不停蹄地直奔北平西郊的西苑机场,为毛泽东下午阅兵做准备。

在他的组织下,参加受阅的四野二万多名精兵强将"围三缺一"——南面是四野警卫团,三千多官兵雄赳赳地站立在一百多辆美国大卡车上;西面是第四十一军军部及所辖一个步兵师,其中有威震天下的塔山英雄团;北面是炮兵团;在东面的敞口旁,留给李济深、张澜、郭沫若、沈钧儒等近百名民主人士和各界代表,另外还邀请傅作义、邓宝珊参加人民武装力量的检阅。

既然党中央取消了一切欢迎活动,那么,西苑机场阅兵便是最好的欢迎仪式。刘亚楼高度重视这场检阅,并特意做了预演。他对第四十一军军长吴克华说:"你来当一下毛主席、朱总司令,我给你先报告一下。"

这话一出,把吴克华吓了一跳,连连摆手:"不行不行,我哪能代替毛主席和朱总司令呢?"

刘亚楼说:"不先练习练习,到时出了毛病,你来负责?"

吴克华见拗不过,只好说:"好好,我就当一回主席和总司令。"

笑声中，一切准备就绪。预演圆满结束后，刘亚楼绕部队走了一圈，不时停下脚步吩咐指战员们："大家喊两个口号，毛主席万岁！总司令万岁！"这时部队才明白今天前来检阅的是何人，神情顿时激奋起来。

下午3时许，机场上空升起四发银白色照明弹，中央五大书记在林彪、罗荣桓、叶剑英的陪同下，乘坐几辆敞篷吉普车，从南向北驰向西苑机场。

随着刘亚楼一声响亮的"立正"口令，站在队前的领导干部齐刷刷举手敬礼。检阅场上鸦雀无声，只有汽车发动机的声音，精神饱满的指战员们激动万分地接受毛泽东一行的还礼。

身穿灰土布大衣、头戴灰色棉帽的毛泽东，站在第一辆美式吉普车上，后面依次跟着朱德、刘少奇、周恩来、任弼时等领导的车。阅兵总指挥刘亚楼走到毛泽东面前，向毛泽东敬礼、报告后，快步登上毛泽东乘坐的吉普车，阅兵仪式正式开始。军乐队高奏雄壮的《中国人民解放军进行曲》，五十门六〇炮陆续发出五百响"礼炮"，有如千万颗亮晶晶的星星高挂空中。装甲炮塔上红旗猎猎，坦克手昂首挺胸，精神抖擞，一齐向自己的领袖敬礼，摩托化步兵也个个雄姿英武。车过之处，欢呼声如惊蛰的阵阵春雷。

刘亚楼陪同毛泽东京郊阅兵，毛泽东身后为刘亚楼

毛泽东身材高大，站立在吉普车上，挡风玻璃上沿的扶手横杆就显得有些低了。为预防有个闪失，刘亚楼站在毛泽东身后右侧，伸出右手紧紧抓牢前面的扶手横杆顶端，右脚则踏住车门口，完全是个精心护卫的忠诚卫士。

检阅中，毛泽东发现了随风飘扬的"塔山英雄团"战旗，道一声："这就是锦州战役作战的那个部队啊！"车慢慢地停下，刘亚楼介绍了这支部队和这面战旗的由来，毛泽东点头示意，凝眸眼前这面血染的战旗和战旗下仁立着的英雄部队。

在惊天动地的欢呼声中，刘亚楼亲眼看见，毛泽东的眼角有两滴晶莹的泪珠。这是毛泽东以胜者之王的身份踏上北平的土地，20世纪20年代他第一次来时，还是个布衫裹身的热血青年。

在这个伟大的历史时刻，留在北平的国民党特务也想凑热闹，但在严密的警卫下，没能得逞。

毛泽东西苑阅兵的照片出来后，有人既羡慕又遗憾地对刘亚楼说："你护卫毛主席机场阅兵，太有意义啦！这么珍贵的历史镜头，可惜你只照了半个身子半边脸，真遗憾！"

刘亚楼严肃地说："拍照时，我是故意把脸转向主席身后的，这张照片是要载入党史、军史、中国革命史的，一定要突出毛主席，我怎么能抢镜头呢！"

1949年3月31日，林、罗、刘率四野几百名师以上干部赴西郊香山，在小礼堂接受毛泽东等中央领导的接见。

刘亚楼今天像往常一样，军装整洁，皮鞋锃亮，精神饱满。他整队报告人数后，朱德当场表扬他军人气魄很足，军姿好，动作准确。四野群将深为他们的参谋长骄傲，军事指挥出神入化，军人仪表也堪称典范。多年后，他们依然由衷称赞："刘亚楼，那才叫真正的军人！"

毛泽东满面春风，亲切地同前两排的同志一一握手。刘亚楼恳请毛泽东给大家讲讲话，他的话音未落，礼堂里便响起了一阵热烈的欢迎掌声。

毛主席微笑着说："大家要我讲，我就简单地讲几句吧。在两年半的解放战争过程中，我们歼灭了国民党反动政府的主要力量和一切精锐师团，国民党的反动统治即将土崩瓦解，但你们丝毫也不能松懈战斗力，应该把伟大的人民解放战争进行到底。"

说到这里，毛泽东风趣而意味深长地说："当年，曹操八十万人马下江南；今天，我们二百多万人马、三路大军下江南，一路陈粟大军，一路刘邓大军，一路你们林罗大军，浩浩荡荡，声势大得很，气魄大得很。同志们，下江南去！我们一定要赢得全国的胜利！"

毛泽东充沛的革命激情，鼓舞着四野将领，暴风雨般的掌声响彻礼堂。

接见完毕，中央五大书记在玉泉山宴请这些劳苦功高的四野将领。

得知林彪已住进李宗仁在西单附近的房子，而罗荣桓和刘亚楼还与四野总部人员挤住在北平饭店,毛泽东心疼了,要罗、刘搬到西山双清别墅来,这样也便于工作。刘亚楼赶忙辞谢:"主席工作忙,不便打扰!"其实他心里揣着个小九九:住在主席身边多拘束,多不自由啊!

很快,罗荣桓一家在方巾巷找到了一处空房。这是栋灰色小楼,外面中国式样,里面西式格局。可罗荣桓一家住着太大,也显得浪费,于是就只住一半,留下另一半约刘亚楼一家过去住。

4月7日,也就是为期八天的四野高干会议结束两天后,林、罗、刘发布四野南下行动命令。驻平津地区的四野部队兵分三路,于11日沿(北)平汉(口)路、(天)津浦(口)路和(北)平大(名)公路南下。

4月28日,中央军委命令,四野在原有第十二、第十三兵团基础上,再组建第十四、第十五兵团。刘亚楼改任第十四兵团司令员,萧克、赵尔陆分别接任四野第一参谋长和第二参谋长。刘亚楼同时任四野前委(后改名为中国共产党中南军区委员会)八委员之一。5月12日,中央成立有各方力量参加、以林彪为第一书记的中共中央华中局(简称华中局),刘亚楼为华中局十八位委员之一。

第十四兵团下辖第三十九、第四十一、第四十二军三个军(即原东野第二、第四、第五纵队)。林彪的东野"五虎"(五个纵队),第十四兵团就三分天下有其二,战斗力不可小觑。根据军委指示,第十四兵团由中路南进。刘亚楼命令第四十二军军长吴瑞林、政治委员刘兴元:当务之急是攻下河南安阳、新乡,掩护四野主力南下。

这是个艰巨的任务,安阳、新乡是中原的战略要地,是京汉铁路必经之地,别的部队曾打过两次,都没能拿下,因此四野前委专门调第四十二军前往攻克。第四十二军不负重托,按时拔掉了这两枚硬钉子。

刘亚楼如果挥师南下,参加解放中原、中南广大地区的战斗,以他的雄才大略,会有独当一面的出色表演。但担任兵团司令员并兼四野前委委员、华中局委员的刘亚楼,除了要部署自己兵团的作战计划,还要向接任四野参谋长的萧克、赵尔陆移交总部工作。他终于支撑不住病倒了,军委安排他休养,暂不随军南征。林彪对他的病情颇为关切,7月间致电在天津养病的罗荣桓时说:"亚楼同志亦可继续休养一段时间,待广西战役开始后再归队指挥。"

刘亚楼病情有所好转,处理完四野司令部遗留工作后,正准备脱身追随已到汉口待命的兵团司政机关和直属队,挥师杀敌,忽然接到毛泽东召见他的通知。

于是,那辆正准备南下的吉普车掉头驶进了中南海。古朴幽静的丰泽园,方形的天井里长着两棵松柏,枝繁叶茂,郁郁葱葱,硕大的树冠给地面投下一片阴凉。不久前的6月,毛泽东从香山的双清别墅搬到这里居住。

刘亚楼跳下车,大步流星地走进菊香书屋,只见毛泽东一手叉腰,一手挥动着蒲扇,正俯身聚精会神地审视着桌上的一张地图。刘亚楼立正敬礼后,急切地问道:"主席,这个时候叫我,一定有重要任务吧?"

毛泽东直起身握住刘亚楼的手说:"你的感觉很敏锐,给你一个非常重要且异常紧迫的艰巨任务。"

刘亚楼的大脑飞速旋转之后,兴奋地问:"是解放台湾?"

毛泽东笑答:"和解放台湾密切相关。"

会是什么任务呢?刘亚楼思忖间,毛泽东开口了,言简意赅,谈笑风生:"刘亚楼,你打得不错,要你从陆地上天,当空军司令员怎么样?"

中共中央从西柏坡迁驻北平后,不时受到蒋介石空军的袭扰。毛泽东睡得不香,他强烈感受到了来自天空的威胁,作出了建立空军先于建立新中国的决定。他找周恩来共同商讨该怎样揭开那充满诱惑而又无比沉重的天幕。空军是个技术性很强的新军种,揭天幕的人,非要有勇有谋不可。在众多的将领中,毛泽东筛选出了刘亚楼。

周恩来赞同毛泽东的主张,认定刘亚楼是组建新中国空军的最合适人选。因为组建空军要苏联帮忙,刘亚楼留过苏,会俄语,掌握了现代军事科学技术,既了解苏联军队,又懂得解放军的优良传统,回国后兼任东北航校校长,对航空有所了解。当然还不止这些。刘亚楼满怀对革命的忠诚,文化程度较多数将领高,指挥过大兵团作战,具有多谋善断的军事指挥才能,坚定、远大的政治眼光,周密认真、雷厉风行的工作作风;不但能征善战,而且善于大刀阔斧地开创工作,锐意创新,军政双全,能很好地带兵、建设部队。还没设想让刘亚楼当空军司令员之前,毛泽东和周恩来甚至考虑,待战事稍息,打算调刘亚楼到总参谋部工作。刘亚楼给林彪当参谋长干得出色,他翻译的《红军野战参谋业务条令》《炮兵的使用问题》和撰写的《关于天津攻坚战的协同计划》确实出类拔萃,让他到总参谋部,必有作为。但组建空军是当务之急,没有空军的国家,就等于一个不设

防的国家。刘亚楼有胆有识有才,当挑更重的担子!

虽然刘亚楼也知道中央正准备筹建空军,让自己领头负责却是压根儿没想到。毛泽东话音刚落,他便连连摆手:"主席,这使不得,使不得!我是学陆军的,不懂空军,哪能当空军司令员。"

毛泽东拉刘亚楼坐下,目光中充满了期待和信任:"有谁开始就熟悉空军呢,要我去我也不懂,可总得有人领个头。我就是要你这个自认为做不了的做!解放全国大陆指日可待,而解放台湾则要费较大的气力。渡海作战的关键是空军和海军。空军虽然空空如也,但中央信任你,让你负责这个摊子,你不会是那个空空如也的'空'军司令员。"

刘亚楼不知是谦虚,还是想着上前线领兵,渡长江出湖广,横扫三湘,纵横八桂,抑或担心什么,竟像当年在延安留抗大一样,"讨价还价"不肯接担子。

毛泽东似乎有些来气了:"你做了那么多年的部队思想政治工作,难道今天还要我做你的思想工作不成?"

看来这个空军司令员是当定了!刘亚楼不由得使劲搓动着结实有力的大手,有再大的困难也不能推掉领袖交给的重担,他对着毛泽东就是一个军礼:"干!"

毛泽东满意地笑了:"哎,这才是雷厉风行的刘亚楼!"

身边没了刘亚楼的林彪,像是少了一只臂膀。他给中央发电,提出"我们建议亚楼仍来前方指挥作战……如亚楼留中央不来,则我们前线指挥甚感困难",体现了林彪盼刘亚楼回四野的心情。刘亚楼身不由己地留在了北平,更何况,林彪那里是局部,而毛泽东这里才是全局。

事后得知,3 月间刘亚楼报请林彪、罗荣桓同意,派航校副校长常乾坤、副政治委员王弼前往西柏坡,向中央首长汇报航校的建设情况时,毛泽东、朱德就开始考虑组建空军,并迅于 3 月 17 日成立军委航空局。知人善任的毛泽东,在二十年的考察中知道刘亚楼既是一流的参谋长,又是可独当一面的军事主官,还可做出色的政治领导者,这三者在各个历史时期都得到了很好的验证,三者兼优,足以胜任新的历史使命。

第八章 劈向空军的三板斧

走出国门寻求援助

刘亚楼受命组建空军以来,强烈的使命感、紧迫感,催促着他研究筹划建立空军的最佳方案。这些方案给中央军委和毛泽东决策提供了很好的参考。

1949 年 7 月 26 日,中央军委致电四野:"现在必须以建立空军为当前首要任务。此种条件已渐渐生长,准备一年左右可以用于作战……空军机关以第四野战军第十四兵团司令部及直属部队和军委航空局组成。"

同日,中央书记处致电正率团访苏的刘少奇:"为粉碎国民党军对上海的封锁,必须占领台湾,但前提要有空军,希望你和斯大林同志就这一问题交换意见,期待苏联卖给我们一百架到二百架歼击机、四十架到八十架轰炸机,拟请苏联航空学校代我培训一千二百名飞行员和五百名机械人员,这些学员拟于十月动身出国,如上述两项苏方原则同意,我们即派刘亚楼赶来莫斯科参加这一计划的商谈。"

第二天,刘少奇在会见斯大林时,转达了中共中央的意见。斯大林同意帮助中国组建空军。苏方对中共的计划,除航空学校不必设在苏联外,其余各项都原则上同意。

在中共中央为组建空军运筹帷幄与莫斯科电报往来时,刘亚楼提出了一个比中央设想更大胆的建设方案:"准备在苏联的帮助下,在一年内建立一支拥有三百架到三百五十架作战飞机(其中战斗机和轰炸机比例为 2:1),较国民党空军略占优势的空军部队,以便渡海作战时能夺取制空权。"

毛泽东欣然批准了这个方案。刘亚楼随即迅速组织一支精干的小型代表团赴苏谈判。团员中,王弼 20 世纪 30 年代在苏联学过航空理论和飞机设计,回国后担任过东北航校政治委员,既有理论又有实践经验。吕黎平本来将随萧华赴布加勒斯特参加世界青年联欢节,刘亚楼考虑到他在新疆学过飞行,担任过东北航校训练处处长,又在天津、北平、南京、上海搞过航空接收工作,熟悉飞行和训练,就同团中央和萧华商量,改让驾机起义的原国民党飞行员刘善本代吕黎平去。

1949 年 7 月 31 日傍晚,毛泽东在中南海住处亲自接见谈判团成员,对刘亚楼搭起的这个班子很满意, 他不无幽默地说:"你刘亚楼在苏联是学地面指挥的,你们三人既有地上指挥员,又有空中的飞机驾驶员,还有能设计、修理飞机的工程师,三位一体,真是难得哟! 我看你们就是空军主要成员的缩影了吧。"

毛泽东设便宴为刘亚楼一行饯行,预祝谈判成功。

此前两小时内,朱德、周恩来已先行分头接见代表团,作了相关指示。

朱德夫人、长征女红军康克清为即将成立的人民空军欢欣鼓舞,说:"多年来就盼望有自己的飞机,希望你们早点把我们的空军建好。"听说翟云英也要随同赴苏,康克清特意找来毛泽东、朱德的合影,托她捎给远在莫斯科的女儿朱敏。

翟云英是周恩来特批成行赴苏联治病的。

1949 年 8 月 1 日,刘亚楼率团赴苏。火车进入苏方边境车站检查签证时,却被拦了下来。因为刘亚楼一行没有外交部的出国护照,苏联边防军不让通行。

刘亚楼操一口流利的俄语,耐心解释:"我国中央政府尚未成立,自然没有外交部,但我们带有我党中央写给联共中央的介绍信。"

苏军值星官(军队中各级值班员)接过盖有中共中央大印的信件认真看后,犹豫片刻,表示这事很特殊,自己不能做主,须请示上峰再说。

约十分钟后,值星官从里屋出来,礼貌地递还两份加盖有苏联边防检查站印章的介绍信,客气地说:"对不起,让你们久等了,请上车吧!"

8 日早饭后, 刘亚楼一行坐上了在赤塔奉命等候他们的苏方 C-47 型运输机。天公仿佛要让中国空军的初创者们尝尝苦头,飞机起飞后,气流老是不稳,飞机颠得忽上忽下。紧接着,除飞行员出身的吕黎平,你前我后地展开了"呕吐比赛"。

吕黎平把刘亚楼扶到座位上,嘱咐他尽可能不要乱晃动,精神放松些,脑子里莫去想吐,他还戏谑地说:"未来的空军司令员带头呕吐,将来的机会可多着呢!"

大家都会意地笑了,但很快肚子又不舒服了,又忍不住哇叫起来,这狼狈相让人终生难忘。如此边吐边笑,边笑边吐,倒把恐惧抛到了爪哇国。

11日下午抵达莫斯科,大家无暇休息,马上向即将回国的中共中央代表团团长刘少奇报到。还在8月2日,刘少奇在致斯大林的信中说:

斯大林同志:

我接到了毛泽东同志的电报。他要我回国,把王稼祥同志留下协助近日即将来莫斯科的刘亚楼和张学思同志处理创建空军和海军学校的事宜。

13日,刘亚楼一行在刘少奇带领下,开始和苏方举行第一轮会谈。

苏联国防部部长华西列夫斯基元帅(1945年8月,曾率苏军进入东北与日本关东军作战)热情欢迎中国同志的到来。参加会谈的苏方代表,还有苏联空军主帅维尔希宁元帅、主管训练的空军上将副司令员,另有两名女军官负责记录。第一轮谈判结束后,刘少奇因要参加全国政治协商会议和开国庆典,率团先行回国,此后的会谈由刘亚楼全权代表。

苏方介绍飞机性能时,有时言过其实,如把拉-9歼击机(简称拉-9)的一切说得比国民党空军装备的美制P-51优良。在会间休息时,王弼、吕黎平告诉刘亚楼:"拉-9的上升性能、转弯半径、火炮威力,都优于P-51,但俯冲性能、载弹量、火炮射速和最大航程就不如了。"

对苏方在某些方面留一手,刘亚楼心知肚明,但考虑到中国要在一年内组建空军,离不开苏方帮助,不能把关系弄僵。何况,总的来说,拉-9和P-51各有所长,基本匹敌,能协同陆军渡海参加解放台湾的战役。他认为党中央指示的谈判目的已经达到,对这个援助计划可以表示同意。

三轮谈判下来,维尔希宁元帅还不敢肯定中国未来的空军司令员是否称职,却相信:他如果从事外交,肯定会有出色业绩。

1949年8月18日,充满俄罗斯风格的苏联国防部大楼,一派忙碌景象,大厅中灯火辉煌,气氛热烈。中苏两国代表在经过多天的紧张谈判后,聚集在这里,举行关于由苏联援助中国建立空军协定的签字仪式。刘亚楼代表中国,草签了苏方向中方出售四百三十四架飞机、派遣八百七十

1949年8月,刘亚楼(右二)奉命赴莫斯科与苏联商谈帮助中国组建空军事宜。随行人员有:吕弼(左三)、翟云英(右四)、张学思(左二)以及翻译沙洛夫(左一)

八名专家和顾问、帮助开办六所航校等项内容的协议书。

协议既签,刘亚楼马上向中央电告会谈详情,建议按协议加速筹建工作,同时建议军委"准备组织伞兵",为渡海解放台湾创造条件,并准备今后作战之需。中央于19日电复"原则同意",刘亚楼随即与苏方进行磋商。是年11月,政务院总理、中央军委副主席周恩来亲自为中央起草组建空降兵部队的决定。

协议还要报请斯大林和联共中央批准后方能生效。刘亚楼根据过去在苏联办事的经验,知道苏联政府批准援助计划至少还需两个月。他是个闲不住的人,为此决定充分利用这段宝贵的时间,做些参观考察工作,以便更多更好地积累经验。

他先通过熟悉的苏军朋友,咨询并摸底到一些"宝贝"后,有目标地拟就了

一个比较全面的参观考察项目,包括空军司令部(简称空司)、飞行航校、航空工程学校、飞机制造厂、飞行部队基地等。苏方大都能予以满足,并带中国同志参观了莫斯科以西一百多公里的一个秘密军用机场,观看了苏方上年刚研制、对外严加保密的米格-15喷气式歼击机(简称米格-15)。这是苏联第一种全金属结构的喷气式歼击机,也是当时世界上最先进的战斗机之一。

看到眼前一架架展翅待飞的银鹰,刘亚楼决心竭尽心血和才智,尽快为中国安上腾飞世界的坚实翅膀。

在等待斯大林和联共中央批准协议的间隙,刘亚楼借机开始找寻早年在苏联学航空、尚未回国的中国同志。一番大海捞针后,在乌拉尔山脉以东的一个空军航校当教员的唐铎浮出了水面,几经辗转来到了刘亚楼下榻的夏宫。

生于湖南的唐铎,小学时曾与任弼时同班,1920年和赵世炎、萧三等赴法勤工俭学。1925年被国民政府派往苏联学航空,并于次年加入中国共产党,1934年考入苏联空军最高学府——茹科夫斯基空军工程学院。毕业后因种种原因,无法回国。1943年已晋升苏军少校的唐铎参加了苏联卫国战争,在列宁格勒和加里宁格勒的空战中作战有功,获得两枚奖章,同时荣获苏联国家最高奖励——苏联卫国战争勋章,被誉为"佩戴列宁勋章的中国飞行员"。

刘亚楼热情洋溢地欢迎唐铎,告诉他现在祖国正进行空军建设,希望他能回国报效祖国。唐铎表示,自己虽已加入苏籍,并有了眷属子女,但二十多年来一心在寻机回国,实现航空救国的夙愿。

要把已入苏联国籍的这位航空英才挖回国,是涉及两党两国外交的大事,纵是千般强烈,刘亚楼也没有马上鲁莽地向苏方提出,而是考虑待回国后再把此情报告中央,由中央出面同苏联交涉。

开国不久,刘少奇赴苏参加苏共十九大,提出唐铎回国问题,苏联表示可以考虑。1953年周恩来到苏联参加斯大林葬礼,又一次提出这一要求,唐铎始得如愿离开苏联。时值陈赓筹办哈尔滨军事工程学院(简称哈军工),唐铎被任命为哈军工一系(空军工程系,简称空军系)主任,1955年授衔少将。唐铎在空军系十年,为空军建设作出了贡献。

1949年9月21日,毛泽东在中国人民政治协商会议第一届全体会议上发表讲话:"我们的国防将获得巩固……不但有一个强大的陆军,而且有一个强大的空军和一个强大的海军。"刘亚楼在中国驻苏大使馆筹备处收听后,受到极大鼓舞,兴奋地对吕黎平(王弼已于 9 月中旬先行回国)说:"这是毛主席给我们空军发布的起飞动员令啊!"

1949 年 10 月 5 日下午,华西列夫斯基元帅接见了刘亚楼和吕黎平,相告斯大林和联共中央已经批准中国空军的援建协议,派往中国帮助组建航空学校的第一批专家二十三人也已集中,很快就可出发去中国。

刘亚楼向苏联党和政府表示由衷的感谢,随后会见了苏联派出的第一任空军顾问普鲁特科夫空军少将,欢迎他到中国工作。为了把工作做在前面,刘亚楼当天就电告中央,请国内派负责干部到东北设立专家接待处(此项任务由空司参谋处处长何廷一执行)。

1949 年 10 月 7 日,刘亚楼一行三人起程回国,王稼祥大使和夫人朱仲丽等中国同志和苏联朋友都来相送,大家依依惜别。望着机翼下如海奔涌的云层,刘亚楼心潮起伏,在苏联空军、美国空军、国民党空军已经相当强大之时,自己的阵营怎么还能在小米加步枪的队伍里行走?现在,一幅波澜壮阔的空军建设画卷就要在他的手中展开了!

抱着"尚方宝剑"唱大戏

1949 年 10 月 18 日,刘亚楼从苏联回到北京,毛泽东立即停下其他工作,和周恩来在中南海单独召见了他。

听完汇报,周恩来说:"中央认为签订的援助计划很好,空军领导班子的任命即将下达,开办六所航校的经费优先保证,选调干部和航空学员的命令军委也已经发出。下面,就需要你们紧锣密鼓,把建设空军的这台戏唱好。"

有主席和总理拍板,大的问题都给解决了,刘亚楼掩饰不住内心的兴奋,表示一定要唱好唱活这场戏。

毛泽东叮嘱:"亚楼同志,空军的基础好或差,起步快或慢,关键的一条是看航校办得怎么样,你当务之急和首要任务,是选好办校人。"

刘亚楼庄重地点了点头。他告辞出来,已走到门口了,毛泽东忽又追上一句:"有什么困难,可以直接找我。"

可以说,刘亚楼是抱着一柄"尚方宝剑"走出中南海的。

1949 年 10 月 25 日，中央军委正式任命刘亚楼为空军司令员，任命萧华为空军政治委员兼政治部主任、王秉璋为空军参谋长。11 月 11 日，中央军委又任命常乾坤为空军副司令员兼训练部部长，王弼为空军副政治委员兼航空工程部部长。至此，空军的领导班子和

1949 年 11 月，刘亚楼(右)、萧华(左)与罗荣桓(中)

机关基本配齐，11 月 11 日成为人民空军的诞生日。

空军主要领导干部人选的建议和机关组成的方案，是刘亚楼提出并经中央批准的。

刘亚楼善于纳贤荐才，驭将以德。干部分配，向来是先征求本人意愿，尔后全面考察。从有代表性的熟悉者口中了解到考核对象的一般情况后，他总要问：“他最善于做什么工作，为什么？他在实际工作中最突出的成绩是什么，是用什么方法做出来的？他最不会做什么工作，为什么不会做？”最后，他还要来个“假如”：“假如让你来提分配工作的意见，他担任什么最合适？”

这“三最一假如”的提问，问者认真，被询问者更不敢信口开河，得深思熟虑才能回答。刘亚楼边听边问，时不时在小本子上记几笔。

刘亚楼考察干部的方式，既能了解干部的主要特长、掌握干部的优缺点，也能从“民意测验”中明白干部适任何职，还可从中考察被询问者的思想水平、分析能力、工作标准等，可谓一举两得。后来担任沈阳军区空军副司令员的开国少将吕黎平说：“刘亚楼很有领导水平，极富组织能力。他考察干部，人多面广，五湖四海，扬长避短。空军初建配备干部，他不仅要我一一介绍三十多名新疆航空队的队员，还要介绍东北航校的所有干部，并问及我的一些上级如常乾坤、王弼等人，以使他用人所长。我后来走上领导岗位，尤其是担任航校校长和空一军首任军长从事组建工作时，也学习和运用了刘亚楼考察干部的一些好

办法,获益很大。"

当年的空军第三师政治委员、后来的空军政治委员高厚良也说起刘亚楼独创的"三最一假如"这一人才选拔方法:"这一考核了解干部的方法,有其鲜明的特点,在我后来的工作中也仿效了此法,得到了事半功倍的效果。"

经过连续几天的紧张考核,划归空军管理的上百名团以上干部的德才表现已印入刘亚楼的脑海。六所航校办校的人选,开始在他的头脑里形成。他的笔记本上,在刘善本、刘风、陈熙、吕黎平、方子翼、安志敏等的名字下,分别写着类似的评语:懂飞行,会管理,有经验,政治性强,可充任校长。不久,中央军委任命上述六人为第一至第六航校校长。

行政干部解决了,尚缺合适的政治委员。刘亚楼眉头一皱,于1949年10月21日亲自起草了一份从各野战军选六名优秀师政治委员或军政治部主任担任航校政治委员的报告。这手伸得太长了吧,胆子也够大了。毛泽东看了报告后,却说:"我看你们干脆要十八名候选人,从中选出六名条件合适的干部。"随后,毛泽东大笔一挥,在报告上批示:"这批政治委员必须挑选最适当的人来担任。各野战军提出三倍的名单交军委选定。"

结果是,各野战军推荐的优秀政工干部多于三倍(十九名)。这种选配高级干部的方法,在解放军历史上实属空前,以后也少见。

刘亚楼回国不过一星期,苏联第一批空军援华专家就到了中国。他们急中国空军之所急,第二天就投入工作,把刘亚楼感动得直喊"乌拉"。他号令上下进入"战斗竞技状态",立即组成两个联合勘察小组,带上苏联专家到各地勘察选定航校校址。

空军初建时期,是刘亚楼一生中最为忙碌的时期。他一天到晚都没得闲,东奔西跑。他性子急,直嫌司机开车慢,有时恨不得自己来开飞机。他的工作繁重紧迫,在考核选定航校负责人员和勘定航校校址的同时,又着手为六所航校的开办接转苏联运来的航空装备。他的脑子转得快,动作也快,常常走在部属前面。

他不得不快!解放台湾和沿海岛屿急需空军,严峻的考验摆在面前,党中央、毛泽东殷切期望一年内训练出三百名以上能作战的飞行员,当然越快越好,越多越好! 而空军的特点之一是建军必先建校,没有航校培养不出飞行员,没有飞行员就组建不了空军部队。

"一切为了办好航校。"这是刘亚楼提出的空军初建时期的工作方针。

中央为空军建校迅速拨款，一个航校的开办费为二百五十亿元（相当于现在的二百五十万元）。六所航校，大约一千五百个亿。一个在战乱频仍后诞生不久的国家，百业待兴，到处需要钱，然而，为了年轻的人民空军迅速腾飞，中央优先解决空军所需资金。

1949年10月30日下午，也就是中央军委批准成立六所航校的当天，刘亚楼在北京灯市口胡同福夹道7号原军委航空局的会议室里，主持召开了空军组建后的第一次干部会议。刘亚楼以空军司令员的身份指定了各航校的负责人，接着下达掷地有声的军令："中央指示我们尽快建设一支可以使用的空军，因此，你们办航校要只争朝夕，刻不容缓，一天一小时也不能拖。从今天军委下令开办六所航校，到全部建成开学，给大家的筹备时间，按通常的速度，起码要三四个月吧？但我现在只能给你们一个月。12月1日必须全部开学！"

像年初指挥打天津那样，刘亚楼又定下了苛刻的时间表，会议室的空气霎时凝固了。有抽烟习惯的人下意识地往衣兜里摸索，但还没拿出又迅速塞回，因为刘亚楼有令，开会时不得抽烟。有喝茶嗜好的吮吮嘴，搓搓手，刘亚楼召集会议不设茶具。

默不作声的会场，无语中说出了困难。刘亚楼知道困难，也不想回避困难，但他相信能战胜困难达到目的。他定时间并非信口开河，事先他综合考虑了各方因素，可谓胸有成竹。他要打掉部下的畏难情绪，霍然起身说："要在一个月内，在东北老航校薄弱的基础上，使近千人的现代航校开学，困难如山啊！但党中央、毛主席把建设空军的重任交给了我们，困难即使像高山，我们也要横下一条心，把它搬走！困难即使像海深，我们也要迎着风浪上，把它填平！万事开头难。不难，要我们共产党人干什么？我们应该昂首阔步，迎难而上，有勇气、有魄力，创造世界空军建军史上第一流的速度！12月1日能否开学，是对每个航校负责干部的第一个考验！按规定时间开学，是英雄；拖延开学日期，是狗熊。你们究竟是英雄还是狗熊，12月1日见分晓！"

刘亚楼的这一番话像一股无形的压力，压在与会者身上，压得大家喘不过气来。会议室鸦雀无声，只听见彼此的心在咚咚直跳。

刘亚楼果断地一挥手："散会！"

二十多位与会干部却像泥菩萨一般坐着，竟然没有一个人动。突然，不知谁带头鼓了第一声掌，静得噎死人的会议室突然响起了一阵雷鸣般的掌声。

当年与会的吕黎平将军对这次会议记忆犹新："空军组建后的第一次会议，确定了建设空军的基本方针、原则，激励了与会干部的创业激情，为后来的空军建设沿着正确轨道前进，实现高速度建军，打下了坚实的思想基础。从这个侧面，也可以看出刘亚楼善于开拓创业的才干以及他对空军建设不可磨灭的贡献。"

刘亚楼组建空军，首先给空军树立了一个雷厉风行的作风。执行任务，没人敢叫苦、装熊；汇报工作，问题、困难可以提，但必须拿出你的意见和办法，否则他不听，将你的军。后来有的元帅、大将都说他霸道，可在问题成堆、困难如山的建军初期，空军当家人的这种霸道还是有积极作用。

航校还未见形，刘亚楼已提前走到了如何开展飞行训练阶段。

航校开学，少不得飞行条令，有了飞行条令才能保障开展飞行训练。为了在短时间内译出苏军飞行条令，刘亚楼亲自组建过硬的翻译班子，并想了个妙招，由翻译人员与专业人员结合翻译，请训练部参谋长李东流担任技术校对，请一位飞行员给予技术上的咨询，边译边校对，进展很快。

1949 年 11 月底，刘亚楼和常乾坤等空军主要领导来到北京饭店老楼宴会厅，接见并宴请刚从东北老航校四期速成班毕业的二十多名学员。刘亚楼满面春风地说："你们从老航校毕业了，正式成为人民空军的一员，我向你们表示祝贺！党中央下了很大决心，要建设强大的人民空军，这是革命和形势的需要，也是你们大显身手的好时机。空军立即要新建六所航校，准备分配你们去各航校当教员。你们好比是空军建设的'老母鸡'。目前的条件很艰苦，希望你们要有充分的思想准备，愉快地走上工作岗位，以革命的精神克服一切困难，在各航校起到'老母鸡'的作用，培养出更多更优秀的飞行员来！"

空军最高首长简洁明了的讲话，深深拨动了每个人的心弦。学员代表张大翔代表大家表示："我们一定把司令员的嘱托铭记在心，作为一生为航空事业作奉献的精神动力，用实际行动报答党的鼓励和关怀！"

随后，刘亚楼端起酒杯，和五六位空军领导走到每个学员面前，谦逊地一一敬酒。

12月1日，六所航校如期开学（设于济南的第三航校11月5日才正式领命，二十五天后也照常如期开学）。此等建校速度，在解放军院校建设史上创下纪录。

刘亚楼陪同朱德、聂荣臻以及苏联驻中国特命全权大使罗申等人，到北京南苑机场参加第六航校（歼击机航校）的开学典礼。朱德在讲话中说："党和人民期待着你们，希望你们虚心向苏联专家学习，刻苦钻研技术，尽快掌握飞行技能，早日飞向蓝天，为保卫祖国领空，为解放台湾作出贡献！"

参加典礼的有上百名苏联顾问。如此盛大的场面，面对众多高级首长和嘉宾，中国空军的翻译不知是过于紧张还是水平问题，对朱德的讲话译得很不顺畅。苏联顾问听不太明白，翻译自己也弄得满头大汗。这时，刘亚楼从主席台上站起，走到翻译前面，示意他到后面去。刘亚楼笑着对朱德说了两句，朱德继续讲，讲一句刘亚楼准确地翻译一句。

第六航校上下一片惊讶，没想到自己的司令员竟有这等本领，给中国人、给中国空军长脸了！

在台上台下坐着的上百名苏联顾问也反响强烈，他们没想到年龄还不到四十岁的年轻的中国空军司令员，居然能说一口流利的俄语，敬佩之情表露无遗。

刘亚楼给总司令和代总参谋长算了一笔账：六所航校连同利用日本航空技术人员和日制美制飞机组建、定于明年1月初开学的第七航校，在一期学员毕业后，即可满足两个歼击师和一个轰炸师地勤人员的编制需要，飞行员数量可满足驾驶三百五十架至四百架飞机的需要。听着轰隆隆的马达声响，看到教练机和战斗机冲天而起，朱德笑逐颜开，连称空军大有希望。

在这一天，刘亚楼拟了一个报告请中央军委批准，建议在长春、杭州、成都成立空地勤人员入伍生预科总队。

建设人民空军，要培养什么样的航空人员，要使他们具有什么样的思想品质，这是刘亚楼十分注意的问题。为此，他特地要求政治部门制订一个关于航校政治教育的计划。

曾任空军政治部宣传部部长的朱鸿，清楚地记得这位政治工作的行家里手与他们的一次谈话："全心全意为人民服务的宗旨，一往无前压倒一切敌人的战斗意志和作风，人民军队的本质和优良的革命传统，是人民解放军每一个成员

必须具有的共同的思想品质,是培养空军战士所应有的要求。但是空军还应适应其特有的情况,比如,空军作战是在广阔的天空,在瞬息万变的情况下,以极快的速度和灵活的机动性进行搏斗,不像在地面进行战斗,有指挥员直接掌握,有友邻紧密依托,这就要靠每个空军战士以对祖国、对人民的无限忠诚,发挥武器装备的作用,独立自主去制胜敌人,没有高度的政治觉悟、勇敢和牺牲精神,没有自觉的纪律性、集体主义、革命英雄主义精神,没有机动灵活的战斗作风是不行的。又如,现代化航空武器装备极为精密复杂,在空中飞行,不像在地面活动,有了故障差错可以停下来修好再前进,任何环节失误,都可能造成无可挽回的损失。因此,就要求我们的空军指战员既要高度机动灵活,充分发挥主观能动性,又要有高度的科学性、准确性、组织纪律性,要有一丝不苟的工作态度和密切协同的精神。"

《航空学校政治教育计划(草案)》正是根据刘亚楼的讲话精神拟定的。

12月1日,刘亚楼在研究审定向中央军委呈报《航空学校政治教育计划(草案)》时,逐条提出了培训航空人员的标准:

忠实于祖国,忠实于人民,忠实于共产党——这是作为革命军人最基本的条件。

具有高度的爱国主义和国际主义的精神——之所以要着重提国际主义,不仅是要使学员了解,中国人民的利益和世界人民的利益是一致的,我们为中国人民的利益而奋斗,也同时为世界人民的利益而奋斗,我们的爱国主义是和国际主义相结合的;而且因为我国空军的创建是在苏联援助下进行的,搞好和苏联的关系,把苏联的经验学到手,对空军的成长有非常重要的意义。

钻研掌握先进的航空业务知识与技术——这是空军能否建设好的一个关键性环节,也是一个空军战士应该全力达到的目标。高度的政治觉悟应该落实到这个目标上来。

具有政治坚定的、自觉遵守纪律的、集体主义的、革命英雄主义的、准确敏捷的作风——这是根据空军作战和建设的需要而提出的人民空军战士应具有的思想作风。

毛泽东对此计划很满意，刘少奇审阅后，划去其中一个字，然后批"照办"。

这一标准，奠定了空军政治合格的基石。

按协议，初建的六所航校每校应配四十名翻译，但当时每校仅有十二三名翻译。为保证六所航校开学和开飞后，八百多名苏联专家能够顺当地开展教学工作，刘亚楼和空军几位主要领导联名上报中央军委，请求予以急调一批俄文翻译。此事在周恩来的大力支持下，得到妥善解决。

与此同时，选择航校政治教员也是件棘手的工作，因为当时空军本身找不到合适的政治教员，各野战军也难以找到这么多能胜任规范化、高质量政治课教学的人员。各航校来空司要人，虽然影子也没有，但刘亚楼为了安定军心，果断地许诺半个月保证给人。他想着从北京各大院校调选十八名至二十四名政治教员给六所航校，但这就得有中共中央组织部（简称中组部）、中共中央宣传部（简称中宣部）点头，纵有"尚方宝剑"也不能随便染指呀。他想此事非同小可，为要快速、不扯皮，必须借助毛主席。于是，他先起草了个报告，提出点子，呈给毛主席裁决。毛泽东马上批示："同意这样调人，请安子文、陆定一、刘亚楼三人会议一次，决定调人办法……"

中宣部部长陆定一看到批示后，不无吃惊地问刘亚楼："怎么这个事也惊动到主席那里？"刘亚楼巧妙地回答："我们没办法，解决不了嘛。"中组部部长安子文一语道破："你刘司令员手里有'尚方宝剑'，还有什么办不到的事？这不就是办法，这不就解决了嘛！"

移花接木为我所用

新中国诞生之初，因为没有空军的保护，造成大部分工厂停产，严重影响到国民经济的恢复和社会安定。

1949 年 12 月，毛泽东从北京乘专列起程赴苏，刘亚楼命令林虎率徐登昆、吉世堂、马杰三组成 P-51 中队，沿中长铁路保护。

毛泽东访苏期间还时刻关注着空军建设。1950 年 1 月 13 日，他在国内来电《关于海南岛作战问题》上批示："请粟裕、叶飞同志到北京与聂荣臻、刘亚楼等同志研究商量如何做好这些工作。"随后，刘亚楼跟随周恩来访苏商请苏联派出空军部队,协助加强上海等地防空以及帮助组建中国伞兵等问题。1950 年 2 月 4 日,毛泽东约刘亚楼谈话,明确指示要把国民党起义的伞兵第三团,从三野划归空军建制,加强训练。

1950 年 3 月 8 日,刘亚楼和外交部苏联东欧司司长伍修权陪同中国驻苏大使王稼祥,与苏联外交部副部长葛罗米柯等会谈航空协定事宜。王稼祥通报说:"由于刘亚楼将军将于 3 月 10 日返回中国,如果苏方不反对,航空协定将由我签字。"苏方表示尊重中方意见。考虑到刘亚楼即将离开莫斯科,双方讨论了苏联航空专家来华工作的具体待遇。

这次与苏联谈判取得了喜人成果,向苏联政府订购各型飞机五百八十六架,其中歼击机二百八十架、轰炸机一百九十八架。后来,这个方案改为接收苏联空军在上海、大连地区协助防空时使用的旧飞机。这些飞机装备了中国空军第一批组建的部队。另外,还向苏联政府聘请了四十一名顾问,订购了三百具降落伞,为空降兵部队的组建创造了条件。

毛泽东访苏回来,面对国民党空军对上海、福州、广州等沿海要地的轰炸、袭扰,当面指示刘亚楼:"必须迅速增强空军力量,国土防空和解放台湾都非常需要早一点有自己的空军。"周恩来对刘亚楼寄予厚望:"要很快地把航空学校办好,越快越好,快一个月也好。"朱德也说:"我们的任务是很紧迫的,人民实在等得焦急了,他们希望我们很快地学会飞行,学会了就打。"

刘亚楼从领袖们的语气里感觉到了焦急,他吃不下饭,睡不好觉。

他甚至怕接到陈毅的电话,更怕见到陈毅,和这个整天价为大上海恢复生气而奔波忙碌的陈老总能说什么呢,说对不起老总,我们空军没能耐没本事帮你解决燃眉之急。这叫他的脸往哪搁嘛!

刘亚楼一想到这事,就觉得脸上被人撒了一把灰。

可这能怪他吗?组建航空兵,要有空地勤人员,要有师团领导机构,要有飞机装备。这三个条件眼下都不具备,怎么办呢?

幸好,苏联总算派来了空军中将巴基斯基统率的混合航空兵集团进驻华东地区,担任上海附近的空防,接连击落五架国民党来犯飞机,这才把蒋介石唬住,再不敢轻举妄动。

直让刘亚楼眼馋心跳:自己何时才能有部队,何时能干上这既威风又体面的漂亮活？

空军面临既要组建部队准备参加解放台湾及沿海岛屿作战，又要担负要地防空任务，原定的培训计划已感不足。刘亚楼和空军其他领导研究认为，新增航校短时间内难以奏效，如果将原有的航校加以扩编，增加培训名额，既省时省力，还可节省经费。这个方案得到毛泽东的肯定。

1950年3月28日，继空军政治工作会议后，刘亚楼召开了第二次航校校长会议，指出："一个月的时间筹备开学了，第三个月开飞了，第四个月有了一个样子，看来可以完成任务。现在我担心的是能不能打仗的问题。"

刘亚楼的话引起了大家的共鸣。这批学员几乎都是从连排干部选调来的，虽然掌握了技术，但缺乏领导工作的经验，指挥一个团、一个师有很大的困难。

刘亚楼斩钉截铁地说："飞行部队中缺乏中高级指挥骨干，怎么能形成坚强的战斗力呢？必须采取紧急措施弥补！"

可弥补成了一大难题，当时航校虽有一批校、处、大队级飞行干部，但数量有限，尚难满足教学需要，显然不能都弥补到作战部队去。自然，这难题又落到刘亚楼肩上。

不久，刘亚楼列席党的七届三中全会，他当面向毛泽东建议：选调一百名左右年轻力壮、文化较高、军事政治素质好的营团干部学飞行，以做未来空军中高级飞行指挥人员。毛泽东十分重视这一建议，在七届三中全会讲话中即席向各大军区、各野战军作了指示，要求"以最快的速度"如数选调。各大军区闻风而动，九十三名营团干部很快就充实到了空军。

这些从枪林弹雨中走来的陆军干部，许多人都负过伤，达不到严格的飞行员身体标准。对此，刘亚楼在一份报告上批示："对陆军调到空军来的营以上干部，只要学飞行没有什么障碍的，对身体不要要求太严。他们有实战经验，要培养他们掌握飞行知识和技术，成为空军指挥员。"

由此，这些陆军干部马上得以进行速成培训，其中七十六人学飞歼击机，十七人学飞轰炸机，为空军发展准备了骨干。

随后，一批师军级干部也奉调空军，刘亚楼亲自考察、"验收"。有的师军长因为担心玩不转空军而不大愿意来，刘亚楼便情真意切地劝导。据当年有此思想情绪的西野第十师师长刘懋功回忆："他（刘亚楼）不急、不怪、不怒，非常耐

刘亚楼在空军会议上讲话

心、和蔼地做说服教育工作,把我们的理由一条一条驳回去。"

刘懋功显得特别"顽固",一心想回陆军。刘亚楼找他谈了三次,火也发了,可还是没做通他的思想。刘亚楼知道抗大时期的这个学生是能打仗的,因此并未放弃,得知他是第一次来北京,于是派车接他和妻儿到颐和园游玩。那天在场的还有公安部部长兼公安军司令员罗瑞卿、第十三兵团司令员邓华、刚从空军任上调任中国人民解放军总政治部第二副主任的萧华等人。

游玩时,刘亚楼闭口不提工作上的事。午饭时,大家坐在一张桌子上,刘亚楼用筷子点点刘懋功,笑着说话了:"这个刘懋功呀,把他调到我们空军,他却嫌我们空军庙小,不想干,我都谈了三次了,还没有谈通。"

萧华马上劝说刘懋功:"刘司令都三请诸葛了,你还不去,别人想去刘司令还不答应呢!去吧,到空军是大有可为的。"

罗瑞卿则语带批评地说:"刘懋功你这可不行啊,命令下了就得服从嘛,你过去都是挺好的嘛,怎么现在变成这样了?要服从组织决定,要马上报到!"

面对这么多高级首长,刘懋功有点儿尴尬,感觉再推托就实在不像话了,马上说:"好吧,我服从组织分配,明天就去报到。"

大家都笑了。刘亚楼站起身来,和刘懋功握了一下手,说:"好,空军欢迎你,你要安心把根扎在空军!"

刘懋功进第二航校前,刘亚楼又亲自找他谈话,要求他一定要学会飞行,还告诉他要先学好基本理论。

在军委命令的感召下,在刘亚楼的鼓励下,一些按常规标准看来年纪偏大、文化偏低、负过伤甚至重伤的老同志,甚至师军以上领导干部,如段苏权、曾克林，也跨进了飞机座舱，主动加入了学习飞行的行列。后来曾任空军司令员的马宁，在陆军时是战斗英雄、师职干部，战争年代腿部数次负重伤落下残疾，左腿比右腿短，但经过刻苦努力，飞上了蓝天，成为能操纵现代化轰炸机的飞行指挥员。

从陆军调来担任第五航校参谋长（后副校长）的杨思禄受到鼓舞，也向校党委提出学习飞行的请求，没想到立即招致四面八方的非议和阻力。有人直言不讳地说："杨思禄，你连小学的门都没进过，怎么能学会飞行呢？"有人半开玩笑半认真地说："你这么大的岁数，老胳膊老腿的，在空中能应付紧急情况吗？要是飞不出来，岂不丢人？"苏联顾问也再三劝阻，称："世界上还没有三十三岁才开始学飞行的人，就算我们敢带你飞，你要真有一天摔死了，岂不可惜？"

但杨思禄就是认准了学飞行，还把正式报告送交给空军党委。

杨思禄是放牛娃出身的老红军，长征中在刘亚楼任政治委员的红二师当战士，到陕北后曾给刘亚楼当过警卫班班长。刘亚楼了解杨思禄，当初调这位陆军正师级干部来空军时，曾给他两个职务供选择：一是预科总队队长，一是航校参谋长。杨思禄不假思索地选择了高职低配的航校参谋长，以便尽快摸索空军各方面的知识。刘亚楼对此大加赞扬："这很好嘛，有的同志不愿意委屈当参谋长，杨思禄你愿意去当，说明你是有眼光的，我就是参谋长出身，我认为只有当好参谋长，才能在将来当一名好主官。"刘亚楼认为，杨思禄如今主动提出学飞行，也是有远见之举，因此鼎力支持。他说："我们共产党人就是要干别人从没有干过的事，杨思禄同志岁数大一点是事实，但他身体好，有决心，为什么不能学一学？将来能飞出来最好，就是飞不出来，也可以多掌握一些空中的飞行知识，对部队的管理有好处嘛！这样的干部不是太多，而是太少，我们需要更多一些懂得飞行又会飞行的老同志，这个学费我出！"

就这样，空军党委批准了杨思禄学飞行的请求。杨思禄飞行毕业后，立即调任空军第十九师任师长，后来又任第十一航校校长、空军第三军军长、军区空军司令员，为空军建设作出了突出成绩。

1950年4月1日，刘亚楼向中央军委提出报告，建议不要零散从陆军抽调人员，宜以陆军现成的师团领导机构组成空军的师团领导机构。经中央军委批准，1950年至1951年，陆军部队先后调给空军成建制的师部十二个、团部四十九个以及其他成建制的部队和单位。

刘亚楼组建空军，要人有人，要钱有钱，中南海可谓一路绿灯。空军资深老将夏伯勋感慨地说："刘亚楼可是个说一不二的人，他要求的事没人敢打马虎眼，他办事效率高，魄力又大，说过要办的事，我印象里没有哪一件是办不成的。组建空军，从零开始，那么大一摊子，呼啦一下就撑起来了。"其实，这正体现了毛泽东对刘亚楼的信任和对空军的厚爱。

1950年4月中旬，刘亚楼乘飞机在三天内视察六所航校的工作。一天下午，第五航校校长方子翼来到机场等候，顾问杜洛夫说要淘汰一名学员，方子翼不同意。杜洛夫便要方子翼亲自考察，方子翼二话不说，亲自带此学员飞行。下机后，却见刘亚楼在机场等他。方子翼呀了一声，心里颇为不安。谁知刘亚楼见方子翼在飞行，满脸喜悦，大声说："我三天跑了六所航校，只你一个校长飞行！"边说边上前拍子拍方子翼的肩："你能飞，很好，你把工作交给副校长，你来搞飞行，把学员四个月所飞的课程，在一个月内飞完。"

还未等方子翼回答，刘亚楼又压低声音，几近耳语说："飞完了，我让你带部队作战。这事可不能跟别人讲。"

没想到还有这等好事，带部队上战场可是方子翼梦寐以求的愿望，他心里一个激灵，对刘亚楼表示："坚决完成任务！"

刘亚楼笑了，这才打量起方子翼来："看你瘦得像个干巴猴子，可见你没有当校长、首长、官僚主义者，完完全全地当了学员、勤务员、事务主义者。"

航校和机关的工作有了头绪，为筹建空军战斗部队创造了条件。摆在刘亚楼日程上的，就是尽快让自己不再是"空"军司令员。1950年4月11日，刘亚楼向中央军委递交了建议组建第一支航空兵部队的方案。1950年5月9日，中央军委和毛泽东正式批准此方案，决定以航校速成班一期学员为主，由歼击、轰炸、强击航空兵团队组建空军第四混成旅。

1950年6月19日，空军第四混成旅在南京成立，对外代号称中国人民解放军太平洋部队。空军第四混战旅班子很硬，三野第二十七军军长、渡长江战上海的功臣聂凤智被选调来任旅长。

数一个数字，编一个序列，都从一开始。空军第一支航空兵部队，为什么不叫第一旅而叫第四旅呢？这缘于刘亚楼的政治远见，且熟悉军史，对"四"情有独钟。

国共合作北伐时，以共产党人作灵魂的叶挺独立团，便在号称"铁军"的国民革命军第四军。毛泽东井冈山建军，称红四军。抗战初南方游击队改编，番号新编第四军，军歌"光荣北伐武昌城下，血染着我们的姓名。孤军奋斗罗霄山上，继承了先烈的殊勋"，明白宣告新四军是继承第四军和红四军的。后来林、罗、刘的四野，陈赓的第四兵团，都是战功卓著的王牌军。刘亚楼统率的第十四兵团，也还沾了个"四"字，而且四野赫赫有名的塔山劲旅第四纵队也在辖下。

如今执掌空军，他在部队的命名上就别出心裁，并妙为解释："叫第一容易产生老子天下第一，骄傲自满。毛主席在井冈山创建红军，开始就叫红四军，没叫红一军。叫空军第四混战旅，有个继承和发扬红军光荣传统的问题，有利于部队的建设。空军的首位番号，如第一军、第一师、第一旅、第一团，都作为空缺留下来，今后谁打得好，就留给谁。"

毛泽东、朱德等领导人听完汇报，都拍案叫好："把首位番号作为荣誉，虚位以待战功卓著的部队，这个'版权'来得好！"

翻开新中国空军的史册，无论师团，都是从四、三编起。后来海军航空兵（简称海航）组建，也借鉴刘亚楼的"版权"，以海航第四师为王牌，其第十团便是威镇海疆的海空雄鹰团。

刘亚楼命令空军第四混成旅："粉碎国民党空中袭扰，保卫大上海，保卫东南沿海，摸索经验，做出榜样。"

空军第四混成旅按此要求，刻苦学习，严格训练，于 1950 年 10 月 19 日零时起，担负保卫大上海和东南沿海的防空任务。这是个历史性的日子，新中国的领空第一次有了自己的防空保卫。这一天恰巧是中国人民志愿军大规模跨过鸭绿江的日子。

空军第四混成旅这一名称，沿用不到半年。1950 年 10 月 31 日，经毛泽东批准，空军部队的番号名称由旅改师，并规定不在部队番号前冠歼击、轰炸等机种名称。这时空军部队还没有空军第一师的番号。但刘亚楼仍指示，旅改师后空军第四混成旅改称空军第四师，不要叫第一师。直到 1956 年 3 月，战功卓著的空军第四师以几个第一：第一个参加抗美援朝、第一个打下美国飞机、第一个打下美国 F-86 喷气式战斗机（简称 F-86）等，才得以改为空军第一师。

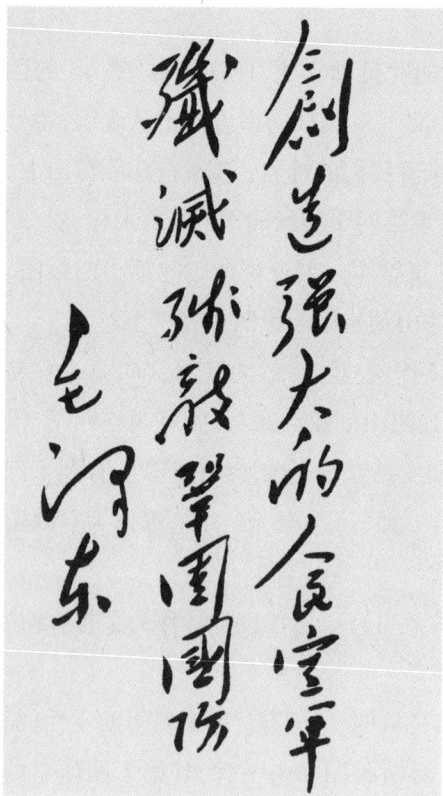

1950年4月,毛泽东为《人民空军》杂志创刊号的题词

应该把空军建设成什么样的军队,人民空军建立后,担负的任务是什么? 早在1950年3月创办《人民空军》杂志时,刘亚楼就专门请毛泽东题写刊头和题词。毛泽东的题词是:"创造强大的人民空军,歼灭残敌巩固国防。"

刘亚楼反复体会这个题词,把它作为毛泽东交给空军的任务。他说:"题词是毛主席赋予我们空军的使命,是对我们创建空军应有的精神状态的要求,对我们建设空军具有纲领性的指导作用。毛主席为什么不说'建设',而要说'创造'呢? 这说明我们空军的建设工作,目前是处在从头做起的阶段,一切工作都带有打基础的性质,要求我们创造性地工作,要有开创性的精神状态,从没有道路的荆棘中闯出一条道路。开创的工作对以后有很大影响,如果头开得不好,以后要花很大工夫才能转变过来。毛主席为什么要讲'强大的人民空军'? 这是规定了我们要创建的空军的性质,必须是人民的空军,必须是强大的空军,而不是美国和国民党那样的资产阶级的空军,必须全心全意为人民服务,为实现党和国家给予的任务而奋斗,具有一往无前的精神,压倒一切敌人,而不为敌人所屈服。创建人民空军是准备战斗的。'歼灭残敌'是讲我们搞空军的当前的战斗任务,'巩固国防'是讲我们长远的建设任务。无论是执行近期作战任务,还是长期建设任务,我们的工作都是带有初创性质的,都是紧迫的,要以创造性的、战斗的精神去进行。"

这年4月,空军召开第一次参谋工作会议,刘亚楼围绕毛泽东的题词,对空军的任务作了具体的阐述:"空军的任务是从两个方面来看,一方面是为了执行歼灭残敌的当前战斗任务,另一方面是为了执行巩固国防的长远建设任务。"

消息传到毛泽东那里,更加深了他对刘亚楼的看法,让这样一位具有雄才大略、卓尔不群的人组建空军,他是可以放心的。

是骡子是马拉出来遛遛

新中国年轻空军的第一支航空兵部队建立不到一周,1950 年 6 月 25 日,朝鲜战争猝然爆发。

看到美国飞机一次次窜入中国境内投弹扫射,刘亚楼常常生闷气发火,咽不下这口气。没有谁责怪他,也没有谁批评他,白手起家的中国空军创建之初,就是这么个状况,你让他们一飞冲天,拍马御敌,岂不正应了那句"比登天还难"的俗话?以雷厉风行著称的刘亚楼,高标准要求空军不仅要在短时间内"登天",而且要能战。

中共中央和毛泽东以敏锐的战略眼光,洞察了"战争贩子"的企图,虽然新中国自身背着一大堆复杂的难题,却仍然作出了"抗美援朝,保家卫国"的决定。

7 月 7 日和 10 日,中央军委副主席周恩来受毛泽东委托,连续两次召集国防会议,讨论朝鲜局势和保卫国防问题。周恩来提议出兵朝鲜最好还是启用四野部队,因为朝鲜的地理和气候条件与东北相近,四野部队东北人多,又在东北打过仗,由此决定战略预备队第十三兵团立即从中南开赴鸭绿江地区戍边,准备必要时支援朝鲜人民军作战。

麦克阿瑟对新闻界夸下海口:"我们的空军会使鸭绿江血流成河。"开门与拥有原子武器的世界空军强国交战,中国最现代化的部队——空军,便成了举国关注的焦点,空军司令员刘亚楼也成了焦点人物。

彭德怀、高岗奉命飞赴沈阳,召集志愿军军以上干部会议,各军负责人最担心的便是出国作战有无空军掩护的问题,彭、高为此急电毛泽东:"我军出国作战,军委能派多少战斗机和轰炸机掩护?何时能出动并由何人负责指挥?"1950年 10 月 11 日,毛泽东致电彭德怀,告之空军暂时无法出动,已电华东调一个高射炮团从上海开往沈阳转赴前线。

10 月 18 日,刘亚楼参加毛泽东主持的高级军事会议,再次研究出兵援朝问题。刚访苏回京的周恩来介绍了几天来商请苏联出动空军的会谈情况:斯大林从维护苏联自身战备利益(避免同美国发生全面的武装对抗)的立场出发,表示可以满足中国抗美援朝所需飞机等军事装备,但其空军只到鸭绿江北岸的中国境内驻防,两个月或两个半月后也不准备进入朝鲜境内掩护中国人民志愿军作战。会议气氛变得凝重起来。虽然出兵有种种不利条件和困难,毛泽东却义无反顾地作出了令麦克阿瑟、斯大林,令整个世界大为骇然的决策:不要再等着苏联来同我们一道抗美援朝,我们务必先走! 没有任何援助也要出兵!

会场一阵沉默后,彭德怀起身,看着刘亚楼,说:"空军司令员,我等着你的空军哪! "

几十双眼睛齐刷刷地集中过来。刘亚楼语气铿锵:"请彭老总放心,不论苏联空军出动时间早晚,我们空军都要克服千难万险,尽快拉上战场! "

为了紧跟世界航空兵器的发展潮流,空军第四混成旅第十团迅速投入改装第一流米格–15 的工作。

第十团是空军第四混成旅的主力,团部以四野第三十九军第一一六师某团团部为基础组成。第一一六师也就是后来在云山重创美骑兵第一师的那支劲旅,其前身是东野当年赫赫有名的主力师第二纵队第五师,第十团带着陆军泼辣彪悍的战斗作风到空军后,刘亚楼格外器重,决心把之打造成中国空军的第一张王牌。

苏联教官赶到上海,即将撤回苏联的混合航空兵集团的三十八架米格–15也可以接收了,但没有同型的教练机。怎么办? 严峻的现实不容贻误分秒,刘亚楼接到报告后,果断下令:直上米格–15!

于是,年轻的中国空军再创世界空军史的奇迹,把"一步登天"的神话再次变为现实。

通常需要半年的改装训练课目,第十团只用了一个多月就全部完成,从成立到飞起来不到三个月。1950 年 10 月 17 日,中央军委委托华东军区司令员陈毅总负责,组织空军和苏联顾问、专家验收,结果 OK! 陈毅大为高兴:"格老子硬是要得,愣个短时间就成器了,好好,就看你们打个啷样喽! "

现代战争,谁掌握了制空权,谁就掌握了战争的主动权。空中战场日益成为决定战争胜负的主要战场。志愿军的地面部队没有空军支援,是毛泽东之痛。1950 年 10 月 23 日,即第一次战役发起的前两天,毛泽东还致电询问彭德怀:"敌人飞机杀伤我之人员、妨碍我之活动究竟有多大? ……如果敌人飞机对我杀伤和妨碍大得使我无法进行有利的作战,则在我飞机条件尚未具备的半年至一年内,我军将处于很困难的地位。"

中朝领导人对夺取制空权十分关心。这也是空军当家人刘亚楼的心病。组建空军,从司令员到士兵都是新兵蛋子,都要埋头摸索经验,而新事物、新问题就像无数条鞭子,集中鞭策着他。

1950年10月1日,继空军第四混成旅之后,空军歼击第三旅在沈阳组建。到此时,新中国空军恰当地说只算是刚出蛋壳的雏鹰,通过速成,勉强能上阵的仅有两个歼击航空兵师、一个轰炸机团、一个强击机团,共有各型作战飞机不足二百架,平均飞行时间不足一百小时,有的改装喷气式飞机的飞行员训练刚放单飞。而世界惯例,训练喷气式飞机飞行员一般需三百小时以上,美国则规定五百小时,人人成了"老油条"、"老秃鹰"。

为了尽可能快地多"孵出"航空兵部队,刘亚楼命令七所航校进一步加快训练步伐,将飞行学员的训练体制由四级改为三级,即免去高级教练机阶段,直接毕业到部队改装战斗机。

空军政治委员萧华在这年4月就离开空军到总政治部去了,新任空军第一副政治委员吴法宪不谙业务,刘亚楼少不得军政兼顾了。在他的指令下,空军上下宵衣旰食,紧急行动,凡涉及个人的一切问题均被抛诸脑后。昨天从陆军部队选调的师政治委员,今天就低配到飞行团当政治委员,上任后摆开摊子就干;上午组建的军区空军班子,下午就挂牌工作。

连聂荣臻都称说刘亚楼是个"魔术师"。空军第四混成旅四个团,增补了七所航校新毕业的学员,除空军第四师外,转眼变成了空军第二、第五、第八、第十师;在不足两个月的时间内,华东、东北、西南、中南、华北军区空军相继诞生。

志愿军跨过鸭绿江后,刘亚楼奉命紧急组建志愿军空军,1950年11月4日晚上找中南军区空军司令员刘震谈话:"老刘,中南军区那光杆空军司令有什么当头!我给你找新鲜活儿干!"

玩笑开完,刘亚楼严肃起来:"中央军委拟任命你担任志愿军空军司令,先任东北军区空军司令,负责组织志愿军空军抗美援朝作战行动。这次工作调动是彭总和高岗点的将,总理审定,毛主席批准的。我们了解你会打仗,善于学习新东西。"

　　刘亚楼说得对,泥腿子出身的刘震什么新鲜他就喜欢折腾什么,南下行程指挥车的方向盘有一半时间是握在他手里。只不过玩天上飞的东西,那可是土包子玩洋格,中南军区空军司令员这把交椅还没坐热的刘震,直呼乖乖。

　　飞行员速成,指挥员也得速成,一切不由刘亚楼,他看着刘震,说:"难哪,为了空军的事,毛主席三天三夜没睡觉啊!"

　　刘震一听这个热血沸腾,说现在就是不行也得行了,主席、总理、彭总、刘司令员这么信任我,困难再大也要干出个样来。

　　刘震到东北去了,刘亚楼接着又为中国空军战前准备和参战等问题与志愿军领导人及斯大林的代表、驻华军事总顾问扎哈罗夫大将进行反复磋商。他对自己的部队在短时间内建成如此规模,心里是满意的,但就眼下的力量跟美国空军较量,又难免机杼。

　　对空军力量如何使用问题,当时存有两种意见:一种意见是把空军部队开入朝鲜境内,直接配合志愿军地面部队作战。因为米格战机是苏联为国土防空设计的,其活动半径只有三百公里左右(美国战机则一般是为远程攻击设计的,航程较远),从东北基地起飞难以到达三八线,志愿军首长从空军能直接支援前线地面部队的需要出发,一再希望空军基地前推到朝鲜。另一种意见是空军参战部队驻防在鸭绿江以北,升空后飞过鸭绿江,在朝鲜上空与美机作战,配合地面部队。

　　前一种方案虽然对地面部队的配合更直接,但在敌众我寡、力量对比悬殊、志愿军没有制空权的情况下,存在着入朝空军全军覆灭的危险,朝鲜人民军空军就是前车之鉴。刘亚楼认为后一种方案比较稳妥:志愿军空军可以利用鸭绿江这条国界,把美机拦阻在鸭绿江以南,并主动选择战机,有利时起飞升空,越江到朝鲜上空与美机作战;不利时则不起飞,敌机如来,用高射炮轰击。这种方案也有利于今后苏联空军的出援。

　　有的志愿军领导人坚持前一种意见。刘亚楼见几经说服无效,不禁来气了:"你让叫花子跟龙王爷比宝,后果不堪设想,我们可就这一点家底,万一打光了咋办?"

　　两种意见报到军委,得到的指示是:"两种方案都做准备,都做试验,视情况而定。"

前一种方案的前提是必须要有机场,空军部队才能进驻,当时鸭绿江边朝鲜新义州的机场已被炸毁,平壤及其以南的机场更是如此。1951年春,根据中央军委决定,志愿军先后投入近十个师的兵力和大批国内员工,在朝鲜北部抢修十多个机场。但美军为了保证在前线的绝对制空权,对这些机场一直进行持续轰炸。

实践证明这种方案难以行得通,而采用隔江驻扎、升空越江作战的方案,既能完成配合朝鲜前线作战的任务,又能使初建的中国"小幼鹰"在有掩护、有选择余地的条件下站稳脚跟,迅速成长壮大。刘亚楼据此面见毛泽东、周恩来,申述自己的意见。中央军委和毛泽东批准了这一重要方案。经一年多对朝鲜机场抢修,敌机的破坏能力始终超过志愿军的掩护能力和修建能力,这些机场无一处能竣工使用,此项工作遂告停止。

志愿军入朝初期,飞机防空武器极端缺乏,只有一个高炮团三十六门日制的七十五毫米高炮,其中十二门还留在鸭绿江边保卫渡口。美机有恃无恐,从东海岸炸到西海岸,从鸭绿江炸到汉江,没日没夜轰炸,见啥炸啥。为了寻找轰炸目标,有的美国飞行员拼命降低飞行高度,撞山事件时有发生。由于没有制空权,在美军立体作战的优势下,志愿军牺牲巨大。彭德怀急切要求空军速派飞机支援,抢夺制空权。

前方将士在美机下挨炸弹,刘亚楼的心在流血,恨不得亲上前线。他给参谋长王秉璋打电话,把桌子擂得咚咚响:"咱们空军是干什么吃的? 美国飞机欺人太甚,妈那个×,咱们得打! 部队少? 部队少也得干! 就剩我这个光杆司令也要上去干! 形势逼迫我们不能建好了再打,而要边建边打,在战斗中锻炼成长! "

喷气式飞机都已改装好了,是骡子是马得拉出来遛遛。空军指战员求战心切,群情激昂的请战书和血书一交一大摞。四面求援,上下急切,刘亚楼倒冷静下来,自己是空军当家人,牵一发而动全身,可不能意气用事。空军不比陆军拼刺刀,光勇敢不行,勇敢加技术,才能胜任空战。

陆军部队一批接一批北上,空军部队却还在演练,还在等米格-15大批量运来改装。

总算可以北上了,却因天气不好,只好待着,因为大多数飞行员还没有飞过复杂气象。这一待又是大半个月。

　　1950 年 11 月,经美国总统批准,美国空军开始发动为期两周的空袭战役。联合国军总司令麦克阿瑟命令美国远东空军司令乔治·斯特莱梅耶以及所有作战机组人员,"以最大的力量","摧毁在满洲边界上的朝鲜这一端的全部国际桥梁"和由边界往南直至战线区域的"所有交通工具、军事设施、工厂、城市和村庄"。空袭战役期间,联合国军每天出动各型飞机达一千余架次。

　　在中朝两国政府的呼唤和期待中,斯大林终于在 11 月初作出了派空军参加朝鲜战争的决定。首次参战的三个歼击航空兵师配置在中国境内的鞍山和安东(今丹东)等机场,装备均为清一色的米格-15。苏联空军的任务是:掩护朝鲜北部的交通线和机场、中国东北部的工业和行政中心以及鸭绿江大桥等目标。不久后,这三个歼击航空兵师合编为第六十四歼击航空兵军,军长为别洛夫中将。以苏联远东军区空军司令员克拉索夫斯基上将为首的苏联空军作战组,对苏军参战的航空兵部队实施总的领导。

　　为了让一线指挥员熟悉组织出动和指挥空战的一套程序,刘亚楼在克拉索夫斯基上将陪同下,特地带上准备出任志愿军空军司令员的刘震及空军第四师指挥班子,于 11 月 8 日前往驻安东浪头基地苏军别洛夫中将的前线指挥所,临时抱佛脚见习空中作战指挥。

　　由于没有进驻朝鲜境内机场,在整个抗美援朝期间,中苏两国的作战飞机都是从安东升空,飞到朝鲜空域作战。指挥人员靠雷达和飞行员报告了解情况,用图标、无线电指挥作战,还有的人在室外用望远镜观察空战。

　　这天是苏联空军和侵朝美国空军的首次交战。相比之下,苏军航空兵的作战条件比美军复杂得多,比如不能在中朝军队所占地区以外的空域作战,不能在中立水域上空作战,而且苏军飞行员空中通信联络只能用汉语(每位飞行员领有一张卡片,上面是一些注有俄语读音的汉语和朝鲜语的飞行常用语)。所有这些,都是斯大林出于他所谓的政治考虑,最大限度地限制苏军参战空军的作战方域和隐蔽参战方式,以免卷入和美国的更大冲突。因此,每个飞行员出国前无一例外都要写下保证书,宣誓他们将决不会泄露到朝鲜战场参战的事实,并宁死不做美国人的俘虏。后来作战虽然大都在这个限制范围内,不过,苏联飞行员照俄语说汉语本来就别扭,天上一打着急了,那母语还不顺口就溜出来? 后来美国人也知道有苏联飞行员参战,也不吭气也没摊牌。冷战时期的这两个超级大国彼此心照不宣地在空中"沉默"交战,谁也不想把事情闹大。

根据苏方安排,刘亚楼一行先在地下指挥所的标图桌上观看双方空中航线变化。在双方接近展开角逐时,为了方便中国空军同行观摩,别洛夫中将特地把他的指挥位置移到室外,实行临空指挥。

斯大林制定的诸多禁令,给苏联空军平添了许多困难,严重妨碍了他们战斗力的充分发挥,但尽管如此,苏军航空兵在首次交战中还是打了个开门红。第二十八歼击航空兵师中尉飞行员谢戈列夫中尉(呼号为中文"李")首次击落美军野马式战斗机一架。他所驾驶的飞机已被喷漆涂成了中国空军飞机的颜色。

跟德国空军交过手的苏联飞行员就是身手不凡。看到他们威风凛凛地驾驶最先进的米格-15勇猛出击,接连击落多架来犯美机,刘亚楼眼馋得不行,回到住处与部属们大谈感受:"这又威风又体面的漂亮活,要是我们自己部队干,该有多好!我们得有这样的飞行员!"

刘亚楼决定方子翼等留在这里见习半个月,语重心长地嘱咐他们要虚心学,用心学,一定要在十五天内把组织出动和指挥空战一套程序学到手。

一切都得速成,因为志愿军在朝鲜前线急等着自家的空军助阵。

空军上阵,该有个怎样的作战思想呢?刘亚楼认为,在朝鲜战场,志愿军地面部队是强大的,打仗主要靠陆军,最后歼灭敌人、解决战斗还是靠陆军,因此,空军部队一切行动的出发点是密切配合陆军作战。在各军兵种协同作战中,空军部队的活动以保障地面部队的战斗活动、满足地面部队的需要为前提。鉴于此,他提出"为陆军服务,以陆军的胜利为胜利"这一指导思想。

空军参战应采取何种作战方针,这又是个必须慎之又慎的问题。敌我双方空军实力对比悬殊,如果贸然将弱小的中国空军投入战斗,后果难以预料。要达到战胜强大之敌并在战斗中成长壮大的目的,就要有切合实际的作战计划。在战术上向来重视敌人的刘亚楼,经过充分考虑,并和党委研究,明确提出了"积蓄力量,选择时机,集中使用"的作战方针。

苏方对中国空军的作战方针不理解,苏联驻华军事总顾问扎哈罗夫大将为此还与刘亚楼争执,并找到主持中央军委工作的周恩来,说:"你们太谨慎了,打仗哪能没有牺牲,大不了损失一些飞机和飞行员。"

周恩来支持刘亚楼的方针,向扎哈罗夫解释说:"不是我们不愿意作出更大的民族牺牲,如果是陆军牺牲十万我们都可以承受,但空军不行! 空军就这么一点力量,损失掉就很难发展起来。我们的原则是在战争中学习战争,在战争中壮大发展,目的是越战越强;如果越战越弱,最终元气大伤,甚至动摇赖以发展的根本,那是我们不能接受的。"

1950年12月3日,志愿军向美第八集团军发动猛烈攻势结束的第二天,刘亚楼把空军入朝的作战方针正式提交中央军委。报告陈述:

在朝鲜战争中,在美帝国主义具有强大空军的情况下,我新建的不大的空军部队如果零零碎碎地去同敌人进行空战,就是说训练好了一个大队马上使用一个大队,一看见敌人飞机就想打它,结果必然形成和敌人拼消耗。这对我方是不利的,而美帝国主义则恰好欢迎这个办法。因此,我们现在正在进行战斗训练的第一批空军部队,我认为不应该过早地零碎地使用,而应该将训练出来的空军部队逐渐积蓄起来,在达到一定数量时(至少可以出动一百架至一百五十架以上飞机时),选择一个适当时机集中地使用出动,直接掩护和配合前方地面部队或攻占某一要点,如此才能有效地发挥空军的威力。而在正式参战之前,则应以大队为单位进驻前沿机场,插进友军(指苏联空军)部队内,选择敌情不很严重的时机,以师傅带徒弟的办法,进行实战练习。

军委主席毛泽东对《关于空军参加抗美援朝作战方针的报告》甚表满意,翌日亲笔批示:

刘亚楼同志:
　　同意你的意见,采取稳当的办法为好。

在朝鲜空战一战成名的王海称:"在整个抗美援朝作战期间,志愿军空军认真贯彻执行了上述方针,取得了一次次胜利,创造了以弱胜强的奇迹。"

刘亚楼既勇敢大胆又谨慎求实的作战方针奠定了决战胜利的基础。朝鲜战争结束后,美国军方对中国空军的作战计划作出高度评价:

　　中国地面部队的指挥员们批评这个空军作战计划显得太逍遥自在了……但刘亚楼将军可能是希望做好进攻性的空中攻击的准备，以便配合共军预定在1951年5月发动的地面攻势。

　　东京和华盛顿的美国空军领导人都以一种近乎惊恐的心情注视着中共空军在满洲的日益壮大的作战能力。由于政治上和军事上的各种限制，战争仅限于在朝鲜的范围内进行，因此，共产党掌握了主动权，他们可以按照他们自己的意愿来进行战斗或不进行战斗。而联合国的空军则只能保持防御性的警戒姿态，只有当共军飞机出现在北朝鲜上空进行活动时，他们才能出动进行反击。

　　美国军界由衷地称中国空军司令员刘亚楼是"一个优秀的军事计划制订者"。

　　刘亚楼从无到有建空军，人们戏称有三板斧。前两板是在国内舞的：办航校大刀阔斧，建部队只争朝夕。这第三板斧，他是要放到国际舞台上舞的，主题是：在抗美援朝中成长壮大！

　　虽然中国空军无论从飞机数量、装备质量，还是技术水平，与"空中霸主"美国相比，都明显处于下风，刘亚楼的麾下也净是些初出茅庐的愣小子，但他有冲天的豪情和致死不渝的信心。刘亚楼要把朝鲜的天空当作一所再好不过的军校，让强大的对手帮助培训中国空军飞行员。

第九章 "米格走廊"大显身手

不鸣则已,一鸣惊人

1950 年 12 月 4 日,也就是毛泽东批阅了空军抗美援朝作战计划的当天,刘亚楼正式下达空军作战命令,要求空军第四师以大队为单位轮番进驻安东,进行实战锻炼,并确定从第十团开始。此时,中国空军能飞喷气式的,也就只有空军第四师,说得再准确一点,也就是第十团。命令特别指出:"这次参战的目的是取得战斗经验……这次参战是我空军破天荒第一次,要十分谨慎小心领导之,绝对不能马虎行事。"

此时,美国在朝鲜战场已投入十六个联(大)队、各型作战飞机一千三百余架(不包括英国、澳大利亚、南非联邦及南朝鲜投入的飞机)。尤须注意的是,美军飞行员大都是参加过第二次世界大战,"喝"过成千上万吨航空油,飞过上千小时的"老油条",不仅能在多种复杂气候条件下飞行,而且实战经验十分丰富。而新中国空军数量极少的航空兵部队从未上过阵,对空战还是个谜。因此,刘亚楼通过电文下达的命令比当面交代任务还要详细周密。

空军第四师第十团第二十八大队率先出征,刘亚楼陪同朱德冒着严寒亲临辽阳机场检阅,也是送行。第二十八大队全是东北老航校的学员,是新中国空军的精华。看完战斗攻击飞行汇报表演后,朱德亲切地和朝气蓬勃的飞行员一一握手,鼓励他们在战场上初战必胜,为国争光。

刘亚楼的即兴讲话,令飞行员们振聋发聩:"我们建设空军要过三关,第一关是自己办航校,培养航空技术人员;第二关是自己训练部队,培养空中战斗员;第三关是作战,学会空战。前两关你们都顺利地闯过来了,现在把过第三关的任务交给你们! 有人说,你们能飞是勉强能飞了,还不知道能不能打。要我说,我们跟美国打仗,是关公面前耍大刀,但关公能耍,别人为什么就不能耍? 你们就耍给美国佬看看,和他们大战三百回合,取回上将首级给世界瞧瞧! 我军一向就有以少胜多、以劣胜优的传统,党和人民期待你们把这个传统发扬光大,在战斗中迅速成长!"

刘亚楼火上浇油,让这些最早上前线的飞行员树立了战之必胜的坚定信念,油然产生一种跃跃欲试的冲动。

空军参战前,刘亚楼希望"不鸣则已,一鸣惊人"。毛泽东为了不给初上战场的空军部队造成更大压力,提出"一鸣则已,不必惊人"。刘亚楼战术谨慎,行动却争强好胜,对这支率先"放飞"的部队寄予厚望。

刘亚楼深知,在敌强我弱的形势下,空军第一仗打得好不好,对空军当前作战的全局和将来长远的建设有重大影响。毛泽东不是说过嘛,"第一个战斗的胜败给予极大的影响于全局,乃至一直影响到最后一个战斗"。

为慎重初战,首战必胜,揭开空战之谜,1950年12月14日,刘亚楼又向空军第四师师长方子翼面授机宜,具体交代:"第一,为了慎重稳妥,在初期阶段,只给你派遣一个双机或一个四机出动的指挥权限,前四机未落地,不得出动后四机,何时能指挥八机作战,要听我的命令;第二,指挥决心要根据情况决定,胆大心细,既不优柔寡断,又不蛮干,天气和敌情不宜时则不出动;第三,要与苏联友军搞好关系,以期得到他们尽心尽力的带领或掩护;第四,不要怕麻烦,每日战斗结束后,第一件事就是向我发电报报告当日的战况,我的复电定于次日5时到达;第五,空四师到安东后马上与苏联友军协商一个实战锻炼计划,送我批准。"

刘亚楼给时年三十四岁的方子翼戴上诸多"紧箍咒",是因为中国空军以其短暂的空中阅历和幼稚的飞行技术,同老牌的美国空军作战,显然太嫩了,所以要多虚心向苏联友军学习,派遣作战任务时要特别慎重。

照方子翼的话说,刘亚楼对空军首次参战可谓"殚精竭虑,费尽心血"。

方子翼和政治委员李世安率第二十八大队,在艰涩、悲壮中迈向国门。

空军第四师与苏联友军师长巴什盖维奇所部同驻安东浪头机场。方子翼与巴什盖维奇协商拟定了第二十八大队实战锻炼计划：在无敌情的条件下，进行战区航行，熟悉地形，练习战斗动作，然后在敌情不严重的条件下，由友军直接掩护进行空战锻炼。计划送到沈阳，刘亚楼批复："同意。"

为了便于协商问题，并随时向友军学习指挥，方子翼建议将友我两师的指挥所设在一起，搬到浪头机场北端西侧山坡上的一个旧木板棚子里。巴什盖维奇虽然同意了，但双方的实际接触还是有限。比如，苏联的停机坪严禁中国空军人员接近，其所有保障工作也都是自己来做，而且由于语言障碍，空战时双方实施协同困难重重，甚至时有不愉快和失误出现。空战之初，身着中国空军服装的苏军并不大相信年轻的中国空军，因此在带领时并不太尽心，苏军还有过在空战中误击中国空军飞机的事实……

第二十八大队有飞机十架，飞行员十名，分成两个中队，每个中队四架，两架备份。全大队都是朝气蓬勃的小伙子，大队长李汉年龄最大，也不过二十六岁，年龄最小的是副大队长李宪刚，年仅十八岁。进驻浪头机场后，1950年12月28日开始担负实战锻炼的战斗值班。此后，大队每天都有战斗出动，每次也都跟苏联友军向敌机方向冲去，但因友军不尽心带领和无线电联络不畅等原因，每当苏联空军飞机突然加速出击时，混合编队的中国飞行员便被甩在后面，眼前只是茫茫云海，不要说敌机，就连友军的影子也没有了，只好扫兴返航。如此十多次，仍未打上一仗。

方子翼跟巴什盖维奇谈了几次，可这位第二次世界大战期间的苏联空军英雄总是说："你们能飞是勉强能飞了，但还不知道能不能打。"接着便搬出各种理由加以拒绝，说你们是"锻炼任务"，我们是"责任任务"，你们和美国飞行员根本不在一个重量级上，只是勉强能在空中编队，而从未有过空中战斗的经历，许多人连炮都没开过，却马上要去参加激烈的空中格斗，能不让人提心吊胆？

他还举了个例子：要战胜敌人，必须集中精力作战，譬如哥哥牵着弟弟走路，中途遇到坏人袭击，与其用一只手牵着弟弟，一只手对付坏人，还不如把弟弟放下用两只手去反击敌人，不是更有力吗？

方子翼怎不明白自己的部队和美国空军的悬殊呢，二者交手，这事儿跟谁说谁心里边都要犯嘀咕。平心而论，人家好意的成分还是居多，怕中国同志吃亏，可老是这样下去总不是个事儿。为了改变现状，方子翼盘算着脱离友军掩护,单独干一仗,可又担心无线电不畅,指挥失灵,导致空战失利。方子翼一时拿不定主意,乃决定把情况向刘亚楼汇报。

前线指挥员急,刘亚楼也急。他接到方子翼的报告后,马上找到苏联远东空军司令员克拉索夫斯基上将商谈。

当初,斯大林的代表扎哈罗夫大将极力主张中国空军集中力量和美国空军硬碰硬,现在不知何故,军事总顾问克拉索夫斯基上将却坚决否决了中国空军想打仗的想法。他客气地说:"刘将军,你们要与美军作战不是不可以,但那应该是许多年以后的事情,绝不应该是现在! 你们与美军相比,实力太悬殊了! 空战是一种抗争性和竞技性很强的角逐,而你们迄今为止尚未在空中打过一仗。这好比一个新兵与将军之间的较量,是不公平的、冒险的,你们中国不是有句成语叫以卵击石嘛,蛮干是要吃亏的! "

刘亚楼争辩说:"我们从打土豪分田地时起,到抗日战争、解放战争,什么时候在公平的状况下跟人家打过仗? 在战争中学习战争,是我们空军成长的唯一正确道路,这不是蛮干。"

说实话,中美空军交战,实力也真是太过悬殊,让那些连空靶都没有打过的飞行员马上参加激烈的空中格斗,能不让人提心吊胆吗? 刘亚楼深知,自己这批飞行员都是陆军选送来的连排干部,跟敌人鼻子碰鼻子玩命打过交手仗,都是些迎面撞见老虎也得仔细瞅瞅是公是母的主,敢打敢拼正是他们的最大优势。想想克拉索夫斯基上将也是一番好意,是真替中国空军着急,刘亚楼的话语也就显得客气而婉转,心中却铁定了主意。

1951 年 1 月 2 日,方子翼在安东前线接到刘亚楼的复电,要他再向巴什盖维奇谈一次,若还得不到解决,只有靠自力更生,单独作战,但一定要在敌少我多(即我四机到八机对敌双机到四机)的有利条件下进行,力争让每个飞行员空战锻炼两次到三次。

空军最高首长如此果断定下单独干一仗的决心,给了方子翼莫大的鼓舞。当天,他就找巴什盖维奇谈了话,希望他起码让中国飞行员打上一仗。巴什盖维奇表示尽量满足方子翼的愿望,但又作了许多解释。很明显,在老大哥的眼里中国空军是个负担。

方子翼寻思巴什盖维奇短时间内不可能满足自己的愿望,他决心撇开友军

单独干一仗。在和大队长李汉研究作战方案时，方子翼提出："今后在形式上仍按协同计划出动，到了空中，当地面通报敌我距离三十公里和敌我关系位置时，空中编队自动取正高度差五百米到一千米，并向敌机方向严密搜索。发现敌机后，打一次攻击即退出战斗，不要恋战。就这样，一仗一仗地打，定能取得经验，逐步提高。"

李汉和他的大队飞行员一样，全都是东北老航校速成出来的，又在极短的时间里成为喷气式飞机驾驶员，在喷气式飞机上的飞行时间不过数十小时，空中动作量一大就要散队。但这些血性男儿，有的是不怕牺牲的大无畏精神，早就想为祖国建功立业。

有了李汉的支持，方子翼更是坚定了自己的设想，他小心翼翼地向刘亚楼请示："我是想单独干一下，以改变现状，可有点担心，怕无线电不畅，指挥失灵，导致空战失利。"

刘亚楼建议，为了解决空地联络的问题，可以向友军借一部短波电台作对空台。

1951年1月17日，刘亚楼命令空军第四师第十团团部率第二十九、第三十大队进驻安东浪头基地，抓紧良机锻炼，同时批准方子翼有指挥八机出战的指挥权。

1951年1月21日这天，随着方子翼的一声令下，空战不再抽象，从课堂、训练场第一次来到新中国年轻空军的眼前，共和国空军就在这种背景下登上了世界空战的舞台。

由于没有足够的心理准备，第二十八大队自大队长李汉以下，一开始都显得有点手忙脚乱。李汉后来还自曝家丑说，那天空战前，自己正在厕所方便，一听到起飞的警报响，腰带没系就跳上了飞机，直到空战结束，下了飞机才系上腰带。

方子翼的战斗命令既下，从空勤人员到地勤人员，全都兴奋得不行。谁知忙中出错，2号机开车时，因机械员一时紧张，过早地拔掉了启动车插头，导致飞机开车未成，4号机也因故未出。这下糟了，再开车起码得耽误七八分钟，而空战时间是以秒计，胜负往往在分秒之间。时间就是战机，时间就是胜利，方子翼果断地改变战斗序列，以3号机顶替2号机位置，以5号机顶替4号机位置，以六架飞机编队升空出击。

李汉率编队接近安州时,发现敌机正以四机为单位在一千米高度上对清川江大桥轮番俯冲投弹扫射,并以双机、四机于后上方作层次配置进行掩护。李汉顿时热血沸腾,为了先于友军接敌,根本顾不上察看敌机的数量和部署,也忘了自己的指挥责任,大吼一声"攻击",便加大油门冲向敌机。结果可想而知,六机立即陷入了二十架敌机的重围,双方纠缠在一起。狭路相逢勇者胜,没有空战经验的中国空军飞行员临危不惧,以寡敌众,那猛冲猛打的疯劲倒把训练有素的美军飞行员搞懵了。经过一番苦斗猛打,李汉找个机会,转圈迂回到四架美机左后侧四百米处,对准其带队长机狠狠地压下了发射按钮。随着这个痛快淋漓的长点射,敌长机拉出黑烟,斜着翅膀,歪歪斜斜地仓皇而逃,其他敌机见势不妙,转身就逃。后来,经苏联友军察看李汉的射击照相胶卷,判定为击伤敌机 F-84 喷气式战斗机(简称 F-84)一架。

第二十八大队为新中国空军打出了第一。正准备随周恩来、聂荣臻赴沈阳参加志愿军第一届后勤工作会议的刘亚楼,立即发出贺电,指出这次空战,"证明年轻的中国人民空军是能够作战的,是有战斗力的。这是志愿军空军继续取得更大胜利的开端"。

在初次空战胜利和空军首长高度评价的鼓舞下,第二十八大队情绪高涨,都盼着再与美国佬打仗。两天后,即 23 日,美国远东空军大机群偷袭浪头机场。在方子翼的命令下,第二十八大队冒着众多敌机的扫射,强行起飞,和苏联空军一起驱逐敌机。此战中,苏美双方都损失惨重。第二十八大队毫发无损,虽未获战果,却多了一次体验,更增添了信心。

如果说,1951 年 1 月 21 日李汉击伤(战后照美国军方说法是击落)敌机多少带点撞大运的话,那么随后 1 月 29 日的空战,则是一场货真价实的斗智斗勇、斗技术的高水平角逐。此战,中国空军在苏联友军被击落四架、击伤四架的不利战况下,冒险前来支援(当时美军出动八十多架战机)。由于中国空军的有力支援,苏联友军扭转了战局。第二十八大队在自身未受损失的前提下,击落、击伤敌机各一架。中国空军在战斗中越战越勇,终于赢得了苏军上下的赞赏和敬佩,连连称呼"长本事了"、"聪明了",那位傲慢的巴什盖维奇从此也对方子翼客气多了。

斯大林掌握了中苏两国空军在朝鲜上空的空战情况后,认为对中国飞行员的培训太慢,遂致电指责驻华军事总顾问克拉索夫斯基:

> 你和别洛夫将军看来想把中国飞行员变成教授而不是战斗飞行员。我们认为,我们的航空专家过分谨小慎微了。如果说战争时期俄国飞行员五到六个月就培训出来了,为什么中国飞行员的培训不能在七到八个月内结束?是该抛弃这种有害的谨小慎微的时候了。中国军队不能在没有空军掩护下战斗。因此,应当尽快建立一个由八个中国空军歼击机师组成的集团军并将它们派往前线。现在这是您最重要的任务。

> 别洛夫的一个师可派往靠近中国东北边境,两个师可放在北朝鲜后方,从而给中国歼击机师靠近前线腾出两个机场。这是绝对必要的。应当这样来进行安排,即中国人在前线只能靠自己的空军。

克拉索夫斯基就此告知刘亚楼:"我们的争论可以结束了,因为斯大林大元帅赞成您的计划。"

刘亚楼放飞的"雏鹰"初搏云天,就取得出色战果,打破了美国空军不可战胜的神话,让毛泽东和中央深为欣慰。毛泽东对空军参战,归纳起来说了三句话:"空军要在战斗中成长壮大。""初次打仗,采取稳当办法为好。""一鸣则已,不必惊人。"对前面两个指示,刘亚楼和他组建的志愿军空军如实遵循执行了,只是最后一句,被改成了:"不鸣则已,一鸣惊人。"

周恩来喜气洋洋地对刘亚楼说:"你们是不飞则已,一飞冲天;不鸣则已,一鸣惊人。"刘亚楼开心地笑了,他感觉自己现在才真正算是个空军司令员。

中国空军三战三捷,首战胜利的政治意义远远超出了军事意义。中国人竟然有空军,而且竟能击落我们的飞机?不独美国远东空军司令斯特莱梅耶将军不相信,赫赫有名的美国五星上将、联合国军总司令麦克阿瑟更是无法接受这个无情的现实。他在挂帅侵朝前,曾公开称"中国没有空军",要是知道中国空军是挂着用白铁皮临时赶制的土副油箱与他的王牌空军展开大战的,不可一世的麦帅没准会背过气去。

朝鲜战争,一个古老国家的年轻空军,给一个年轻国家的老牌空军带来了心灵上的巨大震撼。

阳光总在风雨后

中国空军在友军配合下,向清川江以南地区频频出击。敌机活动被迫退到平壤以南,美军完全掌握制空权的局面由此而破,清川江以北成了米格飞机的天下。《朝鲜战争中的美国空军》如此"坦白":"第五航空队在一般情况下避免在朝鲜西北部进行空战。""共军的飞行员在清川江与鸭绿江之间地区占了几乎是绝对的统治地位。"第五航空队把这个地区称为"米格走廊",这个具有特定含义的称谓,在整个朝鲜战争期间一直被沿用。

继第十团之后进驻浪头机场实战锻炼的是第十二团,该团飞行经验比第十团初次上阵时还少。而此时,朝鲜前线的地面战斗进入极紧张、残酷的阶段,在西线大举进攻的联合国军已开始突破中朝部队西线防御,金浦、水原等前线机场再陷敌手。为掩护西线反击部队右翼安全,志愿军第三十八军主力渡江阻敌。

初出茅庐、寸功未立的第十二团,破敌心切,从团长到飞行员个个急于求战。刘亚楼看出这种急躁轻敌的苗头,为此又给在浪头机场指挥的空军第四师师长方子翼念起了"紧箍咒"。他特别命令方子翼要逐步锻炼部队,每次只能出动一个中队。

但就在这严令下,第十二团还是出事了。

1951年2月8日,第十二团开始战斗值勤,10日便发生因迷航、燃油耗尽机毁人亡的事故。12日第十二团一个中队编队巡航,返航时被苏军雷达误认为敌机,拉响战斗警报。鉴于刘亚楼的将令,师长方子翼命令在已出动的中队着陆之前,第十二团不准再升空。可第三大队副大队长却率另一中队抗命起飞,手忙脚乱中他的1号机与4号机相撞,双双坠毁。紧接着,2号机掉队迷航,迫降不成,亦人机俱毁。

三天内,连敌机的影子还没看见,自己却摔了四架飞机,报销了整整一个中队。刘亚楼接到报告,半天说不出话来。

有人认为方子翼指挥不力,应该撤换。刘亚楼对未经思考就轻率拿出意见斥之为瘟疫,他白了对方一眼:"你就懂得撤换,你去指挥啊!"

刘亚楼在了解了事故详情、主要原因和空军第四师处理意见后,痛心之余,

于 13 日复电：

> 这是空军建军以来空前的损失,应引起最大警惕。一方面说明飞行员技术不到家,另一方面说明飞行员不够慎重,存在粗枝大叶的作风所致。你们应根据这两点去检讨。结论只有加强技术训练和力戒粗枝大叶,才能增加把握。方子翼所提：虽然事情出得这样大,仗还是要打的,不过需要更谨慎些,这证明方子翼同志把问题的本质看透了,而且作出了正确的结论。望转告全体同志按照方师长这三句话去做。对误我为敌、停止起飞的命令不能执行、飞行员迷航不能复航等,也应深刻检讨,规定具体办法,加以改进。

3 月 15 日,志愿军空军司令部(简称志空司)在安东正式成立,受志愿军总部和军委空军双重领导。刘震被任命为志愿军空军司令员后,刘亚楼并没有当甩手掌柜,而是帮他凑班子建立得力的领导机构。常乾坤以空军副司令员之职下放给刘震当助手,兼任志愿军空军副司令员。

在朝鲜空战中,中朝苏三国空军协同作战。因为朝鲜空军力量较弱,在中国空军大规模参战之前,主要由苏军中将罗波夫在安东指挥。有的领导人考虑到志愿军空军缺乏空战指挥的经验,设想让苏方统一指挥。毛泽东和刘亚楼都不同意这一主张,坚持独立自主。刘亚楼继组建志空司后,又协同志愿军司令部(简称志司)组织中朝空军联合司令部(简称空联司),仍由刘震任司令员,中朝双方各一人任副司令员。出于政治上的考虑及双方语言不同的原因,苏联空军未加入空联司。

1951 年 6 月 11 日,毛泽东在空司 5 月份战果报告上批示："空军作战成绩不佳,请你(指副总参谋长粟裕)与空军同志研究改进方法,务于短期内改变敌我形势。刘亚楼回京后,应去前线指挥。"

空军战绩不理想是一方面,但导致毛泽东批评的,还是来自志愿军陆军方面的议论。战后美军称：1951 年 5 月中共军队普遍消沉,"从东京方面所收到的主要关于中俄两国军官在沈阳举行的高级军事会议的情报资料中可以看出,共产党把地面作战的失败归咎于他们没有能够控制住朝鲜的天空"。

刘亚楼此时正在朝鲜。

朝鲜战场第五次战役期间,后勤供应极为困难,志愿军广大指战员忍饥挨饿,人员损失相当严重。听了洪学智的汇报后,军委特派总后勤部部长杨立三和刘亚楼、炮兵司令员陈锡联等具体了解后勤困难,研究如何加强志愿军的后勤建设。

毛泽东 1950 年 10 月 8 日给志愿军的命令中规定志愿军后勤由东北军区负责。但随着战争的发展变化,这种体制越来越不适应战争的需求。彭德怀向中央军委工作组反映情况后,认为当务之急,就是要迅速成立志愿军后方勤务司令部,不解决这个问题,其他问题都不好解决。杨立三、刘亚楼他们认为彭德怀和志司的意见有道理,回京后,马上向毛泽东、周恩来、徐向前、聂荣臻等中央军委领导汇报。中央军委很快表示同意志司的意见,任命洪学智兼任后勤司令员。

刘亚楼从朝鲜战场回来鞍马未歇,看到毛泽东的批示后,又立马飞往安东。

前线机场要实战练兵,东北等基地要组建后续兵团,部署各师轮番参战。此外美国飞机还在中国东北擦边,蒋介石的飞机也时时骚扰大上海等要地。刘亚楼穿梭来往于东北、上海、北京等地,旷日积劳。空联司虽然成立了,但在战略战术乃至具体指挥上,刘亚楼还是经常一竿子插到底。

第十二团转回辽阳做了四个月的整训,于夏季再次前往参战。在这短短的一百多天中,朝鲜战场的态势发生了重大变化。四次战役结束时,以美军为首的联合国军再次进至三八线以北,并准备继续北进到平壤、元山一线,"在朝鲜蜂腰部建立新防线"。为实现这一战役目标,新装备了 F-86 的美国远东空军开始对中朝军队后方交通线、兵站、军队集结地实施空中绞杀战。四个月来,美苏之间的大规模空战接连不断。刘亚楼对第十二团此次参战十分重视,发去电报特别交代:十二团这次参战的目的主要是锻炼,打了胜仗更好,打了败仗也不要紧,可以获得经验,获取经验是要付出代价的。

却未料,这代价太大了,求战心切的第十二团再战浪头,第一仗就折了团长。飞行员们悲中有气,落地后一个个不肯下飞机,地勤人员也守在停机坪上不回去休息。

刘亚楼刚好来到前线,闻讯后直奔机场,问:"饭不吃了?"

飞行员们坐在机舱里,耷拉着脑袋,不吭气。

"觉也不睡了？"

有人在哭，但依然没人肯下机。

刘亚楼瞪着一双红眼，猛吼一声："只有今天没有明日了？不吃饭不睡觉怎么为你们自己雪耻？"

这一吼起了效果，飞行员们立即乖乖地下了机。

刘亚楼让师长方子翼、政治委员李世安通知空勤灶，加几个好菜，开几瓶酒，给大伙儿放松一下神经。

饭后，刘亚楼来到飞行员宿舍，跟他们促膝谈心，找原因，分析战术，告诉他们空战是一项复杂工程，任何一点疏漏，都可能瞬间改变战局。

有的飞行员满含委屈地说，十二团的运气比东北严冬的天气还差。刘亚楼一针见血地指出："你们主要是轻敌、骄傲。战前，你们团领导不是说过掌握了米格-15，再怎么也能把敌机撞下来嘛。同志们，骄兵必败啊，陆军如此，空军亦如此，何况是初出茅庐的骄兵！"

一席话，如醍醐灌顶。

骄兵必败，哀兵必胜！

1951年9月下旬，联合国军拟发动秋季攻势。大战在即，中央军委派董其武第二十三兵团（辖第三十六、第三十七军）入朝担任修建前线机场的任务。为了粉碎美国空军的绞杀战计划，刘亚楼指示志愿军空军从本月起，采取以师为单位轮番进入，由少到多，以老带新，新老结合，陆续参战。

1951年9月25日，美国远东空军出动上百架飞机，轰炸志愿军后方铁路线。空军第四师以师团编队迎敌。当日下午，美机向连接志愿军前线和后方的咽喉要道新安州大桥大举进犯，苏军出动上百架飞机迎战。空军第四师第十二团十六架米格-15（团编队）在副团长率领下，哀兵出击。

第十二团第一大队六架飞机与八架F-86遭遇。志在雪耻的第一大队飞行员直冲敌阵。第十二团第二大队也赶到加入战团。接敌后，才发现F-86不止八架，已将米格飞机团团包围。

新手刘涌新被六架F-86围住，他沉着应战，首创击落F-86的纪录。第二大队大队长华龙毅随后在一分钟后击落两架敌机，在自己的飞机也被打中时，又将两架敌机击落、击伤。第一大队大队长李永泰被四架敌机围攻，在飞机中弹三十多发、洞穿五十余处后,沉着摆脱群敌追杀,成功降落基地。李永泰虽没击落敌机,他临危不惧、英勇顽强的气概却打动了参战官兵,连苏军都送给他一个"空中坦克"的美誉。

两度出师不利的第十二团,在三进安东浪头机场后,终于报了仇。

刘亚楼对这次空战高度评价,在9月26日的电报中指出:空四师的飞行员虽然都是新手,但敢于参加上百架飞机的激烈空战,必须承认是个胜利,"对李永泰同志之飞机中弹三十余发安返基地,应加以特别表扬"。

受到特别表扬的李永泰,在后来的战斗中,先后击落多架F-86,更是扬眉吐气。

前方急需空军!

到1951年5月,在刘亚楼的指挥下,继空军第三、第四师之后,又以最快速度组建起了歼击航空兵师第二、第六、第七、第九、第十二、第十四、第十五、第十六、第十七、第十八等十个师,强击航空兵第五、第十一两个师,运输航空兵第十三师,轰炸航空兵第八、第十两个师。

1951年6月22日,毛泽东面示刘亚楼:"朝鲜战争可能出现停战谈判,空军要抓紧时间参战,以求得战斗锻炼,新兵种初次参战不可能等到准备工作完全充分。"

但空战准备工作再不充分,飞机还是必不可少的,这可不像当年暴动那样,没有枪就用大刀、梭镖代替。

新中国建立之初,苏联是世界上唯一能提供作战飞机给中国的国家。为了解决空军的武器装备问题,毛泽东、周恩来曾多次向斯大林、布尔加宁等苏联领导人发电报、信件,周恩来还为此亲自赴苏和斯大林面谈。1950年2月,刘亚楼根据毛泽东的指示,向苏联订购各型飞机五百八十六架(后来改为接收苏联空军在上海、大连地区防空时使用的旧飞机)。

为配合谈判,美军决心"充分发挥空军威力的全部能力",为此把刚问世的超音速、可携带核弹、火箭弹和常规炸弹的F-86从国内不断增调至日本、朝鲜,使其侵朝空军增至十九个联(大)队、作战飞机一千四百余架。F-86是美国第一种采用后掠翼的喷气式战斗机,绰号"佩刀"。该机由美国著名的北方航空公司研制,有多种机型,在朝鲜天空现身初期,曾给志愿军空军造成很大损失。

随着美国最新式最先进的 F-86 来势凶猛、源源不断地飞赴朝鲜，中国空军急需能与之相匹敌的米格-15。

1951 年 7 月，总参谋长徐向前率军事代表团到莫斯科谈判军援等问题，空军参谋长王秉璋随同。还在北京时，中苏双方就初步达成了订购米格-15 的协议。

与刘亚楼上次谈判有所不同的是，苏联国防部部长华西列夫斯基元帅在这次谈判时表现得态度倨傲，对中国军队应设多少军区、多少兵团、多少军，甚至连师的编制都进行干预，而且不听徐向前的解释，摆出一副师爷的架子。王秉璋与他谈空军订货时，他也不承认中苏双方在北京初步达成的协议，不给米格-15，只给米格-9 喷气式战斗机（简称米格-9）。王秉璋说美国在朝鲜的战斗机已换成第二代喷气机 F-86 了，只有米格-15 的性能才能与之相当。华西列夫斯基说："不是米格-9 性能不好，而是你们中国人驾驭不了！"王秉璋顶撞了一句："现在驾驶米格-9 的全是你们派去的教练员，我们的飞行员还没放单飞呢！"华西列夫斯基一听就火了，拍了桌子。年轻气盛的王秉璋对老大哥的傲慢本就不满，当下也拍了桌子。这一来，谈不下去了。

消息传到国内，刘亚楼代毛泽东起草致斯大林电。电文概述中国空军到 1952 年底的编组比例和发展计划，希望苏联政府"根据这一比例和计划与目前在莫斯科的中国空军参谋长王秉璋谈判，并确定今明两年航空订货"。电文经周恩来、毛泽东审改后于 1951 年 7 月 20 日发出。在斯大林的亲自干预下，苏联按米格-9 的价钱，全部给米格-15，共计三百七十二架。

由此，中国空军得以分期分批地装备米格-15。

和 F-86 一样，米格-15 也非平凡之辈。它是由苏联著名的米高扬设计局于 1948 年研制的苏联第一代喷气式歼击机，时速和升限与 F-86 相当。其飞行速度、火力、机动性远远优于美军的 F-80 喷气式战斗机（简称 F-80）和 F-84，美国空军在吃尽苦头后，一方面悬赏一百万美元想要一架米格-15，一方面派出性能堪与其比的 F-86 入朝。

1951 年 8 月 18 日，美国空军开始执行空中封锁铁路线的所谓绞杀战计划。反击敌人空中封锁、争夺战场制空权，便成为志愿军空军的首要任务。有米格-15 作主力歼击机，志愿军空军如虎添翼，逞威长天，在反绞杀战中把"米格走廊"越推越远。美国空军连连惊呼,这是"历史上最长最大的喷气机战役,而且也显示了共产党的飞机与飞行术已经改进了",并说解放军空军"严重地阻碍着联合国军的空中封锁铁路线的活动"。

1951 年 10 月 2 日,国庆两周年的喜庆气氛未褪。毛泽东在看完了空军上呈的关于空军第四师作战情况的报告后,欣然提笔批示:

刘亚楼同志:

　　此件已阅。空四师奋勇作战,甚好甚慰。你们予以鼓励是正确的,对壮烈牺牲者的家属应予以慰问。

10 月 3 日,北京中南海举办宴请全国赴京参加国庆观礼的代表。

宴会上,刘亚楼让空军第八师师长吴凯等空军代表向毛泽东敬酒。和毛泽东同坐的有周恩来、刘少奇等中央领导,刘亚楼给他们介绍:"这是空军参加空中受阅的带队长机、空八师师长吴凯。"

毛泽东和敬酒人员一一碰杯,显得非常高兴,说:"现在我们有了空军就好了,空军万岁!"直听得刘亚楼和飞行员非常激动,这是对空军莫大的鼓舞啊!

1951 年国庆过后,毛泽东欣慰地看到一个前所未有的变化:在志愿军空军的打击下,1951 年 10 月,美国远东空军宣称,战斗轰炸机以后不再在"米格走廊"内进行封锁铁路线的活动,此后只能对清川江与平壤之间地区的铁路线实施攻击。稍后又取消了 B-29 重型轰炸机(简称 B-29)在白天的大规模空袭,并从 10 月 29 日起,全部改为夜间空袭。

这实际上意味着强大的美国已经羞答答地承认中国在空中可以与他分庭抗礼了。毛泽东宽慰之余,指示刘亚楼:要争取时间锻炼部队,应设法使更多的部队参加实战锻炼。

10 月 12 日,空军第四师结束实战锻炼,撤出第一线机场。刘亚楼命令正以临战姿态进行紧张有序训练的空军第三师(代师长袁彬、政治委员高厚良)接替作战。在 1950 年 12 月 2 日,他曾专门陪同朱德到空军第三师视察。在接见全体飞行员和营以上干部时,继朱德讲话后,刘亚楼指出:"这次你们师尽管没有参战任务,但训练标准不能降低,要做好充分的准备,随时听从召唤。"

向空军第三师下达出战命令后，刘亚楼在办公室召见东北航校飞出来的空军第三师第七团副团长孟进、第九团副团长林虎，交代他们："你们都是东北大森林里的'小老虎'，这次要把你们放出去，两个团好好比一比！你们给我记住，带团参战，要发扬勇敢精神，更要讲究战术战法。毛主席讲的知彼知己，对陆军管用，对空军同样管用，你对敌人琢磨得越透，战果就有可能越大。"

勉励完毕，他叫人拿来两块瑞士表，一一给他们戴上。手表在那时可是个奢侈品，即使堂堂的飞行团长也不敢奢望。两位年轻的团长明白刘亚楼的用意，他们向刘亚楼立正敬礼："一定不辱使命，不负厚望！"

空军第三师临行前，刘亚楼亲自前往送行。他即兴问一位飞行员："你刚训练出来就要上战场，有什么把握战胜强大的空中敌人？"

飞行员一张年轻的脸涨得通红，大声说："报告司令员，就是撞也要把敌人撞下来！"

刘亚楼兴奋地说："好，你这话透露了人民空军战士的英勇气概，这是不可战胜的精神力量。但空战毕竟不同于地上拼刺刀，除了勇敢，还得讲究技术，二者结合，必定胜利！"

他继而面向广大指战员，说："四师能打好，李汉能第一个打下美国人的飞机，你们三师能打下吗？看谁来当空一师！"他看着大队长刘玉堤等人说："刘玉堤，还有孟进、牟敦康，你们和李汉都是老航校的同学，对李汉打下飞机是不是不服气？"

刘玉堤急忙报告："首长，我可没说不服气，他能打我们也能打呀！"

刘亚楼哈哈大笑，说："那好，你给我打下敌机看看，你们能打下来，也给你们授英雄！"

好个激将法！刘玉堤深深理解了刘亚楼的意图。

为了提高部队的作战信心，刘亚楼指示《人民空军》大力宣传李汉，扩大影响，鼓舞士气。

不管是空军第四师、第三师，还是陆续上战场的航空兵师，大家都瞄准了虚位以待的第一师番号。刘亚楼说大家都要轮流参加抗美援朝，跟美国鬼子真刀真枪地干，哪个师打得最好，第一师的番号就给哪个师。

空军第三师是经陆军的建制师调来组成的，装备、编制与空军第四师基本相同,辖两个团、六个大队,装备有五十九架米格-15、两架雅克通信飞机,但成军时间更短,飞行时数更少。不曾料想,这支新军初上战场打得比空军第四师还漂亮。仅 1951 年 11 月 4 日至 10 日,就与美军小机群空战五次,击落、击伤美机九架,而自己无一损失。

1951 年 11 月 10 日晚,刘亚楼宴请作战有功人员,殷切期望他们再立新功。

没几天,空军第三师在友军的掩护下,开始与美军大机群作战,战功赫赫。

刘亚楼接到捷报,自是欣喜不已,于 27 日又一次亲临前线机场,看望空军第三师飞行员和地勤人员。他笑着问师长袁彬、政治委员高厚良:"你们打得好,是不是比别人狡猾呀?"

高厚良回答:"我们空三师飞行员虽然多数来自陆军,但几乎都打过仗,有作战经验,学会了驾驶新式飞机就如虎添翼,再加上政治动员搞得比较活跃扎实,飞行员作战情绪高涨,升空后作战非常勇敢。"

空军第三师参战一个月内,刘亚楼连续数次前来看望,谆谆教诲,还亲自参加空战战术讲评会,这对部队不能不说是个巨大的鼓舞。在此鼓舞下,空军第三师连续在几次大规模空战中给美国空军以重创。其中,第七团第一大队大队长刘玉堤创下一战击落四架敌机的纪录,英雄罗沧海则是四炮连毁三架敌机。

但胜利的背后也有牺牲,刘亚楼寄予厚望的第七团副团长孟进就没再回来。第七团几次空战未获战果后,他一个人悄悄脱离机群,飞出指定空域,单枪匹马与七八架 F-86 拼命,虽然如愿以偿地击落一架敌机,但自己也被击中。

刘亚楼闻讯,虽然为孟进的牺牲悲痛万分,但同时也指出:"这是一种鲁莽的死,必须禁止和避免,指挥员要保持清醒头脑;死不足惧,但仅仅不怕死还不是个称职的指挥员。上级把一个大队或整整一个团的十来架甚至数十架飞机交付与你,你就要时时想到肩上沉甸甸的责任,不能蛮打乱冲!"

第九团副团长林虎对战友孟进的牺牲肝胆俱裂,有着强烈的复仇心理。听完刘亚楼的话,他冷静了下来,转而认真研讨经验教训,发动群众探索新的战术战法。此后,第九团的仗愈打愈好,林虎的组织指挥也渐趋成熟。全团击落、击伤的数十架 F-86 中有他的两架,但他最感满意的还是部队素质在实战中得以整体提高。

在积极而艰苦的格斗中,志愿军空军夺取了一定空间和时间的制空权,大大减少了志愿军陆军部队的损失,改变了地面部队行动上的被动状态。空军第八师为配合地面部队作战,在1951年11月6日成功轰炸了美军和南朝鲜军占据的大和岛,震惊世界。美联社说"这次轰炸肯定不是来自中国空军",暗示是苏联空军所为。

1951年11月30日下午,空军第八师再次配合志愿军陆军作战,对大和岛实施轰炸。第二十四团的九架图-2轰炸机(简称图-2)刚到海面没多远,就受到美军三十多架F-86的攻击,五分钟损失了三架飞机。带队长机、大队长高月明沉着地命令大家编好队形,一边坚决还击,一边继续前进。

志愿军空军护航的十六架拉-11驱逐机与敌机交上火后,敌机咬紧轰炸机不放,试图加以阻截。在殊死大博杀中,空军第八师第二十四团通信长刘绍基用机枪击落一架F-86,首创世界空战史上以活塞螺旋桨式轰炸机打下喷气式战机的先例。担任护航任务的拉-11歼击机也接连打下两架敌机,副大队长王天保、大队长徐怀堂各击落一架F-86,又开创了世界上用活塞式螺旋桨式歼击机击落喷气式战机的奇迹!

离目标上空还有两三分钟的航程时,毕武斌的飞机被打中冒烟,他毅然驾驶烈火熊熊的飞机,带着复仇的炸弹,撞向大和岛敌阵地。与此同时,高月明带着剩下的五架轰炸机保持队形,在敌机的层层包围下,成功地飞到大和岛上空,复仇的炸弹似倾盆大雨倾泻下去。

五架伤痕累累的轰炸机返航安东浪头机场时,受到刘亚楼的热烈欢迎。他和凯旋的空中勇士们一一握手,好半天才说出话来:"你们打得勇敢,打得顽强,面对敌机的层层阻拦,一点也不慌张,打不垮,冲不散,飞机着火了仍坚持编队,没有一个请示跳伞的。你们打出了国威,打出了军威,为祖国争了光!我为你们感到自豪,你们能够创造出这样的奇迹,在占优势的敌人面前不弯腰,顶天立地,我非常感动!"

听罢刘亚楼热情洋溢的讲话,全体飞行员高兴地流下了热泪。

正在浪头机场驻扎的苏联著名空战英雄阔日杜布率领米格-15的伙伴们,同胜利归来的中国飞行员紧紧拥抱,连声说"了不起,了不起",向中国战友跷起了大拇指。

就在空军第八师轰炸当晚,志愿军陆军第五十军攻占了大和岛,拔掉了这个插在志愿军后方的敌据点。

事后,《美国之音》广播说:"这次执行轰炸的空军部队是亚洲人,这是奇迹,不可思议的奇迹。"

面对实际情况,中央军委对志愿军空军的任务不再强调直接支援地面部队作战,而改变为夺取并保持清川江以北地区的局部制空权,有重点地保卫重要交通运输线、军事目标和工业目标,间接配合和支援地面部队作战。

刘亚楼所动议并坚持的志愿军空军以东北机场为基地抗美援朝的战法,在利于保存中国空军弱小力量的同时,也让美国空军大伤脑筋,不敢像麦克阿瑟起初鼓吹的那样穷追进入中国领空作战。美国人不得不吞下的另一苦果是,其远东空军虽从空中截听到了苏联空军参战的信号,却惮于战争升级而不敢向国内国际舆论公布,更遑论向苏方兴师问罪了。朝鲜战争使骄横的美国第一次接受了有限战争的概念。所谓"有限",并非指单方面有限,而是在综合因素制约下,各方所能采取的措施和使用手段受到限制。

这年12月26日,美国远东空军不得不承认其所谓的空中优势受到很大削弱,面临严重挑战。美国空军参谋长范登堡"鉴于朝鲜空中发生了一种重要的,从某种程度上讲可以说是险恶的变化",专门飞赴朝鲜视察。返回五角大楼后,他惊呼:"共产党中国几乎在一夜之间就变成了世界上主要空军强国之一。"

刘亚楼从《参考消息》看到范登堡的哀叹后,嘴角露出了征服对手的微笑。

空军第三师在为期八十六天的第一轮空战中,威震长空,取得击落美机五十五架、击伤八架的骄人战绩。后来并列志愿军空军"射手榜"第一名(击落、击伤敌机九架)的王海、赵宝桐都出在空军第三师,还打造出了著名的王海大队。

1952年2月1日,毛泽东看了空军领导1月30日关于空军第三师入朝八十六天战况综合报告后,甚慰之中,又是大笔一挥,写下:"向空军第三师致祝贺。"

刘亚楼对毛泽东在空军战报上的再次批示异常激动,说:"毛主席的批示,使我们感到荣耀,也感到压力。我空军部队要以此为动力,更加勇敢地战斗,去创造更大的胜利。"

开国少将、空军第三师政治委员、后来的空军政治委员高厚良充满深情地回顾:"现在回过头来看,如果当时没有刘司令员的战略眼光和谆谆教诲,没有他的顶层设计和韬光养晦,没有参战就忽视以临战姿态进行紧张有序的飞行训练,要想取得首战告捷,屡战屡胜,是根本不可能的。"

气可鼓不可泄

志愿军几场艰苦卓绝的战役下来,迫使不可一世的麦克阿瑟丢官去职,继而硬是把美国人打回到谈判桌前。

1951年11月间,有关朝鲜停战的话题在谈判桌上唇枪舌剑之际,为贯彻毛泽东"必须抓紧时机进行实战锻炼"的指示,刘亚楼和空军首长决定:新部队完成起码的作战准备后,由空军第三、第四师带领迅速投入战斗,使更多的部队得到锻炼。

一般来说,新参战空军部队,能飞到集中空域编好队、整齐出航,保持双机、四机、八机队形,在高空八千米到一万米上空保持队形就不错了,而后经过在老部队掩护下锻炼多次,始可进入空战。

空军第十四师由沈阳北陵机场进驻安东西南面的东沟大孤山机场。这支新军的飞行员们刚在航校学了半年飞行,就匆匆成军,全师四十余架米格-15,相当于空军第四师或空军第三师的三分之二。

1951年12月13日,空军第十四师在空军第三师的带领下第一次战斗出动。下午2时许,美军先头部队F-84十六架活动于平壤东北,大机群随后陆续出动。

空联司的预定作战方案是:苏联空军起飞三个团为第一梯队,在八千米高空打F-86;空军第十四师第四十团起飞十八架米格-15作为第二梯队出击,由实战经验丰富的空军第三师第九团掩护,于五千米高度攻击敌F-84和F-80。

2时34分,空军第十四师第四十团的十八架米格飞机编成团蛇队形,准备在新义州上空与担任掩护的老部队空军第三师第九团会合,于高度八千米到九千米出航,直插清川江口作战。第四十团机群飞到博川西南上空,突然,浓密的云层下钻出两批美机百十来架,清一色是最先进的F-86。

第四十团机群高于敌机一千多米,处于有利态势,谁知,空联司领导却听从苏军顾问的意见,下令下降高度攻击敌机。在指挥所的空军第三师师长袁彬焦灼地通过无线电呼喊:"降低高度要吃亏!"空军第三师参谋长梁璞也在辅助指挥所急得直喊:"要升高,不能降低高度!"

空联司参谋长黄炜华和在空联司协助指挥的东北军区空军副司令员段苏权,均认为不该下降高度,但空联司值班领导夺过话筒厉声下令:"要坚决降低高度!"

第四十团机群无所适从地降低高度转弯改变航向时,只注意跟队,加上迎着炫目的太阳不便观察,当带队长机、副团长刘英发现一朵白云的边沿上,有许多巨大的黑点从后面飞速扑来时,大吃一惊,刚呼叫"准备战斗",窗外已然亮起了串串耀眼的弹光。计划由友军对付的F-86恶狼般猛扑过来,密集的炮火射向米格机群。情况突变,面对强敌偷袭,米格机群措手不及,连副油箱都未扔掉就被迫仓促应战。

带队长机向上拉起飞机,看了看四周,自己的僚机和其他战机都不见踪影,而他一下子陷进了两层敌机的中间。

万米高空中,战鹰翻飞,炮声隆隆,地面指挥,空中回答:"长机呼叫,僚机回应……"无线电里声音嘈杂,响成一片!

空联司参谋长黄炜华回忆说:"那时清川江上空敌我飞机一二百架在空中穿插、飞行,分不清楚敌我飞机,只看到跳伞飞行员带着降落伞在空中飘荡下来。"

初次上阵,又是敌众我寡,第四十团在奋力击落、击伤三架敌机之时,自己也被敌击落五架、击伤两架。苏联空军只顾自己与敌较量,未能起到支援掩护作用。危急中,空军第三师第九团编队在大队长王海率领下,紧急赶来掩护支援。无奈距离过远,而且第四十团队形拖得太长,使得第九团无法全部投入战斗,只有先头赶到的四机开炮击敌。F-86机群被接连击落三架后,见中国空军整个编队行将赶到,这才丢下"猎物",向海上逃去。

战况紧急上报,刘亚楼闻讯,立马飞赴大孤山。

得知刘亚楼要来,空军第十四师的头头脑脑们无不捏一把汗:损失这么大,该怎么向司令员交代? 负责掩护的空军第三师指挥员也为没打好这一仗而感到压力巨大。

刘亚楼在耐心听取各方面的汇报、详细了解了空战具体情况后,召集空联司值班指挥员、参战部队领导和苏联顾问一起开会讲评。参战部队领导怀着忐忑不安的心情进了会场,做好了挨批评的准备。

抗美援朝时期,刘亚楼(中)听取志愿军空军空战情况汇报

没想到,讲评会上,刘亚楼对空军第十四师作战失利非但没有批评指责,反而给予鼓励。他说:"十四师新兵第一次上战场,虽有损失、有代价,但有意义。四十团在敌人突袭的情况下,没有惊慌失措,而是坚决勇敢地与敌展开空战,搏斗达六分钟之久,直至接到返航命令才退出战斗,这是值得表扬的。战斗中有十三人向敌开了炮,击落 F-86 两架、击伤一架。这次战斗对你们来说,是个很好的锻炼。因此,希望大家不要泄气,胆子要愈打愈大,劲头要愈打愈足,硬是要压倒敌人,而不被敌人屈服。"

空军第十四、第三师领导听了,压在心头的千斤巨石始得卸下。

接下来,刘亚楼说:"这次战斗失利的主要原因,首先是空联司值班指挥员的错误,不该让第一次参战的新部队,在敌人大机群中寻找 F-84 和 F-80 作战,结果没找着 F-84 和 F-80,却碰上了 F-86 这枚硬钉子,吃了大亏。"

此战中,苏联空军三个团起飞后;发现敌机已出动一百一十六架,情况比预计的要严重得多。空军第十四师才开始参加实战锻炼,自然不具备与敌大机群作战的条件,但空联司值班指挥员由于缺乏经验,仅向友空军说明了这一情况,并未提出不宜参加打大仗的意见,得知情况后也未采取补救措施,而是根据预定计划,仍然命令空军第十四师第四十团攻击,还错误地同意苏联顾问的话下令下降高度。

刘亚楼指出,战斗失利的第二个原因,是没有正确使用前方辅助指挥所。

在这次出击中,前方辅助指挥所根据敌机群高度,令第四十团升高至一万一千米高度,而空联司值班首长却令右转弯降低高度至五千米。前方辅助指挥所及时通报空中情况,提醒应保持万米高度,空联司值班首长不作采纳,而是自信地指挥编队降低高度。空中指挥员只好听命于最高指挥员。当时第四十团有一个大队听了前方辅助指挥所不能下降高度的话,在高空保持队形,得以安然无恙地返航回场。

刘亚楼在赞扬前方辅助指挥所后,严厉批评空联司值班首长:"如果听从辅助指挥所的意见办,就不会有这么大的损失!"他还说:"空联司指挥所缺乏警惕,对如何发现敌人注意不够。四十团出动后,指挥所没有密切地注意航线敌情。当空中发现敌F-86机群时,不仅没有提醒空中部队高度警惕,还说F-86由友空军对付,实际上起了麻痹自己的作用⋯⋯"

虽是隆冬时节,空联司值班首长头上还是冒出了汗珠,既紧张又羞愧地承认了自己指挥失误。

刘亚楼对战情的分析相当细致,他特别指出:"攻击编队距离拉得太长,队形最长时竟达三千米,而且前高后低,不仅自己难以自顾,不能集中兵力反击敌人,而且使掩护的部队顾此失彼,未及全部投入空战就结束了。"

刘亚楼目示参战部队领导,语气严肃:"这些经验教训,必须很好地吸取,吃一堑,长一智,仗就会越打越好。"

在实地调查中,刘亚楼得知一个情况:米格飞机飞上高空后,由于气温过低,造成机舱在高空结冰。他据此指出:"这次失利,苏联顾问也要负重大责任,因为他们在指导时漏掉了一个关键环节,没教飞行员飞行时在高空采取避免结冰和除冰的措施,严重影响了飞行员的视线,这也是敌机偷袭成功的一个原因。"

该怎样对待苏联顾问,成为大家关切的问题。刘亚楼主张团结他们,共同搞好关系。他还借用《诗经》"嘤其鸣矣,求其友声"之句,说明我们正处在这种时候,迫切需要苏联援助,团结他们,才能把他们的先进经验学到手。毛泽东和中国人民解放军总指挥部对此是认同的。后来,毛泽东就各军事部门与苏联顾问关系的问题专门有个批语:"继续团结所有顾问,认真地向他们学习,永远不要骄傲自满,一定要将苏联的一切先进经验都学到手,改变我军的落后状态,建设我军为世界上第二支最优良的现代化军队。"

平心而论,苏联顾问是真心帮助中国空军打胜仗的。但毋庸讳言,他们的纪律太差,以致影响了工作,捅了大娄子。1950年4月14日,第四航校发生机毁人亡的一等事故后,苏联教员没有吸取教训,在事故发生的第二天,又批准一位技术不成熟的学员在拉-9上首次单飞特技,不幸又摔掉。查清事因后,刘亚楼没有对苏联顾问迁就退让,狠狠地剋了他们一通。这次,他更严厉地批评起苏联顾问来。

大家听不懂刘亚楼说的俄语,但看那些顾问们一个个惭愧地垂下了眼帘,猜想批评得肯定够厉害。

莫说方子翼等师以下指挥员,就连堂堂的空军参谋长王秉璋也受过苏联顾问的训斥。对万里迢迢援华的苏联顾问,中国方面礼遇有加,强调团结协作。中国同志与苏联顾问就事论事争执不下,有的苏联顾问固执己见又爱告状,有关上级也难免"无理三扁担,有理扁担三",先给自己人打五十大板。刘亚楼尊重并关心苏联顾问,但绝不事事迁就,还能在大庭广众面前严厉批评苏联顾问,也算是个先例。

讲评会结束后,刘亚楼亲自组织两个师的参战部队上下紧急行动,鼓励他们接受教训,下次再战。

只休整了一天,15日上午7时许,在得知美机四批五十二架在平壤地区上空活动时,空军第十四师第四十二团副团长边逢积受命,果敢地率十八架米格-15出击。空军第三师第九团副团长林虎率二十架飞机(后有四架因故障返航)担负空中掩护。在两支部队的密切协同下,美机一架架冒着浓烟栽进了清川江。

战斗结果,第四十二团击落美机两架,第九团击落美机七架、击伤两架,而自己仅被击落一架。这是一次以少胜多的成功战例,敌我双方换了个位置。

朝鲜空战期间,前线每每出现败仗或困难,关键时刻总可以看到刘亚楼的身影。刘亚楼爱兵,理解兵,每到前线机场,必去飞行员宿舍、加油线、起飞线。匪夷所思的是,抓大事的司令员,竟连部队的厨房、厕所都要一并察看。

空联司首长和师首长大为不解,刘亚楼指出:"厕所达不达标,厨房卫生合不合格,饭菜的味道和质量好不好,表面上看是小事,实际上是件大事。讲究卫生,注重飞行员的饮食,是防止非战斗减员的一个重要方面,也是领导爱兵的重要表现之一。"

一次和飞行员共进午餐,刘亚楼请大伙儿多讲些话,讲够为止。飞行员不知司令员葫芦里卖什么药,面面相觑。刘亚楼说:"你们在地面讲话多一些是小事,在空中讲话多、乱讲话却是大事。这次到你们部队,发现飞行员在空中讲话很普遍,而且讲话不精练,这影响空中带队指挥员和地面指挥员的正常通话指挥,关系到空中的胜败。"

有的飞行员不明所以,有的则表现出不以为然的神情。

刘亚楼仿佛看透了他们的心理,温和又严肃地说:"可不要小看小事,忽视小事就必然变成大事。"他作了一个比喻:"一个人在礼堂门口撒泡尿是小事,如果你不抓紧处理,成百上千的人跟着撒尿,整个礼堂就会臭气熏天,就会变为大事。发现苗头,及早处理小事,才能防微杜渐。希望今后大家纠正在空中乱讲话的毛病,除发现敌机向带队指挥员即刻报告外,没有特殊情况其他时候不允许乱讲话。"

刘亚楼还强调:"空中讲话要精练,要学侯宝林说的相声《戏曲与方言》,学河南话那样语言精练。我看要把这段相声灌成片子,发给你们和其他各师。"

在与飞行员的交谈中,部队存在追求战绩、不讲战术、单机蛮干、不愿作僚机等现象浮出水面,引起了刘亚楼的注意。

他研究过世界空战史。早期,敌对双方空战都是一对一单兵之间展开格斗,但随着长机、僚机双机编队战术获得意想不到的成功,有着致命缺陷的单兵空战渐被淘汰。志愿军空军投身抗美援朝,在空战中也是采用长机、僚机飞行战术。一个中队参加战斗,要分为长机组、僚机组。长机组的长机编号为1号机,僚机是2号机;僚机组的长机编号是3号机,僚机是4号机。若是两个中队组成大队编队,8号机则是飞在编队最后的僚机,责任大,风险也大。初出茅庐的志愿军空军飞行员,多数不谙空战战术,喜欢单机蛮干。刘亚楼清楚地认识到,这是造成不少伤亡的一个重要原因。回来途中,他让师首长列个名单,把不愿作僚机的飞行员请来跳舞。

那是一次特别的舞会,舞场是露天的,一方是文工团的女演员,一方是由土

八路变成的飞行员。

刘亚楼和一位女演员最先上场。女演员跳得轻盈,刘亚楼也毫不逊色。随后,他命令飞行员们上场。

搂着女演员跳舞,对这些飞行员来说可是新鲜活儿。一番你推我我推你后,胆大的终于冲了上去,绷着脸,悲壮得大气不敢出。越怕越是出丑,一场舞下来,个个大汗淋漓。刘亚楼哈哈大笑,问:"哪一对跳得好?"

年轻的飞行员们纷纷起哄,说司令员一对跳得好。刘亚楼也不谦让:"我们跳得比你们好,是因为我们配合协同得好哇。"司令员的话很快就让聪明的飞行员们听出了弦外之音:司令员举办这场舞会,可是"醉翁之意不在酒"呀!

果然,刘亚楼在"抛砖"后很快就"引玉"了,把跳舞与空战联系起来分析:"现代化的空战要求我们保持双机作战,为此长机、僚机要密切协同,就像跳舞,也要'双机编队'。要跳好一场舞,总要有带和被带,这是必不可少的。协同好了,就能跳好,如果单干,我向东你却向西,这就乱了套。空战中动作猛烈,飞机速度又快,天空是那么广阔,两个人的动作只要有一两秒钟的误差,就可能失去目标联系,敌我态势瞬息万变,一个事故就是机毁人亡!长机、僚机飞起来要像有一根神经拴着,无论多猛的跃升和俯冲,编队就像一个人一样,那也是一场配合默契的空中舞蹈啊!"

这个深入浅出的比喻,把长机、僚机密不可分的道理讲得透了。那些飞行员听后面红耳赤,纷纷表示过去认识不足,单机蛮干,一窝蜂打乱仗,吃了亏。

刘亚楼耐心地听完,说:"在长机、僚机之间,长机的任务是攻击敌机,因此被称为主角;而僚机的主要任务是掩护长机进攻,扫除威胁长机安全的敌机,保障长机无后顾之忧,放心大胆地追击、歼灭敌机,因此被称为配角。我认为,不要过多地去区分主角和配角,主要是要目标一致,密切配合。长机、僚机,亲兄弟嘛,你保护了一个战友,我看不亚于打下一架敌机。"

他还讲了外军的范例。第二次世界大战时德军飞行员殷麦曼和波尔克在空战中因为配合默契,击落敌机数量扶摇直上,从而成为德国飞行员中的佼佼者。他们在双机编队飞行中,还创造并完善了闻名世界的"殷麦克翻转",即半筋斗翻转。

刘亚楼以舞会说空战,此后,有的僚机不仅舍生忘死地完成了掩护长机的任务,而且还抓住有利战机,不失时机地歼灭敌机。范万章就是同行中的佼佼者,他在出色完成掩护长机的任务时,抓住战机一举击落三架敌机,直至壮烈牺牲,成为志愿军空军二级战斗英雄、特等功臣。

飞行员生活单调枯燥,刘亚楼就派来空军的文工团,演节目,教唱歌,学跳舞。一次他还和空地勤人员一同观看国内来的慰问演出——越剧《梁山伯与祝英台》。当剧情进展到《十八相送》一场时,台下不少人在悄悄抹泪。到了《哭坟》《化蝶》时,整个礼堂竟是一片饮泣声。

空联司政治部主任李世安觉得难为情, 检讨似的对刘亚楼说:"司令员,您批评我吧,我们的思想政治工作没做好。没想到,大伙儿看了剧,没了男儿气! "

刘亚楼瞪他一眼:"你懂啥?"

演出结束,刘亚楼上台讲话:"都是战场上的好汉,一天经历几度生死不动声色,却被一出越剧看得热泪盈眶。有人说不好,没了男子气,他们不理解你们! 战争还在进行,生死未卜,何时与亲人相聚,何时回到故土? 这生离死别,此时被剧情引爆,发生共鸣,有什么不好呢? 我要说,你们流的是英雄泪。你们,所有流泪的人,是真正的男子汉! "

部队打了胜仗,刘亚楼跟飞行员们同桌就餐,举着酒杯挨个儿敬酒;吃了败仗,不训斥,在草地上一坐,跟他们一块分析、揣摸。

往往是,他一到哪个部队,哪个部队就连打几个胜仗。有人就开起了玩笑:"不是说一人一个星相吗,查查刘司令员的星相,准是一颗主胜星。"

话传到刘亚楼耳朵里,他乐得直笑:"要能这样,我就天天下部队,累死算了!

独家秘籍"一域多层四四制"

中国空军初上战场,指挥员和飞行员都缺乏空战经验,因而出现了打乱仗的现象。多数飞行员是怀着初生牛犊不怕虎的勇敢,甚至舍生取义的壮志,和美军飞行员打对头。

训练有素的美军"老秃鹰"对这些从未见过的战术极为头痛。有人说这有点像第二次世界大战中德国空军的战术, 有人说这是日本零式飞机的自杀攻击,莫衷一是。费了很多工夫研究后,才恍悟原来对手没有战术,因而咒骂中共空军不循空战规则。

　　美国人哪里知道，刚从陆军改转的志愿军空军指战员，虽然多数文化基础差，但早就在长期的革命战争中铸就了战争潜质。

　　肩挑中国空军这副重担的刘亚楼，决不听任猛打误撞这类毫无章法的"战术"泛滥。如果不讲战术，死拼烂打，怎么可能战胜装备远胜于己的敌人？又哪里有资本和敌人拼消耗？刘亚楼每打一仗必总结经验教训，开动脑筋研讨战术，以求进步。

　　最早参加实战锻炼的空军第四师结束第一轮作战回到后方机场后，刘亚楼给他们的任务就是总结经验教训，特别指出："你们的空战经验，是人民空军破天荒第一次获得的宝贵财富，总结得好坏关系到整个空军，因此，每个击落过敌机的飞行员，都要把自己的心得体会写出来，而且必须注意正反两个方面。"

　　刘亚楼认为，在空战中战胜敌人，当然要靠飞行员的勇敢、顽强战斗精神，要有性能良好的飞机，但要发挥人和武器的作用，还须有一套灵活的战术、地面和空中的正确指挥以及符合客观实际的编队，要注重整体观念和集体行动，才能达到消灭敌人保存自己的目的。

　　指挥员和飞行员牢牢记住了刘亚楼的这一番话，换句话说，就是不光要有胆，还要用脑子！

　　刘亚楼本人就是用脑子打仗的，投身空军后，他认真学习勤于摸索。为了尽快熟悉空战指挥，他还经常临摹指挥，并请苏联空军顾问团给他开小灶。他由此逐渐从外行变为内行。

　　1951年5月，五角大楼派出"极其勇敢、经验丰富和足智多谋"的空军中将威兰，接替"让朝鲜战争给折腾散了架"的美国远东空军司令斯特莱梅耶。狂妄的威兰宣称要彻底摧毁"米格走廊"，一方面以一换一的方式投入高性能的F-86，一方面加紧研究改进空中战术，采取"流动四机"等新战术，一时在空战中取得了主动。

　　针对空战规模的扩大和美国空军战术的改变，以及空联司在集中兵力、编队协同、空地指挥等方面越来越突出的问题，如第二次轰炸大和岛，由于计划上墨守成规，协同不严守时间，思想上麻痹轻敌，虽堪称悲壮地完成了任务，但志愿军空军图-2被击落四架、击伤四架，拉-11战斗机被击落三架，损失惨重。刘亚楼感到不能完全按照苏联空军教官传授的方法依葫芦画瓢，必须摸索出自己特有的克敌制胜之术。为了解决迫在眉睫的空战战术问题，11月至12月间，刘亚楼亲自坐镇空联司，决心根据志愿军空军已有的战斗实践和客观认识，结合对美国空军战术的研究，创新出一套适于自己、反制敌人的空战战术。

在安东这段时间，刘亚楼和当年在东野时一样，参战部队每打一仗，他都要参加战斗讲评会，与飞行员一起探讨、总结作战的经验教训。

著名空战英雄王海回忆："这期间我正在前线参战，刘亚楼同志点名让我汇报空战情况，介绍空战经验，一点一滴问得很仔细，做得对的予以肯定，做得不对的予以点评，讲得条条是理，使我从心里佩服。他还鼓励我不光自己勇敢作战，更重要的是带好空中编队，讲究指挥艺术，发挥集体作用，发扬集体英雄主义，使我受到深刻教育。"

刘亚楼在调查研究中发现：大编队、大机群出战不灵活，敌我双方一接触即被打散，打散后能保持四机协同作战的不多，一旦形成单机就很不利，容易被敌击落、击伤；如能采取多批小编队，分梯次进入战区，集中兵力于一个空域，并力求保持四机或双机协同作战，就灵活得多，也容易争取主动，有攻击有掩护地打击敌人。与空联司司令员刘震取得共识后，他由此草拟出了"一区两层四四制"的空战战术原则，后来又将"一区"改为"一域"，将"两层"改为"多层"，统一称为"一域多层四四制"。

该原则的基本含义是：同批同梯队出战的机群，以四机为单位，按不同间隔、距离、高度，采取层次配备（最少配置两层），构成小编队、大纵深的战斗队形，按照统一的作战意图，以长机为核心，在目视联系或战术联系的范围内，保持一域，相互协同作战。

《当代中国空军》如是评述："'一域多层四四制'空战战术原则的提出，是志愿军空军空战战术从实践到理论的一次飞跃。在当时的技术装备条件下，这一空战战术原则能够比较好地体现在空战中争取兵力优势和战术优势的思想，对于适应喷气式飞机高速机动的特性起到了明显作用。……它对人民空军战役战术思想的形成和战术理论的发展有深远的影响。它在世界空战战术史上也应当占有一席之地。"

实践证明，"一域多层四四制"是克敌制胜的有效战法，成为志愿军空军作战的战术指导。该战术的形成和运用，标志着中国空军已经很快成为一支成熟的空中力量,成为对美国空军作战中的劲敌。此后,志愿军空军孤胆蛮干、单机歼敌、不讲指挥协同的现象大为减少,逐步进入讲指挥、讲编队作战、协同掩护的正规空战,因而迎来了一次次更大的胜利。被誉为英雄的王海大队的空军第三师第九团第一大队,在朝鲜空战八十多次,击落、击伤美机二十九架,就是他们运用和发挥这一战术原则,发扬集体主义精神,实行双机攻击双掩护的有效战法的结果。这一战术在运用中还锤炼出一大批空战精英,其中许多人后来成为中国空军的领军人物。

在朝鲜空战中一举闻名、后来成为中国空军第五任司令员的王海上将在《我的战斗生涯》一书中明确指出:"刘亚楼司令员针对敌人采用的流动四机和两个十六机组成的大纵深、多层次的机群,相互支援进行活动的作战方法,提出了'一域多层四四制'的空战战术原则。……为夺取空战胜利创造了条件。"

当年在朝鲜战场,美国远东空军屡屡受到"一域多层四四制"的沉痛打击,最悲哀的也许莫过于"百战不倦"、"特别勇敢善战"的"空中英雄"戴维斯之死。

而今迈步从头越

1951年底,经过惨烈的地面和空中作战,联合国军的绞杀战被遏止,朝鲜战事呈胶着状态。

史载:美国远东空军结束流产的绞杀战计划后,为保其在朝鲜的空中优势,重新部署兵力,再抽调一个F-84中队(二十五架)到前线,并改装一个F-86大队(七十五架,相当于中国空军一个师又一个大队),还补充了一些参加过第二次世界大战的王牌飞行员。准备就绪之后,从次年1月份起开始实施饱和轰炸作战,使当月成为志愿军入朝作战后铁路运输线遭受破坏最严重的一个月。

为保障后勤运输,1952年2月初,空军第四、第十二、第十五师和空军第十七、第十八师陆续转到一、二线机场参战或准备参战。

方子翼率空军第四师再到安东,第一周打F-86,双方损失相当。10日,再次出动师编队,以第十团十六架主攻、第十二团十八架掩护,截击美国远东空军第四联队的轰炸机群(三十四架)。

美国远东空军第四联队,是从美国本土调到朝鲜前线的一支劲旅。激烈的空战下来,各自击毁对方两架飞机,打成了一场消耗战。方子翼对这个战果十分不满意。一连几天,指挥员和飞行员都在检讨。

1952 年 2 月 15 日晚,刘亚楼从合众国际社得知一个消息,美空军飞行员戴维斯在 2 月 10 日的空战中失踪。他马上联想到戴维斯已在朝鲜空战中毙命,给空联司和空军第四师发电报,要求迅速组织两个调查组到朝鲜现场调查,尽快查明戴维斯是被中国空军还是苏联空军抑或是陆军高射炮击落。

调查组果然找到了戴维斯的尸体和飞机残骸,因为有他那烧不掉的驾驶员不锈钢证章,于是马上给北京发电报。这一来,这件事就大了,这样的好事谁不愿意算在自己头上,苏联空军争说戴维斯是他们打下来的。可是一查,在那个时间里,苏联空军飞机没有起飞。当时只有我空军第四师第十二团在这一地区上空作战,此战只有大队长张积慧击落了两架 F-86,且张积慧在击落第二架敌机时自己的飞机亦被击中,跳伞得脱,他的座机残骸和伞降点就在附近五百米处,

志愿军空军一级战斗英雄张积慧　　　　　　　　美军王牌飞行员戴维斯

所以认定戴维斯系被张积慧击落。

美国远东空军第四联队少校中队长戴维斯,第二次世界大战时便是王牌飞行员,曾升空作战二百六十六次,击落各种飞机二十一架,胸前挂满勋章。到朝鲜前线仅半年时间,执行作战任务六十次,击落十一架米格-15、三架图-2。这位有三千多小时飞行阅历的空战老手,做梦也没想到,会被飞行时间仅一百来个小时的中国年轻飞行员张积慧击落。

击落戴维斯,对美国空军是一次沉重的打击,其政治影响远远胜于军事意义。华盛顿承认戴维斯的死讯后,美国远东空军司令威兰发表特别声明,称:"戴

维斯的死亡,是对远东空军的重大打击,是一个悲惨的损失",“给在朝鲜的美国喷气式飞行员带来了一片黯淡的气氛。”戴维斯之死在美国掀起轩然大波,朝野为此引发了反战热潮。世界各国在震动中也不甘寂寞,全英妇女大会直接向丘吉尔请愿,要求立即停止战争,从朝鲜调回英国军队。

知道打下来的是戴维斯,刘亚楼非常高兴,认为2月10日的空战虽是2:2,但能把号称美国远东空军的头号王牌打下来,应算重大胜利,这是空军的光荣,应该热烈庆祝。他向中央军委、毛泽东汇报时说:“这次战斗不是打平了,而是一次很大的胜利。”随后,空军党委发电报,表扬张积慧英勇善战的精神,号召大家学习,让正为座机被敌击落而遗憾的张积慧彻底走出阴影。后来,张积慧被授予特等功臣、一级战斗英雄。

空军政治部宣传部科长刘大维采访张积慧后,写了一篇很长的文章。刘亚楼起初主张在空军系统宣传,不让在军外登报,主要考虑空军还年轻,刚打过几个仗,要谦虚一些。后来,当过空军政治委员的中国人民解放军总政治部副主任萧华请示周恩来,周恩来说,登吧,这个赶快登报,鼓舞士气。于是,1952年5月24日的《人民日报》以《志愿军空军英雄张积慧》为题,在头版头条刊登。

刘亚楼意识到宣传空军战斗英雄的意义后,不仅网开一面,还主动欢迎记者到空军采访。人民日报女记者金凤在采访空军战斗英雄赵宝桐时,产生了爱慕之情,刘亚楼就为他们做媒。随后,《人民日报》先后发表了《志愿军空军英雄刘玉堤》《英雄的志愿军空军大队长王海》《不朽的志愿军空军英雄孙生禄》等文章,在全国引起巨大反响。一时间,全国大小报刊上,印满了王海、赵宝桐、刘玉堤等身着空军制服、倚靠战鹰、仰望蓝天、英姿勃勃的图片。

喜事一桩接一桩。成军不到半年、连一次空靶都没打过便匆匆进驻前线的空军第十五师,在前线一边练兵,一边寻机实战。1952年3月底,空军第十五师第四十五团在空军第四师掩护下,以首战3:0告捷。四天后,空军第十五师第四十三团也大显身手,不满二十岁的韩德彩一人便击落敌两架F-80。

美国远东空军损兵折将,也未能达到对中朝铁路线饱和轰炸的目的,不得不于1952年5月放弃该计划,将作战重点转移到轰炸朝鲜工业设施和主要城市以及配合地面部队,轰炸战线八十公里纵深以内的目标。

人民空军在短时间内连挫美军,无疑更坚定了毛泽东打赢这场战争的信心。

空军参战后，因为没有驻防朝鲜境内，各参战部队是否算作志愿军这一问题长期没有解决。1952年1月17日，空军就此报告总政治部副主任萧华，萧华将报告转呈中央军委。周恩来批示："我意凡在鸭绿江边参战的空军，均应算作志愿军，但不对外公布，只在慰劳、供给和发配纪念章等精神、物质待遇上照志愿军办理。"1月22日，毛泽东批示："算作志愿军。"

1952年2月14日，北京大雪初歇，红日悬空。毛泽东未打招呼，带着两大秘书胡乔木、叶子龙等人，突然踏雪来到空司。

刘亚楼急忙上前迎接。当毛泽东在刘亚楼陪同下，视察未经做也来不及做表面工作的空司、政治部时，看到的是令他满意的情景：空军军风整饬，秩序井然，严肃紧张，精神面貌生机勃勃。

毛泽东这天兴致很高，在作了不少由衷的褒奖后，和刘亚楼谈起朝鲜停战谈判可能出现达成协议的迹象，嘱示：朝鲜战争时间估计不会长了，必须想尽一切办法抓紧时机进行实战锻炼，要十分重视实战锻炼对空军部队的意义，哪怕求得打几个空战也是好的。

刘亚楼认真听着，琢磨着领袖的每句话。

毛泽东离开空司，在刘亚楼的陪同下，又来到海军司令部，亲自和萧劲光、刘道生、罗舜初等海军领导人商量，把原拟给海军购买舰艇的外汇划归空军转买战斗机，以支持抗美援朝战争急需。海军领导当场表示拥护和支持。

毛泽东对麾下海、空军诸将说："我们打了几十年的仗，建立了很强大的陆军。但是，我们没有空军对付头上的敌机，就是凭不怕死、凭勇敢、凭敢于牺牲的精神。今天，我们有了建立海、空军的条件，应当着手建立一支强大的海军和一支强大的空军。尤其是空军，对国防极其重要，应当赶快建立。"

毛泽东对打赢朝鲜战争的决心和毅力以及对空军的厚爱，在刘亚楼和空军将士心中化为巨大的精神力量。

1952年2月15日，刘亚楼向中央军委送呈请示批准空军部队作战计划的报告，毛泽东当日批示："刘亚楼同志，我同意这个计划，可即照此施行。"

1952年2月25日，为了统一领导解决朝鲜停战后的几项重要问题和其他有关工作的督促、检查、布置，中央军委成立朝鲜停战事务组，由聂荣臻、粟裕、刘亚楼、杨立三、吕正操、萧华、伍修权、萧向荣、雷英夫等九人组成，聂荣臻为组长。

1952 年，刘亚楼（左一）陪同聂荣臻（左二）在空军某机场观看空军部队飞行表演

1952 年是美国大选年，美国国内的政治因素影响了板门店的谈判。四五月间，美方继续在战俘遣返问题上制造障碍，妄图把中方被俘人员押解至台湾，并企图再次发动进攻，使谈判陷入僵局。志愿军总部为此决定以打促谈。为增强志愿军的战斗力量，并加强空军部队的实战锻炼，1952 年 5 月底，刘亚楼根据毛泽东的指示，主持制订了"加打一番"的作战计划：轮番出动十个歼击航空兵师到朝鲜前线作战。因为部队少，空军军这一级职务当时很空，空司便往往直接指挥到师。

此时，美国远东空军大量换装了与米格–15 性能相当的 F–86E 和 F–86F 战斗机（简称 F–86F），而且在战术上也有变化，以所谓的"鱼饵"战术和"空中猎手"战术，压制封锁志愿军空军的作战机场，偷袭志愿军起飞着陆的飞机，作为争夺制空权的重要手段，以掩护其战斗轰炸机行动。

这段时间的空战打得异常残酷。在接连失利的阴影下，有时一天只有八名飞行员升空作战，并且都是副大队长以上干部，战斗起飞的次数和出动飞机的数量都减少了。

战局不利，空战出现低潮，敌我飞机损失比由 3:1 下降到接近 1:1。刘亚楼此际正在杭州养病，委托参谋长王秉璋前往安东调查空战失利的原因，帮助空联司一边研究制定战术，一边整顿部队的作风纪律，尽快扭转被美国空军镇头欺凌的局面。

空战形势扭转过来后不久，又出现反复，病体未愈的刘亚楼心急如焚，马上让人安排飞机上前线。恰逢飞机出了故障，一时发动不了。刘亚楼厉声斥责负责飞机调度的处长："早不出事晚不出事，偏偏这时给我添乱，今天不给我飞，老子就枪毙你！"后来问清缘由，他又连夜向对方道歉，说："我们是老熟人了，这次我心里着急,说话重了点,请别往心里去。"

到前线后,通过情况了解和战例分析,刘亚楼心中有了数,召来空联司领导、飞行部队师长、政治委员,毫不留情地大批一通,说你们这些做指挥员的麻痹大意,警戒不严,战术不灵活,没有做到敌变我变,出手大方地向敌人交了学费。有的师团长从陆军转到空军,不拿空战当一回事,根本不去掌握"一域多层四四制"的战术,按着自己的性子猛打猛冲,做了败家子! 我空军底子薄,养不起这么多败家子!

情绪大起大落的刘亚楼,有时冲动起来,吓得人们大气不敢出。

刘亚楼可不管人们的脸色,径直说:"我在北京、沈阳、杭州,没有几夜能睡得香,净琢磨着怎么打仗,你们在前方就睡得安稳了? 不加强战术研究,拿什么打仗? 不管是司令员、师团长,还是每个飞行员,今后都要从敌情观念、战术思想、指挥协同、空中动作等方面做认真检查,加强战术研究。"

通过一段时间的边打边学,部队的战术思想明确了,仗也渐渐打顺,将空战区域推到"米格走廊"之南。

1952 年 7 月,根据刘亚楼轮换空联司指挥机关(即东北军区空军)的命令,华东空军司令员聂凤智走进了安东四道沟掩体指挥所,代理(后担任)空联司第二任司令员。此时,地面战斗暂时沉寂下来,空战却打得更热闹。

1952 年 9 月,见习三个月的聂凤智正式独立指挥空战。聂凤智乃华野名将,驰骋华东时,攻必克,战必取,岂料指挥第一场空战就吃了败仗。1952 年 9 月 7 日,空军第三师以团编队出动,截击轰炸水丰电厂的 F-84。战斗结果,击落、击伤敌机五架,自己损伤六架。空军第三师在聂凤智手上第一仗便吃了亏,人人都有一肚子气,有人还直言不讳地说聂凤智"瞎指挥"。

言辞之尖锐,态度之激愤,都是聂凤智始料不及的。第一仗没打好,聂凤智本来心里就不好受,听到这些当面、背后的议论,尤其是看到飞行员们一双双含怨蕴愤的眼睛,就更坐不住了。

刘亚楼从北京飞来了。聂凤智毫不掩饰地说:"空战决心难下。打了一辈子仗,没遇到这么难下决心的仗。"

刘亚楼静静地听着,给聂凤智提供了一次发泄的机会。聂凤智显然有点情绪,以至于忘了刘亚楼不允许部下当他面抽烟的不成文规矩,一支接一支地吸,一口接一口地吐。

换了平日,刘亚楼早就发火了,这次却破天荒没有。聂凤智说完,他开口了:"你在陆军打过不少胜仗,可空战和地面作战大不相同。空战要求指挥员在分秒之中洞察敌情,定下决心。陆军的指挥办法不能带到空中来,但可以从陆军的经验中找办法,结合群众智慧,变成空中指挥的依据,认真摸索,不断提高。"

一代名将聂凤智好像在听课。

刘亚楼的眼睛没有离开过聂凤智:"你刚来时,就说有压力,可纵有泰山压顶,你老聂也要扛住。平心而论,初次指挥这样规模的大空战,能和老美打个平分秋色,已经不错了,关键是注意总结经验,以利再战。"

几次接触刘亚楼,聂凤智觉得他有一种非凡的凝聚力,像一个磁性强的电磁场,在不知不觉中,把人吸引、磁化。

"世上没有什么常胜将军,却有这样的将军,他打胜了,换了别人会大胜;别人败了,换上他会一败涂地。这两种将军,你老聂都不要做,你就做一个好汉!"

聂凤智听了不觉一震,浑身冒精气神儿。

刘亚楼说话间,连续咳嗽了几次,被烟呛的。聂凤智顿时明白过来,欲把烟掐灭。

不想,刘亚楼却按住了他的手,还从口袋里拿出几包香烟递给聂凤智。聂凤智可就有点懵了:"司令员,这……"

刘亚楼笑道:"你不是说过香烟有时比老婆好嘛,我不抽烟,就带来给你了。"

聂凤智直率地说:"我是个土包子,从陆军到空军时间不长,指挥空战是个新手,是个学生,我愿从教训中吸取经验,在战争中学习本领。"

刘亚楼连声夸奖:"不回避矛盾,不掩饰自己的短处,这才是大将风度。如果硬要把第一仗说成是交了一笔昂贵的学费,那么我相信,这笔学费在第二、第三仗中,就可以和对手清了!就是要让美国人看看,中国陆军'老虎'如果生出翅膀来,飞上天去的将是一只带着钢牙利爪的'凤'!"

听了刘亚楼的鼓劲,聂凤智的心里踏实多了。

1952年10月29日,志愿军司令员彭德怀在安东召开军事会议,专门研究志愿军空军作战问题。彭德怀强调:"志愿军空军必须采取积极作战的方针。只有在积极作战中,才能锻炼志愿军空军,才能真正取得经验,才能更沉重地打击敌人。"聂凤智代表空军和空联司表示坚决贯彻这一指示,只要天气条件允许,便积极升空作战。

调整心态后的聂凤智重整旗鼓,先从打小仗学起,以少数兵力突袭对方轰炸机群,五战五胜。指挥员和部队都打出了信心,仗越打越顺。仅1952年12月,聂凤智就指挥大机群作战三十四次,击落敌机三十七架,己方仅损失十二架。正如刘亚楼所期待的那样,聂凤智这名陆军名将完成了向空军名将的转变。

奠定中国空军的世界地位

1952年冬,板门店谈判陷入僵局,地面战线稳定在三八线附近。空战方面,美国空军承认,在1952年冬季的几个月里,志愿军空军的"战斗力显然有了提高",美国空军的"战斗活动越来越困难了"。第二次世界大战的名将艾森豪威尔入主白宫后,于12月初视察朝鲜,回国后,出笼了一个在朝鲜东西海岸实施两栖登陆的计划,企图配合正面进攻,打破朝鲜战局的对峙局面。针对这种情况,中央军委和志愿军总部将反登陆作战作为首要任务,并要求空军配合。

1953年1月3日,彭德怀召集空军负责人吴法宪、常乾坤、王秉璋,研究空军协同地面部队作战问题,下达《防敌侧后登陆对空军作战的要求和指示》。

刘亚楼委托参谋长王秉璋赴安东,与志司领导和空联司领导会商,草拟反登陆的具体作战计划。

当时,空联司一位领导设想越过三八线轰炸南朝鲜的军用机场,将敌航空兵力消灭在地面。王秉璋认为眼下还没有这个能力,因为敌人的防空力量强,中国空军的轰炸机白天不可能出击,只能在夜间偷袭,可是我们的轰炸机大多没有完成夜间训练课目,加上夜间投弹命中率非常低,对敌人构不成多大威胁,而且这一行动可能造成严重后果,会刺激敌人越过鸭绿江对中国境内的机场实施报复性轰炸。他建议积蓄力量,倘若敌人真要进行大规模登陆,空军不惜一切代价对敌两栖兵力发起攻击,只要我们的空军有足够力量,并做好了准备,敌人就不能不顾忌登陆作战的后果。

刘亚楼同意王秉璋起草的作战计划,作了些修改、补充,让他以个人名义报中央军委。王秉璋认为司令员既然同意,就应该共同署名,但刘亚楼坚持不署名,说:"你这份计划不错,估计军委会同意,我不能掠人之美。"

刘亚楼说"估计军委会同意",是因为他在 1952 年 1 月 21 日向毛泽东汇报空军入朝作战情况时,毛泽东有过一番指示:"加强战斗锻炼,加紧反登陆作战准备工作,多多培养有一定战斗经验的飞行员,注意保存有战斗经验的部队之战斗实力和保存战斗英雄,多派新人员到实战中去轮番实习。"

果不其然,此计划上报中央军委后,军委秘书长黄克诚于 1953 年 2 月 5 日转呈毛泽东,毛泽东 2 月 8 日批示:"照办。"

为了破坏志愿军地面部队包括运输物资在内的抗登陆战役准备,美国空军制订了一个所谓"对铁路目标进行一系列短促猛烈突击"的计划,加紧进行空中封锁,在大宁江桥和清川江桥地区发起了空中包围战役。

必须粉碎敌人的空中包围战役,进而打破美军的两栖登陆计划!

刘亚楼和空军首长陆续调整部署,加强轮战力量,采取一、二线部队协同配合的战法,加大战斗出动强度,将空中战线积极向南推进。志愿军空军在基本保护了鸭绿江沿岸至清川江一线各重要目标、保障志愿军地面部队抗登陆战役准备的顺利实施时,还取得斐然战果:1953 年头三个月里,共击落美机五十架、击伤十六架。美国空军组织的一百二十三个机群进袭,有九十七个机群被志愿军空军阻击于清川江以南。

1953 年 3 月 6 日,周恩来率中国代表团到莫斯科参加斯大林的葬礼,空军第一副司令员兼参谋长王秉璋随同前往,随后受命留下与苏方谈判有关空军装备的订货问题。接到王秉璋的汇报信后,刘亚楼在回信中向他传授经验:"谈判如果进入到已经报告上级、等候上级指示的阶段,则请你能主动提出提早回国。过去的经验你是知道的,回来后用电报交涉常常更容易些……"斯大林的逝世虽使苏联上层一度处于动荡,但这次谈判还算顺利,达成了订购各种飞机六百七十三架等空军装备的协议。

朝鲜战争后期的空战,称得上是王牌之战——王牌喷气机打王牌喷气机,王牌飞行员对王牌飞行员。

1953 年 3 月底,美国远东空军再次增加兵力,除六百余架 F-84、F-80 及一个中队的 F-94 全天候战斗机外,还新装备了两个大队的 F-86,使前线的该型战斗机增至两个联队,其中有近五百架最先进的 F-86F。F-86F 是 F-86 家族中性能最好的机型,由 E 型发展而来,换装了新型发动机,增装了低空轰炸系统计算机,翼展增大,可以说代表了美军战斗机的最高水平,被称之为"不可战胜的"。此时,苏联方面有三个歼击航空兵师,装备近四百架米格–15比斯,与美国远东空军的F–86F势均力敌。中朝空军有十个师,约五百架米格–15(其中有部分最先进的米格–15比斯),其中部署在前线的有七个师、三百余架米格–15。

1953年4月,美国远东空军的战术运用变化明显,主要采用混合大机群的方式进行活动,经常出动三四个大机群,用F–86堵截米格–15机群,轰炸机随后跟进,重点轰炸朝鲜的重要设施和城镇。他们还把一些王牌飞行员组成猎航组,打破以往一般不过鸭绿江空战的惯例,不时窜入志愿军空军基地上空封锁机场,隐蔽于鸭绿江口江面上或万米高空的云端,偷袭起降中的志愿军飞机。志愿军空军由于疏于戒备,曾吃过一些亏。

刘亚楼和4月正式就任志愿军空军司令员的聂凤智立即研究制定了加强起飞着陆飞机的警戒和掩护的方案,粉碎了美国空军的游猎行动。针对空中斗争形势所起的变化,他们还调整部署,强调"打战术、打技术",遵循"以保卫重要目标为主"的方针,主动积极地以小机群、多梯队连续出击,尽可能将空中战线推到清川江以南地区,竭力避免在鸭绿江一线基地上空战。

志愿军空军由此扭转被动态势后,频频越过美军F–86组成的所谓阻击屏障,前伸到清川江和平壤以南空域,迫使美机中途弃弹南逃。在打击敌人大机群的同时,积极寻找战机,低空隐蔽出航,深入到平壤、镇南浦一带,打击美国空军分散活动的战斗轰炸机小机群,以减少对志愿军地面部队的压力。志愿军空军甚至还派出一架飞机,隐蔽进入汉城,轰炸南朝鲜国防部,使汉城敌军胆寒。

在朝鲜战争中,美国远东空军的主要作战目的是轰炸对方的交通线和后方,并配合地面作战,轰炸对方阵地,所以主要出动F–84、F–80及B–29,而以F–86作空中掩护使用。而中、苏、朝空军的主要作战目的,都是截击对方轰炸机,因此几乎全部使用米格–15。

美国远东空军规定击落对方飞机五架以上者为王牌飞行员。中国空军初出茅庐,略微降低了王牌的"达标"门槛:击落、击伤对方飞机五架以上。这还是刘亚楼的建议。

他在前线机场时,看到苏联飞行员每打胜仗,返航滑行中就打开座舱伸出手:伸一个指头是打掉一架敌机,伸两个手指就是打掉两架。中国飞行员看到英雄们凯旋，就拼命喊"达娃里希，哈拉哨"(同志，好样的)，刘亚楼从中感受到了荣誉感的巨大推动作用。

为了表彰功绩，增进飞行员的荣誉感，空军政治部根据刘亚楼的建议，于1951年10月24日制定了统一的飞行员战时立功标准：凡击落敌机一架者为二等功(击落F-86为一等功)，击落敌机两架者为一等功，击落三架以上者为特等功；凡击伤一架者为三等功，击伤两架者为二等功，击伤三架者为一等功。此外还在机身上喷涂战绩标记，每击落一架喷涂一颗实心红五星，击伤一架则为一颗空心红五星。五星直径为二十厘米，颜色为鲜艳的红色，镶以黄边。红五星画在座舱下部的机身两侧，让人一看就知道这架飞机的战果。

两年空战下来，志愿军空军越打越强，王海、赵宝桐、刘玉堤、孙生禄、鲁珉等人，被打造成了中国空军的王牌飞行员(即五星英雄)。

经过一场场实战锻炼，中国空军创造了许多以少胜多、出敌不意、攻敌不备、密切协同、化险为夷的战例。

1953年4月7日，空军第十五师刚满二十岁的飞行员韩德彩在掩护战友着陆的过程中，在东大堡机场上空击落美国"第一流的喷气式空中英雄"、"双料王牌驾驶员"、上尉小队长费席尔，费席尔跳伞后被生俘。

五天后，4月12日，美国空军首席"三料王牌驾驶员"麦克康奈尔上尉被空军第十五师年轻飞行员蒋道平击落，跳伞掉入黄海，六分钟后被美直升机救起。

5月17日，空军第四师飞行员陶伟在朝鲜铁山上空在距敌一百二十米处将敌机击落，首创近距歼敌的范例。

5月29日夜，空军第四师副团长侯书军第一次在夜间击落美机，为中国空军争取今后的夜战胜利开辟了道路……

6月，志愿军夏季反击战役取得胜利，朝鲜停战在望。为了加大谈判筹码，美国空军利用复杂气象天气多的季节，大量出动飞机，加紧对朝鲜北部重要目标的破坏。

刘亚楼指出："抗美援朝作战已经两年多，美机几次企图破坏拉古哨发电站和鸭绿江桥，都未得逞，要把荣誉保持到最后，要以新的空战胜利促进停战谈判的成功。"

指示下达后，志愿军空军认真研究复杂气象作战技术和改进战术，在复杂天气中积极出击。志愿军空军保卫重要目标的战斗,一直持续到停战前夕。

7月19日下午,聂凤智指挥了朝鲜空战的最后一仗,击落美机一架、击伤两架。从6月中旬到7月27日停战,中国空军以很小的损失,取得了击落敌机二十五架的辉煌胜利。

至此,在两年零八个月的朝鲜空战中,志愿军空军共有歼击航空兵师十个师二十一个团、轰炸航空兵师两个师三个大队参战,击落敌机三百三十架(其中二百一十一架F-86)、击伤九十五架,自己被击落飞机二百三十一架、被击伤一百五十一架,一百一十六名飞行员牺牲。初登空战舞台的志愿军空军在处于劣势的情况下,还能取得这等堪称辉煌的战果,不能不让世界震惊。

据战后苏联方面的统计,苏军飞行员在朝鲜上空共击落美机约一千三百架,苏军损失飞机三百四十五架,二百多名飞行员在战斗中阵亡。刘亚楼和苏联军方尤其是空军方面有着由来已久的友谊,他对苏联空军在中国抗美援朝中所起的作用,表示了真诚的谢意。

战争给人类带来了巨大的灾难,同时也为历史造就了无数英雄。朝鲜战场为年轻的中国空军成长壮大提供了广阔舞台。朝鲜战争期间,志愿军空军涌现出大批英雄人物和功勋集体,荣立三等功以上的功臣八千多人、一等功臣六十八人、特等功臣十六人,他们用自己的鲜血和生命书写了中国空军的光荣战史。中国空军多数部队和机关干部参加轮战,为空军后续发展培养了大批人才,这也是人民空军抗美援朝的最大收获。

刘亚楼一批批接见从朝鲜战场载誉归来的空军将士,在召见林虎时说:"林虎,你打得不错,孟进死得可惜呀!"一句话,令林虎几年的酸甜苦辣喜怒哀乐七荤八素化为一汪泪水夺眶而出。刘亚楼掏出手绢递给他,神情凝重地说:"朝鲜战场是我们的一笔宝贵财富,胜利的经验要总结,血的教训也要总结。地面总的讲是和平了,但空中的战争还远未结束呀!"

在志愿军空军庆功会上,刘亚楼发表讲话:"志愿军空军在两年零八个月的抗美援朝作战中,由不会空战到学会空战;由打小仗,到学会打大仗;由单机种作战,到多机种联合作战;由只能在昼间简单气象条件下作战,到能在昼间较为复杂气象条件和夜间简单气象条件下作战,在战斗中锻炼成长壮大,胜利地完成了任务,创造了光辉的战绩,立下了不朽的功勋!"

掌声在会场上空飘荡着,经久不息。

在给志愿军举办的庆功宴会上,毛泽东高兴地举杯给空军飞行员敬酒:"现在有了空军就好了,空军万岁!"

历史,往往在回过头来看才最清晰。

年轻的中国空军从抗美援朝开始,就连带教的苏军也认为仅是个负担而已,美国人就更不看好了。美军是第二次世界大战的胜利之师,是西方国家的盟主,拥有强大的陆、海、空军和当时最先进的科学技术以及强大的经济实力。在美国人眼里,世界上无人敢与他们对抗,他们只会从胜利走向胜利。

至于空军,更是美国军界的宝。朝鲜战争期间,美军自始至终把赌注押在空军身上。近三年下来,美军共计出动飞机一百零四万余架次,投弹六十四万余吨,耗资二百亿美元。

当时的西方军界称:"美国飞行员的装备要比共军飞行员的完善。新型的喷气式歼击机当然都是一些很不错的飞机,例如美国空军的 F-80 奔星式、F-84 雷电式和 F-86 佩刀式……此外,B-9(轰炸机)还能提供巨大的战略打击力量……这种力量是共军的武器库中完全不具备的……由于共军飞行员都是缺乏经验的新手,而美国飞行员则是一些有经验的老手,所以,二者之间的空战绝不是势均力敌的。"

沉闷的历史不乏石破天惊之时。"绝不是势均力敌的"这场空战,以胜于雄辩的事实告诉世界:新中国年轻的空军动摇了美国空军空中霸主的地位,使美国空军第一次在全世界热爱和平的人们面前出了丑。

是朝鲜战争,让骄傲的美国空军真正了解了中国空军,迫使他们承认此后独霸天空的日子一去不复返。战后二十多年,美国空军还在认真研究、分析中国空军的"一域多层四四制"等战术。

抗美援朝期间,刘亚楼带领空军广大指战员走过了"边打边建,边打边练,在战斗中锻炼成长"的艰苦道路。不仅毛泽东、周恩来等中央领导赞赏,美国军方也对中国空军的这位灵魂人物充满敬意,认为:"中国空军司令员刘亚楼将军是位制订作战计划缜密的优秀将军。"

当年侵朝美军第八集团军司令(后为美军远东司令)李奇微在其回忆录《朝鲜战争》一书中评论空军的作用时说:"在朝鲜,我们实际掌握着整个半岛的制空权,但是,就连麦克阿瑟本人也承认,我们无法依靠空中轰炸来孤立战场和切断对方的增援和补给。"

美国远东空军司令威兰中将后来还回忆说:"中国空军对我们来说,一直是一个谜,他们好像一个晚上便学会了一切,飞行员只要很少的时间,就能够空战,他们好像在冥冥之中似有神助,对于我们来说很多事情不可思议。"

从 1950 年 10 月底组建第一支部队起,到战争结束,新中国空军已发展为拥有二十五万人、二十七个师、三千多架飞机的强大空军,一举成为仅次于美苏的第三大空军,其中有好几个师装备了当时最先进的米格-15 比斯。如此惊人的发展速度,在世界空军建设史上绝无仅有。

在成绩的背后,证明毛泽东挑选刘亚楼组建空军是英明的决策。谁也不能否认,刘亚楼是当时最具现代意识和科学观念的老红军之一,是空军司令员的最适当人选,他为空军的创建和迅速腾飞作出了重大贡献。刘亚楼的建军思想,包括他提出的"在陆军基础上建立空军"的正确方针,至今仍在人民军队的思想宝库里闪耀着熠熠光芒。

朝鲜战争结束三年后,1956 年 6 月,已授衔上将的刘亚楼,受苏联国防部部长朱可夫元帅邀请,率中国航空代表团参加有美、英、法等国显要出席的苏联航空节。

周恩来对这次外事活动十分重视。考虑到新中国还没有与美、英、法等资本主义国家建交,特别是美国对新中国敌意未消,专门交代刘亚楼:"如美国人恶意挑衅,就坚决据理斗争,但公开场合与他们打交道要有理、有节,不亢不卑;如若对方伸出手来,也不要不理人家,可以同他们握手,让当年拒绝与我握手的杜勒斯他们看看,让世界看看我们中国共产党人的胸怀。"

苏联领导人安排这次规格空前的航空节,旨在打破僵局,与西方沟通,同时摸摸美英等国的脉搏。因此,赫鲁晓夫、布尔加宁、马林科夫、卡冈诺维奇、莫洛托夫、谢皮洛夫、什维尔尼科、朱可夫、布琼尼、伏罗希洛夫等国家首脑、军队元勋,全部出席了 1956 年 6 月 24 日在苏军之家举行的盛大招待会。

苏联往年的航空节都由空军主帅出面,而这次则由国防部部长朱可夫元帅主持。中国航空代表团团长刘亚楼被安排在赫鲁晓夫和朱可夫之间。美国空军参谋长、五星上将特文宁位于朱可夫、布尔加宁中间。被邀请的还有英国空军大

臣伯奇、法国空军参谋长布洛克、埃及空军司令员阿布杜拉、朝鲜空军司令员等二十八个国家的代表。其中，刘亚楼和特文宁均被安排在大会上发表祝酒词。

苏共中央总书记赫鲁晓夫在说了一通保卫和平的祝酒词后，转身面对美国空军参谋长特文宁上将说："今天上午阁下看了我们例行的空中检阅，我们向您展示了强大的苏联空军，您还想看看我们的导弹吗？"特文宁答："是的。"赫鲁晓夫却近乎失态地哈哈大笑起来："那我们就暂不展示了，得先让你们停止向我们的领空派遣破坏者。不过，对你们派来的不速之客，我们都将予以击落！"

赫鲁晓夫和特文宁心照不宣。鉴于苏联正在实施建造新式飞机、导弹和潜艇的庞大计划，以回应美国的军事挑衅，美国五角大楼和中央情报局为收集有关苏联研制战略武器的情报，频频派遣世界上最先进的侦察机深入苏联腹地进行侦察，欲图弄清苏联研制的空军战略兵器尤其是即将发射的导弹，与美国试验的洲际导弹相比性能如何。

坐在赫鲁晓夫身旁的刘亚楼，从赫鲁晓夫那激动的神情、有恃无恐的语气，判断苏联已在战略空军建设领域获得显著的成就，美苏两个超级大国已进入导弹核武器时代，今后中国的国防建设和国土防空将面临一场严峻的考验。

不容刘亚楼多想，主持招待会的朱可夫元帅请他讲话。

讲话从来不喜欢照本宣科的刘亚楼起身，用眼睛扫视了一下整个宴会厅，即席讲道："亲爱的朋友们、亲爱的同志们：我们中国人民解放军航空代表团应苏联国防部部长朱可夫元帅的邀请，来到苏联首都——红色莫斯科参加航空节活动，感到十分荣幸。首先感谢主人的盛情款待和给我们提供的良好机会，使我们能同世界各国空军同行接触，增进航空人员之间的友谊。我们希望加强了解，增进友谊……"

在各国空军同行敬佩的目光中，刘亚楼落落大方地举杯祝酒："让我们为世界各国航空人员之间的友谊干杯！"

他的祝酒词被先后译成俄文、英文后，特文宁上将立即站起，伸过酒杯欲相碰，以示敬意。在座的每一位都清楚地记得不久前发生的那场战争。一刹那，合众社、美联社、路透社的记者一下蜂拥而至，把镜头对准两位敌对营垒的空军首脑。

两只盛满红葡萄酒的高脚玻璃杯在众人的注目中，终于碰在一起。

记者们争相向刘亚楼提问："请问将军阁下，这是不是朝鲜战争结束后，中国将军同美国将军的第一次碰杯?"

刘亚楼平静地回答:"是的,我的身上仍披着鸭绿江上空的硝烟。"

记者们进一步追问:"这是不是象征着友谊?"

刘亚楼微笑着反问:"难道不是吗?"

宴会厅的气氛顿时活跃起来。在笑声、掌声中,赫鲁晓夫笑容满面地站起身,与刘亚楼和特文宁碰杯。

各国航空代表团在莫斯科近郊土申诺机场参观时,特文宁先开口向刘亚楼问好,而后脱下白手套,有意握手。根据周恩来的嘱咐,刘亚楼大方地握住特文宁伸过来的手。

此后数天,世界各国的电台、报纸,在黄金时间、显要位置,播放或刊载了中美空军首脑碰杯和握手的新闻和照片。世界再次把震惊而关注的目光投向中美,新中国又打了一场胜利的外交战。

朝鲜战争的胜利,不仅让中国打出国际声望,拥有真正能进行国家建设的一个外部环境,而且奠定了中国空军在强手如林的世界空军中的地位。

第十章　架构新中国航空工业体系

砸锅卖铁办航空工业

旧中国的航空工业基本上是个空白。国民党兵败大陆后,留给红色政权的航空工厂,大大小小虽有三十二家、职工四千七百余人、机器设备一千七百一十二台,但这些工厂规模小,设备陈旧,厂房简陋,没有生产过任何飞机,主要是修理飞机及生产一些配件。新中国的航空工业就是从接管这些修理厂开始的。专管航空工业的部门还没设立,这些航空工厂便全归空军工程部领导。

空军在成立前夕,共接收国民党空军飞机一百一十三架、航空发动机一千二百七十八台、各种航空物资和器材四万余吨,加上在东北收集到的日军飞机,共一百五十九架。参加开国大典受阅的十七架飞机,就是从收集到的这些飞机中选调的。

刘亚楼认为,只靠零星修理一些旧飞机,不能解决空军所需的大量装备,根本出路是建立完整的航空工业,大批量、高速度、高质量地制造飞机和各种航空器材。

雄才大略的刘亚楼,在受命组建中国空军兼管航空工厂伊始,便胸怀建立和发展中国航空工业的梦想。1949 年 8 月,他奉命率代表团赴苏谈判援建中国空军事宜前,顺便向苏联政府提出帮助中国建立航空工业的请求。随后,苏联政府应邀派出航空工艺与生产组织研究院院长博伊佐夫等来华,考察中国航空工业的建设条件,指导拟制关于建设航空工业的意见书。1949 年 11 月 14 日,刘亚楼和空军副政治委员王弼与苏联顾问科托夫、普鲁特柯夫联名,向毛泽东呈送了关于组建航空工业队伍和建立工厂、学校、研究院以及开展修理制造等计划、步骤的全面建议报告。年末毛泽东访苏的成果,也包括斯大林承诺的援助中国兴建国防工业和航空工业。

1950年1月5日　刘亚楼和重工业部代部长何长工联名向中央提交《关于航空工业建设的意见》,建议成立航空工业管理委员会、航空工业管理局(简称航空工业局)以及设立研究院等。

1950年1月20日,刘亚楼随同周恩来率领的中国政府代表团抵莫斯科签约谈判,其间,又向先期抵苏访问的毛泽东提及航空事宜。各项谈判都进展顺利,只有商务协定、民航协定比较复杂,一时定不下来。毛泽东和周恩来考虑在苏停留时间过长,乃与苏联商议,已谈好的条约和协定先行签订,没有谈妥的由李富春、刘亚楼等与苏方继续商谈。

刘亚楼带着喜人的谈判成果回国后,指示空军工程部拟定航空工业初步发展计划。3月中下旬,他在调查研究的基础上,和空军副司令员常乾坤、空军副政治委员兼工程部部长王弼联名向中央提交意见书,提出初步建设航空工业的方针:从生产教练机及其发动机着手,培养干部,积累经验,为将来航空工业的大规模发展奠定基础。意见书还具体提出了建立航空工厂、培养航空人才、设立航空工业领导机构和航空研究院等建议。

该建议与中南海的运筹不谋而合。不久,陈云兼任部长的重工业部下设航空筹备组,任命副部长刘鼎兼任组长。

1950年6月,刘亚楼考虑到建设空军和建设航空工业是两项重大而艰巨的全国性工作,单靠空军难以领导,应由两个机关分别负责。经与重工业部协商,空军和重工业部联名向中央提出建议:将空军当时所管辖的航空工厂中属于制造性质的交给重工业部,属于修理性质的仍留在空军。

重工业部代部长何长工是航空工业的铁杆支持者。他是学机械出身、曾留学欧洲、参加过井冈山斗争的老红军,解放战争中就任东北军政大学(其前身即抗大)副校长时,有段时间曾领导过东北航校的工作,后任东北局军工部部长,与刘亚楼相当熟悉。

在建设航空工业这个问题上,刘亚楼和何长工一拍即合。

　　与创建空军一样，发展航空工业也面临巨大的困难。航空工业是个技术密集型行业，但新中国工业基础薄弱，一来无技术，二来资金也十分有限。因此，不少同志主张不急于抓航空工业，说："我们现在要人没人，要钱没钱，要物没物，两手空空，穷得叮当响，还去搞尖端，这就好比小孩子不会走就想跑。"

　　两种意见相持不下，航空工业举步维艰。1950年6月26日，刘亚楼和常乾坤、王弼、王秉璋，与重工业部领导何长工、钟林、刘鼎联名向中央军委并朱德呈报《开始建设航空工业的意见》。

　　这一年，刘亚楼和空军、重工业部单独或联名先后五次向中央报送关于建设航空工业的意见。

　　中央政治局经过研究，考虑到新中国刚刚诞生，国家财政十分困难，不可能立即筹集大量资金大规模建设航空工业，只能利用现有条件修理一些国民党政府遗留下来的旧飞机，因此决定暂缓建设航空工业，飞机修理由空军担负。

　　一代人的航空梦眼看行将冷冻，北疆边陲的大门突然被一个举着星条旗的外来民族狠狠地撬开了一条缝隙。这一撬，撬出了一场抗美援朝战争，使空军的地位愈发重要，也使得航空工业兴建变得紧迫起来。

　　1950年12月下旬，刘亚楼刚从沈阳布置制造飞机副油箱生产任务归来，就接到周恩来总理开会的通知。

　　这是个决定中国航空工业命运的会议。与会者对新中国空军的发展及航空工业的建立，坦诚地谈了各自的看法和设想。

　　并不是所有的人都赞同航空工业立即上马。有人认为现在上航空工业为时过早，新中国底子薄，经济状况不好，买飞机就欠了苏联不少钱，要是再上航空工业，得花多少外汇，钱的漏洞该怎样补？

　　何长工激动地说："如果我们连办航空工业这几个钱都舍不得花，还建设什么伟大的强国？"

　　代总参谋长聂荣臻也说："我们目前虽穷，但不能也不会老穷，一个大国，没有航空工业说不过去！"

　　但仍有人小心翼翼地提出异议："要是给航空工业优先开了绿灯，把不多的外汇都用光了，还欠上一屁股债，别的行业就难以再顾上，全国性的发展就会受影响，到时怎么办？"

言下之意，不应厚此薄彼。

刘亚楼不同意这个观点，他认为："这就好比过河，大家都想过，但桥就那么宽，谁先谁后，得排排队，否则一拥而上，就谁也过不去，得顾全大局，为重点让路。"

他的话引起了会议主持人周恩来的兴趣。他望着刘亚楼，说："刘亚楼同志，航空跟空军连在一起，你多发发言。"

刘亚楼受到鼓励，更是有的放矢："眼下朝鲜在打仗，战事吃紧，美军攻陷平壤，美机轰炸鸭绿江大桥，我志愿军后续部队和给养受阻，急需用我们的飞机装备志愿军，夺取制空权。可我们的飞机太少，靠买人家的飞机办航空不行，那不是长久之计。从长远看，必须建立我们自己的航空工业。空军正准备抗美援朝，一旦打起来，大批飞机需要修理，没有航空工业的支持不行！要我看，创建航空工业是个战略问题！"

此时，距朝鲜战争爆发不过五个月，距志愿军赴朝作战不过两个月。战事吃紧大家都知道些，身为代总参谋长的聂荣臻更是清楚，他说："帝国主义就意味着战争，总的趋势是战争解决矛盾。如今不是小米加步枪的时代了，不仅是朝鲜战争，今后打的也都是现代化战争。现代化战争离不开空军，没有航空工业给空军作后盾，怎么行？"

何长工接过话来："打内战时，国民党的那几架破飞机，给我们造成了多大的威胁和何等损失？现在还不时嗡嗡嗡地骚扰我们，我们一定要立志自己造飞机！"

周恩来觉得大家把话都掏得差不多了，便作了总结性的发言："我们是拥有九百六十万平方公里国土和五亿人口的大国，要想我们神圣的领空和人民不受侵犯，必须有强大的人民空军来保卫。靠买人家的飞机不行，必须从实际出发，建立自己的航空工业。我可以告诉同志们，主席在这件事上已经点头。我看大多数同志对办航空都很有热情，少数同志的意见不是没有道理，主要是考虑到国家的困难，但我们可以想方设法克服困难。"

航空工业既已提到党和国家的重要议事日程，上马已是板上钉钉，会议中心议题便转为航空工业的发展道路问题上来。对此，周恩来指出："我国航空工业的建设道路，也要从实际出发。我们的空军正准备参加抗美援朝，打起仗来大批作战飞机需要修理，这是办航空时首先要解决的。眼下国家很穷，即使办航空,也不能大手大脚花钱。因此,航空工业的建设方针,应该是先修理后制造,再发展到自行设计;原则是由小到大,在设计和建设修理工厂时就要考虑日后转变为制造厂的问题。"

周恩来的讲话,指明了中国航空工业的建设道路、原则和步骤,为创建航空工业提出了正确的方针。

周恩来做出部署:由中央财政经济委员会、总参谋部、重工业部、空军四单位组成一个委员会,负责组织领导航空工业的建设工作;另外,组成以何长工为团长,段子俊、沈鸿为团员的代表团,尽快起程赴苏,与苏联政府具体洽谈,争取外援。

和聂荣臻、刘亚楼一样,何长工的兴奋之情溢于言表:"只要毛主席点了头,斯大林那里我们去拜佛。"

周恩来交代段子俊:"有关飞机修理等具体问题,可找刘亚楼同志详细谈谈。"

窗外寒凝大地,雪天一色,屋内人人心中燃着一团火。中国航空工业在那个举着星条旗的外来民族的挑战下,迈出了惊心动魄的第一步。

负责具体筹建航空工业局的段子俊,和刘亚楼算是老相识了。解放战争中,他奉命到旅大创办电信器材厂和电气专科学校,就是刘亚楼提议并亲自找他商谈工作的。这次,段子俊在毫无准备的情况下,从东北奉调来开辟航空工业这个陌生的领域。即使周恩来不说,他也要登门向刘亚楼请教。

段子俊实话实说,刘亚楼直奔主题。

关于赴苏谈判,刘亚楼说:"何长工同志和你都有留学国外的经历,在东北时又和苏联同志打过交道,这次有党中央作后盾,因此谈判不会有大障碍,问题是怎样谈判,怎样达到目的。"

刘亚楼分析:"你们这次赴苏谈判,是带有军事和政治色彩的经济谈判。从经济上看,是有条件限制的,特别是要苏联提供装备,彼此都是有限度的。人家不可能多给,我们也不可能多要,规模要搞小些,搞大了没有力量,主要解决修理的需要,保证朝鲜战场作战之需。把握好这一点,就比较好谈一些。"

既然中国航空工业的创建主要是依靠苏联的帮助,此次谈判就必然要涉及聘请苏联专家顾问的问题,刘亚楼说:"顾问请多少、分几类,应该请苏方提出计划,我们再按情况加以取舍。我个人认为,起码需要聘四百名左右。"

对机器设备、器材、零件的援助等问题，刘亚楼也作了介绍："根据我们组建空军的经验，如果苏方提出了单子，就可以问他们需要多少钱，要记账还是给他们大豆。总之，可以用同志关系来询问价格，再向中央报告。"

段子俊从刘亚楼那里收获不小，他几十年后回顾这段往事时，仍满怀敬意："刘亚楼不愧是主持过司令部工作的老参谋长，对事务分析处理极其周全、细密而富于条理。"

中国航空工业代表团到苏联后，经过十八天的唇枪舌剑，争取到了苏联对中国航空工业建设的援助，达成了《中苏航空工业技术协定（草案）》。

在国内的刘亚楼关心着谈判的进程。每逢谈判涉及一些关键数字或需要拍板时，代表团都要致电周恩来、陈云、李富春、刘亚楼请示。例如在谈第二个问题时，代表团电告国内：

一、今天已同苏联七人委员会详细讨论各问题，唯希望亚楼迅速将今年应修飞机之种类及数量和应修何种飞机，务于十四日电告，以便十五日继续讨论。

二、议定今年只大修发动机一千五百台、飞机三百架。但工厂修理能力应年修发动机三千台、飞机六百架。是否适当，请示。

对这些问题，刘亚楼遵照周恩来的指示，迅速做了回答。

正如刘亚楼所预言的那样，这是场经济谈判，苏联不可能无条件提供装备。代表团将苏联答应援助中国建设航空工业的协议报国内审批时，周恩来从经济状况考虑，忍痛削减了一些项目。

何长工率团回国后，刘亚楼参加听取了有关情况汇报，他对代表团所提从苏联空军抽调一列修理列车（有十节，上有一百五十名苏方技术人员和工人以及配套齐全的修理设备。亦称流动工厂）的方案甚表赞赏，说这样就能做到哪个机场的飞机被打坏了，修理列车就开到哪里去修理。

刘亚楼的脑海里不断冒出一些新想法来，周恩来那个让中国的航空工业"由修理走向制造"的指示，始终让他魂牵梦萦。他考虑到，新中国航空工业底子过于薄弱，初建阶段不如将制造与修理合二为一，以便经过从修理、装配过渡到

制造的步骤来建设独立完整的航空工业体系。

为此,他专门与重工业部负责人协商,再次向中央军委建议:除少数几个小型修理厂以外,将空军所属工厂全部先交工业部门管理,待航空工业有了一定基础之后,再将空军所需的修理工厂从工业部门中分出,交空军管理。

空军没有站在本位主义上看问题,如此高风格,自然受到中央军委和政务院的肯定,并采纳了建议。

刘亚楼说干就干。

1951年4月10日,空军和重工业部联合召开了两天会议,专门讨论研究有关航空工厂的移交问题。

1951年4月17日,中央军委和政务院颁发《关于航空工业建设的决定》,对新中国航空工业建设任务、方针、组织领导等,都作出了明确规定。其中指出:中国航空工业建设在目前阶段的任务,是全力保证中国空军所有飞机的修理,尔后再逐步向制造方向发展。为加强对航空事业的领导,中央军委专门成立了由聂荣臻、李富春、刘亚楼、何长工、段子俊、马文组成的航空工业管理委员会。

1951年4月18日,中共中央发出了为适应空军建设,设立航空工业局的指示,称"搞航空工业是目前新的工作",各方"应大力予以援助"。

在刘亚楼的指令下,空军率先行动。1951年4月26日,空司颁发了将航空工厂移交航空工业局的命令。航空工厂的一些干部和技术人员,能入伍已经无上光荣,何况又是与蓝天白云为伍的"天兵天将",哪里舍得转业,有人还通过关系找到刘亚楼说情。他们对空军的深情,让刘亚楼深为感动,说:"我也舍不得让你们走,但要顾全大局,待今后给航空工业打下基础,我还欢迎你们回来。"

空军的移交工作从1951年5月16日全面展开,到1951年9月14日完成移交,共移交十六个工厂、各种设备二千二百六十九台(件)、人员五千四百五十三名,为中国的航空工业从修理逐步转入制造打下了基础。

1951年6月29日,是中国航空工业史上重要的日子。这一天,根据刘亚楼签署的命令,空军将东北航校机务处第五厂(简称五厂)正式移交给重工业部航空工业局。也是这一天,中国重要的歼击机研制基地——沈阳飞机制造厂(由五厂改名)应运而生。

在此之前,由于抗美援朝战事的需要,五厂已开始从事飞机装配与修理工作。志愿军空军参加抗美援朝,苏联政府提供的一百多架米格-15等成套部件,均由五厂组织装配、试飞,以最快的速度投入战斗。朝鲜战场上涌现出的一个个空战英雄,都曾驻防在五厂的机场。李汉就是驾驶该厂装配的米格-15,成为首个击落美军战机的功臣。空军第四师大队长李永泰,座机被美机打了五十多个窟窿,却还勇敢沉着地驾驶这架被苏军称为"空中坦克"的飞机返回,交给五厂修理。

五厂是刘亚楼异常珍爱的工厂。五厂厂长熊焰是东北老航校的英才,向来为刘亚楼器重。空军抗美援朝需要大量副油箱,而当时苏联不给提供,刘亚楼便把自行研制副油箱的任务交给五厂,给熊焰下了死命令。熊焰在既无图纸又缺工具的情况下,召集一批能工巧匠参加试制。铝材缺乏,他们就采用白铁皮制副油箱,成为世界航空史上绝无仅有的佳话。到1951年5月,五厂共生产近万个副油箱,保证了战争急需。

刘亚楼能把五厂拱手相让,让航空工业局备受感动,表示一定要按时开始执行飞机、发动机等的修理任务,全力以赴保障志愿军空军飞机的修理。

1951年5月,根据中苏航空协议,中国向苏联租赁的修理列车开到沈阳飞机制造厂。在苏联专家的指导下,沈阳飞机制造厂的技术人员和工人很快掌握了飞机的修理和零备件制造技术。

1951年6月,航空工业局所属其他各厂也先后开始试修,修理的飞机和发动机数量逐月上升。到9月,共为空军修理飞机二十五架、发动机一百五十四台,配制零件二万三千件,但还是不能满足空军的送修计划。

随着战争的进一步发展,飞机修理的范围日益扩大。刘亚楼知道光急没用,关键是要想办法。他找到航空工业局的领导商量,建议航空工业局从1951年下半年开始,把工厂的调整和改扩建放到重要位置,边修理边建设,以满足抗美援朝空战的迫切需要。

1951年8月17日,航空工业管理委员会听取重工业部代部长兼航空工业局局长何长工、主持局务工作的副局长段子俊关于三年到五年计划方案的汇报。聂荣臻、李富春、刘亚楼出席了会议。

李富春同意这个修造结合、加快建设的方案,强调必须与空军的要求相适应,如不能满足空军的需要,还可以扩大,或先这样定下来,以后再扩大。航空工业管理委员会主任聂荣臻也认为，三年到五年由修理转向制造的方针是对的，但还需经中央批准，而且要有较详细的技术设计，中央才好批准。

刘亚楼着重谈了空军与航空工业协作配合的问题。

会议结束后，聂荣臻、李富春即联名给毛泽东及中央书记处打报告：

> 关于航空工业建设问题，经召集航空工业局负责同志及刘亚楼等，共同审核苏联航空总顾问波斯别霍夫提出之计划，均表同意。特将建设方针、生产规模及厂址选定等原则问题，报请中央审核……

毛泽东大笔一挥"照办"，中国航空工业初创时期的三年到五年计划，便正式确定下来。

继苏联的修理列车开到沈阳，苏联政府根据中苏两国政府正式签订的协议，派来了设计人员，送来了设计器材、资料等。在他们的帮助下，中国继沈阳之后，在哈尔滨、南昌、株洲等地建起了现代化的航空工厂。

在中央关怀和有关部门特别是空军的大力支持下，新中国航空工业开始艰难起步。

靠人不如靠己

周恩来主持的航空工业上马会议召开一年后，1951 年 12 月 10 日，还是在中南海西华厅，刘亚楼和那些最先商讨如何建设中国航空工业的人们，又被周恩来召集来开会，国家计划委员会副主任李富春、副总参谋长粟裕也参加了，讨论航空工业三年到五年由修理过渡到制造的发展计划草案。

一个多月前，也就是 10 月 30 日，中苏两国政府正式签署协定：苏方答应援建中国六个修理厂及其所需技术资料、设备、材料、配件等，并派遣专家顾问来华，支援总金额为三千万旧卢布。

有这个好消息铺垫，这次会议就显得令人亢奋。根据计划草案，航空工业转向制造后，修理与制造分开，拟建立八个修理厂，连同修理设备都移交给空军。这次会议还决定创办一所专门的航空大学——北京航空学院（后改为北京航空航天大学）。

李富春对刘亚楼说："你这个空军司令员可肥啦!"

刘亚楼抑制不住内心的喜悦："就等着能肥起来呀,空军缺飞机,朝鲜战场缺飞机,没有飞机,我还不是个光杆司令!"

是啊,他怎能不喜悦呢,三年后就能看见飞行员驾驶着中国自己造的战机巡逻疆土参加作战了。

会上,周恩来做最后定夺："就按照你们提的计划办! 这个计划完成之后,就可以生产三千六百架飞机了。"

人民空军初建时期的刘亚楼

周恩来看了看刘亚楼："在这个数量中,歼击机、教练机、运输机等各种飞机所占的比例,要请空军审议一下,看是否符合军委有关规定的比例关系。计划中海军所需要的飞机应考虑在内,海军与空军的比例是 20:80,海军组建二十二个团、空军八十八个团。"

最后,周恩来宣布："同意再向苏联聘请二十五名专家,完成这个计划需要的人员、资金等,由富春同志办理。看来,需要的资金折合成小米五十亿斤可能就够了,但我们准备拿出六十亿斤办航空!"

这无疑是个惊人的方案,周恩来的话音刚落,小会议室响起了热烈的掌声。

中国航空工业的建设蓝图在中南海诞生了。毛泽东很快批准了此方案。

航空工业初建,急需干部和技术力量。创建不到两年的空军,虽然人才也不富裕,但为了支持航空工业发展,刘亚楼还是指示抽调一大批技术干部援助,甚至"嫁出"空军副政治委员兼工程部部长王弼,让他改任航空工业局副局长。

他们把空军艰苦创业、一往无前的精神,带到了航空事业中,推动了航空事业的发展:1952 年,航空工业开始成批修理飞机、发动机和机载设备,修理水平有明显提高,同时为尽快过渡到制造做准备。

1952 年 5 月 18 日,中央军委作出《关于航空工业建设的决议案》,这是新中国航空工业发展史上的一份重要文件,确定了航空工业建设的方针、原则和规划,要求航空工业在三年到五年内从修理阶段转入制造阶段,大量制造飞机和发动机,并扩大修理能力;提出在第一个五年计划期间,应当自己制造教练机、歼击机,并达到相当规模。

1952年7月底,周恩来再次在西花厅召集解决航空工业发展具体问题的会议。他对何长工说:"翻译的问题,由你和空司商量解决,刘亚楼同志答应给人。"

会议快结束时,对空军工作一向欣赏有加的周恩来,忽然批评起空军来,主要针对空军抽调试飞员的动作过慢。他限令空军:必须在8月15日前,把试飞人员送到飞机制造厂。

刘亚楼没有参加这次会议,得知周恩来的批评,马上找来这项工作的负责人,一顿猛批。

工作怠慢,拖后腿,那是刘亚楼所不允许的。他把雷厉风行的作风带到了空军,岂料竟有某些领导干部在他眼里掺沙子,而且出在空司参与精心筹划的航空工业建设上面,害得空军挨了总理批评,这还了得!他这一怒,整个空司大院地动山摇。

参谋长王秉璋受命,紧急协调此事,赶在8月15日前选好了一批优秀试飞员,送到了飞机制造厂。

1953年,航空工业局并入第二机械工业部(简称二机部),对外称四局。局长由二机部部长赵尔陆兼任,第一副局长王西萍,段子俊任主管全面技术和生产调度的副局长。

1953年3月19日,刘亚楼在空军党委会上,就搞好与航空工业部门的关系、加速航空工业的发展、实现武器装备国产化提出原则要求,要求在人力物力上给予大力支援。

也是在这年,航空工业建设拉开了大幕。

从1953年起,首先重点建设沈阳飞机制造厂(制造米格-17战斗机,简称米格-17)、南昌飞机制造厂(制造雅克-18活塞式飞机)、沈阳发动机制造厂(制造喷气发动机)、株洲发动机制造厂(制造活塞式发动机),同时建设哈尔滨两厂。

1954年7月26日清晨,南昌飞机制造厂举行试飞典礼,中国自制的第一架飞机——雅克-18螺旋桨教练机矫健地飞上蓝天。与其配套的活塞式发动机也同时在株洲发动机制造厂通过鉴定,从此结束了中国不能生产飞机和航空发动机的历史,航空工业从修理迈上了制造的新台阶。新华社向全国、全世界播发了新闻。毛泽东欣然说："自盘古开天地以来，我们不晓得造飞机、汽车，现在开始能造了！"他亲自发来嘉勉信祝贺。这架飞机后来被正式命名为初教-5。

两年后的 1956 年 7 月 19 日，全部用自制零件组装的米格-17 喷气式战斗机，也由沈阳飞机制造厂仿制出来，并试飞成功，比预定计划提前了一年多。

按照最初的计划，在仿制初教-5 的同时，仿制米格-15 比斯歼击机，1957 年底生产出第一架飞机初教-5。后来根据苏联专家建议，把原来准备生产的米格-15 比斯歼击机改为性能更好的亚音速米格-17 埃夫。

仿制米格-17 的试飞员，是抗美援朝中曾击落两架美制 F-86 的吴克明。他试飞成功后，国家验收委员会举行了正式的签字仪式，同意该机投入批量生产。新华社向全世界发布了中国试制成功新型喷气式飞机的电讯稿，国防委员会副主席聂荣臻参加了隆重的万人祝捷大会，会上宣布了中共中央、国务院发来的贺电。该机后来被命名为歼-5。

刘亚楼为歼-5 的诞生无比兴奋。两年前中国才能生产第一种简单的初教-5，现在却能仿制生产最具世界先进水平的米格-17，成为继美、苏、英、法、德和瑞典之后，第七个掌握喷气式飞机制造技术的国家。这在建立中国飞机制造业和增强国防力量上都是个良好的开端。

中国航空工业创建仅仅五年，就从修理走向了制造，一举跃入喷气机时代。

这年国庆，新出厂的四架歼-5，列队参加国庆阅兵式，飞越天安门。这是中国制造的战斗机首次公开亮相。毛泽东站在天安门城楼，抬头仰望天空，高兴地对身边的外国友人说："我们自己的飞机飞过去了！"

同在天安门城楼观礼的刘亚楼，听到毛泽东的话，甭提有多自豪。

蓝天里，飞机留下的云烟把人们

刘亚楼（左）与张爱萍（中）、李克农（右）在天安门上合影

的思绪带向天际，人们的目光仿佛在追寻着中国航空工业不平凡的道路：1949年的开国大典，空军首次展示于世人的十七架飞机都是缴获的外国飞机，现在可都烙上中国印了！

几大飞机厂、发动机厂基本建成投产后，1956年开始重点建设陕西西安、兴平、宝鸡等机载设备配套工厂。

第一个五年计划期间，一个新型的、现代化的航空工业神奇般的崛起在世界东方。

初教-5试制成功的当年就生产了十架，翌年(1955年)交付空军六十架，到1958年共生产三百七十九架。至1959年，歼-5共生产七百六十七架。看到崭新的国产飞机源源不断地装备空军部队，人民空军飞行员驾驶着自己的战斗机为祖国看护领空，刘亚楼感觉自己这个空军司令员才算有点肥了！

但自豪之后，又是冷静的思考，刘亚楼找来航空工业局副局长王西萍、段子俊："中国航空工业要建成独立自主的体系，要自立于世界航空工业之林，就不能光是仿制，必须自己设计制造自己的飞机，建立自己的航空科研体系。"

如此想法，与航空工业局领导们一拍即合，他们说正考虑筹建飞机设计室呢。刘亚楼说："我看可以把设计室建在五厂，五厂的技术干部和工人我了解，他们能扛起来。"

飞机设计室在沈阳飞机制造厂建起来了，请来叶挺将军的儿子、留苏回来的叶正大担任第一设计室副主任。

要搞出自己的飞机，就得有自己的发动机。但要把发动机从活塞式变成喷气式，无疑是一场技术大革命。于是乎，航空工业局又在沈阳发动机制造厂建立了发动机设计室。毕业于西南联大航空系、到美国进修回来即投身航空工业筹建的发动机专家吴大观，担任发动机设计室主任。

沈阳飞机制造厂虽然不属空军管了，但作为飞机使用单位的最高领导，作为航空工业管理委员会的领导成员，刘亚楼还是没少往厂里跑。他与不少技术干部和工人熟悉，不忘鼓励他们："国内目前还没有像样的国防军事工业，帝国主义又对我们实行封锁禁运政策，我们只得从苏联进口一些武器装备，但也不是长久之计，要靠自力更生，抓紧我们自己的军工建设和武器装备生产，你们要争口气，生产出中国人自己设计制造的飞机来！"

这话说到了叶正大、吴大观这些从海外留学归来专家的心坎上。当年他们洋装在身,拒绝诱惑毅然回到祖国后,唯一的愿望就是为祖国的航空事业贡献才智。

而此时,曾经蜜月般的中苏关系,在斯大林逝世三年后,已悄然蒙上了一层阴影。这令人不悦的阴影,首先笼罩在中国的航空工业上,尔后向其他领域移动、扩散。在中苏两国航空工业谈判中,双方出现了摩擦,怀有戒心的苏联人逼着中国人说出了"当了裤子也要自己搞设计"的愤懑之言。

这是宣言,更是志气,最好的办法就是做出来给世界看!

毛泽东非常关注航空工业的发展。1958年2月12日,中国第一架喷气式歼击教练机正在紧锣密鼓研制的关键时刻,他来到现场视察。

经过数百个日日夜夜的技术攻关,1958年7月26日,中国第一架自行设计、自行制造的喷气式歼击教练机歼教-1拉出厂房。

歼教-1的首席飞行员是20世纪90年代担任过空军司令员的于振武。

1958年8月4日,刘亚楼陪同中央军委副主席叶剑英元帅,专程来沈阳参加祝捷大会,观看飞行表演。

叶剑英也是客家人,和刘亚楼在一起总有谈不完的话题:"我们用行动向世界宣布,中国人不但自己能制造飞机,还能自己设计飞机。"

刘亚楼想及悄然罩上一层阴影的中苏关系,也是大发感慨:"是啊,挂着别人赠送的拐棍走路,永远是别人的孩子!"

1958年,刘亚楼(中)陪同叶剑英(左)在沈阳观看试飞

歼教-1 从试飞到凯旋、欢呼的场面，被拍进了电影《早送银燕上蓝天》中。

航空工业建立后，作为作战单位的空军就采取了大力支持国内制造的方针。

刚刚出厂的飞机能不能飞行，能不能装备部队？需要有人来对此做出鉴定，但大家莫衷一是，很难拍板。刘亚楼表示："国内制造出来的飞机，空军敢飞，有危险也不怕。"从此，空军一批批经验丰富的飞行员，陆续走上了试飞之路。

飞机试飞是个危险的职业，历史上试飞过程中没有不摔飞机的国家。试飞有个课目叫颤振飞行，就是把飞机飞到最大速度直到飞机振动起来，来考验飞机强度。就这么个课目，美国有记载摔过起码不少于五十架飞机。西方一位科学家曾说："发明一架飞机算不了什么，制造一架飞机也没有什么了不起，而试验它才艰难无比。"

试飞员不仅要求驾驶技术出类拔萃，更要求具有较高的文化水平和航空专业知识。在英国，试飞员必须在部队服役十五年以上，飞行时间不下一千小时，飞完所有作战课目，同时还要有丰富的航理知识，能对飞机的设计论证方案提出自己的意见。

每次接见试飞员，刘亚楼总有一种别样情怀，他说："这是个有风险而光荣的工作，得有崇高的献身精神。"

中国航空工业是从修理过渡到仿制，再走向自行设计制造的，有些产品不能完全达到技术要求，飞机和发动机的寿命比进口产品短。刘亚楼指示空军部队也要积极接收使用，要给工厂一些时间，使其在实践中不断改进技艺，提高飞机的质量。同时，他也不忘严肃地给工厂领导和飞机设计、制造人员上课："空军试飞员是为国产飞机发放'准生证'的，为了国家航空事业尽速发展壮大，我们的飞行员不怕危险，有危险也要飞。但你们有责任把危险系数降到最低，在设计、制造时，精确再精确！国家培养一个飞行员不容易呀，他们是人民用金子堆出来的！"

中国与苏联签订的援助航空协定中，对轰炸机只提修理，未提制造，在五大厂生产中亦没包括轻型轰炸机。刘亚楼建议，中国在国土防空中应采取积极防御的方针，在重点发展歼击机的前提下，也要发展轻型和中型轰炸机。这个建议很快引起中央高度重视，1958 年 10 月，周恩来决定提前试制图-16 型喷气式轰炸机（简称图-16）。

1959 年 9 月，航空工业部门用苏联提供的组装件装配的图-16 出厂，很快装备到空军航空兵部队,后改称为轰-6。

1964年,根据空军的建议,哈尔滨飞机制造厂对伊尔-28喷气轻型轰炸机(简称伊尔-28)改进设计,定型生产后命名为轰-5,装备到空军航空兵部队。

对哈军工空军系,刘亚楼也寄予厚望,期冀他们为空军建设和航空事业作出贡献。

哈军工空军系的组建和发展,离不开空军的大力支持。哈军工创办伊始,刘亚楼就表示要尽一切力量支援。他对院长陈赓说,我们只办了几所培养初级技术人才的学校,高级技术人才要靠哈军工培养,支援哈军工办专业,我们空军义不容辞。

犹如把空军副政治委员兼工程部部长王弼"出让"给航空工业局一样,刘亚楼将空军的另一宝贝唐铎放到了哈军工。

唐铎于1953年春由苏联回到祖国,受到刘亚楼的热烈欢迎。时值陈赓筹办哈军工急需人手,周恩来就找刘亚楼商量,把唐铎调给哈军工。刘亚楼虽然舍不得,但他顾全大局,于是唐铎被任命为哈军工空军系主任。陈赓对唐铎大加赞赏,认为他的资历之深、学问之好、军人素质之规范,"不仅是军事工程学院难得的人才,也是全军可数的将才"。唐铎在空军系的十年中,主持建成了兼顾教学与科研、能够进行飞机强度和起落架冲击实验的教学大楼,建立了二十多个教研室,创建了飞机发动机、航空军械设计、航空仪表、航空无线电、飞机场建筑、航空气象六大专业,为空军建设和航空事业作出了杰出贡献。

1956年3月9日,刘亚楼接见已授衔少将的唐铎时表示:"凡是学院需要的东西,空军仓库里有的,马上发给;仓库里没有的,列入下年空军订货预算;特别急需的,就从飞机上拆下来给你们。"

刘亚楼对哈军工的支援可谓不惜血本,对空军系的学员更是寄予厚望。

哈军工空军系课程多,教材难度大,要求高,进度快,许多学员感到学习吃力。刘亚楼每到哈尔滨,必去哈军工,不忘向学员鼓劲:"在困难面前,不能畏惧退缩,而要勇往直前,现在学习条件这样好,这点困难算得了什么?"

他还说:"制空权掌握在敌人手里,我们徒有一腔怒火有啥用,关键是要想办法把敌机揍下来,夺取制空权。这就要求我们发愤图强,学会技术,不管学习困难有多大,都得咬紧牙关,沉着对待,一个一个攻克难关。别人能学会的,我们也一定要学会,要为祖国学习,为人民学习,学不好对不起党和毛主席。"

这些话,深深地印在空军系每个人员的脑海里。空军系无论是预科学员,还是本科学员,学习的自觉性都很高。1957 年寒假,空军系六科三年级学员决心不回家过年,集体写信给数学教授孙本旺,请他利用寒假帮他们补习。孙教授爽快地答应了他们的请求,天天给他们上课。刘亚楼听后,感动之余,大加赞誉。

1957 年 4 月,空军系气象专业毕业班杨斌等四位学员(其中三位女学员)在沈阳空军机场实习。时值苏联最高苏维埃主席团主席伏罗希洛夫访华,当其专机从北京飞往沈阳时,东北中心气象台预报沈阳将有雷雨冰雹,要飞机暂停鞍山。杨斌等人用雷达进行观测计算,认为雷雨在飞机抵达沈阳后才到,苏联专机无需在鞍山停留。空司采纳了他们的分析意见,指示专机直飞沈阳。等伏罗希洛夫一行到达沈阳进入宾馆后,天地间才响起雷雨声。刘亚楼十分高兴,称赞他们为空军露了脸,为中国的航空事业添了彩。

1958 年,在全国兴起的技术革新和向科学进军的热潮中,不少航空学校、工厂都纷纷出台新式飞机的设计。在哈军工空军系主任唐铎、系政治委员于达康主持下,空军系的教学人员也想着为革新空军装备、发展航空事业作些贡献。据研究,他们把新机的作战对象锁定为美国 F-105 战斗机和 B-58 轰炸机。

刘亚楼支持新机的设计工作,认为飞机设计和制造今后要走自己的路,不能再仿制下去了。彭德怀还指示不要苏联顾问参加,严格保密。

刘亚楼最大的担心,就是这个设计目标脱离现有工业水平的实际情况,当时全国都处在大跃进的热潮中。他找来唐铎等人仔细询问。

唐铎表示:"困难虽然很多,但只要搞出飞机设计方案,开个好头,组织全国科研单位、空军部队、航空工厂大协作,定可实现目标。"

1958 年 9 月 30 日,彭德怀主持召开中央军委专门会议,审议哈军工空军系的飞机设计方案。会上也提出了另一方案,第一机械工业部(简称一机部)飞机设计专家叶正大说:"军工 M2.5 方案好,我们也有个 M1.8 方案,建议两家方案同时搞,百花齐放。"

会议出现了是按一家还是按两家方案搞的争论。作为使用单位的空军,意见至关重要,刘亚楼表示:"我们人力、物力、财力有限,要集中精力打歼灭战,我们只要一个,要性能好的,不要落后的,就是要双 2.5 的。"

重工业部部长王鹤寿、国防部第五研究院(简称国防部五院)院长钱学森、第四机械工业部(简称四机部)部长王净等人都表态同意搞 M2.5 方案。

一场辩论下来,会议决定:只上双 2.5 方案,全国大协作,集中精力打歼灭战。

1958 年 10 月 2 日,中央军委起草报告,成立试制领导小组,一机部部长赵尔陆任组长,刘亚楼任第一副组长。成员有王鹤寿、王净及有关部委领导,哈军工领导刘居英和空军系主任唐铎也参加进来,任务代号东风-113。报告送到中共中央,邓小平总书记批示:"同意军委报告。"

中央批件下来后,一项大胆超前、集合空军系全系力量的绝密课题东风-113,便轰轰烈烈却又悄然地铺开了。

此前不久,空军已让沈阳飞机制造厂开始东风-107 战斗机(简称东风-107)的设计。当时毛泽东雄心勃勃地倡议航母计划,东风-107 正是以上舰目的研制的。为了不与东风-113 计划发生冲突,刘亚楼决定东风-107 以国家航空试制小组的名义进行研制。后来航母计划因能力限制暂时中止,东风-107 便决定完全停止,让路于东风-113。

1960 年 11 月,刘亚楼随同中央军委副主席兼国防工业办公室(简称国防工

1956 年 11 月 8 日,刘亚楼(右一)陪同彭德怀(右二)、贺龙(左一)、罗荣桓(左二)、叶剑英(左三)和粟裕(右三)等领导人在空军某机场检阅参加空军射击、轰炸校阅部队

办)主任贺龙、总参谋长罗瑞卿,到沈阳国防机械——二飞机制造厂检查工作。贺龙发现大批飞机因质量问题不能出厂,严厉批评了工厂领导。东风–113的试制工作,因精益求精,又没造成浪费,受到元帅和将军们的鼓励。

随后,中央军委、国防科学技术委员会(简称国防科委)总结了东风–113和其他型号飞机的研制经验,采取有力措施,发挥全国大协作的积极性,终于战胜了种种干扰和困难,研制出现代化的先进飞机,装备了空军部队。

守得云开见月明

朝鲜战争结束后,刘亚楼在为胜利鼓舞时,却也刻骨铭心地体会到国防现代化的至关重要。参加过苏联航空节的刘亚楼,每每见到人家新出炉的宝贝飞机,总是眼馋,恨不得自己就会造。

20世纪50年代后期,世界各国争相研制喷气式超音速战斗机。关注外国军情的刘亚楼,也迫切希望拥有自己的超音速歼击机。1958年3月,他在航空工业局召开的企业领导干部会上提出,空军迫切需要超音速先进强击机。

强击机是此时世界所有空中强国所拥有的最值得骄傲的威慑武器之一。它既能支援陆军作战,又善于在空中克敌制胜;既有超音速的飞行速度,又有低空平稳的飞行性能;既有较强的武器装备和攻击能力,又能直接进攻敌人阵地、机场和近海舰艇。

1958年8月,中国自行设计制造的第一架战斗教练机歼教–1首飞成功庆祝大会之后,全国几乎所有的航空工业专家都被召到工业重镇沈阳,一项关系到共和国兴衰荣辱的重大历史使命在这里孕育:航空工业局根据刘亚楼的提议,决定自行设计制造超音速喷气式强击机。

对于空军来说,喷气式强击机无疑是最迫切需要的一种空中攻击和自卫武器,可摆在眼前的事实是:国人连这种机型是什么样都没有见过,更遑论研究设计了。

中央军委副主席叶剑英指出:"造飞机,可不是打地道战,摆地雷阵,光凭决心、勇敢和热忱还不行,要有人才,要运用技术、智慧和谋略!"

叶剑英的话,更使会场加重了凝重的气氛。是啊,几万张图纸、几万个零件,可不是闹着玩的,一张图纸、一个小小的零件出了差错,都意味着灾难!

此前,沈阳飞机制造厂已开始组织科研力量攻关,在当年 6 月拿出了一个初步方案,刘亚楼亲自参加审核、修改,在这上面泡了两个月。现在,急需这个项目的牵头人。航空工业局副局长徐昌裕推荐了飞机设计师陆孝彭。

叶剑英征询刘亚楼的意见,刘亚楼当即说:"我看陆孝彭行,他曾在美国麦克唐纳、道格拉斯飞机公司参加过飞机设计,后来又在英国一家飞机公司担任一种亚音速战斗机的总体设计,回国后又担任了歼教–1 的主管设计师。他不仅是难得的人才,在政治上也靠得住。他能回国,说明他有一颗报效祖国的赤子之心。"

后来,根据形势需要,叶剑英、刘亚楼同意航空工业局把此项重任转交南昌飞机制造厂研制。陆孝彭也调到了南昌飞机制造厂,担任中国第一种超音速战斗机的总设计师。

1960 年,刘亚楼期待中的强击机研制工作中途下马,国家有困难,拨不出经费啊!

但强击机的总设计师陆孝彭坚决不主张完全砍掉这项工程,给工厂党委报告中表示还要继续研制下去。

刘亚楼马上指示空军有关部门要尽力支持此事。他还亲自与航空部门相商,说:"国家的困难是暂时的,国防科研不能停顿,要想方设法保存住实力。"

刘亚楼的态度,让陆孝彭和南昌飞机制造厂党委总算看到了一线生机。工厂党委成立了小型的强击机试制组,陆孝彭兼任试制车间主任,以维持试制工作。陆孝彭经常是自己扛着零件,候在机床旁插空加工。到后期,这个小型试制组虽然只剩下几个人,但他们像是一根根银针,插在能使强击机起死回生的关键穴位上。

"瓜菜代"的日子终于过去了。1962 年秋,第一架强击机组装出来。刘亚楼大喜,发去贺电,在脱不开身的情况下,派出空军副司令员曹里怀、常乾坤到车间现场观看静力试验。不幸的是,最后一个项目试验失败,试制工作胎死腹中。

刘亚楼闻报,叹息一阵,指示空军免费拨给工厂两架飞机成件,支持他们继续做试验。这还不够,他还让曹里怀带检查组到厂里检查工作,转告工厂和陆孝彭:"现在不是痛心的时候,而是需要信心和恒心! 失败了,能吸取教训就好!"

1963 年,有关部门联名向贺龙、聂荣臻、刘亚楼报告,急切建议拨付经费。刘亚楼和两位老帅研究了这项工作,妥善做了解决。

刘亚楼考虑到光有空军的支持还远远不够，还得实行全国大协作。于是，他和空军领导联名，在1964年6月30日给中央写报告，要求继续研制强击机。如此这般，"生不逢时"、一波三折的强击机研制工作才得以"复活"。

1965年7月，距刘亚楼病逝两个月后，第一架强击机迎着蒙蒙细雨，在空军某基地完成全部试飞课目。陆孝彭和试飞员都说："要是刘司令员地下有知，该有多高兴啊！"

这种自行设计的可携挂炸弹、火箭等对地攻击武器的超音速新型喷气式强击机，初名雄鹰-302，以后统一命名为强-5。

"一五"计划的实施，使得起步于窘迫家底的航空工业呈现出一派喜人景象。大跃进兴起，航空工业领导过高估计了现有的技术水平、生产能力和设备条件，提出一些错误口号，单纯求多求快，给航空工业造成严重损失。

1958年3月开始仿制米格-19超音速歼击机（简称米格-19），随后又试制米-4直升机（简称米-4）。为了缩短试制周期，工艺装备被大量压缩，工艺纪律放松，论证和检验制度松弛，管理一片混乱，从而铸成严重的产品质量问题：从1958年到1960年试制和生产的米格-19和米-4都不合格。

1958年，中国自行设计建造的第二个歼击机制造厂在成都安家。在"多快好省"等左倾思想的影响下，这个厂竟提出"一年建成，当年生产"的口号。在战争年代经常被豪言壮语感动的刘亚楼，听得直咋舌："这简直就是天方夜谭。"他虽然忧心忡忡，但在"一天等于二十年"的那个年代、那种政治气候下，他也不好否定，毕竟这不是他直接分管的部门。

1960年春，刚被任命为国防工业委员会主任的贺龙元帅，利用在广州召开军委会议之机，请主管国防科研的聂荣臻元帅、总参谋长罗瑞卿和刘亚楼等人，跟他一同前往西南调研，摸摸国防工业的实际情况。刘亚楼正想借此机会，亲眼看一看成都飞机制造厂的现状。

3月中旬，他们来到成都飞机制造厂。但见工厂的墙壁还没有抹灰，露着墙缝。走进总装配车间，贺龙用手杖轻轻一捅，一块墙砖竟被捅出了墙外，墙上顿时留下了一个洞。元帅将军们大为吃惊："这是怎么搞的？"

厂党委书记杜向光小心翼翼地回答："建厂时为了多快好省，用空心砖砌空心墙，因为没有填满土，沙灰粘接又不牢，所以……"

这个工厂无论从设计还是施工角度看,都不合格。跨度三十多米的厂房,立柱和横梁却细得可怜,让人担心要塌下来。贺龙看着刘亚楼:"你是空军司令员,是使用飞机的,你也到外国考察过,人家的飞机制造厂是这个样子吗?"

刘亚楼苦笑不已:"别说飞机制造厂,就是玩具厂也不该这样!"

贺龙生气地说:"这么大个天府之国,穷得连块砖都没有吗?建国防工厂,不考虑百年大计,搞成这样怎么行?"

聂荣臻要厂里的总工程师晋川给他说实话,这厂子能不能生产出飞机。这位工程师对工厂的设计和基建本来就有气,又无处申诉,此时趁机大倒苦水:"建厂时我们就提出这样盖厂房不行,但胳膊扭不过大腿,上级就是不采纳。"

聂荣臻追问是哪个上级,见他有所顾虑,便鼓励他说实话。对方照实说来:"机械工业部、航空工业局和基本建设设计院,都是我们的上级。"

罗瑞卿说:"你们向中央反映了没有?建筑质量这么差,你们有意见,上级不采纳,你们可以向中央反映嘛。"

厂党委书记脸色惨白,嗫嚅着说:"我们要是反映了,怕早就被打成右倾,被拔白旗了。"

说是建厂一年生产出飞机,可元帅将军们连新飞机的影儿都没见着。

贺龙脸色铁青,免不了大动肝火。他要厂领导马上整理个材料,他拿着去"通天"。

执掌中国军事工业之牛耳的贺龙对飞机制造厂的现状不满,并主动提出要去"通天",自是刘亚楼所盼望的,这样一来,那么多泡在大跃进梦幻里的飞机制造厂就有救了,空军的装备就不用等米下锅了。他赶忙把厂党委书记、总工程师拉到一边嘱咐:"贺老总要救你们厂,你们这回可得说实话!"

成都发动机厂的情况,与成都飞机制造厂大同小异。

置身于天府之国,刘亚楼和元帅将军们的心里都不是个滋味。这叫什么"多快好省",叫什么大跃进?还不是自欺欺人吗?航空工业、国防工业要是都这样,天还能不塌下来!

中共中央接到成都两厂质量问题的检查报告后,批示"性质是严重的,必须从中吸取教训",机械工业部应"从速采取措施,予以解决"。

就在这年夏天,苏联背信弃义宣告:凡在中国航空工业部门的苏联专家,工作期满必须按期回国，不得延聘。紧接着，又单方面召回在华工作的全部专家，废除两国经济技术合作的各项协议。中国航空工业发展雪上加霜，二十二个工厂和科研院所受到严重影响，正在仿制的三种机型及其发动机、两种导弹也因此搁浅。

这年10月，刘亚楼随贺龙、罗瑞卿率领的中国军事友好代表团访问朝鲜。按中央决定，这次访问要给金日成备一份厚礼——送一架中国造新飞机。话都说出去了，却无法兑现。大跃进的倡导者被下面的浮夸风、弄虚作假给欺骗了，下面答应交付的飞机交不出来。

1960年10月，刘亚楼出访朝鲜，在平壤与欢迎的民众跳朝鲜舞

因为这个意外，整个访朝过程，大家都感脸上无光，处境尴尬，人人生着一肚子闷气。中国军事友好代表团坐火车从朝鲜到延吉后，贺龙让这趟列车取道哈(尔滨)图(们江)线直驰哈尔滨，到工厂探察事情的究竟。

1960年11月中旬，一行人来到哈尔滨发动机厂、飞机制造厂，亲眼看到了飞机和发动机制造上存在的严重质量问题，得知三年来工厂没向部队提供一架合格飞机和发动机的事实时，无不震怒，严厉批评航空工厂没有树立为部队、为空军服务的思想,提出要严加整顿,彻底革命。

1960 年 11 月 20 日,一行人又来到造歼击机的沈阳飞机制造厂。

挂着"质量第一"的总装配车间,停放着一架架修来修去就是出不了厂的飞机。工厂停机坪停放的两排银白色米格-19,也是架架有故障,不能出厂。望着被工人们戏称的这个"养鸡(机)场",元帅将军们既难过,又备感痛心。贺龙以严厉的口气对厂长说:"造的飞机出不了厂,还讲什么'质量第一'? 六亿人民克服困难,不吃肉、不吃油,勒紧裤带换来点外汇,进口点材料,都给你们糟蹋了,做成了超差产品,你们能忍心,能过意得去吗? 能对得起全国人民吗?"

刘亚楼也是一通严斥:"我们的航空工业基础本就薄弱,喷气式超音速歼击机又是尖端的高科技产品,你们竟然当儿戏!"

空军驻厂军代表告诉刘亚楼:"上次空军接收的飞机是一架不合格的。"

刘亚楼啊了一声,道:"我们受骗了! 成了冤大头!"

贺龙也是大为吃惊,气愤地说:"上次听说那架飞机合格了,我在电话会议上说,要发电报表示祝贺,原来是架不合格的!"

罗瑞卿跟着大发脾气:"你们敲锣打鼓喊着报捷,我们听了非常高兴。我想,苏联的那些专家撤走了,我们自己也可以造出飞机嘛! 中央领导都挺高兴,还给你们发了贺电。没想到,你们在搞假动作,瞒上啊!"

一行人回到招待所,余怒未息,马上命令已在沈阳的航空工业局管飞机的副局长徐昌裕前来见面。

徐昌裕一进门,刘亚楼指着他的鼻子对贺龙说:"就是这个徐昌裕,空军出来的,忘了本,没把飞机搞好。"

贺龙问:"你是从哪里来的?"

徐昌裕回答:"从老航校出来后,到空军修理厂任过处长,后调到航空工业局。"

贺龙又问:"在老航校以前在哪里呢?"

得知徐昌裕以前曾在延安工作过,贺龙的气消了点,说:"既然来自延安,来自老航校,也是有经验的老同志了,怎么还会弄成这场面呢?"

徐昌裕检讨:"我们当时有自满情绪,对飞机制造上面的困难,尤其是技术方面的困难了解不够,被革命的豪情冲昏了头脑。"

徐昌裕带着元帅将军们要求整顿的指示走后，罗瑞卿感慨地说："贺老总，我在想，浮夸风的遗风不铲除，人的思想不转变，飞机还是出不了厂，即使出了厂的，也是不合格的东西。"

对航空事业一向主张"不带问题出厂，不带问题上天"的刘亚楼，也气鼓鼓地说："不走出浮夸风这个怪圈，国防工业就很难走上健康发展的道路。"

贺龙猛吸两口烟，大手一挥："对，国防工业系统领导干部的思想，必须来个根本的转变！"

贺龙率团回北京后，马上向中央高层递交一份进行质量整风的设想报告。毛泽东点头同意，说："帝国主义压迫我们，修正主义也欺负我们，我们要争口气呀！"

刘亚楼常以毛泽东"争口气"的话来激励航空人员，告诉他们，苏联的背信弃义，对我们刚起步的航空工业确实是个沉重的打击，但也让我们明白了，靠人不如靠己，我们要有骨气，就是争口气。他们走了，没什么了不起，我们一样可以设计飞机，一样可以制造飞机。

苏联专家的半途撤走，给中国航空工业的推进增添了困难。中国航空专家有一个担心，就是怕有问题处理不了，精神上有些受影响。刘亚楼看出了这个苗头，鼓励他们放下包袱，轻装上阵，在实践中把自己锻炼得更强。

针对国际国内形势，1961年1月，中共八届九中全会提出对国民经济实行"调整、巩固、充实、提高"的方针。航空工业贯彻这个方针，摆脱了由大跃进高指标、战线过长造成的被动局面，调整了各厂的生产试制任务和整机生产与零备件生产的比例，逐步走出低谷，回到正常发展的轨道上来。

该出手时就出手

当中国发展国防工业最需要苏联帮助时，苏联却彻底变了嘴脸。1960年6月25日，世界各国马列主义政党在布加勒斯特召开会议，赫鲁晓夫突然进行反华宣传。继中苏两党在意识形态领域发生严重分歧之后，两国关系出现裂痕。同年7月，苏联政府单方面撕毁早已确定的援华协议，撤回专家，破坏对华援建项目。

赫鲁晓夫这一手，无非是想重用当年压服欧洲一些国家的邪恶手法来压服中国，迫使中国服服帖帖地听从他的摆布。但他很快发现，自己打错了算盘。

就在中国人民要"争口气"时,令人蹊跷的事情发生了。1961 年 2 月,赫鲁晓夫突然以求和的口吻给毛泽东写来一封信, 表示苏联愿意继续向中国转让米格–21 战斗机(简称米格–21)的制造权,希望尽快派代表团赴莫斯科谈判。

朝鲜战场上王牌飞机的空中对垒, 使敏锐的军事科学家们意识到了研制高速战斗机的重要性。1958 年,美国率先实现了这一目标,研制成功 F–104 星式战斗机(简称 F–104)。苏联紧随其后,也在同一年研制出了性能相近的米格–21。

米格–21 还在研制之中,中国就与苏联签订了引进该机的技术援助合同。合同刚签不久,中苏关系突然恶化,苏联单方面中止执行合同。中央军委在同年召开扩大会议,根据当时的形势和空军建设的需要,明确提出空军以高空高速战斗机为重点的发展方针,并要求首先将歼–6 超音速战斗机(简称歼–6,仿米格–19)优质过关,继而研制出仿米格–21 的歼–7 战斗机(简称歼–7)。

如今,在中苏关系异常紧张之时,赫鲁晓夫做出这个令人迷惑不解的反常友善举动,不能不使中国政府思前顾后,满腹疑虑,但大度的中国共产党人终于作出了惊人的抉择。

在杭州一边疗养一边主持空军条令和教材编写的刘亚楼临危受命,担任中国代表团团长。

临出国前,周恩来单独召见刘亚楼,交代工作。

1959 年 6 月,就在赫鲁晓夫断然决定撤回苏联专家之时,周恩来特地委托刘亚楼,紧急会见尚在青岛度假的国防部专家组组长巴托夫大将,以便当面了解他对赫鲁晓夫决定撤回军事专家的反应。

刘亚楼对巴托夫大将说:"赫鲁晓夫同志下令要撤回全部在华专家,并说这是专家们的一致要求,理由是我方对专家不友好,封锁消息,让他们无法工作等,您作为专家组组长,听到过专家们的具体意见没有,希望能公开提出批评。"

巴托夫郑重其事地说:"这件事情,我也刚刚知道,和您一样也感到突然。我和中国朋友相处,关系是融洽的,没有什么隔阂,我个人从未感到有什么不尊重、不友好,这些现象是不存在的。让我提出批评,是没有根据的。但是,作为军人,服从命令是天职,至于赫鲁晓夫同志这样决定究竟是对是错,我个人当然有自己的看法。历史的教训应该吸取,斯大林当年处理南斯拉夫问题,就过火了,不冷静,犯了大错,造成长期无法愈合的伤口,损失很大。再说,中国可不是南斯

拉夫,更应慎重才是,我个人的意见是要保留的。"

刘亚楼通过这次约见,不仅摸清了专家组组长的态度,还从中了解到大多数苏联军事专家对中国的友好,为中共中央进一步戳穿赫鲁晓夫的险恶用心提供了依据。

周恩来与刘亚楼一起研究分析了种种可能发生的情况及处理方案后,说:"这是中苏关系破裂后派出的第一个代表团,中央对此非常重视,总的精神是有理、有节,不亢不卑,以平等互利的态度谈判,要表现出中华民族的气概。人不犯我,我不犯人,如果对方蓄意挑衅,那就坚决据理还击。"

刘亚楼详细汇报了空军和航空工业局就苏联准备转让米格-21制造权问题的讨论情况及意见。周恩来凝眸沉吟片刻,说:"围绕制造权问题,我们已先后去过两个代表团。第一次是1951年1月,由何长工同志带队;第二次是1957年,由聂老总带队,苏联政府到底在搞什么名堂? 前两次去的专业人员都比较少,摸底不多,这一次要接受过去的经验教训,多去一些人,包括各方面的专家,尽量把所要索取的技术资料提得全一点,特别是原材料的技术条件和试验方法。"

刘亚楼汇报说代表团的成员除了空军工程部副部长丁仲、航空工业局副局长徐昌裕、空军军务部部长刘克江、冶金部副部长陆达、化工部副部长陶涛、公安部八局(专门对付苏联克格勃)局长严复外,还有沈阳国防机械——二飞机制造厂总设计师叶正大等航空方面的专家。周恩来满意地点头认可。

刘亚楼还说:"米格-21是目前世界上最先进的新型歼击机之一,如果苏联政府真有诚意将它的制造权转让给我们,那无疑是我国航空工业的一次转机,不但解决了空军后继机种告急的问题,同时也可让我们的飞机设计、制造部门来个大练兵,在吃透米格-21各种性能的基础上,设计制造出我们自己的新型歼击机! "

周恩来神色严肃刚毅,那轻缓的淮安口音也变得短促有力:"米格-21制造权我们可以要,但不能允许苏联政府以此为借口附带任何条件。如果他们想利用制造权进行讹诈,压迫我们在原则上让步,那我们就宁可不要! "

1961年3月,刘亚楼率代表团抵达莫斯科。

在谈判桌上,代表团碰到了一个叫德沃连钦科的克格勃。他的公开身份是苏联航空工业部对外联络司司长,实际上是苏军总参谋部情报部派到航空工业部来掌管技术出口关。早在 1956 年的中苏谈判中,他就表现出了极不友好的行为。

谈判主要按小组进行,刘亚楼每天都召集代表团成员开会讨论当天谈判的情况,以便研究对策。他专门嘱咐翻译孙维韬:"把每天谈判的内容都做详细记录,记得越全越好,不仅正式谈判内容要记,席间对话、谈判外的寒暄也要记下来。总之,要把一言一行都记下来,切不可擅自删减那些你们自己认为没有价值的东西,对我们来说,事无巨细都有价值。"

为了预防克格勃无处不在的监视、窃听,代表团比较重要的会议,都放到友谊街中国驻苏大使馆召开。那里有一间特别的房子,屋内装有干扰设备。

在谈判过程中,刘亚楼代表中国代表团提出要参观制造米格–21 的飞机厂。苏方经过考虑,同意代表团到该飞机的制造厂参观三天。

临出发前,刘亚楼再三交代代表团每位成员:"以前苏联禁止我们参观那个飞机制造厂,是赫鲁晓夫心血来潮把我们请来的,来之不易哟。每个车间、每道工序、每条生产线我们都要认真考察、询问,不要漏掉任何一个细小的环节。大家要清楚,过不久我们也将生产制造米格–21。"

这所神秘的飞机制造厂在高尔基城。刘亚楼率团抵达后,指示大家取消休息,立即参观。

一天紧张的参观结束后,代表团被请进厂长办公室外间的会议室小憩。当工厂为代表团准备安排住处时,陪同参观的德沃连钦科神态冷漠地说:"不用了,中国同志今晚必须乘火车返回莫斯科。"

会议室的气氛蓦地紧张起来,人们把目光都投向刘亚楼。刘亚楼瞥了德沃连钦科一眼,板起面孔用俄语冷冷地问:"你们答应让我们参观三天,现在刚看了一天,脑子里还有好些问题需要和工厂谈谈,可你今天就让我们回去,这是什么意思?"

德沃连钦科一双蓝幽幽的眼睛透出一股冷峻、倨傲的目光,他的回答似乎漫不经心,又似乎十分严肃:"根据苏联法律规定,你们必须当天返回!"

刘亚楼腾地从沙发上直起身子,一脸愠怒地挥舞着手臂,声音十分激动、愤懑:"我们是赫鲁晓夫同志请来的客人,你们这样对待我们,难道是友好的态度吗?"

双方剑拔弩张,会议室里充满了火药味。

厂长耶尔马索夫一看情况不妙，慌忙上前劝和："二位暂且息怒，请到里边的小屋交换一下看法，否则大庭广众之下有伤大雅。"

刘亚楼把手一挥，声如洪钟，令人震慑："不行，我们就是要在这个地方当着大家的面把问题搞清楚！"

德沃连钦科知道自己遇到了强硬的对手，自第一次见面，他就感到对手非同一般。作为克格勃，他自然知道眼前这位对手不好惹的往事。

那年刘亚楼率团参加苏联航空节。宴会结束后，赫鲁晓夫为其靠近美、英、法的战略意图，有意把几个资本主义国家代表团团长请到一边喝咖啡，又说又笑，把东欧等兄弟党的代表都冷落了。

刘亚楼感到东道主的做法有失外交礼仪，怠慢了中国代表团。若像兄弟党的代表团那样走开，显得也不够礼貌，而且有失大国风度；不走吧，一直站在花园一角也不是个办法。他向陪同中国代表团的苏方联络官拉夫洛夫少校表达了不满："主人没打招呼，我们在花园里干什么？是离开好，还是继续待着？"

苏军少校听出话来，忙跑到赫鲁晓夫那边，附耳说："中国团长不高兴了。"

赫鲁晓夫一愣，随即马上离席，亲自来请刘亚楼入席。中国空军司令员的出现，使那里的气氛更为活跃。赫鲁晓夫以主人的姿态介绍："这位是中国人民解放军的空军司令员，是文武双全的将军，曾在苏联留过学。"

特文宁马上接过话来："我和刘亚楼将军已是朋友了，宴会上刚刚碰过杯，表达了我们的友好愿望。中国空军发展很快，令人佩服。"

爱开玩笑的赫鲁晓夫说了一通中国空军战绩辉煌的话后，莫明其妙地接着说："我们天天吃土豆，我们知道，土豆有芽、有皮，皮不能吃，我们便把这没用的东西扔掉了。中国的蒋介石跑到台湾去了，蒋介石就像土豆皮，没用的东西，我们就把他和台湾一块丢进太平洋了。"

刘亚楼立即纠正："总书记同志，您说蒋介石是土豆皮，没用的东西应该扔掉，我没意见，但台湾并不是土豆皮，它是中华人民共和国不可分割的一部分，怎么能扔掉呢！"

赫鲁晓夫哦一声后，颇为圆滑地说："也许我的比喻不够贴切。"

"不是不贴切，是整个儿错了！"

赫鲁晓夫见刘亚楼当众顶撞他，有点生气，站起身说："当然，中华人民共和国是土豆的心,是有用的,所以它组建空军,我们愿意帮它。现在它的代表,中国空军司令员刘亚楼将军就在这里,他很清楚。"

赫鲁晓夫在这种场合讲这样令人摸不着头脑的话,是什么意思呢?刘亚楼为了给主人留点面子,同时不想给在一桌子上察言观色的美、英、法空军首脑留下话柄,乃委婉地说:"总书记同志,对苏联人民的帮助我们从来都是感谢的,既然您也承认台湾是中华人民共和国的一部分,那我们还有什么分歧呢?"

赫鲁晓夫体面下台,拉过刘亚楼的手连道:"刘亚楼同志,别误会,别误会!"

于是,刘亚楼和赫鲁晓夫又都坐下来,心平气和地同一桌子的西方空军首脑们聊天。

还有一次,刘亚楼率中国军事代表团借道莫斯科出访古巴,事先和苏军讲好用他们的飞机,但苏方临时变卦更改了访问日期。刘亚楼怒气冲天,大声向苏方人员抗议:"岂有此理,堂堂一个大国,怎么把信誉当儿戏!"他像是对部下训话,一点也不顾忌对方的脸色。

这当儿,就在德沃连钦科面红耳赤、尴尬地站在那里思忖办法时,厂长耶尔马索夫提出一个折中的建议:"中国同志今天只看了厂里的一般情况,还有许多问题需要进一步了解,是不是留下几位专家,以便继续参观和进行讨论,其他的人可以先回莫斯科去?"

德沃连钦科的眼睛迅速地眨动着,观察着刘亚楼的表情,见他还是虎脸紧绷,知道遇到了强硬的对手,不得不颔首微点,他终于让步了。

经过这番较量,德沃连钦科以后的态度就比较好了,谈话时总是刘亚楼同志长刘亚楼同志短的。

谈判不比打仗轻松。中苏关系破裂后的第一次谈判更是艰苦。遇到重大问题,刘亚楼都要亲自出面与苏联航空工业部和对外经济联络部的负责人面谈。每场受到克格勃监视的谈判之后,他和代表团几位精通俄文的团成员立即开始工作,凑在一起回忆情况,补充材料,充实记录。每天整理出的记录都有几十页,最多时达一百页以上。在此基础上整理出汇报内容,刘亚楼逐字逐句修改后,才放心地交给大使馆,用密码向国内汇报。代表团成员徐昌裕回忆:"在外交场合,我看刘亚楼蛮有本领应付的。他很机灵,思维敏捷,判断问题特快,在大的原则上决不屈服,完全称得上是个成熟的外交官。"

　　俄罗斯天寒地冻，刘亚楼的心却火热着。在一轮又一轮的谈判桌上，他有条不紊，镇定自若，像指挥一场战争一样，从头到尾都要做精心的组织。在准备起草协议时，空军工程部副部长丁仲问："苏方会不会提出派遣顾问呢？"

　　刘亚楼若有所思地在屋里踱了几圈，一转身，说："我看这是个十分重要的问题，因为苏方只有通过派顾问才能达到控制我国航空工业的目的。"他指示马上向周恩来发电报请示。

　　周恩来很快就回了电："派技术人员可以，对他们如何使用，主动权在我们这里。派顾问我们不能答应，如果他们坚持派，我们就宁可不要米格–21飞机。到时候你们就马上回来。"

　　苏方在准备好的协议书文本上，别有用心地写上"向中国派遣专家"字样。自从苏方无理撤走在华工作的苏联专家后，中国对"派专家"这种提法很是反感，再说中国人完全可以自己干，不一定需要外请专家。机敏的刘亚楼提议用"工程技术人员"代替协议书文稿中的"专家"这个词。

　　苏联航空工业部部长斯米尔诺夫上将坚持不改，认为"专家"和"工程技术人员"这两个词没有本质区别。刘亚楼一眼就看穿了他们的政治用心，柔中带刚地说："既然你一再表示，这两个词没有区别，词义相同，那为什么又不同意改呢，难道有什么难言之隐？"

　　苏方代表沉不住气了，近乎失态地说："你何必吹毛求疵呢，反正我们是不想改了。"

　　刘亚楼毫不客气地说："如果是这样的话，我要严肃地告诉你，我是不会在这份协议书上签字的，请你把我们的意见呈报给赫鲁晓夫同志。好了，今天的谈判到此结束，我们等待你们的最后答复。"

　　出乎意料的是，第二天谈判时，苏方主动按照中方的要求，将文件中"专家"一词全部改为"工程技术人员"。周恩来对中国代表团在谈判桌上的斗争表示赞许。

　　1961年3月30日，刘亚楼在协议上签字。合同规定，苏联将在不附加任何条件的情况下，给予中国生产米格–21（包括与米格–21匹配的P11–300发动机和K–13型导弹）的特许权，但所有的技术援助都是有偿的。

　　当晚，代表团在中国驻苏大使馆搞了一个答谢宴会，请了苏联空军司令员、空军主帅维尔希宁元帅及苏联航空工业部部长斯米尔诺夫上将等人。

宴会上,维尔希宁对中国空军的战斗力表示肯定。刘亚楼真诚地说:"苏联空军过去在帮助和协同中国空军作战中立下了汗马功劳,在中国空军成长壮大的道路上作出了重要贡献。当我们回首往事时,总要由衷地说一句,感谢友军!"

这次不同寻常的谈判取得了满意的成果。刘亚楼漫步在莫斯科近郊的避暑胜地银松林,突然诗兴大发,信口吟出了一首诗:

> 春水浮冰日光饱,银松深处起波涛,
> 绚阳遍地化积雪,卡姆河畔吐绿草。
> 人道春阳娇难得,今朝踏雪赏春光,
> 信步畅游林深处,纵古论今义气扬。

谈判结束前后,苏方请中国代表团到莫斯科大剧院观看反映法兰西革命成立巴黎公社斗争经过的芭蕾舞剧《巴黎的火焰》。中间休息时,一位高大的黑人主动和中国代表团答话,用不十分流利的俄语说:"你们是中国人吧。"

代表团称是后,刘亚楼看着对方好一会儿,礼貌地问:"如果我没认错的话,您可是世界著名男低音歌手罗伯逊先生?"

罗伯逊高兴地连连点头,张开大嘴问:"先生怎么认出我的?"

刘亚楼轻轻一笑,说:"我不仅看过您主演的电影,还听过您唱的《老人河》,歌声优美动人,百听不厌。"

罗伯逊万分激动,不顾克格勃的监视,紧握着刘亚楼的手,接着突然用不甚地道的中文放声高唱《东方红》。唱罢,又不无遗憾地说:"我一直准备到中国去演出,因此专门学唱了你们的歌。可惜,与贵国没有外交关系……"

协议签订后,代表团普遍感到高兴,但刘亚楼说:"得看今后中苏关系的发展,要是中苏关系恶化了,即使现在达成了协议,也只能是一张牛皮纸——不顶用!"

他的话多少有些先见之明。协议签订生效五个月后,苏联有关部门将制造米格-21的技术资料陆续交付给沈阳飞机制造厂,但该厂的技术人员按苏方所提供的技术资料目录与资料一核查,发现苏方故意将一些重要的技术资料扣

下,特别是所提供的米格-21样机的一部分零件根本无法装配飞机……

这些有所预料但所料不全的问题发生后,国务院迅速作出决定:飞机设计、制造等部门要对米格-21进行全面的技术摸透,为自行设计新型歼击机埋桩、夯基。

从1961年7月开始,航空研究院首批十个研究所相继成立,随后又先后组建了大型飞机设计所和航空测试设备厂。1962年初全面展开重新试制米格-19的工作。1963年9月,米格-19装上试车考验已达优质标准的涡喷-6发动机,顺利通过试飞,年底正式转入批量生产。这种后来被命名歼-6的诞生,不仅结束了我国航空工业连续几年制造不出优质歼击机的被动局面,而且使中国成为世界上少数几个能够生产超音速作战飞机的国家之一。空军和海航飞行员驾驶歼-6,在保卫东南沿海和抗美援越中,立下了不朽功勋。

几经风雨,中国航空工业终于走上了一条自主研发之路。1963年7月,第一架优质直-5总装完成,接着批量生产。到1963年底,各机载设备厂优质过关的产品全部达标。

值得刘亚楼兴奋的还有两种飞机的改型。

苏联第一架米格-17于1951年首次试飞,1953年才投入批量生产,而中国在1956年就自行仿制出该机型(即歼-5),当年9月底就将首批生产的四架歼-5交付部队。此时,中国飞机与国外同期战斗机,如美国F-86、英国"猎人"、法国"神秘"、瑞典萨伯-32的水平相当。而且由于米格-17重量轻、翼载小,因而空中机动性更胜一筹。但研制人员对此并不满足,他们很快又投入了飞机的改型工作,很快推出了两种改型:歼-5A(又称歼-5甲)和歼教-5。

歼-5A是歼-5的全天候型,可以在夜间的复杂气象条件下作战。它于1964年6月完成总装,11月11日空军成立日首飞成功,12月中旬正式定型并投入批量生产,当月就有第一架飞机交付空军部队使用。歼教-5的研发成功,使空军飞行员告别了以往用陈旧的教练机进行飞行训练的历史。

这两种飞机的制造方,就是曾受到贺龙、刘亚楼等严厉批评的成都飞机制造厂。他们走出迷途后,奋力拼搏,以过硬的产品向中国的将帅和飞行员交上了令人满意的答卷。

至此,中国航空工业从根本上扭转了大跃进所造成的严重被动局面。

当中国的航空人不负众望,突破一个个空白领域,把一架架新型飞机送上祖国的长空时,刘亚楼对根据米格–21试制生产两倍音速的歼击机,更是充满期待。

当他再来沈阳飞机制造厂视察时,但见工厂面貌和1960年大不一样,刘亚楼紧锁的愁眉舒展了。

他毫无保留地告诉企业领导和技术人员:"在抗美援朝中,空军获得的基本经验之一,是武器装备的优劣对空战的成败甚为关键。志愿军空军之所以能够取得优异的战绩,飞机的性能与敌方大体上处于同一水平线是重要原因之一。"

结合自己对多国航空业的考察,刘亚楼还说:"目前,与世界航空先进技术水平相比,我们在一些关键技术上明显落后,在武器系统的配套建设上,还有很大的空当。因此必须加快航空武器装备发展的步伐,今后为了免于有求于人,受制于人,就必须自力更生,研制出自己的高技术装备。"

这是空军司令员给航空人下的军令。

苏联政府留一手的小动作,拖延了刘亚楼期待中生产制造米格–21的时间。幸有沈阳飞机设计研究所和沈阳飞机制造厂等单位群策群力,对米格–21进行全面的技术摸透,先后解决了二百四十九个苏联提供的图纸中的疑难问题,编制了苏联欠交的八大试验技术文件,完成了各项技术攻关,试验并掌握了四十六项新技术和新工艺。1964年3月,沈阳飞机制造厂全面铺开米格–21的试制工作,次年研制成功。这是中国歼击机设计、制造业的辉煌转折点,它就是空军使用了四十多年的歼–7。

当米格–21的研制指日可待时,1964年5月,航空研究院提出要在米格–21的基础上,自行设计一种性能更好的高空高速歼击机,而且技术、战术指标要全面优于苏联米格–23歼击机(简称米格–23)。这可不是件容易的事情,因为米格–23是当时世界上一流的歼击机。刘亚楼得知这个消息,大加鼓励,表示:"空军大力支持,要人给人,要物给物,你们成功时,我为你们摆酒庆功!"

言犹在耳,遗憾的是,刘亚楼翌年因肝癌辞世。四年后,中国自行设计制造的第一架高空高速歼击机歼–8翱翔蓝天。它的身后是日趋庞大的航空产业体系,这也算是对英魂的告慰。

再穷也要有根打狗棒

1956 年 5 月,刘亚楼护送毛泽东首次乘坐中国空军飞行员驾驶的飞机赴广州,回京后马上接到中央开会通知。会上宣布成立以聂荣臻为主任的航空工业委员会(简称航委),刘亚楼和刚回国不久的火箭专家钱学森等人一道,被任命为航委委员。

航委的职责相当机密,负责领导中国导弹和航空事业的发展建设。航委委员大都是领兵打过仗的将帅,对建设一支强大的国防力量体会至深。

紧接着,周恩来主持中央军委会议,讨论了聂荣臻代表航委提交的《建立我国导弹研究工作的初步意见》,果断作出了发展导弹技术的决策,确定由航委负责组建国防部导弹管理局(简称国防部五局)和国防部导弹研究院(国防部五院)。1956 年 10 月 8 日,中国第一个火箭导弹研究机构——国防部五院正式宣布成立,钱学森任院长。这个对外严格保密的单位,代号零零三八部队。这天成了中国导弹、航天事业奠基的历史性纪念日。

20 世纪 50 年代,世界几个主要大国进入所谓的原子时代和喷气时代,航天技术也进入一个新的发展时期。帝国主义的封锁、包围和核叫嚣,催醒了新生的共和国,要不受人欺负,就必须拥有现代化的武器装备。因此,国家在制定十二年科学规划中,把国防现代化建设摆在显要位置,把火箭和喷气技术、电子计算机等列为国家的重点发展项目。

毛泽东曾说:"我们现在还没有原子弹。但是,过去我们也没有飞机和大炮,我们是用小米加步枪打败日本帝国主义和蒋介石的。我们现在已经比过去强,以后还要比现在强,不但要有更多的飞机和大炮,而且还要有原子弹。在今天的世界上,我们要不受人家欺负,就不能没有这个东西。"

这是何等的气魄!

在开国元勋中,刘亚楼是涉足这个尖端领域的第一批人。

1952 年夏,中国开始编制第一个五年计划,其中军工部分及军队的五年计划,就已提到搞原子能的事情。而中国科学院在 1950 年 4 月组建的近代物理研究所,正是为建立核科学基础、为中国的核能研究和发展做准备的。

1954 年 9 月,国防部部长彭德怀率中国军事代表团赴苏联参观核爆炸试验。代表团规格相当高,除了彭德怀外,还有中国人民解放军军事学院院长刘伯承、总参谋长粟裕、哈军工院长陈赓、空军司令员刘亚楼、装甲兵司令员许光达、总高级步兵学校(今南京陆军指挥学院)校长宋时轮、沈阳军区司令员邓华、总参谋部作战部部长王尚荣和海军参谋长周希汉。早在 1949 年 8 月,刘少奇秘密访苏时,就曾提出参观原子能有关设施的要求,斯大林虽然拒绝了,不过还是请中共代表团观看了有关核试验的纪录片。1953 年,钱三强率领由二十六名专家组成的代表团到苏联学习

1956 年 10 月,刘亚楼陪同毛泽东在机场

发展科学技术的经验,其间,也曾提出同样要求,未获同意。

中国军事代表团抵苏当天,苏联国防部部长布尔加宁亲自作报告,讲解演习程序,随后开始演习。

1954 年 9 月 13 日,刘亚楼和中国军事代表团来到托斯克,被安置在离核爆炸区不远的一个营地。罗马尼亚、保加利亚、波兰、阿尔巴尼亚、匈牙利等几个国家的代表团也在那里参观。苏军参加此次试验演习的有四万五千人。在观察核爆时,每人领到了一副墨镜。核爆时冲击波相当厉害,刘亚楼看到,引起的狂风把彭德怀的帽子都给吹掉了。9 月 17 日托斯克演习结束,讲评后举办了一个宴会。在宴会上,布尔加宁把一把原子弹的钥匙,也就是起爆的钥匙,赠给了彭德怀。

1954 年国庆期间,毛泽东邀请赫鲁晓夫来北京参加庆典,提出了请苏联帮助中国搞原子能、核武器的想法。

1955 年 1 月 15 日,毛泽东主持中央书记处扩大会议,作出了发展原子能事业、研制原子弹的决定。

这年10月，经中国政府严正交涉和周恩来的精心策划安排，被美国羁留整整五年的著名科学家钱学森冲破重重阻挠，终于回到祖国。此时正赶上中国制定十二年科学规划，新中国的国防工业到底应该搞什么？中央军委的意见是优先发展航空飞机，掌握制空权。在朝鲜战场上，美国大搞核威胁、核讹诈，天天喊着要放原子弹。中国鉴于空军还不够强大，为了防备美国，不得不频繁调动部队，还要不断地深挖洞。刘亚楼和许多将帅都认为，中央军委设想大力发展航空飞机的意见是正确的。

在征询钱学森的意见时，他却提出了相反的意见，认为航空飞机固然要发展，但当务之急还是应首先发展导弹，发展航空飞机的重要性赶不上发展导弹。

直叫将帅们大眼瞪小眼："为什么呢？"

在美国就已是火箭研究所所长的钱学森解释："导弹打飞机，一打一个准，飞机打导弹，门都没有。"

一来二去，刘亚楼和钱学森也就熟了，不时虚心地向这位从事喷气技术与火箭技术研究的科学家请教。

一天，钱学森针对刘亚楼最关心的话题，直截了当地相告："就我们中国来说，搞导弹比搞飞机要容易。"

刘亚楼不明所以，钱学森分析说："飞机的材料至关重要，要能经受十年二十年甚至更长时间的考验，导弹的材料却是一次性的。所以，导弹没有尖锐的材料问题，导弹的难点在于看得清，打得准。因此，我的结论是，中国人搞导弹比搞航空飞机要容易。"

航空工业局副局长王弼，此时正协助钱学森完成《喷气和火箭技术的建立》的规划制订，就刘亚楼不太理解的技术问题作了些解释。

刘亚楼听懂了，认为这是个惊人的理论。

后来，经过群英会论证，在编制全国十二年科学技术发展远景规划中，充分吸收了钱学森的意见。国防部五局和国防部五院就是在这样的背景下先后成立的。后来为了减少层次，提高工作效率，1957年3月中央军委下令撤销国防部五局，所属机构和人员合并到国防部五院。

对国防部五院，苏联专家建议在外地选址，但在沈阳、哈尔滨、南昌、株洲、西安、四川选了一圈，都觉得不合适，又返回北京，看中了紫竹院的空军四六六医院。刘亚楼大手一挥："支持!"于是,医院搬迁,病房就成了新分来的一百五十六名大学生的宿舍。这些大学生,学化工、学纺织、学机械的都有,就是没有学火箭、导弹的。国防部五院成立的仪式刚结束,会场就变成了课堂。钱学森开始给大伙儿扫盲,连讲七课。学习班办了三期,刘亚楼抽空听了几课,感觉增长了不少知识。

国防部五院成立不到一年,就在研究和仿制苏式导弹方面取得了重大进展,提议研制导弹与建设试验靶场同步进行,不能等导弹研制出来后还没有一个做试验的地方。1957 年秋,中央军委决定着手建设第一个导弹综合性试验靶场。刘亚楼对此积极响应,大力支持,并派出副参谋长张廷发担任靶场筹建委员会副主任。翌年 2 月 14 日,刘亚楼参加了彭德怀主持的会议,听取导弹试验靶场选址情况的汇报。会议决定靶场放在内蒙古额济纳旗(甘肃酒泉附近),中央很快批复同意。

为了缩短导弹技术起步阶段的摸索过程,中国政府曾就建立和发展中国导弹技术同苏联政府举行谈判。苏方只同意接收五十名火箭专业的留学生和提供两发供教学用的 P–1 模型导弹(即苏联仿制的德国 V–2 导弹)以及相关的资料和设备,并派专家来华。从事导弹研究的人才不够,负责导弹计划的聂荣臻元帅便盯紧了空军,他知道刘亚楼手中有宝贝。

1951 年,刘亚楼为了适应空军建设的长远需要,建议从部队挑选一批年轻优秀的军人,不惜血本送到苏联学习最新技术。中央军委同意这项建议,在全国优秀人才中抽调六十余人参加考试,最后从中又精挑细选出孙家栋等三十人赴苏。在送别他们时,刘亚楼语重心长地说:"你们很幸运能被祖国挑中,一定要珍惜这次学习机会,带着祖国的重托留学,要为祖国而学,为空军而学,我期待你们早日学成回来,成为高级飞行指挥员、高级技术员和优秀的维修、管理、地勤人员。"

这批学员就学于茹科夫斯基空军工程学院。茹科夫斯基是苏联著名的飞机设计师,他的学生中有设计了雅克、图波列夫和伊尔等著名飞机系列的大设计师。以他名字命名的这所学校,不仅在苏联首屈一指,就是在世界上也大名鼎鼎。

1958 年初,孙家栋等二十三名高才生从苏联学成回国。爱才如命的刘亚楼,暗自高兴,心中打着小九九:有了茹科夫斯基空军工程学院的这些金牌毕业生,中国空军大干快上就更有希望了。没想到,聂荣臻却盯上了他们,要把他们全部调走。

刘亚楼再怎么心疼,也要服从发展导弹的大局,但一面也"讨价还价",恳求聂荣臻:"聂帅,您要人,我不敢不给,但至少给我留下三分之一,也就是八名。"他特别点了宝贝疙瘩孙家栋的名字。

聂荣臻答应了,但看到刘亚楼如此看重孙家栋,知道含金量,硬是把他挖到国防部五院搞导弹去了。后来,孙家栋成为"两弹一星"专家组的主要成员。

火箭、导弹的研制工作在紧锣密鼓地进行,原子能、核武器项目也开始启动。

当赫鲁晓夫关于帮助中国发展核武器的承诺被他的某些粗鲁外交行动冲淡时,中国人第一次公开表示了要自己制造核武器的决心。1958 年 5 月,中央军委召开千人扩大会议,会议主要议题是如何实现中国人民解放军的现代化并继续坚持延安传统和毛泽东军事思想。会议召开前四天,身兼中央军委委员、航委委员等职的刘亚楼,在《解放军报》发表了一篇题为《认真学习毛泽东军事思想》的文章。

著名中国问题专家罗德里克·麦克法夸尔称:"刘在文章中不仅赞扬了主席的著作,而且还称赞了工农出身的飞行员,批评外国(即苏联)顾问(这种批评来自于一个曾在苏联学习过的人是尤其值得注意的),批评外国那种通过过分的安全预防措施将士兵与人民群众隔开的做法,重申了党委制和政治委员在现代化军队中的重要性。刘亚楼的文章也许最为重要的一点是,作为中国人民解放军中一个具有先进武器装备的军种的司令员,他赞成毛的信条,即战争中的决定性因素是人,而不是武器,这句话是人定胜天的大跃进精神在军事战线上的反映。"

这位中国问题专家分析认为,毛泽东在这次军委扩大会上,对刘亚楼大加表扬"并非巧合"。

刘亚楼在这篇文章中还指出,中国将利用自己的工人和技术人员,在"为期不远的将来"制造出自己的核武器。能把这种"倾向"初露端倪,事先该取得中央军委的首肯。

三个月后,主管科技工作的政治局委员、国务院副总理聂荣臻元帅证实了刘亚楼的说法。西方学者据此分析:"刘亚楼的断言可谓一箭双雕,它不仅是对赫鲁晓夫的警告,而且实质上还在于维护毛的发展具有核武器装备的延安式军队,以避免在现代常规武器方面进行大量投资的计划的可信性。"

靠人不如靠己,拄着别人赠送的拐杖走路只能是别人的孩子,再穷也要有根打狗棍,这是刘亚楼的信条。他在组建空军和苏联谈判,进而从事两国军事合作期间,对苏方的友情和帮助铭记在心,但也对苏联领导层在言语和行动中流露出来的高高在上的领导者作态大为反感,尤其对苏联领导人屡屡表现出的大国沙文主义表示愤慨。

1955年1月,苏联国防部提议中苏两国加强在远东的防空领域合作。中国即派出由副总参谋长陈赓、空军副司令员王秉璋、防空军副司令员成钧等九人组成的代表团到伯力,同苏联远东军区及太平洋舰队商谈防空合作事项。陈赓等人回国汇报后,彭德怀认为这个防空协定不平等,建议中央暂不批准。

这年9月,苏联国防部再次提出外贝加尔军区与沈阳军区订立协同防空协定的问题。根据刘亚楼和总参谋长粟裕的意见,由沈阳军区空军(简称沈空)司令员周赤萍前去同苏方商谈。他和粟裕向周赤萍交代,此行谈判仅限于双方在防空情报方面的合作问题。周赤萍到赤塔后,才知苏方早已准备好了协议,内容包括苏联飞机事先不必通知中国即可进入中方领空并在中方机场降落,但中国飞机在本国飞行或进入苏联领空,均须事先向苏方通报,北京军区所得敌机情报也要通报给苏方。议定书还要求中国在东北北部地区增建几个机场,以满足苏军飞机降落之需要。此外,在为对方提供燃油及食宿方面,条件也不对等。

因为超出了事前协商的谈判范围,周赤萍便向国内请示如何应对。刘亚楼回电明确答复:"不能同意,应只谈防空情报合作。"

周赤萍收到的复电却是同意按苏方的议定书办,他遂于9月27日在防空协定上签了字。周赤萍回国汇报,刘亚楼得悉此情,先是惊诧,继而震怒,马上报告彭德怀。彭德怀也是愤怒不已,迅速报告给周恩来。

大家分析,中国代表团与国内的往来电报都是经苏军通信系统传递的,很可能苏联人从中做了手脚。周恩来指示,在事情真相尚未查清之前,不理会苏联顾问关于在12月开始执行协定的意见。

12月29日,刘亚楼参加中央军委召开的办公例会。会议认为,虽然事情真相调查的结果还不得而知,但苏方提出的协定本身根本没把中国放在一个平等的位置上,尽管中国在远东防空方面对合作的需求更甚于苏联,但也不能接受如此不平等的协约,并决定告诉苏联总顾问和转告苏联国防部:周赤萍违背中国人民解放军总参谋部和空军司令部的指示,擅自在两国防空协定上签字,是无组织无纪律行为,应受到处分。此协定不能执行。

中苏建交以来,在两党关系(如中苏领导人会谈从来不许中方做记录等)和两国经济、军事领域合作方面,类似这样不平等的做法,绝无仅有。

斯大林时代,新中国对苏方一些傲慢的举动,由于种种原因,多数未提出异议。自朝鲜战争以后,中国共产党和中国军人在社会主义阵营中的地位大大提高,而接替斯大林的赫鲁晓夫在政治上还需中共支持。因此,此时的苏联尽管仍是中苏同盟的领导者,但中国已经不是老大哥眼中逆来顺受的小媳妇了,可以明确表达自己的不同意见。

围绕处理波兰冲突、解放匈牙利事件以及召开莫斯科共产党会议等问题,为了寻求中国在政治和外交方面的全力配合,苏联于1957年10月15日同中国签订《国防新技术协定》,承诺在发展原子能工业和核武器方面向中国提供援助。1957年11月的莫斯科共产党会议显示了社会主义阵营的强大力量和空前团结,也把中苏友谊推向高潮。莫斯科会议后,中国党政代表团回国,刘亚楼则随彭德怀、叶剑英率领的军事友好代表团,继续在苏联参观访问。

1957年12月下旬,苏联派出3770次国际列车,载运两枚P-2型地对地导弹(简称P-2)及其器材设备到中国满洲里口岸站。作为苏联第一代产品的P-2,虽说已从苏军的战斗序列中退出现役,但对中国军人来说,仍然起着不可或缺的作用,照钱学森的话说,有了教学实物,可使我们少走弯路。为教会中方使用和维护这些导弹,苏方还派了一支上百人的队伍随同前来,教学期为三个月。几天后,以列米·盖杜柯夫少将为首的苏联专家组抵达北京,开始帮助中国进行导弹试验靶场的勘察设计工作。

1958年9月,中央军委决定在空军建制下正式成立全军第一所导弹学校,负责培训各军兵种所需地对地、地对空、岸对舰等导弹兵器的工程技术和指挥干部。1958年10月6日,刘亚楼在北京长辛店庄严宣布:"中国空军地空导弹兵第一营正式成立!"从此,在人民解放军的序列里,出现了一个崭新的兵种——

地空导弹部队,为保密起见,代号为五四三部队。

11 月底,苏联提供的五套萨姆-2 地对空导弹(简称萨姆-2)运到北京,其中三套装备空军部队,一套给国防部五院进行仿制,一套给国防科委第二十基地做试验用,前来任教的苏联专家九十五人同时到达。

随后,地空导弹兵第二、第三营相继成立。

然而,就在此前不久,苏联领导人试图在中国建立长波电台和联合舰队。以毛泽东为首的中国党政军领导人,几乎都异口同声地指责苏联这个做法侵犯了中国的主权,赫鲁晓夫欲图控制中国。刚进入蜜月期的中苏关系,又笼罩上了一层阴影。

1958 年 10 月 16 日,中共中央批准中央军委的报告,为了加速国防科技事业的发展,决定成立国防科委(同时撤销航空工业委员会),统一领导全军武器装备科学研究工作。聂荣臻兼任国防科委主任,陈赓、刘亚楼、张爱萍、万毅兼副主任。10 月 20 日,为加强保密,国防部决定停止使用从事导弹试验的第二十兵团番号,以零零二九部队相称,同时成立导弹试验基地,第二十兵团副司令员孙继先任基地司令员,空军第三军政治委员栗在山任基地政治委员,广州军区司令部副参谋长李福泽、第一军械科学试验靶场场长张贻祥、北京军区空军(简称北空)副参谋长林毅为基地副司令员。这些身经百战的共和国将帅们,此时虽说功成名就,夙愿已偿,但新中国严酷的生存状况,依然需要他们统率千军万马,披坚执锐,攻占新的制高点。

1959 年 6 月 12 日,由罗荣桓、叶剑英元帅率领,刘亚楼和总参谋长黄克诚、海军司令员萧劲光、炮兵司令员陈锡联等人,一同参观了海军发射中国第一枚岸舰导弹现场会。这一天宣告,中国继空军地空导弹部队后,有了自己的岸舰导弹部队,彻底结束了旧中国有海无防的惨痛历史。罗荣桓寄语刘亚楼、萧劲光:"今后就应该这样,空军让蓝天不再有阴影,海军让万里海疆风平浪静。"

在现场会上,刘亚楼碰到了钱学森,关切地问起导弹研制情况。钱学森相告:"五院的摊子是铺开了,导弹事业也朝健康的方向发展,但还有些问题需要解决,不然会出偏差。"他说,导弹的加工需要有人去协调,还有就是研究院的行政事务工作让他忙得脚不着地,他很想辞去这个职务。

刘亚楼认为这是个信号,必须让钱学森尽快从琐事中解放出来,他回京后马上向聂荣臻作了汇报。

翌年 2 月，在军委广州会议上，副总参谋长陈赓也提出，国防部五院有种风气，什么对外加工的事、有关行政方面的事务，都推到钱学森那里去签字，这怎么能行？钱学森的精力是组织领导导弹的研制，其他事情不要推到他那里去管嘛。钱学森提出的问题，保障好就行啦，其他事连让他知道都不要，不要分散他的精力。陈赓自告奋勇，请缨去当国防部五院院长。

军委领导考虑到陈赓的健康等原因，没让他兼任国防部五院院长，而是选中了刘亚楼。空军事务繁多，要建设要打仗，还要兼管民航，刘亚楼又兼任国防部副部长、国防科委副主任等职，不可能经常性地坐镇国防部五院，乃建议派空军第一副司令员王秉璋兼任国防部五院副院长。

刘亚楼对王秉璋说："总的要求，就是不要让钱学森教授为琐碎的事操心，无论如何也不能干扰他，让他专心搞研究，保障他的各项要求得到实现。技术方面由钱学森教授拍板，行政事务工作由你和其他人去做。各分院院长也主要管行政事务和保障工作，技术问题由技术专家拍板就算数。"

1960 年 3 月 8 日，周恩来正式颁布命令，任命刘亚楼兼任国防部五院院长，王秉璋兼任国防部五院副院长。4 月 14 日，刘亚楼召集国防部五院领导班子开会，说："五院领导的分工，经过军委广州会议前后的酝酿，已经定下来了。聂总也于本月 4 日找我们党委的一些同志作了指示。我的精力主要还是放在空军，王秉璋同志主要精力放在五院。我不在时，由他拿总。中央把发展国防尖端技术视为天字第一号任务，大家要密切配合，指挥打好这场意义非凡的特殊战役。"

1960 年 4 月 27 日，国防部五院党委向总政治部和国防科委呈报备案："五院党委一致同意：刘亚楼同志为第一书记，王秉璋、刘有光、王净三同志为书记。刘亚楼同志不在院时，由王秉璋同志执行第一书记职务，掌管全盘工作。"

王秉璋走马上任后，根据刘亚楼的指示，挑选了一批尊重科学、尊重知识，并愿为科技事业无私奉献的干部到国防部五院工作。

国防部五院领导班子的调整，让导弹研制事业焕发了生机，科技人员从过去的数百人猛增至上万人。就在仿制苏联 P-2 进入最后阶段时，1960 年夏，赫鲁晓夫突然下令撤走全部专家，带走所有资料，停运所有设备。

中苏关系从亲密到交恶，国防部五院上下都感受强烈："这么多的工作，我们好不容易搞到半截,他们什么也不说,拿走技术资料,拍拍屁股扔下我们就走,给我们造成的损失有多大呀,他们这不是坑我们吗?"

中国航天事业面临着夭折的危险。在严峻的考验面前,中央高层在思索,刘亚楼也在思索。他来到国防部五院和导弹研制人员谈心,说:"赫鲁晓夫背信弃义,撕毁合同,撤走全部专家,这对我们是个损失,但也更激起我们自力更生、奋发图强的精神。我们不仅要做好仿制 P-2 的工作,还要在国防尖端技术上独立长征。"

孙家栋告诉刘亚楼:"大家对苏联专家二话不说就撤走虽然都很气愤,但并没有灰心,相反劲儿更高涨了,想着一鼓作气自己把它干出来。"

刘亚楼连声说好,就是要把生气变成争气,长中国人的志气。他还说:"科学也是人摸索出来的,它不能一步登天,要一步一步爬坡,打好基础,但只要尽早动手,卧薪尝胆,百折不挠,拿出主席'一万年太久,只争朝夕'的精神来,就必然能上水平,拿出自己的东西。"

对孙家栋这些由新中国自己选拔培养的火箭专家,刘亚楼呵护有加,一再指示王秉璋要非常珍惜和重视这些科学家,让他们把全部精力都用在科研上。

在认真听取王秉璋汇报并与副院长钱学森交换意见后,刘亚楼指示国防部五院:"现在既然已基本掌握了仿制导弹技术,就应该开足马力,加大仿制生产力度,尽快拿出成果;另外,可以把一部分技术力量转移出来,自行研制加大射程的地对地导弹。凡事预则立,不预则废,我们要提前动手!"

此时,尚属三年困难时期,由于副食品供应紧张,不少科学家不同程度出现了浮肿现象。刘亚楼心疼不已,要求院党委把有限的副食集中发给科技人员,其他人员都不能享受。此举受到聂荣臻的赞誉,号召国防部五院要长期贯彻,直到战胜困难。士为知己者死,中国的知识分子最讲究知遇之恩,这批不寻常的副食,让他们深切感受到了党的关怀和温暖,人人焕发出为国争光的巨大热情。

刘亚楼对远在内蒙古额济纳旗的导弹卫星试验基地,也关心有加,寄予厚望。

三年困难中,导弹试验基地也时时断炊,部队将驻地周围的野菜都挖光了,仍然食不果腹。一些官兵饿急了眼,便去打沙枣,把禁区内的打光了,又到额济纳旗附近打,毁了不少树。额济纳旗将之报告给自治区政府,并向军委告状。事

情发生后,基地专门向国务院写了报告作检讨,基地领导还向自治区政府主席兼内蒙古军区司令员乌兰夫上将登门道歉。

基地司令员孙继先是刘亚楼任红一师师长时的营长,基地副司令员李福泽(后升基地第二任司令员)曾任四野第四十一军参谋长、副军长,都是刘亚楼的老部下。李福泽在北京挨了聂荣臻的批评后,来到老首长刘亚楼办公室。刘亚楼一见他就生气地质问:"你李福泽怎么搞的,好大的胆。这是民族问题,弄不好是会捅上天的!"

李福泽知道刘亚楼的脾气,边作检讨边如实报告:"官兵们饿得没办法,只好打沙枣,偏偏树很高,上去也够不着,就用竿子打,不小心打断了一些树枝。事情发生后,我们承担了责任,做了处理,对部队也进行了严肃的批评教育。"

刘亚楼得知基地的困难情况,才放缓了语气:"有困难也要及时报告,不得胡来。"

李福泽看着自己的老首长,说:"我现在就饿得不行了,司令员您得给我填点肚子。"

刘亚楼叹了口气,打开柜子,从里面拿出半袋奶粉,搁在李福泽面前,开玩笑似的说:"这是补助我的,你倒来剥削我啊!"

李福泽高兴地把半袋奶粉放进包里,道声:"这我就不客气了,司令员您知道吗,这要是打成一锅奶汤,足够我们一个连吃一顿了。"

面对自己兼顾的几个部门尤其是科技人员忍饥挨饿的情况,刘亚楼忧心如焚,整天思考如何想办法过这一关。在他和聂荣臻等人的协调下,一批"科技肉"、"科技鱼"、"科技豆",送到了有关人员手中。

在这期间,刘亚楼受国防科委主任聂荣臻之召,商谈了国防工业体制调整问题,认为应改变中国工业管理过粗的体制,有必要在已有的三个工业部基础上,另行分建航空、电子、兵器、舰船等四个工业部。

在中央高层和刘亚楼的殷切期待中,国防部五院众志成城,顶住苏联撤走全部专家和拿走技术资料的压力,度过了三年自然灾害和国民经济最困难的时期。1960年11月5日,中国的第一枚导弹东风1号(仿制苏联P-2的近程地对地导弹)点火升空。这是中国运载工具史上一个重要的转折点。随后,中国导弹工业开始由仿制转入自行设计,处女作名为东风2号。

1961 年 4 月，刘亚楼率团赴苏谈判回国后，又马不停蹄地参加了在北戴河召开的国防工业会议。在这个会上，面对不断变化的世界格局和潜在的战争威胁，中共中央坚定了"两弹"（导弹、原子弹）上马的决心。

1962 年 2 月，刘亚楼出席国防部五院的春节招待会，满怀期望地对在座的航天专家和科技人员说："苏联专家走后，我们靠自己的力量继续着火箭、导弹技术事业，取得了初步的成绩。但这还远远不够，我们要继续前进。苏联有人讽刺我们，说：'你们把导弹造出来，我们买你们的！'听听，这话多气人！大家一定要争口气，把我国自行设计的第一枚导弹搞好。你们很快就要去发射场，我预祝你们发射成功。如果这枚导弹试验成功，我们在人民大会堂开庆祝会！"

国防部五院距国宾馆不远，每逢重要外宾来访，一些从事尖端科学研究的导弹专家们，少不得都要打着小纸旗，站在街头迎宾。连同一些虚假空洞的政治活动，浪费了科技人员的大量时间，让他们十分反感。刘亚楼了解了这一情况后，指示国防部五院党委尽快纠正这种不良风气，要保证他们有充足的时间用于专业研究。

刘亚楼欣赏并支持王秉璋的工作，感觉王秉璋能和钱学森等人搞好团结合作。在王秉璋完全可以独当一面后，刘亚楼乃于 1962 年 6 月 10 日主动请辞兼职的国防部五院院长，由王秉璋接任院长。

1964 年 6 月 29 日，东风 2 号成功发射，标志着中国"两弹一星"事业在导弹领域取得了决定性的胜利。刘亚楼给王秉璋打来电话祝贺，称这是枚大长中国人志气的导弹。

也就在这时，罗布泊核爆试验进入倒计时。

核爆试验离不开空军协助。空军副司令员成钧还奉命参加核爆试验委员会（简称核试委会），是核试委会的主要成员之一，经常向刘亚楼汇报核试委会交给空军的任务。刘亚楼对此有求必应。在这几年中，他还亲自指挥空军部队，执行防空作战和打 U-2 高空侦察机（简称 U-2）等任务，以保障核试验安全进行。

核试委会成立后，下设空军效应大队，主要任务有几条：一是保障运输，包括空运"产品"（原子弹），运送仪器、设备、材料，接送科学家和中央、军委总部负责人等；二是核爆后空中取样、爆心剂量侦察、热线侦察、伞射侦察、回运成果等；三是气象保障；四是搞洗消；五是搞效应。如此下来，共计需各种运输机十四

架，还不包括临时加派的专机，另需空地勤和后勤保障人员二百多人。

谁都知道，在调派使用飞机上，刘亚楼一向抠门，绝不允许浪费。核试委会一下要这么多飞机，空军会不会不打折扣全给，连副总参谋长、国防科委副主任兼核试委会主任张爱萍心里也没数。

因为此系高度机密，不能用电话汇报，成钧乃派随同他到大西北工作的空军作战部副部长恽前程飞回北京，当面向刘亚楼请示。

刘亚楼虽始料不及核试委会一口气提出调派这么多飞机和人员，听罢情况汇报后，他沉吟良久，指示空司照办。他还让恽前程回去转告："核试委会赋予空军的任务以及各试验单位向我们提出的要求，只要能办得到的，我们都办，并且保证办好。"

刘亚楼一声令下，空军各部门马上运转起来。很快，一大批担任核试验任务的伊尔式、里-2 运输机（简称里-2）、直升机和国产的安-2 小飞机，载着相关人员和设备，呼啸着飞向罗布泊附近的马兰机场。

核试委会给空军的几大任务中，最难的莫过于运弹和取样。

当时空军飞机中，真正能运弹的是伊尔-12 运输机（简称伊尔-12）和伊尔-14 运输机（简称伊尔-14）。为了完成运弹任务，空军专门改造了伊尔-14。

至于取样，关键的问题是飞机的飞行高度不够。适于执行此任务的伊尔-12 只能飞到六千米，但取样要求飞机升至八千米到一万米。而且专家还提出，核爆后取样飞机需要在多高、从蘑菇云的哪一层上穿过，因此又得训练并加改装伊尔-12。

经反复试验，伊尔-12 一点一点爬高。恽前程亲自试验改装的飞机，上到极限后，气流直颠簸，他的脑袋都碰到顶盖了，一看仪器，已升至八千五百米。落地后，他忙向张爱萍报告。张爱萍说不错，我也去坐坐那个飞机。恽前程劝他不要上去，张爱萍说我不上去，怎么知道你们是不是那个高度，究竟行不行啊？他还以商量的口吻对恽前程说："这事你不要报告你们的刘司令员，一报上去，空军肯定还要报军委，事情可就麻烦了。"

张爱萍亲自试验飞机爬高，这等冒风险的事，恽前程敢不报吗？

刘亚楼接报后，感到这确是个难题。要是自己随便答应下来，万一出了事，即便是个小事，责任也不小。如果把皮球向上踢给中央军委，自己虽然避免了可能招致的责任,却又把难题出给了中央军委首长。何况他理解老战友张爱萍的急迫心情,时不我待呀!于是,他决定自己做主,对恽前程说:"张主任要上去,你就陪他上去吧,但飞机要好好检查,做到确有把握。"

张爱萍上了改装的伊尔-12后,爬到极限转了三圈,心里踏实了。

1964年10月16日,中国第一颗原子弹在罗布泊爆响,震惊全世界。张爱萍对空军从参试以后的一系列工作,给予"很好,满意"的评价。空军为中国第一颗原子弹的爆炸立下了特等功。

1964年8月,刘亚楼(左四)陪同叶剑英(左三)、贺龙(左二)、罗瑞卿(左一)观看飞行表演

在中共中央的高度关怀下,由聂荣臻牵头,在钱学森等专家和刘亚楼、王秉璋等人集思广益的基础上,制定了中国航天技术研制规划。1964年底,周恩来提出在国防部五院的基础上,再划一些工厂过来,组建第七机械工业部(简称七机部,后改名航空航天工业部),统一管理导弹火箭和人造卫星的研究、设计、制造和基本建设。中国的航空航天事业在奠定基础后,战胜重重困难,稳步进入从仿制到自行研制,从初级向高级发展的阶段。"文化大革命"中,有人反对这样部院合并的做法。1966年6月的一次中央专门委员会(简称中央专委)小会上,针对两派大闹部院合并问题,有个造反组织要求批斗罗瑞卿,周恩来说:"这个主意是我首先提出来的。在怀仁堂开了几天会,刘少奇主席主持的,贺老总、聂老总、刘亚楼、罗瑞卿参加了,王秉璋也参加了。这个过程要从1961年说起,这个问题

我提得最早,1962年我就说合起来,部院合并的目的是为了解决三结合,理论联系实际。"

多点开花结硕果

1949年11月15日,北京饭店灯火辉煌,周恩来总理在这里会见并宴请两航北飞起义人员。

两航起义是充分体现新中国凝聚力的爱国主义杰作。这年11月9日,中国航空公司(简称中航)总经理刘敬宜和中央航空公司(简称央航)总经理陈卓林,率两公司在香港的全体员工起义,宣布脱离国民党政权,接受中央人民政府领导。两公司总经理等乘坐央航飞机直飞北京,其余十一架飞机从香港飞往天津。两公司在港资产由其留港员工负责保护,留待中央人民政府接收。

听到这个消息,刘亚楼备感高兴,他这个空军司令员少的就是飞机。11月2日,中央政治局决定设立民用航空局(简称民航局),由空司领导。空军这么空,民航也只是个空架子,都需要翅膀,两航起义的这些飞机,真是雪中送炭呀!接到周恩来参加宴会的通知,他和红军老战友、拟任民航局局长的钟赤兵马上赶到北京饭店。

席间,刘亚楼向钟赤兵敬酒:"民航很快就会兵强马壮的,老兄你单腿也可起飞!"

1950年初,政务院决定将起义后的两航空公司与民航局合并,空运业务由民航局统一经营。刘亚楼要求民航局以两航起义回归的人员和航空物资为基础,尽快建立机构,设立办事处,培训业务技术人员,并着手开辟航线。

在战火中新生的共和国满目疮痍,百废待兴,已有的机场大多数遭到破坏,通信导航设施被搬到台湾,西方国家又进行经济封锁,飞机缺乏必要的维护器材,燃油缺乏,所有这些,严重束缚、限制了民航事业的发展。民航局有些干部在刘亚楼面前叫苦连天,刘亚楼说:"我们不要被困难吓倒,利用现有条件,从头收拾旧山河。"

刘亚楼和民航局局长钟赤兵、副局长唐凯等人研究,认为目前宜采取"小飞"的原则和稳步前进的经营方针,以便为今后的发展创造条件,打好基础。

1950年4月3日,毛泽东在民航局关于经营方针的报告上批示:"所拟方针可用,具体实施与周恩来总理、聂荣臻参谋长商酌办理,并与空司协商配合。"

在落实开航的具体步骤上,出现了先国际后国内的情况。刘亚楼先是惊讶,而后大手一挥,说:"我们共产党人办事不落俗套,不拘格式,既然国际条件先成熟,就先开通国际航线吧。"

1950 年 7 月 1 日,根据中苏两国政府签订的《关于创办中苏民用航空股份公司协定》,中苏民用航空股份公司正式成立,即日开辟北京至赤塔、北京至伊尔库茨克、北京至阿拉木图三条航线。这是新中国民航国际航线的正式开通。

在中国共产党的生日之际,开通了国际航线,国内航线也要选择一个有纪念意义的好日子。刘亚楼和钟赤兵盯上了八一建军节。

1950 年 7 月 18 日,钟赤兵、唐凯联名向周恩来、聂荣臻、刘亚楼请示开航事宜,提出拟于 8 月 1 日以三架飞机复航天津至重庆、天津至广州的直达航线和重庆至成都、昆明、贵阳、汉口的班机;两架飞机以天津为基地,飞广州;一架飞机以重庆为基地,飞成都、贵阳、汉口。这份报告很快得到同意。

在开辟国内航线前,民航主要执行一些临时性的飞行任务,如接送中央领导人、空运支援抗美援朝的物资等。刘亚楼叮嘱民航局:"要做好开航的物资准备,确保万无一失,国内首航政治意义重大,第一炮务必打响。"

1950 年 8 月 1 日,天空一片瓦蓝,天津经由北京、武汉飞往重庆的首航班机 139 号,载着十四名乘客于上午 8 时 30 分在天津机场起飞。同日上午 10 时 30 分, 由毛泽东题名的北京号飞机 (即两航起义北飞的主机 CV-240 型 XT-610 号)从广州飞向天津。

著名的"八一开航",拉开了新中国民航事业的序幕。《人民日报》称:"中国人民的民用航空事业,在八一建军节正式开航,标志着它将和中国人民解放军一样,由小到大,由弱到强地逐渐成长。前途是无量的。"

1950 年 8 月 10 日,刘亚楼参加周恩来主持的会议,研究空军、民航建设等问题,决定:民航局的对外名称为中央人民政府民航局;民航局指挥权属中央军委空军司令部,机场建设、航线区划等报空军司令部;行政领导属政务院,财务预决算由财政部审核,任免事项由政务院公布……

周恩来大开绿灯:"空军、民航需要人,就从部队里点名好了,点到谁算谁。"

刘亚楼随即指示钟赤兵、唐凯:"从部队挑选身体素质好、有一定文化程度、思想作风好的干部充实民航。"

1950年10月23日,毛泽东签发中央军委令:"为建立全国性防空机构,决定以民航局现有机构为基础,加以充实,兼作防司工作。兹任命:一、周士第为防空司令员。二、钟赤兵为防空政治委员兼民航局局长。三、唐凯为防空政治部主任兼民航局副局长。"

1950年11月1日,毛泽东以人民革命军事委员会主席的名义发布命令,颁发《中华人民共和国飞行基本规则》(简称《规则》),规定:凡在中国境内飞行的航空器不论为何方所属,均应遵守本《规则》的规定;空司航行处是"统筹中国境内航行的中央机关"。后又颁发《航行管制令》。从此确立了空军统一领导全国飞行管制的组织指挥体制。

民航局在运行一年多后,一个奇怪的现象出现了:派生出多个"婆婆",机构重叠、冗员。虽然在行动上由空司指挥,但一会儿说行政领导属政务院,一会儿说业务上归政务院财政经济委员会领导,然后又肩负防空军司令部的工作。

刘亚楼深感指挥起来很不顺手,便半开玩笑半认真地对钟赤兵、唐凯说:"莫说空司指挥不便,也莫说我们的局长同志只有单腿,这么下去,就是有三头六臂也难应付。"

钟赤兵也苦于此情,问:"怎么办?"

刘亚楼说:"没办法,只好动刀子,精简整编。"

1951年12月7日,钟赤兵、唐凯向毛泽东提交了《关于整编民用航空的决定》的报告,提出工作中出现的一系列问题,请示精简整编。毛泽东当日即批示"照办"。

1952年5月7日,中央人民政府革命军事委员会、政务院颁布《关于整编民用航空的决定》。

民航的整编工作,中央责成刘亚楼、钟赤兵、吴法宪共同负责。

"婆婆"理清楚后,刘亚楼马上对民航重叠的机构进行了合并,对冗员实行了裁减。1952年8月1日,还成立了中国人民航空公司,周恩来亲笔题词。

到1952年底,国内航线开辟了七条,通航里程为七千九百多公里。第一个五年计划期间,民航陆续以里-2、伊尔-12、伊尔-14替代了原有破旧的美制飞机,开辟二十七条航线,联结起三十六个城市,将东北、华北、中南、西南和西北地区与北京连接在一起。1956 年 5 月,中国民航飞机飞越拉萨上空。1964 年,中国民航继中苏航线后,开通中国至巴基斯坦航线,又迈出了飞向世界的重要一步。

中国民航成立之初,由于技术落后,党和国家领导人在国内国外的专机飞行,都由中苏联合航空运输公司的苏联飞行员驾驶。周恩来亟盼能早日坐上新中国自己的飞行员开的专机,所以在空军建成一定规模后,指示刘亚楼抽调技术骨干充实民航,并从中培养专机机长。本着对中央领导人热爱和高度负责之情,刘亚楼要求从全军中选拔飞行尖子来飞专机。空军航校毕业生张瑞蔼脱颖而出,成为新中国民航自己培养出来的第一个正驾驶,当上了总理的专机机长。

1955 年 5 月 26 日,印度尼西亚总理阿里率印度尼西亚友好代表团乘坐中国民航北京号专机从广州至北京。这是中国民航第一次在国内执行外国首脑的专机任务。翌年 11 月 17 日,民航局派出伊尔-14 型 632、626 号飞机,执行周恩来访问越南、柬埔寨和缅甸三个国家的专机任务,次年 2 月 8 日返北京。这是中国民航首次执行国家领导人出国访问的专机任务。

在随后的岁月里,新中国民航与人民空军一起成长、壮大,除交通运输外,还在石油探测、飞机灭蝗、飞播造林、抢险救灾等方面,发挥着不可替代的作用。

20 世纪 60 年代,刘少奇乘坐民航飞机出访回来,欣慰地对刘亚楼和民航局局长邝任农说:"搞了这么些年,民航终于成气候了。"

天空曾是男人主宰的世界,但毛泽东说,妇女能顶半边天。空军建军不久,全国妇联副主任邓颖超就问刘亚楼:"可不可以培养一批女飞行员?"刘亚楼不假思索地说:"可以。"1951 年春,培养女飞行员的报告送到中南海,毛泽东当即批示同意。

接到批示后,空军分别选调了五十五名优秀女学员,把她们送到第七航空学校学习。女学员满怀"为妇女争气,为祖国争光"的豪情壮志,在多架飞机共用一副螺旋桨、一副轮胎的艰苦条件下,进行了系统的航空知识学习和训练,不到一年便全部毕业。

1952 年 3 月 8 日,首都西郊机场上空阳光灿烂,新中国首批女飞行员三八起飞典礼在此举行。七千多名各界妇女代表和五十多位驻华使节及其夫人,以及中外记者们翘首企盼。六架草绿色的里-2 整齐地排在停机坪上,女飞行员们列队站在各自飞机前的一侧。上午 10 时 20 分,检阅开始,刘亚楼陪同朱德、邓颖超

检阅了女飞行员队伍。

随着几发绿色信号弹腾空而起，女飞行员迅速跨进机舱，六架飞机先后升空，以整齐的跟进队形，向天安门上空飞去。正在中南海办公的毛泽东闻报，急步走出办公室，满意地对身边的工作人员说："我国第一批女飞行员驾驶的飞机从我们头上飞过去了。"

1952年3月24日下午，新中国第一批女飞行

1952年3月8日，刘亚楼陪同朱德在北京西郊机场向参加起飞典礼的中国第一批女飞行员招手

员在刘亚楼的带领下，来到中南海颐年堂，接受毛泽东的接见。毛泽东详细询问了她们的训练情况后，扭头问刘亚楼："她们都成器了吗？"刘亚楼爽朗地回答："都成器了！"

毛泽东听后频频点头，语重心长地对刘亚楼说："要把她们训练成人民的飞行员，不要训练成表演员。"

刘亚楼马上对女飞行员们说："主席的指示，应成为女飞行员始终铭记的行为准则。"

转眼四年过去了，1956年6月，徐州市西北郊的空军第五航空预备学校迎来了一群如花似玉的姑娘。根据中央军委

1952年3月24日，刘亚楼陪同毛泽东在中南海接见新中国第一批女飞行员

的命令,空军要在这里培养一百四十名女飞行员。一次培养这么多女飞行员,当时对世界任何国家来说都是空前规模。

根据规定,这些来自天南海北的一百四十名姑娘们必须先入航空预备学校磨炼,成为一名合格的飞行员预备生后,才能进入航校学习飞行。

女学员们先从单兵动作学起,而后是班、排、连队形变换。除了队列训练,姑娘们还要接受大运动量的军人体育训练。

翌年 2 月,"炼狱"般的预备学校生活结束,一百一十六名女学员取得了跨进空军第二航空学校的门票。

女学员从徐州北上长春途经北京时,受到了刘亚楼的接见。刘亚楼说:"新中国已经培养出了第一批女飞行员,她们没有辜负党中央、毛主席和人民的期望,都成器了,正在为航空事业作贡献。她们为中国妇女树立了榜样,你们要很好地向她们学习,争取早日成器。为此,我代表空军党委要求你们,像第一批女飞行员那样,五年内不准谈恋爱,不准结婚……"

虽然这是一根无情棒,但没有一个姑娘为了爱情而退出女飞行员的队伍。

1958 年 12 月,经航校理论学习阶段的再次筛选和淘汰,剩下的四十四名女飞行员全部通过毕业考试,分往空军航空兵运输部队。从 1959 年下半年开始,她们执行各种飞行任务,包括周恩来、朱德等中央领导人的重要专机任务。

毛泽东不希望女飞行员成为表演员,刘亚楼更不希望她们成为花瓶,为此他特别讲到了苏联传奇女飞行英雄莉莉娅·利特维亚克的故事。

莉莉娅·利特维亚克十四岁便瞒着父母在飞行俱乐部学习飞行技术,一年后就能独立驾驶飞机。参加苏联红军后,在斯大林格勒上空的战斗中,她一次就击落了两架德军战机,成为苏联第一位击落敌机的女飞行员。

在俄语中,莉莉娅·利特维亚克的名字与百合发音相近,她也酷爱这种花,并在自己驾驶的飞机机身两侧分别画了一朵百合花,德军飞行员误认百合为玫瑰,将这个令他们十分畏惧的女飞行员称为"斯大林格勒白玫瑰"。1943 年 8 月 1 日,莉莉娅·利特维亚克在马里诺夫卡上空巡逻,遭到八架德国米-109 战斗机围攻,在击落两架敌机之后,自己的座机不幸也被击中,牺牲时还不到二十二岁。

在短暂的一生中,莉莉娅·利特维亚克出战一百六十八次,单独击落敌机十二架,联合战友击落敌机三架,是二战女飞行员中击落敌机数量最多的一位。

中国空军女飞行员们带着司令员的嘱托，在各自的岗位上绽放出迷人的光彩。

1961年秋，刘亚楼接见第一、第二批女飞行员时，特别对第二批女飞行员说："你们现在都飞出来了，都成器了，我现在代表空军党委宣布，你们可以恋爱结婚了……"

1959年，印度尼西亚总统苏加诺访华前夕，提出其总统专机进入中国领空后，中国方面要派八架战斗机护航。这是国际通行的礼仪待遇，周恩来立即答应，并告之刘亚楼专办："我们没有理由拒绝这个国际惯例。这是新中国首次出动飞机为来访的外国元首护航，空军一定要办好这件事。"可此时，中国空军还没有专机护航队。刘亚楼马上指示从各部队抽调飞机和人员，迅速投入训练。那天，苏加诺的专机进入中国空域后，中国空军的八架歼击机准确与专机会合，圆满完成了护航任务。

这是中国空军首次为来华访问的外国元首担任护航。

在宴会上，周恩来表扬空军护航任务完成得很好。得知这八架飞机是临时抽调的，他嘱咐刘亚楼："空军应成立专门的护航表演飞行队，紧跟世界潮流，弘扬国威和军威。"

根据这一指示，空军开始着手筹备。

飞行表演是人类对蓝天充满想象与创造的象征，是检验一个国家空军实力的标志性窗口之一。通过这个窗口，不仅可以看到飞行员素质的优劣、飞行训练水平的高低，还可看出这个国家航空工业的发展水平。第二次世界大战结束后，欧美一些先进国家，相继成立了特技飞行表演队，著名的有美国的雷鸟、英国的红箭、法国的巡逻兵、意大利的三色箭、日本的蓝色冲击波等，驾驶着本国高性能的战斗机，从事高难度、高惊险的飞行表演，以展现各自的实力。

1962年2月1日，刘亚楼正式签署了成立护航表演大队的命令。

在此之前，空军的实战和表演，已赢得中南海和国人的关注。

真刀实枪的战斗不说，单说每年五一、国庆天安门的空中受阅，吸引了多少关注和期待的目光！而1956年5月1日，飞越天安门上空、接受党中央和首都人民检阅的，竟是九架高级滑翔机。

1955年，从第三航校参谋长岗位上调到中国人民国防体育协会（简称国防体协)担任分管航空副主任的王敬之,从空军每年国庆都成功组织天安门空中阅兵及带来的良好社会反应中,产生了用滑翔机在天安门空中受阅的设想,为此向刘亚楼作了报告,希望得到支持。

刘亚楼爽朗地说:"你这个从空军出去刚上任的国防体协副主任,初生牛犊不怕虎,好哇,我们娘家支持你!"

随后,兼任国防体协主任的贺龙元帅也表示大力支持。

中央军委重视滑翔事业,于这年10月21日向中共中央、国务院建议:开展人民业余航空运动。针对空军飞行人员缺乏后备力量的状况,还建议对全国各大中城市年满十六岁的青少年,有领导地逐步开展业余航空运动的组织和训练工作。

刘亚楼认为,通过别出心裁的滑翔机受阅这个平台,正好可以推进滑翔事业的发展。为了使滑翔机表演顺利地闪亮登场,空军派出王勃等飞行员到国防体协,王勃担任滑翔队队长。

滑翔机不同于飞机,它是一种无动力的飞行器,一遇到下降气流,没有发动机就很难飞出北京市区,危险性很大。而且,在参与受阅的滑翔员中,只有王勃等三人是从空军调来的老飞行员,其他六人都是十六七岁的青年学生,从1955年夏才开始训练,飞滑翔机只有半年,空中飞行时间不到三十小时。因此,王勃虽觉任务光荣,但也感到艰巨,担心安全,提出这个受阅推迟一年即1957年再进行。贺龙和刘亚楼认为,路是人走出来的,今年不走今年不会,明年不走明年还不会,不闯是永远学不会的。当然在战略上要藐视它,在战术上要重视它,把具体组织工作做好。

对受阅飞行航线的通信、导航保障问题,贺龙交代刘亚楼:"要像保障空军国庆受阅一样,保障五一滑翔机的受阅飞行。"

刘亚楼把这个任务交给了空军通信团和北空,要他们全力协助国防体协,组织完成好这次形式特别的受阅任务。他不仅派出空军副司令员常乾坤到南苑机场训练现场指导,还不时听取情况汇报,帮助解决问题。

五一转眼到了。滑翔机受阅的飞行航线是:南苑机场—通县—建国门(脱钩)—天安门—玄武门(左转弯)—南苑机场。飞行高度一千五百米,牵引时速一百二十公里。空中受阅指挥所设在北京饭店的楼顶上,受阅地面总指挥是王敬之。这次空中受阅，由国防体协和空军共同协作完成。牵引飞机、滑翔机和滑翔员，由国防体协派出；牵引飞机的空地勤人员，受阅飞行航线的通信、导航、信号烟火点的保障，以及起降机场的后勤保障，都由空军提供。

五一当天，在滑翔机受阅前，刘亚楼除向王敬之作了些叮嘱外，还亲自到北京饭店检查空中受阅指挥所的准备情况。

上午9时许，滑翔机受命起飞。空军飞行员王洪滨等人驾驶九架初教-5，牵引着王勃等人驾驶的九架滑翔机，从南苑机场起飞。10时左右，混合机群飞到建国门上空后，滑翔机按计划准时脱钩。九架初教-5牵引机拖着牵引绳，继续以一千五百米的飞行高度和一百二十公里的时速飞越天安门。紧接着，九架滑翔机以八十公里的时速，以整齐壮观的编队飞过天安门。毛泽东等中央领导和游行群众频频向空中招手，会场一片欢腾，整个受阅飞行取得巨大成功。

滑翔机在天安门空中受阅，在中国滑翔史上是第一次，是中国滑翔史上的壮举。

随后，中国的滑翔事业得到迅速发展。1956年8月建立了第一滑翔机制造厂，到1960年，各省市航空运动俱乐部已达八十五个，滑翔运动初具规模。

如今成立护航表演大队，与带有民间性质的滑翔运动可不能同日而语，它担负着国家的礼仪迎宾和国内重要活动的飞行表演任务，更多的是体现了一个大国的尊严和形象，展现的是一个开放的国度、一支强大的军队、一种至尊无上的国家大礼。

1962年2月15日，也就是刘亚楼签署命令半个月后，空军有关部门在北空范围内严格挑选了一批优秀飞行员，驾驶十架战鹰，集中到天津杨村机场，护航表演大队宣告成立。

之后，经总参谋部批准，护航表演大队改称为空军八一飞行表演队。

飞行表演有"空中芭蕾"之称，表演队则有"飞行外交官"、"蓝天仪仗队"等很多美誉，但这些响亮的名字无法掩盖特技飞行表演的高风险性。在世界飞行表演领域，机毁人亡、触目惊心的惨痛事件举不胜举。八一飞行表演队成立伊始，刘亚楼和空军党委就十分关注它的建设，强调既要精益求精，又要确保万无一失，这样才算圆满担负了展现新中国和中国空军风采的使命。他向飞行表演队提出殷切希望："坚决贯彻落实总理的指示，建立一支与我们伟大国家强大军队相适应、能成为国家和军队象征的飞行表演队。"

国际航空界将六机密集队形称为"魔鬼编队",而六机密集队形正是中国空军八一飞行表演队的拿手绝技。

亲临观看了八一飞行表演队的精彩表演后,国家主席刘少奇欣然题词:"国家大礼,万无一失。"周恩来也高兴地说:"一次成功的表演,胜过打下一架飞机。"他要求表演队要与伟大的国家、强大的军队地位相称,要与中华人民共和国共存,成为国家和军队的象征。

八一飞行表演队成立几十年以来,共接待过来自近百个国家和地区的元首和军事代表团,进行了几百场特技飞行表演,并多次出色地完成了国庆阅兵、军事演习等重要任务,在万里长空刮起一股日益强劲的中国风,成为世界上著名的飞行表演队。令人叫绝的是,这支"蓝天仪仗队",一直保持着百分之百的成功率,这在世界航空表演史上绝无仅有。

这正是刘亚楼当初的愿望。

第十一章 台海上空的生死较量

"未卜先知"的战略构想

1958 年 7 月 18 日,北京城华灯初上,在京的元帅和各军兵种领导人齐聚怀仁堂。

此际,由于美英入侵伊拉克、黎巴嫩等地,中东形势骤然紧张,成为世界矛盾的焦点。世界进步舆论都声援中东人民的反侵略斗争,蒋介石集团却企图趁机扩大事态,在金门、马祖与台湾先后举行军事演习,同时加强空军对大陆的侦察和袭击,并于 1958 年 7 月 17 日宣布"特别戒备"。

在中央军委这次紧急会议上,毛泽东作出炮击金门的决定,他说:"炮击金门,意在击美,声援中东人民的反侵略斗争,不能仅局限于道义上的,还要有实际行动。金门、马祖是中国的领土,打金门、马祖,惩罚国民党军,是中国的内政,敌人找不到借口,但对美帝国主义有牵制作用。"

为保护炮击金门地面部队的安全,空军航空兵须紧急进驻福建、粤东作战机场。空军在此战中的作用不言而喻:对金门大规模的炮击过后,国民党空军定会大举出动,对大陆前沿炮兵部队及重要目标进行破坏轰炸,因此,解放军空军必须提前行动。

毛泽东指令空军要组建一个强有力的前线指挥机构,并幽默地问:"刘亚楼,你准备派谁做先锋,是赵子龙还是林教头?"

刘亚楼推荐指挥过朝鲜空战的南京军区空军(简称南空)司令员聂凤智。毛泽东大手一挥,定下人选:"就让聂凤智去!"

毛泽东提前告辞,把具体计划部署像一份考卷一样留给众将领。

军委副主席、国防部长彭德怀继续主持中央军委会议,决定 7 月 25 日为炮击金门时间。他对坐在前排的刘亚楼说:"这次作战虽然主要是使用炮兵,但焦点在空中,除非复杂气候限制,空军一定要在 1958 年 7 月 27 日进入福建、粤东的作战机场。"

刘亚楼大声回答:"请军委首长放心,我们一定以最快的速度早日入闽作战。"

彭德怀声音凝重:"亚楼,主席对空军入闽很关心,希望你们打好第一仗。我记得,长征时,你的红二师一直打头阵,是打响了名声的。空军里头,也要搞上几个红二师。"

看到这个世界又有大仗要打,刘亚楼那颗心痒痒得难受。令他激动的还有,人民空军经过抗美援朝战火的洗礼和航空工业发展的 "补氧",1957 年 1 月,中央军委决定,中国人民解放军空军与防空军合并为空防合一的空军。他已不是九年前仅有几千人上百架飞机的空军司令员,而是掌管几十万人和三千多架飞机、拥有强大武备的堂堂统帅了。他的战机大部分为米格–15、米格–17,能作战的飞行员也多了,歼击航空兵有十三个团(每个团有飞行员三十五名到四十五名)能全天候作战,有二十个团能在白天一般气象、部分能在白天复杂或夜间一般气象条件下作战。轰炸航空兵一个杜–4 中型轰炸机(简称杜–4)团和一个伊尔–28 轻型轰炸机团,能全天候执行任务。其余的十一个团全部能在白天一般气象、部分能在夜间一般气象条件下执行任务。更何况,空军入闽,为百姓所渴盼,也是中央让他早就机密筹划的大事。

新中国成立九年了,《解放区的天是明朗的天》这首歌在紧靠台湾的福建却仍然唱不响。因为福建没有空军,国民党的飞机可以神气活现地随便进出。有时还在福建城区上空编队拉烟,搞飞行表演似的。老百姓看得都有些熟视无睹、近乎麻木了,说共产党只解放了福建的土地,还没有解放福建的天空。身为空军司令员,刘亚楼深感这是耻辱,他早就想着解放福建的天空。

可以这么说,如果没有朝鲜战争,空军也就入闽了。1954 年,空军入闽大事提到了中央军委的议事日程,并打算先把杭州的第十团转移到福建。空军行动要比陆军庞杂得多,没有机场不行,没有油库供不上燃油就等于跑不动飞不了,

没有雷达和通信只能成为聋子瞎子,还有指挥线路、气象线路和调运线路的设置等,不一而足。而此时福建只有一个福州义序机场,显然无法满足空军入闽之需,亟须抢修几个机场。1955年初,国务院、中央军委下达修建福建机场的指示后,刘亚楼命空军工程部部长亲率地勤机构入闽,勘测机场及修建等事宜。福建山地多,沿海多冲积平原,机场又需占用大片良田,但军民一条心,在空军工程部的指挥下,拿出移山填海的劲头,两年内共抢修了福清、龙田、莆田、惠安、泉州、厦门、漳州等几个一线机场,数量之多,占全国之首,还打算在闽西、闽北修两三个二线机场。

后因情况有变,空军入闽行动暂且搁置。

1957年7月15日,空军电转国防部6月12日批示,将由福州军区代管的防空军第一军改称空军第一军,并划归南空建制。但这时的空军第一军,只管高炮、雷达、探照灯和机场修建,没有飞机,基本是个"空"军。

在鸭绿江上空练就铁翼的中国空军已非吴下阿蒙,朝鲜战争结束后完全可以腾出手来尽遣猛师劲旅南下,在东南沿海上空与台湾国民党空军展开一番争夺沿海制空权的较量,但空军入闽行动一波三折,主要缘于夺取临近海峡西岸福建、粤东的制空权,不仅是军事问题,同时也是复杂的国际政治问题。

从军事上讲,此时国民党空军共有六个联队,下辖八个大队,拥有飞机六百四十六架,空勤人员全系美国训练,飞行员大都飞过四种复杂气象,具有一定的战斗力;而且美军在台湾还保持一定数量的航空兵力量,装备有最新式的F-100喷气式战斗机(简称F-100);从日本、冲绳、菲律宾以及第七舰队航空母舰起飞的飞机,随时可至。它们既可撑起台湾上空的保护伞,又能作为国民党空军进入大陆作战的后盾,以使蒋军毫无后顾之忧地倾全力与红色政权作战。从政治上讲,由于美国海、空力量进入台湾海峡庇护,而人民空军进入临近台湾海峡的福建沿海作战,弄不好就给美国人以进行军事干涉的借口。

早在1955年,《美国新闻与世界报道》就发表过《美国对协防金马的态度》,文中借美国"最高级人士"的话大放厥词:

中共如果进攻或轰炸金门,或攻击保卫台湾海峡的美国舰队,或故意击落戍防台湾的美国飞机,那么战争就要发生,美国也要参战了。

中共如果向金门、马祖发动大规模军事攻势袭击美国第七舰队的船舰，来作为进攻台湾的显然预备行动，那么美国就要断然出头来协防金门、马祖了。

反之，中共如果能忍耐，只施小型攻击渗入，不和美国的空、海部队冲突，又不进攻蒋总统辖下的台湾基地，那么美国就不会出面协防金门、马祖。

文中在分析了中共"冒险进攻"金门、马祖"第一需要取得当地的制空权"后，又说：

假如美国决定干涉的话，它的空、海军有决胜的力量吗？在这一区域的美国高级军人都要相信，驻防该区的第七舰队的四百架飞机，加上由空军调来的其他飞机，就足以击退共军。

美国参战后会不会使用原子武器呢？这只能由总统决定，可是，美国的军事策划人都赞成使用……

美国空军以前未能在朝鲜取胜，为什么美国的策划人员现在却相信，美空军能在这里取胜呢？他们的答复是二者情形完全不同……美国的空军……参战，那么中共头破血流的机会，比夺得这两岛的机会还多呢……

美国空军能在战场上取胜，显然是一厢情愿的话，但世界各国之间有一个看法相同，即金门、马祖军事冲突，如果国际卷入，可能引起世界大战，最起码是地区性的国际战争。

毛泽东对空军入闽作战极为慎重。1956年时，彭德怀曾策划过空军入闽行动，空军部队有的都已出动了，但临时被毛泽东否定，要刘亚楼紧急召回部队。

1957年岁尾，当蒋介石公开叫嚣"反攻大陆"时，忍无可忍的毛泽东，终于准备向这位"老朋友"出手了。毛泽东于1957年12月18日指示："请考虑我空军一九五八年进入福建的问题。"空军入闽的各项筹备工作，迅速、紧张而又极其机密地展开。

1958 年 1 月，刘亚楼率南京军区空军司令员聂凤智中将、广州军区空军（简称广空）司令员吴富善中将、武汉军区空军司令员傅传作少将及空军副参谋长张廷发少将，并邀到福州军区履新司令员的韩先楚上将，前往福建前线，向福建省委第一书记兼福州军区政治委员叶飞上将等负责人，传达毛泽东指示，共同研究空军入闽的各种问题。

为了对福建交通有个详尽的了解，顺便察看地形地貌，刘亚楼率领这个高规格的将军团特地坐火车南下。他欣喜地看到，在各方群策群力下，福建地区的机场网已初步完成（二线机场还不足）；鹰（潭）厦（门）铁路已通车，这极大地提高了福建前线的国防运输能力；连接省会的南（平）福（州）铁路亦将通车，对空军入闽后的物资供应提供了便利条件。

空军入闽是项牵动各方神经的重大行动，空军入闽在政治和军事方面有利有弊。后来形成的"彭总并报中央军委"的报告如是称：

第一，从政治方面看，我们认为，一九五八年我空军进入福建是个有利时机。目前国际形势是"东风压倒西风"，引起美帝干涉，引起世界大战的可能性是不大的，即使引起局部战争的可能性也是不太大的。另一方面，可能在一定程度上增加对台湾的压力，使蒋帮内部矛盾加深和复杂，及打击美帝制造"两个中国"的阴谋。

第二，从国土防空作战方面看，我空军进入福建，有利于国土防空作战的加强。蒋贼飞机屡次侵入我大陆腹部，多数是经过福建地区窜入，我空军进入福建之后，虽然不一定可能完全堵塞蒋机窜入大陆的航路，但确实可以增加击落蒋机的可能性。

第三，从我空军和福建前线战斗准备、作战条件等方面看，于一九五八年我空军进入福建的时机和条件都是比以往任何一个时候为有利。

制订作战计划，是刘亚楼的看家本领。有人请教刘亚楼如何制订一个好的作战计划，所得回答是："你不能只从己方、从正面、从好处着眼，光想着能打垮敌人，也要从对方、从反面、从坏处看问题，最好先要想敌人可能把你打垮，把这个问题想周全了、想透了,把战斗过程中可能出现的障碍、意外及应对措施想清楚了,最后垮掉的,应该是敌人。"

因此,作为空军入闽报告的主持者之一,刘亚楼把自己制订作战计划的经验和惯例融了进来,发挥得淋漓尽致。报告如是详尽分析了空军入闽的行动,在政治上、军事上可能产生的"不利可能性"。

政治上可能出现的情况:

我空军部队进驻福建是保卫我国领土的措施,是名正言顺的,在政治上是完全有理由的。但是,蒋介石集团唯恐天下不乱,将拼命叫嚣,企图扩大事态,蒋贼很可能对我空军进入福建的行动,把它和鹰厦铁路通车联系起来,叫喊我军就要解放金门、马祖了,直接威胁台湾了,要求美帝实施美蒋共同防御条约,拖美国下水。但是,美国不能不考虑到整个国际局势而不敢轻率插手。然而美国好战派趁机叫嚣和引起某些中立国家的叫嚷,则是不可避免的。他们将指责我们惹事,在台湾海峡制造紧张局势,同时也可能给美国特别是院外援华集团以策动和加紧援助蒋介石,以及蒋介石要求给予更多援助的借口。甚至美帝好战分子可能趁机加紧制造远东紧张局势,在金门、马祖运输补给的困难时,美海军还可能直接担任或掩护对金门、马祖的运输补给任务。总之,我空军进驻福建的行动,虽然引起世界大战或局部战争的可能性不大,但是引起一些紧张局势则难于避免。

考虑到我空军部队进驻福建的行动可能产生的上述政治上复杂的情况,我们认为,我空军进入福建的作战原则,仍然应该采取有理、有利、有节的原则,不去过分地刺激敌人,不主动地去轰炸敌人,不出海作战,避免与美帝接触(只有在美机侵入我领空时才坚决予以还击)。这样做,我们在政治上就完全处于有理、有利的地位。

军事上可能产生的情况:

当敌人发现我空军进入福建地区之后,除了与我进行空中交战以

外，很可能对福建的机场、城市、交通枢纽部（尤其是鹰厦铁路）及其余目标实施轰炸。特别是如果我们的进入方式、规模和战斗活动方法对敌人的刺激太大时，这种可能就尤其大。因为，我们既然押在目前"东风压倒"的形势下进入福建不会引起世界大战这一宝，那么，美国人和蒋介石也可能反押我们一宝，即蒋介石轰炸我福建地区也不至于引起世界大战。甚至于美国也可能调动其第七舰队和若干航空母舰，在一定的时间内活动于福建沿海区域，进行海上和空中巡逻，对我进行威胁，并掩护和接应蒋介石空军的活动，从而使我东南沿海局部地区的局势紧张起来。这是军事上可能产生的第一种情况。第二种可能，对我空军进入福建这一行动，敌人的反应不大，由于避免受到还击（主要是金门、马祖），不对我们进行轰炸，只进行一般的空中侦察及大、小规模的空战。这种可能性也有，但估计极小。因此，我们的行动计划必须建立在敌人会轰炸的基础上，准备应付较坏的情况。

战略构想出台后，还得有恰到火候的战术方案相辅。空军何时进入、以何种方式进入、兵力如何部署、敌方将做何种对策、我方当如何实施反对策等，这让三位将军及其僚属们煞费苦心。战术问题一旦以民主方式研讨起来，身经百战的将领们争论起来常常面红耳赤僵持不下。刘亚楼的意见是，各有利弊选最佳，两害相权取其轻，打仗不可能万无一失，但决不能马失前蹄，更不能大意失荆州。

会议还提及作战指挥问题，意见是：在福建地区陆、海、空军的作战行动统一归福州军区首长指挥，福州军区即速组成军区空军司令部，由现任南空司令员聂凤智担任司令员，其余干部配备另行报告。同时建议中央军委"加强福州军区炮兵司令部，并抽调一部分炮兵部队加强福建地区"。

为期四天的军事会议，经过放纵式民主而热烈的研讨，于1958年1月19日收盘，形成报告，由空军最高首长、福建党委和福州军区最高军政领导共同联署。

这份匠心独具、力透纸背的报告，从政治到军事，从有利到不利，从进入时间到进入方式，方方面面考虑甚详，各种可能据实禀报，直陈己见，为毛泽东和中央军委决策提供了科学的参考。

令人拍案叫绝的是,后来战事的发展、结局竟与报告的预测惊人吻合。如果说,炮击金门必以空军入闽为先导的话,那么,这个时间在年初刘亚楼与叶飞、韩先楚共同署名的报告中就已明确提出:"最早也要到七、八月间才行。"因为根据气象规律,"七、八月间福建地区虽然正是台风季节,但是影响的地区主要是台湾海峡和福建海岸地区……台风对我影响不大,对敌人影响却很大"。更为配合的是,美英偏偏在这年 7 月入侵中东,而台湾当局也趁火打劫,借机加速所谓"反攻大陆"的行动。空军入闽也好,炮击金门也好,已是势在必行。炮击金门,在空军入闽作战报告拟定的半年后实施,其运行路线并没有离开六个月前设计的方案框架,以至有人把它看成是指导这场行动的纲领性文件之一。

与时间赛跑

入闽,在刘亚楼看来,也许就是新中国成立后空军最大的一仗。朝鲜战场空军唱的毕竟是配角,现在却迥然不同,全国的眼睛都盯着空军,已建立的政权与和平生活不允许空军有什么退路。

中央军委扩大会议一结束,刘亚楼坐上他的苏制吉姆车,风驰电掣地朝空司驶去。和走路一样,刘亚楼坐车喜欢快。前脚迈进车门屁股刚坐下,车子就得开动,待后脚收进车中,车门呼的一声关上时,汽车已经全速前进了。

司令部会议室,那些肩扛牌牌的将校们正在等候。

刘亚楼跨入会议室大门,将校们起立。他示意大家落座,开口说:"同志们,这回军委要动真格的了,要在台湾海峡擂鼓对阵,和他们一决高下了!"

刘亚楼还分析了敌我空中力量对比的情况:"我有能作战的歼击机飞行员九百余名、轰炸机机组三百余个,蒋帮共有能作战的飞行员四百四十余名。国民党的飞行员虽在飞行技术和飞行经验方面比我们好一些,但我在数量上占优势,特别是政治质量高于他们。"

每当战斗来临,刘亚楼就像一位杰出的乐队指挥。打了一辈子仗的他,善于用头脑和谋略应付复杂的局面,仗怎样打目标非常明确。凌晨时分,空军入闽作战的几项重要决定出台了:

一、责成南京军区空军司令员聂凤智和空五军(驻浙江)政治委员裴志耕协商提出福建前线空军领导人选,与驻闽空一军一道急速组建福州军区空军(简称福空)指挥机构。

二、确定战斗力较强、有实战经验的空一师(即原空四师)和空三、九、十六、十八师,空八师一个团和独四团,以及部分高炮、雷达部队为第一批入闽部队,力争打好第一仗;以空一、十八师各一个团为第一批入闽的歼击航空兵,于七月二十四日紧急转到待机位置;二十七日分别隐蔽进入汕头、连城基地,另调部分高射炮和雷达部队入闽。

三、健全各机场的保障机构,从东北、华北和华东地区,紧急调运三个场站,保障车辆、弹药和各种器材等物资。

四、明确作战指导思想,即在战略上以少胜多,在战术上以多胜少;发动指挥员、飞行人员学习抗美援朝的空战经验,运用和发展“一域多层四四制”的战术原则;严格执行中央军委的作战政策,军事斗争一定要服从政治斗争……

会议结束,刘亚楼毫无睡意,亲自给聂凤智打电话,言简意赅地交代任务:“老聂,军委已决定组建福空,要你去当司令官,委任状随后就到,你们先把战前各项准备工作全面抓起来。”

第二天上午,刘亚楼又紧急召集第一批入闽作战部队师以上负责干部开作战会议,传达中央军委会议精神,并对空军入闽作战提出了具体措施和要求。

在1月份讨论空军进入福建的方式时,有两个预案:一是突然地一次进入福建现有的七个机场(内含汕头),二是逐次地分批进入。前一个方案的好处是:一次展开力量强大,使敌人措手不及,一时难于对付,一下就紧张到顶,然后逐渐缓和下来。但是缺点有两个:一是对国际上的震动和美蒋的刺激太大,二是从空军部队作战起飞来看,在不出公海作战的情况下,濒海机场使用起来很不方便,不容易对付敌人。

刘亚楼认为,空军如果先进驻连城、汕头机场,接着进驻漳州,尔后视情况的发展,逐步地进驻沿海各机场,这样对敌人的刺激较小,我们无论在政治上、军事上均较为主动。如果能在崇安(闽北)、瑞安(浙江东南)两地再修两个机场,则在进驻连城、汕头的同时或稍后一点,东面进驻崇安、瑞安,这样更可以使空军部队东西两面互相支援,更便于纵深机场的支援。

刘亚楼命令中最要命的一条是时间:指挥机构必须于23日前到达晋江,所有地面部队必须于24日零时前完成转场,高炮必须在25日黄昏前到达任务地区,歼击航空兵各部不能迟于27日到达目的地。

短短几天,要完成如此复杂庞大的地面、空中临战转场,谈何容易?何况空军是个构成和指挥都极为复杂的军种,高炮、雷达、导弹等"地面部队"不算,光带翅膀在天上飞的"真正的空军",就分歼击、强击、轰炸、侦察、运输航空兵及空降兵等多种。有人忍不住发起了牢骚:"时间太紧了,这不是逼命吗?只怕枪毙砍头也完不成。"

刘亚楼一拍桌子,骂起娘来:"不是我逼命,是战争逼命!哪个没信心完成任务,就请自动辞职;哪个没本事完成任务,我找你算账!"

刘亚楼并非蛮不讲理,更不蛮干,他完全清楚任务的繁重和艰巨性,也清楚自己部队中蕴藏的主观能动性,何况半年前他就主持精心设计了空军入闽作战的预案,并为此做了扎实、周密的准备,短期内完成转场任务的客观条件是具备的。养兵千日,用在一时。临战时刻,他就是要以绝对的权威伴着如山的军令形成强大高压,一级一级往下压,压得部队把潜能全部释放出来。

最后,刘亚楼大声道:"这个仗只能打好,决不能叫敌人把我们反出来,大家有信心打赢这一仗吗?"

回答异口同声,气吞山河:"有!"

会后,刘亚楼对空军第十八师师长林虎说:"国民党空军里边有个飞虎队,你也是一只'虎',这些年你把十八师这支新部队带出来了,希望你们成为打虎队,这次战斗出动,九天之上伏虎归!"

自东北老航校相识以来,刘亚楼就对林虎相当器重,经常予以重任。

1952年8月,林虎受调从朝鲜战场回来,担任东北军区空军飞行技术检查主任,同空联司飞行技术检查主任李汉一起,在辽阳机场组织夜航训练班。林虎和李汉不辱使命,在短时间内训练出了邹炎(后任空军副司令员)、耀先(后任北空司令员)、李永泰(后任空军副司令员)、侯书军(后任成都军区空军司令员)等十余名人民空军首批夜航飞行员。

1954 年,朝鲜战争一结束,根据刘亚楼的意见,林虎赴广州出任空军第十八师副师长。空军第十八师是支新部队,此时基本不能作战,空中防御非常薄弱。而美蒋空军也知道对手没本事逮到它,公然把空军第十八师的防区,即广州、珠江口、汕头、粤东这一带完全当作他们自己的空域,随便进出,实施电子照相侦察,或旁若无人地撒传单、丢炸弹、投放特务。刘亚楼向林虎通报了这一情况后,明确交代任务:"要你去十八师,就是希望你尽快把这支新部队带出来,尽早扭转这样的一个被动局面,把国民党飞机彻底赶出大陆,不许他们再进来。"

这年年底,毛泽东要到广州视察,刘亚楼为确保安全,决定调最强的部队,即参加过抗美援朝驻鞍山的空军第四师到广州,同空军第十八师对调。决定下达,空军第十八师备受刺激,好多人闹情绪,想不通,认为司令员看不起空军第十八师。刘亚楼听了师长王定烈、副师长林虎的报告后,搞了个安抚政策,让空军第十八师到鞍山接收苏联一个师的装备,也算是执行任务。

毛泽东从广州回京后,空军第十八师又同空军第四师对调回去。林虎理解了刘亚楼的思虑深细:既为毛泽东的安全考虑,对部队又是个很好的激将法。于是,他和师长王定烈趁机疏导部队情绪,把训练抓上去,用了一年多时间,首先培养出了一个全天候能打的大队,开始战斗值班。1956 年,中南军区空军将一线指挥权下放到师后,空军第十八师的自主权扩大了,发动群众研究战术,接连打了几个典型的战役。

刘亚楼亲自来空军第十八师检查,临走留下一个"好"字。空军中高级干部大都了解自己司令员的特点,他一般不说好,也很难让他说好,但你真要做好了,他也一定会说好。得到他的赏识,很不容易。

这次刘亚楼让林虎和空军第十八师担当重任,自是择将选兵而用。

傍晚时分,聂凤智和空军第五军政治委员裴志耕等应召前来领命。刘亚楼直奔主题:"彭总说了,除非复杂气象限制,我空军入闽时间不能推迟,你们有困难吗?"

聂凤智说:"不敢说没困难,但再大的困难也要克服。"

拟担任福空第一副政治委员的裴志耕说:"我完全同意刘司令的看法,我入闽空军要站稳脚,关键在初战,第一仗就要打掉国民党空军的嚣张气焰。"

刘亚楼点点头:"要有这个信心!但也要看到现实。国民党逃到台湾后,空军未受到严重打击,活动仍十分猖狂,控制了福建沿海的制空权。我们要夺回制空权,就得预备着针尖对麦芒,硬碰硬地大干一场,打他几个大仗、恶仗。为了打好这个仗,海航四师十团也归你们指挥。这个我已与海军协商好了,海航十团作为第三批入闽部队,进驻福州。"

这次入闽作战,刘亚楼把抗美援朝中打得最好的部队几乎全用到第一、第二梯队特别是第一梯队中去了。这还不够,刘亚楼还借来了海航最能打的尖刀团。刘亚楼大气魄,也鼓胀了聂凤智的雄心。

刘亚楼目示二人:"明天,我派专机送老聂到南京,送志耕同志到杭州,你们即日开始组建福建前线空军领导机构工作。人选拟好报批后,要昼夜奔赴前线晋江,完成空战准备。我给你们六天时间,25 日零时,你们务必开始担负指挥任务!"

在对方响亮的回答声中,刘亚楼脸色凝重地对聂凤智说:"老聂,我把空军的精锐都交给你了,如果还不够,我就把整个空军都杀出去,全力支持你!《水浒传》里有个李逵,三板斧解决问题。你们第一斧头下去,就得让那边吃不消!这关系到军心士气、再战信心,关系到空军形象、脸皮面子。"

面对刘亚楼的高度信任,聂凤智一个立正:"请司令员放心!"

刘亚楼紧追一句:"我可说好了,谁砸锅,谁负责!"

1958 年 7 月 25 日零时,已被正式任命为福州军区副司令员兼福空司令员的聂凤智按时到位,驻进了晋江罗裳山简陋的空军指挥所。接到报告,刘亚楼十分满意,接下来他就要全力支持聂凤智拉启争夺闽海制空权这出重头戏的帷幕,把半年前拟就的空军入闽作战预案,由白纸黑字变成白云间的银燕展翅。他这个空军司令员,要为前线司令官做后勤部部长和参谋长。

像是接过了刘亚楼的话尾,聂凤智在罗裳山指挥所作简短战前动员时,给人们记忆最深的一句话是:"若要战胜敌人,我们必须赢得时间;若要赢得时间,我们必须战胜自己。"

意外的事情发生了,因天气恶劣,延误了地面参战部队的调集和部署,加之毛泽东决定对国际形势的变化再做观察,因而将炮击时间推迟到 26 日下午或 27 日上午,由福建前线指挥所掌握。

首创3∶0的纪录

空中转场，即飞机由甲地飞往乙地的全过程。解释这么简单，但1958年的空中转场，却不亚于实施一场空中战役。

航空兵部队在临战条件下转场，是必须慎之又慎的大事。空战史上，因转场不慎、立足未稳遭敌打击，造成机毁人亡的战例不胜枚举。加之此时正值台风季节，福建遭遇三十年少有的暴雨，三天中降雨六百毫米，全省冲坏大小桥梁四十三座，公路、铁路多处塌陷，这就更增加了空中转场的难度。何况1958年空中转场还涉及诸多国际的、政治的制约因素。面对千头万绪、繁重如山的空中转场工作，刘亚楼、聂凤智们一天到晚苦思冥想的就是希望找到一个万全之策。

在大战中隐蔽作战企图，给敌以突然性打击，是刘亚楼军旅生涯克敌制胜、屡试不爽的拿手好戏。无论在什么情况下，只要能争取，他就想出其不意。辽沈战役中东野百万大军神不知鬼不觉地南下打锦州，融进了他的智慧，为历史击节赞叹。这么大规模的空中行动，他也希望隐蔽作战企图，给国民党空军以出其不意的打击。他和聂凤智把空军入闽第一步，也就是第一梯队的行动，称为暗度陈仓。

刘亚楼确定，空中转场第一梯队为空军第一师从江西永新进驻连城机场、空军第十八师从广州沙堤进驻汕头机场。连城、汕头距金门、马祖相对距离较远，易于隐蔽。退一步讲，即便为敌发觉，也不致使敌太过惊恐。高明的摔跤手，并不奢望第一次过招就把对方掀翻在地，总要先在外围盘绕，观察彼方心态，隐藏自己的套路，期待对手失误，捕捉最佳时机。

为了稳妥可靠，刘亚楼还制定了以小进求大进的方法：后一个大队掩护前一个大队着陆，以中队为单位，分步骤推进，以站稳脚跟。

1958年7月27日凌晨5时许，首批空中转场的空军第一师第一团和空军第十八师第五十四团各项工作均已就绪。刘亚楼也早早来到了空军指挥所，抬头见乌云盖顶，厚重如铅，皱皱眉，道声："看来先得和老天爷较劲了。"果不其然，天刚破晓，便听见远方云浓处有闷雷隆隆作响，在房子里回旋震荡，顷刻间天降暴雨。

暴风雨的事，在年初制定的空军入闽方案时就"未卜先知"提到过，但它们充当"困难"的帮手真正"赴约",却让刘亚楼好不烦躁。6时,是空中转场时间,福建前线和各机场电话纷纷催问:"今天到底能不能飞?"

飞是肯定要飞的,但究竟在何时,只能问天。拖着毕竟不是个办法,炮战即将发起,万一空军届时到不了位,丢脸是小事,拖了后腿可不得了!

还有汇报其他困难的,把刘亚楼惹火了:"空军入闽,大搬家,没有问题才碰见鬼哩。该谁管的事就由谁去管好,我只管大事:一是整体工作的进度,一是空中转场的隐秘性。"

家里早饭做好了,工作人员请了两次,可他摇摇头。工作人员没办法,只得像以前那样如法炮制,请首长疼爱的女儿煜鸿出面送饭。可这次不灵了,煜鸿送了两次,刘亚楼还是没吃,工作人员只好把饭拿回来,凉了又热。10时左右,气象处报告:下两个小时天气且有好转。

刘亚楼紧绷着的脸稍稍松弛:"好,马上电令聂凤智,抓住时机,紧急实施空中转场!"

脑子在飞速转了一圈后,他敲着桌子说:"为了行动隐蔽起见,命令所有飞机在调动时均采取超低空飞行,并禁止使用所有无线电话。另外命令浙江境内衢州、路桥基地的部队连续出动,故意飞往霞浦、古田等上空,借以转移国民党军雷达部队的注意力。"

就在福建前线部队准备工作就绪、空军也准备上天时,这天上午10时,一度将炮击时间的决定权下放给福建前线指挥所的毛泽东,以常人无法想象的思维,忽然改变了主意,再次决定暂缓炮击金门的行动。

空军的行动照常进行。不管气候如何恶劣、工作如何繁重、环境如何艰苦,自上而下都须咬紧牙关,连续奋战,超负荷运转,在中央军委规定的时间内完成一切战斗准备。

11时30分左右,停靠在跑道头的第一梯队两支空中劲旅,接到了起飞的命令。

要把敌人指挥员变成瞎子和聋子的刘亚楼,军令如山:"空中绝对不许讲话,谁出声谁就是违反纪律。"因此,飞行员大气不敢出。

飞行高度必须在一千五百米以下。空军第十八师第五十四团从广东惠阳转场到汕头,距离虽近,但那一带山都是一千二百米左右。飞行员贴着山尖

1957 年 8 月，刘亚楼陪同周恩来总理视察海军舰艇部队（中间偏左着便衣者为刘亚楼）

尖，弄不好就会撞山，但即使这样也绝对不准把机头拉起来提升高度。几十架米格–17 几乎翅膀挨翅膀，所有人都瞪大眼睛聚精会神编队。

一个来小时后，米格战机降落闽西连城和粤东汕头机场，胜利开辟了福建前线空中战场。聂凤智用保密电话向刘亚楼报告："司令员，第一批'货'神不知鬼不觉地送到了。"刘亚楼掏出手绢，轻轻拭去额头的汗珠，面露微笑："很好，各部到前线后，不要急于解除隐蔽措施，不要对地面电台进行检验飞行，也不搞战区试航等常规性的工作；飞行员全关在屋内，推演战术，对 F–84 进行对策研讨。"

刘亚楼受命组建空军后，那位曾是红色阵营一员的国民党空军总司令王勋（即王叔铭，后任国民党参谋总长），连同不久前接替他任职的陈嘉尚先后放话说，共产党要建空军，无异于痴人说梦。这刻薄的话大大刺痛了刘亚楼。现在，他要让对方尝尝他的飞行军的厉害。

炮击金门时间后推，战斗首先在空中打响。

1958 年 7 月 29 日上午，粤东沿海阴云密布，雷电交加。毫无知觉的国民党空军仍按惯例派出飞机毫无顾忌地对大陆侦察袭扰，可他们哪里知道，由解放军空军第十八师第五十四团大队长赵德安、中队长高长吉和飞行员黄振洪、张以林等空战高手组成的飞行大队早已严阵以待。一人掩护，三人开炮，射击距离近者一百五十一米，远者也只有三百六十六米，长机高长吉仅用二十二发炮弹即击落一架敌机。在三分钟内，四架雄鹰就在南澳岛上空以行云流水般的干脆利索与简洁明快，以 3:0 的大比分，击落敌机两架、击伤一架，自己仅耗弹一百六十五发,毫发无损。

好一场漂亮的速战速决的空中埋伏战,短促得就像一曲军营里催人晨起的起床号!

空战结束仅一小时,国民党中央社一反常态,以比新华社还要快捷的动作,抢先播发了台湾空军失利的消息。为的是借此向美国提出紧急要求,提供最新式的F-100来对付占优势的共产党空军。美国合众国际社电讯称:"中国共产党的超音速飞机,昨日在台湾海峡上空进行了一次使国民党空军透不过气来的一边倒战斗。"

北京的媒体也有一番动作。《解放军报》于头版发表评论《狠打空中强盗》,一句"我空军参战人员这样英勇顽强地打击敌人,值得表扬",将大陆军方高层的欣喜之情尽寓其中。

1958年7月30日,毛泽东在西郊机场对刘亚楼说:"祝贺空军旗开得胜!"

刘亚楼报告,已让部队在汕头机场召开庆功大会。

毛泽东幽默地说:"对,他们台湾不开庆功大会,我们来开!首战3:0,可喜可贺,我看八一电影制片厂可将这次战绩拍成一部军教片,在全国公开放映。"

此战的成功,在于部队行动的隐蔽和地面指挥的正确果断。刘亚楼在战报上写下如此赞语:"第一有很好的决心!第二有非常重要的指挥!第三是带队长机机动灵活,空中指挥果断。第四是飞行员英勇顽强,攻击时靠得近,打得准,打得狠。"

战后,刘亚楼召见地面指挥员、空军第十八师师长林虎,听他讲述战斗经过。林虎说:"我们冒雨隐蔽转场到汕头后,国民党飞机连着27日、28日都来侦察过,只因我们伪装很好,没被他们发现。7月29日一早,部队把飞机拖出来试车,我下令把侦收国民党飞机频率的机器搬到指挥所,亲自戴上耳机,直接听国民党飞行员相互间及同地面指挥的通话。"

陪同刘亚楼听汇报的领导插了一句:"你这样做,不是违反规定吗?"

林虎答:"我管不了这么多了,我是现场指挥员!"

刘亚楼虽然不能容忍别人违反规定,但他并不喜欢凡事都唯唯诺诺的跟屁虫。只要你这反调唱得有道理,能把握住时机,有益于工作和战斗胜利,他也乐意接受。他觉得,有胆量唱反调或冲撞上司的,十有八九是块"料",他自己就是这么一个人。因此,他示意陪同领导点到为止,以赞赏的目光看着林虎:"好你个

林虎,成器了,说下去。"

林虎说:"国民党也精得很,他们到空中只说一两句英语,是个信号,表示集合完毕。他们瞒不了我,我知道他们已经起飞了。他们一到澎湖,还要向地面管制说一句短话,听不清楚,但我已知他们到了澎湖,马上命令赵德安他们起飞。"

刘亚楼大感兴趣:"你凭什么知道他们已起飞、已到澎湖了?"

林虎答:"我就是凭经验计算时间。虽然无法精确到秒,但大体时间不会差太多。我们的机组经过多年的反复演练,在空中配合很娴熟,领队长机不用讲话,做个动作,僚机就明白是什么意思。同时,空地配合也相当默契,雷达一发现敌机,马上就能推测出敌人的航线、时间,算好提前量,给机组正确的引导。敌人的飞机两架一组,交叉并行,互相掩护。根据多年经验,我判断他们就是四架,于是告诉赵德安不必顾虑,放开来打。"

刘亚楼听罢,大为动容:"空战决定胜负,就是那么几分钟甚至几秒的事,指挥就怕犹豫不决,黏黏糊糊,三脚踢不出个屁来。我们的飞行员都是百里挑一的'好料',能不能让他们飞出来,形成战斗力,关键在指挥。当然喽,空战的现场指挥固然重要,但功夫完全在现场之外,都是平时苦练精飞、各方协作的结晶。"

空军入闽初战 3:0 是出奇制胜的空战佳话,其意义不仅仅是刘亚楼打败了国民党两任空军司令王勋、陈嘉尚,而且是共产党继陆战之后,首次在空中打败了国民党。

南澳岛上空一战,使原先蒙在鼓里的国民党猛然警醒。他们压根儿就没料到福建、粤东沿海地区会突然出现如此强大的战机。通过派遣多批飞机"强行侦察",才发觉解放军空军正在"自重霄入"。8 月 5 日,国民党参谋总长王勋下令部队高度戒备,说中共空军已进驻福建龙溪,陆军也大量调进福建。翌日,国民党当局宣布台、澎、金、马地区进入紧急战备状态。

出师不利折戟沉沙

空军第十八师首战揭开空军入闽的序幕后,战略企图业已暴露,第二梯队以何种方式进入,让刘亚楼劳神费心。他一日三电,催询聂凤智在进驻次序问题上,究竟先漳州后福州、龙田,还是三个方向同时进驻。

聂凤智经反复权衡,回报:仍按"逐步推进"的既定方针行事为宜,着令广空第九师先进漳州。

空军第九师师长刘玉堤,抗美援朝中,先后打下敌机六架、击伤两架,特别是在一次升空作战中,击落四架敌机,成为空战的一个战例,写进了教科书。刘亚楼为此亲自给他发来嘉奖电:"庆祝你创造我志愿军空军击落敌机的新纪录。希望你很好地研究经验,更加改善方法,结合英勇精神,在将来的空战中,争取更大胜利,并锻炼成为智勇双全的空军指挥员。"朝鲜停战后,刘玉堤在训练团团长岗位工作一段时间后,感到规矩太多,不适合个性,想按自己的思想和想法摸索,带出一支让组织上用得顺手的部队。刘亚楼支持他的想法,派他组建空军第九师,任副师长,并叮嘱说:"九师师长是从陆军刚来的,飞行方面、业务上的事情就靠你了,你要大胆干,大胆创新,要在较短时间内,把九师的工作搞上去。"

刘玉堤带着刘亚楼的嘱托走马上任,注意全面建设部队,以泼辣作风在短时间内就带全师飞行员飞出了三种气象条件,其中半数以上飞过四种气象条件,部队的战斗力很快得以提升。

刘玉堤升任师长后,想多安排飞行,政治委员则想多安排政治学习,两人为此闹了点小分歧。刘亚楼闻讯,专门飞到空军第九师,把两个人一并叫来,打开天窗说亮话。他说:"你们两个人,工作都很积极,一个是军事主官,一个是政治主官,工作是有分工,但目标应该是一致的,就是把部队建设搞上去。这就要讲究协作、配合,要科学安排好各项工作,只有部队建设好了,战斗力提高了,在祖国需要时能够打胜仗,完成好党交给的任务,这才是最大的政治。"

同时,他对两人各自存在的问题,进行了严厉批评。如此严格治军、赏罚分明,让两人心服口服。此后,刘玉堤和政治委员配合默契,空军第九师以出色的业绩,被上级评为先进师,刘玉堤也被树为模范师长,《解放军报》《空军报》《航空杂志》等多家媒体对此进行过大力的宣传和报道。

1958 年春,空军第九师驻长沙不久的一天晚上,国民党一架 P-2V 侦察机(简称 P-2V)低空窜扰长沙。空军第九师当时能在夜间复杂气象飞行的,只有师长刘玉堤等三人。他让人代行指挥,自己驾驶米格-15 上天迎敌,把敌机追得失魂落魄。不久,刘亚楼电令他率第二十九团赶到井冈山旁边的江西新城机场。他当天空中转场,当天就下令试航。没几天,就与国民党飞机干了一仗,击伤了一

架 F-84。让刘玉堤率部从长沙空中转场到新城,不过是刘亚楼的第一步棋,第二步他就要把这员大将放在距金门直线距离不过四十公里的八闽重镇漳州,以给对手造成骨鲠在喉般的不自在。

1958 年 8 月 4 日上午,刘亚楼命令一到,空军第九师就得走。可头天晚上,第二十九团大队长张闯虎刚在部队办完婚礼,第二天又领着新娘子逛街。偌大的长沙无处寻找,刘玉堤等不及张闯虎回营,带着三十四架飞机就从新城起飞。张闯虎归队后,挨了上级好一顿训,要给处分。一向军令甚严的刘亚楼,这回却格外开恩:"人家三十几岁才娶上亲,幸福一阵不容易,这次行动事先没有思想准备,也幸好没出大事,就算了吧。"

空军第九师进驻漳州一线机场,即便盘马弯弓,也让对手感到一种无形压力。国民党空军连日召开紧急会议,部署空防。金门军眷,也开始大批撤往台湾。

1958 年 8 月 7 日,国民党空军发动较大规模的空战。国共开始了争夺海峡制空权的战斗。解放军空军小试身手,在前线站稳了脚跟。

而此时,北京的刘亚楼和蹲在罗裳山指挥所的聂凤智,正在部署第三梯队的行动,计划是沈空第十六师进驻龙田,海航第四师第十团进驻福州。

解放军空军接连进驻连城、汕头、漳州,国民党空军好不紧张,但尚能忍受。此番如再进福州、龙田,不仅威胁金门、马祖,而且直接威胁台北的安全,敌人很可能孤注一掷,下决心趁我立足未稳实施轰炸,或趁机进行大规模空战,拼个鱼死网破,不将我逐出福建,决不罢休。

聂凤智向刘亚楼呈上两个方案:若无空情顾虑,海航第四师第十团先转福州做好战斗准备,空军第十六师直飞龙田,一步到位;如果空情复杂,则两支部队均先到福州,空军第十六师视情再转至龙田做二级跳跃。

刘亚楼同意,指出方案由聂凤智拿定,但无论取哪一个案,沿海各机场均应起飞多批机群接应。不能光想着空中转场,还必须想到空中转场以后将出现的状况。

聂凤智说:"驻连城、漳州部队可起飞较多兵力到莆田、惠安一带活动,使敌人不易接近福州、龙田,给新到部队一两天时间抓紧研究敌情,熟悉空域。"

如此,方案更显完整稳妥了。

1958 年 8 月 13 日晨,海航第四师第十团从衢州飞抵福州。一架架正在降落、滑行中,雷达荧屏上显示三都澳方向出现敌情,十四架 F-86 分三批向福州飞来,紧接着又发现其后跟有多架 F-100。刚刚落地的海航第四师第十团立刻重新发动,起飞应战,打得敌机屁股冒烟。这些"不速之客"知趣乖巧,于闽江口上空兜个圈子,落荒折返。

目睹这场空战的金门炮战总指挥叶飞回忆:"那天是福州人民首次亲睹我空军大显身手,兴奋异常,纷纷走出家门、商店、教室,机关干部也冲出大门,伫立街头,爬上屋顶,鼓掌欢呼。"这种感情非亲身经历难以体会。此前福建天天有警报,民众吃足了敌人空袭的苦头,亟盼今后安宁。以至空军空中转场期间,福建群众自发出动二十五万余人、一千五百多辆车、近六百条船,为机场运输材料。入闽后,各机场周围的群众更是全力支援空军作战。

聂凤智判断,敌人已经高度警惕福州方向,空情将更趋复杂,遂命令:空军第十六师按第二方案空中转场,第一步飞福州,滞留个把小时,接着飞龙田,沿海各机场同时起飞,提供有效掩护支援。

福建空域,顿时扯起了一个前所未有的立体防护罩。

空军第十六师第四十六团原驻辽宁丹东,空中转场飞行路线和途经中转站是:辽宁丹东—天津杨村—苏北白塔铺—苏州硕放—杭州笕桥—浙江衢州—福州—龙田。从北南飞二千余公里,和候鸟差不多。在空中转场福建时,连城、汕头、漳州、福州、路桥各基地共起飞二十九批一百二十四架次飞机保驾护航。

至此,刘亚楼、聂凤智已把航空兵六个师十七个团采取逐步推进、打游击的方式进驻了福建和粤东多个机场。

解放军第一次在福建空域显示雄厚实力,台湾空军像突然间受到惊扰的马蜂炸窝,紧急出动三百多架次飞机在台海上空来回乱飞。台北市也数度拉响了防空警报。蒋介石悲哀地感觉到,毛泽东这位曾在井冈山、黄土高坡、黄河长江两岸和自己血拼大战,决定了 20 世纪中国前途命运的"老朋友",麾下那支穿草鞋吃红薯的军队再也不是小米加步枪的土八路了, 他们已安上了钢铁翅膀,正向自己擎起空中的法宝,要为抢夺海峡制空权大战一场了。

抢夺制空权,是所有现代战争交响曲的第一乐章。1958 年 8 月 14 日是国民党的空军节。国民党空军渴盼能用一场胜仗来加以纪念助兴,遂出动十二架 F-86 进袭福建,试图把一支立足未稳的共产党空军部队反出去。

　　福州空军指挥所的雷达首先捕捉到了两架从马祖方向来袭的敌机,误判为F-84欲对新空中转场的部队实施侦察,根据其后一般有四架 F-86 掩护的规律,下令刚驻进龙田不久的空军第十六师第四十六团起飞两个中队八架飞机迎击事实上的十二架敌机。战后,刘亚楼在前线空战报告上红笔批注:"以八架去打判断中的六架,也没有体现以多胜少的原则!"给指挥员以严厉批评。

　　对空军入闽作战,刘亚楼集中优势兵力的指导思想是明确的,但空中转场初期,由于前线指挥员没有很好地贯彻"一域多层四四制"的战术原则,加之行动仓促,情报不够准确及时,引导尚不熟练,以及空中协同支援较差,因而有时各基地战斗起飞的兵力不少,但实际与敌遭遇空战时并不能保持优势,有时甚至居于劣势。

　　8 月 14 日这场空战,由于指挥紊乱,8 号机周春富失去编队联系,在与十倍于己的敌群格斗中,击落敌机两架、击伤一架,自己也被击中,跳伞于平潭海域失踪(后确定为牺牲)。

　　战例分析,参战飞行员普遍反映:"打了一个意图不十分明确的仗。"但福空在给北京的报告中仍然如此评价:"虽有教训,还是一次胜利的空战。给了敌人以沉重打击,给福建人民的鼓舞极大。"

　　国民党空军第一次打下米格机,欣喜若狂,在台北沿街鸣放鞭炮,报纸纷出号外。两天后,蒋介石亲自接见参战人员,勉励他们"发扬八一四光荣传统,团结戮力,给毛共以更沉重之打击"。台湾当局大肆进行所谓"八一四大捷"的庆功活动,诚然是自欺欺人,但解放军空军毕竟也损失了一名全天候飞行员和一架飞机,刘亚楼心情非常沉重,决定去福建前线督察空军入闽作战。

　　毛泽东让刘亚楼代向前线空军指战员问好,并加叮嘱:"告诉福建省和福州军区,一定要找回落海的飞行人员。"

　　1958 年 8 月 16 日一早,刘亚楼动身赴闽。在北京起飞时,天气预报尚好,有云,并不影响飞行。在机上,刘亚楼和秘书及随行人员侃大山,聊起了天气预报的问题。

　　他说:"我们有的气象员真是乱弹琴,像瞎子摸灯一样胡闹。有次我到空联司指挥所,眼看天就要下大雨了,指挥所的气象员却说是晴天,弄得我哭笑不得。我让他到外边亲眼看看,指着他的鼻子说你真不如一个鞋匠。他愣了愣,莫名其妙地看着我。他不懂得这个鞋匠的典故。我说,苏联气象台预报天气也不准,经常出错,居民很不满意,结果有意编了一个笑话来挖苦和嘲笑气象员,说中央气象局前门有个鞋匠,有一天谈论天气问题与气象员展开争论。鞋匠根据自己多年观察的经验断定要下雨,而气象员硬说是晴天。他们争执不下时,天上飘来一片黑云,接着大雨如注,这时,围观的人们都指着气象员说:'你不如鞋匠!'这个典故就是这样来的。这当然是笑话。气象是一门科学,变幻无常的天气在缺少更多仪器的情况下难免测之有误,古语就说'天有不测风云'嘛。但我认为,在可能情况下尽量减少失误,还是应该的。比如,对天气除听预报外,用肉眼观察观察,应该是不难办到的……"

刘亚楼说话间,飞机真的遇上了"不测风云"。飞近闽西时,天空越来越暗,乌云滚滚而来,逐渐连成一片,两个巨大的漆黑云团从飞机的两侧夹击而至。搞飞行的人都懂得,这种雷雨云是飞行员的大敌。在它的内部,上升气流和下降气流上下急剧窜动,加上雷击电闪,轻则能折断机翼,重则能把飞机打下九重天。同机的干部都很紧张,有的主张返航,有的叫爬高,有的喊降低高度,刘亚楼镇静地说:"谁也不要乱叫乱动,不要去干扰飞行员,怎么飞由他们决定,我们要信任飞行员和地面的指挥引导。"

飞机在气流的翻滚冲击下不时颠簸,机长聚精会神地牢牢地紧握方向盘,精密地计算,不停地转动着舵柄。惊险之中,飞机像只矫健的海燕,终于从两个巨大的乌黑云团中间的狭窄空隙里安然穿出,并按原定计划降落在预定的机场上。

下机后,刘亚楼紧紧地握住机长的手说:"谢谢你们!"

负责指挥金门炮战的福建省委第一书记、福州军区政治委员叶飞,从百忙之中抽身赶到龙岩迎接刘亚楼。两人同是少壮派上将,早就惺惺相惜。两人的差别,用他们自己的话说,一个在天,一个在地。

叶飞了解刘亚楼的军事才干,相信他麾下的"天兵天将"能撑起福建的天空。他在以东道主身份设宴为刘亚楼一行接风洗尘时,得知途中险遭不测,连忙表示慰问,刘亚楼却幽默地说:"福建的头顶还没解放,我这当空军司令员的,岂能被马克思收了去!"

在举杯共庆空军歼击航空兵入闽作战胜利之时,刘亚楼关切地问叶飞:"周春富同志找到没有?"

周春富跳伞落海后，福建省紧急出动二千多条船出海寻找，海军护卫舰也连续数日反复搜寻，但至今杳无音讯。听罢叶飞介绍，刘亚楼不禁黯然神伤。叶飞表示福建方面还要继续寻找。

刘亚楼一下飞机就开始工作。在听取汇报后，他又和聂凤智、谢斌商量破敌对策，指出不要墨守成规，在空战战术思想上要有所突破。他还说："虽然八一四空战有战果，党内军内各大报也有大量妙笔生花的报道，但我仍要指出，此战从地面到空中的指挥配合都有不少漏洞，实为不佳战例，有很多教训值得我们检讨反省。"随后，他又马不停蹄地来到周春富所在的第四十六团驻地。

第四十六团人人含悲，他们不仅失去了一名战友，而且没能寻找到战友的遗体。团长苑国辉向刘亚楼汇报了打捞寻找过程。刘亚楼低头不语，长久，才缓缓地抬起头来，饱含深情地说："周春富同志牺牲后，毛主席和党中央十分关注，说我们的飞行员死了也要找回。有哪一个国家的飞行员死了会惊动最高层？会牵动数万群众出海寻找？这充分体现了党和人民对我们空军的深情，这是我们空军每一位飞行员的光荣！我为有周春富同志这样勇敢的战士感到自豪！党委决定给周春富同志追记一等功，并追认他为正式党员！"

刘亚楼说话时，哽咽再三，最后竟然一把抱住团长，失声痛哭。第四十六团惊呆了：这位从烽火硝烟中走过来、流血不流泪的硬汉，为一位年轻的飞行员，在众部属面前落了泪！

第四十六团一时呜咽声声，热泪化作倾盆雨。团长喊起口号："为周春富同志报仇，学习周春富烈士奋不顾身的英雄气概，用最好的成绩向毛主席和党中央、空军首长汇报！"

刹那间，第四十六团吼声震天。

金门炮战前夕，刘亚楼一口气走遍了福建各机场，对前线空军部队的战备颇为满意。福建省委书记处书记伍洪祥陪他到厦门、同安看了几个前沿阵地都没有发生什么事。离开那一天，他的汽车刚离开江头，突然一发炮弹在后面爆炸，巨大的气浪差点把车子掀翻。接着蒋军接连打来几发炮弹，击中附近的民房，群众小有伤亡。

刘亚楼在福建的行动当然是保密的，难道敌人长了眼睛不成，难道有人泄密，难道有潜伏的敌探？有人要在这方面大做文章，刘亚楼泰然自若地说："我看顶多是个碰巧,这样的险情,我一生见多了! 还是省出时间和精力来做好空战和炮战准备,安抚伤亡的群众吧。"

在漳州听完空军第九师师长刘玉堤汇报空中转场后的空战准备后,刘亚楼说:"聂司令员说你们是一把摆在人家鼻子下边的剑,我看说得很形象,调你们来漳州,就是要达到这个目的。但你们也别忘了,你们这把剑,是带着套鞘的,就是要有高度的政治头脑,具体地讲,要遵守作战原则,不出领海线作战、战斗巡逻、航线飞行、编队训练避开金门空域。"

刘玉堤回答":请司令员放心,我们九师就当是棋盘上的相和士,无权过河打冲锋,但那边的车马炮兵胆敢越界过来,我就统统有权开杀戒。"

刘亚楼点点头:"好,这就叫人若犯我,我必犯人,扬眉剑出鞘! "

他边视察边同聂凤智等研究夺取战区制空权、防敌空袭和大规模空战的战役战术指挥问题。

刘亚楼一路视察一路思索,到晋江空军指挥所后,给毛泽东、彭德怀发去若干请示报告,对未来空情作出基本判断。

早在1958年1月制定的空军入闽报告, 拟就了空军进入福建后应付可能发生情况变化的方案:

只要我们各方面加紧努力,力求少犯错误,同敌人打起空战来,虽然会互有胜负,然而一般说来,应该是打得过敌人的,被敌人用空战把我们赶出来,估计是不至于的。但是我们应该提防到敌人除进行空战以外,还可能使用向我福建地区甚至汕头、上海、广州实施轰炸的办法,以进行报复。因此,我们认为,在我空军进入福建的同时,还必须准备好实施反轰炸或以其他方式进行强烈的反击的措施,以免使我空军进入福建的行动处于被动和不利的地位。因为空战和加强地面防空火力,虽然可以击落一些敌机,但是不能完全阻止蒋机对我实行轰炸。我空军去轰炸台湾是不适宜的,将引起更加复杂的情况。但是我们可以抓住金、马这两条小辫子。抓住金、马的小辫子可以有大抓和小抓两种方法。

所谓大抓,就是组织空军、炮兵、海军舰艇对金、马地区进行轰炸炮击,打击和封锁敌人的海上补给线,造成金、马补给的困难,甚至可以将金、马封锁起来,即使不使用步兵登陆也有可能将金门、马祖敌人迫走。如果认为采取上述方法,影响过大,尚非其时,则可以采取小抓的办法,即用地面炮火和鱼雷快艇对马祖进行轰击和封锁,厦门地区对金门只进行配合行动,这样做,我们认为也可以将敌人制服住。如果我们抓住金、马两条小辫子,估计经过几个月的紧张斗争之后,蒋介石可能为了保存金、马的十一万兵力而停止对福建地区的轰炸,然后出现的只是断断续续的双方进行一些空战的局面。

空军入闽并进入实质性空战后,1958年8月19日,刘亚楼在晋江向毛泽东和中央军委提供的敌情判断是:

　　从各方面的情况看来,敌人目前对我军的行动性质是捉摸不定。目前中东形势已不甚紧张,估计我军现在就动手打台湾固然可能性不大,但对于我军是否会对金门、马祖采取行动,则十分捉摸不透。八月十三日国民党国防部长俞大维说我们将以过去对付大陈的六阶段战略来逼退金门、马祖,他所说的六阶段就是:一为调入飞机,二为侦察,三为飞机大批出现,四为轰炸,五为进攻一个岛屿,六为孤立附近岛屿。并认为我军目前已进行到第三个阶段……

　　空军部队入闽后所进行的四次空战,都是在敌机窜入大陆向我机场实行威力侦察时抓住敌人打的,以真正进行空战为目的的出动国民党空军直到现在一次都还未出动过。估计敌人在没有弄清我军意图以前,对他那有限的空军力量是害怕过早消耗的,这可能是敌人不主动和我军进行空战的主要原因(当然也还有美帝控制的因素)。

报告分析了眼下的空情特点:

　　敌人不想打空战,其侦察活动方法是采取看机会、抓空子、大速度、高度机动、擦边球、不轻易进入大陆等,只要一发现我机起飞,就立即返航。因此,很难抓住敌人进行空战。目前部队上上下下都十分希望有空战打。在敌人只是搞侦察活动的情况下,要解决一个如何制造一些打空战的机会,更多地锻炼部队,打击和削弱敌人的问题。经我们和前方部队的同志研究,认为我们一方面应该随时准备着和敌人打大空战,并且把各种方案措施搞好;另一方面,在敌人又不来的情况下,准备采取诱敌深入的办法,这就是在敌人进行侦察活动的小批飞机飞临大陆边沿时,故意不急于拦击它,有意识地放它进来,放它进来几次以后,使它麻痹大意,再突然截击它。另外还准备用少数轰炸机结合飞航法熟悉地形的方法飞到连城、漳州等机场着陆一两次,敌人的雷达发现了我轰炸机飞临沿海机场,很可能沉不住气,会派侦察机进来侦察,抓住打它。除了"向里放"、"向里引"以外,还准备在边沿机场(惠安、晋江等)隐蔽少数兵力打埋伏的办法,这些办法如果搞得好,估计可能抓住敌人打一些空战。至于放进来打,是否会把带了炸弹的敌机一起放进来,我们以为不怕,因为只要地面有充分的准备,损失也不会大。同时如果敌人真正下了决心来轰炸,比如采取低空突然袭入,丢了炸弹就跑,即使我们每次都起飞拦截,事实上也很难完全拦住它。

报告设想了对付敌人各种打法的策略:

自空军部队开始进入福建,敌人就立即开始了对我实施轰炸的准备。但直到现在始终没敢行动。估计主要是由于:怕我报复,怕我轰炸金门、马祖,甚至轰炸台湾,同时我对金、马的行动尚未明朗,美帝害怕我在远东采取行动等。所以敌人对我是否实行轰炸,似乎也是在看我们的行动而行动。对于我军来说,则主席早已指示:如敌向我轰炸最妙不过。一线部队和机场已经做好反轰炸的准备,包括思想准备、报复轰炸以及各种疏散伪装抢修等措施。正在继续研究对敌实施报复轰炸的各种方案,对敌实行报复轰炸是制止敌人轰炸的有效措施。

虽然目前敌人主要是对我进行侦察活动,但再过一段时间,如果我们不对金门、马祖采取行动,而且敌人摸清了我军意图的时候,敌人为了控制一定空域,寻求给我一定打击以掩护金、马和挽回影响等,估计也可能决心和我军打一些空战,甚至打较大规模的空战。……国民党空军来同我军打大空战,那是十分欢迎的,这对我军部队的锻炼有很大的意义。如果打大空战,以敌人现有兵力计算,一次最多可以出动一百架到一百二十架左右。我们现在位于福州、龙田、漳州、连城、汕头共六个团,一次可以出动一百四十架左右。另外驻在衢州、路桥、樟树、惠阳四个机场的二线部队四个团以全程作战或空中机动的方法,随时可以支援一线部队作战。所以兵力是够用的……

打大空战是我们最希望的,只要我们准备充分,主观上不犯错误,在空战中掌握住主席多年来教导我们的原则:战略上藐视敌人,战术上重视敌人,集中优势兵力以多胜少,各个击破敌人的原则,一定可以打败敌人,使自己得到更好的锻炼。

报告还有预见性地表明了最不理想之空情:

也有这种可能:敌人判明了我军不搞金门、马祖,且我空军部队又不出海作战,敌人为了保存实力,作为向美帝讨价还价的资本,也可能采取不越境的办法。如是,我机不出海,敌机不进大陆,这样就将形成对峙的空中形势,打仗的机会就少了。我们最不希望出现这种局面。

这份敌情判断,像刘亚楼以往的报告那样,体现了严谨、周密、务实、客观等风格。

这份敌情剖析和对策,是1958年1月报告的延续。

聂凤智在勾勒未来空军作战的战略模式时,说:"我们不主动到敌人那里去,但要随时准备他来。"

刘亚楼没有异议,只是把聂凤智计划中的"准备"换成了"欢迎"。这两字更生动,更适合空军将士求战若渴的心情。

阴差阳错酿悲剧

国民党空军几场空战连连受挫,恐慌之余,立即收缩活动范围,不敢轻易出动。一时形成了敌在海峡上空巡逻,我在大陆上空警戒的对峙局面。解放军空军以毫不逊色的空中实力和子弟兵的赤诚无畏,向对手传递了再不能容忍制空权旁落的坚定信念。福建沿海地区的制空权基本易手,为我军大规模炮击金门奠定了基础。

1958 年 8 月 23 日傍晚,举世瞩目的炮击金门作战终于发起。经过两个多小时暴风骤雨式的轰击,共毙伤敌官兵六百多人。被击毙的三位中将副司令中,为首的一位是在国民党军界颇有名气的人物, 他就是刘亚楼当年在东北时的对手——曾任国民党东北"剿总"参谋长的赵家骧。在战斗中,金门守敌频频通过无线电向台湾呼救"速派飞机支援"。然而,国民党空军在解放军严阵以待的五百多架战鹰面前,仅有隔海观望之愁,未敢出动飞机对大陆炮兵阵地进行轰炸。

炮兵走到前台后,空军虽由主角降为配角,面临的斗争却更为激烈。

炮击金门的第二天,美国向台湾大量增兵,其中部署在台湾的 F-100、F-104 等型飞机已达一百四十余架。美国空军第十三航空队司令托马·穆尔曼公然声称,美国部署在台湾的飞机,"如果接到命令","可以用来跟中国共产党的飞机战斗"。

在美国军方的撑腰下,刚刚受到打击的台湾当局决心抚慰伤亡惨重的金门守军,挽回面子,振作士气,于是策划了一次空中报复行动。1958 年 8 月 25 日下午,国民党空军集中了四十八架 F-86,飞临金门以东沿海上空,摆开大战一场的阵势。为了引诱解放军空军经不住刺激而倾巢出海,在公海上空最好是海峡中线台湾一侧展开空战,以此牵动美国人的神经,八架敌机飞到漳州上空充当诱饵。福建沿海机场的飞机起飞,只能背靠大海向后飞,升空后再调头,如果朝前起飞,转眼就飞到台湾海峡上空了。

解放军空军没上圈套。在按既定的禁令迎战中,空军第九师飞行员刘维敏在没有僚机掩护的情况下,以惊人的胆量和精湛的技术与四架敌机鏖战,仅八分钟就击落两架敌机。不幸的是,当他正对另一架敌机紧追猛打之际,却被解放军地面高炮部队误射击落。

空军大规模入闽后,已发生过数起高炮向自己飞机开火的险情。刘亚楼到龙田机场视察空军第十六师第四十六团时,团长苑国辉曾投诉:"四十六团降落时,有人差点成了地面高炮的冤死鬼。"原来,1958年8月13日,第四十六团接到进驻福建的电令后,第一步飞福州,滞留了个把小时,接着飞龙田。到达后下降高度,突然,天空中爆点一片,原来是地面高炮部队在向第四十六团猛烈开火。还好,地面高炮部队的技术不怎么样,没打中飞机。一落地,苑国辉就找高炮部队算账:"不是已经通知自己飞机要空中转场嘛,为什么还向自己人开炮?"原来,一个高炮连长太紧张,一看机群到了,不识别就喊开炮。打一阵,想想不对,又大喊"错啦,停"。后来一查,还是冤死了一个无辜者。机场旁边一个拾粪的老头,看到机群呼啦啦飞那么低,四周又通通通打炮,吓得一头栽到河沟里,呛死了。

而1958年8月25日这次,高炮居然没有放空,真把自己的飞机给打下来了。此战对空军来说,是一次胜仗,但参战的空军第九师和整个前线没有一丝喜庆气,一个好好的战友无谓地牺牲了,谁还能笑出来?

此战,暴露出空炮协同不好的严重问题。事故发生后,中央军委非常重视,国防部部长彭德怀、总参谋长黄克诚责成刘亚楼和炮兵司令员陈锡联尽快研究解决空炮协同作战问题。

"空炮协同不周,是现代战争的大忌。"针对空军与其他兵种尤其是炮兵的协同配合问题,刘亚楼强调过多次。但这毕竟需要一个相互熟悉、相互适应的过程。无论是国土防空作战还是在朝鲜战场,先后暴露出不少问题。这个问题再不解决,愧对无谓牺牲的烈士啊!

刚从福建前线回京的刘亚楼,于是又偕陈锡联同机赶到漳州。他连夜听取空军参战指挥员的汇报,对入闽后的几次空战逐一了解,对存在的问题提出了改进意见。

翌日,他和陈锡联在空军第九师师部主持召开"歼击航空兵与高射炮协同作战"现场会议。与会的有参战空炮部队的指挥员。

刘维敏同志是多么优秀的飞行员啊,他在一对四并且已经击落敌机两架,另一架也已被他追得走投无路的情况下,竟被自己的炮火给击中了!

刘亚楼越说越愤怒,最后大发雷霆:"你们高炮是干什么吃的,捅出了这么大个娄子!"

几天前,为飞行员周春富的牺牲,刘亚楼落了泪;今天,为牺牲在自己人手中的飞行员刘维敏,他的愤怒可想而知。

炮兵指挥员一声不吭,他们理解刘亚楼的愤怒,也深为自己捅出的大娄子而羞愧。

刘亚楼把高炮骂了个灰头土脸,到会的空军指挥员,包括空军第九师师长刘玉堤在内,也都情绪激烈地批了一通高炮。有人说:"显然,高炮射击手是把自己人当敌人而把敌人当作自己人了,这简直是不可饶恕的罪责!"

解放九年来,福建上空只有国民党飞机活动,前线的高炮部队一直处于单兵种对空独立作战,见飞机就打已成习惯。空军入闽后,情况发生了很大变化,敌我飞机都在空中活动,战斗已经转入高炮与空军协同作战了,但有些高炮指挥员并没有树立以歼击航空兵作战为主的思想,仍然习惯于"见了飞机就开炮,打不着也吓他屙一裤兜尿",因此造成误击事件屡禁不止,时有发生。在前线,一个高炮的小连长就有开炮权,能拿他怎么办?气得飞行员看见高炮兵就骂脏话:"下回,看准了,是自己的老婆再睡觉;不是,别竖起了你们那根××,乱放炮!"

鉴于这起重大事故,陈锡联代表炮兵在会上表态:"这次会议召开得非常及时,我们炮兵今后一定认真总结教训,保证今后不再发生此类严重事故。"

刘亚楼很快就冷静下来,发火归发火,关键问题还是要认真总结教训,杜绝今后重犯此等事故。

刘亚楼就此事发表议论:"现在,武器早已发展到火箭导弹了,你们炮兵却还停留在长矛大刀土枪土炮的时代,打起仗来不出毛病才见鬼哩。要快快研究,把那些不合时宜的成规旧则统统丢掉!"

在陈锡联听来,这不是嘲笑,而是诤言,他表示虚心接受,希望今后能给炮兵多提宝贵意见。

刘亚楼缓和了语气:"当然,空炮协同,正如两个优秀的乒乓球单打运动员,不一定是最佳的双打配对一样。要使我军从所熟悉的地面单打传统战法解脱出来,迅速掌握现代战争的特点,熟练运用地空双打战术,并非一件易事。然而,这却是我们在作战中亟待解决的大事。运动员配合不好,输掉的仅仅是奖牌,而空炮协同不周,付出的是机毁人亡的惨重代价!"

空炮两家取得共识后,"捐弃前嫌",纷纷就协同作战问题献计献策。会议富有成效,在刘亚楼、陈锡联主持下,通过连续两天的经验教训总结,拟定了著名

的空炮协同作战四项原则：

一、如果敌我歼击机在进行空战时，地面高炮不要射击。

二、如果我机不能起飞，或者本地区上空无我机活动时，应由高炮部队对敌作战。

三、当出现敌机轰炸情况，在上空虽有我歼击机与敌空战，我高炮部队仍应向对我进行轰炸的敌机开火。在这种情况下，地面高炮部队应注意识别敌我机，防止发生误射。

四、沿海岛屿及海岸突出部的高炮部（分）队，除非空中飞机向自己保卫目标进攻时应予射击外，对于一般空中目标不要开火。

这四项原则，大刀阔斧地破除了苏联军队战斗条令不适合中国作战情况的清规戒律，改变了原来区分高度和空域的协同方法，而明确以歼击机为主，同时积极发挥高炮作用。此原则兼顾了歼击机与高炮的战斗职能，实事求是地解决了两个兵种协同防空作战存在的主要问题，一方面给予歼击机以最大的活动范围，另一方面要求高射炮兵增强对敌机我机的识别能力，既不误击我机，又不贻误战机。这一改变是空炮协同的大胆革新，是反对教条主义的实际成果。

此后，空炮协同走上正轨。对金门空中照相前后两次均获得成功，就建立在空炮协同成功的基础上。整个前线不仅再没发生高炮部队误击自己飞机的事情，而且高炮部队在准确识别的基础上，也没错失战机。

配合炮击金门而进行的空战，带着种种严格禁令。深得毛泽东军事思想真谛的刘亚楼，强调军事行动务须掌握精确的度，方能达成所预期的政治目标。于是，空军这把摆在台湾鼻翼前带鞘之剑，该亮就亮，该收就收，而非随心所欲不受节制地大打猛打。这种特殊的空战模式，限制并威慑着对方空军在战场上施展拳脚。

台海局势尘埃落定

1958 年 9 月 29 日，《人民日报》头版刊发了新华社电讯稿《美国侵略者指使蒋机使用响尾蛇导弹》，随文还刊登了五张响尾蛇导弹残骸照片。至今仍存放在中国人民革命军事博物馆的这些导弹残骸，虽然早已锈迹斑斑，但那段历史却永远不会生锈。

这年 9 月 24 日上午，国民党空军出动三百架次飞机，分三批飞离桃园机场，先后窜到闽南泉州上空骚扰，机上挂载有美国刚研制出的世界上最先进的空对空武器——响尾蛇导弹。国民党空军由于在闽粤沿海连连受挫，企图用它进行报复。

聂凤智在晋江罗裳山指挥所一声令下，在汕头、连城、漳州、福州等机场严阵以待的米格战斗机，立即升空应战。

按规定的指挥方案，解放军空军运用的是打时间差的战术。应该是这批飞机来，那批飞机走，以保持空中连续的力量。没想到，起飞的时间没有搞好，各个机场的飞机几乎同时到了泉州上空，一下子把敌机团团围住，勇猛快速地与敌机群近战格斗，打乱了敌机的队形，使其没有发射导弹的机会。敌地面指挥看上下左右都有米格战机，以为解放军早有准备，布下了口袋，连忙命令撤退。在另一空域，海航飞行员王自重的飞机因失控而掉队，在追赶编队途中，突然与企图偷袭解放军飞行中队的十二架敌机相遇。1:12，情况万分危急！但为了保证战友的安全，王自重毅然从下方搠入敌机群，在连续击落两架敌机后，被响尾蛇导弹从背后击中，血洒长空。

这天是世界空战史上第一次使用导弹。虽然早在 1940 年，纳粹德国就研制出 X-4 空对空导弹，但在十几年时间里，世界各国空战还从未在实战中使用这种新式武器。台湾当局"为稳定军心"发动的自台湾海峡局势紧张以来规模最大的一次空中攻势，事前下了很大的赌注，不惜突然使用当时世界上最先进的空对空导弹，但并没有得到便宜，难逃被击落、击伤四架飞机的惨败下场。

三天后，刘亚楼从北京给聂凤智打来电话："彭老总问，你搞了什么'口袋战术'？美国、日本、香港的报纸都在哇哇叫，说这个战术不是中国人指挥，可能是某国将领打的。"

聂凤智老老实实地回答："哪来什么'口袋战术'！是我们自己起飞时间没有算好，歪打正着！"

刘亚楼哈哈大笑："歪打正着也好嘛，我军打仗的许多经验不都是从偶然之中发现、总结出来的？我看你们要认真总结一下这个'口袋战术'，不要把它当作一锤子买卖！"

响尾蛇导弹虽然初试身手,击落了解放军空军一架飞机,但同时也暴露出红外线灵敏度不高、没有敌我识别系统的弱点。刘亚楼建议有关部门据此尽快制定防范措施,使其在今后的空战中难以发挥作用。他还提请国防部五院把三发落地未炸的导弹作为研制空对空导弹的绝好样品。几年后,霹雳1号空对空导弹研制成功,其机制与响尾蛇极为相似。

台海空战,开创了震撼世界的导弹时代的空中战争。

两岸空军频频交手,互有死伤。台湾方面对战死的飞行员几乎从不公布

1958 年,空军部队入闽作战,刘亚楼到前线研究空战战法

与张扬,大陆方面则不同,牺牲一位立即宣扬,周春富、王自重、杜凤瑞都成了响遍全国的英雄。

中国古代兵书曰:"既战,骨枯骼盈,尸积江塞,理炽者彰,气虚者匿。"说的便是这桩事。刘亚楼认为,这是战争心理学,古人都懂得对伤亡情形的公布与否,同战场态势与战争性质存有某种关联,"理炽"和"气虚"、"彰"和"匿"是辩证的,反差中哪能不存在相异的微妙的心态反应?

福建前线以炮击金门为中心的三军联合作战,表现形式是真枪实弹的军事斗争,实质打的是政治仗、外交仗——打在国民党军队身上,痛在美国后台老板的心上。就在金门守军困境愈深之际,美国意欲制造"两个中国"的阴谋端倪已露。毛泽东高屋建瓴,成功地驾驭了战争,于1958年10月6日凌晨突出奇招,亲笔起草了以国防部部长彭德怀名义发表的《告台湾同胞书》,及时揭露了美国政府的不良居心,公开声明停止炮击,并建议两岸双方举行谈判,实行和平解决,从而使金门之战作为一场奇特的战争载入史册。

国防部的文告发表后,部队有些同志感到不理解,他们求战情绪高涨,想早日拔掉金门这枚钉子。刘亚楼在前往福建视察时,看到了这个现象,他告诉空军

指战员:"炮击金门的斗争是世界反帝斗争的重要组成部分,由于军事斗争和政治斗争、国内问题与国际问题、对台湾当局的斗争与对美国侵略者的斗争交织在一起,局面很复杂。空军作战是福建前线对敌斗争的一个组成部分,制空权的斗争已经超出了军事范围,因此,必须服从政治斗争的需要。"

空军第十六师第四十八团副团长曹双明向司令员提问:"如果国民党空军贼心不死,还要来闹事,怎么办?"

刘亚楼很看重这位年轻的团长,说:"那你就把狗日的给我揍下来!"

20世纪90年代的空军司令员曹双明笑着说,希望能多干几仗。

台湾当局对大陆文告不予理睬,果然贼心不死,于1958年10月10日出动飞机四百多架次,对大陆进行挑衅。在国共双方最大规模的这场空战中,解放军取得击落敌机三架的胜利。

从7月至10月底,入闽空军(包括配属空军指挥的海航)与国民党空军空战十三次,击落国民党军飞机十四架、击伤九架,我参战部队被击落、击伤各五架。

国民党空军一位参战飞行员忆述:"中共空军在韩战中曾创造过有名的'米格走廊',1958年他们又在闽浙粤一线成功构筑了一道'米格墙'。这堵空中的'米格墙'从未推出过大陆领地,更未延伸至海峡。所以,空战的发生,多为我方主动对他们的'墙'发起突袭,但总是无法突破,撞'墙'而回。"

屡遭打击的国民党空军自此胆寒,被逐回台海中线,1958年11月后再没出动大机群与解放军空军照面过招。台湾海峡的形势也逐步缓和下来。

对这场特殊空战的指挥,几十年后,已是北京军区副司令员兼北空司令员的空军第九师原师长刘玉堤中将说:"1958年台海空战,我军指挥艺术可以说是威震海峡。"

1958年的金门炮战,主角固然是地上那一尊尊身段腰围不等的大炮,但若少了蓝天间那一架架舒展铁翼的银鹰,这场牵动了西方神经的战争便少了立体感,只能算是轰轰烈烈有余,扣人心弦不足。

金门炮战总指挥叶飞后来称:"我们能把炮兵阵地摆得那么开,那么密集,在厦门前沿就部署了一个炮兵师,主要就是因为空战的胜利,我们掌握了制空权。"

第十二章　穿不透的金色盾牌

低调的神秘之师

新中国成立到朝鲜战争结束,中国大陆相对和平,空中却出现了紧张。美国从其战略利益出发,不断向台湾提供最先进的飞机对付大陆。在美国支持下,国民党空军蹬鼻子上脸,对大陆的袭扰破坏越来越猖狂,活动范围越来越大,甚至飞到了北京。

几年下来,刘亚楼难得睡几天安稳觉。共和国的防空网屡有敌机飞蹿,由不得他。

击落了敌机,他就为作战有功人员向中央军委请功。但由于敌人改变技术战术,解放军空军一时还没有研究出对策,敌机得以连续窜扰时,中央和毛泽东就要查问刘亚楼。空军上下谁都能掂量出司令员肩上的担子。

1957年,国民党空军利用美制B-17轰炸机(简称B-17)进行电子侦察,借着夜间复杂气象作掩护,实行低空长途窜扰。解放军空军出动米格-17波爱夫型飞机六十九架次拦截,无一次成功。尤其是11月20日夜,一架B-17超低空飞越九个省,沿途航空兵部队共起飞十八架次拦截,却还是让它安然返回。毛泽东震怒,于1957年12月18日在总参谋部关于一年来防空作战情况的报告上作出批示,要彭德怀"督促空军全力以赴,务歼入侵之敌"。

在一次会议上,毛泽东问刘亚楼:"敌机到大陆窜扰,就是那几个口子,怎么总是堵不起来?"刘亚楼坚定地说:"我们一定下决心,把各项措施进一步搞扎实，能搞出名堂来的！"

会后，他亲自整顿防空作战的指挥和保障机构。1959 年 5 月 29 日夜，空军某部中队长蒋哲伦冒着小雨升空，在复杂气象条件下将窜入广东的一架敌 B-17 击落。

美军方不甘失败，又向台湾提供多架 RB-57D 高空侦察机（简称 RB-57D）。该机飞行高度达二万米，机载四部航空相机在一万八千五百米高空可摄取长约四千公里、宽七十公里的地面目标。1959 年头三个月，该机对大陆高空侦察了十次，解放军空军起飞米格-19 一百零九批二百零二架次，其中一百零六架次发现了敌机，但爬到最高升限一万七千九百米后，仍然够不上，无法攻击。在望洋兴叹之余，只能在下方一路跟踪，期待在敌高空侦察机因飞行员操作失误或出现故障而降低高度时，施行突袭。

至于各种口径的高射炮，对这种高空侦察机更是无能为力。于是，RB-57D 在大陆上空来去自由，大摇大摆转悠一番后，不慌不忙飘然而去。这对新中国的防空力量不能不说是个嘲讽。

《人民日报》不时刊登中国政府对美国、台湾派机侵犯大陆领空提出的严正警告，不过，最有效的警告应该是——把它揍下来！周恩来亲自给刘亚楼打来电话，指示应用一切方法将美机击落，不然影响太坏。

为了贯彻毛泽东、周恩来的指示，刘亚楼专门召开军区空军、各军党委书记会议，提出"要从根本上扭转防空作战被动局面"，决定从空军第十八、第九师等几支劲旅中抽调一些技术水平高超的老飞行骨干，组织游猎中队，布置在敌机经常出没的航线机场上。他还请机务部门想办法改装飞机，设法减轻飞机重量。

一天，刘亚楼下部队视察游猎中队时，和飞行员们闲扯起京剧来："我十分敬佩梅兰芳先生的练功和治学精神，你们看他演的眼神，每个动作都轻松优美，甚至小手指的动作，拂手的时机、眼神、碎步，都非一日之功。这是他千锤百炼的结果啊！"

他从梅兰芳说到了另一位艺术大师盖叫天："盖叫天先生的墓和我们杭州丁家山空军疗养院仅一墙之隔，你们去过的人肯定不少，可还记得墓前石柱上的一副对联：英名盖世三岔口，杰作惊人十字坡。你们可知道是什么意思？"

飞行员们静静地听刘亚楼说下去："这副对联开头的第一个字，加在一起，叫英杰,是盖先生的名字,即盖英杰;《三岔口》和《十字坡》则是他的成名作,所谓盖世和惊人就是全国闻名的意思。"

刘亚楼随即借题发挥:"盖先生的表演才能是举世公认的。但要知道,他在每一个哪怕是极微小的动作上都不知流了多少汗。拿他自己的话说,就是要'锁心猿,羁意马,苦练出三汗:骨汗、筋汗和肉汗'。梅先生和盖先生几十年如一日,持之以恒的苦练精神特别值得我们学习,不下功夫'地面苦练,空中精飞',是掌握不了过硬本领的! 同志们想想,国家这么困难,还花这么多钱培养我们,装备我们,如果我们任凭敌机大摇大摆地从眼皮底下飞走,不能把好祖国的空中大门,是什么滋味?"

当游猎中队开始呼啸着满天追逐涂有青天白日徽的敌机时,刘亚楼还清醒地认识到:要给敌机以毁灭性的惩罚,光靠歼击机还不行,还须有地对空导弹。地对空导弹是制导武器,导弹能自动制导飞向敌机,将其摧毁。

第二次世界大战后期,随着高空高速轰炸机、侦察机等先进航空武器的出现,歼击机和高炮已难以胜任防空作战的需要,于是孕育了更新型的防空武器——地对空导弹。20 世纪 40 年代末,世界上第一批地对空导弹开始服役。苏联研制了萨姆-2,美国部署了波克马 A、奈基-1,英国有了警犬和雷鸟;连一些久无战火的西方国家也装备了地对空导弹。中国不能落后!

于是,就在米格-15 和 F-86 隔着那道既浅且窄的海峡,怒目虎视,硬碰硬生死搏杀之际,一场旨在加强中国防空力量的部署正在秘密开展。

金门炮战不出一个月,1958 年 9 月,广空参谋长王定烈匆匆走进刘亚楼的办公室,当面受领组建导弹学校的紧急任务。

刘亚楼用严肃审慎的目光看着王定烈:"办导弹学校,中央和军委很重视,空军党委下了很大决心,为的是建立一支导弹部队。我们现在一无导弹专业教员,二无教学资料,三无教学器材,任务十分艰巨,但我们共产党的事业都是从零开始的! 要有战胜困难夺取胜利的信心!"

没搞过导弹而有思想顾虑的王定烈,被刘亚楼这么一激,马上有了一股跃跃欲试的劲头。

刘亚楼对要建设的导弹学校的要求是:快出人才,出好人才,尽快为建设新兵种"下蛋"。

这年秋,刘亚楼的工作显得比以往更为繁忙。他每天处理文件的数量猛增,案头电话接连不断。他常常伏案工作至深夜,还常常驱车前往北京市郊的某个地方。周围的人猜测军中一定又有什么重大行动。

1958 年 10 月 6 日,刘亚楼和空军副司令员成钧等人来到北京北郊的高级防校。这里要举行空军第一支地空导弹部队的成立典礼。刘亚楼庄严宣布:"中国空军地空导弹兵第一营正式成立。"

20 世纪 50 年代中期,只有美、英、苏等极少数几个国家用地对空导弹装备部队,但都还没有在实战中使用过,中国要一鼓作气迎头赶上。

会后,刘亚楼在休息室对具体负责筹建工作的空军探照灯兵指挥部主任张伯华交代说:"部队成立后,由国防部五院帮助改装,五院要求我们派一个总负责人去组织训练,空军党委决定,就由你负责这件事。要求你:第一,和五院搞好关系,要服从他们的指导;第二,要好好地向专家学习;第三,要打好基础。导弹部队是从空军各个兵种、各个单位选人组成的,一开始就要严格要求,为将来组建更多的地空导弹部队做好准备。"

说走就走。第二天,几辆嘎斯—51 卡车将地空导弹兵第一营官兵全部拉走。车往郊外开去,左拐右弯,拐到一个陌生去处停下。岗楼里走出一荷枪实弹的士兵,反复查看了带队人和司机的证件,才放车入内。后来才晓得,此处是国防部五院驻地。

进口兵器尚未运到,第一营便抓紧进行基础理论训练,十七个专业,规定各人只学习自己分工的一部分技术,不得多问。保密干事宣布纪律:"我们的工作性质、驻地不得对任何人讲,北京籍的同志不得回家,街上碰到熟人要回避……"

后来有许多不可思议的事情。见到过去的战友熟人,问干嘛去了,那就随便编一个,第二次再见着,自己也忘了,又编一个,内容不是相同便是前后矛盾,让人家感觉很奇怪。有人被女朋友问起工作,吞吞吐吐,把女方弄得莫名其妙,因此分手的也大有人在。一位北京籍战士乘车从市区返回驻地,突然看见公共汽车的另一端站着母亲,赶紧蒙上大口罩,转身悄悄下车。

第一营组建不久,空军党委又从北空、南空抽调精锐人员,高职低配,组建了第二、第三营。调到地空导弹部队的干部战士,一律要经过严格的挑选和政治审查,按刘亚楼的话说,都是挑了又挑选了又选、审查了祖宗三代后才定下来的，是空军的宝贝。后来的事实证明，严格的保密制度和政治素质过硬，是这支部队作战胜利的重要因素。

11月23日晚，位于中苏边境的中国小城满洲里火车站，专列前后闷罐车厢里坐着押送货物的俄罗斯军人，中间一节又一节长长的平板车上，褐色帆布紧箍着神秘的货物，这就是根据中苏1957年10月15日达成的协议，中国进口的萨姆-2。

这种半固定全天候中程、高空防空导弹，披着银灰色外衣，体积不大，稍长，形似一架小飞机，其作战半径（或说射程）达三十公里到四十八公里，高度二十二公里到三十二公里，飞行速度约为每秒一公里左右。苏方称其击毁敌机的概率为单发70%，三发97%，但台美方面后来的评估却低得多。总的说来，当年苏联对中国尖端武器的初始工作虽起到了促进作用，但从根本上讲，他们并没有把最先进的东西给中国，往往是落后几代甚至是行将淘汰的产品。

这一夜，空司灯火通明，刘亚楼和全面负责组建地空导弹部队的副司令员成钧在这里度过了一个不眠之夜。

中国的防空力量在这一晚悄然发生了重大变化。

刘亚楼把他的理念告诉麾下将士："世界上再先进的高精尖武器，没有人来使用，都是死的东西，只有军事素质高的人，在正确战术思想指导下运用高精尖武器，才能在战争中发挥作用。"

1959年4月19日，地空导弹兵第一营首次实弹打靶，在共和国领空第一次成功发射了地对空导弹，命中目标。

1959年9月，三个营的地空导弹部队开赴设在大西北的导弹综合试验靶场进行实弹演习，目标是杜-4上投放的拉-17靶机。实射结果，第一、第三营命中目标，唯独第二营没打下靶机，导弹发射后竟朝目标相反的方向飞行了四十公里，把戈壁滩炸开一个大坑，地对空变成了地对地。检查结果，不是指挥和操作问题，而是苏联在生产时把弹体内两根导线接反了。在场的苏联专家承认责任在苏联工厂，还不忘骂一句："混蛋，这是哪个姑娘急着去约会，做出这样粗心的事情！"

这次实弹射击不久，地空导弹部队便进入实战状态，他们没有更多的时间进行充分训练。

一切都是海那边逼出来的。

杀鸡用牛刀

国庆十周年在即。共产党执政之后，每逢国庆，台湾方面都要派遣飞机到大陆偷袭、侦察拍照或散发传单。

国庆十周年将有一场大庆。数十万群众游行，各社会主义国家首脑莅临天安门，这是一个为全国、全世界瞩目的重大政治事件。联想到 RB-57D 在这年上半年曾十七次入窜大陆内地侦察，6 月曾两次窜入京津地区上空，假如它在庆祝大典时再来北京侦察骚扰，不说军事行动，即使只撒些传单下来，也足以使十年庆典大为逊色。

中央严令空军要增强防空力量，必须保证国庆节当天首都上空的安全。毛泽东对刘亚楼说："我们在北京搞十年大庆，蒋介石在台湾决不会睡大觉，就是睡也睡不着，我看他一定会来骚扰，你们打不下敌机，我也睡不好觉。"

刘亚楼不能不焦虑。每次看到敌机在头顶上耍杂技，浑身的血就像要开锅。他不容许这份耻辱没完没了地纠缠他。他亲自对部队做了一番周密部署，将一批最精锐的歼击机群、高射炮群秘密调遣入京，特别将进行改装训练仅四个月的三个地空导弹营投入防空作战。同时增加两个导弹营，一是把国防科委直属导弹试验营编为第四营，一是借用国防部五院准备用于仿制的那套兵器，再从前三营抽调部分人员临时组成第五营，参加国庆战备值班。

这样，五四三部队成军后接收的五套发射台都用上了。1959 年 9 月上旬，正是阴雨绵绵之际，五个营的地空导弹部队全部进入阵地，在北京四郊摆成梅花陷阱，9 月 21 日正式担任作战值班。一枚枚地空导弹直指苍穹，在宁静中枕戈待旦，警惕地守卫着首都领空。国庆日的首都天空平安无事，随后一连几天均无敌情。

转眼到了 10 月 7 日，国庆后的第一个星期天，按规定，前后各一个星期的特殊警备期已经解除。9 时 41 分，福建前沿警戒雷达天线转动，荧光屏上突然出现一个亮点，雷达兵报出情况：台北市以北五十公里海面上空，一架 RB-57D 正向大陆飞来。

刘亚楼对打这架飞机可说是等待已久，今天它终于来了！ 他疾速来到空军指挥所作战室,对副司令员成钧说:"摆好'餐桌',等待台湾把'菜'端上来。"随即让指挥所将敌情上报中央军委和总参谋部。

一声令下,全部地空导弹部队进入一等战备。

10时03分,敌机以每小时七八百公里的速度,从浙江温岭上空入陆,解放军歼击机照常奉命拦截。对米格-19的例行跟踪方式,狂妄的敌机飞行员并没有放在心上,像只偷油偷大了胆的耗子,凭其优越的爬高性能,一路摆脱拦截,熟门熟路地沿津浦路上空直线北窜,毫无顾忌地向北京通县上空飞来。

高空警戒雷达一直在跟踪和密切注视着敌机的航迹。

指挥所里,作战参谋大声报告敌机距离、高度、速度,扬声器传出的交流电嗡嗡作响。刘亚楼聚精会神地凝视着标图板,许久不动,仿佛要用目光从那挖出他所需要的东西来。他告诉部队:"掌握发射距离,沉着,不要慌。"

RB-57D按照几乎固定的速度、高度,笔直地往第二营阵地上空闯来。刘亚楼下令歼击机退出战斗全部返航,由五四三部队消灭目标。

对一路跟踪的米格-19突然自动脱离目标,敌机飞行员并没在意,继续飞行,殊不知自己已被地空导弹部队锁定目标。敌机转了个弯后,以一万九千米的高度飞向已在前方恭候它的导弹。

具体负责这次作战指挥的北空首长命令第二营消灭目标。11时50分,第二营在距离阵地一百三十五公里处,打开制导雷达天线,一百一十五公里捕捉到目标。当这架进入大陆上空已达两小时的敌机距阵地一百公里时,第二营完成导弹的接电准备,距离七十公里时接通发射架同步,转入自动跟踪。12时04分,第二营营长岳振华下达射击决心:三点法,导弹三发,间隔六秒,二十八公里消灭目标。12时04分,第二营阵地飞起三支火箭,橘黄色的小火龙一个追一个腾空而起,以九十度的仰角神速地向深邃的蓝天刺去,第一发就命中目标。刹那间,二万米的高空迸开两朵小小的烟云,火光起处,传来一声天崩地裂的巨响,敌机凌空爆炸,残骸迅速下沉。美国精心培养的国民党空军上尉飞行员王英钦跳伞后,因降落伞绳被弹片削断而摔死。

飞机的残骸坠落在北京通县附近的玉米地里。机头插入地下数米深,尾翼高高翘起,尾号5643清晰可见。

刘亚楼到达现场时,当地驻军和先赶到的总政治部保卫部干部已把敌机残骸和飞行员尸体收罗到一起了。他一一查看飞机的各个部位,最后走到飞行员尸体旁,看到了他订做西服的收据和美金、照片。最有意思的是,他戴的美国手表还没摔坏,仍滴答滴答地走。刘亚楼叫装备部的人员认真研究王英钦携带的一切物品后,幽默地说:"强盗死了,时间还在前进呢!"

刘亚楼在营指挥所听完战斗经过汇报后,意犹未尽,要岳振华详细说说从接装训练开始到打完胜仗,全营做了哪些对取得战斗胜利有关键性作用的工作。想到两个月前地空导弹部队实弹射击时第二营射击失败那件令人后怕的事,刘亚楼说:"你们二营那次打靶虽然失败,但功绩是发现了兵器的隐患,要不然,运用这套兵器在通县作战,非但打不下敌机,还可能反转一百八十度,从通县反方向飞行四十公里,极有可能将导弹打到北京火车站附近,损失惨重不说,在国内国际将造成何等恶劣影响!"

岳振华说:"司令员说得极是,如果当时为了节省几发导弹,不打那个靶,就会付出比几发导弹上百倍的惨重代价。"

刘亚楼指示:"今后新兵器装备部队,一定要先打靶,后打仗,这要作为一个制度定下来,以防后患。"

虽然自1941年纳粹德国开始研制地对空导弹至此已有十八年,美苏等国早就拥有这种威力强大的武器,但只在靶场上射击。解放军空军组建不到一年、装备武器不过四个月的地空导弹部队,靠着美台方面的"协作",轻而易举获得世界级的殊荣:首开世界防空史上用地对空导弹击落敌机的纪录!

喜讯传开,全国一片欢腾,各大单位纷纷向空军发来贺电。北京市区至通县的公路上车水马龙,观看敌机残骸的各界人士络绎不绝。

击落敌机的第二天,中共中央副主席、全国人大常委会委员长朱德元帅亲临通县,查看敌机残骸,并看望第二营全体指战员。

第三天,也就是1959年10月9日,刘亚楼陪同贺龙、徐向前、聂荣臻元帅和李富春副总理,兴致勃勃地视察敌机残骸现场后,来到第二营阵地看望部队。第二营阵地设在机场南边一片芦苇坑边的低洼地里,由于北京地区这段时间普降大雨,帐篷内随处可见积水。贺龙由衷赞扬:"五四三部队组建不过十个月,改装训练才四个月,在这么艰苦的条件下,第一次就打了个漂亮仗,了不起,了不起!"

苏联对中国空军在世界上首次使用苏制地对空导弹打下飞得高又快的侦

察机深感震惊。得到中方的战况通报后，他们马上派出一个专家组飞到中国。在10月9日这天参观了飞机的残骸、了解了第二营的战斗经过和使用武器的情况后，连称中国空军是好样的。

第四天，中共中央副主席、国防部部长林彪在刘亚楼陪同下，也来到第二营阵地视察……

共和国十大元帅中有六位元帅和多位大将、上将到第二营视察，连苏联老大哥也叹为奇迹。这是地空导弹部队的荣誉，也是空军的荣誉。

荣誉的背后还有外界未知的秘密：中国人民解放军不仅有了地对空导弹，而且拥有一支能运用这种先进武器的精兵，标志着中国防空力量迈入了导弹时代，实现了由常规武器到尖端武器的历史性跨越。

1959年10月14日，刘亚楼在通县机场礼堂主持祝捷授奖大会，并对作战有功的十六人以提前晋衔晋级的奖励。营长岳振华受命上台后，刘亚楼笑盈盈地掀开空军政治部副主任王平水所端小盘子上的红绸布，一副金灿灿的中校新肩章露了出来。原来是给岳振华晋衔。

按当时奖励规定，作战有功人员除立功外，还有晋级晋衔。高于一等功的晋级，高于晋级的晋衔。晋级和薪金挂钩，而晋衔虽然是最高荣誉，却不多拿一分钱。刘亚楼说："军人爱钱干嘛，晋级看不出来，不如晋衔，肩上多一个'豆'，多荣耀，多神气！"他亲手将岳振华的少校肩章取下，为他换上中校肩章。

晚上，空军首长在机场军官食堂为第二营举行庆功宴会。整个晚宴气氛活跃，高潮迭起，欢声笑语，经久不息。

也是在这天，毛泽东接见苏联代办安东诺夫时说："我们不打台湾，我们没有派飞机到台湾上空去侦察，但美蒋的飞机常常到我们这里来骚扰。"安东诺夫说："是啊，前几天，你们还打下他们一架飞机嘛。"毛泽东说："是用你们的导弹打下来的。"安东诺夫说："应该说是你们的导弹了，凡是我们给你们的东西完全由你们支配了，我很高兴地听到，毛泽东同志把打下了敌人飞机这件事和我们的援助联系在一起。"毛泽东说："那是有联系的。"在谈话中，毛泽东对空军的战果甚感欣慰。

为保密起见，这次战斗未作宣传。当时驻北京的外国记者，对解放军以什么兵器、何种手段击落美蒋高空侦察机，纷纷猜测，莫衷一是。中国方面则始终保持缄默,未泄真情。除了苏联,谁也没想到中国空军在这么短的时间里掌握了地对空导弹技术,更没想到居然用地对空导弹打下了高空侦察机。

彼时,台湾飞高空侦察机的飞行员有一个大队,十二人,一人一架机。RB-57D于1955年出厂,1957年美国给了台湾两架,编制为第五联队第六大队第四中队,驻桃园机场。RB-57D的去而不返,导致美台军方再次对这种飞机的使用价值进行评估。他们还以为解放军空军换装了新型歼击机,且性能已超过RB-57D,于是决定该型机退出现役。

有了神秘的五四三部队这张王牌后,刘亚楼更是提出要正确有效地使用空军,充分发挥空军自身具有的攻防兼备的作战能力。

1959年10月7日这天在中国北京上空发生的事情,是冷战时期的一件重要军事事件,是世界空战进入一个新时代的标志。

智歼"黑猫小姐"

跨入20世纪60年代,美国急欲了解中国发展核武器的进展情况。技术一流的B-17、RB-57D、P-2V先后被解放军空军击毁后,美国便利用台湾空军飞行员驾驶U-2型高空侦察机(简称U-2)"穿幕",深入大陆内地侦察照相,系统搜集大陆重要工业设施、军事部署等情报,全程监控中国核弹和远程导弹发展过程。

U-2是美国洛克希德公司为美国情报机关特制的,该机于1955年8月第一次试飞,谎称将在空军气象局的后勤和技术支援下,"用来研究湍流及气象方面的情况"。但从翌年起,美国中央情报局即把它当作对其他国家进行空中侦察、从事间谍活动的工具。因为它通体漆黑,机身修长,美国人送给它一个美丽的称谓:黑色间谍小姐。

作为一种间谍飞机,该机有两个绝技:一是飞得高,它的实际升限为二万二千多米,当时装备的任何一种歼击机和高射炮对它都无能为力,美国人为此狂妄地声称:"U-2型飞机可以在任何时间,前往世界上任何地点去完成侦察,而不必担心被击落。"二是谍报本领强。它不仅可进行照相侦察,还可进行电子侦察。它装有巨型航空摄像机,胶卷容量大,每卷软片各长二千米,以其平均飞行时速八百公里计算,续航时间为八小时,每起飞一个架次可侦察九十六万平方公里的面积。照相清晰度，在一万八千米以下，地面人员的活动可以清晰地显示出来；在九千米以下，地面人员所看报纸的标题可以放大看到。

1960年，美苏两个超级大国险些为U-2事件打将起来后，美国被迫承诺停止U-2对苏联的侦察行动，转而开始刺探中苏关系破裂后中国国防技术力量的发展情况。但明目张胆在中国大陆上空侦察，毕竟侵犯了中国领空，在世界舆论面前显得理屈，何况这种侦察非常危险，美国飞行员都不愿冒险。为此，美国中央情报局看中了台湾。台湾与大陆是一个中国，台湾空军进入大陆上空，不存在国与国之间的入侵问题，再说，海峡两岸处于严重的军事对立状态，台湾当局理所当然会跟美国合作。

1961年初，美国中央情报局以六百万美元一架的价格，向台湾提供了两架U-2。台湾当局挑选飞行技术好、飞行时间在两千小时以上、具有空中侦察经验的人员担任飞行员，编成第三十五气象侦察中队。该中队隶属于国民党空军总部情报署，实际上是美国中央情报局直接指挥控制的一个战略侦察中队。因其队徽设计特别：黑猫图案代表机身（红色底漆加一个黑猫头），一对金亮的眼睛象征高空摄像机，所以被称为"黑猫中队"。神秘的U-2，台方青睐地称之为"黑猫小姐"。经过几个月的训练和准备，"黑猫中队"于1961年4月开始名为"打开天窗"的侦察大陆之行。在八个月的沿海侦察后，于1962年1月13日起，开始执行对中国战略武器基地的侦察任务。

"黑猫小姐"侦察到甘肃某基地并拍摄到导弹发射架后，美国认定中国正处于大力研制战略武器的关键时期，于是要求连续对大西北进行监视，希望它能在中国大陆上空打开一扇天窗，借此帮助美方在很大程度上掌握中国的核心军事机密，进而制定美国全球战略。U-2在半年多时间里，除新疆、西藏外，航迹几乎遍及全国。

连着几次没打着U-2，在外疗养、回京后又马不停蹄参加中央和军委大会小会的刘亚楼，亲自到空军指挥所坐镇。他从值班的少将副参谋长手中接过上报总参谋部作战部的情况反映，只浏览了几行便扔在桌子上，好一顿奚落："这样的东西你也能往总部送？几点几分，敌机一架，从台湾起飞，经过某某地方，对大西北进行了照相侦察，然后沿某某航线返回台湾，简直就是一篇狗肉账嘛。"

满屋子的将校们都被镇住了。

副参谋长似乎有点不服气,嘟哝着辩解:"过去也是这样写报告,总部也是这样要求的……"

刘亚楼打断他的话:"过去一般情况下,这样写,当然可以,这回可不行。美国人给国民党的新式飞机接二连三地对我核基地侦察,而我们到现在还没有找到有效的办法对付它,任其逍遥,这情况你说有多严重?这么严重的事情,我们不加分析不做研究,就作为一般的情况向总部反映,这怎么行?总部首长会怎么看?你把这么一大摞的茅草送到上面去,不是显得我们空司的水平太次了吗?高级机关的同志这样照抄照转,不就成了传声筒、留声机、广播器啦?我看甚至还不如这些机器,这些机器起码不要发薪金、不要晋级晋衔、不要分配住房……"

刘亚楼批评人,一来脾气,言语不免尖酸刻薄。机关里没有人不怕他,给他报告工作或是汇报问题,不是担心说错了,就是怕回答错了要挨批。但也有人独喜欢他发火,说他批评人特别是发火时,正是他思想最活跃、见解最精辟,并且最富有独创性的时刻。

刘亚楼看一眼副参谋长,继而望着众参谋,意味深长地说:"什么叫参谋,参谋不是传声筒,不是留声机,是又参又谋嘛,就是应该参指挥员之先参,谋指挥员之先谋,才能成为指挥员的得力助手,参谋就是要这么当!"

空司重新拟定的呈报总参谋部作战部的报告草稿送到刘亚楼眼前,他大笔一挥,改为:

　　　台湾蒋军使用 U-2 飞机入窜大陆,进行高空侦察照相,获取我重要国防机密,其意义有三:一、曾经停止了一年半之久的内陆纵深侦察已经重新恢复。二、此次 U-2 飞机由马祖入陆,飞越我闽浙皖豫陕甘宁七省,在银川、兰州、包头、西安诸地照相后经郑州、福州返台。沿线我机多批拦截,均不获成功。我某部飞行员竭尽全力使飞机升到实用极限,发现 U-2 还高出五千米以上,无法施行攻击,敌 U-2 飞机在内陆深远腹地逍遥自在地游历了一圈,安然返台,显示了 U-2 飞机的极大优越性。三、从 U-2 飞行达到的终极侦察地区看出,美蒋对我西北原子工业重地及重大设施极度重视。

如何打滑得像泥鳅一样的 U-2 呢？对这个新对手,空军上下掌握的情况和资料不多,对其结构、性能、飞行特点还知之甚少。当时,空军的防空装备,主要是雷达、探照灯、高射炮、歼击机和地对空导弹。在一个由刘亚楼组织的研讨会上,一位参谋不经意地说:"看得见的打不响,打得响的够不着,够得着的挪不动。"

刘亚楼认为这话有点意思,说明这位年轻参谋肯用脑子。不过,他也指出:"这话未免过分、绝对了些。1959 年 4 月间,我们三个导弹营从北京转到宁夏沙漠打靶,不是挪动了吗？"

在解放军的防空兵器中,当时只有苏制萨姆-2 能对付 U-2,而能掌握此种尖端武器的,只有区区几个导弹营。五四三部队在北京守株待兔几次未着后,刘亚楼识破了对手的花招。他从那位年轻参谋的话中得到启发,打破常规,提议选择新的作战地点,让一个营挪动,在 U-2 经常活动的航路上机动设伏。他别出心裁地称之为"导弹游击战术"。

有人不同意,理由是五四三部队本来就少,调离了一个营,首都的布防怎么办？

这种担忧不是多余的,首都的天空布防一旦出事,后果不堪设想。刘亚楼却定下了部署决心,他说:"王英钦被击落后,敌机不会再光顾北京的。你在北京守株待兔,可兔子学乖了,他不会再往你那个网钻的,只有把部队拉出去机动设伏,才能捕捉战机。树挪死人挪活,导弹部队也得挪活。不要怕影响,敌人来了,打不下来才是最坏的影响。"

刘亚楼力陈己见后,得到大多数与会高级将领们的赞同。事关重大,中央军委经过慎重考虑,批准了空军这个新颖而大胆的战术。

那么,拉哪个营出去？突破口选哪里呢？

为将者组织战役,都要选择突破口,选好能打开突破口的部队,往往也就胜券在握。刘亚楼毫不犹豫地选择了通县一战扬名的第二营,随后派负责国土防空的空军副司令员成钧打前站选择突破口。成钧本要选南昌附近的机场,但因时下南昌发大水,担心部队无法进驻,乃改选长沙附近的大托铺空军机场。

对地对空导弹的使用,世界各国固有经验都仅限于要地防御和集团部署,至于指挥地空导弹部队机动设伏,不仅没有实例和经验,而且在组织铁路运输、摩托行军、选择配置阵地、战斗准备、生活保障诸方面,都会遇到不少困难。因此虽是一个第二营的挪动，上上下下却为搬家发了愁。萨姆-2是固定或半固定式的，庞大复杂且笨重的设备不适合机动行动：一具导弹发射架净重十一吨，上车下车，吊起放下，何其不易。而一个导弹发射连有六具这样的导弹发射架，而且还有用途各异的天线收发车、指令车、显示车、坐标车、发射控制车、配电车、电源车、牵引车、天线拖车……这些粗大笨重的家伙却都是精密仪器，是全营的眼睛、耳朵和心脏。偏偏这些宝贝娇气十足，一怕震动颠簸，二怕风吹雨打。长途搬运这些家当，谈何容易？一个导弹营车运行军，按估算需要六十五节车皮。真是非同寻常的胃口，何况国家的火车皮一直处于紧张状态。

幸有党中央国务院的全力支持，幸有刘亚楼对部队实行导弹游击战可能遇到的困难考虑得特别多，对这次车运行军的安全和保密工作特别重视。因此，这支机动性能差的部队，克服难以想象的困难，硬是机动起来：全营近百辆特种用途的大汽车、导弹、导弹发射架、雷达制导天线，以及一应武器、装备、燃料、生活用品、人员等，顺利地装进了两列火车。

1962年6月27日暮色苍茫时分，岳振华率第二营三百多号人马，悄然离开北京南苑机场。空军作战部副部长悻前程前来送行，并传达刘亚楼的意见：要求第二营在铁路运输中一定要注意安全，兵器固定要牢靠，做到万无一失，开个好头。

两天后，第二营埋伏在长沙大托铺机场。

一个多月未见U-2的踪影，刘亚楼比前线将士更着急。

正在这难忍难熬之时，总参谋长罗瑞卿大将发了话："大海捞针，总不死心。"这个话，压得刘亚楼和他的地空导弹部队简直透不过气来：共和国广袤的天空里，一架小小的U-2在二万米的高空纵情恣意地飞来飞去，而我们总共只有五个营的地空导弹部队，每个营的拦截正面不超过三十公里，这对于活动半径上万公里、活动范围几乎覆盖整个大陆的U-2，简直是沧海一粟，要在面积高出数百倍的大海里"捞"U-2，谈何容易！

刘亚楼当然不会就此束手无策。

他根据汇总上来的情报分析敌情，发现自1962年1月U-2开始对大陆腹地侦察飞行半年以来，十一次飞行有八次经过南昌。他从敌机入窜的线路和次数、时机、条件和国际国内的大小气候做了番梳理，断定有飞机制造工厂的南昌是对手的一个检查点。经和空军副司令员成钧秘密研究，决定在南昌埋伏待机。

1962年8月底，第二营进驻向塘。成钧和岳振华打破苏联萨姆导弹战斗教令的规定，没有将阵地选在平坦的地方，而是大胆选在丘陵间的一片松树林中，面积减少了二分之一。他们把第一连阵地放在两山之间的凹部，第二连阵地放在东西向南的山坡上，让满山青翠的松树林作为导弹阵地的迷彩服，加上人工伪装，创造了打游击配置阵地的新形式。

刘亚楼在北京接到阵地配置报告后，很满意，笑说这是"一锤子买卖"。

一个星期过去了，天外来客还是不见踪影。指战员们对"一锤子买卖"又有看法了。远在北京的刘亚楼此时虽忙于筹备空军党代会，一半的心却在五四三部队这边，他和成钧一个密计，决定变守株待兔为引蛇出洞，或曰引鱼上钩。

兵不厌诈。1962年9月7日，一道极机密的电波从空军最高指挥部发出。随之，南京飞起一个轰炸机大队，呼啦啦移防南昌向塘机场。次日，又有一架大型轰炸机，从南京直飞江西樟树机场。

刘亚楼摆的迷魂阵，是抛给台湾海峡那边的诱饵。刘亚楼坚信：福建方向的航空兵有调动，U-2总要出来侦察。

解放军大张旗鼓地佯动空中转场，被东南沿海岛屿上的国民党雷达所掌握，马上惊动了美国中央情报局和台湾"国防部情报局"。因为南昌是重要的军事基地，又有个飞机制造厂，而且在台湾到西北的路上，所以成了U-2的侦察要点。敌几次侦察飞行没发生意外，不免"备周则意怠，常见则不疑"，几乎每次飞行必选南昌路线。而"黑猫中队"除了侦察在西北的中国战略武器基地外，另一个重任是掌握大陆空军换防、部署情况。如此这般诱敌，鱼焉能不来咬钩？

1962年9月9日6时许，一架U-2离开桃园机场。7时32分，由平潭岛上空进入大陆，经福州、南平，沿鹰厦铁路上空北进，解放军空军雷达紧咬不放。

北京空军指挥所里，刘亚楼头戴耳机，手握话筒，双眼一眨不眨地注视着图上雷达跟踪的U-2位置。他直接要通岳振华的电话，岳振华跳出制导雷达车，跑回指挥所的帐篷，话筒里响起了刘亚楼雄浑有力的声音："岳振华同志，'拖拉机'你看到了吗？"刘亚楼用的是暗号，不叫U-2。

岳振华报告："报告司令员，我从标图桌上看到了！"

"把它打下来！"

整个战斗，刘亚楼对岳振华就是这么一个命令，其他都是让他独立处置。参加过抗美援朝、击落过敌机的原高炮团团长岳振华,高职低配到第二营当营长后,面对截然不同的专业体系,勤于学习敢于钻研,不仅很快掌握了这种高技术装备,而且还刻意进取。一来二去接触,刘亚楼认为这是个具有良好军事素质和指挥艺术的指挥员,对他很是信任。

下完命令,刘亚楼没有离开指挥所,而是和成钧盯着标图板,注视着不断向南昌方向移动的飞机航线。

参谋报告飞机距离第二营还有七十公里,成钧告诉刘亚楼:"岳振华的导弹已经瞄准,'黑猫'再向前几步,就要撞枪口了。"

两人屏住呼吸,一动不动地紧盯着标图板。然而,标图板上敌机没有进入第二营阵地上空,而是侧飞临远,改变航线向江西九江方向跑了!

难道"黑猫小姐"不来南昌了? 成钧霍地站起身来,一声叹息。

刘亚楼嘴角浮现出一丝浅笑,道:"别着急,看它飞到九江后如何动作,说不定是先麻痹一下我防空部队,在我们措手不及时,再来杀一个回马枪。"

正说着,标图板上的敌机航迹果然出现了新动向,飞机飞到九江后,突然杀了个回马枪,对着南昌直飞过来。

指挥所一位参谋小心翼翼地向首长建议:"是不是给二营营长打个电话提醒一下?"

刘亚楼马上制止了。

刘亚楼有个规矩,他给岳振华打过电话后,不许任何人再打,更不许向他发号施令,以免干扰他的指挥。回忆起这事,岳振华说:"我接完刘亚楼的电话后,就拉倒了,什么参谋长处长,他们再不敢打电话来。刘亚楼这人军事素养特高,决心不会含糊,对前线指挥员非常信任,他没有空话,一般不问你什么决心,如何如何打,而是说要打下来,要敢于负责。而有的指挥员啰嗦,临战时刻还问一线指挥员该怎么打。刘亚楼那久经沙场的老将风格,给我留下了深刻的印象。"

正如刘亚楼所相信的那般,岳振华并没有被敌机的伎俩瞒过,敌机侧飞后,他通过扬声器向部队发出命令:"大家注意,不可松懈,警惕目标回窜!"

果然不出所料! 敌机返飞南昌侦察拍照,8 时 32 分,进入导弹部队火力范围。第一发导弹飞越目标后自毁,第二、第三发与目标遭遇,"黑猫小姐"一头撞进无数块弹片编织的死亡之网。敌机残骸坠落在南昌市东南十五公里的罗家集，飞行员陈怀跳伞负伤，落在水田里面，被民兵活捉。

空军指挥所的大型图板上，标示 U–2 航迹的蓝色铅笔线停止了前进。看到目标已被消灭，被敌机入侵压抑了大半年的刘亚楼狂喜得跳起来——中国空军终于将美国人狂妄吹嘘打不下的 U–2 给揍下来了！紧接着，前线把击落敌机的正式报告通过电波传至指挥所，刘亚楼立即将这一喜讯报告中央首长。

南昌战斗是五四三部队开展机动作战获得的第一次战果，事实证明，机动设伏的地点选择是正确的，诱敌出击的战术运用是成功的。

接到岳振华的报捷电话后，刘亚楼要他立即赶到罗家集现场，尽快将飞行员送医院抢救，最好能救活。

这是中国击落的第一架 U–2，也是世界上第一次打下 U–2（此前苏联用飞机撞下一架 U–2）。周恩来第一个给刘亚楼打来电话祝贺："这是一个伟大的胜利，美国 U–2 前几天侵入苏联境内，他们只提了抗议，我们却把这种飞机打掉了！"

国防部部长林彪也给刘亚楼打来电话："很高兴。伏击成功。不久前，你们到我这里说，估计 U–2 一定会到南昌，证明空军同志的判断完全正确。空军很出力。说明有得力的领导人，就一定能把一个部门搞好。对这次胜利，要传令嘉奖。同意你们去看一看，研究一下。"

接完林彪的电话，刘亚楼要马上赶到作战现场。同机的有空军主管作战的副司令员曹里怀、主管地面部队的副司令员成钧、总参谋部作战部部长王尚荣等有关人员，阵容庞大。

大家在刘亚楼规定的时间内从各方到达，刘亚楼在机上对全体人员说："江西上空这次击落 U–2，是我军第一次取得这样重大的对空作战胜利，我们要很好地研究总结作战经验，作战部门、情报部门、雷达部门、通信部门都要到现场具体了解情况，要认真总结落实战备思想政治工作的经验。"

他看了看空军报社的同志林毅，说："对这样的事件应该怎样报道，你们要好好考虑一下，既要让全国全军了解这次作战的重大意义，鼓舞斗志，又不泄露军事机密。比方说，这次作战的手段、作战地点、敌机坠毁的情况和敌人飞行员的下落，都只字不准提。"

经两个多小时的飞行，飞机到达向塘机场。从低温的机舱里乍下飞机，只感到一阵热浪扑面而来。已是正午时分，但刘亚楼顾不上吃饭，便率众直接乘车奔向敌机坠毁地点察看现场。

敌机坠毁在一片稻田里,大大小小的残骸散落在好几平方公里的范围。根据残骸的状态,专家们判定敌机是左翼和机尾被导弹击中,失去控制而撞地爆炸。在一块有水的稻田里,看到了敌机飞行员坠地时砸出的一

1961 年 11 月,刘亚楼察看被我空军击落的国民党空军 P-2V 残骸

个深坑。驾驶这架飞机的国民党中校飞行员陈怀在被击中那刻,跳伞成功,但因伤势较重,送南昌一家医院后,抢救无效身亡。

刘亚楼指示仿照 1961 年在辽东半岛城子疃上空击落毙命的敌 P-2V 飞行员的处理办法,买口棺材埋葬陈怀,在其墓地立个标记:此处埋葬被中国人民解放军空军部队一九六二年九月九日击落的美制蒋匪 U-2 飞机驾驶员陈怀。

1961 年 1 月 8 日早晨,这架编号 5060 的台湾 P-2V 完成侦察大陆任务飞回新竹,左翼上带着两个被我空军米格-15 打出的大洞。国民党空军飞行员特别在飞机旁边合影庆祝生还。照片中的十二个人,其中十人在后续飞往大陆执行侦察任务时被击落身亡

在岳振华陪同下,刘亚楼特地看了第二营的发射阵地。他看到在这么一个狭小的山坳里,按苏军教令根本不能打仗的阵地上,因地制宜地巧布兵器,如愿以偿地打了这么个大胜仗,很是高兴。特别是听说在南方伏天和雨季到来时节作战,温度高,湿度大,兵器参数不稳定,影响兵器精度,为了给兵器降温防潮,第

二营党委提出了"宁叫人吃苦受累,不能让兵器受损、降低作战效能"的口号后,他大受感动:"这次你们打仗,在苏军教令的基础上有了自己的独创,而且经过实战的检验是正确的。可以说,第一仗你们是不折不扣地按苏联人教的打的,这一仗则是中苏打法一半对一半了。这是非常宝贵的经验,希望你们继续努力,在战斗实践中,创造出我国地对空导弹自己的打法!"

1962年9月10日是空军第三次党代会的开幕日,作为空军党委书记,刘亚楼得尽快回京主持会议。他匆匆忙忙地在向塘机场为第二营举行了祝捷大会,给第二营记一等功。江西省特地给参战指战员每人慰劳一斤猪肉。

庆功会后,岳振华戴着刚加一个"豆"的上校肩章,带着给空军党代会的见面礼——一小块U-2残骸,随刘亚楼飞往北京。

1962年9月9日晚,新华社播发了击落U-2的重要消息。消息只有短短的四十多个字:"美制蒋匪帮U-2型高空侦察机一架,于九日上午窜扰至华东地区上空,被中国人民解放军空军部队击落。"翌日,《人民日报》《解放军报》等首都各大报纸均在头版头条刊登了新华社消息。就是这样一条深藏奥秘的短消息,却让世界大为震惊。紧接着,中国政府"就美国主使U-2间谍飞机侵犯我国事件向美国政府提出最强烈抗议"。

击落U-2,成为国际关注的热点话题。

日本《产经新闻》说:"如果中国能够击落一架U-2型飞机,那将意味着他们的防御结构是出乎意料的先进。"《朝日新闻》《读卖新闻》等东京报纸也都认为:"中国的防空能力比所预料的要大得多。"

共同社东京9月10日转载该社记者华盛顿电讯:"美国政府当局人士由于接连发生U-2型飞机事件而表现出忧闷的神情。……对于9日发生的事件,美国正在注意的另一点是,北京政府军队用什么方法击落了U-2飞机。这件事连同预料它会在一两年内进行核试验的情况,都将成为使美国对共产党中国的军事力量更加提高警惕的因素。"

英国《卫报》称:"美国人让他们的盟国(指国民党)为他们驾驶这种飞机,这不可避免地产生这样的问题:这种情况有多少,发生在哪些国家里?"

日本《读卖新闻》的一篇社论中说:"U-2飞机是不祥的东西,它一次接一次地在国际间造成不安和紧张局势。"

1962年9月16日,《人民日报》报道北京人民大会堂万人集会庆祝我空军击落U-2的重大胜利

美国白宫因无法逃避国际间对他们进行间谍活动的指责而深陷苦恼。

初秋的北京,暑气渐消,清风徐来,景色宜人。1962年9月15日下午,首都各界一万多人在人民大会堂举行盛大集会,庆祝这个伟大的胜利。周恩来春风满面地宣布:"……我们英勇的人民解放军空军部队……战胜一切困难,取得了击落U-2飞机的重大胜利,反对美帝国主义的战争挑衅……"他铿锵有力的声音,淹没在暴风骤雨般的掌声中。人们的表情兴奋而凝重,在三年困难尚未结束、饥饿和萧条的字眼还没从国人心中抹去、国际大气候极不利于红色中国的时候,如此热闹红火的欢庆场面太难得,也太需要了!更何况在中苏交恶之际,U-2在中国领空灰飞烟灭,真是大长了中国人民的志气——赫鲁晓夫欺人太甚,当年卖给我们的只是早一代落后的萨姆-2,可中国人就是不信邪,硬是用落后的装备打下U-2,办成老大哥没能办成的事!

1962年9月21日,中央主要领导在中南海怀仁堂接见空军党代会全体代表。刘亚楼趁代表们整队时,特地带岳振华先到小礼堂向毛泽东汇报。毛泽东听完介绍,向岳振华伸出大手,高兴地说:"岳振华同志,打得好!打得好啊!"刘亚楼打着手势,简

1962年9月,刘亚楼向毛泽东、刘少奇汇报我空军击落U-2的经过

明扼要地向毛泽东和刘少奇汇报了击落 U-2 的经过。毛泽东听得很有兴趣,随后转身问岳振华:"你的导弹响声大吗?"岳振华答:"响声大,发射和飞行像打雷一般。"毛泽东又问:"地对空导弹复杂吗?"岳振华答:"地对空导弹这东西,要说武器复杂得要命,前呼后拥一大片,但操作起来简单极了,一按电钮就行。"毛泽东笑了。

听过汇报,毛泽东等中央首长出来和空军党代会全体代表合影。贺龙、聂荣臻、叶剑英元帅先后叫岳振华挨自己坐,陈毅元帅也冲他招手:"怕啥子嘛,来我这里嘛!"岳振华哪敢落座,诚惶诚恐地往左边退去。总参谋长罗瑞卿大将叫他,他也不敢从命。正在为难时,一句威严的声音叫住了他:"岳振华,你就坐在我身边!"岳振华再不能推辞了,于是遵命来到刘亚楼身旁。紧挨着刘亚楼的空军副司令员刘震上将为此挪后了一位。一个上校,为什么敢坐在两位上将中间,和毛刘、周、朱等党政军领导人平起平坐合影呢?几十年后,岳振华如是自豪地说:"刘亚楼嘛,说一不二,他又是空军的最高首长,我能违背他的命令吗?"

在空军党代会结束后的宴会上,许多将军首长向岳振华祝酒。看到岳振华陷入重围,刘亚楼担心他喝醉,竟亲自出马,替他一一招架,其关心之情溢于言表。

一星期后的 9 月 26 日,周恩来在中共八届十中全会的报告称:"U-2 飞机一下子打下来了,在这个时候打下 U-2 飞机,美帝国主义变成老鼠过街,人人喊打,肯尼迪开紧急会议……证明我们是有力量的!"邓小平也风趣地说:"打下U-2,'三尼一铁'(三尼指美国总统肯尼迪、苏联总理赫鲁晓夫即尼基塔、印度总理尼赫鲁,一铁指南斯拉夫总统铁托)都不高兴。"

对中国打下 U-2,世界舆论普遍认为"对中国国防现代化应该重新估价"。须知,就在几天前的 8 月 30 日,美国一架 U-2 侵入苏联远东南萨哈林斯克市以东上空,苏防空军地空导弹部队也未能将其击落。有些国家的驻华记者频繁活动,总想弄明白中国究竟是用什么秘密武器什么先进手段打下 U-2 的,美台及西方的军事专家也为此挖空心思,但大陆对此守口如瓶。一群外国记者围住周恩来发问,周恩来不失风趣地回答:"U-2 飞机飞得再高,也没有中国人民志气高,要问用什么秘密武器打下它的,那就是七亿中国人民一起用拳头打下来的。"外交部部长陈毅被外国记者逼急了,也这般无独有偶地既机智又幽默地作答:"我们是用木棍捅下来的。"

国民党中校飞行员陈怀是"黑猫中队"第一批完训的五名飞行员之一,"黑猫中队"队徽即出自其手,深得蒋氏父子器重。他首航西北侦察回来,蒋经国亲到机场相迎。可是谁也没有想到,正是这位首航成功的"高空骑士",成了"黑猫中队"被地对空导弹击落的第一人。他丧生后,蒋介石亲临台湾空军剑潭公墓献花培土,致以祭悼,并到教堂为陈怀做礼拜,为其赐名怀生,修建怀生堂。蒋经国事后也写下一篇《看不见,可是你依然存在》的追忆文章,其中说:"即使你死了,我不愿悲伤。死神不能把我们永久隔开。"

当美蒋 U-2 在大陆被击落成为香港和西方媒体炒作的焦点时,台湾军方如此评说:"中共的公报显然带有吹嘘的性质","即使苏联也无法用战斗机至六万英尺以上的高空拦截这种间谍飞机。"对陈怀的死因,台湾方面记述:"陈怀于一九六二年九月九日在江西南昌上空,侦照蒙藏地区返航途中,因座机飞行太久,引擎受高空冷空气影响而停止,乃降至同温层暖空气带,拟重新启动时,为中共飞机追击,坠地引爆座机后自杀。"记述虽然虚虚实实,但有一点可以确信:解放军空军装备地对空导弹一事台湾此时仍浑然不觉。

南昌战斗胜利后,刘亚楼对他的指挥班子说:"看来我们选择二营第一个出来机动作战,为其他营机动作战先蹚一下路,是选对了!"

实践证明,导弹游击战是个大胆、超前的创新决策。南昌战斗后,刘亚楼更是把他手中也是全国仅有的四个地空导弹营,投入全国各地机动设伏"黑猫小姐",让首都的高空防务唱起了空城计。

克敌制胜的撒手锏

当中国在大西北紧锣密鼓进行核试验时,美国总统肯尼迪指示美国中央情报局负责人,不管用什么手段,都要阻止中国成为一个核国家。为了保护基地的科学试验兼防空作战,国防科委所属的第四营就部署于此。

1963 年 3 月 28 日,"黑猫中队"中队长杨世驹驾驶一架 U-2 入侵酒泉,在一百一十三公里处,第四营打开制导雷达天线,当即发现目标。可是敌机不再直飞设伏阵地,而是即作转弯机动,向左绕飞,渐飞渐远。

U-2 飞着飞着又向基地临近。距阵地九十八公里处,第四营再次打开制导雷达天线准备歼敌。好像有人告诉了敌机,那家伙狡猾地又一次机动转避。两次

1963 年 6 月，刘亚楼（左）接见从台湾驾机回归大陆的国民党空军上尉飞行员徐廷泽（中）

转弯，完成三百六十度盘旋，飞出导弹射程。

怪事上报，中央军委副主席贺龙元帅专门指示："查明原因，积累经验。"

成钧经请示刘亚楼同意，让第四营移师兰州榆中县马家寺设伏。这里也是敌机高空照相的最佳路径之一，空军首长让第四营来这里押上一宝，打个胜仗，以使部队恢复士气。

20 世纪 60 年代，地空导弹部队把机动设伏叫作押宝，这是刘亚楼起用的一个新名词。1958 年空军入闽作战，刘亚楼在制订作战计划时别出心裁地借用了"押宝"一词，他说："我们既然押在目前'东风压倒西风'的形势下进入福建不会引起世界大战这一宝，那么，美国人和蒋介石也可能反押我们一宝……"南昌战斗击落"黑猫小姐"后，他在空军向总参谋部呈送的战斗情况报告中，添上一处神来之笔："导弹部队的机动设伏，就同赌局上的押宝一样，不是押一次就能赢一次的，而往往是押几次都落空了，最后才能押中一宝……"空军上下对"押宝"一词觉得新鲜有趣，从此便顺理成章在部队中广为流传。

押宝也是被形势逼出来的。美台侦知大陆有飞弹后，认为萨姆是固定发射，一旦发现哪里有地空导弹力量，间谍飞机就绝不再露面。因此解放军空军地空导弹部队不得不打一枪换一个地方，成了名副其实的导弹游击队。地方选得不准，只能劳民伤财，一无所获。

1963 年 6 月 3 日，U-2 卷土重来，入窜西北战略要地上空侦察。第四营正好设伏在敌机入窜兰州的航路上。这一宝押得不能再好了。第四营锁定目标，但就在打开制导雷达天线时，敌机故伎重演，向外侧绕飞，脱离导弹三十公里的杀伤范围区。真是见鬼了！

刘亚楼得报，沉吟说："敌机身上肯定藏有能识别我导弹阵地叫不出名字的

刘亚楼(左三)接见参加空中射击轰炸校阅的机组人员

玩意儿,才得以逃脱致命的惩罚。"

　　他的猜测没错,后来才知:美国 U-2 虽被中国空军击落,但它并未因此收敛。经过一段时间的侦察,美台军方探知中国拥有地空导弹部队,美国也掌握了萨姆-2 导向系统的工作频率。为逃避地空导弹的打击,美方电子专家在 U-2 上加装了第一代电子预警装置——那玩意儿就叫第十二系统。这是一部小型机载雷达,只要萨姆-2 制导雷达天线一打开,就可准确测出地对空导弹的阵地位置,并在荧光屏上显示出阵地的方位和距离,发出报警信号,飞行员便可从容不迫地驾驶飞机在导弹发射前转弯离去。

　　刘亚楼不信吃了三五堑长不了一智,任凭"黑猫小姐"逍遥得意!

　　三二八战斗后,他就亲自组织研究打 U-2 的新对策,并派出空军高射炮兵指挥部处长文绥上校等人前往部队调查。

　　文绥结合抗日战争期间八路军电台曾被日军定向而遭破坏的往事,认为敌机装有能发现五四三部队地对空导弹雷达照射电磁波的仪器,能对制导雷达定位,依此逃出导弹的杀伤区。他随即和参谋田在津等人研究敌机的规律,采取对抗措施。在论证计算中,田在津算出只有在四十一公里处开天线,敌机才有可能被地对空导弹拦击。

　　也就是说,敌机那"玩意儿"对导弹制导雷达有一段短短的反应时间:从导弹雷达在敌机相距四十一公里处开机到 U-2 做出规避动作,大约要二十秒。二十秒转瞬即逝,但正所谓兵贵神速,如果抓住这一瞬间完成导弹发射,就有可能在 U-2 做出规避反应前将其击落。为此，空司向部队下发了《抗击 U-2 飞机新对策》，对苏方规定在制导雷达天线发现目标后的八分钟之内把导弹发射升空，苛刻地改为二十秒——这是刘亚楼向他的王牌军提出的近乎天方夜谭的要求。部队为此刻苦演练，争取早日成功。

北空副司令员李际泰率工作组到驻唐山的第三营搞歼敌战法试点，解决压缩开天线距离的难题。后因第三营调防，由第二营接过来研究。第二营营长岳振华在压缩开天线距离上与刘亚楼英雄所见略同，接过重担后大喜过望，决心要实现司令员苦心孤诣追求的让导弹在二十秒内发射出去的愿望，让"黑猫小姐"在还没来得及飞出萨姆-2 的有效杀伤范围之前，便接受导弹的"亲吻"。

第二营指战员以顽强的毅力，科学苦练，钻研战术。经五十多次开机试验，好一番大折腾，终于将打开制导雷达天线的距离从一百二十公里到一百三十公里压缩至三十六公里到三十八公里，那五个必须在开天线后才能做的射控动作，竟然压缩至八秒！

正在上海参加中央工作会议的刘亚楼，得知自己渴盼的那个新战法的精髓和核心部分，终于在岳振华和第二营指战员的千锤百炼下横空出世时，内心激动不已，马上安排飞机接岳振华来沪，他要当面听取这个新创造出的"近快动作"专题汇报。

六七月份的天气说变就变，电闪雷鸣，飞机坐不成，但岳振华也得马上动身。刘亚楼的命令一下，部下就得闻风而动，绝无讨价还价的余地。大雨如注，道路泥泞，岳振华只好坐着坦克式的履带车前往火车站。为不暴露身份，这位脱了军装的校官，只好栖身于堆满煤炭的车皮里。

岳振华在锦江饭店见到刘亚楼时，一声"岳振华同志辛苦了"的亲切问候，就驱散了他连日的疲劳，一股暖流涌上心头。刘亚楼也没废话，拉他在身边坐下，亲自倒上一杯热茶，然后直奔主题："今天一上午我都用来听你们的新战法情况汇报，你尽可讲具体点。"

岳振华不紧不慢地详述自己怎样对十五个动作分解。刘亚楼听完被岳振华挪到前面的十个动作后，他打了个暂停的手势，问："你这样搞，会不会妨碍导弹发射？"

岳振华回答绝对不会，刘亚楼犹不放心，进而又问有几成把握。

"百分之百的把握！"岳振华吐出的每个字都咯嘣作响，一点也不含糊。

刘亚楼大吐了一口气："好，我就等着你这句话！"却又紧接着问："那么，剩下的五个动作，你能在多少时间内做完？"

听完"只需八秒"的回答，刘亚楼略带疑惑地看着手下这员爱将。他清楚地记得，苏军条令原定八分钟，岳振华硬是把它给压缩到了八秒，这就等于用正规操作近六十分之一的时间完成导弹发射准备，这可能连当初设计导弹的苏联兵器专家也不曾想到！他的目光分明在问：这能行吗？你有百分之百的把握？

岳振华迎着司令员疑惑的目光，响亮地答："我代表全营请司令员放心，我们经过五十多次开机试验，分秒不差，就是八秒，绝对有把握！"

刘亚楼喜形于色，一把攥住岳振华的双手说："这下我明白了，在压缩制导雷达天线打开距离上，几个营所以争论得这么激烈，意见分歧这么大，是因为他们没下苦功夫，也缺少胆量和勇气！"

原来，两次战斗失利后，根据第四营第一连苏副连长压缩开制导雷达天线的距离、让敌机飞近了再干的建议，集群指挥部曾秘密召开过一次作战会议讨论。四个营长在压缩开天线的距离上，意见严重分歧。岳振华和苏副连长英雄所见略同，报了个五十公里，可遭到其他人的反对，理由一大串：

"要知道，苏军制定的萨姆导弹操作条令，规定的可是目标进入作战半径一百三十公里左右开天线，你在五十公里近的距离才开天线，说不定来不及抓住目标，敌机早就跑得无影无踪了。"

"一发导弹值一架米格飞机的钱呢！用三架米格–15的代价去换一架U–2，打下来了，也算值；万一打砸了呢？这么大的风险谁担待得起？……"

后面这问题提得最尖锐：苏联政府单方面撕毁协定后，不仅撤走了在华全部地对空导弹专家，而且停止了原计划援助中国的另外四套导弹，不再供给零部件，中国的兵工厂还没来得及将此导弹仿制出来。1958年以来从苏联引进的五套萨姆–2，只有六十二发导弹，打一发少一发。弄得地空导弹部队训练时只能摆摆空架子，连实弹打靶也不敢搞。各营每次出发只带四发导弹，而且要打下一架U–2来。

当时，岳振华虽然报了五十公里距离歼敌，但还是掺了水分，真打起来，还要再压缩一些。可当时，他料定这个五十公里也不能通过。后来，成钧拍板定在

六十公里到六十五公里时打开制导雷达天线，进了口袋的耗子果然溜了。

刘亚楼踱了一圈后，看着岳振华问："要是下一次你们二营碰上打 U-2，你敢不敢照你今天给我汇报的这种战法打？"

岳振华斩钉截铁地表示："我敢！"

其实，岳振华对空军主帅也打了埋伏，他准备把敌机放至三十公里到四十公里处再开天线。从打开天线到做完一切战斗准备发射导弹，他认为还可压缩至五秒。

刘亚楼像是从岳振华身上看到了胜利的曙光，神情严肃地说："那好，它来了，要是飞到你二营的火力范围，你就照这种打法打。"说完，他又拉岳振华看桌案上那张雄鸡状版图，指着地图上标满了地名的上海市区问："有一点我没把握，照这样部署，导弹助推火箭脱落后，会砸在哪里？会不会伤及群众，造成破坏？"

在大上海这样人口稠密之地，既要打好仗，又要保护人民群众的安全，难怪刘亚楼会挠头。岳振华看阵地位置，用尺子量，回答："没问题，司令员看这里，按 1 号方案，脱落火箭坠地的位置是一片河汊地带，完全可以保证人民生命财产安全。"

刘亚楼原先紧锁的眉头舒展开了："那我就放心了。岳振华啊，我告诉你，战斗部署既要打好仗，又要保证人民群众的利益。"

岳振华说声"是"，接着请司令员为这种战法正式命名。刘亚楼热情洋溢地说："好，你今天的汇报太好了，你们创造的这套打法，是又近又快的战法，我看就叫'近快战法'吧，怎么样？"

岳振华为司令员的高度概括叫好。刘亚楼道："那就这么定了！这是我们自己创造的战法，符合毛主席军事思想，现在就看你们用这个战法把 U-2 打下来！"

在送岳振华出门时，刘亚楼想起什么，又加一番叮嘱："我知道一些情况，你也不要怕人家说你出风头，翘尾巴，也不要怕那些冷嘲热讽，什么'木秀于林，风必摧之'，人家要摧叫人家摧去，下回打仗，你就照这种办法打，为党和人民而战！打胜了你负责，打败了也是你负责，你岳振华还是岳振华，横竖都对党和人民负责就是。

"近快战法"不但要能熟练地使用一套新的操作程序，更重要的是要求营指挥员临阵时有一颗敢于承担任何风险的赤胆忠心。岳振华自知自己热衷的这个新战法在某些上级和同行的心目中是打上了大问号的,他甚至已被悄悄戴上了"风头思想"、"个人英雄主义"的帽子。刘亚楼的鼓励,使他对"近快战法"更加坚定了信心。岳振华后来说,他打 U-2 的胆魄是刘亚楼塞进他胸中的,并赞不绝口道:"刘亚楼有大将之才,绝不可等闲视之。他聪明,不守旧。空军建军之初没有刘亚楼,很多仗都拿不下来。"

第四营的两次失利,惊动了中央高层。军委副主席聂荣臻元帅根据空军在国庆十周年以集群击落高空侦察机的战例,推出一个名为"集群火网"的战术:"将四个营集中统一部署,组成大面积有机结合的火网。"总参谋长罗瑞卿号召空军发扬大海捞针的精神,想办法再打下一架 U-2。

刘亚楼从上海回到北京后,经和成钧切磋琢磨,结合聂荣臻的建议,决定沿用毛泽东军事思想一贯主张的"集中兵力打歼灭战",再将四个导弹营集中起来,统一部署,捏成拳头,组成集群,全力一击。他主持撰写了呈送中央军委、总参谋部的作战报告,称:

> 我们结合 U-2 飞机最近几次入窜活动中出现的新情况,再次研究了使用五四三部队实行机动作战的方法……我们认为有必要改变目前单个使用五四三营进行机动设伏的打法,改成三四个营集中使用,按照敌机的航线,采取横宽、三角部署或菱形部署的方法,并结合利用近似五四三制导雷达的松-九炮瞄雷达搞些佯动,在增大了打击的情况下,将敌机引诱进入我设伏阵地的有效打击范围之内,使敌机不易机动摆脱。

报告坦陈:

> 上述调整部署,也可能会出现敌机并未入窜新的阵地,反而先到了已经撤收的阵地上空的情况,因而难免要卖后悔药。但从机动押宝,特别是从研究试验一种新的作战方法的意义来说,即使卖点后悔药也是值得的。

这个集中了空军领导人集体智慧的报告，充分显露出刘亚楼固有的知彼知己、冒险精神和决断魄力。中央军委很快批示："同意。"

刘亚楼把这个集群交给兰州军区空军统一部署指挥。知情人都知，这是他的良苦用心，旨在有意识地通过实战来培养锻炼下级机关和首长的指挥能力，使指挥机关和部队的战斗力同时得到提高。这同他在抗美援朝中坚持让年轻的中国空军在战争中闯荡，让一批又一批航空兵师团到战场上去"加打一番"的用心是一致的，也与他在 20 世纪 50 年代中期坚决把一大批年轻的优秀飞行大队长扶上中高级领导岗位的情怀一脉相承。

地空导弹部队四个营在渭河两岸等了足足三个月，未获战机。第二营旋即奉调回京，保卫首都机动待命。谁知前脚刚走，1963 年 9 月 25 日，一架 U-2 入窜西安。当第一、第四营的制导雷达在距敌机六十公里到六十五公里打开天线捕捉到目标时，敌机却机敏地来了个改航绕飞。最气人不过的是，有恃无恐的"黑猫小姐"似乎肆意要嘲笑中国空军地空导弹部队，在渭河高空和第一、第四营玩起了捉迷藏，先后七次闯进了凤翔至宝鸡的萨姆-2 阵地上空，却又七次脱离，逛花园一般，最后安然飞回了台湾。

后来台湾方面称："这实际上是世界军事史上第一次电子战。依仗美国的先进电子技术，'黑猫中队'先得一分，而共军地空导弹部队仍因循过去的作战方法，三战三北。"

刘亚楼听罢 9 月 25 日在西安第三次丢失战机的详情汇报，连呼可惜，对成钧说："不管哪个营的指挥员，当时只要思想解放一点，胆子大一点，敢于压近天线的距离，敌机就逃脱不了啦！看来，我们有的指挥员还缺少点儿机灵劲啊！"

渭河战斗失利后，刘亚楼把自己一个人关在庭院里踱方步，许多良策往往就在这个时候产生。

刘亚楼和解放军指挥机关此时虽然还没有碰过电子战，更别说什么电子对抗的概念了，但他已开始琢磨如何对付对方新玩意儿的战术。

针对如何发挥集群部署的问题，刘亚楼指出："通过这次教训，我们要对集群做个明确的界定，不能只把几个营拢在一起就叫集群，而是要把几个营拧成一个有机结合的整体，或者叫合成作战体系。在这个体系里，有主攻的，有助攻的，还有佯攻的，如同打篮球、打排球一样。只有这样，才能打出战术来。"

连续三次坐失战机,搞得刘亚楼和空军都很被动。要挽回被动局面,就要寻找新的战机。但地空导弹部队在西安的阵地业已暴露,今后一个时期,U-2到西北搞侦察不会再走这条老路。部队在此待战,已无必要,也不会再有战机,下一步要到哪里去寻找战机呢?

空军作战部和高炮部队根据刘亚楼的意图,把敌机历次入窜大陆的活动资料拿出来综合分析,发现浙江衢州至江西弋阳一带,是敌机侦察比较密集的航线地段,其中尤以江西上饶最为集中。

根据敌机进出航线的特点,他们提出三个部署方案:一是以打进为主,二是既打进也打出,三是以打出(返航)为主,即在衢州、江山、上饶、弋阳各部署一个地空导弹营。这条路线地处浙赣铁路线,地空导弹部队进出行动方便,而且有现用的和备用的机场可供选择阵地,便于沟通情况和通信联络。

刘亚楼权衡对比分析,认为以打退出为主的第三个方案最佳。此方案的优点是在敌机以往退出的主要航段上都有部队设伏,捕捉战机的概率较大;而且对敌人来说,飞行员坐在那个被束缚得紧紧的狭小座舱里,在大陆上空提心吊胆地飞行了六七个小时,前后左右有我歼击机跟踪监视,虽对其构不成多大威胁,他们的精神却要时刻处于高度紧张状态,两只眼睛还要紧紧盯住第十二系统,随时防备地对空导弹来袭,因此体力和精神消耗殆尽,反应的敏锐度下降。返航到快看到海岸线的上饶一线时,想到马上就可以入海下降高度准备落地,难免要产生麻痹思想,放松警惕,而我则可以从容对敌,以逸待劳,出其不意地突发攻击,必然可以打他个措手不及。

听罢刘亚楼鞭辟入里的分析,将校们齐声叫好。

在统计敌机入窜活动的时间时,发现多在1月、2月、6月、9月、11月,尤以11月上旬为多,盖因此际大陆秋高气爽,晴朗少云,空中照相效果为佳。

刘亚楼舒眉展颜,道:"在高度机械化、电子化条件下打仗,分秒必争,时间就是战机!要捕捉战机迎来胜利,部队必须于10月底全部到位,做好战斗准备。"

再过三十天,就到11月了,行动已非常急迫。刘亚楼要求空军各有关机关和部队立即进入紧急准备状态。

1963年9月30日,空军以刘亚楼、吴法宪、成钧、张廷发名义,向总参谋部呈送了新的设伏方案请示报告,提出了将四个导弹营在衢州、江山、上饶、弋阳地区机动设伏的建议和理由。

国庆节后，刘亚楼赴上海参加中央工作会议。他在上海接到贺龙、聂荣臻、叶剑英和罗瑞卿同意空军作战方案的批件后，一方面命令地空导弹部队马上移师江南，一方面通知南京军区空军司令员聂凤智和副司令员蔡永到他下榻的锦江饭店接受任务。和以往做法一样，他把这次集群作战任务就地交给南空。

任务下达后，刘亚楼对聂凤智和蔡永说："你们知道，我们的日子现在不好过，五个月连着三次，押宝押得很准，就是没把飞机打下来。这次五四三部队到你们的地盘来打飞机，希望你们露露脸，把它给打下来。部队到达设伏地区后，一切统由你们负责，打好打坏都是你们的。"

蔡永受命负责集群指挥，拟订作战预案。他带领精干班子经数日长途跋涉，跑遍了从弋阳到衢州的山山水水，以上饶为中心，勘选出了四个阵地。

一星期后，蔡永返回上海锦江饭店，向刘亚楼汇报四个导弹营的具体部署方案。根据刘亚楼的意图，这次机动设伏把几个部队进行了分工，你负责拦头，我负责扎尾，剩下的从两边过来掐腰。

刘亚楼把宝重点押在上饶，不仅要求集群指挥所设在上饶，还指出要从四个营中选战斗力最强的一个营放在上饶设伏。

原来的部署，第二营没有放在上饶。刘亚楼说："不行，这个布置不好，要说U–2就是优待二营嘛。打仗要有主次，好钢要用在刀刃上，你们为什么不把二营放中间？"

刘亚楼把地空导弹部队中唯一打过仗的第二营押在了一个战机最多的阵地上。实践证明，刘亚楼提出把第二营押在上饶的决心下对了，才得以摆脱空军几个月来的被动局面。

有卖后悔药准备的刘亚楼，在连吃三次败仗后，再次押中宝，卖出了一帖灵丹妙药。

10月底，地空导弹部队四个营，以四十公里作战半径的间距，在浙赣交界的衢州、江山、上饶、弋阳一线摆下火力拦截正面达一百六十公里的天罗地网。亲临督战的成钧在上饶主持集群指挥所作战会议，主要研究如何对付敌机预警系统，督促落实"近快战法"的实施。对集群指挥所根据新战法所提，把制导雷达天线打开的距离压缩至三十六公里到三十八公里这个最敏感问题，大家还有看法。会上争论得很激烈,有的说可以打,有的则认为行不通。眼见"近快战法"通不过,岳振华有点急,但也不能说是刘亚楼在支持他啊。最后,还是成钧拍板:"'近快战法'是经刘司令员批准的,大家不要再争了,作战预案要体现'近快战法'的要求,开天线的距离,主打营定在三十六公里到三十八公里,佯动营放在四十五公里到五十公里。"

成钧搬出了刘亚楼,大家也就寂然无声了。

1963 年 11 月 1 日,作战会议正待继续,"黑猫小姐"却悄然摸上门来了。7 时 43 分,U-2 从温州上空入窜,由衢州以东从地空导弹火力范围以外通过,后向西北飞去。成钧、蔡永、张伯华和大伙儿分析,敌机很可能是到西北地区侦察的,返航时还可能经过设伏地区。为了不暴露目标,根据既定部署,成钧作出打回窜的决定:继续开会,各营搞好伪装,抓紧准备,歼灭返航敌机。

10 时 15 分,这架 U-2 由甘肃某地准备按原航线返回台湾。押宝得中!敌机临近武汉,成钧宣布散会,各营指挥员火速返回阵地,准备歼灭返航敌机。

岳振华坐上苏制嘎斯-67 吉普车猛往回跑,心里一个劲地担心:要是车抛了锚可就糟了!

岳振华赶到阵地进入指挥所,敌机距阵地只剩下二百来公里。他简要向参谋长和作战参谋交代一下作战意图后,马上上车指挥。

14 时,第三营目标指示雷达发现敌机,接着第四、第一、第二营也先后发现目标。各营解除伪装,立即做好射击准备。11 分,当敌机距上饶一百五十公里时,担任集群具体指挥的张伯华下达了作战命令:二营负责消灭敌机,开天线距离压缩到三十七公里内,其他各营做好开天线佯动和射击准备。

但岳振华在 U-2 距阵地三十五公里时,才下令打开制导雷达天线。"黑猫小姐"准备降低高度时,不期三发导弹神速临空"欢迎"。第二发导弹在二十六公里处与敌机遭遇。

第二营的捷报当天就传到了北京。中央书记处书记彭真代表中央,在电话中向作战部队表示热烈祝贺和亲切慰问。军委副主席聂荣臻指出:"这次作战是战术技术相结合的,要好好总结一下经验。"这位领导共和国核试验的元帅,特别指示把敌机那套照相搞出来,看看里面拍了些什么。胶卷冲洗放大拼接整理出来后,美国高空摄像机里摄出的东西触目惊心!

第二天，刘亚楼飞往上饶，首先指示一定要把那个叫我们头痛了几个月的玩意儿找到。他趁热打铁，于当晚也就是 11 月 2 日晚 8 时举行祝捷大会。

据当年第二营的作战参谋、后任空军副参谋长的陈辉亭回忆："刘亚楼的开场白没有按机关给他起草的讲话稿，而是即席开讲，说得风趣幽默，富有鼓动性。'我们今天在这里开祝捷大会。两年来，我们在江西开了好几次这样的会。明年还要开。蒋介石前天祝寿，我们给他送了一个礼！国民党正在开中央全会，我们给他来了一个下马威！毛主席、刘主席很高兴，祝贺你们。毛主席说，又是这个部队。我今天把主席的祝贺带给你们。罗总长不久前指示：要再打下一架 U–2，考世界第一。不到三个月打下来了。这个世界第一，是我们二营考来的，很不容易。我们要庆祝胜利。但要少想一些胜利，要想一下明年。明年不打胜仗日子不好过。这也是毛泽东思想，毛泽东思想是向前发展的。我们明年一定要打胜仗。'"

接下来，刘亚楼亲自为作战有功人员晋衔授奖。打下一架飞机加一颗"豆"，岳振华被提前晋升为空军大校，成为解放军阵营四年内三次得到提前晋衔奖励的唯一一位校级军官。但按刘亚楼的要求，新华社的电讯和大报小报的新闻报导，都没有提及这位英雄，甚至连地空导弹部队的名字也只字未提。

11 月 3 日上午，刘亚楼率空军副司令员成钧、空军副政治委员王辉球以及南空司令员聂凤智、政治委员余立金和集群指挥所司令员蔡永等将领视察部队。

得知岳振华从会场赶回阵地指挥战斗，所乘那辆老掉牙的苏制嘎斯–67 吉普车险些出车祸误事时，刘亚楼说："噢，这是惊险的一幕，电影里有骑着马赶火车，也有开着汽车超火车的镜头。今天在现实战斗中，我们的营长岳振华是坐着吉普车赶飞机，汽车轮子跑赢了 U–2 的翅膀。不是亲身经历，写成小说，人家会说我们是天方夜谭，拍成电影人家会说这是编导异想天开，杜撰的。"

这番风趣幽默的话，让全场一顿爆笑。

刘亚楼表扬司机在关键时刻发挥了作用，提出应该给他立功。他还对岳振华说："我看你是醉翁之意不在酒，想借这个机会，提意见要一部好车吧。"

成钧说："一个营一部苏制吉普车是少点儿。岳振华他们离开会场后，我也在担心怕他们跑不回去，赶不上指挥打仗。"

刘亚楼大手一挥："好，一个营再给配一部新进口的嘎斯–69 吉普车。"

打了胜仗,也得总结经验,这是刘亚楼的作风。

他亲抓"近快战法"的经验总结,发现从岳振华定下射击决心到发射导弹,前后共约三分十一秒。从制导雷达开机到发射导弹,只花了六秒钟的时间。这就是后来在地空导弹部队中广为流传的佳话:"关键的三分钟,过硬的六秒钟。"这也就是"近快战法"的精髓。

听完战斗全程汇报后,刘亚楼即兴讲评,第二营作战参谋陈辉亭做了记录:"这次战斗就大的方面讲,口子押对了,几次的航线都押对了,领导机关在这方面已经比较有把握了。这次把四个营押在以上饶为中心的两侧也押对了,原本想把部署搞得既可打进又可打出,但因部队少拦截的正面宽度不够,做不到既得熊掌又得鱼。权衡利弊,根据敌机历次入窜往返经过衢州地区的情况,进入航线多在衢州附近,而返回航线多在上饶地区,决定以打敌人返航为重点进行战斗部署。实战证明,这个决心是下对了,这一宝押得很准。集群指挥所对兵力的使用部署,也是对的。

"打敌人返航的决心下得是对的。一是为我们提供了五六个小时的战斗准备时间,使我们争取到了打的条件。刚开始我就讲了,下这个决心时,我们也没有想到敌人会出来得这么快。如果我们的决心是以打进为主,敌人入窜时,我们在部署上虽然能打,但战斗准备未做好,不能打。返航时我们做好了战斗准备,能打了,敌人又不经过我们的战斗部署地带,也打不了,这次战机就失去了。二是返航时,敌飞行员经过七八个小时的高空飞行,身体疲惫,思想麻痹,反应迟钝;而我们是以逸待劳,出其不意,攻其不备。实战证明,我们的决定是对的。

"指挥果断正确。这次战斗,我们是采用了技术边缘政策。把开天线的距离压到底了,如果再等几秒钟就不能打了。"

成钧插话说:"二营在技术上是过硬的。"

刘亚楼接着说:"你们打的是思想仗,我们这些东西(指兵器而言)现在不是十分尖端了,但我们的工作都做得好,用人的主观能动性补了兵器的不足,你们的工作做到了百分之百。打仗就得冒点儿险,不能一点儿险不冒,搞一百次都成功是不可能的,要大胆。只是聪明的指挥员,他的冒险建立在可能的基础上。现在看来,调你们这些人搞五四三工作,空军党委选对了,你们要安心工作一辈子。"

他还表扬部队动作快:"11月1日零时进入战备,下午2时就击落了敌机。

兵贵神速，就是这个道理。当时，在这样仓促的情况下打仗，我们心里希望敌机到二营上空，果然它来了，这也是冤家路窄，无巧不成书。看来，U-2对你们不服气，也不怕你们，下一次还会跑到二营的上空来试一试。"

司令员的幽默，又一次引起了在场人员的笑声。

刘亚楼勉励第二营，要保持光荣，保持荣誉，要成为五四三部队的旗帜。他说："过去我们打仗，总有那么一些部队，攻碉堡，打硬仗，什么困难都能克服，什么敌人都能打垮，什么阵地都能固守。我们空军有个老四师，有个王海大队，有个霹雳中队，这里又有个二营，二营一来就能解决问题。我们干革命工作的人，要为中华人民共和国留一点儿痕迹，如果说死了以后有鬼的话，我们见了马克思也好有点儿礼物。"

刘亚楼和许世友(左一)一起视察空军部队

如今，刘亚楼把第二营与老四师、王海大队、霹雳中队相提并论，足见他对这支部队的青睐和倚重。

1963年11月3日下午，南京军区司令员许世友上将、政治委员肖望东中将，以及杜平、郭化若中将，也来到第二营阵地视察，提出要以南京军区名义为第二营再开一次祝捷会。于是在11月4日这天，南京军区在上饶又为第二营举行了一次隆重的祝捷授奖大会。两个大军区级单位为一个小部队同开庆功会，实属罕见。

叶常棣是第一位在大陆被生俘的U-2飞行员，刘亚楼亲自赶到医院问话。叶常棣感动于共产党的政策，决心反正，后来成为华中工学院副教授，还当过钱伟长教授的助手。

上饶战斗后，经有关部门特批，新华社军事部部长阎吾对岳振华作现场采访,但对外报道依然遵循刘亚楼的三不准规定:不准暴露打仗地点、武器、打仗部队。

岳振华虽然疲惫,却掩饰不住高兴的神情:"整个指挥和操作沉着果断、熟练迅速,仅用了六秒钟!"

六秒,威力无比的萨姆–2便和跨海而来的"黑猫小姐"紧密地来了个"拥抱亲吻",毫无商量地让国民党飞行员坠入导弹的"爱河"里!

阎吾感叹之余,提了个问题:"你怎么敢在没有良好情报保证的情况下,把敌机放得那么近才开天线,而且在航路捷径大于规定的情况下发射导弹? 这可是超出了作战预案规定。"

岳振华自豪地回答:"只要有对党对人民负责的精神,决心往打胜仗那边下,不愁打不了胜仗。这是刘亚楼司令员教给我下决心的依据。"

又一次打下U–2的消息从阎吾的笔端流出,传遍世界。日本大阪广播公司11月1日称:"击落这种飞机的这一事实,证明中国的军事技术是相当先进的。"

这次击落的国民党少校飞行员叶常棣曾入大陆侦察九次,连续两年当选为"克难英雄",是台湾空军的一位王牌飞行员,深受蒋氏父子的宠爱,是蒋家的座上客。1963年9月25日在渭河上空,就是他驾机从四个导弹营的埋伏圈逃出的。他被击落的当天下午,国民党空军总部宣布:"我空军高空侦察飞机一架于11月1日下午在匪区上空执行例行侦察任务时失事。"矢口否认是被大陆空军击落的事实,并声称叶常棣已"壮烈成仁"。只不过,这种自欺欺人的把戏并没有瞒过世人的眼睛。

1963年11月8日,美国《时代》周刊刊登了一篇题为《国民党空军:U–2和生日》的文章,不无幽默地把击落U–2和蒋介石的生日联系起来:"上星期,在蒋介石大元帅过了七十六岁生日的第二天,北京宣布已在大陆上空击落了另一架U–2飞机。"

而颇为巧合的是,击落U–2的第二营,成立时间是1958年12月26日,刚好是毛泽东生日那天。

战后,刘亚楼指示把"近快战法"向所有地空导弹部队推广,并把这一科研成果报到国家科委,后来在全国第一届科技大会上荣获科技一等奖。

在上报中央军委的《上饶战斗获得胜利的情况报告》上,刘亚楼还亲自加上

一段精彩之论:"……为实行这种打法,导弹和制导雷达的性能都已达到了最低边缘,操作允许时间也达到了最小限度。这一切都再次生动地证明……只要充分发挥人的因素的作用,则无论情况再复杂艰苦,敌人再狡猾阴险,都一定能对付,都一定能取得胜利。"毛泽东看后批示:"很好。"

东西方虽然意识形态不同,但此时的 U-2,在人们眼中,尤其是在政治家、军事家眼中,却早已不是单纯的一架飞机了,它集中了人们复杂的心境与情绪而成为一种象征物。海峡两岸和东西方的较量,围绕这种飞机延伸着。

叶常棣折戟被俘,向大陆提供了更多关于"黑猫中队"的情报。国防科委十院负责修复了从敌机残骸中发现的第十二系统后,空军高射炮兵指挥部参谋、电子专家田在津在通电试验中发现了该装置的破绽:它对雷达识别有个盲频率。田在津根据该系统的工作方式,设计了一个盲频开关电路(称假重复频率)。在作战时,开天线首先用假重复频率发现跟踪目标,发射导弹后,再转换开关,转换到真重复频率,这时敌机告警器即使发现制导雷达照射也来不及逃脱了。

为了检验这个大胆的创举,特地把第十二系统装在伊尔-28上试飞。结果证明,在使用假重复频率时,第十二系统什么也不指示了。经空军首长批准,把这个反电子预警装置迅速装备空军部队。不到半年,这个使用假重复频率追踪U-2,而用真频率来制导导弹的电子对抗系统(被命名为反电子预警1号)便立下战功。

集中了刘亚楼和麾下将士智慧的机动设伏和"近快战法",成为空军地空导弹部队歼敌制胜的撒手锏。

不负众望续写奇迹

虽然又一架 U-2 被击落了,但美国和台湾并未就此罢休。时值中国罗布泊原子弹爆炸进入倒计时,美台双方为了获取有关情报,依然铤而走险。

1964 年 5 月 8 日,一支小部队从内蒙古出发,风尘仆仆,南下千里直插漳州。为了保密,全体人员身着便服,伪装成地质勘探队员。15 日,摩托车队于夜间进入漳州那片已驻有空军的神秘树林,翌日又穿上军装,与原来驻军浑然一体。群众反映:一夜之间,不知穿蓝衣服的勘探队哪去了。来的正是战功卓著的第二营。

这年 3 月 1 日,空军成立高射炮兵独立第四师(简称高炮四师),辖地空导弹部队三个营。3月3日,刘亚楼接见师领导干部和第一、第二营的营长、政治委员,设便宴为他们出动执行任务送行。他说:"高炮四师正式成立,是空军有重大意义的一件事,空军组建部队总是从四字开头。现在叫高炮,将来还是叫导弹部队。毛主席最近说:'什么叫革命,打下飞机就是革命。'我们要扎实工作,看好祖国的天空,保证我们的试验(核试验)顺利进行。这样,我们这些人死了以后,也算给党做了一件事。"

刘亚楼对岳振华一直高看厚爱。上饶战斗胜利,刘亚楼在与第二营主要作战班子座谈调研时,萌发了授予岳振华"空军战斗英雄"、授予第二营"英雄营"称号的念头。他认为在空军树立这样一个军事指挥员和作战部队的标兵典型,对空军上下都是个鞭策和鼓舞。和平年代,要授予一位中级军官战斗英雄称号和授予一个营光荣称号,是极少见的,须报国防部批准才行。跟随刘亚楼同去上饶的空军几位党委委员均表同意,空军党委立即把呈请件上送,得到中央军委和总参谋部的一致赞同。高炮四师成立后,岳振华被任命为副师长兼参谋长。本来应该离开营长位置的岳振华,却被刘亚楼暂压不放,继续直接指挥第二营作战。

刘亚楼有他的心思。此时,美国又向台湾提供了RF-101低空侦察机(简称RF-101),用来对大陆沿海侦察。它归属于国民党空军第六大队建制,该大队又称"虎瞰大队",意为虎踞高山,俯瞰大地,甚为猖狂。解放军东南前线几次没打下该机。

为此,刘亚楼单独召见岳振华,开门见山地说:"二营马上要去福建漳州打妖洞妖(即RF-101),这家伙飞得低,速度极快,空军从没打下过。福建又是海防前线,距离台湾近,斗争情况复杂,你留下来亲自指挥,打完这一仗再去师里报到。"

岳振华痛痛快快地接受了司令员的命令。

刘亚楼叮嘱岳振华:"国防部已通令嘉奖二营,授予你'空军战斗英雄'称号,你们可不能把尾巴翘上天。"

岳振华谦虚地说:"这些荣誉应该归功于党的领导和人民群众的大力支援,更重要的是,司令员和空军首长对毛主席军事思想的深刻领会和实际运用。"

刘亚楼笑笑,想了想,近乎交心地说:"现在党中央号召学空军,我们压力大啊!你这次出去,一定要打下一架敌机,这不仅是振国威扬军威的大事,而且是振奋我们空军士气的大事!你们到福建后,既要打妖洞妖,也要做好再打U-2的准备,如果李南屏的 U-2 出动,把他打下来就更好了,才算真有本事!"

李南屏何许人也,值得刘亚楼如此高看?

原来渭河战斗失利后,刘亚楼对那个在解放军火力网里七进七出的 U-2 飞行员印象至为深刻,便设法去摸台湾 U-2 飞行员的情况。他得到一个消息:自 U-2 被大陆击落,国民党飞行员知道大陆有飞弹后,几成惊弓之鸟,而且不知大陆方面瞒天过海的导弹游击战,摸不着共军究竟有多少地空导弹部队,对到大陆出任务谈虎色变,他们的家人更是胆战心惊,不愿他们再入大陆冒险。唯有这个多次受蒋介石接见、名叫李南屏的"双料英雄"、"空中飞虎",竟狂妄夸口,共军有飞弹,我偏要到他们的飞弹阵地上空去闯!

空军最高首长的嘱托,使岳振华深感重担在肩。他随成钧坐飞机先到漳州,发现漳州的地形和气候条件复杂,不仅不利于发挥萨姆-2 的性能,而且原先"近快战法"也不能完全适应。刘亚楼赞赏战法创新,接到报告后,指示:"必须严格进行突击训练,指挥和操作都要达到新情况的战术要求。"

当时福空领导把阵地放在荔枝树、桂圆树林里,岳振华认为一损群众利益,二不符合战术技术要求,保密隐蔽性也不强。他随成钧等人遍寻阵地,把曾遭否定的一个油库一带定作阵地。

布阵时,大雨滂沱,第二营官兵冒雨作业,密切协同,摔倒了再爬起来,人人都成了个泥猴。空军第八军军长夏伯逊看在眼里,心疼地叫部队等雨停了再备战。但夏伯逊前脚一离开,营长何方又领着第二营干开了。那个拼命劲,给夏伯逊留下了深刻的印象。

后来,夏伯逊就此向刘亚楼作了报告,引来刘亚楼对第二营的一通赞赏:"二营的战斗作风一向顽强泼辣,有一股子拼命劲儿,不完成战斗准备你想叫他们休息,那不成。拿老百姓的话来说,别讲下雨,就是老天爷下刀子,他们也要头顶着搓板,赚几把刀子回来。作风出战斗力呀,二营能不打胜仗?"

一切就绪,岳振华给刘亚楼发电报:"练兵好了,不管是妖洞妖,还是 U-2 飞机,我都可以打掉!"

无巧不成书,就在部队以临战姿态进入阵地后,7 月 7 日上午,两架 U-2 和一架 RF-101 同时入窜。

刘亚楼在北京接报后,亲自坐镇空军指挥所盯着标图板看。三架高低不同的侦察机在同一时间内入侵大陆,前所未有。两架 U-2,一北一南,北边的从上海,南边的从广州同时以矩形航线分别向漳州方向做向心飞行,并且二者都曾一度入海又重新入陆。另外,正当它们都接近到离漳州一百公里时,RF-101 又以低空快速突现汕头,窜入漳州东南的东山地区不久也出海返航。

面对此情,刘亚楼对身边的作战班子说:"如果我们多几营导弹部队,这次能在福建做个集团部署,就比较好对付。但我们只有一个营的导弹部队进入福建,而且只带了四发导弹,同一时间内只能打一架打一次,再加上敌机高低不一,又时而出海时而入陆,这就给前方指挥员在决心处置上造成了许多困难。"

一参谋问:"要不要告诉岳振华是打高的还是打低的,打北边的还是打南边的?"

刘亚楼摇摇手,说:"这点不要我们教,他比我们更高明。"

三十多年后,岳振华徐徐道出:"作为人民空军的统帅,刘司令员具有高超的指挥艺术。他深知高级将领的指挥就是用兵,是排兵布阵,甚至是调动敌人,而战斗指挥是一线指挥员的事,他从不过多干预,关键时刻就一句交代。"

刘亚楼看了一个上午,标图板上,不管是高飞的 U-2,还是低飞的 RF-101,都离漳州第二营阵地上空甚远。此时已是 12 时 15 分,因为下午要参加一个重要会议,秘书催刘亚楼回家吃饭。刘亚楼刚拔腿要走,值班参谋报告,一架 U-2 转弯向漳州临近。刘亚楼眼睛一亮,停下脚步,道:"有戏了,再看一会儿!"

坐镇漳州指挥的岳振华硬是沉得住气! 在一架 U-2 和 RF-101 分别从上海、汕头临近漳州时,为了不打草惊蛇,没有下令打开制导雷达天线。而另一架 U-2 从广州方向飞临,12 时 20 分在汕头入海,得知前两架飞机在漳州地区未发现飞弹,又立即在南澳岛东改变航向,重新入侵大陆,直奔漳州而来。此时虽然通报 RF-101 从台湾再次出动,有可能和 U-2 同时到达阵地上空的征候,但并没有影响岳振华的既定决心。他从兵器性能条件和战斗价值考虑,决心打高的 U-2。

12 时 34 分,U-2 飞至第二营导弹阵地三十二公里处。岳振华下令打开天线,引导技师和跟踪员操作熟练准确,密切协同。此战中,第二营首次运用反电子预警 1 号助战,前后只用了四秒,发射三发导弹。"护身符"失灵的 U-2,与第三发导弹遭遇。

刘亚楼在空军指挥所接到空军第八军报来的第二营击落敌机的战报,顿时心花怒放，带头为第二营的胜利鼓掌，说："我们的二营真行，四战四捷，你把他放在哪里，他就能在哪里给你打胜仗，叫领导用得放心！敌人这次来很狡猾，情况很复杂，连我们在北京都替他们捏着一把汗，可他们仍应对自如，沉着应战，给打下来了，真不简单。这仗打得巧，打得妙，打出了高技巧！"

敌机残骸落在漳州东南七公里处的红板村，飞行员死在座舱里。经检查发现，飞行员座椅底下弹射炮弹里的火药被掏空了，座椅才弹射不出来。这分明是美国人做的手脚：台湾的几架 U-2 都是美国人直接维护的，国民党的机务人员压根儿就沾不上边，美国人为了保守 U-2 的一切机密，存心不让飞行员在飞机被击落后有跳伞存活的希望，以免被俘后泄露机密。这个被美国人间接谋杀的国民党少校飞行员，身上没有携带任何证件，仅在其手上发现一枚刻有"叶秋英"的金戒指。解放军对飞行员身份一无所知，这时有人想起了叶常棣。

叶常棣看着金戒指，吃惊不小，空军竟然把李南屏给打下来了！他曾和李南屏一道赴美训练，晓得叶秋英是他的妻子。

7月9日，刘亚楼在家中接到第二营的补充战报，说被击落的 U-2 飞行员正是恃才傲物、敢跟我们地空导弹部队叫板的李南屏。刘亚楼连声说好，要秘书叫第三十四师（空军专机师）准备子爵号运输机，他要马上赶到漳州去，看望部队，总结战斗经验，为部队庆功祝捷。

总参谋长罗瑞卿考虑，漳州地处前沿，又刚打下 U-2，台湾国民党空军挨了一巴掌，正处在气急败坏之时，说不定要采取报复行动。他为老战友刘亚楼的安全着想，只准他飞到连城，再从连城坐车去漳州。

天气炎热，从闽西连城坐车前往闽南漳州的路上，刘亚楼汗流浃背。但一到漳州，他顾不上休息，马上察看敌机残骸，指示部队把全部残骸包装起来，运往北京

1964 年 7 月，刘亚楼（中）在福建漳州观看被我地空导弹部队击落的 U-2 残骸

南苑机场,以供内部展览时使用。

在漳州战斗中,第二营对 U-2 实施的是"三点法"歼敌方案,但发射的三发导弹中,前两发未起作用。

经检查,找到了第二营这两发导弹失灵的原因:一是因为超过使用期限,技术性能下降,命中率降低所致;二是苏联制造时焊接质量差,飞行途中导致半腰折断(未起爆)。

第二发导弹残骸在一处甘蔗地里两米多深的泥土里挖出来。寻找第一发未起爆的导弹,难度却很大。通过军地拉网式检查,才在距阵地一百一十公里处找到,并及时销毁了战斗部。

刘亚楼称赞第二营的做法很对,他说:"人民的军队,什么时候都要想着爱护人民,如果不及时处理掉导弹战斗部,时间久了,老百姓捡到了也不知是什么玩意儿,拿回家一敲打就爆炸了,那会造成多么严重的后果!"

岳振华还报告:"这次起作用的第三发导弹,是刚经过国家工厂大修的。"

刘亚楼点点头,对随同来的空军首长说:"空军现有的进口导弹大都已超过规定的使用期限,技术性能均在逐渐下降,如不进行大修,很难恢复原有的技术性能。"

此前,空军有关部门已找到国家工厂要求修理这些导弹,但这些工厂因生产任务较重,不愿承担大修任务,所以空军的不少导弹,至今还没得到有效的维护。

刘亚楼了解这一情况后,表示要亲自向总参谋部反映,以得到尽快解决。

刘亚楼正在第二营视察时,雷达发现又有两架 RF-101 入窜漳州。岳振华判断,敌机明知漳州有地空导弹部队,还要以两机飞来,无非是想查明击落 U-2 的我地空导弹部队到底设伏在何方,并进行空袭报复,其办法可能是一架敌机侦察我地空导弹部队位置,一架敌机空袭我地空导弹部队阵地。他请示刘亚楼如何处置敌情,刘亚楼一挥手:"一切由你决定!"

岳振华知道刘亚楼的脾气,他二话不说上了指挥车。刘亚楼要岳振华自行决定,该如何处置?岳振华脑子飞速转了一遍:部队仅剩一发导弹,若贸然攻击,成功的可能性极小。浪费宝贵的导弹不说,如果暴露阵地,极有可能引来大批敌机的攻击,造成不必要的损失。

　　于是,岳振华决定:纵有射击条件,如敌机不向我报复轰炸,我就不主动打它,将它放过再说,咱们下次再见;如敌机实施报复轰炸,则说明其已发现我导弹阵地,我不打它,它也要打我,则我虽仅剩一发导弹,也要坚决自卫,力争在最佳射击区域将敌消灭。

　　在岳振华上车指挥时,刘亚楼也信步走出指挥所的帐篷,他要亲眼观察部队的战斗行动。

　　入侵敌机几经盘绕,也没发现阵地,乃悻悻离去。看到敌机在显示器上消失,岳振华乃下令部队解除战斗状态。

　　岳振华对敌情的处置完全符合刘亚楼的意图。他笑着对岳振华说:"以前只听说你打飞机像打鸟一样沉着果断,今天眼见为实,果然进退有度,名不虚传。"

1964年7月,刘亚楼(右一)、叶飞(右二)在福建漳州观看被我地空导弹部队击落的U-2残骸

　　在随后召开的座谈会上,刘亚楼以岳振华前番的打与此番的不打为例,点化与会的各级干部:"你们将来都可能要当领导干部,要从战略眼光考虑问题,不要光从战术眼光去考虑。从战略来看问题,每一级是不同的。总部是从世界来看的,你们营是从当前的形势看。当前的形势是,你们刚刚击落了敌机,打妖洞妖我们还没有经验。我向总长讲,有把握就打,没有把握就不打。敌人刚受了打击后,他也要有许多分析与可能的侦察活动,我们不要轻易上敌人的圈套。这次,敌机刚一进入我导弹发射距离,就转弯机动,今天要是发射了导弹,就上了敌人的当。在敌人有准备的情况下,我一发射导弹,就会将阵地彻底暴露,极易招致敌人的报复,把我们弄得很被动,这也叫牵一发而动全身。因此我们完全有把握就发射,没有把握就不发射。我们打仗,在必要

时可以放敌人过去,麻痹一下,下次见面再打。我们五四三部队至今没放过空炮,就是因为我们不打无把握之仗,不打无准备之仗。二营这次不发射是对的,有人可能要问,二营为打妖洞妖而来,妖洞妖来了又不打,为什么? 一句话,情况变了嘛! 同志们要学学毛主席军事思想和辩证法。我还要指出的是,虽然我们没打妖洞妖,但通过战斗准备,增加了感性认识,便于今后研究其飞行特点,从这点来看,可以说是达到了练兵的目的,这也是个很重要的经验。"

就在这时,空军第八军指挥所前来请示:"妖洞妖再次入窜大陆,该如何处置?"

刘亚楼挥手说:"我看就不要理它喽! 我们武器不如它,发挥人的因素,我们搞它不了就不搞它,有利则打,不利则不打,这我已经向总部备案了。我们这次打下了 U–2 就不一定非要再打妖洞妖,意义不大嘛。何况我们只有一发导弹,现运也来不及。当然,这次要是集团部署,一、三营也在,那就需另行考虑。现在是不管它,我们继续开会! "

第二营南下福建时, 遵照刘亚楼既要打妖洞妖又要准备打 U–2 的指示,领导机关给第二营的制导雷达加装了一个为 U–2 预警装置不认的假重复频率。用此假重复频率打开天线后就能看到 U–2,而其预警装置却不报警。待向敌机发射第一发导弹,转入真频率作战时,U–2 上的预警装置虽已报警,但为时已晚。

刘亚楼饶有兴趣地听完,称赞比《七侠五义》里侠客们的神奇宝剑还要神奇得多。他忽来灵感,当即给这两个打下敌机紧紧相衔的技术动作各起了一个漂亮的名字,称使用假重复频率一招为"仙人搭桥",转用真频率一招为"抽梁换柱"。

刘亚楼问空军高射炮兵指挥部政治委员朱虚之:"这个假重复频率是谁发明的? "

朱虚之答:"大家发明的。"

刘亚楼笑着说:"看来我白问了,群众的智慧呀! "

参加座谈的第二营指挥连连长陈辉亭回忆:"大家看到司令员这么高兴,自然也就打消了怕说错话的顾虑,放开了思路,座谈汇报的内容也就更加具体生动,正对了刘亚楼的胃口。整个座谈会,领导和部属之间,你说一句,我补充几点,开得很成功。"

最后,刘亚楼说:"你们二营已经是四战四捷,说明你们的战斗力每打一仗

1964年7月10日,刘亚楼(左二)、叶飞(右二)、皮定均(左一)在漳州向地空导弹兵第二营授锦旗

就有新的提高。你们已开始进入到能够在复杂的条件下从容不迫地打仗了,这一点不仅对二营是个大的进步,对整个空军使用五四三部队也提供了宝贵的战斗经验。你们还要继续前进,要树立永不停滞的思想,一个指挥员、战斗员、领导者以至任何人,最危险的是停止不前。我们大家都要拼命工作,勤于用脑,高标准治军……"

结束座谈会后,刘亚楼对岳振华说:"现在你听我命令,为防敌人报复,二营立即撤收兵器,疏散隐蔽,咱们来个'歇兵三日,班师还朝'。"

1964年7月10日,刘亚楼代表中央军委、国防部和空军首脑机关,在漳州空军第八军礼堂为第二营召开隆重的祝捷庆功大会。除空军首长外,福建省委第一书记、福州军区政治委员叶飞上将等党政首长也到会参加。

大会的内容之一是宣读国防部于一个月前正式授予第二营"英雄营"称号的命令,并颁发奖匾。接着,刘亚楼代表国防部给提前晋升军衔的军官授衔。他在即兴讲话中,赋予了漳州战斗胜利重大意义:"7月7日正是泰勒到南越上任的日子,我们给了他一个下马威。"接着刘亚楼话锋一转,不忘向第二营"泼点儿冷水",那就是希望他们再接再厉,不要满足,"千万不要骄傲,千万不要翘尾巴"。

即兴讲完这些,他才照例拿起准备好的讲话稿,铿锵有力地念道:"尽管蒋介石匪帮的窜扰活动越来越狡猾,越来越诡秘,但是,魔高一尺道高一丈,不管他怎样要尽花招,总是逃脱不了覆灭的命运。"

第二营营长何方悄悄问随同刘亚楼来闽的空司作战部的一位副部长:"有射击条件,为什么不打?"这为副部长说:"刘司令英明,岳振华聪明。妖洞妖来了,岳振华没打,是正确领会了刘司令的意图。一发导弹想打下一架妖洞妖,谈何容易?"

刘亚楼回京途中,又向朱虚之问起假重复频率的事。朱虚之才知刘亚楼对自己昨天所答"大家发明的"并不满意,只是当时没有揭穿而已,他回答:"主要是技术参谋田在津搞的,肖炳元、洪文钧、黄志学等同志也参加了。"

刘亚楼点点头,又问:"这次给他们记立功了吗?"

朱虚之答:"没有记立功,因为田在津去年研究'近快战法',在二营 11 月 1 日击落 U-2 后,已给他提前晋级奖励了;今年他们几个人又修复破译了王文礼击落的 P-2V 上的 BSTR 回答式干扰机,又给他立了功。这个发明如果再给立功,怕有反映。"

刘亚楼不假思索地说:"为什么不能再立功?我说应该立功,如果明年他们还有发明,也照样给他们立功,要注意从研究作战和技术中发现人才、培养干部啊。"

不久,根据刘亚楼的命令,空军给田在津等七名机关人员分别予以提前晋衔和记一等功的重奖。

1964 年 7 月 14 日,首都各界在全国政协礼堂举行隆重集会,热烈庆祝空军部队漳州再次击落 U-2 的重大胜利,愤怒声讨美国推行战争政策和侵略政策和危害东南亚和平的罪恶行径。

会后,刘亚楼专门给中央军委写了一份报告,对第二营四战四捷作了高度概括:一九五九年第一仗是按苏联专家教给我们的办法打的,一九六二年第二仗是一半对一半(即有我们创造的一半),一九六三年第三仗完全是我们自己创造的战法,一九六四年这一仗表明,地空导弹部队不但能在简单情况下作战,而且学会了在比较复杂的情况下作战。

1964 年 7 月 21 日,中央军委办公厅保密局将这份报告寄回了空军,信封上写明"刘亚楼同志亲收"。刘亚楼拆开一看,只见毛泽东在报告一侧写下一行飘逸的大字:

亚楼同志:此件看过,很好,向同志们致以祝贺。

刘亚楼把空军导弹兵作战方法发展的四部曲奏进了中南海,得到了毛泽东的高度赞赏。1964 年 7 月 22 日,周恩来给刘亚楼打来电话,问二营在哪里,主席

刘亚楼陪同毛泽东接见空军部队

想见见全体指战员。

此时,功勋卓著的第二营正根据刘亚楼"班师回朝"的军令,千里迢迢刚从福建赶回北京。于是,当晚第二营就接受了一个特殊任务:换上新衣服,擦亮皮鞋,等候首长接见。至于哪一级首长,没有说。

次日下午,岳振华率第二营全体官兵来到人民大会堂接见厅,提前见着刘亚楼,才知是毛泽东接见。

在接见大厅,毛泽东、刘少奇、周恩来、朱德、彭真、李先念等党和国家领导人,高兴地向第二营官兵频频招手。毛泽东听完岳振华汇报,风趣地对一旁的刘亚楼说:"为什么光叫二营打,不让别的营打,是不是你有偏爱? "

刘亚楼答:"没有偏爱,主要是别的营没碰上战机。"

毛泽东笑笑:"都锻炼一下嘛! 美蒋就那么几架 U-2,你做个计划,不够我们打的嘛! "

刘亚楼和大伙儿都会心地笑了。

这是新中国成立后毛泽东唯一一次成建制地接见部队。能受到毛泽东等党和国家领导人的接见,第二营指战员脸上无不洋溢着幸福的笑容,有人眼睛里噙满了泪水。

中央领导接见后,刘亚楼对岳振华说:"你现在可以离开二营了,尽快回师部工作。"岳振华满载着四战四捷的殊荣,离开了被称为 U-2 头号克星的第二营。他的三百精兵打得国民党 U-2 飞行员闻风丧胆,连刘亚楼都称他们是常胜军。

"黑猫小姐"的大坟场

第二营四战四捷，风光无限，而比它先成立的第一营，同时成立的第三营，稍后成立的第四营，却迟迟没有开张，实在叫人闹心。

1962年上饶战斗胜利后，刘亚楼为第二营庆功时，幽默地说："一、三、四营不要泄气，敌人没有到你们那里去，是因为怕你们，不敢向你们那里飞。天下有这样的事情，只要你们不泄气，总有一天要开祝捷会。"

在1964年的漳州战斗庆功会上，刘亚楼告诉大家："这次罗总长听说U-2是二营打掉的，问我是否有偏心，我说没有偏心。一、三营确实应该开张了，今后要想办法。美国现在还有四十架左右的U-2，今后打的机会是有的。"

他在给其他导弹营鼓劲时，也为他们的开张做计划。毛泽东接见第二营后，刘亚楼马上命令第一营和第二营同赴广西中越边境机动作战。

此时正值美国在越南开始所谓的"特种战争"，中国开始抗美援越之际。美国为了防止重蹈朝鲜战争中由于情报判断错误，认为中国不会大规模参战而招致"圣诞节攻势"（即第二次战役）失败的覆辙，要求台湾"黑猫中队"增强侦察中国大陆南方军队部署调动的情报。与此针锋相对，刘亚楼把有限的地空导弹部队兵分两路，一路继续护卫西北战略武器基地，一路千里转战中越边境，流动伏击，寻机歼敌。

由于押宝得中，1964年8月9日上午，一架U-2果然向第一营设伏在广西边境宁明地区的阵地上空飞来。铆足了劲早已严阵以待的第一营，以三发导弹升空"欢迎"。不料，导弹发射后即出故障失控，飞机溜之大吉。

战斗失利，暴露了地空导弹部队的战斗部署，并由此带来连锁反应。地空导弹部队在此久待非但再无战机，第一营的阵地因靠中越边境太近，还随时都有遭受美国轰炸机袭击破坏的危险。上级立即命令第一营迅速撤防，紧急向广西龙州转移。

刘亚楼接到战报后，大动肝火。本来，胜败乃兵家常事，他也常说不可能有常胜将军，却缘何还这般苛求动怒？

原来，刘亚楼有自己的苦衷：第一营是最早组建的地空导弹营，其人员还是从全空军抽调去的，第一营成立时他还亲自去训勉。半个月前毛泽东在人民大会堂接见第二营时,还让他也要让别的营锻炼锻炼,现在这么快就给了第一营一个机会,怎么头一仗就打成这样?若是平时,也就罢了,可第一营失利得太不是时候!8月9日当天,毛泽东与正在天安门广场集会游行的百万群众一道声援越南人民反抗美国武装侵略的正义斗争,第一营如果把这架美机打下来,该会如何大扬我国威军威,大长我中国人民志气,大灭美帝国主义威风啊!在此时此刻打下一架,效果赛过平时几架。这么个机会,而且打胜仗的条件完全具备,第一营非但没抓住,反而给没有出现败绩的地空导弹部队脸上抹黑,怎不叫人窝火、动怒?连周恩来都连呼可惜!

刘亚楼下令彻查战斗失利的原因。空军迅速派出工作组下到第一营。

经检查,发现第一营的兵器准备没搞好,兵器在动作时跳了高压。但究竟是什么原因引起跳高压,众说纷纭。有人认为可能是一具发射架配置得靠收发车太近,发射导弹时震动过大,把收发车的高压给震掉了。有人把罪名加到刚安装的照射天线上(反电子预警2号),说是因为在收发车上加装了这东西,增加了制导站的负载,才引起高压打火跳闸。

其实最根本的原因是,专业技师对兵器检查不认真而导致兵器出现了跳高压故障。

但空军工作组的一位处长不懂技术,坚持认为第一营战斗失利是加装了照射天线,增加了收发车的负载所致。这个看法报到司令部后,余怒未息的刘亚楼立刻下令将照射天线从兵器上拆除。

第一营初战失利,刘亚楼认识到,新中国的防空不能只有一个第二营。他要让其他导弹营都得到实战锻炼,成为捉"猫"能手。于是继第一营后,第三营也被派去独当一面了。

第三营在广东遂溪机场机动设伏。由于押宝得当,很快就获得战机。1964年9月3日,一架U-2入窜遂溪侦察。第三营进入一等战斗准备时,不料兵器发生故障,技师没能及时排除故障,只能眼巴巴地让飞到火网中的"黑猫小姐"逃走。

1964年10月16日15时,新中国的第一颗原子弹试验成功。考虑到敌人肯定要趁机派U-2入窜侦察,或使用远程轰炸机摧毁我核设施,第一营和第二营奉命于次日紧急从北京出发,以铁路行军形式,急速向大西北挺进。

"黑猫小姐"果然入窜。1964年11月26日,第二营在兰州上空捕捉到战机。

第二营营长何方使用"近快战法"和反电子预警 1 号,待雷达锁定距三十三点五公里的目标后马上下令发射导弹。导弹刚一升空,屏幕上的敌机亮点却突然消失了。三发导弹全都落空,"黑猫小姐"毫发无损地返航。

五四三部队接连几次失利,连第二营也放了空炮。面对此情,刘亚楼冷静下来。他除了下令检讨战斗失利的原因和研究对策,尽可能改进兵器外,还告诉成钧:"敌人肯定又在飞机上加装了什么新玩意儿,要打下敌机,就必须有破此大法的东西,这场斗争是敌我之间的智力竞赛。"

像押宝屡中一样,刘亚楼猜得没错。叶常棣、李南屏在大陆相继折戟后,美国中央情报局意识到中国军方可能掌握了对付第十二系统的办法。考虑到"黑猫中队"屡遭打击后元气大伤,而对中国的核侦察又进入紧要关头,为确保高空侦察飞行万无一失,美国臭鼬小组专门研制 U-2 电子系统的电子战专家们,于 1964 年 9 月用一套更先进的电子预警装置(第十三系统)装备"黑猫中队"。该系统的主要功能是:当它接收到敌方雷达追踪信号,就会立即报警并自动施放干扰,迷惑对方的假信号,编造 U-2 的飞行速度、高度、方向,误导地面的导弹制导雷达跟踪,进而诱惑来攻导弹飞偏,故又称为角度欺骗回答式干扰。

成钧从刘亚楼的话里得到启发,想到了被打入冷宫的照射天线。

有空军科研部门和地空导弹部队参加的实验证明,照射天线不仅不会妨碍导弹发射,还对 U-2 的电子预警有反制作用。因为照射天线发出的电磁波频率,与敌方已经发觉的我方制导雷达的频率不同,所以 U-2 的第十二系统就不会发出告警信号。飞行员得不到告警,自然就不会打开第十三系统。

因为照射天线是刘亚楼下令打入冷宫的,要重见天日,还得请示他,所谓"解铃还须系铃人"。刘亚楼听完实验结果,道:"当时我可能是偏听偏信了照射天线的副作用。你们既然有信心,那就把它重新捡回来,好好演练,打下了敌机,就给它平反昭雪,我可以作检讨。"

地空导弹部队迅速重新加装了照射天线,针对 U-2 近期夜间活动的规律和特点,进行了反复演练。

而此时,美台双方也为确保 U-2 出师顺利而绞尽脑汁。为了使"黑猫中队"的活动更加隐蔽,且能拍摄到中国核工厂热辐射图像,美方又在飞机上装备了夜间红外线照相设备,这使得 U-2 的续航能力进一步减弱,包头、兰州一线几乎成为航程极限。美方只得转而使用南朝鲜的空军基地。于是乎，为避开中国沿海雷达的耳目，"黑猫中队"的空地勤人员乘坐执行例行后勤补给任务的美军C-130运输机飞到南朝鲜群山空军基地，而U-2则由美国飞行员驾驶，保持普通民航飞机的飞行高度，从桃园飞到群山，再由"黑猫中队"飞行员驾驶，从南朝鲜出发进入大陆侦察，完成任务后直接返回台湾桃园机场。

1965年1月10日晚近8时，一架装有红外线照相设备的U-2又飞到包头。严阵以待的第一营使用照射天线，改变频率，果然欺骗了U-2的第十二系统。第十二系统没有灯光报警和声响报警，飞行员张立义自然不会打开第十三系统施放干扰，更不会压大坡度机动转弯逃避，于是继续大摇大摆地照既定航路飞行。

三发导弹极速升空，"黑猫小姐"从二万米高空一头栽落，张立义在紧急跳伞中糊里糊涂做了俘虏。这是地空导弹部队第一次在夜间击落U-2。机上一套角度欺骗回答式电子干扰设备在尚未完全摔碎的飞机残骸中被完整缴获。发现第十三系统也有个致命的缺点：笨重，其增加的重量使U-2至少缩短了一千公里的航程，由台湾桃园机场出发，最远也只能飞到甘肃东部地区。敌为我用，国防科研部门马上据此研究新的对抗措施。

中国地空导弹部队先后击落五架U-2

此战证明，重新安装上的照射天线起到了至为关键的作用。如果没有加装这个照射天线，就无法在四十四公里处开天线捕捉目标。

重病缠身的刘亚楼在上海接到第一营击落敌机的战报，高兴地连声说："打得太好了，我们的一营终于把U-2打下来了！"

包头战斗翌日，《人民日报》《解放军报》分别发表了《祝贺人民空军新年开门红》和《凯歌再奏》的评论员文章，称："人民空军新年开门红，是大喜事，为我们今年的大胜利接连立了两大功(另一功是指 1 月 2 日在中南地区上空击落一架美国军用无人驾驶高空侦察机)。我们谨向日日夜夜警惕地守卫着祖国领空、屡建奇功的人民解放军空军部队,致以热烈的祝贺! "

随后,周恩来、邓小平等中央领导人接见了第一营作战有功人员。

刘亚楼麾下区区几个营的地空导弹部队,神出鬼没,把共和国广袤的天空变成了世界上最先进间谍飞机的死亡黑洞,在世界地对空导弹作战史上写下了极其辉煌的篇章。

U-2 自诞生以来,三十四年间在全世界总计被击落过七架,光中国空军在20 世纪 60 年代短短数年间便击落了五架(最后一架在 1967 年 9 月 8 日被击落于浙江嘉兴),另外两架被苏联防空部队分别击落于本土和古巴。美国和台湾方面怎么也没法搞清楚:"不必担心被击落"的 U-2,怎么偏偏在中国大陆折损惨重,而且 U-2 每被击落一次,美国科研部门便全力在电子设备上改进一番,却还是接连栽在装备和技术水平落后的大陆呢? 他们不知道,战术和战法创新、斗智斗勇是中国空军克敌制胜的法宝。

这不仅是刘亚楼和中国空军的骄傲,更是中国的骄傲!

第十三章　本色做人，原则做事

夹着尾巴做人

在中国空军建设史上，1949 年 7 月到 1950 年 11 月，刘亚楼称之为"摆开摊子，敲起锣鼓"的阶段。此阶段的主要任务是：办好航校，建立领率机关、民航、气象业务和空军基地。

刘亚楼一手抓航校施训，一手抓机关建设，方针是"先航校后机关"。航校开学后，机关建设的地位突出了，他把注意力更多地投入到机关建设上来。他提出一整套规章制度，对进入机关的干部亲自过问，有时还亲自考核，原则是"宁缺毋滥"，切忌"滥竽充数"。

空军是个现代技术军种，刘亚楼认为领率机关必须注重预见性、彻底性、及时性、高效率。他反复强调，一个松松垮垮的队伍是没有战斗力的，一个拖泥带水的机关是办不成什么大事的。他有个衡量机关干部素质的"三过秤"政策（又称"三看"原则）：

一、会出点子。出谋划策是知识和经验的积累，是智慧和灵感碰出的火花。军队是要打仗的，有无锦囊妙计有时还是生存和消亡的分水岭。战前、战中有许多事情要运筹帷幄，高级领率机关的参谋人员如果不能为指挥员出点子是绝对不行的。

二、会写文章。写是机关干部尤其是参谋人员的基本要素，不会写文章,不懂作战文书的格式,无论如何都是个缺陷。

　　三、会办事情。办事是门学问,其间透着灵性。会办事的人能想着法子办成事、办好事,不会办事的人,即便给他搭好了桥,到头来还是把事交还给领导。

　　在刘亚楼眼里,"三过秤"还须有个前提,那就是讲政治,树正气,对党忠诚,思想品质好,否则纵有歪才,他也是旗帜鲜明地弃而不用。一位老秘书跟随他去苏联访问,买了些纪念品,回国后私自将购物的开销打进首长的开支报了账。钱数虽不多,但被揭发出来后,刘亚楼没有袒护,严厉批评不够,还责令调离其岗位,以儆效尤领导身边的工作人员。

　　会出点子、写文章、办事情,至今仍被空军许多中高级机关作为评判机关干部是否称职的标准。空军第七任政治委员高厚良将军称:"尽管刘亚楼同志的思想过去了几十年,但对空军的建设依然是万变不离其宗。"

　　在刘亚楼潜移默化的影响下,秘书和参谋们发现自己日有长进,一个个变得能干起来,也敢当面向首长陈述自己的看法了。他们在"三过秤"的天平上,称出了自己的分量。几十年后,他们中一位叫马鹏飞的老人还由衷地说:"当初幸亏刘司令员对我这么严格,否则我这个才念完小学的人,怎会有进步!"

　　当年马鹏飞受命创办《政工情况反映》(后改为《空军政治工作情况介绍》)。除了审稿和按语归刘亚楼外,马鹏飞一人必须包揽约稿、写稿、编辑、校对等工作。刘亚楼给他的规定是每周出一期,每期一篇文章。每篇只写一个问题,每个问题必须有来龙去脉,不超过二千字,要保证飞行大队政治委员、飞行员几分钟内看完。

　　在刘亚楼的直接领导下,马鹏飞工作做得极为出色,后来连总政治部副主任萧华都说空军的《政工情况反映》比总政治部的工作简报来得及时,办得精彩。曾任空军第一任政治委员的萧华,对刘亚楼注重部队政治工作的作风颇为赞赏,说:"刘亚楼搞的政治工作也是来自陆军的,但到了他那儿,就有空军的味道了。"

　　虽然空军机关的工作很快就上了层次,但刘亚楼还是发现了诸多不足。1950年10月5日,他在空军党委常委扩大会议上指出机关存在着"慢、拖、粗、浅、窄"的现象,说:"所谓慢,就是效率慢,不及时;所谓拖,就是办事情不干脆,解决问题不彻底;所谓粗,就是工作粗糙,不细致;所谓浅,就是看问题肤浅,不深刻,工作皮毛,不深入;所谓窄,就是考虑问题狭窄不宽阔。"他要求迅速转变机关作风,提高效能,同上述五种现象作斗争。他对领导机关做了特别要求:"领导机关看问题、想事情,应谈深一点广一点,多看几步棋。"

机关的业务工作稍有头绪,刘亚楼又着手组建空军部队,并确定了为毛泽东所肯定的志愿军空军入朝作战方案。这一阶段,照他的话来说:"没出什么岔子,外界反映也还好。"

1950年12月到1953年7月朝鲜停战,是空军建设的第二阶段,是大批组建部队(平均每年都要组建四五个航空兵师,五年内组建了二十多个师,包括培养新中国第一批女飞行员等),进行战备训练,参加实战锻炼,开始担负国土防空任务的阶段。

1951年10月26日,空军在北京召开新组建的第五批航空兵师师长、政治委员会议。刘亚楼发表讲话,他先从毛泽东1950年3月为空军的题词"创造强大的人民空军,歼灭残敌巩固国防"说起,添上"战胜美国侵略者"一条,把空军的任务简称为"创、强、歼、巩、防",并说:"空军成立两年来,有一定规模,但不算强大,人员也杂。有的人带有旧军队作风。有的青年知识分子虽有文化,但小资产阶级意识严重,自由主义的尾巴很长,缺乏军事生活,怕打仗。从陆军来的一些干部有功劳、苦劳,但也有疲劳,有的习惯于小米加步枪,不愿搞复杂兵器。综合上述三种人员,我们必须毫不动摇地以陆军为基础建设空军。"

最后,刘亚楼指出:"在我强大的陆军基础上,再加上强大的空军就是如虎添翼,全国全党全军都支持我们。创业必须艰苦奋斗,要下决心,兢兢业业,不能犯错误,消极怠工,更不能当败家子,一个共产党员为了人民的最高需要,死了也光荣!"

参加此会的王定烈将军回忆:"刘亚楼身着整齐的军装,脚穿擦得黑亮的皮鞋,举止利落,给人一种精悍之感。他口若悬河,发言从不带讲稿,而他的话,却具有极强的鼓动性和感染力,博得全场一阵掌声。"

这一时期,苏联顾问陆续回国,航校和部队训练的组织实施进入了自办阶段。刘亚楼提出并确定了"在陆军基础上建设空军"、"以苏联空军为榜样"、"为飞行服务"、"在战斗中成长"等建军指导思想和原则。如果说，解决"能不能飞"的问题是空军建设的第一关，那么，这一阶段初步解决了"能不能打"的问题。

刘亚楼善作归纳总结，善提口号式的工作方针。他认为切实恰当的口号既能鼓舞士气，又能简洁地明确中

1958年，刘亚楼（中）陪同叶剑英（左）在沈阳视察部队

心工作，好记易懂。如"为飞行服务"这口号式的工作方针，有人提的是"为飞行员服务"，刘亚楼马上纠正说，不是"为飞行员服务"，而是"为飞行服务"，飞行员也是"为飞行服务"；多一个字，就会把飞行员捧上天，真正成为"天之骄子"，孤立在群众之上；少一个字，就表明飞行员也是为飞行服务的群众之一，大家都要为空军建设作贡献，意义就不同了。

北空某指挥员提出"飞行安全是质量的基础"，北空副司令员兼参谋长李中权坚决不同意此提法，认为应当是"飞行质量才是安全的基础"。北空高层就此口号问题，展开了一场带有原则性的争论。刘亚楼得知，马上把争论双方找来谈话，毫不含糊地指出某指挥员认识上的错误，而支持李中权的意见，并说这问题如得不到迅速解决，必将影响工作。

1953年7月朝鲜停战以后到1956年5月，是空军建设的第三阶段。这一阶段，各种工作总的精神是"巩固加强，整顿提高"。刘亚楼强调，工作方法要按毛泽东指示的"摆在桌面上来，互通情报"，既要看到中心工作，又不要放弃日常工作。多用脑筋，脑筋越用越发达，要像打鱼一样，网要铺得开收得拢，办事一定要有恒心。他明确提出航空兵部队飞行训练的方针：稳步前进，完成计划，提高质量，保证安全。经他提议，一批有战斗经验、有组织能力、有培养前途的师团领导干部被选送到莫斯科红旗空军指挥学院深造。他们后来在空军建设中发挥了重要作用。

　　刘亚楼知人善任。他看到在朝鲜战场最先击毁敌机的李汉飞行技术过硬，且很有一股闯劲，便下令让他和飞行技术优秀的团长林虎带一个大队摸索夜航和云中飞行的经验，学成后办培训班，在全军推广，带动空军实现飞行技术爬坡。林虎和李汉不负重托，勤飞苦练，终于突破了复杂气象这道大关。刘亚楼在华东医院治病时闻听喜讯，兴奋异常，对秘书说："这个消息对我来说比什么药都管用，我的病简直好了一半。"他交代秘书立即打电话向林虎、李汉祝贺，并通过党委决定在部队中迅速推广。

　　为适应空军全面建设的需要，刘亚楼主持设计了空军指挥干部三级培训体制——航校、高级航校、空军学院，使一批与空军编成相适应的多专业、多兵种、多层次的院校脱颖而出。在和平解放西藏的进军中，人民空军英勇地突破空中禁区，开辟了超越世界屋脊的康藏高原航线。此外，还开始支援国家的经济建设，参加急救抗灾工作。

　　空军在短时间内能够顺利过三关，除了刘亚楼精明强干外，还与他重视政治工作，从严治军、令行禁止的工作作风密不可分。

　　1951年3月，空军某航校飞行教员刘登起违反纪律，驾机向集市俯冲扬威，还向黄河中的小船和道路上骑毛驴的妇女做俯冲盘旋，把妇女吓得摔倒受伤，刘登起自己最后也连人带机撞了山。不仅给国家财产造成重大损失，还在社会上造成极坏的政治影响。刘亚楼知道前因后果后，气愤地指出，要把这种坏作风看作"空中流氓行为"。《人民空军》杂志第二十期据此以《空中流氓刘登起丧了命》这种空前严厉的标题作了报道，并且刊登了航校党委《关于刘登起等飞行失事检讨的报告》。

　　刘亚楼号召在飞行员队伍中广泛开展批判空中流氓的思想斗争，杜绝"离地三尺谁也管不着"、到了空中更是"天高皇帝远"一类现象的发生。1953年3月，空军党委在总结经验的基础上，作出《关于严格检查并且彻底纠正飞行干部中骄傲自满、违法乱纪现象的决定》，提出六项措施。4月，空司、政治部根据个别飞行人员在疗养期间纪律松懈、不守规矩，甚至腐化堕落的现象，发出《为克服飞行人员住疗养院违反纪律及腐蚀战斗意志行为的通报》，提出飞行人员疗养八项规定。

　　《人民空军》杂志创刊一周年时，刘亚楼提出增设《批评与建议》专栏，所批评的应是真人实事，以增强说服力，主张对一个问题要抓住不放，才能给人留下深刻印象，基层还可以组织群众性讨论。空军党委根据这个具体而独到的建议，明确规定，《人民空军》每期必须有批评与建议的文章，否则不许出版。一个军事指挥员这样关注报刊工作，运用报刊来推动工作，在解放军高级将领中也是少有的。

老革命会碰到新问题，作为新兴军种的空军，更是经常遇到新情况、新问题。一些突发事件如处理不妥，将造成重大影响，甚至在国际上引起轩然大波。1954 年 7 月 23 日，英国一架 C-54 霸王号运输机飞往香港，正在南海巡逻的空军飞行员明明看清了运输机徽记，却不懂国际法，加上政策水平低、纪律观念不强，以为英国飞机也是敌机，遂自作主张将其击落。由此引起新中国第一起严重的涉外事件，国际舆论对华指责甚多。毛泽东极为震怒，严厉批评"这是犯罪行为"，下令严肃处理当事人（后来，此事件中的长机飞行员被判刑一年，僚机飞行员被禁闭一个月，飞行指挥员被通令警告），向英方道歉并赔偿（后来向香港国泰航空公司赔偿三十六万英镑）。事情发生后，刘亚楼主动向军委检讨，迅速指示专门下文通报全空军，要求部队从中吸取教训，提高政治水平，严格执行有关规定。为了杜绝此类事情再次发生，空军党委提出飞行员今后不得在公海上采取主动攻击，为军委采纳。这一规定沿用至今。

空军诞生后，不仅党和政府厚爱，老百姓也高看，称为天之骄子。这让空军部队有了一种优越感，尤其是飞行员在掌握技术后，产生了骄傲自满情绪。有人还说我们以前是个重陆军的国家，而未来战争最广阔的战场则是海上战场，最普遍的进攻是空中进攻，最基本的防御是空中防御，最重要的控制是空域控制云云。

1950 年初，老百姓在天津杨村机场同时碰见空军和陆军的人，见他们的服装不一，便好奇地问："你们都是解放军，可为什么一个穿蓝裤子，一个穿黄裤子？"听完解释后，老百姓又问："不知空军和陆军哪个大？"空军的人一扬头，自豪地反问："空军在天上，陆军在地下，你说哪个大？"

刘亚楼闻听此事，怒斥此系胡说八道、忘本思想，指出："空军部队是由陆军整师、整团调来组建起来的，没有陆军，哪来的空军？要知道，决定战争胜负的，还是靠陆军，飞机上不了刺刀，飞机抓不了俘虏。"

谁大谁小的事情不大，刘亚楼却十分重视，一开始就注意培养空军部队树立谦虚谨慎的作风。1951年2月22日，他在空军党委第一次扩大会议上明确提出"在陆军基础上建立空军"的方针。同年8月1日，他在《人民空军》杂志发表题为《在陆军基础上建设空军》的文章，对这一方针作了全面系统的阐述，军委《八一杂志》随即转载了这篇文章。文中表明了他的思想："任何强调空军特殊或表现空军突出的想法都是错误的……一定要向陆军学习。只有把陆军的传统、经验、机构、人员，结合空军建设的具体条件，加以正确应用，才能使人民空军很好地建设起来。"

为了解决空军官兵的思想认识问题，空军党委提出："空军是在强大的陆军基础上建立起来的，只有陆军取得胜利，空军才有胜利，否则空军等于零。"为了把这个思想说得更透彻，刘亚楼打了个比喻："陆军是老子，空军是儿子。"这个比喻形象生动，很快成为空军官兵的共识。

空军有了大发展后，刘亚楼告诫全军上下，面对成绩非但不能沾沾自喜，而且还要警惕骄傲自满的苗头。1959年5月，他在空军第二届党代会第一次会议的总结发言中指出："对骄傲自满，要造成一种'老鼠过街，人人喊打'的局面。要保持'空军有骄傲'的压力，但是不要当成包袱。有压力好，自觉地接受压力，就会引起注意，否则骄傲自满还会发展。"

进入20世纪60年代，当空军建设取得显著成绩，受到中央军委、总参谋部表扬时，刘亚楼依然保持清醒的头脑。1963年，他在空军党委三届五次全会上提出，空军要牢记并坚决贯彻执行罗瑞卿总参谋长提出的"办事要认真，工

1961年12月，刘亚楼（右）陪同叶剑英（左）访问越南

作要落实，经得起考验，不要翘尾巴"的指示，达到既经得起批评，又经得起表扬，永远保持谦虚谨慎，永远不要骄傲，一定要"夹着尾巴做人"。

组建空军后，他积十多年之功，把作为小弟弟的空军打造成三军标兵，让中

国共产党彻底摆脱小米加步枪，开始拥有一支飞越高山大海、能与世界最先进国家一比高下的"天兵"。

"强将手下无弱兵。"古今中外，莫不如此。曾任空军政治部宣传部部长的朱鸿说："在回顾半个多世纪前空军初创时激情燃烧的岁月时，我们老同志用得最多的词就是夜以继日、奋发图强。刘亚楼司令员强将的气魄整合了我们，那段时期，有谁在混日子呀，大家工作都很有激情，办事效率高，心情舒畅，空军的发展蒸蒸日上。"

严字铸就强师劲旅

某航校 1961 年党代会报告竟洋洋洒洒写了五万字。

某军区空军后勤部政治委员念机关写好的稿子，因为事先没看，结果把"机械化半机械化"念成"机械化牛机械化"。

某团政治处主任欢迎一个篮球队也要机关准备稿子，结果念稿时将"衷心地欢迎"念成"哀心地欢迎"。

某师政治部主任偷懒，把起草文件的工作全部推给干事，自己则在一旁打麻将。

这是刘亚楼就领导干部文字工作一项，在空军亲自抓的四个反面典型。1963 年空军在青岛召开会议，他一个一个地点名，狠狠地批评，要当事人"起誓洗手不干"。

早在红军时代，刘亚楼就以治军严格而著称。在东北战场，刘亚楼更强调工作要高标准，严要求，指出："严，才能带出部队作风，带出战斗力；降低标准，松松垮垮，到头来只会害了部队。"他曾给一些纵队和师级领导传授经验："必须使部队感到身上有一种压力。一件任务完成了，一个目标达到了，接着马上就要提出新任务、新目标，让部队向前赶。这样也许会使部队感到不舒服，但平时不舒服，战时就会舒服，而平时舒服，战时就会不舒服。"

空军是个庞大复杂、技术多面的现代化军种，既要求快速反应，分秒必争，又要求密切配合，一丝不苟，所以，没有高度的科学态度，没有严格的规章制度，没有认真负责敢于负责的精神，是难以成军的。所以刘亚楼更是严字当头，对那些"政治上迷糊，工作上马虎，生活上非常在乎"的"三糊"干部的败家子作风和

庸俗风气十分鄙视,对那些阿谀奉承的行为不仅坚决拒绝,而且一批二查。

根据空军的特点,刘亚楼响亮地提出了"高标准,严要求,认真负责"的口号,强调指出:"技术装备复杂的空军尤其需要严格,它往往由于一个螺丝钉的差错,或操作中毫厘过失就会导致严重的事故;一次战斗的胜负,战机的得失,也常常决定于分秒。必须做到:'有令就行,有禁就止。令就要行,禁就要止'。

"我们需要培养一批这样的指挥员、政治工作人员和其他领导干部,这就是:既严格要求,又不生硬粗暴。那种既不敢严格要求也不生硬的软绵绵的人、慢腾腾的人,看见什么也不反对,这样子有什么好处? 我们坚决反对那种没有一点辣椒味的人,没有风格的人。"

刘亚楼受命组建空军,身上总带着个小本子,每个师有几个教员、飞行员,几架飞机等情况,他都一清二楚。

空军领导干部都来自陆军,情况变了,作风难改,有的还摆资格,吃老本。刘亚楼对此习气甚为恼火。

某部出了一个事故,他闻讯赶去。检查得知,事故因该部领导瞎指挥而引发。刘亚楼对他少不得一顿严厉批评:"你不懂就不要装懂嘛,据我所知,你们这里有位国民党空军起义人员,他是内行嘛,你为什么不向他请教呢? "

受批者却颇不以为然,说共产党干部怎么能向国民党请教?

该领导系井冈山时的老红军,资格比刘亚楼还老,刘亚楼在很多地方都尊重他。

刘亚楼眉头一皱,意在弦外:"我最厌恶那种爬上高位就翘尾巴、自命不凡的人。这种人,不学无术,不懂装懂,自以为地位高就什么都高明,其实是愚蠢的,结果必然给工作带来严重损失,到头来弄得身败名裂。中外历史上可是不乏其人哪! "

一席话,说得那位领导一脸尴尬。

后来,那位领导想通了,主动来找刘亚楼承认错误,刘亚楼语重心长地说:"躺在历史的功劳簿上浑浑噩噩睡大觉,孤芳自赏,只会成为庸人。形势在迅猛变化,新事物在不断涌现,光靠吃老本混日子是不行的。作为领导干部,最需要有自知之明!空军是如此复杂的军种,一切需要从头学起,刻苦钻研,要清醒地认识到,党龄、职位、资历都不会给我们智慧,真正能给我们智慧的,是勤奋学习,不耻下问！"

1951 年底，一位刚从志愿军调任某军区空军司令员的部队首长向刘亚楼报到，刘亚楼却把他冷落了好半天，接着以一顿批评"欢迎"他。这位部队首长是四野的一员骁将，在朝鲜战场上因彭德怀批得重了些，他就当场与彭德怀激烈争吵。刘亚楼认为，他这样做，是对彭老总的不尊重，实质上也是骄傲的表现。在四野早就领教过刘亚楼脾气的这位骁将，被刹了威风并意识到自己的错误后，表示绝不把骄傲自满的习气带到空军来。

军区空军受空军和所在军区的双重领导，有时会产生一些矛盾。1954 年初夏，某军区空军两位主要领导与大军区领导发生争吵。刘亚楼闻讯，马上找他们谈话，予以严肃批评，要他们必须学会在任何场合下都要尊重人，特别是上级领导。他说，不尊重别人的人，也就不会得到别人的尊重。你们有问题，可以提出来，但不能用吵的方式。解决不了可以上报，你们像泼妇骂街，成何体统！军区空军领导对刘亚楼的批评心悦诚服，并作了深刻检讨。

经过一段时期的整顿，一些老资格的领导改变了作风。毛泽东曾就此事发表议论："刘亚楼是驯马手，再野的马也让他驯得服服帖帖，这是本事啊。"

1950 年 4 月 14 日，第四航校发生了空军组建以来第一次机毁人亡的一等事故。刘亚楼知道后，心情格外沉重，立即派人赴沈阳做专门调查。苏联教员没有吸取教训，事故翌日，又批准一位技术不成熟的学员在拉-9 上首次单飞特技，不幸又摔掉。

两天内摔掉两架飞机，牺牲一名同志，刘亚楼脸色难看，偕同苏联总顾问普鲁特柯夫少将前往检查工作。这两起飞行事故是由于苏联顾问急于建校、急于开飞、急于速成、急于完成任务早日回国，因而在组织指挥飞行训练上把关不严、急躁蛮干所造成的。而且，受急于求成思想的支配，不少苏联教员对待学员的方法粗鲁、生硬，遇到学员学习跟不上，他们着急起来根本不顾面子，管你的级别是团长、师长，做得不好，一样是打。脾气犟的学员一挨打，生气了，就放开驾驶杆不操作了。有的学员在战场上是勇猛顽强的指挥员，什么时候受过这等窝囊气呀，人若犯我，我必犯人，挨了打就去打后座的苏联教员。本来是在天上学习飞行，没想到把架打到天上来了。

刘亚楼在调查了解了事情真相后，对苏联顾问没有迁就退让。他有言在先，

对苏联顾问既要尊重,对他们的错误也要报其上级处理。他专门和普鲁特柯夫交涉。普鲁特柯夫就此事向中国学员致歉并保证不再发生类似的问题。

第四航校顾问却无中生有,说了一通航校领导不关心苏联顾问的"劣迹"。听了苏联顾问这般告状后,刘亚楼非常恼火,板起面孔以严肃的口吻批评吕黎平:"你身为航校校长,对帮助我们办航校的苏联专家的生活和治病为什么漠不关心?你不过问苏联同志的治病,不关心他们的生活,也不与顾问合作共事,你的这些所作所为,都是不能容忍的失职行为!"

盛怒之下,他不待吕黎平解释,拂袖而去。

当晚,航校政治委员找到刘亚楼如实报告了事情真相。他恍然大悟,感到听信了苏联顾问的不实之词,错怪了同志,心中内疚不已。第二天返京前,他特地向吕黎平认错:"昨天下午,我听顾问反映情况后,没有查明事实真相,就当着他们的面生气地把你批评了一通,错怪你了。为了顾全空军建设的大局,我只能严格要求自己的同志,以便搞好与苏联同志的团结协作,加快空军建设的步伐。希望你振作精神,不要为这件事背包袱,影响思想情绪。"

回到北京后,刘亚楼在一次会上又谈及此事,再次当众作了自我批评,并对吕黎平能正确对待这件事,给予很高评价。

每个人都有自己的工作方式,刘亚楼的特点尤其鲜明:对干部尤其是高干特别严,敢骂敢说,以批评为主。刘亚楼当面批评人虽然严厉,但背后从来不议论他人的长短,他有一句为空军广大干部熟知的话:"我主张把话说在明处,当面可以骂娘,但背后不要捣鬼。我最憎恨那种当面拍肩膀,背后动家伙的小人!"

当时空军流传着类似"苦不怕,累不怕,就怕刘司令员找谈话"一类的说法。因为刘亚楼对工作一丝不苟,自己又很在行,找干部了解情况时经常能问到点子上,有的干部准备不充分或工作没做好,那当然没有好果子吃了。

正因为刘亚楼严格,以至于他自己讲过这么一个现象:"凡是我那里要的文件,人家总是加上按语说,刘司令员要的,你要注意一下!打电话要个什么东西也是如此。我到下面去以前,那个单位很早几天就打扫环境卫生,做布置,说某某人要来,小心点,别挨训。"他还主动"抖料":"在这种情况下,我们常委曾经作出决定,要我不要管这个,因为得罪人太多了。常委对我当然完全出于好意,但我能因为怕得罪人而不严格管事吗?"

1957年整风时，空军政治部有人给刘亚楼贴了一张大字报，说他"批评人太尖刻，有时令人难于接受。给人的感觉不是冬天的太阳，而是夏天的炎日，使人感到一种咄咄逼人的煎烤……"

刘亚楼站在大字报前，看了又看，当众自责："这个批评很中肯，应该改正，应该改正！我这个人批评起同志来喜欢一针见血，口气尖刻了些。我想批评还是要注意效果，这好比种花和看病一样。给花浇水、施肥，本是好事，若是过分，容易把花淹死、烧死。看病也是同理，一个医生给人家看病、吃药，目的是为了使病人康复，如果过分，就会适得其反。应该使人感到温暖才对。在这方面，我应该向罗帅学习。罗帅批评人很注意方式方法和效果，使人感到像冬日一样温暖。"

他在空军党委扩大会议上首先作自我批评："我认为我个人所存在的缺点、错误主要是：锋芒毕露的态度和工作中的急性病。遇事常常操之过急，不够冷静，容易冲动。……对下级批评指责多，说服教育少，容易发脾气，说话有时不讲场合，对同志态度生硬。由于这些毛病，我得罪了不少人。……特别是在不熟悉的同志们中间，造成了很厉害、很凶的印象。这对领导工作有极大的坏处。我自己主观上对自己的这些缺点、错误曾下过决心纠正。在过去的十多年中，是处在自我斗争、逐渐改进的过程中，但是直到现在也没有把这些毛病完全改正。在主观上虽然确实了解了这种错误态度的害处，但在行动上、言论间还常常有所表现。因此，随时随地同自己的这种毛病作斗争，是我今后的努力方向。"

1960年空军党委全会上，他又一次作自我检讨："我是有锋芒毕露和生硬粗暴这两个缺点的。毛主席也是这样批评我的。……我正在努力改正，同志们对我的这两个缺点和我对它的态度，可以公开到下面去传达，使我能更好地得到群众的监督。……这样做，对党的事业有好处，对促进同志们的进步有好处。"

身为空军党委书记，刘亚楼勇于承认错误，并主动把毛泽东对他的批评向下属公开，还希望"到下面去传达"。他不是心血来潮，而是确实以毛泽东对他的告诫自勉自励：窗口（指耳朵）不仅要进阳风（听表扬的话），也要进阴风（听批评意见）。

摸透了刘亚楼脾气的人，发现他并不是"鸡蛋里头挑骨头"、"横挑鼻子竖挑眼"的那种人。在他手下工作虽苦虽累，但心情舒畅，心里踏实。几十年后，空军副司令员何廷一将军仍称刘亚楼为严师良友，他说："刘亚楼同志虽然对同志很严厉,要求严格,态度严肃,发起脾气来是有些吓人,但他对同志是很关心爱护的,不仅在物质上关心,在政治上也关心。干部有困难,他让有关部门给予解决,晋衔、调级、提干,他都对同志负责讲公道话。谁有才干,他就用谁,而不是用拥护自己的人。他从不搞自己的'山头',即使在临终前也不安插自己亲近的人。对和他意见不同或有意见的同志,不搞打击报复,在这些方面他是正派的。"

当然,他在空军部队至今仍被津津乐道的原因,还在于他有严中有爱、宽容可亲的一面。

有位领导干部,不知什么原因打了基层人员。事情闹到刘亚楼这边后,他把这位干部召来,没有训斥,只是请他坐下,给他端上一杯茶后,讲了美国四星上将巴顿在1943年夏西西里战役中殴打士兵的事件。

巴顿到一所野战医院时,听见一名士兵歇斯底里地哭诉,说"受不了去当炮灰"。巴顿一时感情冲动,使劲打了这名士兵一记耳光,并命令他站起来归队,"做个堂堂的男子汉"。美国一些国会议员及政府官员要求从欧洲召回巴顿,交军事法庭处理。只是由于艾森豪威尔的保护和巴顿本人的自我批评,才使他继续留任美军第三集团军司令。巴顿为自己感情冲动殴打士兵而内疚,说:"我现在还蒙受奇耻大辱,像关在狗窝里一样,除非我创造什么奇迹来洗刷自己。"

听完故事,那位干部竟哭了起来。

刘亚楼与其说是责备,还不如说是宽慰:"政治部对你的处分是对的,看来你已有心理准备,因为只有这样,才能使你印象深一些。"

这位干部痛改己过,后来有了成绩、功劳,刘亚楼同样予以表扬和重用。1955年评军衔时,这位干部打人的事再次被端出来。刘亚楼知道后,亲自给有关部门打电话,要求按他过去的功劳参评,后来他被授予少将军衔。

刘亚楼一向强调,通过学习先进,把所有的人都带动起来,对雷打不动、屡教不改、干劲不足、玩性很大的人要摊牌。刘亚楼提出要给"三糊"干部曝光,他说:"立标兵、学先进,就是要整顿'三糊'干部。"

中央军委领导认为,刘亚楼代表空军党委提出的"有令就行,有禁就止。令就要行,禁就要止",完全适合空军特点。1965年1月9日,周恩来在接见两次击落敌无人驾驶飞机的有功人员时称赞:"空军有两个字:严格!"

刘亚楼逝世后,他的严格却被一些人视作缺点放大,指责过了头、搞形式。

一批正直的将领坚持认为，空军作为一个现代化的复杂军种必须要求严格。第一代飞行员林虎在空军副司令员任上，见了中央军委、总参谋部领导就讲："刘亚楼的严格要求、严谨作风，反映了空军的特殊规律。"

粉碎"四人帮"后，邓小平曾不止一次谈及刘亚楼治军。1981年9月，时任副总参谋长的张震在第二航校驻四川夹江团以上干部会上讲话时说："邓副主席对空军工作很满意，评价很高：一是空军部队令行禁止，司令从北京一声令下，全国立即行动，这一条了不起；二是空军作风好，从刘亚楼司令员那个时候搞起，64年全国学空军，到空军大院参观学习，军容风纪、队列动作上都很好……"

将军本是"多情"种

戴高乐将军有句名言："没有威信就不会有权威，而除非他与人保持距离，他就不会有威信。"刘亚楼与这种不无道理却到底令人生厌的"距离论"无缘。他是以对同志手足般的情谊和基于这种情谊的严厉和宽厚，以及令人佩服的卓越本领和政治品格，在军队里建立起权威。

刘亚楼不管有多少事务缠身，也不会失去与部队感情上的联系。他每年几乎都要用三分之一时间下部队视察。

"一切为飞行服务"是刘亚楼提出来的工作准则，他自己带头落实。1953年1月，空军后勤卫生部部长刘放检查志愿军空军参战部队卫生工作时，发现飞行员普遍存在程度不同的疲劳现象，具体表现为食欲不振、睡眠不好、体重减轻、体质下降等。刘亚楼听后十分着急，马上召开空军党委会研究此事，指出："保护不好飞行员的身体，这是犯罪！"他提议给所有航空兵部队的空勤处都配备营养师，在空气清新、环境优美的地方增建疗养院。会议还决定：从今往后，飞行员每年疗养一个月；平均每天保持不少于三十分钟的体育锻炼时间；在食物摄取上，坚持营养第一兼顾口味的原则，给每个空勤灶配备营养护士，讲究营养和卫生。

一次，刘亚楼去唐山视察部队，听到几名地面干部议论，不该把空勤人员的伙食标准定得这么高。刘亚楼说："飞行员吃得好，完全是工作需要，他们要驾驶飞机上天，没有那么多热量吃不消啊；他们不但三餐伙食要好，还要吃水果、巧克力，这样的钱要舍得花。"他还说了飞行员上天三次要掉一公斤体重的事。见

地面干部不理解,他灵机一动,半推半拉地把他们请到飞机上,让他们也坐飞机试试。这几名地面干部坐着飞机环绕机场几圈后,吐得一塌糊涂,下飞机后到处宣传:"飞行员吃得再好,我们也没有意见啦!"

刘亚楼和参谋长王秉璋共同做过计算,修一个机场相当于用一辆大卡车拉的黄金,培养一名飞行员需要相当于一名飞行员体重的黄金(六十公斤)。他爱他的飞行员,常称赞他们是军中之珍、国中之宝。有一年夏天,他在青岛疗养院乘着汽车看到几位飞行员走路去游泳,立即下令停车,让飞行员上车送他们去浴场。

每当发生重大飞行事故,刘亚楼都要亲赴现场,对事故进行认真细致的调查分析,千方百计找出造成事故的原因,从中吸取教训,防止事故再次发生。他还注意做遇难者家属的工作,让政治部福利部门做好善后。他说:"不可小看这项工作,这是涉及能否稳定军心士气的重大问题,一定要处理好,切不可掉以轻心,草率从事。"若因飞行事故砸毁了民房,伤害了当地居民,他还要细致地做群众的安抚工作。除指示赔偿损失外,更注重民心和情绪。他说:"切不可认为,给钱了事,那是不行的;若是脱离了群众,失掉了民心,我们将一事无成。"

刘亚楼坐飞机出差,到达目的地后,总要和机组人员一一握手,表示感谢。到驻地安置好以后,还要询问机组成员的安排情况,并亲自到他们的下榻处看望,了解他们的困难和要求,然后热情地加以帮助解决。他这种尊重飞行员的作风,几十年后仍被传为美谈。

20世纪50年代轰动全国的空军英雄、连环画《在蓝色的天空上》的主人公陈海泉的原型陈胜全,是位深受刘亚楼关照的飞行员。

在抗美援朝战场,陈胜全所在的空军第八师第二十四团第一大队受命轰炸大和岛,执行任务时遭遇敌歼击机群。陈胜全的座机被击中着火后,仍坚持编队,直到长机命令,他才带着腿伤跳伞到海里。正好赶上海水退潮,把他带上岸。他被送往安东医院后,医生见他右小腿的骨肉都被打碎了,只有一点皮连接着下边的小腿,主张按常规做截肢手术。刘亚楼得知情况,立即让人将他转到医疗条件好的长春空军医院治疗,并指示不能做截肢手术。他还亲自到医院看望慰问。陈胜全问:"司令员,我以后怎么办?"刘亚楼说:"你放心,就吃一辈子空军灶!"刘亚楼亲切的话语,增强了陈胜全战胜伤残的勇气和决心。

为了更好地为陈胜全疗伤，1953 年春节，刘亚楼专门走了代总长聂荣臻的后门，让他住进了北京协和医院。在专家的精心医治下，陈胜全终于保住了右腿。抗美援朝三周年纪念会召开之际，刘亚楼指示要让陈胜全参加，并向周恩来和志愿军副司令员陈赓等介绍了他的事迹。周恩来、陈赓亲自向这位战斗英雄敬酒。

1956 年，陈胜全挂着拐杖能走路了。刘亚楼指示把他安排到北空工作。1958 年，随着身体的

刘亚楼在飞行校阅现场

恢复，陈胜全又到空军管理的天津民航高级航校当领航员，吃的果然还是空军灶。

刘亚楼曾向各级领导推荐过一篇名为《断了的琴声》的报道。内容是讲一个飞行大队政治委员抓思想工作特别细心，能掌握每个飞行员和机械员的思想脉络。有一个飞行员在饭后休息时总爱弹琴，可有一天政治委员从他窗前走过时，却没有听到琴声。这个细节引起了政治委员的重视。他顺着这条线索找出了飞行员的思想疙瘩，及时为他开导解决。刘亚楼指出："我们特别需要这样重视调查研究的有心人，对飞行员的思想问题，必须在升空前予以解决，否则就可能影响升空后的作战、训练质量和飞行安全。"他本人就是这种有心人。

刘亚楼强调政治工作是军队的生命线，强化空军的思想政治工作。

1963 年 6 月，刘亚楼亲自主持召开军以上政治部主任会议，研究总结基层思想政治工作问题。

这样的思想政治工作专题座谈会，短短的两年内，刘亚楼连续多次亲自主持召开，总结出了基层思想政治工作经验。他把之总结成通俗易懂、好记好用、易行易评的三句话十二个字，即"及时发现，确实弄清，正确解决"，称之为解决现实思想问题的三个环节：

"及时发现"，就是要最快掌握部队指战员在各种不同情况下的思想动态，不随意放过已出现的不良思想苗头。

"确实弄清"，就是发现问题后，进行认真、细致、客观的分析和调查研究，找准问题的症结所在，特别要弄清矛盾的性质。

"正确解决"，就是问题确实弄清后，用正确的指导思想、正确的方式方法，求得问题的真正解决，做到因人而异、对症下药、循循善诱、入脑入心，使有问题的人员解开思想疙瘩，放下包袱，发扬积极因素，克服消极倾向，心情舒畅地投入工作。

三个环节是空军思想政治工作发展史上的重大创新。经中央军委和总政治部认可和批准，后来在全军范围内实施，并正式写进《军队基层建设纲要》。

飞行员生活在机场上，飞行和战斗在蓝天上，生活单调，和异性接触的机会少，难以找到称心如意的对象。当飞行员向刘亚楼敞开心扉，诉说个人问题得不到解决的苦恼时，刘亚楼十分同情，认为这确是个值得重视的问题。他说："我记得苏联有一部描写飞行员生活的电影，叫作《空中漫游》，主题歌唱的就是这个问题。我记得歌词大意是，我们是远航的伙伴，只有一事不如心愿，在天空不能结婚，在地面找不到爱人。"他还诚恳而爽快地表示："我愿意给你们当红娘。"

他把关心年轻飞行员的恋爱、婚姻问题当成政治工作的一部分，指示干部部门多招收女兵，有条件的还要培养成干部，这样可以为飞行员找对象提供条件；各部队要办好幼儿园和子弟学校，一方面可以减轻干部的后顾之忧，另一方面可以请地方上的一些女青年来当保育员、教师，这样又能解决一部分飞行员的婚姻问题。他还具体指示，各疗养院在年轻飞行员疗养时，要有意识地让他们多和院里没有对象的女医生、护士接触；飞行部队每个周末组织一次舞会，从地方上挑选一些政治条件好、身体健康的女青年来给飞行员伴舞，让他们通过接触，培养感情。

这还不够，只要有机会，刘亚楼就和新闻、文艺工作者商量，希望他们多宣传飞行员的业绩，提高飞行员在社会上的声望。

通过多种途径，许多年轻飞行员找到了满意的伴侣。只要飞行员结了婚，不管是哪个部门的，空军干部部门马上了解情况，迅速办理随军等相关手续，让他们心情舒畅地翱翔蓝天。

刘亚楼还亲自为飞行员们做媒撮合，当起了红娘。

抗美援朝中的空军第三师战斗英雄赵宝桐，在接受人民日报女记者金凤的采访中，彼此产生了感情。有人风言风语，说赵宝桐真合算，采访出个女朋友；有的说当了英雄想找什么媳妇都行。赵宝桐在这说三道四中，止步不前了。

刘亚楼知道后，趁到空军第三师检查工作之际，特地和他做了交谈，说："金凤同志在上海读交大时，思想进步，加入了党组织，后转入清华大学，继续做党的地下工作，解放后没毕业就到报社做了记者。这样的同志，政治可靠，又真心实意地热爱志愿军空军战斗英雄，我看……哈哈。"

赵宝桐听了有点吃惊，连说司令员您怎么了解得这么详细啊。刘亚楼笑道："哈哈，我做过秘密调查，情况比你知道得还多。"

赵宝桐感到刘亚楼可以信赖，便拿出金凤寄给他的照片给刘亚楼看。刘亚楼接过照片看了看，还翻过照片看反面，一行娟秀小字映入眼帘："送给远方的桐，祝你身体好、学习好，永远和你在一起——金凤。"

刘亚楼递还照片，诚挚地说："别辜负了人家姑娘，谈下去吧。"

赵宝桐大倒苦水："领导认为谈恋爱、交朋友影响飞行，影响战斗。"

刘亚楼爽朗地说："哪来这么多影响，关键在自己嘛，何况谈恋爱还有促进作用嘛，到了二十八九还没女朋友，不值得庆贺。我支持你谈！"

1953年空军召开英模代表大会时，金凤也刚好前来采访。刘亚楼看到她后，有意为她和赵宝桐保媒，在大大表扬了一通赵宝桐后，忽然大声问："赵宝桐同志，你和金凤同志谈得怎样了？"赵宝桐没想到司令员会当众撮合，一时不知怎么回答才好。刘亚楼却又笑指台下的金凤，对战斗英雄们说："这是人民日报的金凤同志，大家有什么事迹尽管对金凤同志讲，她可是我们自己家的记者。"

大家听出了司令员的弦外之音，一时掌声如潮。金凤不禁羞红了脸。这年8月，赵宝桐和金凤喜结良缘。

抗美援朝另一个著名空战英雄、后来的空军第五任司令员王海，认识了第八航校的绘图员梦华。刘亚楼得知后，主动促成了这门婚事。

除了飞行员，刘亚楼也给身边的工作人员做媒。

他的秘书高晓飞二十五岁了还没对象。刘亚楼把一位老帅的侄女介绍给他认识，高晓飞不太愿意，认为高干子弟不好照顾。刘亚楼说不要勉强，今后再给他找找看。

高晓飞以为这是客套话，没想到一个礼拜天，刘亚楼专门约请了文工团的几位演员和护士来家做客。聊到起劲时，刘亚楼忽朝里屋喊道："高晓飞，那份文件怎么说的？"高晓飞一愣，文件不是昨晚呈请司令员看过了吗？但他还是回答了问题。刘亚楼却说声音太小，听不清楚。高晓飞出来汇报，看到眼前的情景，立即明白了刘亚楼的意思，一股感激之情涌上心头。

高晓飞相中的对象是空军医院的护士顾丹瑶。在刘亚楼的撮合下，这对有情人终成眷属。

1961年3月，刘亚楼奉命率代表团到莫斯科，就米格-21制造权的问题与苏联谈判。3月11日凌晨4时，刘亚楼劳累一天后刚刚入睡不久，忽被一阵电话铃声惊醒。驻苏大使刘晓的秘书急促相告："代表团成员刘克江出事了。"刘克江是空司军务部副部长、代表团临时党支部书记。

除了刘亚楼和秘书住中国大使馆外，代表团其他成员都住在苏方安排的饭店。刘亚楼心急火燎地赶到现场时，刘克江因心脏病突发，瞳孔已经放大。刘亚楼默默地走到床前，亲自把他的两只手和两只脚安放好，给他盖上一条洁白的床单。屋里的空气铅一般凝重。许久，刘亚楼带着悲痛的心情开口说："我当兵以来，不知经历了多少次战斗，也不知亲眼见过多少次死亡，不知掩埋过多少战友，但心情从来没有像今天这样沉重……"接着他似乎自言自语地补充道："也许革命胜利了，环境不同了，心情也不一样了。"

刘亚楼提出将尸体立即送进医院太平间的冷藏室等候处理，他无比感慨地说："多么可惜啊，这样好的干部，昨天还和我谈工作，一直谈到深夜，可今天……万没想到他会这样突然离开我们！……怎能叫我不难过呢？"

他语带深深的内疚："我对不起他的爱人石坚同志，也对不起他的孩子们。出来时还是一个有说有笑的活人……可回去，却是一个冷冰冰的骨灰盒……"说着说着，他的眼睛湿润了。屋里一片抽泣声。

停了一会儿，他又说："人已死了，在莫斯科火化，送回一个骨灰盒，这是按章程办事。可我们有责任把党的关怀和温暖带给他的亲人啊！"他要通北京长途，亲自同总参谋长罗瑞卿通话，请求批准刘克江妻子石坚来莫斯科料理后事。

1957年那张大字报批评刘亚楼"不是冬天的太阳，而是夏天的炎日，使人感不到温暖,而感到一种咄咄逼人的煎烤",不独空军飞行员,就是身边的许多同志也不同意这个片面的说法,因为他们就从司令员那里得到过巨大的温暖。

空军战斗英雄、空军第五任司令员王海称:"刘亚楼同志不仅从思想政治上关心干部,而且对干部体贴入微。"

王海就碰到两件令他一辈子难忘的事。1955年,他参加由各条战线的劳模和英雄组成的代表团,到大连、旅顺欢送苏军归国后转道北京准备回部队驻地浙江嘉兴。刘亚楼听完他的汇报后,说:"捷克斯洛伐克正在北京举办一个展览,机会难得,你去参观一下,长长见识。"听说王海已买好了火车票,刘亚楼说:"先把火车票退了,过几天我安排你搭乘顺路的飞机回去。"后来果然亲自安排王海搭乘罗瑞卿的专机回部队,让空军战斗英雄在总参谋长心中挂了号。

另一件事发生在1964年。王海到西北某地完成歼-7机载导弹打空靶课目专项训练时,突患急病,高烧四十多度。驻地卫生所因条件限制,查不清病因。刘亚楼得知这一情况,立即安排一架飞机,派空军总医院空勤科主任潘天鹏带护士长飞到西北,为王海诊断治疗。对症下药后,又把王海接到北京,住进空军总医院。王海病稍好,急于返回部队,偷偷买票要走。刘亚楼知道后两次让秘书退票,命令他彻底养好病再走,他还当面对王海说:"一定要安心休息,磨刀不误砍柴工啊。"

空军一级战斗英雄张积慧,心里也装着难忘的往事。1957年11月,他从莫斯科红旗空军指挥学院毕业回来后,组织上拟将他提拔为空军第十七师副师长(他出国前是副团长)。刘亚楼得知后,当面对他说:"我的意见是先当团长,团长这个位置很重要,在团长这个位置上得到了锻炼,路子就会很宽了,以后当师长都可以。我主张干部要一级一级都蹲一蹲,不要一步登天,否则,对部队建设不利,对干部的成长也不利,很容易'夹生饭'。我这个司令员降你一级,你没有意见吧?"

刘亚楼是从战士、班排长阶梯式成长起来的高级干部,对手下的干部,不管是军事干部还是政工干部,他也希望他们一级一级地每个坎儿都蹲一蹲、磨一磨,不喜欢他们坐火箭似的一步登天。空军成立后很长一段时间内,刘亚楼都坚持这个观点。他对干部严格要求,但一旦发现好的干部苗子,他也相当爱才惜才,悉心培养,甚至破格使用。

张积慧的成长就是其中一例。张积慧在空军第六师第十八团团长任上,得到很好的锻炼,一步步走上高级领导岗位,最后担任了空军副司令员。回顾成长历程,他深深感到,刘亚楼当年不管是派他从前线奔赴另一个战场(赴苏留学),还是留学回来后对他的使用,都源于对他的关爱,基于对部队建设的长远考虑。

高级首长身边配有秘书、参谋和其他工作人员,与他们虽有上下级关系,但刘亚楼却体恤、尊重他们。他曾应约写过几篇文章,有的是口述大意后,请秘书或身边的笔杆子们代劳,起草初稿后再请他修改审订。文章发表后,报社、杂志社给他寄来稿费。刘亚楼马上把有关的写作人员找来,说稿费归你们。大家不肯收,他便说:"我只是出了点思想,稿子是你们几位同志搞的,钱当然应归你们,我怎能无功受禄!"

一天夜里,刘亚楼的秘书高晓飞加班起草一份文件。刘亚楼开会回来后,轻手轻脚地推开秘书办公室,得知还差一些,便说:"好,你写,我给你削苹果。"

高晓飞连忙谢绝:"哎呀,不行,不行,我怎么好意思让司令员削苹果?"

刘亚楼说:"你经常为我服务,礼尚往来嘛。"边说边坐下,拿起小刀不由分说地削起来。

文件起草好了,刘亚楼亲自递过苹果,要高晓飞先吃掉它,然后再一起研究修改。他一边看文件,一边增删,高晓飞在一旁记录。改出初稿时,已是凌晨5时。刘亚楼命令高晓飞马上休息,自己把稿子拿到二楼进一步字斟句酌地推敲。

上午9时左右,机要人员给刘亚楼送文件,一进屋就想进秘书办公室。猛一抬头,看到刘亚楼正从二楼下来,蹑手蹑脚地朝他招手。机要人员一下愣住了,刘亚楼走近他身旁,低声说:"高秘书昨天加了一宿班,刚刚躺下,我们动作轻一点,别把他吵醒了。这样吧,我替他收文件。"

刚醒来的高晓飞听到这话,不禁想起了《列宁在十月》那部百看不厌的电影,想起了列宁强迫瓦西里休息,怕吵醒瓦西里,自己在走廊里用脚尖轻轻走动的感人镜头。他心里又一次感受到了春天般的温暖。

当然,高晓飞也有被刘亚楼骂哭的时候。

刘亚楼拥有一部苏制吉姆小轿车,当时只有高级领导人才能坐这种轿车。司令部警卫营有个农村入伍的小战士,一次看到刘亚楼的司机在司令部办公室的大门口擦车,便信口开河地说:"要是能让我在这操场上兜上一圈司令员的车,这辈子也没白活。"

有人奚落他:"哼,真是做梦,司令员的车是我们可以乱坐的吗?"

无巧不成书,这番对话恰被走出大门的刘亚楼听见了,他被这个憨厚的农村后生逗笑了,上前一把拉过小战士的手就往车里送,一边热情地说:"一圈不够,我请你兜三圈。"说罢让司机转了三圈才让小伙子下车。

刘亚楼坐上车一溜烟走了,留下一群看热闹的人七嘴八舌地议论开来,说刘司令员就是豪爽,下回也向刘司令员申请过把瘾。有位自以为诸葛亮的干部哼了一声,指着小战士的鼻子说:"这下你可闯大祸了,司令员的车子也是你能乱坐的吗?"

高晓飞也觉得这个战士太过分了,不知天高地厚,耽误了刘亚楼的宝贵时间。他回去后,一个电话要到警卫营,劈头盖脸就把警卫营营长批了一通。

警卫营营长在电话里挨了一顿批,也暴跳如雷,从连长一直批到排长、班长,最后下令给那个战士记大过一次,关禁闭三天。这还不算,警卫营营长又绞尽脑汁写检讨和处理报告,什么查事故、找根源、堵漏洞、防事故写了一大堆,亲自给高晓飞送了过去。

刘亚楼看到材料,并得知详情后,气哼哼地骂道:"胡来!你这是小题大作,破坏官兵关系,简直是乱弹琴!"

高晓飞被骂哭了,刘亚楼指着他的鼻子命令道:"马上把人给我放了!"还叫警卫营给那个小鬼炒个鸡蛋压压惊。

"骂你骂得像儿子,爱你爱得像孙子。"刘亚楼当年的翻译孙维韬的经历,颇能说明刘亚楼的品格。

孙维韬是刘亚楼亲自要来身边工作的。孙维韬喜爱文艺,翻译的外国诗歌在《人民日报》《人民文学》上刊发后,很有些飘飘然,觉得在报刊上登几首不过瘾,便组织一些翻译人员自办了一个油印刊物《心之歌》,不定期发表译作。第一期出来后,孙维韬在每个首长的办公桌上放了一份,认为首长看了定会"惊喜万分",从而"一鸣惊人"。

万没想到,司令部认为这些译作有的内容不雅,有自由主义思想,并追查《心之歌》的背景,认为是起"严重事件"。空司办公室专门召开支部大会。刘亚楼在会上大发雷霆:"你们真不知天高地厚,简直无法无天了!我当兵这么多年,第

一次看到这种不经任何人允许就去办小报的奇闻怪事,就在首长鼻子底下大闹天宫,你真不愧姓孙哪!"

看到一向喜爱自己的首长发了火,孙维韬连忙检讨自己有骄傲自满情绪,想成名成家,想一鸣惊人。刘亚楼却说:"问题不在这,我看你没认识到问题的严重性。你们的心中哪有什么组织纪律,满脑子的小资产阶级狂热,想干什么就干什么,不考虑后果,这怎么能行呢!要给你们一个严厉批评,使你们能记一辈子!"

在司令部过组织生活的空军其他首长都到会发了言。会上批评的调子越来越高,有人头脑越来越热,竟大声疾呼:"像他这样的人,不应该在首长身边工作,必须立刻调离!"马上有人响应:"应该叫他们复员转业,部队不能留这种人!"

孙维韬等人脸色灰白,眼泪都快出来了。

在这样的气氛下,刘亚楼倒平静下来,说:"我们共产党人可不能一棒子打死人哪!我们不是单纯为了处罚人,而是为了帮助人,我相信大家的用心都是善意的,何况他们都很年轻,主要是无知……"

刘亚楼的发言平息了那些过激的意见。

多年后,孙维韬说:"这次会议使我逐渐加深了认识,提高了觉悟,真正挽救了我。如果那次不受到那样严厉的批评,任这种思想发展下去,将不知还要犯什么严重错误呢。"言谈中,他竟毫无怨言。

使孙维韬刻骨铭心的是,刘亚楼事后不抓任何辫子。就在他受处分几个月后,机关评功授奖。他虽然工作成绩突出,但因为捅了这么大个娄子,绝大多数人反对给他立功受奖。孙维韬本人也认为不给自己立功是对的,并不过分。

似乎已成定局了,但中途出席会议的刘亚楼却要给他"翻案":"我们的军队之所以兴旺,有一条很重要的原则,就是赏罚分明,有过就批,有功就奖。我认为应给孙维韬同志评功,因为他工作一贯积极,成绩突出,这是公认的,怎么能因为一时之错而否定他的全部工作呢!我劝同志们看问题、看人,切不可感情用事啊!大家严厉批评他、处分他,我都同意,但不给他立功是不对的。我相信给他立功,有助于他更快更好地改正错误。"

大家鼓掌通过。

孙维韬当众哭了,感受到了刘亚楼对他的教诲和爱护。

一年后,又是刘亚楼拍板,使孙维韬在众多首长反对的情况下,破格成为一个大型军事代表团的翻译，赴苏联远东参加军事演习。"不以一眚掩大德"，这就是刘亚楼的品格。

刘亚楼的夫人翟云英曾经在空军机关门诊部工作，刘亚楼经常对她说："你知道在我们这个大院中谁最需要医生关照吗？不是我们这些领导，而是广大干部、战士、职工。他们一旦病了，全家就没了顶梁柱啊！叫一家人怎么办？所以你们要把眼光放在他们身上。我建议你们要多多关心他们，多为他们服务。"

翟云英牢牢记住了这些话，并努力去做。她给人看病，不论是对干部还是战士、职工，都为人热情，认真负责，从不摆架子，深受群众赞许。

却也闹出过一段小插曲。刘亚楼的八旬养父从闽西老家来北京小住，偶然看到了翟云英的工作，悄悄地对刘亚楼说："你一个领导的老婆什么不能干，为什么要给人家摸肚皮？"刘亚楼笑着向养父解释："不摸人家的肚皮，哪是什么医生嘛！"

愿为他人做嫁衣

朝鲜战争结束后的十多年间，新中国地面上已无大规模的战争，防空作战却一直不停。除陆军外，空军几乎成了共和国的首战之军。空军司令员的分量和责任不轻。

1955年9月27日，共和国在中南海怀仁堂举行隆重的授衔典礼，同时向元帅、将军颁发第一批勋章。刘亚楼成为首次授衔的五十五名上将之一，同时也是在中华人民共和国主席授衔授勋典礼上首批荣获三个一级勋章的五十一人之一，毛泽东亲手授给他一级八一勋章、一级独立自由勋章和一级解放勋章。

开国之初，给数以万计的人民功臣"论功行赏"、评定军衔，谈何容易，除了军功、资历、任职等硬件，还须考虑到各个方面军干部的平衡问题。首次授衔后，虽也有人为自己的军衔偏低反映情况，但共产党将领，大都能正确看待自己的军衔，并出现了主动请求让衔、降衔的感人事情。

说到中央红军的主力王牌，红一军团的红二师当之无愧。可恰恰红二师没出大将，而许多上将是当年刘亚楼的老部下。有人对刘亚楼没入选大将表示遗憾，刘亚楼却多次说："我这个上将已经不低了，战争年代多少同志连命都没了，我们能活下来，应该知足了。"

对刘亚楼，毛泽东是一向倚重和爱护的。按照中央当时的有关规定，元帅是行政三级，享受政治局委员待遇；大将是行政四级，享受副总理待遇；上将一般是行政五级，中将一般是行政六级，少将一般是行政七级。中央和毛泽东赋予刘亚楼的行政级别为四级（与大将平级，大将中也有五级者，上将多为五级到六级），他担任中央军委委员（1956 年增补及 1959 年改组后的中央军委，上将中都只有三名）、国防部副部长（1959 年时上将、中将一级总共三人）、八大中央委员

1955 年，刘亚楼被授予空军上将军衔

（上将中十来人）。另外，不少上将并没有完全拥有解放军的最高勋章（即三个一级勋章），刘亚楼却都授一级，亦可见毛泽东和中央军委的"另眼相看"。

刘亚楼尊重元帅、大将，元帅、大将们对他也尊重。有一年他和海军司令员萧劲光大将同在青岛，萧劲光邀请他登舰参观。抵达码头时，舰队军乐团高奏《迎宾曲》，萧劲光请刘亚楼前行，刘亚楼坚决不同意。萧劲光又要求与刘亚楼并肩而行，刘亚楼还是不同意。僵持了七八分钟，最后还是刘亚楼在萧劲光侧后而行。

虽然中央和军委对刘亚楼非常信任，对空军的工作几乎有求必应，但刘亚楼却不妄自尊大，主动提醒空军指战员要始终保持清醒的头脑，不能滥用中央和军委的信任，做什么事，都要考虑到军情、国情，绝不能在空军里搞特殊。

有一次，空军党委办公室草拟文件下发师以上部队机关，抬头写了"各军区空军、各军、各师，并报军委"字样。刘亚楼发现后马上严肃指出："这样写是对军委的不尊重，是妄自尊大的表现，今后空军下达的文件如需要报军委，必须专门另写报告，决不可原封不动地'并报军委'。"

刘亚楼对中央领导人，一向尊敬。他在空军立了个规矩，凡是上送给中央首

长的材料，一律要求抄写大字，字迹要清晰、工整。

刘亚楼在白手起家中不仅有条不紊地建起了部队、机关、院校等，还创建了具有中国空军特色的"家规"、"家法"。

人民空军起步较晚，如何进行建设，迎头赶上世界先进国家？刘亚楼提出并采取了一套行之有效的方法。

空军初创时期使用的教材，基本照搬苏联空军。刘亚楼没有坐享其成，提出要建立一套科学的符合自己特色的东西。早在 20 世纪 50 年代后期就组织了一帮人，搞训练大纲、战斗条例、飞行条例，他天天过问，一字一句修改。

毛泽东正式提出"一定要搞出我们自己的战斗条令来"这一指示后，刘亚楼亲自挂帅，担任空军条令教材编审小组组长。从 1960 年到 1965 年，他亲自点将，抽调空军最优秀的领导干部一千一百一十二人，采用"古今中外"法、"上山采药"法、"沙里淘金"法，历经五个春秋，编写出条令教材三百零六本，包括六个使用层次、四个业务系统、三十四种专业和业务，产生了一整套"以我为主"、具有中国特色的蓝皮"典范令"系列。后来担任空军副司令员的林虎中将称："刘亚楼制定的很多东西，今天看仍然适用，一点也不过时。"

敢作敢为的刘亚楼，不滥用中央的信任，却以出色的工作业绩，赢得了中央的更大信任。后来在全军出现学空军的热潮，并非空穴来风。

人无完人，毛泽东批评过刘亚楼，但更多的是表扬。他对刘亚楼的信任基于两个字：放心。1957 年 11 月，赴苏访问的刘亚楼和萧劲光一起看望率团参加苏联十月革命四十周年庆祝活动的毛泽东，毛泽东一本正经地问："萧劲光还晕船吗？刘亚楼还晕飞机吗？"得到不晕的回答后，毛泽东当着众人的面风趣地说："空军司令员晕机，海军司令员晕船，这就是本人的干部政策！"

刘亚楼没有辜负中央和毛泽东的信任，在空军司令员的任上干出了影响深远的成绩，在军内外留下了许多佳话。

吃救济不做败家子

勤俭建军是刘亚楼制定的空军建设的重要方针和优良传统。

精打细算，为国家节省每一个铜板，把有限的经费用在刀刃上，刘亚楼称之为"为国分忧"。虽然空军所需各项经费中央尽量给予满足，可以说有求必应（以

1950 年为例,用于发展空军的经费三千六百九十一亿元旧币,不包括正常经费在内,占当年国家预算的 5.39%,占整个国防经费的 13.18%)。但刘亚楼深知国家的困难和中央对空军的期望,提出:我们要始终保持清醒的头脑,不能滥用中央和军委的信任,不当败家子。1949 年 10 月,在他提议下,空军专门就经费开支作了三条规定:

一、时刻照顾到国家整个财政经济困难的情况,做预算、做计划宁小勿大。

二、只开支为建设空军十分必要的款项,而一切可以不办或缓办的,都不办或者推迟。

三、必须照顾到广大陆军现时的物质生活条件,空军在物质生活方面一定不能突出。

在刘亚楼的严格要求下,空军一切开支,大到国防,小到日常办公用品,都争取不浪费一个子儿;机务工作贯彻的是"用烂用完"的方针。刘亚楼和空军党委多次强调:飞机越是陈旧,器材越是缺少,就越要兢兢业业,把飞机的维护、修理工作搞好,使每一架飞机、每一台发动机、每一个机件都发挥出最大的效用。空军党委提倡对老旧飞机"一修再修,修而复用"。

空军建军以来,刘亚楼亲自抓飞行安全,少摔飞机,尽可能减少飞行员的非战斗减员,这是最大的节约。刘亚楼的节约在空军有口皆碑,有几件事情被毛泽东和中央财经委员会主任陈云在大会小会上传诵了个遍。

修建机场是空军花钱最多的项目之一。刘亚楼经过全面考虑,亲自向中央写报告,提出关于机场使用的原则,为国家节省了一大笔开支。

空军领导机关需建一座办公大楼,刘亚楼却主动向中央提出:"空军办公大楼和大礼堂应该缓建,待国家财政经济状况根本好转以后再考虑。"所以空军初建时期,领导机关是利用东交民巷原美国兵营的旧房子和旧礼堂作为办公地点。

一次,他来到空军党委办,看见秘书邵茂夫的办公桌下有两枚大头针,立即弯腰捡起来,并对邵茂夫和在场的其他秘书说:"我们国家还很穷,经济还有待恢复，我们还要买苏联的飞机，要保障抗美援朝的胜利，所以必须人人都注意节约。我抓大的节约，你们除了贯彻抓大的节约外，还要从尽量节省办公用品入手，一点一滴也不能浪费。你们是我身边的人，要在厉行节约、反对浪费方面，从点滴做起。"

为了养成俭朴的风气，刘亚楼在空军提倡"节约一厘钱"的精神。在他身体力行下，空军机关形成了这样的规矩：起草文件必须用废纸，油印过的纸都要翻过来起稿用，内部行文不准用新信封和有笺头的信纸。

刘亚楼每次率领代表团出国，都注意节省外汇开支，不乱花一分钱。作为代表团团长，他的伙食标准比一般团员高，可他实际开支比普通团员还少。有一次仅在伙食方面就节余了一千四百多卢布。他没有用这笔可以归己使用的钱买个人需要的东西，而是叫秘书全部交了公。

刘亚楼的生活很简朴。在着装方面，除有外事活动和国家重要庆典，很难看到他穿新衣服。衣服没到"不宜出行"的地步，他不会考虑更新。

1952年2月14日，毛泽东视察空司。刘亚楼赶去迎接，当他举手敬礼时，毛泽东看到他穿的军服领口、袖口都补过，而且又快破了，就一面同他握手，一面关切地说："亚楼哇，你穿的衣服不要再补了，我批准你做两套吧。"

刘亚楼连声谢绝："主席，我这套衣服重补一下，还可以再穿半年。"

毛泽东点点头，以信赖的目光端视着刘亚楼："建设空军是很费钱的，我们一定要把钱花在刀刃上。"

后来，空军政治部主任王辉球专门找来空军直属政治部主任徐有彬，商量说："刘司令员的衣服破了，你说我们的干部福利费救济不救济他呀？他是司令员，我们不说，他哪能先提呢？"

救济一个司令员，这可是闻所未闻的事。不过，司令员的清贫，却是空军上下都知道的事儿。徐有彬想了想说："要救济也不能告诉他。"

这番"密谋"，不知怎么传到了刘亚楼的耳中，他找来王辉球质问。王辉球从此再不敢提"给司令员救济"这事了。

在刘亚楼的倡导下，年轻的空军在艰苦奋斗、勤俭建军方面采取了很多措施，后来还对机场规格实行了一场革命。

1960年以前，空军修建机场都是按苏军修建机场的规格。照此规格，要求高,占地面积大,而且场地难选。刘亚楼经过深入调查研究,并多方征求国内专家意见,于 1960 年 12 月提出对机场规格实行革命的设想。他说:"按照外国模式执行的机场修建'四度'(即跑道长度、宽度、坡度、净空度),条件要求太高,占地面积太大,营房修建标准又高,浪费国家资财,也难以找到场址,而且容易养成部队的娇气。"

在这一思想指导下,空军工程技术人员经反复摸索试验,认为在西藏修建飞机跑道四千二百米就完全够用了,比苏联专家的计算缩短了一半,从而以最少的投资修成了世界上最高的机场。在青海修机场时,工程技术人员提出就地取材,利用盐湖资源,用盐修建跑道的大胆设想。苏联专家竭力反对,说绝对搞不成。刘亚楼和空军党委果断地支持空军工程技术人员的设想,结果建成当时世界上唯一一个用盐做跑道的机场,飞机起落感比水泥修建的还要好。

1961 年国家特别困难,纸张缺乏。刘亚楼在杭州主持编写空军条令教材,十几个组上百个编写人员,光整理材料、翻译打印各国相应资料,就要很多纸张。刘亚楼考虑到国家的实际困难,提出一项严格要求:除最后定稿本外,一律使用更生纸,谁也不例外。

刘亚楼眼睛不好,每天要亲自审读几万字的稿子,而且要逐字逐句地推敲修改,质地粗糙且发黄的更生纸看起来异常吃力。编审组秘书长姚克祐于心不忍,交代给刘亚楼送的审校本都要用好纸。刘亚楼却不领情,发现后马上在稿本上批注:"为什么我就应该特殊! 让我带头破坏我的规定, 这不是关心我, 是害我!"他叫秘书统统退回去还不够,又专门召开编写组组长会议,郑重宣布:"凡用好纸单独给我印的稿子,我一不看,二要批评。"

秘书们生怕累坏刘亚楼的眼睛,虽然明知要挨批,还是从管理局要了些普通的但比更生纸好些的稿纸放在他的办公桌上,供他使用。刘亚楼一眼就看出了问题。他把秘书们找来,给大家讲了个故事:"你们都知道曹操这个人,他为了防止失去民心,曾规定队伍行军不准践踏百姓庄稼,违者斩首。这项军令颁布不久,在一次行军中,他的坐骑因受惊闯入庄稼地,践踏了稻粱。怎么办?虽然有左右将士以坐骑受惊等为由替他开脱,但他并不原谅自己,当众宣布:丞相犯法与将士同罪,于是拔剑想自刎示众,后被群臣百般劝阻才罢。但为了严明军纪,他还是当众削发示众。手下将士看到丞相如此带头执行军令,心悦诚服,都严格执行了他的命令,打了一个又一个胜仗。"

故事讲完，刘亚楼严肃地说:"如果因为我是司令员就可以随便使用好纸,那就等于自动撤销了我的命令。一个领导者要想下属坚决执行他的命令,就必须以身作则。"

对那些不以身作则的领导,刘亚楼决不听之任之,轻则对他当面批评,重则让他会上检讨,甚至通报全军。

三年困难时期,一位陪同刘亚楼到青岛疗养院的空军高级将领暗中向疗养院要了几斤猪肉。事情传到了刘亚楼的耳朵里。刘亚楼立即找来这位将军,严厉批评道:"你管这里要猪肉,想带回北京。这件事影响极坏,人家有反映!"

这位将军显然有点不以为然:"不就是几斤猪肉嘛,也值得他们向司令员打报告,这不是小题大作吗?"

刘亚楼不悦地说:"同志哥,你可别认为这是件不足挂齿的小事,可别小看了这几斤猪肉啊,难道非吃它不可吗?现在国家这么困难,毛主席、周总理、中央首长都和全国人民一样,节衣缩食,每餐只吃两个素菜,给全国人民做出了榜样,我们怎么能搞特殊?"

看到对方坐在那里狠狠地抽烟,不吭气,刘亚楼缓和了语气,语重心长地说:"我不是小题大作,也不是故作姿态。你想过没有,这几斤猪肉会造成什么损失?你作为一个领导者,在几斤猪肉上如此斤斤计较,怎能带领群众渡过难关呢?你说怎么办?"

对方有所震动:"既然有这么大的影响,我不要就是了。"

刘亚楼对他的回答很不满意,说:"你想得未免太简单了,猪肉可以退回去,影响并不能挽回。我看,你应该既退回猪肉,也要挽回影响。怎么办?没有别的办法,只有检讨!"

这位将军的脸涨红了,觉得刘亚楼批得太过分了。刘亚楼一眼就看透了他爱面子怕丢人的心理,严肃指出:"你越是敷衍,才越会丢面子;检讨没什么可怕,毛主席不是说自我批评就像洗脸一样嘛,我看这是真正挽回面子的最好办法。领导者的自我批评只会树立威信,而不会丢掉威信!"

这位将军想通了,作了深刻的检讨。结果在群众中不但没有丢面子,而且挽回了影响,此后在这些问题上说话时也能挺直腰板,理直气壮地要求和教育部下，他从内心里感激刘亚楼对自己的批评。

1959 年，刘亚楼被任命为国防部副部长后，国防部管理局准备给他换辆大红旗轿车。刘亚楼得悉此情，专门指示空司办公室邢主任："现在的车子已经很好啦，没必要再换。在待遇问题上要低标准，一升官就伸手要待遇，这是什么作风？"

不久后，他就到杭州开会去了。他的苏制吉姆车也进厂维修。

到刘亚楼快返京时，车子还未维修好。邢主任灵机一动：司令员的吉姆车既然送厂维修了，找国防部管理局要那辆大红旗轿车也无可厚非。

刘亚楼从外地回来的那天，邢主任美滋滋地坐上大红旗轿车去机场接首长。他心里虽也考虑过刘亚楼的指示，只不过认识得不够深入，以为首长只是说说而已，车子已经换过了，到时睁一只眼闭一只眼就过去了。

刘亚楼走出机舱，一眼就看到了停在飞机前的大红旗轿车，二话不说，就用严厉的目光逼视着邢主任，直截了当地问："邢主任，这辆车是来接谁的？好气派哟！"

还未等邢主任回答，刘亚楼就发现车里坐着的是自己的老司机，马上沉下脸来："不出所料，你们果然给我要来了！"

邢主任连忙解释："首长的车子送厂维修了，我才要了这辆车。"

刘亚楼根本不听解释："自作主张！谁叫你要的？我的车送厂维修，你可以从车队派别的车嘛，这根本不是理由！"

邢主任无言以对，呆立一旁。

刘亚楼口气依然很严肃："你擅自要车是错误的，你也是个老同志了，怎么能如此轻率处理呢？你知道领导干部如何才能带出好作风？你知道工作人员怎样做才叫爱护首长？这个车是你要来的，请你自己坐回去！下午还要召开现场会，谁要的车谁作检讨！"

说完，他坐上副司令员王秉璋的车，头也不回地走了。

根据刘亚楼的指示，空司办公室针对这次要车事件，专门召开了一次小型会议，吸收了管理部门的人员参加。与会人员统一了认识，要用司令员的高标准来衡量，确实值得引起重视。

1962 年夏初，刘亚楼赴福空检查工作，途经杭州时，住在丁家山空军疗养院。当晚，俱乐部放电影，工作人员按惯例在俱乐部正中间位置摆上了沙发。刘亚楼一进门就问："怎么把中间的椅子撤掉了？"院长解释说这不是专给司令员准备的，哪位首长来都是这样。刘亚楼说："不管谁来坐过，我是不坐的。你这是整首长，叫我们出洋相，把我们拿出来示众，好心办坏事啊！"院长大汗淋漓，不知所措。刘亚楼踱了几步，缓和了语气说："若是真正关心我，就请把沙发撤掉，把椅子摆上，让我和大家坐在一起看电影吧。"此后，空军疗养院俱乐部放电影时，再没出现过摆放沙发的现象。

敢于叫板不靠谱

刘亚楼敢说、敢讲、敢唱反调，在党内军内有口皆碑。

《人民空军》杂志创刊后，刘亚楼多次指示把它办成空军党委和领导机关的政治思想指导与工作方法指导的刊物。《人民空军》要不要刊登国内外的时事新闻？刘亚楼一挥手："不登。"报社向总政治部请示，总政治部一位领导说："党委机关刊物不登国内外大事，岂不要犯错误？"

刘亚楼说不登，总政治部说要登，这如何是好？报社领导朱鸿拿不定主意，觉得"登了是缺点，不登是错误"。

刘亚楼找到总政治部那位领导，陈述己见："《人民空军》是对内的刊物，主要应当刊登空军本身建设中需要紧迫解决的问题。而一般的国内外时事新闻，《人民日报》《解放军报》都登了，《人民空军》又是半月刊，再转载就晚了，发到部队统统成了旧闻。因此，不登为好。"

总政治部为此专门请示中央军委领导，答复可以让他们试一试。于是，党委刊物不登国内外的时事新闻有了先例。

1952 年"三反"运动开始后，第四航校被指责为"运动不深入"、"发动群众不够"、"右倾"等。第四航校政治委员刘懋功还被召进北京训话。空军党委常委、干部部部长兼空军"三反"办主任对第四航校的汇报极不满意，声色俱厉地批评不够，还扣上了一大堆帽子，向刘懋功拍了桌子。刘懋功也拍了桌子："难道非要打出一堆假'老虎'才算深入吗？要是这样，我不干了，你撤我的职好了！"

两人都气呼呼的，直争得面红耳赤。这时，刘亚楼开口了，说："刘懋功同志，我同意四航校按你的意见去搞！"

他也不看"三反"办主任脸上如何阴转多云，径自说了下去："有一条，你们必须负责,到'三反'运动结束时,向空军党委打保票,说你们四航校的运动搞彻底了!”

刘懋功大喜过望,急问:“司令员说的彻底是指'老虎',还是包括轻微的贪污行为?”

刘亚楼肯定地说:“当然是'老虎'!”

刘懋功回去后把刘亚楼的意见向校党委作了传达,大家都高兴得不得了。像这样没有指标自主地打“老虎”的做法,在当时实属罕见。后来,刘亚楼还特地表扬第四航校的“三反”搞得最好,没有犯错误。

1957年后党内外掀起一股反右浪潮,右派的帽子满天飞,各单位屡见有批斗右派的大会小会召开。而空军中右派抓得最少,原因是刘亚楼不让多抓。在此前后又有个什么“科学十四条”,提出对知识分子进行改造,刘亚楼也是不怎么执行。

在那风声鹤唳的年头,竟然有这么一位司令员顶住压力,为知识分子们说话,受感动的不仅有空军部队的知识分子,还有导弹研究院的专家学者们。

1958年1月,南宁会议批判了“反冒进”,进而又提出“大跃进”。一时间,以高指标、瞎指挥、浮夸风和共产风为主要标志的左倾错误便泛滥开来。在“一天等于二十年”的思想影响下,军队内部也开展了错误的反“教条主义”斗争和批判“资产阶级军事路线”的运动。

空司翻译处也掀起了一股浮夸、弄虚作假的歪风,提出一些严重脱离实际的口号,什么“译文速度五年内翻一番”,什么“一天要译四万字”,什么“谁能突破四万字,谁就是先进工作者”等,还把这种所谓“优质高产”的经验写成书面材料,在全军中“提高认识”,一时弄得乌烟瘴气。许多领导干部明知这是胡闹,但面对咄咄逼人的形势,谁也不敢说话。

刘亚楼看到这些材料后,找来翻译处处长严肃批评,但翻译处处长说:“外单位有的一天已译两三万字,最高的已达六万字,空军翻译水平不比他们低,即使达不到六万,译四万也是可能的。”

刘亚楼非常生气,指着翻译处处长的鼻子骂道:“好个'优质高产'!你究竟想把翻译处引向何处去?我看你连起码的常识都没有!别说一天翻译四万字,就是叫你反复写'人民日报'四个字,你一天也写不了四万字哪!简直是胡来,完全是弄虚作假,这是破坏翻译队伍！"

刘亚楼这一骂,翻译处马上进行整风,在京全体翻译参加。通过为期两个月的整风,批判和纠正了所谓"优质高产"的歪风。

1954 年 2 月,刘亚楼在空军党委会上正式确定了以"稳步前进,完成计划,提高质量,保证安全"为空军部队的飞行训练的十六字方针。这次全国性的大跃进热潮,引发了对这一方针的争论。空军内部有人认为"稳步前进"不合潮流,飞行训练也可以跃进,主张训练方针中去掉这一提法。受这种思想影响的单位,在组织实施飞行训练时,造成了一度训练质量下降、事故增多的严重后果。

苏联顾问也有意无意地凑起了热闹。

1958 年国庆检阅,阅兵机群因天气原因改为翌日通过颐和园上空。苏联顾问要机群通过颐和园上空时,做些事先未做过的特技动作。主持空军受阅工作的北空领导李中权不同意这种做法,该苏联顾问大发脾气,说李不尊重顾问。李中权说:"我只能尊重你的正确意见,不能支持你错误的意见,这是中国人民解放军必须这样做的。你是顾问,出了问题是我负责,你不能负责。"在北京饭店楼上的空军受阅指挥所大吵一架后,苏联顾问火气十足地到刘亚楼那里告状去了。

10 月 2 日,刘亚楼在颐和园空军受阅指挥所听了李中权报告问题的始末后,说:"你做得对,当然不能唯顾问是听,应当顶他！"

这天 10 时整,上百架飞机顺利地通过了颐和园上空,获得了中央首长和众多外宾的好评。

大跃进运动愈演愈烈后,空军第七师组织了一个大跃进小分队,师长带头提出要在四个飞行日里完成夜间复杂气象训练,尽快成为四种气象飞行员。该师长是从陆军调来半路出家学飞行的老干部,飞行积极性很高,事业心很强,但在那时过热的形势下,却忽视了飞行训练的客观规律,忽视了自己和部队的技术基础及周密的组织准备。在第一个飞行日,他刚进入夜间仪表假设穿云着陆下滑时,不幸发生了一等事故。

刘亚楼心情无比沉重,没有吃饭便亲自飞往出事地点勘察,听事故现场分析,召开飞行员座谈会,单独找空地勤人员交谈。

事故原因找到后,刘亚楼愤怒了,对不按规章办事的飞行训练现象,他决不宽恕。

师党委写了检讨送上来,要求给予重处。刘亚楼却把事故责任区分得非常明了,说:"你们没有什么错,是我们当领导的工作没有做好。"

下面听了非常服气,空军领导揽过自责,能做到这一步确实很不容易。可事情并没有到此为止,刘亚楼在常委会上,提出为了给全军做出表率,首先从当领导的严起。根据他的建议,空军党委决定给分管工作的副司令员处分。消息传来,不啻发生了一场"地震"。

然而,这场"地震"却没有彻底震醒空军上下的每一个人。在大跃进的热潮中,有人总想标新立异,放放"卫星"。

不久,刘亚楼就又接到某部报告,说要在飞行训练上大幅度跳跃课目。刘亚楼赶去了解情况。听了部队首长振振有词的汇报后,他冷静地说:"飞行训练是一门科学,来不得半点虚假和冒进,一定要尊重科学,切不可蛮干,这可是人命关天的大事。"

部队领导说,我们空军有过跃进现象,现在更应该在党中央、毛主席的号召下,继承和发扬这种优良传统。

这位部队领导说的跃进现象确有其事。当年朝鲜战场急需空军,空军加快训练进度,缩短了学员训练期限,这是由当时任务艰巨、时间紧迫逼出来的。因此,刘亚楼断然否决了对方的跃进计划:"你这个计划我不同意,我不愿意看到飞行员宝贵的生命被无谓地葬送在冒进之中。"

部队领导一时面红耳赤,争辩道:"司令员,您这是教条主义!"

当时军委扩大会议结束不久,在全军普遍开展了所谓反教条主义运动,到处都在"插红旗,拔白旗",中国人民解放军军事学院院长刘伯承元帅也遭受严厉批评。刘亚楼听出了对方的弦外之音,但他却坚定地说:"我这是空军,是个技术军种!"

刘亚楼回去后,马上召开空军党委常委会,针对会上出现的主张坚持方针和修改方针的两种意见,他坦陈了自己的意见:"在军队里搞大跃进,我有看法。在空军飞行训练中搞跃进,我绝不同意。毛主席经常教导我们,要我们保持冷静的头脑,不要发热。"

仍有一些头脑发热者,还是主张把"稳步前进"改为"稳步跃进",或者把"多快好省"写到方针中,并把此冠之为"贯彻总路线的精神"。

"贯彻总路线的精神,这是毫无疑义的,但是……"刘亚楼说到这里,习惯性地提高了声音,"怎样才是真正贯彻呢? 飞行训练必须按其自身的规律。训练讲跃进,主要是方法、质量的跃进,进度、时间不能跃进。因为目前飞机燃油、器材保障并不具备大跃进的条件,将来即使条件允许了,飞行训练也必须是扎扎实实地稳步前进。'稳步前进'与'稳步跃进',一字之差,却差之千里。跳跃课目,简化练习,只求进度,不讲质量,势必惹出乱子。欲速则不达,空七师的事故就是个很大的教训。什么事情都讲多快好省,不讲方法,不一定就能多快好省。多年的经验证明,飞行训练只有坚持'稳步前进'的方针,才是贯彻总路线精神的最好方法。"

在大跃进的年代,竟敢如此唱反调,立即有人指责刘亚楼"保守"、"跟不上形势"。

一位领导得知空军不搞大跃进,便亲自找到刘亚楼。但刘亚楼坚持自己的做法,由于意见谈不拢,他朝这位领导拍了桌子。

事情反映到中央,告到毛泽东那里去了。刘亚楼奉召来到中南海,毛泽东一见面就说:"刘亚楼,你这是和中央唱反调。"他的声音不大,却很有威慑力。刘亚楼申辩自己是坚持科学。毛泽东显然不悦了,说:"是啊,就你讲科学,你还是国防科委副主任嘛。"会见不欢而散。

刘亚楼没有就此放弃他认为正确的东西。他找罗荣桓、罗瑞卿,也找周恩来,请他们帮助"劝驾"。终于,毛泽东豁达地说:"刘亚楼喜欢说了算,空军就让他说去吧! "

于是,在大跃进热浪滚滚而来时,空军难得地"免俗"了。1960 年 12 月,中央军委正式批准了空军飞行训练的十六字方针。

当时,中央军委秘书长罗瑞卿听了刘亚楼的汇报后,指出:"空军上天,海军入海,肯定要稳;一个叫稳,一个叫熟,目的是要技术过关。"

从此,空军上下对飞行训练的十六字方针的认识趋于一致,并在训练中认真坚持下来,部队的训练质量不断提高,飞行事故逐年减少,在蓝天不断奏响凯歌。

进入 1962 年,鉴于航空燃油和航空器材供应短缺,许多飞行部队限定每位飞行员只能飞四十小时。有人认为,四十小时的指标不仅不能进新课目,就是老飞行员保持技术也困难。

在实际困难面前,飞行训练的十六字方针又一次受到挑战。

为了解决这个问题,刘亚楼于年初委托沈空司令员曾国华等人下部队调研。曾国华和训练部门的负责人来到空军第二十七师,最后得出"四十小时,大有作为"的结论。接到曾国华的调查报告后,刘亚楼马上指示空军作战训练会议印发、《空军报》刊载,向全空军作了介绍。

1963 年,国家经济好转,空军飞行部队进入了正常训练时期。

历史有记:1963 年,全空军仅摔飞机七架。1964 年,严重飞行事故减少到十起,其万时率(每飞行一万小时所发生严重飞行事故的起数)为当时世界最低。

军容风纪堪称典范

刘亚楼重视军容风纪,革命战争年代,他的军容风纪就曾受到朱德的表扬。

组建空军后,刘亚楼亲自为空军机关制定了一套规章制度,其中特别强调军容风纪和礼节,规定在办公室不准大声喧哗,不准聊天;走路要轻,不能穿带钉子的鞋在走廊行走;关门要轻,不得乒乓作响等。他曾说,军队着装中要求腰带的环须系在上衣第四和第五个纽扣之间,一个人这样做并不是难事,但一个连一百多人都统统达到,就不是件容易的事。

为了使部队达到军容严整,作风过硬,他指示除在空军大院内设纠察外,还经常派出纠察人员上街督查。他首先从自己做起,始终衣冠整洁、合体。

1953 年 7 月初,刘亚楼到空军一个疗养院检查工作。这里地处旅游胜地,空气清新,环境优美,很适宜飞行员疗养,但由于管理不善,疗养院内杂草丛生。刘亚楼不动声色地看在眼里,翌日一大早便领着随行人员满院子一处一处地拔除杂草,清扫路面。此举震动全院。疗养院院长一头大汗跑步来到刘亚楼跟前作检讨。刘亚楼打量着他,严肃地批评说:"你看你把这么好的疗养院经营得像什么样子,活像个没落王朝! 我不希望下次来时再给你打扫卫生! "

刘亚楼下部队,常戴白手套,以拭窗格、门背、墙角,若有灰尘,必遭批评。故部队又流传着这样一句话:"天不怕,地不怕,就怕刘司令员来检查。"

一次,他赴广州视察部队,一下飞机,发现白云机场脏得很。他马上批评了前来迎接他的团长、政治委员,要他们带头扫地,马上就要扫干净。还说,如果你们不扫,我这个司令员明天就给你们扫。

1955 年 11 月,空军机关举行隆重的授衔仪式。当晚,空政文工团为肩扛军衔的大小军官们举办了一场精彩的演出以示庆贺。刘亚楼也出席了晚会,但他那天一未穿上将戎装而只着便装,二是未在首长席就座而是坐到普通位置,不认识他的人还认为这是部队家属呢。

晚会高潮迭起,正当刘亚楼同大家一样看得入神时,忽感肩头两侧有两个黑乎乎的东西伸过来。开始他以为是谁的手,一摸,不对,硬邦邦的,是皮鞋!他扭头一看,身后一位年轻中校半躺在座位上,乐滋滋地盯着舞台摇头晃脑,根本没有意识到脚放在哪里。

刘亚楼见他沉浸在看演出的欢乐气氛中,不忍破坏他的兴致,只是弹了弹他的皮鞋帮,并轻轻地哎了一声。中校没太在意地收回了脚,可没过两分钟,一双皮鞋竟又蹬到了刘亚楼的椅背上。刘亚楼头往后一仰,就靠到了皮鞋底。

见他这么放肆,刘亚楼有些不悦了,但仍耐着性子没有动怒,只是语气稍微加强了些,要他把脚放回去,不要再蹬上来了。

没想到这位中校认为丢了面子,竟冲着刘亚楼恶声恶气地说:“我就这样舒服,你管得着吗?”

这一声惊动了周围的军官,旁人看出了是司令员,猛地拽了中校一把,附耳低声提醒。中校闻言大惊,急忙站起来,语无伦次地向刘亚楼说了句什么,便跌跌撞撞地往外挤,逃也似的出了大门,连大盖帽丢在座位上都顾不得了。

大家议论纷纷,认为这个中校这下该倒霉了。但没想到,刘亚楼事后并没有深入追究这个冒失的愣头青,只是在机关耐心地对他进行了一次教育,说:“作为军人,更应该注意文明礼貌,一定要站有站相,坐有坐样,衣服整洁,这可不是单纯搞形式主义。一个军人蓬头垢面,不修边幅,不以为耻,反以为荣,那像什么话?首先使人感到这支队伍不是文明之师,而是一群乌合之众!”

实行军衔制后,刘亚楼在空军驻丹东某部召集干部开会,几位司令员、将军进会场时没有敬礼。他当场就予以严厉批评,要求他们敬礼后重新进场。

刘亚楼就是这样,谁违反了军容风纪,立刻进行严厉批评,当场纠正,不管他是谁。

一次,司政召开全体人员大会。会议开始前,主持会议的空军直属政治部主任李道之向台下大声命令:“禁止吸烟,脱帽,肃静!”他说这话时,正戴着帽子,

刘亚楼接见空政文工团演员

手里还捏着支香烟。这个讽刺场面,让台下一片哗然,弄得李道之莫名其妙。在主席台上就座的刘亚楼看出了问题,把李道之叫到跟前,毫不客气地当众指出:"同志哥,快把烟掐了,帽脱了吧!"接着,他不无幽默地说:"我们可不能只准州官放火,不许百姓点灯啊!"

刘亚楼强调军人讲究仪表,注重礼节,不仅注意言传,更注重身教。正因为他要求严格并能以身作则,把有形的行为化作无声的命令,天长日久,空军部队有了一个好的作风。

有一年,刘亚楼率中国代表团参加古巴国庆节。古巴是热带气候,代表团下飞机后,立即被裹挟在滚滚热浪中。

国庆典礼在一个大广场举行,烈日当空,骄阳似火,不少国家的代表团被炙烤得嗷嗷叫,有人解开衣服扣子,有人干脆脱下外衣遮阳。中国代表团虽然也是人人汗流浃背,却军容整齐。因为刘亚楼会前专门给代表团下了一道命令:坐在蒸笼上面也要保持中国军人的风纪。

刘亚楼受邀坐在主席台上,两个多小时的典礼下来,他的风纪扣始终没解开,衣服几乎被汗水浸透了,但他自始至终精神饱满,举止规范。

古巴国务委员会主席卡斯特罗看在眼里，由衷地说："从刘将军身上我看到了中国军人的风范！"

翌日，古巴组织各国代表团参观卡斯特罗当年打游击的马埃斯特拉山。此山高而陡，有的代表团上到半路就不敢再上了。古巴方面也不强求，表示不愿再上的就停止前进。

中国代表团有人向刘亚楼建议别再冒险了。刘亚楼端坐车中，镇定自若地说："这怎么行，卡斯特罗主席把此山看成是中国的井冈山，特意邀请各国代表参观，我们现在代表的是中国，岂能畏难而退，被人家笑话！"

随行的保健医生金经得劝道："首长，您身体不好，这样爬山有危险，您留下来吧，我要对您的安全负责。"

代表团副团长莫文骅也劝刘亚楼留下来，他们继续上。

刘亚楼一脸严肃，当场否决："难道我一个人的安全，比得上中国军队的形象和荣誉吗？"

当苏制嘎斯车左拐右转一路颠簸驶达山顶时，几近悬崖边缘，刘亚楼和中国代表团人员仍仪容严整，丝毫不乱。

中国代表团再次赢得了各国的赞誉。

打造出色的翻译队伍

空军有一支出色的翻译队伍，幕后队长便是刘亚楼。

1949 年，苏联作家西蒙诺夫和著名导演格拉希莫夫来中国拍摄电影《解放了的中国》，中央指定刘亚楼亲自挂帅协拍影片，可刘亚楼正为筹建空军忙得不可开交，于是，他让四野副参谋长苏静具体负责这项工作。

苏静和苏联朋友谈到刘亚楼筹建空军一事时，用了"胸有成竹"这个成语。就这个成语，把翻译给难倒了。翻译急得满头大汗，不停地翻看俄文词典，竟然把它给译成了：肚子里有根竹子。

西蒙诺夫感到莫名其妙，惊讶至极："刘将军神通广大，把竹子都吃到肚子里去了？"

翻译哭笑不得，满脸羞红。

此事作为笑柄传到刘亚楼耳朵里后，他亲自找到西蒙诺夫，详加讲解，说

"胸有成竹"就是心中有数的意思。

西蒙诺夫耸耸肩，还是有些不解，心中有数怎会和吃竹子联系在一块儿呢？

刘亚楼告诉西蒙诺夫这个典故的由来："中国宋朝有个画家叫文与可，他精于画竹，为了观察和研究竹子枝叶在不同季节和天气里的形态变化，特地在窗前种植了一片竹林。时间长了，即使闭上眼睛，也能在心里描绘出竹林的千姿百态，而且他画出来的竹子逼真动人，富有生气，他的诗人朋友晁补之为此作诗称赞'与可画竹时，胸中有成竹'。"

西蒙诺夫恍然大悟，对刘亚楼的俄语水平赞叹不已，又说："我对你们的翻译有怀疑，我讲十分钟话，他只翻译三言两语；有时我只讲三言两语，他翻译起来没完没了，真不知为什么？"

这件事给刘亚楼留下了深刻的印象，他说："我们向苏联学习空军建设经验，没有俄文翻译就是一句空话，如同过河，没有桥和船是办不到的，因此，一定要下决心解决桥和船的问题。"

他把解决翻译来源问题当作一项重要工作来抓。从哈外专调来了几十名俄文翻译，但还是与实际需要相差甚远。因为缺少翻译，苏联专家无法开展工作。刘亚楼分别派人去各地选调俄文干部，还派参谋处处长何廷一去新疆向赛福鼎求援。

翻译来了，可水平参差不齐。语言障碍成了苏联专家开展工作的最大困难。许多翻译不懂航空术语，只好直译，于是，驾驶杆译成了"一根活动的棍子"，飞机座舱译成了"飞机上的小房子"，电压译成了"紧张"，飞机在空中做横滚动作译成了"圆桶在空中旋转"。学员们听了大眼瞪小眼，苏联专家急得发火。翻译窘迫，汗流满面。

为了解决翻译工作中出现的问题，空军党委及时于1950年5月30日召开第一次翻译工作会议。刘亚楼亲自主持会议，谈了翻译工作中存在的问题。他深知翻译的苦衷，认为一个翻译不可能什么都懂，但不懂时应该问清后，再下笔，再开口，切不可不懂装懂，信口开河。

这次翻译工作会议后，根据刘亚楼"翻译人员的待遇须高一些"的主张，空军党委明文规定：在航校和部队工作的翻译人员，在未评级前，一律按排级待遇。有按战士待遇的要立即纠正。在部队工作的吃地勤灶，在机关工作的吃中灶

(当时团级干部的标准)。供给制翻译人员享受技术津贴,分五等十级(相当于当时七十五斤至二十五斤猪肉的金额,其他干部无此待遇),薪金制翻译人员待遇,也有五等十级(最高八百斤小米,最低三百五十斤小米)。在外场工作的翻译发工作服,随苏联专家出差的翻译与专家乘同等车席。

各单位提高了对翻译工作的认识,认真贯彻空军党委和刘亚楼的决定,大大调动了翻译人员的积极性。

截至1950年,空军已拥有翻译四百八十六名,但尚需补充一百七十人才能满足实际需要。为此,以刘亚楼为首的空军党委第五次向中央军委和周恩来请示报告,由哈外专、哈工大、大连俄文专科学校等单位再调进上百名翻译。加上空军各有关单位自行招聘的翻译人员,确保了增办航校和组建大批航空兵部队的需要。为了培养翻译队伍,在刘亚楼提议下,空军抽调了部分翻译人员出国留学,进入苏联茹科夫斯基空军工程学院深造。

翻译队伍的业务建设走上轨道后,刘亚楼仍是关怀备至,严字当头。

有位翻译对自己的译述很自负,听不进其他同行的意见。刘亚楼对他是挺欣赏的,但觉得他太骄傲了,决心刹一刹他的傲气。一天,这位翻译送来了奉命翻译的《苏联空军战斗条令》,刘亚楼嘱他坐下,尔后亲自对照原文校正,很快就发现了问题,立马指出几条:"原文本是'截击',即'截而击之',是反映积极战术意识的,而在你的笔下却变成'拦截','拦而截之'这便是消极的思想了。原文明明是'歼击'的概念,怎么能随便给译成'驱逐'这个消极的概念呢?要知道,'歼击'是歼灭之,而'驱逐'则是赶走了事,这是要不得的,应该改正过来⋯⋯"

看到这位翻译脸红了,刘亚楼意味深长地说:"山外有山楼外有楼,搞翻译工作,一要谨慎,不吃透原文,不要下笔;二要谦虚,不会就是不会,不懂绝对不能装懂,谁懂就虚心向谁请教。"

1954年6月,刘亚楼在空军第四次翻译工作会议上指出:"每个翻译都应该具有高度的政治责任感,要有坚定的政治立场,能不能自觉地认真负责地做翻译,是衡量翻译人员对革命工作态度的起码尺度。在工作中暴露出来的误译、漏译现象,不懂装懂之风,极其严重,这是极其不负责任的政治态度,应该立即纠正。不要单纯追求速度,特别要注意质量,要以主人翁的态度来对待革命工作。"

翌年11月,刘亚楼针对部分翻译人员译风不正的问题,作出指示:"翻译东

西,既不该生枝添叶,自作主张,更不准擅自改变人家原来的意思。翻译好比理发,只该给人家梳理得漂漂亮亮,多余的乱头发可以去掉,反映出真面目,而决不准割鼻子,去耳朵。"

对翻译工作的成绩,刘亚楼看在眼里,记在心上。对成绩突出者,刘亚楼马上给予奖励晋级。他曾在大会上公开称:"翻译人员对空军建设是有大功的,要爱护他们,加强对他们的培养。"

刘亚楼说到做到。1951年秋,在选拔赴苏深造的翻译中,赵中和董秉虔在复查时发现有肺结核。空军翻译科科长麦林提出就近送他们到长春空军医院治疗。该院水平较高,但主要接纳飞行员治疗,地面人员只接纳团级以上干部。刘亚楼闻讯,马上破格批准,开了翻译人员也可去该院治疗的先例。1955年实行军衔制时,刘亚楼指示各级领导在政治上要关心翻译人员,评衔要恰当。当发现解放战争时期参加革命的翻译人员均在大尉以下,他马上指示有关部门要树立几名标杆。很快就把几位业务过硬、政治合格的翻译调为少校。

在此前后,一批优秀的翻译人员,或被送到国内院校深造,或选拔出国留学,还抽调到哈军工空军系学习。值得历史称道的是,刘亚楼的人才培养计划一举两得,不仅为空军造就了高精尖人才,也为新中国的航空航天事业培养和储备了一批精英。后来,他们中不少人成为航空航天界的技术骨干和专业带头人。

1960年,苏联单方面撕毁合同,撤走专家。原来跟苏联专家工作的很多口译翻译马上没事干了,大部分军兵种让翻译人员改行的改行,转业的转业。空军主管翻译的科研部也想仿效其他军兵种的做法,但刘亚楼否决了这一处理方案,他说:"把翻译都另作他用,这是没有远见的。切不可把别人的错误做法当作经验来效仿。专家走了,翻译人员还是大有用武之地。培养一名既懂外文又懂专业的人员很不容易,不经过空军党委批准,一个翻译也不准动……"

刘亚楼又一次唱了反调,不仅不让解散翻译队伍,还在这年10月责成科研部举办英语、德语培训班,学员均为在职俄文翻译。他有意识给俄文翻译创造掌握第二外语的条件。有些人起初认为难以学好,但刘亚楼认为,在精通一门外语的前提下,学另外一门外语相对比较容易。关于如何学好外文的问题,他有个非常形象的比喻:"学习外文,好比盖房子一样,单词是砖头,文法是水泥,只要你能有恒心,下苦功夫,把单词都牢记住,啃透它,灵活地占有它,也就是占有了盖房子的砖瓦,就有了基础,再弄清楚文法,一串联起来就成文章了,也就是盖出了房子。"

实践证明,刘亚楼此举极富远见。

刘亚楼重视外军的动向,他说:"自古以来,所有军事家都认为,知己知彼,百战不殆,要想知彼,就必须充分占有外军材料,翻译出来。"

一次,他发现许多外文书籍都积压在资料室,长期无人过问,立即尖锐地指出:"这些资料是用外汇买来的,长期不使用太可惜了,严格说起来,这是一种犯罪的行为。一定要把死材料变成活材料,翻译出来供各级领导同志参阅使用。"

在他的建议下,空军党委下决心组织全空军的翻译集中时间突击翻译这些材料,并分门别类彻底查清,有力地配合了后来条令教材的编写工作。

1964年4月11日,刘亚楼抱病最后一次参加了空军的翻译会议(这是他连续参加的第十二次翻译工作会议),谈了有关翻译队伍建设的四个问题:

在新的情况下,对翻译工作要采取新的措施。把翻译划分专业,在各个专业上搞工作。在原来的基础上稍加调整,可划分为十一个专业。这是一个重大措施。为什么要划分专业呢?为的是把翻译工作同研究工作结合起来。应使翻译工作同学术知识和战术知识的研究结合起来。你们不要把专业化给简单化了。分到高炮专业的,不是只知道几个高炮方面的名词,而是要搞清钻透高炮方面的历史、战术、技术方面的知识。搞导弹的要成为导弹方面的行家。这样,哪一个专业的翻译就可以到一个部队去代职,当连长、营长,甚至可以当团长,当一段回来搞学术研究,他就成了这一行的干部,应该定下来,向各兵种、各部门讲清楚。这样搞,在军队翻译中,我们可能是新的措施。专业化的道路——一定要讲清楚,要采取一些措施到部队去研究战术、技术知识,要成为这个专业的行家……

第二个问题是要想一些措施提高质量,首先要提高中文水平。中文水平不高的,不能起过硬的作用。看一个翻译的水平高不高,首先要看他中文水平高不高。中文水平不高,这是当翻译的致命弱点。你们评论翻译水平的高低要看中文、外文、业务三个因素,最后落脚到中文

上。凡是中文水平低的，都不能成为好翻译。提高质量，屁股要坐在中文上。当了十几年翻译，中文还很蹩脚，是没有发展前途的，可以改行；一辈子翻不出一本书，翻不出一篇好文章，是没有前途的，要淘汰。但是对处理的人，不能推出不管，不能一脚踢开，不能弄得流离失所。他们是有功劳的，要劝他们改行转业，提高俄文质量，扩大其他文种，采取有力措施。这是我们翻译工作的方针……

刘亚楼不仅在业务上狠抓翻译队伍，政治上也是常抓不懈。他多次强调："向外国人随便讲我们党内的事情和一切不应该讲的事情，这并不是单纯的自由主义，这是里通外国，是党纪军纪所不容的，是犯罪行为。但是，听到外国人议论我们时，应该马上反映，随时随地要反映，这是组织纪律问题，也是党性问题。"

一些出身大老粗的领导干部，对包括翻译人员在内的知识分子有偏见，认为他们思想毛病多，和小资产阶级站得近，因此划为另册。空司情报处的英文翻译、副教授熊德威，毕业于牛津大学，水准很高，可由于他叔叔是国民党原东北行辕主任熊式辉，父亲在英国，台湾又有亲属，社会关系复杂，空军干部部不敢放手使用他。刘亚楼知道情况后，批评了干部部动辄就抓人家小辫子的做法，亲自把熊德威的军衔由副连级中尉调整为正营级大尉，并力排众议，批准他在党的八大会上做英文翻译。

"靠不住"的空军司令员

在解放战争的枪林弹雨中穿梭了四年的刘亚楼，一进北平城，就又受命组建空军。看到丈夫日夜操劳，翟云英既心疼又抱怨："你要命不要命？毛主席管天下，医治战争创伤也要休息呢……"

刘亚楼打断妻子的话："你怎么能这样说呢？毛主席一直像战争年代那样没命地工作，我们跟他比还差得远呢！"

翟云英说不过丈夫，只好用心照料他，以分担他的劳苦。1953 年，上海军医大学招生，部队准备选送一批医务工作者深造，培养一批自己的医生。初听到这个消息，翟云英心头闪过一丝喜悦，这可是个难得的好机会，自己不正盼望深造的机会，掌握一门为人民服务的硬本领嘛！但她很快就又打消了这个念头：自己的丈夫为革命事业奔波操劳，废寝忘食，自己应该留在他的身边，替他分忧。

她把这个想法向罗荣桓作了汇报，老首长也支持。她满以为这个选择肯定也符合丈夫的心意，谁知却出乎她的意料。

听完妻子的想法，刘亚楼和气地说："你想留在我身边照顾我，这种心情我完全可以理解，我又何尝不想如此！可我觉得你还年轻，精力充沛，应该珍惜来之不易的学习机会，掌握真本领，将来用得上，不该因为我而影响你的前程。"

翟云英不吱声了，类似这样的话，丈夫在当年送她到哈外专学习时就曾说过。

在送妻子上学时，刘亚楼用诙谐的口吻说："有本事才能有饭吃，要知道，我这个空军司令员是'空'的，可是靠不住的呀。一旦我提前去见马克思，你就得靠自己的本事吃饭！"

新中国成立后，刘亚楼的弟弟刘亚东几经周折到北京找到他，可他从苏联谈判回国后，没有一天轻松过，每天早出晚归，房间里经常通宵达旦地亮着灯。他不无歉意地对弟弟说："棕头，没空陪你，自家兄弟可不要见怪。"

刘亚东跟刘亚楼住了一段时间，见哥哥丝毫没有为自己安排工作的打算，只好快快地提出打道回府。刘亚楼也不阻拦，说："你回去好啊，家得有人照顾，对满（客家话中对父亲的一种称呼）更要多费心，田里没人干活，吃的哪里来？"

刘亚东向当大官的哥哥提出一个要求："家里太穷，房子又在解放前被反动派烧了，马长，你给我一点钱回去做事业吧。"

刘亚楼毫无商量的余地："你们要自力更生，千万别指望我。我这个空军司令员是'空'的！回去告诉满，不要急于盖房子，能住，艰苦一点也没关系，实在不行时，要听当地政府的安排。"

刘亚东被兄长一口回绝，难受得眼泪都快出来了。刘亚楼语气缓缓地说："棕头，也许你怪我，骂我不通人情，但我相信，有一天你会理解我的。"

一番推心置腹的谈话后，刘亚东被哥哥说服了，他坚信自己所了解和敬爱的哥哥讲得没错：他给了自己方便，便是脱离了群众，到头来会犯错误。旧社会那套"一人得道，鸡犬升天"应该完全抛弃啊！作为亲属，自己应该理解他，全心全意支持他。

弟弟回家时，刘亚楼送到门口，又加上一番语重心长的话："棕头，回去后要好好当农民，要听党的话，按地方规定办事，不要摆架子，切不可拿我来压人，要

新中国成立后,刘亚楼(右一)回到家乡福建武平县,与养父(后排右三)及家人合影

老实厚道,不要乱七八糟,千万千万!"

紧握着兄长那宽厚温暖的大手,刘亚东一时哽咽难语:"马长,我全应了你。只是,我看你工作太累,得多保重! 平常做事不要急,少喝酒,少发火,那会伤肝的……"

刘亚东回家后,"马长还活着,而且当了空军司令员"的消息不胫而走,三五天便传遍了闽西武平的山旮旯。

刘亚东是个打铁好手,回家第二天便甩开膀子抡起了大锤。看到他与先前毫无二致,人们吃惊地问:"你怎么还不分日月地干活? 马长都当这么大的官了,你家的日子该是倒吃甘蔗节节甜了!"

刘亚东挥手甩一把汗珠说:"瞧你说的! 靠别人的干粮过日子,就得挨饿一辈子。我是我,他是他。"见对方迷惑不解,刘亚东又补上一句:"马长说了,要我们自力更生,自食其力!"

刘亚东的一番话,在乡亲和亲友中起到了很好的作用。那些原先指望沾光的人们,见刘亚东一家照样是脸朝黄土背朝天地干粗活,渐渐地打消了念头。他们给刘亚楼写信,也不提请求关照之类的话了。

朝鲜战争结束后，看着那一叠家信，一种从未有过的思乡情摇曳着刘亚楼刚刚松弛下来的心旌。他急切想着返归故里了，那毕竟是他离别了二十年魂牵梦萦的土地。

1953年秋的一个清晨，两条快船从汀江上游向武平店下渡口漂来。离岸越来越近了，岸上站立的人们——特别引人注目的是那百十来个身穿警服荷枪实弹的公安战士，可以看见一个穿便装的中年汉子站在船舱，几个军人不离左右。刘亚东眼尖，一眼就认出那是兄长刘亚楼。

快靠岸了，还未等船工停稳船，刘亚楼便纵身一跃，一个箭步上了岸，那功夫丝毫不减当年。

刘亚楼回乡后，相识和不相识的远近乡亲携儿带女络绎不绝地前来看望。他热情爽朗地招呼着大家，从不抽烟的他这时变得分外不同，拿出烟和糖一个一个地敬过去。

1934年中央红军长征后，苏区天空重现乌云。反动派四处派出特务要捕捉当过苏区主席的刘德香，并放火烧了他的房子。刘德香被迫漂泊异乡，在外乡住了多年，直到年近六旬才悄悄回到家乡。如今看到自己的儿子成为一个指挥千军万马、受人尊敬的空军司令员，刘德香高兴骄傲之余，想着光耀门庭，说："马长，满也没什么可求的了，只是这房子，你看，能不能搞像样点？你以后回来也就不用住招待所了。"

刘亚楼瞪了弟弟亚东一眼，语带不满："棕头，看来你的工作没做好。"接着又耐心细致地劝说养父："满，革命刚成功，国家困难还很大，我们艰苦一点吧，在群众中带个好头，房子的事您就不要再说了。"

刘亚楼来到母亲的坟前，低头鞠躬，一生受苦的母亲，在他的记忆里有多深啊！

两年前，中央慰问团分团到桃澜区慰问时，刘亚东也受邀参加了，有关部门表示要给他安排工作。刘亚楼就此和刘亚东促膝长谈："你早年参加过革命，国家能给你安排就安排，不能安排你绝不可主动去说。我们都要和以前一样，把革命工作进行到底，要响应党的号召。"

刘亚东答应下来后，刘亚楼指着眼前的一堆东西说："这些东西，明天你全部退还给乡亲们，他们的心意我领了，代我感谢他们。"

刘亚楼"衣锦还乡",不显山不露水,静悄悄地走了,送行的只有他家里人。许多乡亲闻讯赶到店下渡口时,他的船已然远去。

1959年4月,刘亚楼在上海参加完八届七中全会后,回乡调查视察,向区、县主要干部传达上海会议精神和毛泽东亲自写给各级干部关于纠正浮夸风问题的信。所到之处,他目睹了共产风、浮夸风、高指标和瞎指挥给人民群众尤其是农业生产带来的严重后果。许多地方因营养不良而发生浮肿病,农村人口死亡增加,当地领导却虚报产量。这使他不安和痛心。

1959年,刘亚楼(右四)和翟云英(右三)回到家乡,参观幼儿园

当刘亚东接到消息赶到县招待所时,只见里面正在激烈争论,气氛很紧张。看见他推门进来,刘亚楼劈头盖脸就说:"哼,棕头,人家群众每天只有二两半米吃,你在铁厂一日一斤半米,晚上还说饿肚子!"

刘亚东解释说:"大炼钢铁辛苦啊,铁厂其他人也是这样的,不是我搞特殊。"

刘亚楼和县里打了招呼:"先回家看看,才有发言权。"他坚决不让福空派来的几个保卫人员跟随,更不让县里多派公安护卫,说:"我是回乡调查,不是打仗,前呼后拥,一大群人马,乡亲们一看就吓跑了。"

吉普车急驰向前,窗外飞快地掠过密不透风的原始森林。这是条刚开不久的公路,虽然崎岖难行,但毕竟把一个尘封了不知几百年几千年的古老大山和外面连接起来了。新中国成立十年,成绩确实很大,但问题也不少。

刘亚楼凝视着弯弯曲曲的前方,眉头紧蹙,问弟弟:"棕头,乡亲们生活的都还可以吧?"

刘亚东不管有关人员的交代,决心向哥哥如实相告:"很多人都缺粮少食,还死了人呢。我们一家托你的福,政府关照啦。"

刘亚楼沉默不语,深邃的目光望向远方,陷入沉思。

车到桃溪,路太窄,不能往前开到湘店,刘亚楼和随同来的妻子骑上公安人员牵来的两匹灰色马。

山下田野,这时节本该是禾苗青青稻浪翻飞,可现在到处是草长天际,一派荒芜。更兼沿途所见群众个个衣衫不整,面黄肌瘦,刘亚楼的心情益发沉重起来。看到丈夫一路心急火燎,翟云英安慰道:"亚楼,也许过了今冬明春就好了。"却换来刘亚楼的一阵叹息:"移苗并株,亩产万斤,新天方夜谭啊!"

刘亚楼在家稍作休息,便带上刘亚东等人搞调查去了。看到老乡们一个个形容憔悴、骨瘦如柴,刘亚楼便亲自撩开他们的裤腿,用手指按腿肚,那凹下去的部分没再起来。他心头大痛:"解放都这么多年了,过粮食关也不至于这样,还做什么表面文章!"

说完,他痛苦地流泪了。据说这是刘亚楼第二次流泪,第一次是长征期间,数千闽西子弟兵血染湘江。

他不顾公社领导的阻拦,来到食堂。群众三三两两向他反映:"大口每天四小两,中口每天三小两,小口二小两,背时还吃不上。"刘亚楼朝公社书记一瞪眼:"这怎么能不饿死人?"

接连几天,他不顾疲劳地深入生产队开仓检查粮食贮备情况,看后使他更为恼火:"仓库里谷不少,怎么不让群众多吃一点?"

公社领导小心翼翼地回答:"这是封存的,上面交代不能动用,否则就拔白旗。"

"娘个×的,什么拔白旗,群众的命都不要了?"刘亚楼声色俱厉,好半天不再说话。

公社领导了解刘亚楼的脾气,忙打破僵局:"首长,那您作个指示吧。"

刘亚楼的脸色这才缓过来,平心静气地说:"主席在给各级干部的信中说过了,一定要每日每时关心群众的利益,时刻想到自己的政策措施一定要适合当前群众的觉悟水平和当前群众的迫切要求。凡是违背这两条的,一定行不通,一定要失败。你们一定要认真领会主席的指示,可以把食堂办小一点,方便老人、小孩吃饭。大口每天最少一斤米,中口六小两,小口不差于四小两。"

刘亚楼开仓救灾,乡民们以手加额,感恩不尽。几天后,刘亚楼一行悄然离乡。临行,他给家人掷下一句话:"有毛主席和党中央的领导,难关很快就会过去的,现在苦点没关系,要有志气!"

刘亚楼在回乡短短半个月的时间里,不仅纠正了浮夸风,开仓救灾,回去后还给县里送来了救护车和生产急需品,解决了一些困难。他把调查来的农村实际情况向毛泽东作了汇报。毛泽东结合各位中央委员的回乡调查和来自基层的报告,很快就决定取消大锅饭。

刘亚楼当空军司令员,他那位也当过红军的弟弟却一辈子务农。1999年,时任福建省省长的习近平视察武平时,专门接见了刘亚东,由衷称说这对革命弟兄的感人事迹。

称职的"导演"

"空军有两支部队,一支是几十万人的作战部队,一支是五百人的文工团。"这是刘亚楼的名言。

《晋书》尝云"随陆无武,绛灌无文",说的是文人(指随何、陆贾)不能武,武人(指绛侯周勃、灌婴)不能文,各有其局限性。刘亚楼不同意这个观点,他认为政治工作和军事工作同等重要,而文艺工作在政治工作中具有特殊的作用,因此他把文工团当作部队使用。

刘亚楼对文艺的喜好和看重,早在红军时期就已显山露水。他的部队有不少文艺人才,他对这些文艺人才也特别爱护。1934年春,在中央红军开展的"红军青年冲锋季"竞赛活动中,他还带头唱歌演戏,还学拉二胡、吹口琴,屡屡获奖,受到总政治部的表扬。

赴苏留学期间,他又学会了跳舞。当时,苏联元帅、曾任苏联最高苏维埃主席团主席的伏罗希洛夫率代表团到比利时参加女皇加冕典礼,女皇出于礼节为他组织了一场舞会,还亲自邀他伴舞。可惜,行伍出身的伏罗希洛夫不会跳舞,非常失礼,也影响了气氛。回国后,他就要求每个军官必须学会跳舞,作为一个课目来训练。刘亚楼到苏联学习时,正赶上跳舞热,他一学就会。新中国成立后,在繁忙的工作之余,他也跳跳舞,或是哼哼京剧。

空军组建一个月后,即在长春成立了空政文工团。1950年国庆前夕,空政文工团奉命进京汇报演出,刘亚楼亲自接见并宴请全体演职人员,热情洋溢地说:

"你们来自不同的部队，今后不管是从哪里来的，都是我们空军的人，你们就做好打算，在空军干一辈子吧！"听得演职员们心里热乎乎的。

1951年6月，空政文工团从长春搬到北京。以后，每当空政文工团调来一批新演员，刘亚楼少不了都要说这番让人过耳不忘的话，都要强调文艺工作者须认真学习毛泽东《在延安文艺座谈会上的讲话》，要深入基层，赴高山海岛、边陲哨所采风，拿出过硬的作品来。

鉴于在全军第一届文艺会演中，空政文工团获奖较少，1958年，刘亚楼便亲自抓空军的文艺工作，力求尽快打翻身仗。他下令把全空军文工团的主要力量集中到北京，扩大组建成空政文工团总团，下设歌剧团、歌舞团、话剧团和军乐队，共五百人。

这年，刚成立不久的八一电影制片厂拍摄空战片《长空比翼》。影片拍完后，中央军委请刘亚楼负责审查。刘亚楼提出了改进意见，总体给影片予以高度评价，他对导演王冰和扮演片中飞行师长的演员王润身说："你们的戏很好，希望今后多下功夫。"

《长空比翼》给刘亚楼很大启发，指示空政文工团也要搞出一台反映新中国飞行员的大戏。文工团据此指示，开始创作排练话剧《年轻的鹰》。刘亚楼多次找来剧作者叶槐青商讨立意，指出在剧中要充分体现毛泽东军事思想，反映"一域多层四四制"空战战术原则和人民空军在战斗中成长的历程，他还字斟句酌地修改台词。

1959年8月，《年轻的鹰》代表空军参加全军第二届文艺会演，取得成功。周恩来称赞说："这个戏演得很好、很成功，把空战搬上舞台是个独创，天上的仗拿到地上打，空战看不到飞机很新鲜。这个戏看一遍不行，我还要再看看，要用脑子才能提出问题。"他还对其他领导人说："这个戏对青年人教育很大，让孩子们看看很好。"

在全军第二届文艺会演中，空政文工团的青年演员张映哲还用她那充满激情的歌喉、富有诗意的情调和独具一格的演唱风格，演唱了毛泽东的词《蝶恋花·答李淑一》，成为新中国第一位演唱毛泽东诗词歌曲的歌唱家。

此后，空政文工团又推出《以革命的名义》《渔人之家》等剧，几乎都能在社会上引起强烈反响。空政文工团从此在中央首长那里挂上了号，经常到中南海

演出,毛泽东、周恩来、刘少奇、朱德、邓小平等都曾给予文工团很多关怀。当然,最直接的关怀还是来自刘亚楼,他把文工团看成是他的另一支部队。空政文工团正是在这种关怀中逐渐成长起来,在三军乃至全国取得了赫赫声名。"

1959 年后,连续三年的困难和灾害,加上国际上各种反华势力也借机在政治上施压,新中国处于"高天滚滚寒流急"、"万花纷谢一时稀"的境地。严酷的现实赋予文艺工作者神圣的使命,那就是尽快拿出一批讴歌民族气节和英雄主义气概的洪钟大作。

1960 年底,刘亚楼访问朝鲜归来,还没歇口气,就把空政文工团总团副团长兼歌舞团团长牛畅叫来,一见面就说:"我告诉你牛畅,你们歌舞团不要一天到晚老是唱些个有气无力的歌。我在朝鲜空军的一个大机库里,看到三千名人民军将士演了一出大歌舞,叫《三千里河山》,很有气势,很鼓舞人心。贺老总和罗总长也表示赞赏。我把他们的节目单都给你带回来了,你拿回去好好看一看。我们空军要带头,拿出一部反映我们中国革命斗争历史的大型歌舞剧来。"

牛畅明白,这个以严厉、果敢、好胜著称的将军,是给他下了一道命令。他静静地听着刘亚楼说下去:"你们文工团就应多唱一些革命歌曲,让同志们重温一下我军走过的艰苦历程,这是有教育意义的。一唱起那个时候的歌曲,立刻会使你回忆起那些值得珍惜的战争年代。它会给我们力量去奋勇开拓未来。素材和歌曲尽量用以前的,用当年的歌曲反映当年的历史嘛。如果没有那么多歌,就用主席的诗词作词。牛畅你听着,三个月以后一定要拿出我们自己过硬的东西来,到时我要来看你们的演出。"

刘亚楼军令已下,牛畅深知就是困难再大也要完成这个任务。回到团里,他立即牵头组成一个八人创作组,去执行这个特别的命令。

根据刘亚楼的设想,牛畅提议作品的基本结构是把秋收起义到抗日战争这段历史时期中,流传较广、代表性强、富有时代气息的革命歌曲通过一些重大的历史事件串联起来;在表现手法上应考虑到群众的欣赏习惯,采用有歌有舞、以歌为主、以舞说歌的形式。创作方案定下后,经过近一个月的紧张工作,创作组拿出了四万余字的剧本。之后,近三百名演职员投入到了异常紧张的排练。

在排练中遇到一个问题:这么多红军时代的歌曲从哪来? 问题反映到刘亚楼那里,刘亚楼号召在空军工作的老红军、老干部贡献历史歌曲。他提出要加上红二方面军及红军三大主力会师的内容，审查时又亲自安排歌曲顺序。

刘亚楼还邀请军内外的一些老同志来指导这台节目的排练。谭政大将的夫人王常德来团示范表演了红军歌舞《八月桂花遍地开》，热情传授。红军老文艺工作者、杨尚昆的夫人李伯钊也来团指导，提出了许多宝贵意见。

在表演唱的所有歌曲中，唯有《十送红军》是新创作的。根据刘亚楼表演唱要突出老区革命传统、注重民歌的指示，1960 年春，空政文工团歌舞团派朱正本、张士燮等人先后赴湘赣两省采风。词作家张士燮心里有了《十送红军》的草稿，而朱正本采集到的赣南采茶戏，曲调婉转优美，十分动听，其中一首送别的曲调如泣如诉，欲言又止，深深地吸引了他，当时就把它记录下来，以后便成了《十送红军》的音乐基调（后来还成为电视连续剧《长征》的片尾吟曲）。《十送红军》中有一句"苞谷种子红军种"，当时有争议，有人说苏区没有苞谷，偕夫人前来看排练的总政治部副主任萧华讲："我在苏区就见过苞谷，也吃过苞谷，我看没问题。"

三个月后，刘亚楼从苏联打来电话，牛畅告诉他任务已如期完成。

刘亚楼回国后，马上来到空政文工团歌剧团的驻地看排练。他拍着牛畅的肩膀说："这个作品太好了，鼓舞人心，必定成功。"

刘亚楼自始至终指导着这出戏的创作排练，他和分管文工团的空军政治部副主任王静敏常到排练现场指导，一边看彩排，一边提修改意见。他的记忆力惊人，许多歌词记得清清楚楚。文工团团员唱错了的，他马上予以更正。他还数次把张士燮等人请到家中，当面听取他们对剧本和音乐的修改意见。

刘亚楼要求演员的吐字唱腔一定要清晰。他看到《人民日报》上发表了一篇京剧表演艺术家赵燕侠有关吐字的文章，立即指示文工团要组织演员学习；还要求文工团在排练厅的墙上贴上几个斗大的"慢"字，以提醒演员要把每个字、每句话送到观众的耳朵里。

在最后排练中，只要能抽出时间来，刘亚楼几乎场场都到。这对演员是个极大的鼓舞。刘亚楼和文工团导演并肩坐在一起，聚精会神地观看演出，对每一个表演动作、每一句唱词，他都认真地揣摩，发现问题马上告诉导演。有时还特意蹿到乐池或礼堂后排，了解乐队是否压唱。他说："乐队伴奏要强调伴字，不要喧宾夺主，不要搞'自杀'政策。"排练告一段落后，他站在台上给大家即兴讲评，提出修改意见。演员们亲切地称他为"司令员级的导演"。

　　经过精心的排练,这出戏终于可以和军内外广大观众见面了。该取个什么名字呢? 刘亚楼本来定作《光辉的历程》,但军中有人反映空军"好大喜功",只好忍痛割爱舍之不用。牛畅建议叫《东方红》,刘亚楼考虑来考虑去,最后敲定叫《革命历史歌曲表演唱》。名称既定,刘亚楼指示牛畅带团赴上海公演。在上海一演就是两个月,场场爆满,轰动申城。

　　剧团载誉而归。1961 年八一建军节在北京中山公园音乐堂公演,更是盛况空前,连演八天,观众达二万多人。以后又招待演出多场。周恩来、叶剑英、聂荣臻、罗荣桓、罗瑞卿、彭真、李富春等领导人先后亲临观看。首都各大报纸纷纷刊登剧照、歌曲和评论文章,称之为"革命历史的颂歌"、"激动人心,亲切感人"、"受到了一次形象的传统教育"。

　　《十送红军》很快在北京,继而在全国广泛流传开来。这年年底,应上海市委邀请,剧组赴上海演出。从 1961 年 12 月 25 日演到 1962 年 2 月 14 日,演出四十场,观众达七万多人。尔后又赴西安、张家口等地公演,受到普遍赞扬。

　　1962 年 5 月,怕光、怕风、平时极少看演出的林彪也亲临观剧,并提出三点要求:一、这是对部队搞传统教育的好教材。二、各大军区文工团都要照空军的样子排演。三、八一电影制片厂要将这个剧拍电影,要拍彩色的,那么多红旗、红袖标、红缨枪,黑白的不好看嘛。

　　林彪指示下达后, 当时每年仅有一部进口彩色胶片的八一电影制片厂,将原计划用于拍摄故事片《农奴》的彩色胶片让了出来。

　　《革命历史歌曲表演唱》在神州大地引起了巨大轰动, 尤其是它的艺术形式,更是令人刮目相看。该剧开了大型歌舞艺术先河,只是在当时,国内舞台还没有"音乐舞蹈史诗"这一名称,究竟将它归于哪一类剧种,首都文艺界曾引起过一番争执。称它是歌剧、舞剧、歌舞剧、大合唱,都不太贴切,有人称之为四不像。彭真表示:"四不像就四不像,非驴非马,骡子更有劲。"

　　《革命历史歌曲表演唱》能唱红全国,除了刘亚楼的幕后"导演",还跟他发现人才有密切关系。1961 年初,刘亚楼在杭州开会期间,在篮球场瞅见了空政文工团的男高音歌唱家秦万檀,立刻就有了个想法,马上把秦万檀叫到跟前,要他不能光唱歌不跳舞,也要学一学跳舞。秦万檀顿时愣住了,要知道,独唱演员历来都是在台上做几个动作,比画比画而已,由一群姑娘小伙子在旁边帮着跳就行。他道出了难处，诸如学舞蹈一般是十几岁前，自己已过三十岁了，甚至还把自己的体形不如舞蹈演员苗条等原因都说出来了。刘亚楼却认定了这事，商量的语气变成了命令的口吻："你找舞蹈演员李光教你跳舞。"

司令员叫练，秦万檀哪敢不练，何况大家都知道，从枪林弹雨出来的司令员，不仅在战场上声名赫赫，在舞场上也独领风骚，对舞蹈很在行。

1956年6月下旬，刘亚楼率代表团到莫斯科参加航空节后，取道阿克丘宾斯克—阿拉木图回国，首先到中苏边境上的重镇伊犁休息。新疆当地党政军为欢迎代表团举办了一场联欢晚会。晚会气氛热烈，一位维吾尔族少女跳起了马祖卡单人舞。按新疆习俗和马祖卡舞的要求，少女旋转到每个代表面前，诚恳地邀请一同跳。可惜代表团中谁也没有思想准备，广州市市长朱光、总参谋部作战部部长王尚荣、防空军副司令员成钧、南空司令员聂凤智……谁也不会跳，只好一一谢绝。眼看这场单人舞就要悻悻收场，最后她抱着一丝希望来到团长刘亚楼面前，没想到刘亚楼落落大方地站了起来，掏出一块手帕举过头顶，踩着鼓点，伴着少女，翩翩起舞。他那娴熟优雅的动作，不仅使在座的代表们惊奇不已，连文工团团员们也对他投以敬佩的眼光。人们自发有节奏地拍起手来伴奏，会场上的气氛马上活跃起来。

刘亚楼让秦万檀在剧中跳舞，绝不是花拳绣腿，而是要下真功夫的。秦万檀在舞蹈演员李光辅导下，天天早晨跟着舞蹈队练功，后来在《革命历史歌曲表演唱》里面就用上了。在全剧中，秦万檀又唱又跳又表演，从《西江月·井冈山》《松花江上》《在太行山上》《咱们的领袖毛泽东》到《延安颂》，从独唱、领唱到二重唱，从井冈山时期唱到延安时期，唱了十几首，从头唱到尾，从头跳到尾。

当八一电影制片厂拍摄电影时，导演不知出于什么考虑，想换主角，可换了几个人，都不如秦万檀唱得好，换人之事只好作罢。没多久，导演又觉得秦万檀的银幕形象不甚理想，想把本厂走红的电影明星王心刚换上，让王心刚表演，光张嘴不唱（假唱），由秦万檀躲在银幕后唱。刘亚楼听说后，坚决不干，生气地说："我们空军的东西，干嘛叫别人来演！王心刚又不会唱，还叫秦万檀唱！"这一发话，谁也不敢再提换人的事。《革命历史歌曲表演唱》在全国公演近百场，仍在不断修改、补充内容，以求精益求精。直到1963年八一电影制片厂将它拍摄成电影艺术片，才算定型。

　　谁也不曾料到，这部曾被首都文艺界某些人称为四不像的舞台艺术作品，以其史诗般的艺术风格和磅礴宏大的气势，对中国的歌舞表演艺术产生了积极的影响。1962 年，上海市委要求文艺部门，按照空军的思路，编排出一台规模更大的节目，时间跨度延伸至大跃进，定名为《在毛泽东的旗帜下高歌猛进》。上海市委文化局找到牛畅，要去了剧本，然后集中了上海和华东数省的五六百名文艺工作者进行创作排练。

　　随着国民经济的好转和新中国成立十五周年的临近，需要有一台规模更大的文艺节目来迎接 1964 年的国庆盛典。因此，周恩来指示不仅要把已拍成电影的《革命历史歌曲表演唱》在全国放映，还要在此基础上，搞一个更完整的反映中国革命历史的大型歌舞，这就是后来的《东方红》。他把这个任务交给了总政治部文化部。刘亚楼表示："排《东方红》，空军全力以赴，要人给人，要枪给枪。"牛畅担任了这部大型歌舞演出筹备组副组长，张士燮参加《东方红》领导小组下设的文学组，参与创作排演。空军《革命历史歌曲表演唱》的设计张敦仁担任了《东方红》的舞美设计组组长，空政文工团还派出六十多位演职人员参加舞蹈等组。为了统一创作思想，《东方红》剧组的创作人员看了一星期的《革命历史歌曲表演唱》电影，后来采用了其中包括《义勇军进行曲》《松花江上》《大刀进行曲》《游击队歌》《南泥湾》等在内的十多首歌曲。

　　大型音乐舞蹈史诗《东方红》取得了巨大成功，总导演周恩来在总结会上对空政文工团付出的辛勤劳动予以肯定，他特别提到："《东方红》是在空政文工团的《革命历史歌曲表演唱》和上海《在毛泽东的旗帜下高歌猛进》两个歌舞的基础上创作排演出来的。"

　　情趣高雅、能歌善舞的刘亚楼每下部队，只要有空，都少不得和连队战士联欢，有时还亲自登台表演。

　　1963 年底，福建推出了反映闽南地区抗天灾的话剧《龙江颂》，在华东话剧会演中获得了巨大成功，被选为 1964 年进京汇报演出剧目。1964 年 2 月 27 日晚，该剧在首都剧场举行招待演出。刘亚楼和总参谋长罗瑞卿等高级将领前来观看，并陪同罗瑞卿上台接见演员，和演员合影留念。罗瑞卿说："这个戏很好，刘亚楼同志、杨成武同志都是福建人，是吃过福建大米的。我不是福建人，他们（说话时手指身旁其他一些将领）也不是福建人，但在中央苏区时，我们也都吃过福建大米,你们福建搞了这样的好戏,我们也沾光。"

刘亚楼此前已抢先看过《龙江颂》,这晚又来。休息时,他对带剧团进京演出的福建文化局副局长储蓄说:"第一次看戏后,我就想提一点意见,但考虑到我是解放军,不便提,今天我想到我也是福建人,意见还是要提。"

刘亚楼的意见是:"闽南地区抗洪抗旱堵江修堤,解放军起了很大作用。你们剧本能否修改一下,加几句台词,说明这是一个奇迹,不仅有其他公社支援龙江大队,还有解放军支援。"

储蓄和剧团人员都认为,刘亚楼所提意见很好,不该把这个重要情节给漏掉,因此马上作了修改,把几百名解放军支援抗灾的情况加进了台词。修改后的《龙江颂》获得更大反响,后来还被改编为同名现代京剧。

冯德英是位深受刘亚楼关心的作家。20世纪50年代前期,他还是空军某部队的一名机要员,利用工作之暇,悄悄地写起小说来。1955年胡风事件后,部队也奉命进行"保密大检查",尤其要查阅每个人的书信、笔记、日记、文稿之类,看看其中有无与胡风联系的迹象及其他嫌疑。冯德英"秘不示人"的小说被检查出来后,事情反映到空军高层,特地让文化部门审读一遍,认为写得不错,即决定把冯德英抽出来专心修改。这部名为《苦菜花》的长篇小说出版后,冯德英一下戴上了作家桂冠,调到空军政治部文化部(简称空政文化部)当创作员。但空军直属机关对冯德英只按一般干部对待,让他住集体宿舍。刘亚楼知道后,把管理人员叫去狠狠训了一顿。管理人员辩解说冯德英军龄不长、级别不高,按规定只能如此。刘亚楼问:"空军几十万人,能写长篇小说的有几个?你要是也有这能耐,我马上把你供起来!"责令立即给冯德英安排一个安静住处,让他有一个良好的创作环境。冯德英改善条件后,后来又写出了《迎春花》《香菊花》等长篇小说,只是很少有人知道这与刘亚楼有什么关系。

1963年5月,刘亚楼在空军文艺创作会议上作了关于国际形势、空军形势的报告,提出了空军文艺工作的根本任务,指出:"毛主席说没有文化的军队是愚蠢的军队,我们不能只搞武装,也要搞文化。"会后不久,他亲自定下了《江姐》《女飞行员》等重头戏,他把空军的创作员冯德英、黎静、丁一三请到空军党委常委会议室,与他们商量写这两个剧本的事,并责成空政副主任王静敏具体组织。

对写女飞行员的戏,刘亚楼早在前几年就有此想法,也曾示意话剧团尝试,

说这是中国人民开天辟地的一件大事。但因种种原因,一直未能如愿。这次他问冯德英等人:"这是个碉堡,你们敢不敢攻?"得到满意的回答后,他当着全体常委的面,大声说:"对他们要大力支持,有求必应!"

1965年2月27日,《女飞行员》在北京公演,受到全国妇联、青联、学联、首都文艺界人士及部队官兵的热烈欢迎。

划时代的歌剧《江姐》,也是在刘亚楼的亲自指导下创作出的轰动全国的文艺作品。

《江姐》是空军创作员阎肃从小说《红岩》里抽出江姐的故事,单独编成歌剧的。1962年,刘亚楼一口气看完阎肃的剧本,连声叫好,提出要精雕细刻,一炮打响。

在刘亚楼支持下,阎肃怀揣剧本,和编导人员几下四川,多次采访小说《红岩》的作者罗广斌和杨益言,并与江姐原型江竹筠烈士的二十多名亲属和战友座谈。经数十稿修改,形成了七场歌剧《江姐》剧本。

该由谁来扮演江姐呢?遴选演员时,大家想到了万馥香。但也有人不同意,说她进空政文工团不到半年时间,出身又不好,与革命英雄人物不般配。问题反映到刘亚楼那里,刘亚楼拍板说:"万馥香我了解,可以胜任。"

万馥香在苏州地方歌舞团工作,颇有艺术天赋,在1962年一次评弹演出时,被空政文工团总团政治委员陆友看上,有心把她调到空政文工团,但苏州方面不肯,说她不符合参军条件,其生父是国民党军官,有严重历史问题。不久,苏州地方歌舞团面临解散,万馥香坚决报考空政文工团。听说她跑到北京参了军,当地有人便写告状信,竟然告到总政治部和中央军委。刘亚楼了解情况后,又看了万馥香的表演,发话说:"她还是个孩子嘛,家庭出身好不好,她有什么责任,谁能选择自己的家庭?"就这样,经过一番周折,年仅二十二岁的万馥香如愿以偿成为空政文工团的一名演员,并在刘亚楼的支持下,获得了出演江姐的殊荣。

1963年9月,《江姐》进入试唱排练时,刘亚楼特地拉来总参谋长罗瑞卿大将一同观看。第七场中《绣红旗》头四句唱词是:"线儿长,针儿密,含着热泪绣红旗,热泪随着针线走,说不出是悲还是喜……"罗瑞卿吟哦之余,说不如把第四句改成"与其说是悲,不如说是喜"。刘亚楼深表赞同,说:"个人的一己之悲,终究不如革命大局之喜,两者孰轻孰重,确实可以也应该明朗地说出,这大概更符合以江姐为代表的全体难友的心声。"这样可谓一字千金的修改，使唱词的意境大为增色。阎肃和编导人员从中受到鼓舞。

《江姐》的剧本虽然出来了，但刘亚楼一再强调文章不厌千回改，艺术就是要精益求精。剧中插曲《我为共产主义把青春贡献》有段唱词："春蚕到死丝方尽，留赠他人御风寒；蜂儿酿就百花蜜，只愿香甜满人间。"刘亚楼经反复斟酌，将首句修改为"春蚕到死丝不断"。阎肃细加品味，觉得这一改，含意深厚，体现了共产党人至死不渝的坚定信念和人格力量。

在第五场，叛徒甫志高趾高气扬地带着国民党特务找到江姐所在的地下联络站。江姐顿起疑心，一边给他倒茶，一边套话。刘亚楼看到这里不高兴了，气哼哼地说："不要让江姐给叛徒倒茶，可以安排江姐做别的事嘛。"随后，他还指着甫志高的扮演演者刘痕数落："你演的甫志高一点也不紧张，潇洒得很，这个叛徒应该紧张才是。"

过了几日，刘亚楼又来看根据他意见修改的排练。看着看着，刘亚楼又批评起来："我还是不满意甫志高，太潇洒了，这个叛徒不好演，要好好体会一下。甫志高的戏出不来，是政治上的损失。"

批评一阵后，接着又排练。扮演者刚唱几句，刘亚楼又在台下嚷开了："你看，我们的演员同志又忘了，他一唱就忘，又开始潇洒起来了，他潇洒惯了！"

在第六场，有叛徒甫志高在审讯室里向江姐劝降的戏，原唱词如下：

> 多少年政治圈里较短长，
> 到头来为谁辛苦为谁忙？
> 看清这武装革命是空流血，
> 才知道共产主义太渺茫。
> 常言道英雄豪杰识时务，
> 何苦再出生入死弄刀枪？
> 倒不如抛开名利锁，逃出是非乡，
> 醉里乾坤大，笑中岁月长，
> 莫管他成者王侯败者寇，
> 再休为他人去做嫁衣裳！

　　刘亚楼看后,觉得甫志高这段唱词话语过白,有副作用,让阎肃作些修改。可阎肃苦思冥想,一时想不出替代的词句。见他迟迟未作改动,刘亚楼就把他叫来说:"阎肃啊阎肃,你怎么还不改?今天我要关你的'禁闭'!你就在这里改,改出来我才放你走。"

　　见刘亚楼有点生气了,阎肃也就急了。也许是人急智生吧,阎肃居然文思泉涌,妙笔生花,很快就拿出一稿:

　　　　你如今一叶扁舟过大江,
　　　　怎敌他风波险恶浪涛狂;
　　　　你如今身陷牢狱披枷锁,
　　　　细思量何日才能出铁窗。
　　　　常言说活着总比死了好,
　　　　何苦再宁死不屈逞刚强?
　　　　倒不如,
　　　　激流猛转舵,悬崖紧勒缰,
　　　　干戈化玉帛,委屈求安康,
　　　　人逢绝路当回首,
　　　　退后一步道路更宽广!

　　刘亚楼听阎肃吟诵完,又接过稿子看了看,在几处再作了些小改动,才点头认可。后来在正式演出时,刘亚楼又要求压缩时间,在剧中不要给叛徒甫志高更多的场面,阎肃就把"常言说……何苦再……"两句给砍掉了。

　　后来大家都说,刘亚楼通过戏剧找到了一个往甫志高身上出气的地方,替江姐等烈士狠狠"收拾"了叛徒一通。

　　江姐就义前向难友们告别的那段唱词,也是刘亚楼亲自修改的。

　　刘亚楼曾说:"不要把艺术神秘化,政治工作者应该懂得艺术,文艺工作者也应该懂得政治。"

　　刘亚楼留苏期间,看过《天鹅湖》《卡门》等名剧,对西洋歌剧的套路颇为了解,也懂得民族唱法,所以他在《江姐》排练中提出的意见,绝不是隔靴搔痒,离题万里。对此，剧组人员都服他。《江姐》的修改不知有多少次了，连阎肃都认为差不多可以了，可有一天，刘亚楼对他说，人家歌剧都有主题歌，《江姐》也要想办法写一个主题歌加进去。

别的歌剧创作，大多是先有主题歌，后有咏叹调，而《江姐》是先有咏叹调，原因就是歌词迟迟定不下来。按照刘亚楼的意见，阎肃写了一段歌词："行船长江上，哪怕风和浪……"他又情不自禁地想到四川去了，刘亚楼看后不满意，剧组上下也都跟着摇头。

阎肃数易其稿，都未通过，最后又被刘亚楼关了"禁闭"。走投无路之际，他从衣兜里掏出一页稿纸，哭丧着脸向刘亚楼报告："上海音乐学院有位教授叫我写个关于梅花的歌词，我取名叫《红梅赞》，离《江姐》怕是远了点，司令员看能不能当主题歌？"

刘亚楼要阎肃念来听听，阎肃便抑扬顿挫地吟诵起来：

> 红岩上红梅开，
> 千里冰霜脚下踩，
> 三九严寒何所惧，
> 一片丹心向阳开。
> 红梅花儿开，
> 朵朵放光彩，
> 昂首怒放花万朵，
> 香飘云天外，
> 唤醒百花齐开放，
> 高歌欢庆新春来。

听完，刘亚楼一拍桌子："这个好啊，就这个，定了！"

随后，刘亚楼又召来曲作者羊鸣、姜春阳，说："一部戏，除了精彩生动的剧情，还得要有两三首好歌起兴。写出好的歌词不易，谱成优美的曲子也难，但我们要有信心攻下这个堡垒。我们的《革命历史歌曲表演唱》中有首《十送红军》，就很有特色，找不到和它雷同的，《江姐》这部戏也一定要有观众喜爱的好歌。"

　　刘亚楼亲自抓主题歌《红梅赞》的创作修改，曲作者先后谱了八首，反复比较选择，修改了二十多次才最终定稿。剧组上下的精雕细琢，终于使《江姐》成为一部经久不衰的优秀作品。1996年，在谈及歌剧《江姐》时，阎肃这位文艺界无人不晓的著名老艺术家如是说："我始终是怀着深深的敬意感激、怀念我们的这位司令员的，他是那样热情，那样炽烈地爱护、扶持歌剧《江姐》，那样鲜明、强烈、无微不至地关怀和支持文艺工作的。"

　　经过近两年的锤炼，1964年9月4日，歌剧《江姐》在北京儿童剧场揭开神秘的面纱。因事前在《北京晚报》刊发了公演消息，一时观者如潮。

　　公演的第四天晚上，周恩来和夫人邓颖超既没有通知空军，也没带随行人员，自个儿买了两张票进了剧院。演出中周恩来有时在椅子扶手上打拍子，有时点头微笑，当看到误捉蒋对章那段戏时，禁不住捧腹大笑，邓颖超也笑个不止。

　　1964年8月10日，刘亚楼（左四）陪同周恩来（左三）、陈毅（左一）、罗瑞卿（左二）等党和国家领导人在北京接见空军首届话剧、歌剧会演的全体人员

周恩来观看《江姐》的消息迅速在首都文艺界传播开了：空军搞出了一台大歌剧，把总理都吸引住了。

《江姐》在京公演二十多场，反响强烈，各报社记者和观众纷纷撰稿赞扬。刘亚楼分外高兴，以空军党委的名义宴请《江姐》剧组演职人员。当阎肃向他敬酒时，刘亚楼却意味深长地说："你得向江姐敬酒！"他叮嘱阎肃，也叮嘱剧组演职人员要戒骄戒躁，重视观众的反映，边演出边修改。在刘亚楼的指示下，文工团专门登门拜访有关专家，向部队官兵征求意见；而且，每次演出散场后，剧组演职人员得身穿便装，跟随观众挤上公共汽车，一路听取他们七嘴八舌的评判，并且连夜整理出收集到的观众意见，然后逐条研究，能改的第二天就改。刘亚楼特别规定，这是以后演出中的一项制度。

1964 年 10 月 13 日晚 7 时，毛泽东在周恩来、朱德、董必武、贺龙、陈毅、徐向前、聂荣臻、杨尚昆、陆定一、罗瑞卿等人的陪同下，步入人民大会堂三楼小礼堂观看演出。帷幕一拉开，毛泽东便被戏中的情景所深深吸引，看得很专注，不时鼓掌，开怀大笑。演出结束后，毛泽东登台接见全体演职人员，祝贺演出成功，还说："我看你们的歌剧打响了，你们可以走遍全国，到处演出了。"

第二天，全国各大报纸纷纷在头版刊登了毛泽东观看《江姐》的特别报道及同剧组全体人员的合影。据悉，毛泽东一生中，只看过两部歌剧，一部是在延安看的《白毛女》，另一部就是《江姐》。

时任中宣部文艺处处长的江青，对空军的几部文艺作品很感兴趣。20 世纪 60 年代初，总政治部文化部考虑到管弦乐队人多，不适合下部队演出等原因，曾下过要砍掉管弦乐队的指示。但刘亚楼不同意，下令空军要照样保留管弦乐队。江青认为空军保留管弦乐是对的，使她纳闷的是：这个刘亚楼，抓文艺怎么也有两下子，老是抢在别人前面……

说到刘亚楼和管弦乐的瓜葛，音乐家刘炽珍藏着一段往事。

1946 年初，刘炽所在的东北文艺工作团受东北局委派到大连演出，以帮助驱散抗战胜利后还没完全消散的日本殖民主义文化污染。

刘亚楼经大连市委书记韩光介绍，认识了文艺工作团的音乐部主任兼首席作曲和指挥刘炽。得知刘炽正在指挥排练《黄河大合唱》，刘亚楼很感兴趣，特地问他有没有燕尾服。听说没有，他马上说："你做指挥的没有燕尾服怎么行？我在苏联看过人家的正式演出,指挥非得穿燕尾服不行。听说这次演出的管弦乐队是原大连放送局(广播电台)招聘的日本山下久管弦乐队,我们更不能丢份,要展示出民族的尊严。"

刘亚楼这话还真说到点子上了。这次聘请的日本山下久管弦乐队队员们还夹带着民族的偏见和狂傲,瞧不起在台上穿着大棉袄一身土气的刘炽,开始指挥时竟有人不理不睬。

刘炽也知道燕尾服对指挥的意义,他也想着维护民族的尊严,但一套燕尾服价格不菲,他拿不出钱来,也不好向工作团开口要。

刘炽认为刘亚楼说说也就算了,不料他是个有心人,在大连亲自找服装店做了件燕尾服送给刘炽,第一场演出时还特地来捧场。

穿上了燕尾服的刘炽,站在指挥台上既精神又气派。合唱队队员们在注视着他微微抬起的双手,钢琴伴奏和管弦乐队在等待着他那力重千钧的一挥。这屏气凝神的瞬间,已是"未成曲调先有情"了。

整个作品指挥下来,人们感受到了中国人民惊天地泣鬼神的抗日救国斗争。傲慢的日本人服了中国年轻的指挥,称说刘炽穿燕尾服的神情很帅,指挥很了不起。当然,更高兴的是在台下的刘亚楼。

话说回来,《江姐》先后在南京、上海、广州、武汉等地公演,在中华大地掀起了一股旋风。《江姐》每到一地,剧院每天清晨便排起了长龙般的购票队伍,预售票要提前五六天,而且团体票也只能限购二十张。

这期间又出现了一个小插曲。万馥香怀着激动的心情,将毛泽东观看演出后和大家合影的照片寄回家乡,以便让母亲分享自己的幸福和喜悦。不料却又引起那些原本就反对她穿军装的人的忌恨,一封接一封信地告她的状。华东局、上海市委和江苏省委领导为此先后向刘亚楼反映:有人写告状信,告你们,告万馥香。为了弄清事情真相,刘亚楼交代率队领导、空政文工团歌舞剧一团团长兼政治委员王振魁亲做调查。得知实情后,刘亚楼说:"小万的事情你们就别管了,要打官司,我来打!"有司令员撑腰,万馥香不仅仍是演江姐的不二人选,还被邀请到兄弟剧团谈体会,介绍创作演出经验,并写文章在香港报刊发表。

最为感人的是,刘亚楼在上海治病时,仍关心着《江姐》。空政文工团一到上海,他就召见文工团领导和主要演员,并抱病参加了1964年11月19日在沪的首场招待演出。1965 年春，刘亚楼的病情开始恶化，但不管身体多么难受，他仍要不时询问演出情况，有时还把编导和演员找来，逐条研究观众的意见，躺在床上艰难地修改歌词。最后一次，他还用手使劲地压着疼痛的肝部，语重心长地对编导和演职人员说："你们的戏已经演了不少场了，到处受到好评，我赠给你们几句话，算是祝贺吧：'谦虚谨慎，重视缺点，保持光荣，发扬光荣……'"

刘亚楼亲自改写的《江姐》歌词"春蚕到死丝不断"，实乃他的心情和生命的写照，催人泪下。

刘亚楼很羡慕海军有一首《人民海军向前进》的军歌，指示空政文化部下功夫组织创作。但直到逝世，也未能创作出令他满意的空军军歌，这不能不说是一件憾事。

第十四章　人生最后的谢幕

让人欢喜让人忧

刘亚楼和林彪的关系，一向是个敏感的话题。

正如海内外许多文章指出的那样，刘亚楼从 20 世纪 30 年代初期以来，一直是林彪的"亲密合作者"。回顾漫长而坎坷的战争年代，刘亚楼的军事生涯与林彪的确有着不容回避的联系。这个"亲密合作者"的身份，并不会给刘亚楼的历史抹黑。因为这个合作时期，绝大部分是林彪"在历史上对党和军队的发展、战斗力的提高，起过积极的作用"（黄克诚语）的时期。在这个基础上，刘亚楼与他合作共事，也并非无原则地听从他。辽沈战役中林彪试图放弃打锦州时，刘亚楼就和罗荣桓一起力劝林彪执行中央军委的决定。

刘亚楼和林彪的关系，是在战火纷飞的特定时期结下的，彼此的关系确实非同一般。

有一件颇能说明问题的事。1954 年 2 月初，在杭州的林彪给在北京的刘亚楼写了一封信：

刘亚楼同志：

　　我对高岗的意见，请你转述。我不同意他的意见（按：七届四中全会前，高岗曾拉过林彪，要他出来担任国家部长会议主席，即国务院总理），并请他考虑。毛主席对我非常重视，非常信任。他的意见不妥，我不会考虑。

刘亚楼立即向时任中央人民政府副主席兼中央人民政府计划委员会(与国务院平行)主席、权倾一时的高岗转述了林彪的意见,并对吴法宪说过,接着又报告了毛泽东。高岗事件发生后,林彪并没有要回这封信,足见对刘亚楼的信任程度。

林彪担任中共中央副主席和国防部部长后,高级干部到毛家湾见他,都要经过林彪办公室(简称林办)主任叶群这一关,汇报工作也要先把报告交给叶群,然后由林办发回批示,至于这批示来自林彪还是叶群,就不得而知了。林办主任可不是小官,权力上总揽中央军委的日常事务。当时三总部(总参谋部、总政治部、总后勤部)和各军兵种、各大军区都得如此这般,但刘亚楼例外。

一次刘亚楼去见林彪时,在门口被林办人员"挡驾":"叶主任说了,有事可先通过她。"刘亚楼毫不理睬,径自往前走。林办人员见势不妙,慌忙坚持"原则"加以阻拦。刘亚楼被惹火了,抡起胳膊,用力推了他一个趔趄。就在这当儿,叶群不失时机地出来了,她向刘亚楼致意后,大声训斥林办人员:"今后一○三来找一○一,不要'挡驾'嘛。"刘亚楼哼了一声拔腿进屋。

还有一次,林彪的秘书来找刘亚楼,不知什么原因,刘亚楼发起火来,气哼哼地要办公室送客。林彪秘书嗫嚅地说:"这是叶主任的意思。"刘亚楼火气更大了:"什么叶主任不叶主任,少拿她来吓唬我。"

林彪的秘书在当时可是个炙手可热的人物,而且他又是打着叶群的旗号来,更迫使人"肃然起敬",刘亚楼却没给他面子。刘亚楼缘何发火,秘书张克里也搞不清楚,但猜测可能是叶群想搞什么违背原则的事。

叶群在许多高级干部面前可以飞扬跋扈、颐指气使,对刘亚楼却是礼让三分,不是没有原因的。这不仅在于林彪对刘亚楼的信任,还在于刘亚楼是个在原则问题上不低头、不溜须拍马的人。

和当时一些高级干部不同,刘亚楼不主张夫人参政,他的脑子里也许有种"轻女"思想。当有人问他为何不让翟云英在办公室工作时,刘亚楼非常直白地表达了他的观点:"把夫人抬出来参政会出乱子,弄不好会栽跟头。"他其实已经表露了对叶群参政的看法,这自然也成了叶群怕他的原因。

由于刘亚楼是解放军最为现代化的军种领导,又是和毛泽东、周恩来等中央最高层领导接触较多并深得他们信任和欣赏的人,林彪在开国后,自然不会疏远这位曾经的参谋长。林彪当选为党中央副主席后,刘亚楼曾请他为家乡的《武平日报》题刊头。

1959年1月1日,《武平日报》(创刊号)头版在《亲切的指示,巨大的鼓舞》大标题下,刊有刘亚楼的亲笔信:

　　武平报社编辑部:

　　　来信敬悉。

　　《武平报》即将改为《武平日报》,这是一件大喜事,很高兴。

　　为庆祝《武平日报》的诞生,我特请林彪副主席写了一个刊头随信寄上,请收。预祝报纸在县委领导下获得巨大成绩。

　　　此致

　　敬礼

刘亚楼

一九五八年十二月二十日

毛泽东与刘亚楼亲切交谈

刘亚楼请林彪为家乡报纸题刊,以及林彪也乐意给一家县报题字,多少都说明了两人之间的关系,但刘亚楼主要还是在工作上和林彪接触。他闲暇时偶尔垂钓,每有收获,必让秘书送罗荣桓、罗瑞卿等人,这主要是战友间的一种礼尚往来,他们也常派人送鱼送物来,但每当秘书提醒要不要送给林彪时,刘亚楼就制止了,说:"不要送一〇一,他吃坏了身体,我可负不起责任。"

1959年6月3日,刘亚楼出席了林彪、罗荣桓召集的在京原四野高级干部五十余人会议。根据中央军委关于编写各野战军战史的指示，会议研究编写四野战史问题。罗荣桓建议，以在北京的原四野一些同志为主组成委员会，另外要搞个编写机构，由刘亚楼负责，机构设在空军，经费也从空军开支，各有关军区也可考虑组成分委会。林彪表示同意。

刘亚楼和林彪更多的接触，是在他当了国防部副部长之后。1959 年是个非同寻常的岁月，这一年发生的两件大事——国防部部长彭德怀下台和林彪上台，不仅对军队，而且对全党全国都产生了深远的影响。

中央军委任命四名新的国防部副部长（陈赓、刘亚楼、许世友、粟裕）。从罗瑞卿诸多职务中，国防部副部长位列其总参谋长职前，可见该职此时的含金量。刘亚楼兼职国防部，多少可以反映中央，尤其是新任国防部部长林彪的信任。

庐山会议结束后，杨尚昆曾对分管会议专机的空军副参谋长何廷一说："你们的司令员在会上态度不错，没有过火的语言。"批彭德怀、黄克诚是中央定的，刘亚楼虽有不理解，也要与中央保持高度一致，但在庐山火力猛烈的情况下，他"没有过火的语言"，已属不易。

林彪上台后，带来了一种"全新的气氛"，刘亚楼和当时的许多高级干部起初都认为是一股扑面而来的新风。1959 年 10 月 1 日，林彪在党中央最权威的理论刊物《红旗》杂志发表了题为《高举党的总路线和毛泽东军事思想的红旗阔步前进》的万言长文。随后，林彪又响亮地提出了"背警句"、"带着问题学"等一套实用主义的主张，以及"三八作风"、"四个第一"等。显然，林彪是看好当时的政治气候，利用毛泽东的信任，迎合毛泽东的心理，摆出一副紧跟的姿态，以求得更大的信任和权力。不久，毛泽东就对林彪作了具体和肯定的赞扬，说："自从林彪同志提出'四个第一'、'三八作风'之后，军队的军事、政治工作都有一个新的发展，军队政治工作就更加理论化，也更加具体化了。"

领袖这样满意地评价这位新任国防部部长，对毛泽东无条件服从的刘亚楼，自然也毫不犹豫地采取了赞同这些主张的态度，何况那时他是真正相信林彪当然要比自己高明的。

有一点十分明确的是，经过朝鲜战争，不少军事首长对"浪费"那么多时间从事所谓的"政治学习"逐渐感到不满，有的司令员还曾企图削弱政治委员的作用，降低党委的重要性。刘亚楼对此持不同态度，他历来看重部队的政治思想工

作,这种倾向,在他后来接见毛著学习积极分子丰福生、刘凤阁、吴显流时的谈话中可看出来。他说:"一个人的进步,什么时候都离不开党的教育和培养,你们出了名,但是决不能骄傲,不能忘本,脑子里要经常有个怕字,怕不继续进步,怕骄傲,要夹着尾巴做人,如果飘飘然、昏昏然,那就危险了。

"一个人要做到不骄傲,一方面靠组织上抓紧教育,另一方面更重要的要靠自己的努力。你们是从群众中冒出来的尖子,但是如果认为群众中只有自己那就错了。在广大群众中,第二、第三个,更多的丰福生、刘凤阁、吴显流肯定是会有的,仅仅可能是现在还没有发现。这样看问题,就会谦虚,就会进步。"

党内存在严重的不同意见,军内也在争论,所有这些刘亚楼意识并感觉到了。不过,这些在当时对于他来说,也许被认为是一种正常的现象吧,毛泽东在七千人大会上有句名言:"党外无党,帝王思想,党内无派,千奇百怪。"

1963年3月,刘亚楼(右一)陪同周恩来(右二)、邓小平(左二)、邓颖超(左一)、李先念(左三)在北京西郊机场

但刘亚楼很快就有了困惑。1961年4月30日上午,他列席林彪主持的中央军委常委第二十六次会议。在讨论《合成军队战斗条令概则(草案)》时,罗荣桓明确提出,带着问题学毛选,这句话要考虑,这句话有毛病。林彪听了,一脸不高兴,反问该怎么学。罗荣桓坦率地说:"应当是学习毛主席著作的精神实质。'带着问题学'这句话改掉为好。"林彪听了,半晌不吭声,见没人发言支持他,只好言不由衷地表示既然不好,那就去掉。罗荣桓又补充说:"还是去掉好。学习毛主席著作一定要从根本上学,融会贯通,要学习立场、观点、方法,紧密联系实际……"还没等罗荣桓说完,林彪便粗暴地打断了他的话,宣布散会,接着气冲冲地拂袖而去。刘亚楼和与会者面对林彪的突然发作,都怔住了。罗荣桓气得浑身发抖,却在尽力克

制自己的怒火。

刘亚楼回家后，心情十分不好，踱步时不时自言自语地说："讨论问题嘛，为什么这个样？"他试图给林、罗首长作调和，但叶群刻意夸大林彪和罗荣桓的矛盾，并在公开场合宣称要把林、罗分开，林、罗从来不是一起的。

1963 年 9 月 28 日，罗荣桓因病情严重住进北京医院，刘亚楼多次前往探望。1963 年 12 月 16 日，罗荣桓因病医治无效，心脏停止了跳动。很少落泪的刘亚楼，在向罗荣桓遗体告别时流下了眼泪。

刘亚楼的秘书张克里说，在参加首都各界隆重公祭罗荣桓的大会后，刘亚楼对他说："党和人民给罗帅的评价很高，有这样的评价，我死了也值了!"罗荣桓高尚而光辉的一生，无疑是照亮刘亚楼人生道路的一盏灯，正因为刘亚楼从心里把他奉为楷模，才会说出这样当时叫秘书吃惊的话来。此话仿佛是谶语，仅仅两年后，刘亚楼也被病魔夺去了生命。中共中央给了他极高的评价，悼词中有"在他英勇奋斗的三十六年中……"这么一句，无独有偶，和罗荣桓的悼词一字不差。

罗荣桓病逝的消息传到刘亚楼次子刘煜奋就学的哈军工后，他非常悲痛，含泪给罗荣桓夫人林月琴和刘亚楼写信。刘亚楼参加完悼念大会后，又立即去杭州主持组织编写空军条令，在杭州给儿子回了信：

煜奋：

来信早已收到，当即由爸爸妈妈将你对罗元帅逝世哀悼的意思，转告了林月琴同志和罗东进。你做得很对，这完全是应该的，林月琴同志很感激你的来信。

罗元帅的逝世，是我党我军的巨大损失。对我个人来说失去了一个最好的最亲近的首长和战友，我在他直接领导下战斗和工作了三十年，他的去世，使我万分悲痛。但是，没办法，他被严重的疾病纠缠了二十几年，国家尽了最大的力量，无法挽救。

罗元帅有很多值得全党全军学习的地方，而最重要的是：旗帜鲜明，立场坚定，联系群众，团结干部，大公无私，抱病战斗，他数十年如一日，把毕生精力，贡献给共产主义事业，他从不计较个人得失，对同志和蔼可亲。这些都是我们后人应该永记的。

党中央对罗元帅作了很高的评价,这是他应得的,这是我们大家学习的良师榜样,就是说:为革命而战斗,为人民而牺牲,无上光荣。

你和煜南都应该好好地记住这些,好好学习革命先烈的,尤其罗元帅的高贵品质,把革命前辈的末竟事业继承下去,为人民事业作出贡献……

爸爸

一九六三年十二月二十八日杭州

在个人崇拜之风盛行、对领袖几近顶礼膜拜的氛围中,刘亚楼还能保持自己的见解。1964年3月他受毛泽东点将,在中国人民革命军事博物馆给柬埔寨军事代表团介绍平津战役,并回答柬埔寨王国政府副首相、国防大臣、柬埔寨王家武装部队总司令兼总参谋长朗诺将军所提问题时指出:"我们的革命离开了毛主席就要失败。我们相信毛主席,是在实践斗争中考验过的,不是盲目地相信。不仅在胜利中得到经验,尤其是在失败中得到经验。"

在会谈中,刘亚楼特别提到:"我们打败仗的时候也是有的。不是毛主席指挥时,我们经常打败仗,毛主席领导时基本上打胜仗,有时下边搞得不好,也打败仗。当然,你们这次来看的多数是好的,我们还有没有搞好的地方。"

这种语气,在当时的环境下,应该说是难能可贵的。

这段时期,刘亚楼既愉快又苦闷。愉快的是毛泽东、周恩来,还有林彪,对他一直是信任而倚重的(毛泽东曾请他搬住中南海),苦闷的是党内那些"左"的东西和不正常的斗争。

但值得欣慰的是,空军的发展并没有偏离轨道。由于刘亚楼的影响和带动,空军成为解放军最好的军种。1964年初,根据毛泽东的提议,"全国人民学解放军"序幕正式拉开,《人民日报》在2月1日头版显著位置发表社论《全国都要学习解放军》。主持中央军委工作的林彪提出"解放军学空军",空军被推到最前面,成为榜样中的榜样。

这年2月14日,中央军委办公会议决定要大力整顿机关作风,并提出要宣传空军领导机关建设的经验,推广空军雷厉风行、狠抓"两头"的作风。随后,中央军委领导又说:"在以刘亚楼同志为核心的空军党委领导下,搞成了一个较好的作风,也有了一个较好的基础,被军委立为全军的标兵。"

2月16日,刘亚楼主持召开空军党委常委会,就落实中央军委指示、整顿机关作风问题深入进行了研究。刘亚楼说:"军委要宣传空军,空军怎么办? 第一,一定要谦虚谨慎;第二,一定要加强向地方和军区、军兵种学习;第三,一定要埋头苦干,拼死拼活地工作,只能前进不能后退。"

2月中下旬,在叶剑英元帅、罗瑞卿总参谋长的率领下,各军兵种、院校和北京部队的首长先后来到空军直属机关(简称空直机关)大院参观。

2月26日、27日,在全军现场会上,刘亚楼从十二个方面汇报了空军机关建设的情况。3月13日,他在人民大会堂向首都四万多军民介绍了空军机关建设的经验。那些年里,在人民大会堂介绍经验的只有两个人,一是时任石油部部长的余秋里,另一个就是空军司令员刘亚楼。

曾任中央军委副主席的张震上将回忆:"20世纪60年代,军委号召向空军学习。那时,刘亚楼司令员抓工作有股子狠劲。为了抓

刘亚楼为空军建设而忘我工作

落实,他有句口头禅,叫作'三方对六面'。也就是不掩盖矛盾,有问题就摆到当面。我很赞赏这种工作作风。我下部队时,也常用这种方法,敢于较真,敢于揭露矛盾。"

这也许是空军建军以来最辉煌的一段时期——有人称之为"刘亚楼时期"。

为了迎接这个辉煌时期的到来,刘亚楼不遗余力,以忘我的境界,像台不知疲倦的机器,超负荷地飞速转动着,直至过早地耗尽了最后一滴血。

听到了死神的脚步

1964年8月初,美国制造了北部湾事件,全面扩大侵略越南战争,把战火烧

到了中国南部边界。中国政府决定从各方面全力支援越南的抗美救国战争。侵越美军为了查明中国的军事部署,不断派遣飞机对中国边境进行袭扰和侦察。

刘亚楼为此又忙开了,南来北往,东奔西跑,夜以继日。

根据中央军委规定的有理、有利、有节的斗争策略,加强了防空作战准备的空军部队,仍然采取克制态度,对入侵美机一般不予攻击,尽可能避免中美之间的直接军事冲突。

1964 年 8 月 5 日晚,刘亚楼出席总参谋部作战会议。会议决定:空军、海军和广州军区、昆明军区立即进入战备状态,并且加强广西、云南、海南岛地区的防空力量,如有入侵之敌,务必要全部、干净、利落地歼灭之。

是夜,空司作战会议室灯光彻夜未熄。刘亚楼召集空军机关各作战部门的领导,连夜贯彻中央军委会议精神。

此时,空军在西南边境只驻有少数歼击航空兵部队,防空力量薄弱。刘亚楼部署:除原有的防空指挥机关立即进入战备外,将驻广东兴宁的空军第七军军部调往南宁,担任广西和雷州半岛地区的作战指挥;将歼击航空兵第十二师、高炮第四师调至南宁;歼击航空兵第十七师师部率第五十一团进驻蒙自,该师第四十九团进驻昆明……

在刘亚楼调遣的将领中,除了 U−2 的克星、高炮师副师长岳振华,还有抗美援朝的空战英雄、空军第十二师师长郑长华等人。郑长华也是位在刘亚楼心中挂了号的才俊。1954 年空军选举出席第一届全国人民代表大会的代表,郑长华和刘亚楼、刘善本当选。开会时按姓氏笔画,他还坐在刘亚楼和志愿军司令员邓华之间。初次面对这么隆重的场面,郑长华有点憷。于是,不管是选国家主席还是干什么事,刘亚楼一直耐心地教郑长华怎么做。会议开完不久,刘亚楼又把郑长华派往苏联留学。

对岳振华、郑长华相偕挥师入桂作战,刘亚楼寄予厚望,在下达任务后幽默地说:"一个岳振华,一个郑长华,'二华'打天下!"

初升的旭日向会议室抛洒来一片光彩,刘亚楼站起身来,指着空防图对大家说:"我们今天的作战会议很有成效,研究制定了提高防空作战能力和打击入侵美机的方案,我会马上向军委和毛主席报告。现在我命令,各部队立即进入作战状态,全面落实总部和我们空军的作战意图,拟定出各自的行动方案和实施计划,万万不可疏忽大意。"

他提醒空军各级指挥员,要深刻意识到一个历史性的转变,那就是:从这个时候起,中国空军面对的主要敌人,不只是来自台湾的蒋军飞机,还有来自日本、菲律宾、关岛、越南等空军基地的美机。

他说得很慢,一个字一个字从他嘴里弹射出去,铿锵有力的声音,透着一股令任何一位部属都不敢懈怠拂逆的威严。

有条不紊地部署下来,刘亚楼紧绷的眉心和嘴角溢出一丝关拢不住的笑意。养兵千日,用在一时,军人的位置就该是战场,"扫灭一切害人虫",打了一辈子恶仗与胜仗的将军在歇手多日后又捞到大仗打,焉能不开怀一笑? 他在完成作战部署之后的笑,像往常一样,传递给将士们胜利的信心。

把空军作战计划上呈中央军委后,他就跟随国务院副总理李先念出访罗马尼亚了。

20世纪60年代初,罗马尼亚在赫鲁晓夫的指挥棒下,也一度卷进反华逆流,中罗关系陷于冷淡。1964年,罗马尼亚党政最高领导人乔治乌·德治决心摆脱赫鲁晓夫的控制,中罗关系始有转机。在罗马尼亚国庆二十周年之际,罗方希望中国领导人前去访问,还说罗马尼亚总理已先后两次访问中国,"中国同志欠我们的账"。在罗方的倡议下,中罗两国决定以互派高级党政代表团庆贺两国国庆为契机,相互沟通,联手反抗赫鲁晓夫的大国沙文主义。毛泽东把首次赴罗祝贺国庆这副重担,交给了李先念、刘亚楼等人。

1964年8月16日上午,北京机场阳光灿烂,中国政府代表团踏上了赴罗马尼亚的航程,陈毅、罗瑞卿、陆定一等领导人和罗马尼亚大使前往机场送行。代表团在罗马尼亚受到热烈欢迎,规格比其他国家代表团都要高。富有外事经验的刘亚楼,出色地充当了李先念的得力助手,给罗方领导人留下了美好的印象。

访问日程安排得很满,一向精力充沛的刘亚楼,在最后几天内,忽然显得疲倦,食欲不振,体力不支,眼睛周围泛起一圈黑晕。李先念关切地说:"亚楼同志,你的脸色不对头啊! "他毫不在意地说:"没什么关系,只是拉肚子,可能是水土关系。"他强打精神,时刻注意保持中国军人的威仪。1964年8月31日,代表团结束访问日程起程回国时,罗方欢送的规格从副总理级提高到了总理级。

国庆盛事成为中罗两国关系由冷变热的分水岭,代表团为走活毛泽东反霸战略棋局立了一功,毛泽东对此十分满意。1964年9月3日中午,当代表团经昆明回到北京时,欢迎的规格也大大提高,邓小平、彭真等国家领导人亲自到机场迎接。

回国后,刘亚楼腹泻厉害,整个人又黄又瘦,相隔才二十天,却如同换了一个人似的。翟云英忙催丈夫快去医院检查,找出腹泻原因。一听去医院,刘亚楼急了:"不行! 还得准备向中央汇报呢! 拉肚子没多大关系,等等再说吧! "

妻子无力再劝,她知道丈夫及时向中央请示汇报的工作作风。毛泽东对此作风很赞赏,说:"刘亚楼当空军司令员,及时请示报告,使我知道了很多情况。"

于是,刚下飞机的刘亚楼,就埋头准备向中央汇报的材料,接着又找来几位干部到家中谈工作,过了几天,又到南京主持空军"四个第一"落实座谈会。

到南京后,刘亚楼肚子拉得更厉害了,但一天还作八小时的报告,晚上除找干部谈话外,还要批阅大量文件。秘书劝阻无效,便报告翟云英。翟云英甚为担心,打电话给随同去南京的空军副参谋长姚克佑,请他督促刘亚楼检查一下身体。刘亚楼知道后,打电话安慰妻子:"我这边不要紧,你不要小题大作。"翟云英说:"你对工作认真负责,我不反对,可身体是革命的本钱,总不能不注意吧? 一部机器还有个维护时间呢,何况身体。"

话筒里传出刘亚楼豁达的声音:"不要紧,垮不了! 毛主席那么大年纪了,还日夜为全国、全世界的事情操心,我有什么理由不拼死拼活把工作做好! "

此时,美军无人驾驶高空侦察机频繁入侵中国大陆,也容不得他休息。

美国在扩大侵越战争的同时,频频派遣飞机侵入中国领空,重点对云南、广西一带的军事目标进行侦察。鉴于造价昂贵的U-2屡遭覆灭,美国乃绞尽脑汁使用新研制的火蜂-1无人驾驶高空侦察机。自1964年8月29日至10月中旬,该机窜入两广、闽浙沿海及中(国)越(南)老(挝)边境地区达九次之多。美军无人驾驶飞机飞行高度可达一万八千米,时速一千一百多公里,航程一千二百多公里。机上装有多架高性能特殊照相机,综合运用无线电遥控和程序控制进行制导即能完成间谍侦察拍摄任务。为了躲避解放军导弹的攻击,该机还配备了相当先进的电子干扰系统。

为了打下这种给中国国防安全造成重大威胁的无人驾驶飞机,空军于1964年9月底至10月上旬,先后增调比较先进的国产歼-6至江苏徐州、江西向塘、广东遂溪、广西南宁等地。歼-6 最高能飞一万七千五百米,高度不及无人机,追着追着就进入螺旋状态,拿它没办法。

出动歼击机拦截,又多次未获战果。打不下这种飞机,不知让多少飞行员心烦意乱。

刘亚楼琢磨打法,也把有关指挥员叫到北京磋商。他提出一个"甩上去"的战法,就是精确计算好无人机的航线,并预先设伏,在敌机到来的一刹那,加速冲过最高升限开火。一个军种的司令员,能亲自和前线将士研究飞机在空中的每一个动作细节,如此深入具体,高度负责,不是一般人能做到的。

1964 年 10 月 13 日,美机从友谊关窜入广西南宁及海南岛地区,空军第一师作战分队副大队长邹广如驾驶歼-6 迎敌,先后对敌机进行了三次攻击,最后炮弹打光也未命中目标。邹广如决心驾机把这架在中国领空肆无忌惮作恶的美机撞下来,与敌机同归于尽。但因高空空气稀薄,飞机操纵系统反应较慢,邹广如动作过猛,结果造成失速,飞机进入螺旋状态未能改出,在完全失控的情况下,邹广如只得饮恨跳伞,飞机坠毁。

一架歼-6 价值数千万元,给国家带来多大的损失呀!更重要的是一击不中,无功自毁,对空军部队是个沉重的打击。邹广如返回基地后,引起了许多人的议论。有人说他好大喜功,想露一手,结果摔了飞机,丢了脸。在讲评会上,师首长也很不满意,批评他蛮干,摔了飞机,放跑了敌人。邹广如心里实在难过,思想压力很大。

病中的刘亚楼得到作战部队对这次作战情况和部队情绪的报告后,立即复电空军第一师:你们的心情我都了解。出了事故总结教训是必要的,但要抓准,不能批评飞行员蛮干。这不是蛮干,这是勇敢,有这样勇敢的飞行员,我们应该自豪,但是要进一步研究一下战术,怎样利用我们的劣势装备打下敌人具有优势装备的飞机。气可鼓不可泄,我相信你们!

刘亚楼的指示在前线部队传达后,引起了强烈的反响。邹广如热泪盈眶,激动地说:"司令员真是了解我们飞行员的心啊! "

该怎样把空中强盗揍下来呢? 电报发出后,刘亚楼犹嫌不够,又亲自组织工作组,飞往战地实地研究战术。工作组成员有空军副参谋长姚克祐、军训部部长吴恺、作战部部长梁璞及南空司令员聂凤智、广空司令员吴富善等,都是空军能征善战之将。他还通知空军第七军副军长林虎从驻地南宁赶来参加会议。

由于身体状况亮起红灯，刘亚楼的脸色泛黄，眼中也不时显出疲倦黯淡的光，但炽热的事业心和责任心，激励着他仍以坚强的毅力主持了这次调查讲评会。经过连续两天卓有成效的工作，弄清了情况，提出了改进措施。由于胸闷生痛，他说话时有些艰难。与会指战员得知刘亚楼是抱病前来，个个感动于怀。

刘亚楼走到桌前，拿起一个小飞机模型，一边摆弄一边说："敌机技术设备非常精密，飞行高度高、体积小，但也有弱点，一是速度慢，二是没有主动规避和还击能力，因此照样可以打，只是要经过苦练才能打下来。我们要下定决心，用现有装备把无人机打下来。我们打 P-2V，战斗起飞了六百架次，才打下两架，一架是蒋哲伦打的，一架是王文礼打的。如果打无人机需要六百架次打一架，我们就用他六百架次。我们空军要抓住一切机会在战斗中锻炼部队，凡是能锻炼的机会都不要放过……"

刘亚楼的分析动员抓住他的"甩上去"战术展开，切中要害，使空军第一、第三师的参战指战员们茅塞顿开。林虎后来如是感叹："正因为有老红军刘亚楼宽广的胸怀、过人的胆识，才把人民空军锻造成战无不胜的铁军！"

空军第一师师长刘鹤翘表态说："司令员的指示非常重要，非常及时，给我们指出了今后努力的方向，我们一定吸取这次惨痛的教训，落实总部首长指示精神，苦练本领，争取打一个翻身仗。"

空军第三师师长王海也豪情万丈地表了态。

刘亚楼说："总理指示我们要千方百计打下一架无人驾驶飞机。通过这几次战斗，我们初步摸清了对敌无人驾驶飞机和高空作战的特点，为以后取得战斗胜利创造了有利的条件。我看就由空一师使用歼-6，空三师使用歼-7，来个大比武，看谁立首功。我在北京等你们的好消息！"

这次讲评会和刘亚楼的讲话，极大地鼓舞了部队士气，指出了练兵的方向，明确了打无人机的作战指导思想。

看到司令员一改过去生龙活虎的神情，林虎、王海等指挥员利用休息时间，恳请刘亚楼保重身体。

刘亚楼感谢将士们的关心，看到林虎、王海、刘鹤翘这些爱将，在战斗中一步步从大队长、副团长走上军师级指挥员位置，备感欣慰，他动情地说："你们成长起来了,好哇,今后的空军司令员就是要从你们这些飞行员里挑选。"

历史证明了刘亚楼的眼光,后来,王海成为空军第五任司令员,授衔上将;林虎任空军副司令员,授衔中将。刘玉堤、张积慧等一批经受过抗美援朝、对台空战等战场考验的飞行员,相继走上空军高级指挥员位置。

在遂溪现场会期间,刘亚楼特别指出空军部队要继承发扬人民解放军的光荣传统,使它代代相传。他情真意切地说:"我在修改空政文工团创作的歌剧《江姐》时,看到有一句歌词是'春蚕到死丝方尽',我想这本来是唐朝诗人李商隐《无题》诗句中的名句,但他在那时怎么会有我们共产党人的情怀呢?我就把它改成'春蚕到死丝不断',就是寄希望于后代把我们的革命事业和精神代代传下去。"

这也许是他预感自己将不久于人世,留给部属们语重心长的遗嘱吧。

1964年10月30日,刘亚楼带着过度疲惫的神色,飞赴南京开会。在战地奔波数天,他真可谓是以命相搏了。

罗瑞卿对刘亚楼的遂溪报告作如下批示:"此件已阅,很好。拟同意照办。敌人给我们锻炼的机会,这是好事。这种机会越多越好。只要想办法,认真想办法,胜利总是可以夺得的。不要说只是摔了一架飞机,还没有把敌人靶机打下来,不算什么失败,就算是失败了,也要懂得失败是成功之母的道理。"

在南京开会期间,刘亚楼实在支持不住时,才于1964年11月9日到上海华东医院检查。医生发现他的肝脾较过去明显增大,质地中等偏硬,食道静脉曲张,肝功能不正常,怀疑肝硬化,建议继续密切观察,并于半个月后复查。

就在这时,刘亚楼的广东之行取得了辉煌的成果——1964年11月15日,驻遂溪空军第一师中队长徐开通,运用并发挥"甩上去"的战法,在海南岛上首次将一架美军无人驾驶高空侦察机击落。通过这次战斗,空军摸到了打敌无人驾驶侦察机的基本经验和方法,标志着中国空军的防空作战能力提高到了一个新的水平。

刘亚楼对此捷十分欣慰,亲自总结战斗经验,连续忙了数天,于1964年11月22日向中央军委呈上《关于调查研究对付美军无人驾驶飞机的办法的报告》。

1964年11月24日,刘亚楼在妻子翟云英的陪同下,来到北京协和医院就诊。医学界的泰斗、曾任毛泽东保健医生的内科专家张乃峥教授,亲自带领一个医疗小组为刘亚楼检查。检查结果，令医生们目瞪口呆：刘亚楼的肝转氨酶高达三百个单位，高出平常人的四倍多，肝硬得像石头。

翟云英忐忑不安地注意观察专家们的表情，见他们有的皱眉，有的摇头，估计不是一般的病，心像刀绞一般。她瞅个空问张乃峥："张大夫，严重吗？"

张乃峥还未来得及说话，刘亚楼抢先道："张大夫，如果我得了不治之症，天老爷来也没有办法，就快点告诉我，我争取时间大干一场。"

张乃峥深感事关重大，决定暂时隐瞒病情，于是安慰道："没什么，别着急，司令员年轻时得过肝炎，一累又犯了。"

刘亚楼的病情牵动了中央和军委领导，刘亚楼的秘书张克里该年11月25日日记有载：

> 杨成武副总长来刘宿(舍)，当面传达总长的指示：停止一切工作，安心休养治疗，检查，每天除只听一听(新闻)联播外，不要工作了，这是方式，不是犯法，你这个人不是不工作的人。
>
> 叶群同志来电话传达林总指示，要刘司令安心休养，以利长期为党工作，不要拖得像林彪同志的身体那样。随后送来团粉二盆。
>
> 中央贺龙元帅给吴(法宪)政委来电话，指示要刘司令安心检查，治疗，停止一切工作，多检查几次。

根据中央领导指示，协和、北京、华东医院教授于11月26日上午集中协和讨论刘亚楼的病情。听了张乃峥的情况介绍后，每个教授都亲作检查(摸肝)。后又继续讨论，空军政治委员吴法宪、副司令员徐深吉、空军卫生部部长刘放等全程参加讨论。

离开北京协和医院，刘亚楼没有回家就叫司机把车开到空直机关门诊部新增建的病房。门诊部建成后，刘亚楼提议加修个二层楼，以方便干部战士和职工就医，还说："别看这只是几间普通的病房，但它关系到直属机关广大干部、战士的切身利益，这也是百年大计。"对病房该怎样使用、怎样布局，他也谈了自己的看法。妻子和秘书见重病中的刘亚楼还要去看病房，就劝他回家休息，由他们去看，回来向他报告。刘亚楼说什么也不肯："你们去，代表不了我。我生病，院长、卫生部长都来关心我,但是普通干部、战士、职工病了怎么办,他们得了病既影响工作,又影响家庭,要多关心这些人。"说完,他还是坚持到门诊部看看。

医疗小组将刘亚楼的真实病情上报中共和军委,毛泽东、周恩来等领导人都震惊了。年轻的空军成熟了,弱小的空军壮大了,刘亚楼却积劳成疾患上了肝癌。中央指示:"赶快治!哪里条件好到哪里治,要全力以赴!"共和国的天空需要他!周恩来还特别指示,暂不要将刘亚楼患肝癌之事向外透露,对家属尤其保密。

1964 年 11 月 26 日,毛泽东在刘亚楼 22 日上报的《关于调查研究对付美军无人驾驶飞机的办法的报告》上批示:

亚楼同志:

此件已阅,很好。闻你患病,十分挂念。一定要认真休养,听医生的话,不可疏忽。

秘书张克里接到毛泽东的批示后,因为刘亚楼在医院,便先给吴法宪看了,对刘亚楼恭敬有余的吴法宪又给每个空军常委看。刘亚楼知道后,对张克里进行了严厉的批评,说:"主席的批示不要扩散,马上收回,主席对大家都很关心,不是只关心我。"

接到毛泽东批示的第二天,即 1964 年 11 月 27 日,刘亚楼才决定前往上海华东医院治疗。临走他还特意在空司大院走了一圈,看看医疗室的同志,问问幼儿园的情况。随后,刘亚楼强打精神去向安娜妈妈辞行。

安娜妈妈泪眼婆娑,拉着女婿的手久久没有松开。

谁知,刘亚楼此番离京竟是一去不回。

鞠躬尽瘁,死而后已

刘亚楼到上海后,华东局和上海市委当即进行研究,指定华东医院院长薛邦祺负责组成医疗小组认真会诊,积极治疗。为了照顾刘亚楼好好治病,上海市委特地在医院旁边提供了一栋小楼供他们夫妇居住。中共中央、中央军委责成国家卫生部和总后勤部卫生部派出邓家栋、黄大有、秦伯来等组成高级医疗小组,随

后也来到上海。毛泽东本来已派自己的保健医生，北京协和医院内科主任、医学界泰斗张乃峥下乡调查，这时就改派他同去上海协同华东医院为刘亚楼治病。

医疗小组对刘亚楼进行了全面体检后，采取了保肝、护脾、补血和密切观察为主的医疗措施。经过一段时间的精心治疗，刘亚楼的病情渐有好转。不久，医院用同位素扫描疗法进行诊治，由于技术有限，认为不是肝癌，大大可以治疗，医院将此情上报中央。刘亚楼在1961年率国防工业代表团赴苏谈判期间，奉罗瑞卿的命令，曾到克里姆林宫皇家医院会诊，排除了患癌症的可能。他认为这次也不例外，因此亲自写信报告了毛泽东。

毛泽东得悉刘亚楼的病情好转，而且大大可以治疗后，非常高兴，叫中央办公厅副主任汪东兴给刘亚楼回信。汪东兴回信云：

> 主席听完报告后，很高兴，认为你的病已查出结果，可以进行治疗，并又把我手上的信接过去看了一遍，看完后嘱示："有病就要安心休养，不要发急，要待病好再工作，当成任务来执行。"上述的话主席要我转告你……

刘亚楼非癌的误诊，也让林彪欣慰。1月18日，他专门给刘亚楼写去一封信：

> 亚楼同志：
>
> 据确实的医生消息，你的病已证明无危险性，因此你可大大放心疗养，定能全好的，但一定要好好疗养一时期才行。
>
> 祝好
>
> 林彪闻医生确诊后喜书

就在毛泽东期待刘亚楼病好后再工作时，1964年4月7日，医疗专家们经会诊，对刘亚楼的病情做出了肯定的诊断，即在肝硬化的基础上发生了肝癌，而且是弥漫型。中央核心机构再次震惊了！周恩来神情激动地指示："国外如有治肝病的特效药，就是花再多的钱也要迅速派人去买来，要尽最大的努力，挽救刘亚楼同志的生命！"

为了革命的战将,卫生部迅速增调各地肿瘤专家组成新的医疗小组,并不惜重金从香港买药。

刘亚楼对中央领导的感激之情,可从秘书张克里的日记中略见一斑:

自认为:

病可好,性质没有变,前途非常乐观,

有求必应,治不好没话说,

感谢中央,主席,总理。

本人非常刚强,对来人挺起精神讲话。

一生屡创奇迹的刘亚楼,在大家的期待中,没有出现转危为安的奇迹。1964年4月中旬一过,刘亚楼的病情开始恶化。此后,空军党委将刘亚楼的病情每天一次报告中央军委。

对党交给的事业,他向来不敢稍有懈怠之心,日复一日年复一年地在第一线劳心劳力。人人都说他最爱的是事业,最不要的是命。

如今,在中央军委"暂停工作"的指令下,刘亚楼不得不住院了。刘亚楼一住就是数月,北京的一些中央首长和领导同志不时捎来问候。这又让他感到不安,为此向身边秘书规定:今后如再有人询问病情,只能以三句话回答:第一,刘亚楼同志1940年在苏联曾患急性肝炎,两个星期就好了,当时肝受了些损害;第二,这两年来有些劳累,肝功能有点波动;第三,近来有好转,请不要惦念。

一住就是数月,在明显觉察到死神的突袭面前,刘亚楼选择了鞠躬尽瘁,死而后已!他躺不住了,突然加快了工作频率。他刚刚离开指挥岗位月余,竟如同熬过了几十年!他惦记着工作,惦记着空军作战、训练、建设的大事,为此将一批又一批的空军各级指挥员约到病床前了解情况,指导工作,语重心长地一一叮嘱。

虽然中央军委要求刘亚楼"暂停工作",刘亚楼却并没有停下工作,有关工作、报告只是随之转到上海而已。在病情严重直至最后弥留之际,他头脑里萦绕着的仍然是工作:一字一句地反复修改重要的文件,听取一些工作汇报,并多次将自己的想法,要秘书用电话传出去。

1965年1月3日,刘亚楼与空军副参谋长姚克祐谈话,就空军即将召开的训练会议,针对安全、普及尖子等问题作了指示。1月7日,他在病床上签发了《关于再次击落美制无人驾驶飞机向罗总长杨副总长的报告》。1月9日,他对空军贯彻中央军委有关安全问题的指示提出了意见。

1月10日,刘亚楼在病榻上接到又一架U-2入侵的报告后,拖着虚弱的身体直接打电话给率部在包头东南潜伏待机的地空导弹兵第一营营长汪林,询问部队的战斗准备。

当晚8时后,U-2飞临包头上空,第一营沉着使用反电子预警2号,创下地空导弹部队第一次在夜间击落U-2的纪录。

刘亚楼在上海接到第一营击落敌机的战报,连声说:"打得太好了,我们的一营终于把U-2打下来了! 一营终于有了扬眉吐气之日!"为了建设一支强大的人民空军,他呕心沥血,地空导弹部队从组建到每一次战斗都凝聚着他的心血。

他在病中还专门听取了空军后勤修建工作的汇报,对修建工作中存在的问题作了严厉批评,并提出要专门召开后勤修建工作会议,解决有关问题。得知花了巨资修建的新疆哈密骆驼圈子机场质量出现了严重问题,他大动肝火,指示政治部组织工作组详细调查,根据事实,"该坐牢的坐牢,该杀头的杀头",决不因空军刚被立为标兵而捂盖子。

刘亚楼的指示传达后,空军上下大为震动。事情到了坐牢、杀头的地步,可见问题的严重性。一位负责机场修建工作的副总队长,在进京参加1月召开的空军后勤修建工作会议前,考虑自己可能"罪责难逃",连后事都向家人作了交代。

工作组下到机场后,但见整个机场都像是修建在芦苇草洼地带,营房地基已经被盐碱腐蚀了一米多高,飞机跑道到处是坑坑洼洼,质量根本不达标,随时可能报废。工作组经反复调查核实,结果证明,骆驼圈子机场的严重质量问题,主要原因不是部队的修建问题,而是领导上选址定点有问题。

骆驼圈子机场地处西北沙漠盐碱地区。一厘米的盐碱压力等于三十公斤,如果飞机跑道表面覆盖起来,盐碱一遇潮湿便膨胀,势必将路面顶坏。考虑到当时的科技水平无法解决这一难题,科技人员曾建议不要在此修建机场,但使用单位却说这是空军首长亲自选定的点,你们不要管;修建单位也说,上边叫在哪里修,我们就在哪里修。

负责该机场选地定点的是空军一位副司令员和修建部部长。他们当初坐着直升机在空中转了一圈，认为这里地理位置不错，净空条件也很好，于是未做地质勘探便定了下来，当时在家主持工作的空军政治委员吴法宪点头同意。

待机场修建问题弄清时，刘亚楼已然病逝。由于问题涉及某些领导，此事只是作了一下汇报，既没有认真总结经验教训，更没有对相关领导作出批评、处分。调查组组长李衍感慨地对同事们说："如果刘司令员还在世的话，事情能这样轻易放过吗？"

大家围绕机场报废事件，在感叹领导官僚作风和不信科学的态度，给国家和军队建设造成严重后果时，无不更加敬佩和怀念刘亚楼。

1965年2月13日，刘亚楼与姚克祐、夏梨谈话，对空军准备召开的政工会议提出要求。1965年3月9日，刘亚楼在接见各军区空军政治委员时，就干部的团结、重视缺点等问题，现身说法，深入进行交谈。3月15日，召集王平水、姚克祐等人就取消军衔后搞好军官减薪定级工作指示说："空军的干部来自五湖四海，干部的级别宽严不一。过去总政对干部级别卡得太死，不合理的现象非常严重；过去衡量干部有两个工具，即军衔和级别。现在取消军衔，要利用这个机会对干部级别适当加以调整，有利于工作，有利于调动积极性；要搞一个起跑线，搞一个划线的标准，标准就是德、才、资，具体标准就是服役年限，按年限来衡量，不是排辈数。"

国家科委常务副主任韩光几次来看望，刘亚楼问得最多的是国家科委和国防科委工作上的联系。韩光在黑龙江省省长任上奉调国家科委常务副主任，刘亚楼兼任国防科委副主任后，建议韩光兼任国防科委委员，两人在工作上常有联系。看到肝癌已到晚期的老战友，全身虽然痛苦异常，却还关心工作，韩光忍不住落泪。

受命入桂作战的空军第十二师师长郑长华，利用战事间隙，受召来到刘亚楼的病榻前。郑长华近期正陷于痛心内疚中。他指挥的空军第十二师在保持长达六年的飞行安全后，被严重飞行事故找上门来。飞赴广西后，一位新飞行员在高空编队时与长机相撞，一下摔了两架飞机。郑长华以为司令员召见自己，肯定会先来一通批评。谁知，刘亚楼给他的却是安慰："我们空军部队在保证飞行安全上有个理论，飞行安全是相对的，不安全是绝对的，空军师一级特别是像你们这样担负繁重战备任务的机动师,能保证六年的飞行安全,已经很不容易了。事故发生了,当然要总结经验教训,把坏事变成好事。我相信你会做出样子来的!"

接着,刘亚楼细心地问起空军第十二师在前线的情况。了解到空军第十二师因为没有装备新型歼-6,对打美制无人驾驶高空侦察机有困难时,他当即说:"我特批给你们四架歼-6。"

摔掉了两架飞机没挨批,刘亚楼还给补上四架产量稀少的新式战机,郑长华一时热泪盈眶:"请司令员放心,好好养病,我们一定把这次事故变成动力,从零开始,再创六年安全,同时把新式飞机使用好,争取早日击落敌机!"

1965年4月18日,空军部队在中南地区上空再次击落美军无人驾驶高空侦察机的消息传来,刘亚楼兴奋地说:"这是对敌斗争的又一次重大胜利!可是病魔同我捣蛋,我不能前去总结这次作战经验了。"

这胜利的消息也许使刘亚楼太激动了,他攒集着气力大声说完这句话,不一会儿便昏迷了。两天后他刚刚清醒一点,就又询问起有关战况。

一天,空军政治部宣传部部长朱鸿等人前来探视老首长,但见病榻旁的茶几上还放着几本未完成的条令教材。刘亚楼留给他们的话是:"如果我还能再活一段时间,一定要再大干一场,抓紧时间,完成策划的几件事。"

朱鸿等人从病房出来,泪流满面。

1965年4月23日,刘亚楼病情显著恶化。就在这一天,他在审批一本条令后,还亲笔写下批语:"这本条令应有一个内封,不然看书的人包上书皮后使用很不方便……"他在昏迷两天后醒来,第一件事就让人把姚克祐叫到床前,说:"秘书长,我的话言中了。条令编出来,上八宝山送给我。"姚克祐是空军副参谋长,秘书长是他在空军条令教材编写组的职务,刘亚楼此时不称他为副参谋长而称秘书长,这里面有多少苦心啊!姚克祐和空军条令教材编写组的同志们一个个潸然泪下,他们自然清楚记得司令员当初亲自主持条令教材编写工作时立下的誓言:"教材一定要编好,如果我中途死了,请你们把编好的书放到我的墓上。"

病重丧失阅读能力后,刘亚楼仍关心国家和空军的大事,坚持每天要人给他念文件和电报。

关于空军,关于军队,关于自己信仰的事业,他都还有许多想法,还有未酬的壮志,他要为挚爱的祖国和军队尽最后的忠诚。

看到丈夫一会儿清醒,一会儿昏迷,翟云英泪流不止。刘亚楼安慰妻子坚强起来,自己却也落下泪来。

已经清晰听到了死神脚步声的刘亚楼显得非常坦然,思想上没有什么负担:"死是客观规律,谁也不能违背。在五次反'围剿'中,在长征路上,在反法西斯前线,我没有想到能活到今天。比起成千上万的革命先烈,我是幸福的。能看到革命胜利,看到人民空军一天比一天壮大,祖国一天比一天富强,我死而无憾!"

作为一名共产党员,他从参加革命的那天起,就时刻准备流血牺牲。他从不忌讳死,平时讲话常把死挂在嘴上,只希望能为国家"留一点儿痕迹",见了马克思好有点儿"礼物"。

刘亚楼叮嘱妻子:"在我们这个家,我有三件事没有做好,请你帮我做完。"

刘亚楼与家人合影

翟云英静静地听着丈夫说下去:"第一,把孩子抚养大,让他们成为自食其力的劳动者;第二,好好赡养我的老父亲,为他养老送终;第三,务必帮安娜妈妈找到失散的亲人。我几次去苏联,都是公务,不好办私事,在这件事上我对不起她老人家,请她务必谅解……"

翟云英哽咽难语,泪湿青衫,要丈夫放心,自己一定尽力办到。

刘亚楼没给妻子和家里留下什么,只有一颗对党、对人民的赤胆忠心。

刘亚楼住院后,儿女们都很想到上海探望。翟云英转告了孩子们的心意后,刘亚楼坚决不同意,说:"我一个人生病,影响了工作,为什么还要让孩子们影响工作和学习呢? 如果来看了我,更会使他们为我担心。"

"怜子如何不丈夫?"刘亚楼内心深爱着孩子们,也一直惦念着孩子们。这年

1月2日,他给正参加"四清"运动的长子煜南写信,要他"不能忘掉劳动人民勤劳朴素的本质","下决心好好锻炼和提高自己"。信中还说:"你在工作队里一定要听从指挥,服从纪律。解放军总政治部规定的八条守则一定要切实每条做到。为了使你不会忘记,便于履行,给你抄了一份寄去,放在身上,时刻对照,看看是否确实遵照了执行。"

3月27日,他给还在哈军工就读的次子煜奋写信:

> 对于业务学习当然也极其重要,但一定要放在政治思想上好这个基础之上,才会有作用,否则业务再通也会一钱不值,成为对国家对党无用的人。何况政治思想落后的人,在新社会也不会学得好为人民服务的业务的,至多也只能学到一点为了自私自利损人利己的小聪明、歪点子,最后会成为社会的寄生虫。

他告诉儿子:"我的病正在慢慢好转,但由于是慢性病,得一些时间。"

其实肝癌对病人的折磨是痛苦难忍的,张克里4月14日的日记里有:

> ①刘指着自己的面孔问我怎么样?
>
> 我:瘦了一些,但不大明显,听说你吃中药很不舒服?
>
> 刘:唉呀!一天拉了九次。唉!身体搞垮了。
>
> ②刘:我腰两边疼得很厉害,像刀子割一样,可能是躺的呀!站起来不疼。
>
> 我:去年我才住了一个半月的院身体就降了十六斤,腰也疼得很。我知道不出院就不好办了。
>
> 刘:是呀!我躺了四个多月了,所以我坚决不住院,住院那就更糟了。
>
> ……
>
> ⑥刘:你没有写信把我的病告诉他(指长子煜南)吗?
>
> 我:没有,因为他来的信转到上海来了,我未留地址。
>
> 刘:是啊!不要告诉他们,以免放心不下,也不要告诉煜奋。

刘亚楼把对孩子们的爱深埋在心底。结果,病中的他只有妻子翟云英相伴。后来,长子煜南结束"四清"运动回来,才名正言顺地前来服侍父亲。福建老家的弟弟刘亚东、刘协昌也是在 5 月初才接到通知来上海的。

那些天,刘亚楼让秘书告诉孩子们,在北京多照一些相片,寄给他看。孩子们不知这意味着什么,一个个穿戴得整整齐齐照相。1965 年 4 月 25 日,孩子们在父亲办公室合照了一张照片,准备寄给身患重病的父亲,但第二天,上海来电话,要兄弟姐妹四人立即动身赴沪。听到这个消息,他们心里咯噔一下,预感到一个最可怕的事情可能要发生。他们都沉默着,都想从自己的脑海里抹掉这个可怕的预感,竭力往好的方面想。

当他们随七机部部长王秉璋等人赶到上海时, 刘亚楼已经昏迷过好几次了,翟云英也被巨大的痛苦折磨得消瘦了许多,孩子们不禁难过得哭了起来。他们多想立即走到父亲的病榻前,把他从可怕的病痛深渊中拉出来,但母亲制止了他们,她怕刘亚楼看到孩子们不经他批准就偷偷来探视不高兴。所以,孩子们不敢露面,只在父亲昏迷时,才能来到他的病床前。平时他们只能隔着病房里的屏风缝隙往里看,看到父亲在极度痛苦中同病魔做着顽强的搏斗,他们不知洒了多少泪。

1965 年 4 月 30 日,在孩子们的再三央求下,翟云英略施小计,附在刘亚楼的耳边问:"是不是让孩子们来见见你,利用五一节来。"但刘亚楼还是摇头。于是,孩子们没能跟父亲说上最后一句话。刘亚楼走后,医务人员在他的上衣口袋里,找到了儿女们寄给他的信和照片。看得出,刘亚楼在弥留之际,还是想孩子们。

刘亚楼由于病情恶化,背部剧痛,整天整夜不能入眠。有时痛起来脸色也变了,直冒汗珠。因为行动很困难,医护人员要他在床上大小便,刘亚楼不愿增加他们的麻烦,怎么说也不答应,一定要亲自下床。有时下床后就上不去了,又不得不让妻子和长子搀扶上床。当病情非常严重,连坐起来都困难时,他仍然不让别人喂药,一定要坚持自己吃。

病情极端恶化后,刘亚楼几天不能吃喝,完全靠输液来维持,一输就是几百毫升,一次要五六个小时,甚至七八个小时。他始终忍受着背部的疼痛,一动也不动。周围的医护人员被他这种顽强的意志深深地感动了,纷纷赞叹:"头一次见到您这样坚强的病人!"

20世纪60年代初,刘亚楼与家人合影

病重时刻,刘亚楼还注意军人仪表,在军界留下了一段佳话。1965年4月25日,当周恩来代表中央和毛泽东专程到上海探望时,刘亚楼还执意要洗脸、整理衣服起床相迎。谈话中,他宽慰周恩来说:"总理在长征时,患了那么重的病,在那样困难的条件下都治好了,现在有这样好的条件,我的病一定可以治好!"

周恩来告别时,刘亚楼再次强撑病体坚持送至门口。归途中周恩来心情难过地说:"我再也不能去看刘亚楼了,他病成这样,还坚持送我,我不忍心啊!"

就外界流传的刘亚楼在空军苛求军容风纪一事,周恩来深有感触地说:"照我看来,这不是形式,而是一个标准军人起码的追求。"

更何况,这是一个在外交场合、在世界眼光中为中国人争了光的军人!

刘亚楼追悼会后,翟云英偕女儿去周恩来住处,感谢总理在刘亚楼患病期间无微不至的关照。周恩来再次沉痛地说:"可惜,亚楼同志走得太早……"

周恩来探望后的下午,刘亚楼一度出现神志不清,医务人员禁止外人探视。于是,南京军区司令员许世友、政治委员杜平被挡在门外,刘震和罗瑞卿的夫人郝治平也未探望成。

刘亚楼患病期间,除周恩来外,前往探望的党和国家领导人还有薄一波、谭震林、叶剑英、陶铸、罗瑞卿、林彪等。

刘亚楼自从迈进红军的大门后,便与罗瑞卿结下了深厚的战友之情。在漫长而坎坷的革命征途中,他们相互帮助、扶持。随着革命从山间小路走上了平坦宽阔的长安街,他们共同走向了人生的高峰,友情也随着岁月的推移更深厚了。

刘亚楼患病,罗瑞卿表示了极大的关心,除了经常打电话问候外,还专门从北京给刘亚楼写了一封信,叮嘱刘亚楼:"你要好好休息,工作要放开,多想身体的事,安心养病……"

1965 年 5 月 3 日,罗瑞卿接到刘亚楼病危的报告后,立即放下手中的工作,和副总参谋长杨成武代表党中央、军委专程去上海看望刘亚楼。到了刘亚楼的病房,护士给了他们一个口罩,他们却摇了摇头,他们不能戴着口罩给自己的老战友送行。

是回光返照,还是心有灵犀? 陷入昏迷的刘亚楼突然清醒过来,眼里闪出异样的光彩,望着来到身边的罗瑞卿和杨成武,用微弱的声音断断续续地说了披肝沥胆的话:"感谢毛主席、中央首长关怀,请他们多保重。现在工作很紧张,你们都是主要负责同志,要关心爱护自己的身体……"说完又昏迷过去了。

次日下午,罗瑞卿在上海锦江饭店召集空军吴法宪、王秉璋、曹里怀、徐深吉、张廷发、王辉球、余立金

刘亚楼(左)与邓子恢(中)、张鼎丞(右)合影

等开会。《罗瑞卿总参谋长关于刘亚楼同志治丧问题的指示》如实地记载了他的原话:"刘亚楼是忠于革命,忠于党,忠于毛泽东思想的伟大战士。今天病到这样程度,对我们是个巨大损失。谁都不愿意他离开我们,但这是没法子的事,只有按照共产党人的办法,化悲痛为力量。"罗瑞卿在讲话中多次哽咽。

尽管中共中央对刘亚楼的病情极为关心,医生们也尽了最大努力,但仍然无法阻止死神日趋逼近的脚步。1965 年 5 月 7 日下午 3 时 45 分,死神的阴影终于笼罩了年仅五十五岁的刘亚楼。这位一生富有传奇色彩的将军,在顽强地与病魔抗争了二百余天后,驾鹤西去。人民空军失去了第一代杰出的领导人,引来众多人的失声痛哭。

刘亚楼逝世后,翟云英便收到了林彪发来的唁电。解放军三总部发出的唁

电中,称刘亚楼的逝世"是我党我军的重大损失。他的高贵的革命品质,是全军同志学习的榜样"。

第二天,《人民日报》第一版发表国防部讣告,并加黑框刊登了刘亚楼身穿佩有空军领花和上将军衔军装的大幅照片,下方即是刘亚楼同志治丧委员会名单,主任委员是中共中央副主席、中央军委副主席、国防部部长林彪,委员有朱德委员长、周恩来总理、邓小平总书记、刘伯承、贺龙、陈毅、叶剑英、聂荣臻、徐向前等元帅,以及总参谋长罗瑞卿、北京市委书记彭真等。

这天上午,龙华殡仪馆用遗体专用接送车,把刘亚楼的遗体移到上海丁香花园小礼堂,上海市各界在此举行公祭。中共中央政治局委员、国务院副总理李富春,空军政治委员吴法宪,华东局和上海市委负责人陈丕显等参加了公祭和遗体告别。

下午,刘亚楼的骨灰由专机运抵北京,同机人员有叶群、吴法宪、何廷一等。这是统领过几十万"天兵天将"的共和国第一任空军司令员最后一次乘坐心爱的战鹰。专机在北京西郊机场降落,林彪、彭真、贺龙、聂荣臻、罗瑞卿等中央领导人早在机场等候迎灵了。前来迎灵的还有中共中央和国务院有关部门负责人,国防部和解放军各总部、各军兵种、院校等方面的负责人。刘亚楼子女端捧着黑色雕花骨灰盒,缓缓地走下飞机。刘亚楼的骨灰盒在其亲属和众多领导的护送下移至中山公园中山堂,那里将举行一个连续三天的隆重的祭奠仪式。

中山堂内,正中悬挂着刘亚楼的遗像,骨灰盒上覆盖着中国人民解放军军旗,上方黑底横幅上写着"悼念中国人民的忠诚战士刘亚楼同志"。遗像两侧,摆放着中共中央、全国人大常委会、国务院和毛泽东、刘少奇、周恩来、朱德、陈云、邓小平、宋庆龄等党和国家领导人敬献的花圈。

1965年5月9日上午8时半开始,党和国家领导人以及三军指战员代表、首都各界一万五千名群众代表,佩戴黑纱素花,在庄严肃穆的哀乐声中,一拨接一拨前来吊唁。苏联、朝鲜、越南、波兰等国家的军队负责人和各国驻华使节、外国友人,也纷纷来信来电或亲来吊唁。

1965年5月11日,悼念活动达到高潮。刘少奇、周恩来、朱德、邓小平、彭真、贺龙、李先念、康生、罗瑞卿、聂荣臻、郭沫若、徐向前、杨明轩、刘宁一、张治中、叶剑英、傅作义、蔡廷锴、徐冰等参加公祭,林彪主祭。可以说,除毛泽东外,

1965 年 5 月 11 日，刘亚楼追悼会在北京中山公园中山堂举行

在京的党政军首脑几乎都出席了。

上午 10 时，公祭开始。乐队奏哀乐后，林彪捧着一个小花圈一步步走向前来，献在刘亚楼的遗像前。全场人员脱帽、肃立、默哀。随后，罗瑞卿致悼词：

今天，我们怀着十分沉痛的心情，悼念我们亲密的战友、中国共产党的优秀党员、中国人民解放军杰出的指挥员、中国人民的忠诚战士、毛泽东同志的好学生——刘亚楼同志。刘亚楼同志在他光辉的、战斗的一生中，始终忠于人民、忠于革命、忠于党的事业。他一贯高举毛泽东思想的伟大红旗，立场坚定，英勇战斗，勤奋工作，为党和人民建立了卓越的功勋。他的不幸逝世，是我党我军的重大损失，全党全军和全国人民为此感到深切的悲痛……

罗瑞卿用略带沙哑的四川口音念得缓慢而低沉，更增添了一份悲伤的气氛。聂荣臻掏出手帕不停地擦拭眼泪，周恩来也流泪了，全场一片唏嘘声。

追悼会后,灵车车队由刘少奇、林彪亲自护送,前往八宝山革命公墓。

五十五岁,本是年富力强的年龄,刘亚楼却提前支付了生命,为国家、为军队过早地走向了生命的终点。刘亚楼英年早逝,让人民军队顿失栋梁,中共中央、中央军委予以隆重悼念。

刘亚楼去世的消息传遍长城内外、大江南北,广大军民都沉浸在悲痛中,许多人情不自禁地流下眼泪。

那些日子里,《人民日报》《解放军报》《解放军画报》《空军报》等报刊在《悼念刘亚楼同志》的通栏标题下,刊发了各大军区、省市、军兵种和国家有关部门负责人,工农兵代表的唁电、唁言、悼念文章,以及刘亚楼生前的工作、生活照片等,"这些构成了当时中国人民政治生活中的一件大事"。

书生投戎,屡建奇功。白手起家建空军,"练成铁翼摧强敌"(陶铸诗),使新中国空军一路成为世界第三空中强国。他的魂魄和气概当存于祖国的蓝天白云间。蓝天永恒,他亦永恒。

军人至此,夫复何憾!

后记

HOUJI

　　小时候读《红楼梦》，印象最深的是那首《好了歌》。且不管其思想意境如何，反正那时让我过目不忘，记忆至今。

　　"古今将相在何方？青冢一堆草没了。"纵观一部厚厚的中国历史，自秦皇汉武泊乎近世，有多少王侯将相荣耀一时，风光无限，可最终，历史把他们抛在了荒山野岭。历史就是这等无情。

　　每个朝代，真正能被历史铭记，为后世追怀的将相，渺渺微尘。北京西郊八宝山，有座以"政治海拔"高而闻名中外的革命公墓。死后能在这里安放一个灵位，无疑是莫大的哀荣。

　　共和国空军的首任司令员刘亚楼上将便是其中的一位。

　　刘亚楼是大将、上将中有过独立指挥几十万人马作战经历的为数不多的将军之一。

　　在长征路上，在解放战争中，在许多历史转折关头，差不多都有刘亚楼的精彩表演。硬仗、恶仗、关键的仗，他都指挥和参加过，他是一位实战经验丰富而又军政双全的将军，也是我军屈指可数、啃过洋面包的指挥员，一位叱咤风云、称得上常胜将军的现代型将领。

　　从四野参谋长到空军司令员，毛泽东和中共中央用人堪称一着神棋。刘亚楼也确实不负这"天降大任"，以出色的成绩交上让人拍案叫绝的答卷。刘亚楼由此和制空权理论的首创者杜黑、美国空中力量的倡导者米切尔等人，并列为"世界十大空军人物"。他们的军事理论、指挥艺术和战争实践，至今影响着各国的空军乃至整个军界。

也曾听过有人批他和骂他的声音,批他的严厉,骂他的霸气,但批着骂着,却又情不自禁地流露出钦佩的语气,最后道一句:"这他妈可就是刘亚楼!"

从赞和骂中,笔者耳旁油然响起陶铸悼念刘亚楼的诗句:"相逢松花江畔日,豪情才气两干云。练成铁翼摧强敌,留取丹心示后生。我亦壮怀思战友,君多慷慨愧庸人。何堪又睹星沉坠,化痛为仇仇更深。"

作家沈卫平称:"时间无情亦有情,三十载光阴,世界会把庸碌之辈洗刷遗忘得干干净净,人们惊奇地发现,刘亚楼的影响和魅力仍无时无刻有形无形地在整个空军存在延续着。他留给空军后继者们的遗产,不仅仅是一份相当不错的战绩,还有一种敢拼敢打争强争先的精神和严格严谨精益求精的作风。"

十几年来,笔者走访了一批与刘亚楼有关的人物,他们既有退和未退的党政军要人,也有秘书、参谋、医生等普通工作人员,还有亲属,得到他们的鼓励和大力支持。

在写作本书时,笔者还查阅了大量原始档案,并参考了老同志的一些回忆录及相关的党史、军史文章。恕不一一罗列,在此敬谢。

钟兆云

2011 年 9 月于福州苦乐斋